獻給熱愛和平的世界人民
A dedication to the global citizens of peace

為了和平
——記在世界反法西斯戰爭中赴難捐軀的中國將軍們

FIGHT FOR PEACE
Remembering the Chinese Generals Fallen in the World Anti-Fascist War

上卷
Volume I

于殿寶 著
鄭 舟 楊 柳 譯
Written by Yu Dianbao
Translated by Zheng Zhou/Yang Liu

壹嘉出版 1 Plus Books

中華民族保家園衛和平血泪奮戰錄

Records of the Chinese People's Fighting for the Defense of Homeland and World Peace.

2024 1 Plus Books ® 壹嘉出版 ® Paperback Edition
Published and Printed in the United States of America
Copyright ©2024 by Dianbao Yu/ 于殿寶

Title/ 書名：Fight For Peace: Remembering the Chinese Generals Fallen in the World Anti-Fascist War （Volume I）/
為了和平 —— 記在世界反法西斯戰爭中赴難捐軀的中國將軍們（上卷）

Print ISBN: 978-1-949736-88-5
All Rights Reserved 所有權利保留

Publisher/ 出版人：劉雁
Cover inscription/ 封面題字：劉傳利
Edtor in charge/ 責任編輯：于殿寶

Print price/ 紙本書定價：US$45.99

San Francisco, USA 2024
http://1plusbooks.com
email: 1plus@1plusbooks.com

賀于殿寶教授巨著出版

慶五千年未有之勝利
開億萬年永久之和平

選自抗日烈士紀念碑聯　澄藍書

賀于殿寶教授為了和平撰著出版

一部中華民族為了自由和平用生命譜寫的壯麗史篇

甲辰孟秋東北大學校友趙貴寬書

中國捍衛和平——全面自衛應戰爆發地河北省永定河蘆溝橋
China defends peace——The place where the War started: Lugou Bridge, Yongding River, Hebei Province
2018 年作者調研留影

中國贏得和平——全面自衛應戰勝利標誌湖南省芷江受降紀念坊
China wins peace——The sign of victory of the War: Memorial Hall of Accepting Surrender, Zhijiang, Hunan Province
2019 年作者調研留影

中國捍衛和平殉職將士紀念地——湖南南嶽忠烈祠

Memorial of the Chinese generals who died in defense of peace----Martyr's Temple in Nanyue, Hunan

中國捍衛和平殉職將士紀念地——臺灣臺北忠烈祠

Memorial of the Chinese generals who died in defense of peace——Martyr's Temple in Taipei, Taiwan

內容提要

　　本書以中國抗日戰爭為焦點，涵蓋了自 1931 年 9 月 18 日到 1945 年 8 月 15 日，中國將軍為捍衛和平、率兵在亞洲和歐洲反法西斯戰爭中進行殊死征戰的全過程。全書記述了 982 位中國國民革命軍、中國遠征軍旅（團）職以上，中國抗日義勇軍、中國東北抗日聯軍和中國抗日救國軍等軍隊軍職以上將領的自然信息和他們在戰爭中浴血奮戰的英勇戰績，以及他們赴難捐軀的壯烈場面與為自由和平譜寫的千古絕唱。

　　本書記述的每位將軍或每篇文章自成體系。書中內容波瀾壯闊，震撼心靈，呈現出中國將軍為保衛祖國而氣吞山河的英雄氣概，再現了他們以血肉之軀為捍衛和平而譜寫的驚天地泣鬼神的壯麗史詩。中國戰區是世界反法西斯戰爭的東方戰場，為使世界更加瞭解中國對世界反法西斯戰爭做出的卓越貢獻和付出的鉅大犧牲，本書對每位將軍的主要信息與功績，都在首頁用英文進行了概要介紹。全書共分上中下三卷，每卷的形成是根據作者調查掌握殉國將軍資料的时间先後而編輯，然後分別按中文姓氏筆劃排列組織成書。

Abstract

　　This book focuses on China's Anti-Japanese War, covering the whole process of Chinese people's resistance against Japanese invasion from September 18, 1931 to August 15, 1945. The book records the nature information and the great contributions of 982 generals to the World Anti-Fascist War. The generals included were those who were at or above the rank of brigade commander in the Chinese National Revolutionary Army, and Chinese Expedition Army, or at or above the rank of army commander in the Chinese Anti-Japanese Volunteer Army, Chinese Northeast Anti-Japanese Allied Army and Chinese Anti-Japanese National Salvation Army. The whole book depicts the epic of resisting aggression and guarding peace, which were written by the generals with their flesh and blood.

　　Each general or article described in the book stands as an independent entity. The contents of the book are magnificent, showing the heroic spirit of the Chinese Anti-Japanese generals, and representing the marvelous epic of defending the world peace with their flesh and blood. The Chinese war zone is the eastern battlefield of the World Anti-Fascist War, playing a vital part in the victory against fascism. In order that the outstanding contribution and great sacrifice of the Chinese people can be known by the world, the main information and achievements of every general in this book are briefly introduced in English. The generals compiled in three volumes are based on the chronological order of the author investigating and gaining their information. The information in each volume is sequenced in the order of Chinese strokes of the surnames of the generals.

上卷內容提要

本卷介紹了130位在世界反法西斯戰爭中赴難捐軀的中國國民革命軍、中國遠征軍旅（團）職以上，中國抗日義勇軍、中國東北抗日聯軍和中國抗日救國軍等軍隊軍職以上將領的自然信息，記錄了他們在世界反法西斯戰爭中英勇作戰的光輝戰績，並呈現了他們為捍衛和平奮勇赴難捐軀的壯烈場面，以及為自由和平譜寫的千古絕唱。本卷記述的每位將軍或每篇文章自成體系。為了便於讀者查閱，本卷均以姓氏筆劃為序組織排列。同時，卷中對每位將軍的主要信息與功績，都在首頁用英文進行了概要介紹。

Abstract of Volume I

This volume introduces the natural profiles of 130 senior officers from the Chinese National Revolutionary Army, Chinese Expeditionary Force, Chinese Anti-Japanese Volunteer Army, Chinese Northeast Anti-Japanese United Army, Chinese Anti-Japanese Salvation Army, and other military forces. The final table in the book records statistical information for a total of 531 generals. It highlights their glorious achievements and valiant struggles in the World Anti-Fascist War, showcasing the magnificent scenes of their sacrifice in the fight for peace. Each general or article described in this volume stands as an independent entity. For ease of reference, the volume is arranged in order of surnames based on stroke count. Furthermore, a summary introduction in English is provided on the first page for each general, outlining their main information and accomplishments.

前 言

中國和日本是一衣帶水的鄰邦，有著上千年的友好和平交往歷史。日本民族曾經飽受中華文化的長期滋潤與影響，成為世界上一個文明的民族。然而，近百年來日本軍閥卻對中國虎視眈眈、磨刀霍霍，一次次將侵略魔爪伸向鄰邦。

1931年至1945年，日本軍閥向中國和世界發動了侵略戰爭。中國與愛好和平的世界各國人民奮起反抗。中國將軍率兵抗擊日本法西斯的侵犯掠奪，保衛家園、捍衛和平，參與世界反法西斯戰爭的英勇壯舉，驚天地泣鬼神。他們堅貞不屈、視死如歸、血戰到底的英雄氣魄，繪成了中華民族最為氣勢磅礴、波瀾壯闊的反法西斯戰爭歷史畫卷：中國國民革命軍第三十三集團軍總司令張自忠將軍，親臨前線指揮，在敵眾我寡、日軍蜂擁而上的戰鬥中，率部頑強拼搏，壯烈殉國。中國國民革命軍第三十六集團軍總司令李家鈺將軍，全軍危難之時，主動率兵殿後掩護，在與日軍激戰中流盡最後一滴血。中國國民革命軍第十八集團軍副參謀長左權將軍，面對日軍組織的層層包圍，臨危不懼，在指揮部隊突圍時英勇戰死。中國國民革命軍第三軍軍長唐淮源將軍，面對日軍的圍追堵截，對全軍將士喊出"只有戰死的軍師長，沒有被俘的軍師長！"毅然拔槍自戕。中國國民革命軍第六十軍第五四二旅旅長陳鐘書將軍，在彈藥打光後，面對日軍的衝鋒，持槍帶兵率先躍出戰壕迎向日軍，一口氣刺殺14個日本侵略者，多處受傷身死人不倒，仍以刺殺姿勢站立指揮將士衝殺。中國遠征軍第六十六軍新編第三十八師副師長齊學啟將軍，奉命揮師緬甸，維護世界和平、解救日軍對英軍的圍困，在帶領傷兵與日軍戰鬥中負傷昏倒被俘，威武不屈，犧牲異國。中國東北抗日聯軍第一路軍總司令楊靖宇將軍，面對日軍的圍困和冰雪饑餓，奮力苦撐，寧死不降，戰至最後一人，血染白山黑水。中國國民革命軍廣西綏靖公署史蔚馥將軍，在桂柳會戰中力戰不支而被俘，面對欣賞他滿腹經綸的日酋百般勸降與恐嚇，絲毫不為所動，高聲吟誦著《白馬篇》走向刑場，被日軍亂刀刺死。

還有中國"戰將"黃梅興將軍，中國"戰神"洪行將軍，中國"軍神"高志航將軍，中國"虎將"霍世才將軍，中國"虎賁師"柴意新將軍，中國"模範師"鐘毅將軍，"戰區靈魂"張諝行將軍，"虎膽英雄"謝升標將軍，"執法如山"張培梅將軍，"廉潔自恃"彭士量將軍，"能征善戰"馬本齋將軍，"遊擊悍將"陳翰章將軍，"擅長逆襲"黃維綱將軍，"抱病征戰"邢清忠將軍，"戰場教子"鄒紹孟將軍，"硬仗將軍"王甲本軍長，軍事理論家蔣百里將軍，日軍酷刑拒不投降的余光奎將軍，率部從黑龍江打到贛江的王錫山將軍，過家門而不入的路景榮將軍，抗日不為官不為錢的馬玉仁將軍，榮獲世界反法西斯同盟國美國勳章的戴安瀾將軍，日本不降死不瞑目的陳季良將軍，中國和平外交官楊光洰總領事等……全都赴難捐軀。中國、中華民族乃至世界華人不怕犧牲，勇於抗戰衛和平已成為自己神聖之責！

經過長達14年艱苦卓絕的奮戰，中國終於打敗了日本法西斯，取得了反法西斯戰爭的全面勝利，迎來了世界和平。中國由此成為世界反法西斯戰爭五大強國之一，並且同時廢除了自1840年鴉片戰爭以來，陷中國於次殖民地的不平等條約，基本恢復了中國和平、獨立、自由與領土領海主權完整。

本書共介紹記載了在這場戰爭中赴難捐軀（陣亡戰死、自戕、戰場傷病復發殉職和被俘殺害、暗害）的中國將軍982位。他們都是中國國民革命軍、中國遠征軍旅（團）職以上，中國抗日義勇軍、中國東北抗日聯軍和中國抗日救國軍等軍隊軍職以上將領。其中，包括部分上校軍官殉職後被政府追晉少將軍銜，以及中國國民革命軍第八路軍、新編第四軍正團職以上將領殉國後不追晉軍銜和其他國民革命軍上校軍官壯烈殉國後，由於種種原因沒有被追晉少將軍銜，比照當時政府相關規定和國際慣例視同追晉少將軍銜對待。對於東北抗日聯軍、部分抗日義勇軍和抗日救國軍等民眾抗日軍隊副軍職以上將領，因特定原因生前或者殉職後沒有實行軍銜制或授予軍銜，比照相關規定和所掌管軍隊人數與英勇行為，以及約定俗成的將軍稱謂，視同追晉少將或少將以上軍銜對待。還有很多高職文官，面對日本法西斯的入侵與殺戮，挺身而出保衛家鄉和平與民眾、誓與國家共存亡，其行為同樣驚天地泣鬼神。雖然他們不是橫刀立馬的將軍，這裡仍收錄幾位代表，以表示對他們的敬仰和尊重。所以，本書對他們都尊稱為將軍或將領（包括正式授予軍銜、職務軍銜和殉國後國家追贈、追晉軍銜）。這是他們為祖國和平、統一，為世界反法西斯戰爭而勇於赴死，應該得到的榮譽，也是向世界展現中國抗日戰爭對世界反法西斯戰爭勝利所付出沉重代價和做出鉅大貢獻的需要。

本書共分三卷，每卷自成體系。為便於讀者閱讀查尋，書中所列諸位赴難捐軀的將軍，不分軍隊編制番號、不分黨派信仰、不分職務高低、不分殉職時間先後、不分征戰地域差異，統一按姓氏筆劃排列。其中上卷介紹了130位將軍，中卷介紹了141位將軍，下卷介紹了180位將軍、在最後表中記錄統計了531位將軍。同時，為讓世界瞭解中國反法西斯戰爭和中國對世界反法西斯戰爭所做出的卓越貢獻與付出的鉅大犧牲，對每位將軍的主要信息與功績都在首頁用英文進行了概要介紹。

由於作者掌握的資料有限，調查與考證存在時空上的局限性，可能還有一部分為祖國和平、為世界反法西斯戰爭而赴難捐軀的將軍沒有收錄進來。在此，向他們深表歉意！特別是受種種原因與條件限制，我們在工作之餘自費調研、撰稿、翻譯，搜集和調查的資料還很不完善。有些將軍的照片還沒有收集到（有的用國家領導人題詞石刻暫代），甚至在資料（文檔、軍銜、職務、履歷、事例或照片）的選用與甄別上也可能出現偏差，在英文翻譯方面可能還有不妥之處。尤其本人一直從事工程技術研究，缺乏文學底蘊，又忙於將殉國將軍的事蹟收集記錄此書，修辭語法欠斟酌。所以，此書尚有不盡如人意之處，敬請讀者諒解。同時，也懇請讀者，特別是瞭解史實的反法西斯老將軍、老戰士和專家，以及抗日將領親屬與後人給予指正。希望更多人為我們提供更多更詳實可靠的資料，以便再版時修正、增補並彌補書中的缺陷或不足。

還需要說明的是：這樣的紀實著作，所用語言、地名和軍事術語等，都應如實客觀地反映當時的歷史狀況。然而，由於我們受條件、資金和水準所限，還難以全部還原歷史本來面貌。例如在地名的稱謂上，有的沿用了當今改用的地名稱謂。在下卷表中的時間、地點，有的僅給出了年或月、省份或某地點，由於年代較遠和多次"運動"摧殘，難以查清。再如，有些將領戰死疆場時，軍銜是上校、少將或中將，理當追晉上一級軍銜，但是還沒有查到追晉上一級軍銜或者優恤文檔，只有按犧牲時軍銜寫入此書。對此深表歉意！

"天地英雄氣，千秋尚凜然"。今天，我們終於把為捍衛祖國和平、為世界反法西斯戰爭而赴難捐軀的 980 餘位中國將軍，系統整理撰寫成書——告慰他們，昭示後人；記入史冊，永駐人間！

謹以此獻給在世界反法西斯戰爭中英勇捐軀的中國將士，獻給我勤勞的母親、姥姥（李氏）和愛好和平的世界人民、以及維持世界和平的聯合國！

于殿寶

2020 年 1 月 1 日於中國徐州

Preface

China and Japan are neighboring countries separated by a narrow strip of water, with a history of friendly and peaceful exchanges spanning thousands of years. The Japanese people have long been nurtured and influenced by Chinese culture, becoming a civilized nation in the world. However, in the past century, Japanese militarists have cast covetous eyes on China, sharpening their swords and repeatedly extending their aggressive claws towards their neighbor.

From 1931 to 1945, Japanese militarists launched aggressive wars against China and the world. China, along with peace-loving people from various countries, rose up in resistance. Chinese generals led their troops to resist the invasion and plundering of Japanese fascists,

記在世界反法西斯戰爭中赴難捐軀的中國將軍們

defending their homeland and safeguarding peace. Their courageous deeds in the World Anti-Fascist War were awe-inspiring and sent shivers down the spine. With unwavering determination, they faced death with a sense of purpose, fighting to the bitter end. They painted a magnificent and epic historical picture of the Chinese nation's most grand and tumultuous struggle against fascism.

General Zhang Zizhong, the Commander-in-Chief of the 33rd Army Group of the Chinese National Revolutionary Army, personally commanded the frontline battles. In the face of overwhelming enemy forces and fierce Japanese attacks, he led his troops to fight valiantly, sacrificing his life heroically. General Li Jiayu, the Commander-in-Chief of the 36th Army Group of the Chinese National Revolutionary Army, took the initiative to lead his troops to cover the rear in times of peril. In the midst of intense battles with the Japanese, he shed the last drop of his blood. General Zuo Quan, the Deputy Chief of Staff of the 18th Army Group of the Chinese National Revolutionary Army, fearlessly faced the encirclement of Japanese forces. In the critical moment of leading his troops to break through, he died a heroic death. General Tang Huaiyuan, the Commander of the 3rd Army of the Chinese National Revolutionary Army, faced the relentless pursuit of the Japanese army. He bravely declared to his soldiers, "There are only generals who die in battle, but no generals who are captured!" He resolutely took out his gun and sacrificed himself. General Chen Zhongshu, the Commander of the 542nd Brigade of the 60th Army of the Chinese National Revolutionary Army, confronted the charging Japanese soldiers after running out of ammunition. Leading his troops with a gun in hand, he leaped out of the trenches to meet the enemy. He single-handedly killed 14 Japanese invaders and sustained multiple injuries. Despite being critically wounded, he remained standing in a combat position, commanding his soldiers to charge forward. General Qi Xueqi, the Deputy Division Commander of the 38th Division of the newly formed 66th Army of the Chinese Expeditionary Force, was ordered to lead his troops to Burma. He was tasked with maintaining world peace and rescuing the British army besieged by the Japanese. In the midst of leading wounded soldiers in battle against the Japanese, he was injured and captured. He showed unwavering bravery and sacrifice in a foreign land. General Yang Jingyu, the Commander-in-Chief of the 1st Route Army of the Chinese Northeast Anti-Japanese United Army, faced the Japanese encirclement and endured the harsh winter, hunger, and enemy attacks. He fought valiantly, refusing to surrender, and fought until the last person. The White Mountains and Black Waters were stained with his blood. General Shi Weifu, from the Guangxi Pacification Headquarters of the Chinese National Revolutionary Army, fought fiercely during the Battle of Guilin-Liuzhou but was eventually captured. Despite the Japanese leaders appreciating his wisdom and trying various tactics to persuade and intimidate him, he remained unmoved. He recited loudly the "White Horse Song" as he walked towards the execution ground. He was brutally stabbed to death by the Japanese soldiers.

Numerous heroes laid down their lives for the peace of their beloved motherland in the war. For instance, General Huang Meixing, a general who led the army bravely to attack the Japanese army; General Hong Xing, an invincible general; General Gao Zhihang, the air force general who shot down the most Japanese aircrafts; General Huo Shicai who was known as the "Chinese Valiant"; General Chai Yixin, a brave guard for the country; General Zhong Yi, a general of China's model division of combat effectiveness and military discipline; General Zhang Xuhang, a tactful general who could always seize the initiative in the war; General Xie Shengbiao who was as courageous as a lion; General Zhang Peimei who enforced the military law strictly; General Peng Shiliang who was honest and self-restraint in the army; General Ma Benzhai who was brave and skillful in fighting; General Chen Hanzhang who was the guerrilla warrior; General Huang Weigang who was skilled in counteroffensive, General Xing Qingzhong who kept on campaigning despite of his injury; General Zou Shaomeng who disciplined his son in the battlefield; General Wang Jiaben who fought tough battles; General Jiang Baili who was a military theorist with a great vision; General Yu Guangkui who would rather die than surrender; General Wang Xishan who led his troops to fight against the enemy from the northernmost to the southernmost area of China; General Lu Jingrong who passed by his home in war time without entering; General Ma Yuren who fought against the enemy not for power or money but for the peace of the motherland; General Dai Anlan who was awarded a medal of the World Anti-Fascist War from the World Anti-Fascist Allies; General Chen Jiliang who could not rest in peace without knowing the surrender of the Japanese enemy; Consul General Yang Guangsheng who contributed greatly in diplomatic cause, etc. They were the real heroes of the Chinese nation, were the real backbones of the Divine Land (a poetic name for China), and were the real warriors of the World Anti-Fascist War. Their feats and spirits painted the most magnificent and spectacular Anti-Fascist historical picture scroll of the Chinese nation, cast the grand monument of Chinese nation, and build the real national spirit of the pursuit of liberty and the love of peace. The awe-inspiring righteousness of their patriotism is the tremendous spiritual wealth which lasts for centuries, and is the source of motivation for China to defend the justice and maintain the world peace.

After 14 years of arduous struggle, China defeated the Japanese invasion, won a comprehensive victory in the Anti-Fascist War and contributed greatly to the peace of the world. As a result, China became one of the five great powers in the World Anti-Fascist War. With the victory, all the unequal treaties that had trapped China in the sub-colonies since the Opium War in 1840 were abolished, and China's peace, independence, freedom and territorial sovereignty were restored.

The book documents a total of 982 Chinese generals who sacrificed their lives during this war (including those who died in battle, committed suicide, succumbed to injuries or illnesses, or were killed or assassinated while captured). These generals held ranks of the Chinese National Revolutionary Army, Chinese Expeditionary Force (division or above), Chinese Anti-Japanese Volunteer Army, Chinese Northeast Anti-Japanese United Army, and Chinese Anti-Japanese Salvation Army, among others. Among them were some colonel-level officers who were posthumously promoted to the rank of major general by the government, as well as those who served in the Eighth Route Army and Newly Formed Fourth Army of the Chinese National Revolutionary Army and died heroically but were not posthumously promoted to a higher rank due to various reasons. However, they were treated equivalently to those who were posthumously promoted to major general, following relevant government regulations and international conventions. As for officers of the Northeast Anti-Japanese United Army, some Anti-Japanese Volunteer Armies, and Anti-Japanese Salvation Army who held the deputy rank, they may not have been conferred military ranks during their lifetime or after their martyrdom due to specific reasons. However, based on their designated responsibilities, heroic acts, the number of troops they commanded, and the customary practice of addressing them as generals, they are treated equivalently to those who were posthumously promoted to the rank of major general or above. There were also many high-ranking civil officials who, in the face of the invasion and slaughter by Japanese fascists, stepped forward to defend their homeland, peace, and the people, vowing to live or die together with their country. Their actions were equally awe-inspiring and extraordinary. Although they were not generals who brandished their swords on the battlefield, this book still includes several representatives to express our admiration and respect for them. Therefore, in this book, they are referred to as generals or military leaders (including formal military ranks, official positions, and posthumously promoted ranks). This is the honor they deserve for sacrificing their lives for the peace and unity of their motherland and for the victory of the world's anti-fascist war. It is also necessary to showcase to the world the heavy price and significant contributions made by the Chinese in the Anti-Japanese War to the overall victory of the global anti-fascist struggle.

The book is divided into three volumes, each forming a complete system on its own. For the convenience of readers in reading and referencing, the generals who sacrificed their lives are listed in the book without distinguishing their military organization, party affiliation, rank, time of sacrifice, or geographical differences. Instead, they are arranged in alphabetical order based on their surnames. The first volume introduces 130 generals, the second volume introduces 141 generals, and the third volume introduces 180 generals, totaling 531 generals recorded in the final table. Additionally, to help the world understand the remarkable contributions and immense sacrifices made by China in the anti-fascist war and its role in the global anti-fascist struggle, a brief summary of each general's main information and achievements is provided in English on the first page.

Due to the limited information available to the author and the constraints of investigation and verification in terms of time and space, it is possible that some of the generals who sacrificed themselves for the peace of the motherland and the global anti-fascist war have not been included in this book. We deeply apologize to them for this oversight. Furthermore, we acknowledge that the research, writing, and translation work we conducted alongside our regular jobs was self-funded and the data collection and investigation were incomplete. Some generals' photographs have not been collected yet (some temporarily represented by inscriptions from national leaders), and there may be deviations in the selection and verification of data (documents, ranks, positions, resumes, examples, or photographs), as well as potential inaccuracies in the English translations. Especially considering that I have been primarily engaged in engineering and technical research and lack literary background, I may have been insufficient in terms of rhetoric and grammar. Therefore, this book may have some shortcomings, and we kindly request the understanding of the readers. Additionally, we sincerely ask the readers, particularly the anti-fascist veterans, experts who have knowledge of historical facts, as well as relatives and descendants of the anti-Japanese military officers, to provide corrections. We hope that more people can offer us more detailed and reliable information to rectify, supplement, and compensate for the deficiencies or shortcomings in the book when it is revised and reissued.

It is necessary to clarify that in this documentary work, the language, place names, and military terminology should reflect the historical context truthfully and objectively. However, due to limitations in conditions, funding, and resources, it is challenging to fully restore the original historical circumstances. For example, in the naming of places, some current names may have been used. In the timeline and locations mentioned in the third volume table, some entries only provide the year or month and the province or a specific location, making it difficult to ascertain specific details due to the remoteness of the era and the impact of various "movements." Additionally, when some generals fell in battle, their ranks were colonel, brigadier general, or major general, and it is expected that they should have been posthumously promoted to the higher rank. However, we have not found any documentation regarding the posthumous promotion or commendation, and only the rank held at the time of sacrifice is recorded in this book. We deeply apologize for this limitation.

"Heroes of heaven and earth, their spirits resonate through the ages." Today, we have finally compiled and written a comprehensive book to pay tribute to over 980 Chinese generals who sacrificed their lives to defend our motherland's peace and contribute to the global anti-fascist war. This work serves as a consolation to them, a testament to future generations, an entry in the annals of history, and an eternal presence among humanity!

We humbly dedicate this book to the brave Chinese soldiers who valiantly laid down their lives in the fight against fascism worldwide. It is dedicated to my hardworking mother, grandmother (Mrs. Li), the peace-loving people of the world, and the United Nations, the custodian of global peace.

Yu Dianbao
Jan.1, 2020 Xuzhou China

目　録

前言 ·· 1
1. 王　竣　　陸軍中將、國民革命軍第八十軍新編第二十七師師長 ················ 1
2. 王甲本　　陸軍中將、國民革命軍第七十九軍軍長 ·························· 6
3. 王禹九　　陸軍少將、國民革命軍第七十九軍參謀處處長 ···················· 12
4. 王銘章　　陸軍上將、國民革命軍第四十一軍代軍長兼第一二二師師長 ·········· 16
5. 王鳳山　　陸軍中將、國民革命軍第三十四軍代軍長兼暫編第四十五師師長 ······ 23
6. 王鳳閣　　陸軍中將、遼寧民眾自衛軍第三方面軍司令兼第十九路軍司令 ········ 27
7. 方玿舟　　陸軍少將、國民革命軍第三十一軍鳳定別動隊司令 ················ 33
8. 方叔洪　　陸軍中將、國民革命軍第五十一軍第一一四師師長 ················ 38
9. 左　權　　陸軍少將、國民革命軍第八路軍副參謀長 ······················· 43
10. 史蔚馥　　陸軍少將、國民革命軍廣西綏靖公署高級參謀 ··················· 49
11. 白乙化　　國民革命軍第八路軍晉察冀軍區平北軍分區副司令員 ··············· 54
12. 司徒非　　陸軍中將、國民革命軍第六十六軍第一六〇師參謀長 ··············· 58
13. 朱　赤　　陸軍中將、國民革命軍第七十二軍第八十八師第二六二旅旅長 ········ 62
14. 朱　程　　國民革命軍第八路軍冀魯豫軍區第五軍分區司令員 ················ 67
15. 朱炎暉　　陸軍中將、國民革命軍第九十四軍第一八五師第五四六旅旅長 ········ 70
16. 朱家麟　　陸軍中將、國民革命軍第四十軍第三十九師第一一五旅旅長 ·········· 73
17. 朱毅先　　陸軍少將、國民革命軍第一戰區第七遊擊隊副司令 ················ 81
18. 朱鴻勳　　陸軍中將、國民革命軍第五十三軍副軍長兼第一三〇師師長 ·········· 83
19. 朱耀華　　陸軍中將、國民革命軍第二十二軍第十八師師長 ·················· 88
20. 李必蕃　　陸軍中將、國民革命軍第十三軍第二十三師師長 ·················· 92
21. 李延平　　東北抗日聯軍第四軍軍長 ···································· 96
22. 李家鈺　　陸軍二級上將、國民革命軍第三十六集團軍總司令 ················ 101
23. 李翰卿　　陸軍中將、國民革命軍第七十四軍第五十七師步兵指揮官 ··········· 112
24. 李蘭池　　陸軍少將、國民革命軍第五十七軍第一一二師三三六旅副旅長 ········ 117
25. 呂公良　　陸軍少將、國民革命軍暫編第十五軍新編第二十九師師長 ··········· 120
26. 呂旃蒙　　陸軍少將、國民革命軍第三十一軍參謀長 ······················· 124
27. 吳克仁　　陸軍中將、國民革命軍第六十七軍軍長 ························· 128
28. 佟麟閣　　陸軍上將、國民革命軍第二十九軍代軍長 ······················· 133
29. 余子武　　陸軍少將、國民革命軍第六十二軍第一五一師副師長 ··············· 138
30. 武士敏　　陸軍中將、國民革命軍第九十八軍軍長 ························· 142
31. 林英燦　　陸軍少將、國民革命軍第六十二軍第一五二師副師長 ··············· 147

32.	范　藎	陸軍中將、國民革命軍第八十七軍第一九八師副師長	150
33.	范子俠	國民革命軍第八路軍第一二九師新編第十旅旅長	154
34.	郁仁治	陸軍中將、國民政府山東省第一行政區督察專員兼軍事特派員	158
35.	易式穀	陸軍少將、國民革命軍第二十二軍司令部副官處處長	162
36.	易安華	陸軍中將、國民革命軍第七十一軍第八十七師第二五九旅旅長	165
37.	易良品	國民革命軍第八路軍冀南軍區第六軍分區司令員	170
38.	周　元	陸軍中將、國民革命軍第四十八軍第一七三師副師長	174
39.	周建屏	陸軍少將、國民革命軍第八路軍第一一五師第三四三旅副旅長	179
40.	柳漱風	陸軍少將、國民革命軍新編第六軍參謀長	183
41.	郝夢齡	陸軍上將、國民革命軍第九軍軍長	186
42.	洪　行	陸軍中將、中國遠征軍第六軍新編第三十九師師長	192
43.	姜玉貞	陸軍中將、國民革命軍第三十四軍第一九六旅旅長	196
44.	姚中英	陸軍少將、國民革命軍第八十三軍第一五六師參謀長	201
45.	秦　霖	陸軍中將、國民革命軍第七軍第一七一師第五一一旅旅長	204
46.	秦慶武	陸軍少將、國民革命軍第七十軍第十九師第一一三團團長	208
47.	桂幹生	國民革命軍第八路軍第一二九師新編第九旅旅長	212
48.	袁聘之	陸軍少將、國民政府山東省第四行政區保安司令	215
49.	夏雲傑	東北抗日聯軍第六軍軍長	218
50.	柴意新	陸軍中將、國民革命軍第七十四軍副參謀長兼第五十七師團長	221
51.	馬玉仁	陸軍中將、國民革命軍魯蘇戰區第一路遊擊司令兼軍委會參議	228
52.	馬秉忠	陸軍少將、國民革命軍暫編騎兵第一師第二旅旅長	233
53.	馬威龍	陸軍少將、國民革命軍第二十七軍第四十六師第一三八旅旅長	237
54.	徐積璋	陸軍少將、國民革命軍第十九軍第七十師第二〇五旅旅長	242
55.	郭子斌	陸軍少將、國民革命軍魯蘇戰區暫編第三十師副師長	245
56.	郭好禮	國民革命軍第八路軍冀南軍區第一軍分區副司令員	247
57.	郭陸順	國民革命軍第八路軍第三縱隊回民支隊政治委員	250
58.	高志航	空軍少將、國民革命軍空軍驅逐司令兼第四大隊大隊長	254
59.	高致嵩	陸軍中將、國民革命軍第七十二軍第八十八師第二六四旅旅長	259
60.	唐淮源	陸軍上將、國民革命軍第三軍軍長	264
61.	唐聚五	陸軍中將、國民革命軍東北抗日遊擊軍司令	271
62.	陳中柱	陸軍中將、國民革命軍魯蘇皖邊區遊擊第四縱隊司令	277
63.	陳安寶	陸軍上將、國民革命軍第二十九軍軍長	281
64.	陳季良	海軍上將、國民革命軍海軍總司令部參謀長兼第一艦隊司令	286
65.	陳師洛	陸軍少將、國民革命軍第八十九軍參謀長	292
66.	陳德馨	陸軍中將、國民革命軍第五十五軍第二十九師第八十六旅旅長	295
67.	陳翰章	東北抗日聯軍第一路軍第三方面軍總指揮	299

68. 陳鐘書	陸軍中將、國民革命軍第六十軍第一八三師第五四二旅旅長	304
69. 常德善	國民革命軍第八路軍冀中軍區第八軍分區司令員	310
70. 符竹庭	國民革命軍第八路軍濱海軍區政治委員	315
71. 許國璋	陸軍中將、國民革命軍第四十四軍第一五〇師師長	320
72. 梁希賢	陸軍少將、國民革命軍第八十軍新編第二十七師副師長	325
73. 梁啟霖	陸軍少將、中國遠征軍第一路司令長官部副參謀長	329
74. 梁鑒堂	陸軍少將、國民革命軍第三十四軍第二〇三旅旅長	331
75. 張本禹	陸軍少將、國民革命軍第十三軍第四師第十二旅副旅長	334
76. 張甲洲	東北抗日聯軍第十一軍副軍長	338
77. 張自忠	陸軍上將、國民革命軍第三十三集團軍總司令	343
78. 張培梅	陸軍一級中將、國民革命軍第二戰區軍法執行總監	350
79. 張諝行	陸軍上將、中國軍事委員會天水行營副參謀長	354
80. 張競渡	陸軍少將、國民革命軍黑龍江步兵暫編第二旅旅長	360
81. 彭　雄	國民革命軍新編第四軍第三師參謀長兼蘇北軍區參謀長	362
82. 彭士量	陸軍中將、國民革命軍第七十三軍暫編第五師師長	367
83. 黃梅興	陸軍中將、國民革命軍第七十二軍第八十八師第二六四旅旅長	373
84. 黃德興	陸軍少將、國民革命軍第五十一軍第一一四師師長	378
85. 董天知	國民革命軍第八路軍第一二九師第三縱隊政治委員	380
86. 董少白	國民革命軍第八路軍山東縱隊第二支隊參謀長	383
87. 程嘯平	陸軍少將、國民革命軍浙江省金華警備區副指揮官	385
88. 傅忠貴	陸軍少將、國民革命軍魯北遊擊軍司令	387
89. 楊　生	陸軍少將、國民革命軍南潯挺進縱隊參謀長兼第二支隊司令	389
90. 楊　傑	陸軍少將、國民革命軍第一軍第一師第一旅副旅長	392
91. 楊家騮	陸軍少將、國民革命軍第十八軍第六十師第一八〇旅代旅長	396
92. 楊靖宇	東北抗日聯軍第一路軍總司令	400
93. 楊膺謂	陸軍少將、國民革命軍首都衛戍司令長官部高級參謀	411
94. 路景榮	陸軍少將、國民革命軍第五十四軍第九十八師參謀長	415
95. 解固基	陸軍少將、國民革命軍第四十三軍第二十六師第一五二團團長	420
96. 蔡如柏	陸軍少將、國民革命軍第六十六軍第一六〇師第九五六團團長	422
97. 蔡炳炎	陸軍中將、國民革命軍第十八軍第六十七師第二〇一旅旅長	424
98. 趙義京	國民革命軍第八路軍冀南軍區第五軍分區司令員	428
99. 趙錫章	陸軍中將、國民革命軍第十九軍第七十師第二一五旅旅長	431
100. 齊學啟	陸軍中將、中國遠征軍第六十六軍新編第三十八師副師長	435
101. 鄭廷珍	陸軍中將、國民革命軍第十四集團軍獨立第五旅旅長	443
102. 鄭作民	陸軍中將、國民革命軍第二軍副軍長	447
103. 劉北海	陸軍少將、國民革命軍第五十八軍新編第十師第四團團長	451

104. 劉桂五	陸軍中將、國民革命軍東北挺進先遣軍騎兵第六師師長	453
105. 劉桂雲	國民革命軍第八路軍晉察冀軍區第二軍分區第十九團團長	458
106. 劉海濤	國民革命軍第八路軍魯中軍區司令員	460
107. 劉家麒	陸軍中將、國民革命軍第九軍第五十四師師長	464
108. 劉陽生	陸軍少將、國民革命軍第七十軍第十九師第一一四團團長	469
109. 劉震東	陸軍中將、國民革命軍第五戰區第二路遊擊軍司令	471
110. 賴傳湘	陸軍中將、國民革命軍第十軍第一九〇師代師長	476
111. 蕭山令	陸軍中將、國民政府憲兵司令部副司令兼南京警備司令	481
112. 蕭永智	國民革命軍第八路軍冀南軍區第七軍分區政治委員	487
113. 韓家麟	陸軍少將、東北抗日義勇軍參謀長	491
114. 韓憲元	陸軍少將、國民革命軍第七十二軍第八十八師第五二四團團長	496
115. 藍　挺	陸軍少將、國民革命軍第六軍第四十九師參謀長	499
116. 戴民權	陸軍中將、國民革命軍豫南遊擊隊第五縱隊司令	501
117. 戴安瀾	陸軍中將、中國遠征軍第五軍第二〇〇師師長	503
118. 魏長魁	東北抗日聯軍第九軍政治部主任	511
119. 魏拯民	東北抗日聯軍第一路軍副總司令兼政委	514
120. 魏鳳韶	陸軍中將、國民革命軍魯蘇戰區司令長官部副官處處長	519
121. 謝升標	陸軍中將、國民革命軍蘇浙皖邊區遊擊司令	522
122. 謝承瑞	陸軍少將、中央陸軍軍官學校教導總隊第一旅第二團團長	526
123. 謝振平	陸軍少將、國民政府北平市衛生局局長	530
124. 羅芳珪	陸軍少將、國民革命軍第八十五軍第八十九師第五二九團團長	541
125. 羅忠毅	國民革命軍新編第四軍第六師參謀長兼第十六旅旅長	547
126. 羅策群	陸軍中將、國民革命軍第六十六軍第一五九師代師長	551
127. 嚴立三	陸軍中將、國民政府湖北省代主席	554
128. 闞維雍	陸軍中將、國民革命軍第三十一軍第一三一師師長	559
129. 關元有	華北民眾抗日救國軍參謀長	564
130. 鐘芳峻	陸軍少將、國民革命軍第六十三軍第一五三師第四五九旅旅長	567
後記		570
後記二		576

王竣將軍
General Wang Jun

陸軍中將、國民革命軍第八十軍新編第二十七師師長
Lieutenant General and Commander of the 27th New Division of the 80th Army of the National Revolutionary Army

　　王竣，原名俊，字傑三。中國國民革命軍陸軍第八十軍新編第二十七師少將師長，著名抗日愛國戰將。1902年出生於陝西省蒲城縣堯堡村。自幼刻苦好學，樂於助人，先後就讀於蒲城縣高等小學和省立同州師範學校。1924年考入廣州黃埔陸軍軍官學校第三期學習。畢業後在西北軍服役，先後任連長、營長、團長和旅長等職。王竣躬自儉約，志操宏正，熱愛和平，敢於擔當，追求民主自由，倡導造福人類。常曰："青年應以服務社會，造福人類為志向。"

　　1937年7月，蘆溝橋事變發生，日本公然違反國際公約，出兵大肆侵略中國華北，打破了中國和平建設環境，中華民國國民政府全力組織軍民自衛應戰，抗日戰爭全面爆發。王竣任陝西省警備第一旅少將旅長，奉命率部挺進抗日前線，負責黃河防務。1938年8月，率部配合友軍血戰永濟，給予入侵日軍重大殺傷。1939年春，其旅被國民政府軍事委員會統編為國民革命軍陸軍新編第二十七師，王竣任副師長，後升任師長。1940年秋，該師隸屬第八十軍戰鬥序列，率部與日軍鏖戰於中條山，多次重創日軍。1941年5月，率部參加中條山會戰（又稱晉南會戰），全師堅守陣地，多次擊退日軍進攻。5月9日，陣地突遭日本飛機轟炸和施放毒氣，王竣師長被炸彈彈片與氣浪擊倒，壯烈殉國。時年 40 歲。之後，中華民國國民政府頒佈褒揚令，追晉王竣陸軍中將軍銜。

Wang Jun, originally named Jun and also known as Jiesan, was a renowned patriotic general in the Chinese National Revolutionary Army, serving as the Major General and Commander of the 27th Division, newly organized under the 80th Army. He was born in 1902 in Yaobao Village, Pucheng County, Shaanxi Province, China. From a young age, Wang Jun was diligent in his studies and eager to help others. He attended Pucheng County Advanced Primary School and the Provincial Tongzhou Normal School. In 1924, Wang Jun was admitted to the 3rd session of the Whampoa Military Academy in Guangzhou. After graduating, he served in the Northwest Army, holding various positions such as Company Commander, Battalion Commander, Regimental Commander, and Brigade Commander. Wang Jun lived a frugal and modest life, with lofty ideals and a strong sense of justice. He had a deep love for peace, dared to shoulder responsibilities, and advocated for democracy and freedom for the betterment of humanity. He often said, "Young people should aspire to serve society and benefit mankind."

In July 1937, the Marco Polo Bridge Incident occurred, in which Japan openly violated international agreements and launched large-scale aggression in Northern China, shattering the peaceful construction environment in China. The government of the Republic of China mobilized the military and civilians to defend against the Japanese invasion, and the full-scale resistance war against Japan broke out. Wang Jun was appointed as the Major General and Brigade Commander of the 1st Security Brigade of Shaanxi Province. He was ordered to lead his troops to advance to the front lines of the anti-Japanese resistance and assume the responsibility of defending the Yellow River. In August 1938, Wang Jun coordinated with friendly forces to engage in fierce combat in Yongji, inflicting significant casualties on the invading Japanese army. In the spring of 1939, his brigade was incorporated into the newly organized 27th Division of the Chinese National Revolutionary Army by the Military Affairs Commission of the National Government, with Wang Jun initially serving as the Deputy Division Commander and later promoted to Division Commander. In the autumn of 1940, the division was placed under the combat sequence of the 80th Army. Wang Jun led his troops in multiple battles against the Japanese army at Zhongtiao Mountain, dealing heavy blows to the enemy. In May 1941, his division participated in the Battle of Zhongtiao Mountain (also known as the Battle of Jinnan), steadfastly holding their positions and repelling numerous Japanese offensives. On May 9th, their positions were subjected to bombing and chemical gas attacks by Japanese aircraft. General Wang Jun was knocked down by bomb fragments and shockwaves, sacrificing his life heroically at the age of 40. Subsequently, the government of the Republic of China issued a commendation order and posthumously promoted Wang Jun to the rank of Lieutenant General in the Army.

請纓赴沙場　衛和平戰日寇

　　1937年7月7日，蘆溝橋事變爆發，日本公然違反國際公約，出兵大肆侵略中國華北。中華民國國民政府委員會委員長、軍事委員會委員長兼行政院院長蔣中正發表《對蘆溝橋事件之嚴正聲明》："中國民族本是酷愛和平……我們是弱國，國家要進行建設，絕對的要和平，過去數年中，不惜委曲忍痛，對外保持和平……我們固然是一個弱國，但不能不保持我們民族的生命，不能不負擔祖宗先民遺給我們歷史的責任，所以到了迫不得已時，我們不能不應戰……如果放棄尺寸土地與主權，便是中華民族的千古罪人……我們希望和平，而不求苟安，準備應戰，而決不求戰……如果戰端一開，就是地無分南北，人無分老幼，無論何人皆有守土抗戰之責……全國國民亦必須嚴肅沉著，準備自衛……"。

　　王竣任陝西省警備第一旅少將旅長，帶領全旅官兵收聽學習了國家最高統帥《對蘆溝橋事件之嚴正聲明》、以及耳聞日寇的瘋狂進攻入侵，堅決請求效命沙場，保衛祖國和平與領土主權完整。由於日本軍隊機械化程度高，在迅速攻佔中國北平、天津以及河北省部分地區之後，繼而為實現其日本大本營的"大陸政策"，兵分兩路分別沿平綏路和正太路向山西省大舉入侵。1937年11月9日，日軍攻佔中國太原。之後，日軍沿同蒲鐵路南下，相繼攻佔平遙、榆次等地。中華民國國民政府軍事委員會立即命令王竣率部由長安開赴黃河西岸，擔負警戒黃河河防重要任務。王竣馬上整裝，在當地政府和民眾的歡送下，帶領部隊高唱《中國國民革命軍陸軍軍歌》，雄赳赳、氣昂昂奔赴防地，阻擊日本軍隊進攻：

"風雲起，山河動，黃埔建軍聲勢雄，革命壯士矢精忠。

　金戈鐵馬，百戰沙場，安內攘外作先鋒。

　縱橫掃蕩，復興中華，所向無敵，立大功。

　旌旗耀，金鼓響，龍騰虎躍軍威壯，忠誠精實風紀揚。

　機動攻勢，勇敢沉著，奇襲主動智謀廣。

　肝膽相照，團結自強，殲滅敵寇，凱歌唱。"

　……

　　1938年5月19日，中華民國國政府發表《告日本國民書》，向全世界和日本人民說明破壞和平的是日本軍閥，此次戰爭是針對日本軍閥的戰爭，並非對日本人民的戰爭，號召日本人民和中國人民共同反對日本軍閥。王竣師長積極宣傳本戰爭的政治意義，堅定官兵為正義、為和平，為祖國而戰的信心，努力提高殺敵本領。7月，山西戰局進一步危機。王竣奉命指揮所部一個團東渡黃河進入山西省境內，配合友軍堅守永濟。由於日軍進攻受阻，調集了一個師團的兵力圍攻永濟。王峻沉著應戰，指揮官兵奮勇殺敵，與友軍協同作戰，接連打退日軍多次進攻。永濟血戰，該團傷亡慘重，第二營營長鄧祥雲等官兵為國戰死。但是，也同時重創日軍，遲滯日軍的進攻速度，成功掩護中國第三十一軍團安全轉進中條山的使命。

1939年春，陝西省警備第一旅被中華民國國民政府軍事委員會統編為國民革命軍陸軍新編第二十七師，隸屬國民革命軍第十戰區。王竣任新編第二十七師副師長，繼而升任師長，全面負責黃河西岸朝邑至潼關一帶的防務。

1940年11月，王竣所部——新編第二十七師奉命轉歸陸軍第八十軍戰鬥序列，開赴山西中條山駐防。第八十軍（軍長孔令恂）下轄：第一六五師（師長王治岐），新編第二十七師（師長王竣）和河北民軍（總指揮喬明禮）。王竣率部經漯河、渭河出潼關，渡過黃河，進入山西省境內的中條山抗日腹地，師部駐平陸縣東北的黃家莊。

保衛中條山　率部血戰殉國

中條山位於山西省南部，南臨黃河，北通臨汾，東連太行山，西北與呂梁山相望，進可攻，退可守，是地勢險要的天然屏障，又是進入關中的重要通道，自古以來，為兵家必爭之地。為了保衛這一戰略要地，中華民國國民政府先後調集了兩個集團軍、五個整軍、一個新編旅、一個遊擊隊，共約18萬人駐守中條山地區。日本為奪取這一戰略要衝，也在秘密集中主力部隊，中條山大戰不可避免。王竣率部進入中條山地區後，以攻為守，偵察日軍動向，先後與日軍作戰十餘次，不僅固守了戰略要地中條山，而且保衛了潼洛，屏障了陝甘。1941年4月，王竣親臨前線觀察，指揮第八十團第二營主動出擊，襲擊攻取了日軍梨樹坪炮兵陣地，奪得大炮兩門，搗毀日軍炮兵陣地一座。

1941年第二季度始，日本為消滅晉豫邊區的中國軍隊，以確保華北地區的"安全"，調整兵力部署，秘密從中國華中、華東、中原等佔領區調集了六個師團、兩個獨立混成旅團、一個騎兵團以及偽軍一部，兵力共達十萬餘人，且裝備精良，並配以第三飛行集團協同作戰。5月7日，日本軍隊以閃電戰術的迅速突破、切割包圍、反覆掃蕩之戰法，分東、北、西三面向中條山發起猛烈攻擊。日本軍隊在飛機的支援轟炸下，在不同方位集中上百門火炮猛烈開炮，整個中條山瞬間變成一片火海。日本戰車坦克、裝甲車掃射開路，日本步兵跟隨其後，空降兵從天而降，騎兵快速切割，強佔了一些重要制高點。王竣率新編第二十七師奉命扼守中條山之黃家莊、羊皮嶺、門檻山、曹家川、馬泉溝、臺寨一帶，也遭到了日軍嚴重轟擊。王竣率部與我駐中條山各部立即組織自衛反擊。中條山會戰（又稱晉南會戰）拉開戰幕。

5月7日午後，集結在山西省聞喜、夏縣方向的日本安達二十三中將指揮的第三十七師團主力、井關仞中將指揮的第三十六師團一部、若松平治少將指揮的獨立第十六混成旅團，約二萬五千人，向東南進犯。日軍在飛機和大炮的掩護下，重點對王竣師部所在地——張店鎮發動猛烈攻擊，新編第二十七師將士頑強抵抗，與日軍浴血奮戰，擊退日軍一次又一次猛烈進攻。然而，由於我軍缺少重型武器，難以與日軍長期抗衡，全師傷亡慘重。前沿陣地新編第二十七師第八十團官兵大部分壯烈犧牲。8日淩晨，日軍突破張店陣地。新編第二十七師轉移至曹家川、臺寨一帶繼續抗敵。

1941年5月9日上午，日軍繼續向新編第二十七師陣地發起猛攻，先派便衣隊襲擊，再以飛機掃射轟炸，且滅絕人性地施放毒氣。面對蜂擁而至的日軍，王竣仍沉著指揮部隊與敵血戰，隨著時間的推移，王竣部傷亡越來越大，而且彈藥幾乎耗盡，又毒氣彌漫。部下勸王竣請示上級，轉移陣地。王竣師長慨然答道："未殲敵雪恥耳！何面目見人？軍人不成功，便成仁，當與諸君死此……"。眾官兵在王竣師長的感召下，浴血殺敵，誓死堅守陣地，擊敗了日軍一次次血腥進攻。之後，正當王竣師長在陣地上指揮佈防時，突然日本數架飛機又飛來掃射、投彈轟炸。王竣師長毫不介意，指揮官兵反擊……又一批敵機炸彈傾瀉下來，王竣被氣浪和彈片擊倒，身負重傷，鮮血直流。但他絕不下火線，仍堅持指揮官兵英勇抗擊。終因傷勢嚴重，流血過多和毒氣熏嗆，壯烈殉國。時年40歲。在此血戰中，新編第二十七師參謀長陳文杞、副師長梁希賢也先後赴難捐軀，全師將士傷亡殆盡。

1941年9月5日，中華民國國民政府軍事委員會委員長蔣中正聽取了第一戰區第五集團軍總司令曾萬鐘關於晉南會戰經過的彙報時，對為國家而陣亡的第三軍唐淮源軍長、新編第二十七師王竣師長、第十二師寸性奇師長等將官痛惜悲壯，命令褒揚其英勇抗戰事蹟，對其家屬從優撫恤。之後，中華民國國民政府頒佈褒揚令，追晉王竣陸軍中將軍銜。王竣師長忠骸安葬於長安郭杜鎮烈士陵園。當地政府在長安革命公園內為其立碑，以供人們憑弔紀念。

王甲本將軍
General Wang Jiaben

陸軍中將、國民革命軍第七十九軍軍長
Lieutenant General and Commander of the 79th Army of the National Revolutionary Army

　　王甲本，字立基。榮獲"硬仗將軍王甲本"稱譽。中國國民革命軍陸軍第七十九軍中將軍長，著名抗日愛國戰將。1901年出生於雲南省富源縣一軍人世家。自幼立志從軍報國，發奮讀書習武，後考入雲南陸軍講武堂第十四期。1918年畢業後，開始戎馬生涯。王甲本頭腦冷靜，擅長軍事，具有卓越的軍事才華。先後任排長、連長、營長、團長和旅長等職。1937年春，畢業於中國陸軍大學。

　　1937年7月，蘆溝橋事變發生，日本出兵大肆侵犯中國，打破了中國和平建設環境，中國政府全力組織軍民自衛應戰，中華民族抗日戰爭全面爆發。王甲本任國民革命軍陸軍第五十四軍第九十八師少將副師長，奉命率部參加淞滬會戰。1938年春，晉升第七十九軍第九十八師師長。奉命率部先後參加南昌會戰，第一、第二和第三次長沙會戰。1942年春，因戰功晉升第七十九軍軍長。奉命率部先後參加浙贛會戰（在浙江和江西地區一線抗擊侵華日軍的大型戰役），贛東戰役，鄂西會戰（在湖北省西部地區長江沿岸抗擊侵華日軍的大型戰役），常德會戰，長衡會戰（在長沙和衡陽地區抗擊侵華日軍的大型戰役）和桂柳會戰（在桂林和柳州地區抗擊侵華日軍的大型戰役）等大戰惡戰。在桂柳會戰中，率全軍久戰疲勞官兵喋血苦戰。1944年9月7日，在率部與日軍肉搏中，壯烈殉國。時年44歲。1944年11月，中華民國國民政府明令褒獎其英勇抗戰事蹟，追晉王甲本陸軍中將軍銜。

Wang Jiaben, also known as Liji, earned the prestigious title of "General Wang Jiaben, the Hero of Tough Battles." He served as a Major General and Commander of the 79th Army in the Chinese National Revolutionary Army, and he was a renowned patriotic general during the Chinese People's resistance against Japan. He was born in 1901 into a military family in Fuyuan County, Yunnan Province, China. From a young age, he aspired to join the military and serve his country, dedicating himself to studying and martial arts. He was later admitted to the 14th session of the Yunnan Army Training School. After graduating in 1918, he embarked on a military career. Wang Jiaben possessed a calm mind and excelled in military matters, displaying exceptional military talent. He held various positions, including Platoon Leader, Company Commander, Battalion Commander, Regimental Commander, and Brigade Commander. In the spring of 1937, he graduated from the Chinese Army University.

In July 1937, the Marco Polo Bridge Incident occurred, with Japan launching large-scale invasions and violating the peace-building environment in China. The Chinese government mobilized the military and civilians to defend against the Japanese aggression, marking the outbreak of the Chinese people's resistance against Japan. Wang Jiaben served as the Deputy Division Commander, holding the rank of Major General, in the 98th Division of the 54th Army of the Chinese National Revolutionary Army. He was ordered to participate in the Battle of Shanghai. In the spring of 1938, he was promoted to Division Commander of the 98th Division in the 79th Army. He led his troops in various battles, including the Battle of Nanchang, the First, Second, and Third Battles of Changsha. In the spring of 1942, due to his achievements in battle, he was promoted to Commander of the 79th Army. He was tasked with leading his troops in battles such as the Zhe-Gan Campaign, the Gan-Dong Campaign, the West Hubei Campaign, the Changde Campaign, and the Chang-Heng Campaign, as well as the Guilin-Liuzhou Campaign. During the Guilin-Liuzhou Campaign, he led his entire army to fight valiantly. On September 7, 1944, during close quarters combat with the Japanese, he heroically sacrificed his life at the age of 44. In November 1944, the government of the Republic of China officially commended his courageous wartime achievements and posthumously promoted Wang Jiaben to the rank of Lieutenant General in the Army.

保衛淞滬　帶傷拼殺

1937 年春，王甲本從中國陸軍大學將官班畢業，任中國國民革命軍陸軍第五十四军第九十八师少将副师长，奉命率部驻防湖北省汉口、荆门、沙市等地练兵备战。1937年7月，卢沟桥事变发生，日本出兵大肆侵犯中国华北；8月，上海局势又日趋危急，日本军队不断向中国上海保安队挑衅发难，破坏中国和平建设环境，中华民国国民政府积极应对。第九十八师奉命由湖北开赴南京，随即又从南京转赴上海。8月13日，日本军队向中国上海发起攻击。14日，中华民国国民政府发表自卫抗战声明，号召全国军民奋起自卫，淞沪会战爆发。15日，王甲本率部抵达上海南翔车站，在大场一带集结，奉命担任第三战区总预备队。

8月23日，日本第十一师团主力在中国长江川沙口、石洞口等处强行登陆，继而攻陷月浦及其东北狮子林炮台，严重威胁上海市区中国军队之侧背。第九十八师奉命驰赴月浦一带阻击日军。8月24日，第九十八师抵达月浦、瓦新镇一线阵地。王甲本身先士卒，率第九十八师英勇作战，一举收复月浦。同时，还派出一支部队猛攻狮子林炮台日军，夺回炮台阵地。日军受挫后，再犯月浦和狮子林炮台，王甲本率部拼死抵抗。9月1日，狮子林炮台再度失陷，我守军伤亡严重。从3日上午开始，日军凭借精良武器装备，向月浦发起了猛烈攻击。王甲本率官兵浴血奋战，当自己受伤时，裹伤后继续率部拼杀，多次击退日军进攻。激战持续至10日，日军又增兵2000余人，加强攻势与变更战法。11日，第九十八师右侧友军阵地失陷，第九十八师三面受敌，处境十分危险。战至晚9时许，王甲本奉命率部向广福、嘉定一线阵地转进。

11月5日，日本集中三个师团和一个支队，突然在中国杭州湾登陆，接连向松江、青浦方向攻击前进，导致淞沪战局形势突变。中国守军被迫从淞沪战场全面撤退。13日晚，王甲本奉命率第九十八师撤离广福、嘉定一带阵地，沿京沪公路向太仓、常熟转移。11月15日，部队抵达常熟"国防线"，随即与尾随而来的日军展开激战。在战斗中王甲本多次受伤，但仍坚持在火线指挥，战斗持续了3天。迟滞了日本军队进攻。

11月19日，第九十八师奉命向无锡、宜兴撤退，继而转入皖南休整。在淞沪会战中，第九十八师伤亡惨重，2500多名官兵为国捐躯，2400多名官兵受伤。王甲本副师长也多次中弹流血负伤，在其身上取出了31枚弹片。

1938年春，王甲本因战功晋升第七十九军第九十八师师长。奉命率部在皖南及江苏武进（常州）、丹阳、宜兴一带展开游击战。1939年3月，王甲本奉命率部参加南昌会战，侧击修水南岸之日军。

硬仗将军　屡建功勋

1939年9月，第二次世界大战在欧洲爆发。作为法西斯轴心国的日本，为迅速解决中国大陆战争，展开了新一轮的猛烈攻势，进攻重点直指中国军事重镇长沙。中國第九戰區在司令長官陳誠（代司令長官薛岳）將軍的指揮下積極應對，第一次長沙會戰拉開序幕。此時，第九十八師主力集結在湖北省通城以南的黃岸市、九嶺一帶。9月21日，日本第三十三師團一部由通城向南進攻，30日佔領獻鐘。王甲本奉命率第九十八師巧妙出擊，集中主力猛擊日軍，一舉克復獻鐘。之後，王甲本揮師對日軍展開窮追不捨的攻擊，連克平江、江南橋等地。在第九戰區各軍、師的通力攻擊下，10月10日，日軍狼狼退過新牆河以北原侵佔地。第一次長沙會戰以日本慘敗而告終。

1941年8月下旬，日本向中國長沙發動第二次進攻。中國第九戰區在司令長官薛岳將軍和參謀長吳逸志將軍的指揮下，全力阻擊日軍進攻，第二次長沙會戰展開。王甲本率第九十八師從鄂南增援長沙，9月26日，進駐長沙東北側陣地。當晚日軍發起進攻，王甲本親率主力迎戰。激戰至27日，日軍憑藉飛機轟炸掩護，突破第九十八師陣地，南渡瀏陽河，向長沙發起進攻。第九十八師主力傷亡慘重，遂向撈刀河以北轉移。28日，日軍竄入長沙郊區，第九十八師腹背受敵。但是，王甲本仍率部固守撈刀河北岸陣地，與兩倍於己的日軍激戰，並最終切斷日軍一部與其主力的聯繫，為友軍擊敗該部日軍，保衛長沙創造了條件。10月8日，日軍再次逃回新牆河北岸，第二次長沙會戰結束。在戰區總結會上，王甲本將軍因戰功突出，受到司令長官部的嘉獎，被譽為"硬仗將軍王甲本"。

1941年12月19日，不甘心失敗的日本為配合太平洋戰爭，再次進攻長沙，第三次長沙會戰拉開戰幕。會戰開始之初，第九十八師作為總預備隊在衡陽集結。1942年1月2日，王甲本奉命率部進抵長沙以東渡頭市一帶。4日，在榔梨、東山一線與日軍展開激戰，重創日軍，致使進犯長沙日軍的右翼首先潰敗。王甲本率部乘勝追擊，斃敵數千人。在我各友軍的全力攻擊下，第三次長沙會戰獲得大捷。王甲本也因戰功卓著，晉升第七十九軍軍長。第七十九軍轄：暫編第六師、第九十八師和第一九四師。

從1942年到1943年10月初，王甲本率部先後參加了浙贛會戰（1942年4月）、贛東戰役和鄂西會戰（1943年4月）等重大戰役，與日軍進行大小數百戰，屢屢力挫日軍，令日軍聞風喪膽。

1943年10月底，常德會戰拉開戰幕。王甲本根據第六戰區司令長官部作戰命令，迅速調整部隊部署，令所屬暫編第六師、第九十八師向湘西山地轉移，決定待日軍進入山嶽叢林地帶後再行攻擊。11月4日起，暫編第六師在街河市、煖水街等地與日軍展開激戰。6日，王甲本命令第九十八師、第一九四師分別固守澧縣甘溪灘、馬踏溪等要隘，並多次主動出擊，給予日軍以重創。8日晚，又命令暫編第六師從煖水街西撤，且戰且走，於11月10日進抵石門縣子良坪以東。11日，王甲本組織第七十九軍與日軍大戰於子良坪一帶。激戰之日，日軍不斷增援，在飛機大炮的配合下於晚間攻陷子良坪。12日，王甲本下令暫編第六師和第九十八師一部反攻，15日午夜，克復子良坪。同時，第一九四師和第九十八師主力對文家坪、河口、桐子溪等地日軍發起攻擊，分別於11月16日、17日克復該地區。此時，日軍南翼主力轉向南下，圍攻常德。19日，王甲本奉命率第七十九軍離開子良坪等地，準備經慈利、石門出澧水南岸攻敵側背。激戰持續到11月29日，日軍不斷加強攻勢，常德失守。12月初，中國軍隊發動全面反攻，常德等地日軍全線潰敗。12月9日，中國軍隊一舉克復常德。王甲本率七十九軍沿常（德）澧（縣）公路向北掃蕩日軍。至12月21日，第七十九軍各師皆入澧縣，日軍逃向湖北，常德會戰勝利結束。常德會戰，歷時50餘天，擊斃日軍20000餘人。王甲本將軍指揮第七十九軍與日軍激戰數十次，戰功卓著，榮獲國家三等雲麾勳章。

將軍肉搏　殉國東安

1944年5月下旬，日本為打擊湘中中國守軍，貫通粵漢鐵路，發動了長（沙）衡（陽）會戰。6月上旬，王甲本軍長奉命率第七十九軍從湘北向益陽南進，準備側擊日軍。7月中旬以後，日軍加緊圍攻衡陽。王甲本軍長又奉命率部由橫板橋南下，馳援衡陽我守軍。7月16日，王甲本率部從週邊攻擊圍城日軍之側背，進抵賈裡渡、銅錢渡。25日，又組織突擊隊突襲日軍。29日，日軍援軍趕到，進行瘋狂反撲，第七十九軍突擊隊因沒有後援，攻勢受挫。8月8日，我衡陽守軍在堅守47晝夜之後，傷亡慘重，衡陽被日軍佔領。此次會戰第九戰區動用了16個軍54個師，沒能粉碎日軍佔領衡陽、控制粵漢鐵路的企圖。王甲本奉命率第七十九軍移防蒸湘市茅洞橋、南鄉浦一帶駐防。

日本軍隊攻陷中國衡陽後，於1944年8月中旬，集中了13萬多兵力分三路進犯廣西，沿湘桂鐵路向桂林、柳州進攻——桂柳會戰拉開戰幕。中國第二十七集團軍命令第七十九軍出擊參戰。此時，第七十九軍在久戰之後嚴重缺員，疲勞至極，沒能休整補充。但是，王甲本仍奉命率部頑強出擊。

當王甲本率部在祁陽與日本第十三師團激戰數天后，1944年9月5日，奉命逐次退往零陵、東安冷水灘一線固守。9月7日拂曉，日軍便衣部隊千餘人突然竄入第七十九軍軍部附近。在此之前，王甲本軍長為增強各師戰鬥力，已將直屬部隊配屬各師，軍部（身邊）僅剩特務營兩個連。王甲本立即命令特務營佔領陣地，掩護軍部轉移。王甲本軍長親率軍部手槍排在前面開路。當率部行至東安山口鋪玉霽亭附近時，突與大批日軍遭遇，雙方展開激戰：王甲本軍長鼓勵官兵沉著應戰，寧死不當俘虜，全體官兵喋血苦戰。由於敵眾我寡，手槍排官兵在護衛王軍長中全部壯烈犧牲，僅剩下了王甲本和副官吳鎮科。此時吳副官身上也多處負傷，王甲本軍長身體也中彈。他們手持長槍與沖上來的日軍騎兵展開肉搏。當吳副官倒在血泊中後，王甲本一人仍奮力搏殺，雙手被日軍刀口絞爛，仍至死不降，最後被日軍刺殺，壯烈殉國。時年 44 歲。

1944 年 11 月 7 日，中華民國國民政府明令褒獎王甲本軍長英勇抗戰之事蹟，追晉陸軍中將軍銜。王甲本將軍家鄉——富源縣政府將中安鎮改名為"立基鎮"，將該鎮北大街命名為"甲本街"，中安鎮小學也改名為"立基小學"。以永遠紀念這位偉大的民族英雄、抗日愛國戰將。

王禹九將軍
General Wang Yujiu

陸軍少將、國民革命軍第七十九軍參謀處處長
Major General and Chief of Staff of the 79th Army of the National Revolutionary Army

　　王禹九，中國國民革命軍陸軍第七十九軍參謀處上校處長，著名抗日愛國戰將。1902年出生於浙江省黃岩縣寧溪鄉王家店。1910年入本地私塾讀書。1919年中學畢業後任私塾先生。1920年考入浙江陸軍講武堂，畢業入軍報國。1926年參加北伐戰爭。1932年考入中央陸軍軍官學校高等教育班第三期。在軍旅中先後任排長、連長、營長和團長等職。

　　1937年7月，蘆溝橋事變發生，日本出兵大肆侵略中國，打破了中國和平建設環境，中國政府全力組織軍民自衛應戰，中華民族抗日戰爭全面爆發。王禹九任國民革命軍陸軍第七十九軍第七十六師第二二六旅上校副旅長，奉命率部參加淞滬會戰。在開赴上海的途中，王禹九寫信勸說妻子："軍人沙場干戈，生死未卜，若吾身亡，望擇人更適……"。在上海戰場，王禹九率部冒著日本飛機轟炸與炮火襲殺，與日軍反復拼殺。淞滬會戰後期，王禹九率部退守常熟阻擊日軍，掩護中國大軍戰略轉進。1938年年初，王禹九因戰功調任第七十九軍軍部參謀處上校處長，轉戰蘇浙皖及江西南潯線（南昌至九江鐵路線），阻擊日軍向中國內地入侵。1939年3月，奉命率部參加南昌會戰。3月27日，為掩護軍部突圍轉移，王禹九親率一支部隊與日軍浴血奮戰。在激戰中，身中數彈，壯烈殉國。時年38歲。1940年11月，中國政府頒佈褒揚令，追晉王禹九處長陸軍少將軍銜。

Wang Yujiu, a famous patriotic general, served as the Colonel and Chief of Staff in the 79th Army of the Chinese National Revolutionary Army. He was born in 1902 in Wangjiadian, Ningxi Township, Huangyan County, Zhejiang Province, China. In 1910, he attended a local private school for his education. After graduating from high school in 1919, he worked as a teacher in a private school. In 1920, he was admitted to the Zhejiang Army Training School. In 1926, he participated in the Northern Expedition War. In 1932, he enrolled in the Higher Education Class of the Central Army Officer School. Throughout his military career, Wang Yujiu held various positions, including Platoon Leader, Company Commander, Battalion Commander, and Regimental Commander.

In July 1937, the Marco Polo Bridge Incident occurred, leading to Japan's large-scale invasion of China and disrupting the peaceful construction environment. The Chinese government mobilized the military and civilians to resist the Japanese aggression, marking the outbreak of the Chinese people's resistance against Japan. Wang Yujiu served as the Deputy Brigade Commander, holding the rank of Colonel, in the 226th Brigade of the 76th Division of the 79th Army. He was ordered to participate in the Battle of Shanghai. On the way to Shanghai, Wang Yujiu wrote a letter to his wife, persuading her, "My life is at stake when I am on the battlefield. If I fall in battle, I hope you will marry someone better suited." During the later stages of the Battle of Shanghai, Wang Yujiu led his troops to defend Chongming Island, protecting the strategic retreat of the Chinese army. In early 1938, due to his meritorious service, Wang Yujiu was transferred to be the Colonel and Chief of Staff of the 79th Army Headquarters. He fought on the Su-Zhe-Wan and Jiangxi-Nanxun lines (Nanchang to Jiujiang railway line), intercepting the Japanese invasion into mainland China. In March 1939, he was ordered to participate in the Battle of Nanchang. On March 27, to cover the retreat of the army headquarters, Wang Yujiu personally led a detachment to fiercely battle the Japanese forces. In the intense fighting, he was hit by multiple bullets and heroically sacrificed his life at the age of 38. In November 1940, the Chinese government issued a commendation order, posthumously promoting Colonel Wang Yujiu to the rank of Major General in the Army.

獻身和平衛國　轉戰淞滬

1937年7月7日，蘆溝橋事變發生，日本出兵大肆侵略中國河北。8月13日，日本又出兵入侵中國上海。14日，《中華民國國民政府自衛抗戰聲明書》發表："中國為日本無止境之侵略所逼迫，茲已不得不實行自衛，抵抗暴力。近年來，中國政府及人民一致所努力者，在完成現代國家之建設，以期獲得自由平等之地位；以是之故，對內致力於經濟文化之復興，對外則尊重和平與正義，凡國聯盟約，九國公約——中國曾參加簽訂者，莫不忠實履行其義務……中國今日鄭重聲明，中國之領土主權，已橫受日本之侵略；國聯盟約，九國公約，非戰公約，已為日本所破壞無餘……中國決不放棄領土之任何部分，遇有侵略，惟有實行天賦之自衛權以應之……吾人此次非僅為中國，實為世界和平而奮鬥；非僅為領土與主權，實為公法與正義而奮鬥……"。王禹九任國民革命軍陸軍第七十九軍第七十六師第二二六旅上校副旅長，與全體官兵學習收聽了《中華民國國民政府自衛抗戰聲明書》，群情激憤，摩拳擦掌——堅決自衛應戰，抗擊日軍，捍衛和平。接著，奉命開赴上海參戰。

王禹九率部由部隊駐地進軍上海，途經首都南京時，給妻子書信一封，信中寫道："遠清吾妻：分別有年，因軍務在身，戎馬倥傯，失為問候，甚為之歉！值此強鄰壓境，國難當頭，民族存亡之際，凡我國人皆有抗戰保土之責。吾身為軍人，軍務在身，為國捐軀，份所應是。沙場干戈，生死未卜，若吾身亡，請汝務必節哀，望擇人更適……"。

8月下旬，中國軍隊阻擊日本軍隊進攻的淞滬會戰全面展開。王禹九率部和第七十六師冒著日軍炮火和飛機轟炸，與日軍血戰於上海虹口、江灣、寶山、月浦、廣福等地。在戰鬥中，王禹九率部身先士卒，衝鋒陷陣，屢屢力挫日軍。11月5日，日本又一支主力軍隊在杭州灣突然登陸，嚴重威脅淞滬戰場上中國軍隊側翼，為了避免被日軍包圍全殲，中國軍隊奉命從淞滬戰場全線撤退。11月12日晚，王禹九率部隨同第七十六師退守常熟。

常熟位於南京東南面，地處"吳（江）福（山）國防線"中段，是由淞滬進入南京的重要通道。11月15日晨，第七十六師進駐常熟陣地。同時，日本第十六師團一部從長江滸浦口鎮登陸後迅速逼近常熟。此時，第七十六師立足未穩，與遠處友軍難於聯繫，形勢萬分危急。面對蜂擁而至的日軍，王禹九率部主動出擊，以攻為守，力挫敵鋒。第七十六師全體將士浴血奮戰，主動掩護友軍安全撤退，與日軍相持數日。11月19日才奉命退往無錫、宜興。然後，進入皖南地區進行休整補充。

部隊進入皖南後，王禹九因在淞滬會戰和常熟保衛戰中屢立戰功，特別是王禹九具有深厚的軍事理論修養，多次為長官出謀劃策，協助指揮戰鬥，王禹九被調升第七十九軍（下轄第七十六師、第九十八師和第一〇八師）參謀處上校處長。王禹九協助軍長夏楚中整頓部隊，對兵員補充、人事調整無不盡心竭力。同時，王禹九盡職盡責，為軍部指揮部隊進行遊擊戰謀劃籌措。第七十九軍轉戰於蘇浙皖贛邊境，多次重創日軍，戰績突出。

參加南昌會戰　血戰殉國

　　1938年10月，王禹九隨部隊經皖南轉進贛北。此時，武漢會戰中的南潯戰役已經接近尾聲，德安以北南潯鐵路（南昌至九江）兩側地區被日軍佔領。第七十九軍奉命在修水以南的狗子嶺、灘溪地區佈防，與日軍隔修水河對峙。

　　1939年3月，日本集中十二萬餘兵力向南昌方向發起攻勢，企圖攻取南昌，鞏固武漢，維護長江中下游交通。第七十九軍（下轄第七十六師、第九十八師和第一一八師）奉命在江西安義一帶佈防，位於日軍第一〇一、一〇六師團南下進攻的正面。3月17日，日本軍隊向南昌發動猛烈攻擊，中國軍隊奮力阻擊，南昌會戰拉開戰幕。

　　3月20日至21日，日本軍隊在近兩百門大炮的火力掩護下，於虬津至永修間強渡修水。第七十九軍各師冒雨頑強反擊，雙方傷亡較大。21日午後，第七十九軍奉命對日軍已渡河部隊再次發起反擊。王禹九和軍長夏楚中籌畫作戰方針，決定以第九十八師攻敵側背，以第七十六、第一一八師向北正面出擊。各部按作戰部署行動，一度壓迫日軍向後退縮。但日軍憑藉其優勢火力和機械化裝備，增調兵力後再次南犯，最終突破第七十九軍防線。3月22日，日軍攻佔安義，26日攻佔奉新，然後折轉向東，迂迴進逼南昌。第七十九軍各部頑強節節抵抗，官兵傷亡近半，餘部逐漸南移轉進，形勢極危。

　　1939年3月26日午後，第七十九軍軍部在奉新縣赤田鄉虬嶺被日軍一部包圍。次日淩晨，軍部組織突圍。王禹九處長為了掩護軍部突圍，親率第五八四團和第一一八師一個營向日軍發起猛烈衝鋒廝殺。他身先士卒，奮不顧身，衝鋒在前。浴血奮戰至中午，由於敵眾我寡，突圍未能成功。王禹九毫不畏懼，在整頓餘部之後，又繼續率部奮力衝殺。血戰中，王禹九突然身中三彈，仍繼續咬牙指揮搏殺，激勵所部奮力抵抗。當生命垂危時，他手沾自己鮮血在下達的作戰命令薄上寫下"一顆子彈一個敵，一寸山河一滴血"保家衛國豪言，勉勵大家拼殺，終因流血過多，壯烈殉國。時年38歲。

　　王禹九殉國後，官兵再度力戰廝殺，軍部終於突出日軍重圍。第七十九軍官兵將他的遺體安葬在高安縣伍橋鄉的一個小山坡上。1940年11月15日，中華民國國民政府明令褒揚王禹九抗日英雄事蹟，追晉陸軍少將軍銜。

王銘章將軍
General Wang Mingzhang

陸軍上將、國民革命軍第四十一軍代理軍長兼第一二二師師長

General and Commander of the 122nd Division and Acting Commander of the 41st Army of the National Revolutionary Army

　　王銘章，字之鐘。中國國民革命軍陸軍第四十一軍代理軍長兼第一二二師中將師長，著名抗日愛國戰將。1893年7月，出生於四川省新都縣泰興場。幼年父母相繼因病去世，家境貧寒，聰明好學，"賦性堅貞，氣度雍容"。1900年，由親屬資助就讀於新都縣小學。1909年，考入四川陸軍小學堂第五期。1912年，考入四川陸軍軍官學校第三期步兵科。軍校畢業後，投身軍旅，先後任排長、連長、營長、團長、旅長和師長等職。1936年10月，晉升陸軍中將軍銜，榮獲國家四等雲麾勳章。

　　1937年7月，蘆溝橋事變發生，日本出兵大肆侵略中國，打破了中國和平建設環境，中國政府全力組織軍民自衛應戰。王銘章任國民革命軍陸軍第四十一軍第一二二師中將師長，奉命率部首批出川，北上抗日，參加太原會戰，首戰晉東南。繼而率部參加徐州會戰，固守滕縣縣城，阻敵南下。在堅守滕縣縣城的戰鬥中，王銘章代理第四十一軍軍長兼第一二二師中將師長，率部以薄弱兵力和落後裝備，英勇抗擊裝備現代化數倍於己的日軍。1938年3月17日，激戰中城破兵亡，他仍寧死不降，與近3000名將士死於日軍槍口和屠刀下，為國捐軀。王銘章時年46歲。1938年4月，中華民國國民政府頒佈褒揚令，追晉王銘章陸軍上將軍銜。

Wang Mingzhang, also known as Zhizhong, was a renowned patriotic general who served as the Acting Commander of the 41st Army and the Lieutenant General and Division Commander of the 122nd Division of the Chinese National Revolutionary Army. He was born in Taixingchang, Xindu County, Sichuan Province, China, in July 1893. At a young age, he faced the loss of both his parents due to illness, and his family was in poverty. However, he was intelligent and eager to learn. In 1900, with the support of relatives, he attended a primary school in Xindu County. In 1909, he passed the entrance examination for the 5th session of the Sichuan Army Elementary School. In 1912, he was admitted to the 3rd term Infantry Department of the Sichuan Army Officer School. After graduating from the military academy, Wang Mingzhang dedicated himself to military service, holding various positions including Platoon Leader, Company Commander, Battalion Commander, Regimental Commander, Brigade Commander, and Division Commander. In October 1936, he was promoted to the rank of Lieutenant General and received the National Fourth-Class Cloud and Banner Medal.

In July 1937, the Marco Polo Bridge Incident occurred, leading to Japan's large-scale invasion of China and disrupting the peaceful construction environment. The Chinese government mobilized the military and civilians to defend against Japanese aggression. Wang Mingzhang served as the Major General and Division Commander of the 122nd Division in the 41st Army of the Chinese National Revolutionary Army. He was ordered to lead his troops out of Sichuan to join the resistance against Japan in northern China. He participated in the Battle of Taiyuan, marking the first major battle in which his troops engaged the Japanese forces in Southeast Shanxi. Subsequently, he led his troops to participate in the Battle of Xuzhou, defending Teng County to block the enemy's southward advance. In the fierce defense of Teng County, Wang Mingzhang, as the Acting Commander and Lieutenant General of the 41st Army and Division Commander of the 122nd Division, bravely fought against the Japanese forces with inferior manpower and outdated equipment. On March 17, 1938, the city being breached, he chose to die rather than surrender. Along with nearly 3,000 officers and soldiers, he sacrificed his life in the face of Japanese guns and bayonets, making a noble contribution to his country. Wang Mingzhang was 46 years old at the time. In April 1938, the Chinese government issued a commendation order, posthumously promoting Wang Mingzhang to the rank of General in the Army.

出川衛國　轉戰山西

1937年7月，蘆溝橋事變發生，日本出兵大肆侵略中國，打破了中國和平建設環境，中國政府全力組織軍民自衛應戰，中華民族抗日戰爭全面爆發。全國各地愛國將領紛紛請纓開赴前線抗戰。王銘章任國民革命軍陸軍第四十一軍第一二二師中將師長，亦請求率部開赴抗日前線，保家衛國，捍衛和平。1937年9月，王銘章師所在的第四十一軍（軍長孫震，轄第一二二、第一二三和第一二四師）轉隸第二十二集團軍戰鬥序列，奉命首批出川抗戰（第一二三師留後方擔任守備任務）。

9月12日，王銘章師長在部隊開拔前的誓師大會上，面對整裝待發的將士，慷慨激昂、聲若洪鐘："……今日，我們奉命出川抗日，是為了挽救國家危亡，是為了中華民族的生存而戰……此次出川抗戰，不成功便成仁！"誓師大會之後，王銘章回家與親人訣別，並立下遺言："日寇入侵，國家危在旦夕，我軍已請准出川抗日，此次出征，我很可能為國戰死。為國戰死是我的夙願……"。"如果我為國戰死，請你們用我的撫恤金在家鄉建立一所學校，培養學生，振興中華，保衛和平，再不受外欺[1]……"。

9月中旬，王銘章帶領部隊，沿川陝公路向北開赴抗日前線。到達寶雞後，因晉北忻口與晉東娘子關受日軍猛攻，戰況緊急。長安行營奉轉國民政府軍事委員會命令，第二十二集團軍立即由寶雞乘火車直接開赴潼關渡河，劃歸第二戰區戰鬥序列，馳援晉東，參加太原會戰。

1937年10月14日，王銘章將軍率第一二二師作為前衛部隊由風陵渡渡口集中後，向太原開赴。15日，王銘章在趙村車站作戰前動員，鼓勵前衛部隊第三六四旅全體將士要："受命不辱，臨危不苟，負傷不退，被俘不屈"。10月19日，第三六四旅到達太原後，接到指揮正太路作戰的第二戰區副司令長官黃紹竑命令，向東進駐岩全鎮。10月24日，又接到黃紹竑命令："即刻出發迎擊西進之敵"。25日拂曉，由於敵情不明，我第三六四旅在東回村與日軍遭遇。第三六四旅尚未部署完畢即遭遇日軍炮火襲擊，部隊傷亡很大。但該旅官兵士氣高昂，以簡陋武器與裝備精良的日軍展開殊死搏鬥，激戰一日，傷亡近2000人，被迫於當晚轉進。

王銘章及時抵達前線，調整了全師戰鬥部署，激勵將士不畏強敵，不怕犧牲，頑強戰鬥，穩住了戰局。並率部與日寇展開多次惡戰，阻擊日軍進攻，掩護友軍戰略轉進。但是，經過半個多月的連續作戰，第四十一軍傷亡近半，第一二二師也傷亡慘重。部隊奉命進行休整整編。之後，又開赴平遙、張蘭一帶繼續阻擊日軍進攻。

守衛滕縣　壯烈殉國

1937年年底，日本軍隊佔領中國首都南京之後，為打通中國南北戰場，遂沿津浦路南北對攻，企圖奪取戰略要地徐州。中國第五戰區全力組織軍隊奮力阻擊，徐州會戰拉開戰幕。

在中國軍隊頑強抵抗之下，津浦路南段日軍進攻勢頭被阻，兩軍形成隔淮河對峙之局面。在津浦路北段，因山東守軍第三集團軍總司令韓復榘在日軍大舉進攻面前，公然違抗國家統帥部命令，擅自撤退，導致日軍於12月23日迅速渡過黃河天險，27日侵入山東濟南。嚴重打亂了中國統帥部全盤作戰計畫，使戰略要地徐州完全暴露在強敵面前，形勢萬分危急。日本主力板垣徵四郎、磯谷廉介兩個師團更是狂妄囂張至極，聲言要迅速打通徐州週邊，佔領徐州。在這緊急關頭，1938年1月上旬，第二十二集團軍從山西戰場撤出支援徐州會戰，由潼關乘火車直達徐州，在九里山山洞戰備庫換裝和補充武器彈藥後，分赴臨城和滕縣等地駐防，阻敵南下，保衛徐州[2]。

第二十二集團軍以第四十五軍為第一線部隊，第四十一軍為第二線部隊，部署于滕縣以北。以第四十一軍之第一二二師為集團軍預備隊，準備扼守滕縣。滕縣縣城是徐州北面的一座小城。此時，第五戰區正在秘密調整部隊，準備在臺兒莊地區圍殲日軍主力，部署尚未就緒。因此，滕縣的戰略地位尤為突出重要。

1938年3月上旬，日本在鄒縣、兗州大量增兵，並以小股部隊及飛機向第四十五軍陣地和滕縣反復進行偵察、轟炸，準備向滕縣發動大規模攻勢。3月10日，第二十二集團軍代總司令孫震將軍為加強守備，重新調整部署，將預備隊第一二二師部署在滕縣城內，任命王銘章為第四十一軍代理軍長，統一指揮第一二二師和第一二四師[3]。王銘章臨危受命，命令第三六四旅張宣武團進駐滕縣以北的北沙河，部署第二道防線；又命令第三六六旅王文振團進駐滕縣東北的平邑，以掩護第四十五軍陣地的右側背，並防備臨沂方向之日軍側擊。王銘章深知，在強敵壓境情況下守備滕縣之城的重任，他告誡所部將士："以川軍這樣薄弱的兵力……，擔當津浦線上保衛徐州第一線的重大任務，力量之不足是不言而喻的，我們身為軍人，犧牲原是天職，現在只有犧牲一切以完成任務，雖不剩一兵一卒亦無怨尤[4]。不如此則無以對國家！"接著，他又驕傲地告訴部下："我們不遠萬里來到孔孟之鄉，保衛祖國傳統文化發源地，使孔子的儒家思想得以傳承，死也值得！"在此激勵下，全體將士毫不畏懼、鬥志昂揚高唱著《犧牲已到最後關頭》和《義勇軍進行曲》等歌曲堅守在自己的戰位上。

3月14日拂曉，日本第十師團在航空兵掩護下向滕縣週邊第一線陣地展開全線攻擊，保衛滕縣縣城大戰爆發。經過一天激戰，我界河一線守軍正面陣地屹然不動。15日晨，日軍繼續猛攻界河陣地，亦未能得逞。當天下午，日軍見我守軍仍堅守界河正面陣地，立即調遣兵力，由龍山以東向滕縣方向右翼迂回。下午5時，其先頭部隊已分別進至滕縣東北十餘里的龍陽店、馮家河一帶。日軍企圖繞過正面陣地，直接攻擊滕縣縣城，迫我正面陣地不戰而退。此時，滕縣城內僅有少數部隊，情況萬分危急。王銘章急令王文振團火速回援，但該團遠在百里之外，且途中被敵阻攔。王銘章向集團軍總司令部請求援兵，集團軍代總司令孫震令唯一一支機動部隊——第四十一軍直屬特務營，星夜馳援滕縣。王銘章再命第三六四旅一部，跑步回援。截止15日夜，滕縣城內的戰鬥部隊加上該縣縣長周同率領的縣員警和保安隊[5]，總計3000多人。但真正能戰鬥的部隊2000餘人。王銘章親率師部在西關指揮，命令部隊構築工事，儲存彈藥，固守滕縣縣城。

　　3月16日黎明，日軍主力繼續向界河一帶中國守軍陣地猛攻，迂回至馮家河、龍陽店一帶之日軍則開始向滕縣城發起進攻。8時許，日本集中炮兵火力向滕縣縣城開炮。同時，日本飛機十餘架次飛臨滕縣縣城轟炸、掃射。駐守在西關的王銘章在敵開始轟炸後，跑步趕往前線，召開軍事會議分析敵情：斷定日軍即將大舉進攻，大戰迫在眉睫。作戰應變方案有兩個：一是死守孤城，二是出城機動作戰。會後，王銘章立即向上級報告，上級命王銘章部固守待援。王銘章昭告守城官兵："我們決心死守滕城，我和大家一道，城存與存，城亡與亡……"。命令將南北城門堵死，東西城門暫留作交通道路，但也隨時準備封閉。師部和直屬部隊移進城內。

　　日軍炮擊持續近兩個小時，東關南側城牆被炸開一個十餘米寬的缺口，攻城日軍發起集團式衝鋒。我守城官兵毫不畏懼，沉著應戰，隱蔽在缺口兩側廢墟中，待日軍靠近缺口時，向敵投擲手榴彈，將攻城日軍大部殲滅。擔負缺口守備的官兵，接連打退日軍三次衝鋒。戰鬥間隙，守城軍民（包括婦女兒童）用數千包食鹽和糧食麻袋將缺口堵住，準備再戰。當天，日軍向東關發起多次猛攻，均被我守城部隊擊退。

　　日軍攻城不下，又不斷增兵，最高時投入兵力達萬餘人，滕縣縣城週邊陣地相繼陷落。我援軍在滕縣週邊遭遇日軍阻擊，遂向滕縣東北迂回。迂回至南沙河之日軍也向滕縣縣城大舉推進[6]，第二十二集團軍總司令部撤至運河南岸的利國鎮。至此，滕縣縣城陷入日軍四面包圍之中。

　　1938年3月16日夜，日軍精銳部隊（配屬數十輛裝甲戰車和大量炮兵），集結於滕縣縣城之外。17日晨，以密集炮火向滕縣城區猛烈射擊，敵機多架次瘋狂轟炸、掃射，整個滕縣縣城硝煙彌漫，房倒屋塌，頓時一片火海。經過兩個多小時狂轟濫炸，滕縣城牆多處坍塌，日軍以坦克為先導，掩護步兵以大規模集團式衝鋒，向滕縣縣城發起猛攻。我守軍冒著日軍炮火，在近距離與敵展開殊死搏鬥，將敵一次次擊退。但是，守軍官兵傷亡相當慘重。王銘章師長急電孫震代總司令："敵以炮火猛轟我城內及東南角城牆，東關附近又被炸毀數段，敵兵登城，經我反擊，斃敵無數，已將其擊退，若友軍深夜無消息，則孤城危矣。"

17日午後2時許，日軍在密集炮火掩護下再次發起衝鋒。由於我守軍傷亡慘重，已無法組織有力反擊，日軍突入城內。王銘章見援軍無望，知道戰鬥已到最後一刻，便給集團軍代總司令孫震將軍和國民政府最高軍事長官蔣中正將軍發出了最後一電："職憶委座成仁之訓，及開封面諭嘉慰之詞，決心死力扼守，以報國家！"轉身對滕縣縣長周同說："你可以帶你的人走了，保國衛民，阻戰倭寇，是我們軍人的事……"。周同縣長斬釘截鐵回答："自全面抗戰以來，只有殉國的軍隊將領，很少有殉國的地方官，我們食國家之祿，實在慚愧。師長這樣愛國，這樣愛民，吾決不苟生，吾願做為國犧牲的地方官，與你誓死保衛滕縣！"王師長握住周縣長的雙手熱淚盈眶。隨後，命令砸毀發報機，執槍親臨城中心十字街口，指揮城內各部與敵展開巷戰，繼續拖住日軍。西關我守軍硬守待援，王銘章登上西北城牆，親自指揮警衛連一個排進攻西門城樓，該排官兵全部壯烈陣亡。王銘章率部立即向西關衝去，當衝至西關附近時，突然遭遇日軍密集火力射擊，王銘章身中數彈，壯烈殉國。時年46歲。周縣長聞知王師長赴難，急忙趕了過來，撫摸著王之遺體大哭，隨之端槍衝向了日軍，也倒在了日軍的槍彈之下。繼而，其所屬守城近3000名將士也先後為國流盡了最後一滴血。3月18日晨，滕縣縣城被日寇侵佔。

3月30日，中華民國國民政府軍事委員會委員長蔣中正上將致電第五戰區司令長官李宗仁上將："王故師長銘章，力戰殉國，達成任務……轉請國府特予褒揚，追晉陸軍上將軍銜……而慰忠勇"。第五戰區司令長官李宗仁將軍在總結臺兒莊戰役時說："……若無滕縣之苦守，焉有臺兒莊大捷？臺兒莊之戰果，實滕縣先烈所造成也！"

1938年4月，中華民國國民政府頒佈褒揚令，追晉王銘章陸軍上將軍銜。5月9日，中華民國國民政府在武漢為王銘章師長舉行了隆重的公祭儀式，國家軍事委員會委員長蔣中正親率軍政要員到會悼念。之後，王銘章將軍的靈柩被運回其家鄉入土安葬，以慰忠烈。

注[1]：王銘章將軍殉國後，其夫人（原配周華裕、二夫人葉亞華）秉承將軍遺志，運用其撫恤金和變賣家產資金，於1941年9月，在其家鄉新都設計建築、創辦建成了一座規模雄偉和很又特色的學校——"銘章中學"，成為了四川省一所名副其實的育人學堂。王銘章將軍傳承祖國傳統文化和培養人才的遺願得以實現。

注[2]：譚竹君軍需官，見證了在徐州九里山的該軍換裝。譚竹君，1911年出生於四川，國民革命軍陸軍第二十二集團軍第四十五軍第一二五師第三七三旅上尉軍需。1937年9月初，隨軍由四川奔赴山西抗日戰場抗戰。1938年1月初，隨部隊由潼關乘火車到達徐州九里山山前的山洞戰備庫換裝和補充武器彈藥（每人一箱手榴彈）。不久開赴山東滕縣界河阻擊日軍。5月下旬從徐州突圍中部隊被打散，後輾轉返回四川家鄉。1956年因參加抗戰受到不公正對待，心理壓抑、勞作艱難，生活無靠、身體衰弱，帶狀皰疹發作，無錢醫治，病逝成都。

注[3]：由於國民革命軍陸軍第二十二集團軍連續征戰，部隊傷亡嚴重，沒有時間補充。當時第一二二師和第一二四師每個師滿編僅有一個旅的兵力，每個旅實際上只有一個團的兵力。

注[4]：川軍：由四川省和西康省人民組成的國民革命軍陸軍第二十二集團軍、第二十三集團軍、第二十九集團軍和第三十集團軍等開赴前線抗戰的部隊，簡稱為川軍。

注[5]：周同，字異之。中國山東省滕縣縣長，著名抗日愛國將領。河南省開封人，河南省立第一中學畢業。為人正直，勇於擔當，愛恨分明，體貼民眾；寡言語，擅文墨。曾任國民革命軍陸軍第三路軍第二十師政訓部主任，滋陽縣縣長等職。1938年3月，率部協同王銘章師長守衛滕縣，壯烈殉國。

注[6]：有資料認為：國民革命軍陸軍第二十軍團（即湯恩伯軍團，轄第十三軍、第五十二軍和第八十五軍）對滕縣守軍見死不救，其說法不准確。作者查閱資料證明：1.第二十軍團小于第二十二集團軍，有隸屬區別。2.《徐州會戰前期示意圖》標明，第二十二集團軍駐守滕縣及周邊，第二十軍團駐守臨城和嶧縣一帶。3月14日，日軍向滕縣發起進攻時，3月16日，第八十五軍第八十九師第五二九團在滕縣南邊的官橋、南沙河等地給予迂回滕縣的日軍猛烈痛擊，減輕了日軍對滕縣的攻擊壓力（團長羅芳珪等千餘官兵於4月6日戰死嶧縣，同時戰死的還有第八十九師第五二八團李友于團長）。3月18日，湯恩伯軍團騎兵團奉命緊急馳援臨沂。3月19日，堅守嶧縣縣城的第八十五軍第四師第二十三團陳純一上校團長，率團在阻擊戰中與千餘官兵先後戰死。所以，第二十軍團在徐州會戰中也打得艱苦卓絕，其犧牲更為慘烈。

王鳳山將軍
General Wang Fengshan

陸軍中將、國民革命軍第三十四軍代理軍長兼暫編第四十五師師長

Lieutenant General, Acting Commander of the 34th Army and Commander of the Provisional 45th Division, National Revolutionary Army.

　　王鳳山，字鳴岐。中國國民革命軍陸軍第三十四軍代理軍長兼暫編第四十五師少將師長，著名抗日愛國戰將。1906年出生於山西省五臺縣東寨村。幼時家貧，聰明好學，在鄉人的資助下入高等小學讀書，後考入太原國民師範學校。1928年考入北方陸軍軍官學校第一期工兵科。畢業投身晉綏軍，先後任排長、連長和營長等職。

　　1937年7月，蘆溝橋事變發生，日本出兵大肆侵略中國，打破了中國和平建設環境，中國政府全力組織自衛應戰。王鳳山任國民革命軍陸軍第三十四軍（第六十九師）步兵第二〇三旅第四二七團第三營營長，奉命率部參加太原會戰，在茹越口與入侵日軍鏖戰多日。1938年春，升任第四二七團中校副團長，代理團長，率部轉戰晉西臨縣、汾陽等地。1939年冬，調升軍事突擊團上校團長。1940年春，任教導團第一大隊大隊長。1941年年初，調任第二一八旅旅長。後升任第三十四軍暫編第四十五師少將師長。1942年6月，代理第三十四軍軍長。7月18日，率部在萬泉縣張甕村與日軍展開血戰，身中數彈，腸流腹外，仍堅持指揮作戰。終因傷勢嚴重，壯烈殉國。時年37歲。1943年5月29日，中國政府頒佈褒揚令，追晉王鳳山代理軍長陸軍中將軍銜。

Wang Fengshan, also known as Mingqi, was a prominent patriotic general in the Chinese National Revolutionary Army. He served as the Acting Commander of the 34th Army, as well as the Major General and Division Commander of the Provisional 45th Division. He was born in 1906 in Dongzhai Village, Wutai County, Shanxi Province, China. Despite coming from a poor family, he was intelligent and diligent in his studies. With the support of local residents, he attended a higher elementary school and later entered the Taiyuan National Normal School. In 1928, he was admitted to the First Corps of the Northern Military Officers' Academy, specializing in engineering. After graduation, he joined the Jin-Sui Army and held various positions such as platoon leader, company commander, and battalion commander.

In July 1937, during the Lugou Bridge Incident, when Japan launched a large-scale invasion of China, disrupting the country's peaceful development, the Chinese government mobilized its forces to defend the nation. Wang Fengshan was appointed as the Battalion Commander of the 3rd Battalion, 427th Regiment, 203rd Brigade, 34th Army (69th Division), and he led his troops to participate in the Battle of Taiyuan, fiercely fighting against the invading Japanese forces at the Ruyuekou. In the spring of 1938, he was promoted to Deputy Regimental Commander and Acting Regimental Commander of the 427th Regiment, and he led his troops to fight in various locations in western Shanxi and Fenyang. In the winter of 1939, he was transferred to become the Colonel and Regimental Commander of the Military Assault Regiment. In the spring of 1940, he served as the Battalion Commander of the 1st Battalion in the Instructional Regiment. In early 1941, he was appointed as the Commander of the 218th Brigade, and later he was promoted to the rank of Major General and became the Division Commander of the Provisional 45th Division under the Temporary Organization of the 34th Army. In June 1942, he served as the Acting Commander of the 34th Army. On July 18, he led his troops in a fierce battle against the Japanese forces in Zhangweng Village, Wanquan County, sustaining multiple injuries but continued to command the operations. Due to severe wounds, he bravely sacrificed his life for his country at the age of 37. On May 29, 1943, the Chinese government issued a commendation order posthumously promoting Wang Fengshan to the rank of Lieutenant General in the Chinese National Revolutionary Army.

轉戰山西　抗日報國緊

1937年7月，蘆溝橋事變發生，日本出兵大肆侵略中國，打破了中國和平建設環境，中國政府被迫實施自衛應戰。日本軍隊在迅速攻佔中國北平、天津以及河北省部分地區之後，將山西省作為進攻的重點目標，分兩路沿正太路和平綏路向山西大舉入侵。沿平綏鐵路進攻的日寇進至張家口後，快速攻入山西境內。中國軍事委員會和第二戰區立即調兵遣將保衛山西，保衛太原（陽曲），太原會戰拉開戰幕。王鳳山任國民革命軍陸軍第三十四軍第六十九師步兵第二○三旅第四二七團第三營中校營長，奉命率部參加茹越口保衛戰（太原會戰的組成部分）。

茹越口位於雁門關與平型關之間，是內長城與雁門關的結合部，戰略地位十分重要。1937年9月25日，日本軍隊在攻佔懷仁後，突然向堅守長城茹越口我步兵第二○三旅（旅長梁鑑堂）發起進攻。日軍在飛機掃射轟炸，坦克、重炮齊射的火力掩護下，日軍步兵和騎兵相互配合，發起攻擊，攻勢甚猛。我守軍將士頑強反擊，戰況慘烈，茹越口戰場屍橫遍野。28日黃昏時分，茹越口主陣地被日軍突破，中國守軍傷亡過半。29日，旅長梁鑑堂將軍戰死。為給旅長報仇，王鳳山抱必死之決心繼續帶領部隊拼死抵抗，遲滯了日軍的進攻速度，為我軍組織和保衛太原贏得了時間。

在太原會戰中，娘子關失守後，日軍直逼太原。王鳳山又奉命率部參加太原保衛戰。在戰鬥中，王鳳山指揮得當，英勇善戰，獲得了較好戰績，深受所部官兵擁護，也深為上級長官贊許。1938年春，王鳳山升任第四二七團中校副團長。之後，又代理團長，率部轉戰晉西臨縣、汾陽等地打擊日軍。1939年冬，王鳳山調升軍事突擊團上校團長。王鳳山極為強調軍榮風紀，所帶部隊，均能滌除流弊，形成奉公守法和頑強戰鬥之風。1940年春，王鳳山任軍士教導團第一大隊上校大隊長。同年秋，又調任第二戰區司令長官部整理處上校副處長，受命整訓部隊，訓練官兵。

1941年年初，王鳳山改任陸軍第二一八旅旅長。不久，升任第二戰區第三十四軍暫編第四十五師少將師長，率部駐守萬泉、榮河、河津一帶，襲擾日軍，保護防地。汾南地區是山西重要的糧棉生產區，是敵我雙方必爭的物資補充基地。日軍重兵攻佔汾南地區後，在此地嚴密控制，五里一碉，十里一堡。為了打擊日軍，奪取和保護物資資源，王鳳山制訂周密計畫，確立近發槍、瞄準打的原則，對日寇展開遊擊戰爭，連獲大德莊、望囑村、喬村等戰鬥的勝利。王鳳山率部屢挫日軍，成功掩護了糧棉等物資的徵運任務。同時，王鳳山能夠聯合各界人民群眾，採取各種措施，共同抵抗日軍入侵佔領。在堅守汾南一帶一年多的時間裡，他率部給予日軍以沉重打擊。

率部惡戰　血灑張甕村

1942年春，日軍因接連受挫，企圖報復，集中優勢兵力，妄圖肅清山西中國軍隊建立的各抗日根據地，並搜搶糧棉，以戰養戰。日酋首先糾集重兵向汾河一帶、晉西南抗日根據地發動了瘋狂進攻。王鳳山奉命率部在萬泉西北一帶，通過遊擊戰積極襲擊日軍，斬獲頗豐。6月初，日本清水師團糾集偽軍共約兩萬餘人，配屬坦克部隊，在飛機的掩護下分七路向第三十四軍展開猛烈圍攻。由於我軍在軍備上處於劣勢，形勢不利，傷亡甚重，軍長王乾元負傷，被送回汾北醫治，王鳳山奉命代理軍長。在血戰中該軍暫編第四十三師傷亡慘重；暫編第四十四師被日軍擊潰，部分官兵撤回晉西北。至此，第三十四軍三個師中只剩下暫編第四十五師。暫編第四十五師雖然也傷亡減員較重，但在王鳳山將軍的率領下，仍轉戰萬泉、榮河一帶，繼續堅持與日偽軍周旋遊擊。

　　1942年7月17日拂曉，日軍出動河津、萬泉、榮河各據點兵力共千餘人，配以六七輛坦克，突然襲擊暫編第四十五師駐地，將我師部和第二團包圍在張甕村。面對強敵，王鳳山身先士卒，率部堅守陣地，與日寇展開殊死搏殺。激戰至18日下午4時許，日軍又遣援兵，增至2000餘人。敵眾我寡，加之暫編第四十五師連續作戰減員嚴重，漸趨不支。王鳳山為了挽救危局，親自率領預備隊衝殺反擊，戰鬥異常慘烈。王鳳山臂部負傷，簡單包裹了一下傷口，繼續指揮戰鬥。在戰鬥中，王鳳山腹部又連中數彈，腸流腹外，他裹傷忍痛抱腹堅持指揮。戰至下午5時許，終因傷勢過重，王鳳山將軍壯烈殉國。時年37歲。

　　1943年5月29日，中華民國國民政府頒佈褒揚令，追晉王鳳山師長陸軍中將軍銜。山西省政府下令將萬泉縣張甕村改名"鳳山村"，該村小學改名為"鳳山小學"，以永志紀念。

王鳳閣將軍
General Wang Fengge

**陸軍中將、遼寧民眾自衛軍第三方面軍司令
兼第十九路軍司令**

Lieutenant General and Commander of the 19th Route Army and the 3rd Part Army of Liaoning People's Self-defense Army

  王鳳閣，字阿亭。中國遼寧民眾自衛軍第三方面軍中將司令兼第十九路軍司令，著名抗日愛國戰將。1895年出生於遼寧省通化縣一個書香之家，自幼讀私塾。1915年考入通化縣立中學讀書，常以"盡忠報國"思想自勵。1918年投身軍旅。1923年任東北軍第十二軍第十一師第五十八團上尉副官。1930年任國民革命軍東北邊防軍獨立第七旅中校營長。

  1931年"九·一八"事變發生，日本軍隊進攻中國瀋陽北大營駐軍，王鳳閣率部奮起抵抗。之後，率部突圍到輝南休整。1932年3月，成立遼東民眾抗日義勇軍，任軍長。該軍很快發展到3萬餘人。8月，該部被國民政府正式改編，任遼寧民眾抗日自衛軍第三方面軍中將司令兼遼寧民眾抗日自衛軍第十九路軍司令。率部轉戰長白山，縱橫鴨綠江，給予日偽軍重大殺傷。1934年5月，王鳳閣與東北人民革命軍第一獨立師師長楊靖宇會晤，商談聯合抗日。1935年9月，王鳳閣簽署成立了"中韓抗日同盟會"，聯合韓國抗日部隊共同抗戰[1]。1936年1月，王鳳閣協助趙侗組建東北敵後"遼南臨時抗日政府"，任中國抗日少年鐵血軍副總司令兼第五路軍總指揮。率部馳騁於深山密林中，堅持東北抗戰。1937年3月27日，王鳳閣率部與日軍激戰中，重傷被俘。4月6日，一家三口被日軍殺害於遼寧省通化柳條溝。王鳳閣殉國。時年43歲。

Wang Fengge, also known as Ating, was a famous patriotic general in the Chinese Liaoning People's Self-Defense Army. He served as the Commander and Lieutenant General of the 3rd Front Army, as well as the Commander of the 19th Route Army. He was born in 1895 in a scholarly family in Tonghua County, Liaoning Province, China. From a young age, he studied in private schools and in 1915, he entered Tonghua County High School, where he constantly motivated himself with the ideology of "loyalty to the country." In 1918, he joined the military. In 1923, he became the Deputy Adjutant of the 58th Regiment, 11th Division, 12th Army of the Northeast Army. In 1930, he served as the Battalion Commander of the Independent 7th Brigade of the National Revolutionary Army's Northeast Border Defense Army.

In 1931, the "September 18th Incident" occurred, and Japanese forces attacked the Chinese garrison in Beidaying, Shenyang. Wang Fengge led his troops in resistance and later broke through to Huinan for reorganization. In March 1932, he established the Liaodong People's Anti-Japanese Volunteer Army and became its commander. The army quickly grew to over 30,000 personnel. In August, the unit was formally reorganized by the Nationalist Government, and Wang Fengge was appointed as the Commander of the Liaoning People's Self-Defense Army's 3rd Front Army and the Commander of the 19th Route Army. He led his troops to fight in the Changbai Mountains, crisscrossing the Yalu River, inflicting significant casualties on the Japanese puppet forces. In May 1934, Wang Fengge met with Yang Jingyu, the commander of the First Independent Division of the Northeast People's Revolutionary Army, to discuss joint resistance against Japan. In September 1935, Wang Fengge signed the establishment of the "Sino-Korean Anti-Japanese Alliance" and jointly fought against the Japanese with Korean anti-Japanese forces. In January 1936, Wang Fengge assisted Zhao Tong in establishing the "Liaonan Temporary Anti-Japanese Government" in enemy-occupied Northeast China, serving as the Deputy Commander of the Chinese Young Iron-Blood Army and the overall commander of the 5th Route Army. He led his troops to operate in the deep mountains and forests, persisting in the resistance in Northeast China. On March 27, 1937, Wang Fengge and his troops engaged in fierce combat with the Japanese, and he was seriously wounded and captured. On April 6, he and his family were killed by the Japanese in Liutiaogou,

Tonghua, Liaoning Province. Wang Fengge died at the age of 43.

組建民眾抗日武裝　聯合抗戰到底

1931年9月18日晚，日本軍隊突然襲擊中國國民革命軍東北邊防軍獨立第七旅（旅長王以哲）等軍隊駐地——瀋陽北大營。王鳳閣任獨立第七旅中校營長，率部與突襲營房的日本軍隊展開了激烈拼殺。由於猝不及防和日軍攻勢猛烈，王鳳閣率領300餘名官兵殺出北大營，邊殺邊撤向通化一帶。然而，東北邊防軍東邊鎮守使于芷山投降日軍，王鳳閣帶領部隊無法進駐通化，又率部撤向輝南、濛江一帶。在輝南部隊得到休整補充，每人補發了冬裝、10塊大洋、100餘發子彈和部分手榴彈。王鳳閣將在通化的家產進行了秘密處理，派人將妻兒送回山東省膠南安居；對部隊進行了簡單教育與安頓，全體官兵一致表示堅決抗戰到底，決不投降日軍。他們高唱獨立第七旅旅歌和吟誦著旅訓，轉進於桓仁、柳河和輝南縣之間，展開了緊張的軍事訓練與部隊擴編：

"痛我民族，屢受強鄰之壓迫。最傷心，割地賠款，主權剝奪。大好河山成破碎，神州赤子半飄泊。有誰人奮起救祖國，救祖國。我七旅，官士夫，快快來，快負責，願合力同心起來工作。總理遺囑永不忘，長官意志要嚴摩。乘長風直破萬里浪，救中國。"……

"我民族受強鄰之壓迫，危在目前。凡我旅官、士、兵、夫等，務承本總理遺囑及司令長官意旨，犧牲一切，努力工作，以互助之精神，精誠團結，共赴國難。"……

1932年3月，王鳳閣以率領的獨立第七旅官兵為骨幹，組織了一支由伐木工人和中小學教師等知識份子為主體的600餘人的民眾抗日武裝，在通化紅土崖正式宣佈成立"遼東民眾義勇軍"。王鳳閣被公選為軍長。4月中旬，王鳳閣率部到達桓仁縣與李春潤率領的抗日部隊會師。4月21日，在遼寧桓仁師範學校成立的遼寧民眾抗日自衛軍大會上，王鳳閣部奉命改編為遼寧民眾抗日自衛軍第十九路軍。王鳳閣立即通電全國就職：

國民政府主席、各部部長、各省主席、各總司令及全國各機關、各法團、各報館鈞鑒：

查日人之迫我東省，由來已久……突於去年九月十八日遞施鯨吞之伎，大興無名之師，佔據我遼吉，覆陷我黑省，屠殺同胞，慘無人道……鳳閣生於斯土，不甘坐視國之滄亡，本國家興亡匹夫有責之義，號召同胞，共伸義憤，爰組義勇軍，公推鳳閣為司令，於四月二十一日在臨江宣誓就職，誓滅強寇，以雪國恥。擁戴中央政府，服從命令。本軍以救國為前提，以服從為天職，刻已編組完竣……此頭可斷，此志不移，耿耿此忠，天日共鑒……同雪萬方之辱，臨電不勝迫切待命之至。

遼東民眾義勇軍司令王鳳閣（印）
中華民國二十一年四月二十一日

1932年5月9日，王鳳閣率部一舉攻克被日軍佔領的柳河縣城。7月，王鳳閣領導的第五旅旅長方春生和第四旅旅長闞子祥率部攻克金川縣城，收復金川大部失地。該部轉戰在金川、通化、柳河和輯安等地與日偽軍展開了艱苦卓絕的遊擊戰。他們歷經二道河子阻擊戰，果松雨夜殲日軍、夜襲七道溝、十三道溝大捷等大小戰鬥近百次，神出鬼沒，戰績輝煌，名聲遠揚。很多抗日志士和抗日隊紛紛投奔，部隊很快發展到了3萬餘人。

1932年8月15日，中華民國國民政府遼寧省臨時政府主席唐聚五將軍，在通化主持召開遼寧民眾抗日救國會和遼寧民眾自衛軍各路首領會議，王鳳閣被任命遼寧民眾抗日自衛軍第三方面軍中將司令兼遼寧民眾抗日自衛軍第十九路軍司令。8月下旬，王鳳閣率部圍攻海龍縣城長達50多天，進行大小戰鬥20餘次。狠狠打擊了侵佔海龍日本領事松浦和偽軍司令于芷山的氣焰，使侵佔海龍縣城的日偽軍交通運輸、電訊全部隔斷。

王鳳閣將軍聯合團結當地滿、漢、鮮等各族抗日民眾，率部穿梭於長白山一帶的崇山峻嶺中：飲馬天池水，立馬白頭山，放馬林海中，馳騁白山脈，縱橫鴨綠江，轉戰遼東島。多次與李春潤率領的遼寧民眾抗日自衛軍第六路軍，徐達三率領的遼寧民眾抗日自衛軍第八路軍，梁錫夫率領的遼寧民眾抗日自衛軍第十一路軍，鄧鐵梅率領的遼寧民眾抗日自衛軍第十三路軍，苗可秀和趙侗率領的中國抗日少年鐵血軍等抗日大軍相互配合，襲擊日偽軍據點，奪取日偽軍餉械，打擊日偽軍"討伐"。

在沒有槍沒有炮沒有給養，全靠日偽軍給抗日軍"送"的艱難條件下，仗越打越難，越打越苦。加之日軍在東北地區實行殘酷的並屯、封鎖、清查、株連和實施"三光"政策，迫使民眾自衛軍和抗日義勇軍難以生存，許多民眾自衛軍或抗日義勇軍高級將領被迫潛往關內。王鳳閣部也減員嚴重。然而，王鳳閣不屈不撓堅定提出："手不離槍，人不離鄉，抗日到底"的口號。率部繼續在通化一帶的大羅圈溝、撓頭溝、果松川和老嶺一帶，鴨綠江兩岸、長白山原始森林中與日軍遊擊抗衡。先後襲擊了南陽岔、大廟溝、二道江、果松川等日偽軍據點。1933年11月27日，又襲擊了柳河西南黑瞎子溝，與日偽軍戰鬥達6個小時。11月28日，策劃其部300人襲擊了英額門（布）。12月10日，又在新賓縣東北高嶺子與日偽軍激戰數小時，再創日軍。1934年5月4日，王鳳閣與東北人民革命軍第一獨立師師長楊靖宇在黑瞎子溝秘密會晤，商談共同聯合抗日。1935年9月20日，王鳳閣與葉景山在輯安頭道成立了"中韓抗日同盟會"，聯合作戰20餘次。他們逐步在老嶺山區一帶修建了密營、山寨、暗堡、地道等上百處，秘密建立了多處糧棉收購點，以及小型被服廠、手榴彈製造廠、槍械修配廠、糧食加工廠和油坊等，建立了較完備的抗日遊擊根據地。

从 1933 年夏到 1936 年秋，王鳳閣率部在極其艱苦的戰鬥條件下，與鄧鐵梅、梁錫夫、苗可秀、趙侗和楊靖宇等抗日將領，以及韓國抗日部隊保持密切聯繫。1936 年 1 月，王鳳閣協助趙侗組建了中國東北敵後"遼南臨時抗日政府"。並任中國抗日少年鐵血軍副總司令兼第五路軍總指揮。他經常派熟悉通化和鳳凰城一帶地理環境（水路和陸路、山林）的張秀榮等伐木工為信使溝通聯絡（以"放山"為由），主動積極聯合各路抗日武裝力量，共同打擊日本侵略軍。王鳳閣憑藉著熟悉的地理條件與人文環境，採取靈活機動的遊擊戰略戰術，打退了日軍一次次進攻圍剿，消滅日偽軍上千人，有力地牽制了日軍進攻關內的行動。日偽軍視王鳳閣部為心腹大患，出重兵"討伐"不著，多次派員誘降均被其嚴厲拒絕。

重傷被俘寧死不降　全家就義通化

1936 年秋冬，東北茂密的森林山川，開始樹木落葉草禾枯乾，江河封凍，大地披銀裝，山清林透。日酋通過密探與漢奸秘密偵察得知王鳳閣部情報，立即調集重兵對在鴨綠江中游和長白山南坡一帶活動的王鳳閣部隊，實施殘酷的討伐圍剿。王鳳閣在敵我力量懸殊的情況下，與敵展開了殊死的遊擊戰。1937 年 3 月，王鳳閣部被日偽軍兩千餘人包圍在老虎（嶺）山 1310、1403 高地。日偽軍喊話勸降，王鳳閣破口大罵，誓死不降。在日軍飛機、毒氣和炮火的輪番攻擊下，王鳳閣率部經過數日苦戰突圍，大部戰死，而且已經彈盡糧絕。當王鳳閣率餘部突圍到通化縣六道溝時，欲向楊靖宇領導的東北抗日聯軍第一軍會合。楊靖宇得知消息後迅速趕去支援，但由於多座大山與渾江隔斷阻擋和日偽軍層層圍困，兩軍無法會合，難以救援。

1937 年 3 月 27 日，王鳳閣率部突圍轉戰到通化縣六道溝大南岔一帶，在戰鬥中因左臂和大腿負傷行動艱難，被日偽軍快速部隊俘獲。其衛兵十餘人、妻子張氏及 4 歲幼子也同時被捕[2]。日軍將王鳳閣將軍及一家人押解到通化城，投入日偽憲兵隊秘密監獄。日偽當局先是以誘降為手段，企圖迫使王鳳閣屈服，放棄反"滿"抗日的決心。失敗後，日軍又對王鳳閣進行多次嚴刑拷打，逼迫王鳳閣投降，但王鳳閣沒有呻吟一聲。最後，日酋藉以殺害其妻子和孩子，強逼其投降。卻受到了王鳳閣的破口痛罵和指責。

1937 年 4 月 6 日，王鳳閣和妻子、孩子一家三口人，被日軍押往通化玉皇山腳下的柳條溝刑場。臨刑時幾個日本兵一擁而上，要架王鳳閣下刑車，王鳳閣把他們甩開，昂首挺胸，走向刑場。他對送行和圍觀的民眾高聲講道："父老鄉親同胞們！我王鳳閣為抗日而死，大丈夫死得其所！一個王鳳閣倒下去，會有千萬個王鳳閣站起來，大家努力吧！中國不會亡國！打倒日本帝國主義！……"。日寇事先挖了兩個大坑，讓王鳳閣跪在西邊的坑旁，王鳳閣堅決不跪，並對日寇大聲說："我不能跪，我活著沒向日本人下跪，死了也要站著做雄鬼……"。日寇無奈，強行將他按倒在地，用戰刀將王鳳閣砍殺。隨後殘忍地把王鳳閣將軍的頭顱砍下，裝入一個木匣內準備拿到各地示眾。接著日寇又從第二輛車上把其妻子張氏和孩子押了下來，張氏女士十分鎮定地抱起孩子走向土坑。日寇指著第二個大坑讓她下去，她看見另一個坑上有血跡，便和孩子毅然跳入丈夫殉難的土坑裡，慘無人性的日軍向她和孩子開槍，將其活埋……王鳳閣將軍壯烈殉國，時年43歲。

抗日戰爭勝利後，1949年秋，通化人民在通化城玉皇山之上，為王鳳閣將軍修築了墳墓和紀念亭，以示永遠紀念。

注[1]："中韓抗日同盟會"的"中韓"，是指中國和韓國，不是"中朝"。作者通過大量實地走訪調查與實物考證已證明。如相關資料記載：韓國愛國人士尹奉吉在1932年4月29日於上海虹口公園，刺殺侵略中國和韓國的日本大將白川義等高官。楊靖宇著《東北抗日聯軍第一路軍軍歌》與《通化民歌選》中記載，都是"中韓"。所以，本書統一採用"中韓"。

注[2]：王鳳閣原配夫人遲鳳英與孩兒被送回老家山東省膠南安居。之後，失去了聯繫。王鳳閣又娶張氏為妻，張氏跟隨王鳳閣南征北戰。張氏的名字，一說為張桂英，又說是張桂芳，作者仍沒查清，故在文中用"張氏"。其4歲的兒子乳名叫"小金子"。

方珝舟將軍
General Fang Zhaozhou

陸軍少將、國民革命軍第三十一軍鳳定別動隊司令

Major General and Commander of the Fengyang-Dingyuan Commando of 31st National Revolutionary Army

　　方珝舟，名璧、字珝舟。中國國民革命軍陸軍第三十一軍鳳陽定遠別動隊少將司令，著名抗日愛國將領。1867年出生於安徽省定遠縣爐橋鎮一書香門第。1873年入本地私塾讀書。少年離家到外地求學。成年後從事教書和社會活動。1907年加入同盟會。1911年參加領導壽州淮上起義。中華民國初年，任江蘇都督府少將顧問。1924年任廣州大元帥府參議。1926年任國民革命軍第三十三軍別動隊少將司令。1927至1930年，分別任安徽省鳳陽縣縣長和定遠縣縣長。

　　1937年7月，日本出兵大肆入侵中國河北。8月，日本又出兵入侵中國上海。日本軍隊入侵徹底打破了中國和平建設環境，中國政府被迫全力組織自衛應戰。方珝舟在家鄉積極組織人力物力，支援阻擊日本軍隊入侵的淞滬會戰和南京保衛戰。1938年1月，方珝舟在家鄉拉起了一支抗日隊伍，很快發展到上千人，被編入國民革命軍陸軍第三十一軍戰鬥序列，定名鳳陽定遠別動隊，方珝舟任少將司令，奉命參加徐州會戰。方珝舟率部在定遠、鳳陽、淮南、懷遠、蚌埠一帶配合正規軍，運用熟悉的地理環境和遊擊戰術給予日軍重大殺傷。1940年春，方珝舟受安徽省政府委託，在鳳陽定遠一帶辦理賑濟事務，5月21日，被投靠日本的叛徒漢奸密謀殺害，為國捐軀。時年74歲。

Fang zhaozhou, also known as Bi and by the courtesy name Zhaozhou, was a renowned patriotic Chinese general. He served as the Commander of the Fengyang Dingyuan Special Forces, 31st Army of the Chinese National Revolutionary Army. He was born in 1867 in Luqiao Town, Dingyuan County, Anhui Province, China, into a scholarly family. In 1873, he studied at a local private school and later pursued education in other places during his youth. As an adult, he engaged in teaching and social activities. In 1907, he joined the Revolutionary Alliance, and in 1911, he participated in the leadership of the Shouzhou and Huai River uprisings. During the early years of the Republic of China, he served as a Major Advisor to the Jiangsu Provincial Governor's Office. In 1924, he became a consultant to the Guangzhou Marshal's Office. In 1926, he was appointed as the Commander of the 33rd Army's Special Forces in the National Revolutionary Army. From 1927 to 1930, he successively served as the County Magistrate of Fengyang County in Anhui Province and Dingyuan County.

In July 1937, the Japanese launched a large-scale invasion of Hebei Province in China. In August, they invaded Shanghai as well. The Japanese invasion completely shattered the peaceful construction environment in China, and the Chinese government was forced to organize self-defense and resistance. Fang Zhaozhou actively organized manpower and resources in his hometown to support the defense efforts in the Battle of Songhu and the Defense of Nanjing against the Japanese invaders. In January 1938, Fang Zhaozhou established an anti-Japanese force in his hometown, which quickly grew to over a thousand members. The force was incorporated into the combat sequence of the 31st Army of the Chinese National Revolutionary Army, named the Fengyang Dingyuan Special Forces, with Fang Zhaozhou appointed as the commanding Major General. He was ordered to participate in the Battle of Xuzhou. Fang Zhaozhou and his troops, cooperating with regular forces, utilized their knowledge of the local geography and guerrilla tactics to inflict significant casualties on the Japanese forces in the Dingyuan, Fengyang, Huainan, Huaiyuan, and Bengbu areas. In the spring of 1940, Fang Zhaozhou was entrusted by the Anhui Provincial Government to handle relief work in the Dingyuan and Fengyang areas. On May 21, he was assassinated by traitorous collaborators who had sided with the Japanese, sacrificing himself for his country at the age of 74.

七十二老叟上陣抗日　熱血灑遍江淮大地

1937年7月，蘆溝橋事變發生，日本出兵大肆入侵中國河北。8月，日本又出兵入侵中國上海。日本軍隊入侵徹底打破了中國和平建設環境，中國政府被迫全力組織自衛應戰，動員與號召全國軍民起來共同抗戰。方玿舟老將年齡已超過70，立即響應政府號召。他說："千百年來中國人信仰依賴的是：用自己智慧和雙手的勤奮創造著美好生活，用維護生態陰陽平衡和遵循自然運行的法則創造著美麗家園，用孔孟之道和道、佛文化治理著國家與教育後人。使吾成為華夏文明大國，你小日本進來破壞與掠奪，我們能允許嗎？！"旋即，在家鄉組織人力物力，支援阻擊日本軍隊進攻的淞滬會戰和南京保衛戰。同時，在家鄉拉起了一支農民抗日隊伍。由於國難當頭，為了不給政府添麻煩，方玿舟變賣家產，購置武器，號召鄉親自籌餉械，上陣抗日，保衛家鄉和平。方玿舟率領農民子弟在南京周邊、江淮大地，運用家鄉熟悉的地理環境和自製的土槍、紅纓槍和大刀，與日軍展開了遊擊拼殺。隊伍很快發展到了上千人。

1937年12月23日，阻擊日本軍隊進攻的徐州會戰拉開戰幕。中國軍事委員會第五戰區司令長官李宗仁將軍和駐守該地區的國民革命軍陸軍第三十一軍軍長劉士毅將軍（後韋雲淞任軍長），感其方玿舟老先生的愛國赴難行為，任命其為第三十一軍鳳陽定遠別動隊少將司令，請其率部參加徐州會戰，配合第三十一軍將士阻擊南犯之敵，保衛家鄉，保衛和平。

方玿舟領命，率部活躍在定遠、鳳陽、淮南、懷遠、蚌埠一帶。利用他們熟悉地形的優勢，機動靈活地展開遊擊戰。方玿舟部自成立6個月來，無日不在前線與倭寇作戰，前後數十次承擔防守、阻擊和遊擊任務。在戰鬥中，他們遠用鋼槍射擊，近用大刀長矛殺敵。方玿舟部在華亭殺敵20多人，打死敵馬8匹，繳獲步槍11支；在懷遠橫山口、鄭莊殺敵百餘名，繳獲步槍13支，馬1匹，防毒面具6個；在上窯附近，殺敵6人，繳獲輕機槍2挺，自行車5輛。並將鳳陽曹家店敵寇肅清。之後，又奉命配合正規軍收復考城、劉府等地。方部參加的戰鬥，以1938年2月14日爐橋附近的能仁寺之戰和池淮阻擊戰最為激烈。1938年早春，為了阻止日寇侵略爐橋和淮南，方玿舟接受命令協助正規軍在爐橋東北的嚴澗河南岸一帶佈防，阻擊從能仁寺和定遠方向來犯日寇。當天，日軍以坦克飛機掩護，不斷發動衝鋒，方玿舟率部利用有利地形頑強抵抗，打退了日寇一次又一次進攻，血水染紅了河水。入夜，方玿舟又親自帶領家鄉子弟兵偷襲敵營，他們以大刀長矛和短槍突然殺入日軍熟睡的臥鋪，大部分日軍在睡夢或慌亂中已身首異處。這一仗，使日軍西犯企圖落空，殺敵數百人，繳獲大量軍用物資。

方玿舟捨身捨家帶領鄉親抗戰，1938年3月14日出版的《申報》這樣寫道："自皖北捲入戰爭後，當地民眾以國破家亡之慘禍，業已臨頭，紛紛自動組織自衛隊，與敵作生死戰。革命先驅七十二老翁方玿舟等，此次在定遠一帶親率武裝民眾二千餘人，始終與敵作不折不撓之搏鬥，尤為全國人士所景仰。當定遠陷於敵手之際，方氏尚有媳婦弟婦及孫女三人留在家中。半月前，敵軍一夥闖入方宅，意欲對此三弱女加以侮辱，但伊等因平時受家訓薰陶，當此危急之際，自知不能苟免，乃均逃出門外，跳入河內自盡。次日鄉民入河撈屍，此三烈女均直立河中，泥土沒於半身，是見其當時竭力跳河求死之精神如何！如此悲壯之事蹟傳入方氏之耳，方氏捋髯而笑曰：'我家有此壯舉，雖死亦瞑目矣！'"

之後，上海《大英夜報》進一步報導描述："……他就是方珰舟，就是他帶領著四千多好漢！就是他嗎？騎著黃彪馬，在山崗馳騁。就是他嗎？舉起了民族自衛戰爭大旗，奮勇打擊日本人！真的是他，方珰舟，他中等身材，老祖父一樣的慈祥老頭兒。銀鬚，在微風中飄拂著，不笑的時候，眼睛四角也折迭水波一樣的皺紋。你在任何地方都可以找到這樣一個一團和氣的老者。民族英雄，本來就不是三頭六臂的怪物。可是每一個老頭，並未能這樣打日本人叫我們尊敬。"

為此，上海《大英夜報》記者深度採訪了方珰舟，方珰舟接受記者採訪時說："我們鳳定別動隊是元旦成立的，受某軍軍長指揮，配合正規軍作戰，四千多人中四分之三是相知的親友，大家知道日本人在京滬線進軍較快，到安徽來可不能那麼如入無人之境。因為幾十年來，我的工作，鄉人都熟悉，有相當的信任。所以，聽這次我這七十二歲的老者已出來抗戰，便都投奔過來了：有壯丁的出壯丁，有槍支的出槍支，有米穀的供給米穀。大家都明白，拿出現在所有米穀，也許還能保持所有，否則，性命也是靠不住的……"。所以，上海《大英夜報》的記者生動地描述了這支抗日武裝成立的情景："日本人打到首都的時候，皖北的健兒們起來了。他們彪悍的身影像發怒的鉅獅一般，突然聳立：胸膛裡燃燒著火，眼睛裡冒著火，大家摩拳擦掌地吼跳起來了！還能忍受麼？'不！'千千萬萬聲音喊著這倔強的一個字，洋土匪，我們來了！每個人心裡這樣想。他們真來了，從田莊從菜畦，從鄉鎮上的學堂，從自己經營的小行業。要一個和土地養育大了的人，離開土地是殘忍的事。可是，現在不能不暫時離開農作物而來保衛土地。從牆壁上摘下步槍，從床頭上拿起黃槍、紅槍和大刀，對著這些傢伙出神：今天主人要用著你了！沒有什麼生鏽的地方，自小到大，一直在玩著它，世世代代就這樣自衛起來，村莊和城鎮'衛國保鄉'呼聲交織著。老頭子發出年輕一般微笑，呷一口自製的米酒，對著祖宗牌位發誓'不給些苦頭給他吃，不算子孫，不算好漢！'遠居的叔伯子侄，都勾起對方來了。平日，被擯棄在大族世家以外的小族戶也被歡迎著跑到一堆，有步槍的帶著步槍，有紅纓槍大刀的帶紅纓槍大刀，什麼也沒有，帶著一根木棒和一顆熱烈的心。望著家鄉這一帶延綿起伏的山巒，四千多好漢咬牙笑了，憑著地勢也能狠狠地揍鬼子幾頓。這一角天還發著紅光，撫摸著火牛一樣倔強的人群，他們出沒在鳳陽、定遠、壽縣……他們的老家。二月裡到定遠的日本人，就碰到對頭。

在山溝裡，主人四處偷襲了強盜，一顆子彈打中了一個日本人，紅纓槍瞄準了向他們戳去，大家忘記了寒冷……"。

就是這樣，70多歲的方玿舟率領家鄉的農民子弟武裝，騎著戰馬活躍在皖中敵後和津浦鐵路線一帶。他們手持自製的土槍、大刀和發明的土雷、坑道、陷阱，以熟知的山林、壕溝、彎道、江河湖泊對付著日本軍隊的機槍、坦克、飛機、大炮和汽車、火車。他們配合正規軍，設埋伏、搞襲擊、斷橋樑、炸火車、殺漢奸、保百姓、衛和平，成為一支令日軍和偽軍心驚膽戰的遊擊武裝。

1940年春，方玿舟受安徽省政府的委託，到定遠、鳳陽一帶辦理賑濟事務和組織反攻日偽軍，5月21日傍晚，被秘密投靠日本的叛徒漢奸誘騙殺害，向日酋邀功請賞。方玿舟時年74歲。

方玿舟將軍遇害的消息震撼了江淮大地，抗日軍民深感震驚和悲痛！安徽省政府為他舉行了隆重的追悼大會，並號召軍民團結起來，嚴懲漢奸，堅決抗日到底，保家衛國，驅逐日寇，還我和平。

方叔洪將軍
General Fang Shuhong

陸軍中將、國民革命軍第五十一軍第一一四師師長

Lieutenant General and Commander of the 114th Division of the 51st Army of the National Revolutionary Army

方叔洪，原名方范。中國國民革命軍陸軍第五十一軍第一一四師中將師長，著名抗日愛國戰將。1906年出生於山東省濟南市一書香門第。1925年畢業於山東省立第一中學。同年赴日本求學，就讀於日本陸軍士官學校。1929年畢業後，先後赴法國、德國繼續學習深造。1930年回國後，任第十九（路）軍教導大隊上校大隊長。1932年年初，率部參加淞滬抗戰。方叔洪為人秉性忠誠，天資聰慧，品高學邃，英風逼人，實乃軍人之典型。

1937年7月，蘆溝橋事變發生，日本出兵大肆侵略中國，打破了中國和平建設環境，中國政府被迫全力組織軍民自衛應戰，中華民族抗日戰爭全面爆發。方叔洪任國民革命軍陸軍第五十七軍第一一二師少將參謀處處長。之後，主動要求到基層帶兵，任第一一二師第三三四旅第六六七團少將團長，奉命率部守衛江陰要塞，掩護中國大軍戰略轉進，給予入侵日軍狠狠打擊。接著，奉命率部參加南京保衛戰。1938年年初，升任第五十一軍第一一四師中將師長。奉命率部參加徐州會戰，在山東省蘭陵一帶阻擊日軍進攻，為臺兒莊戰役勝利做出重大貢獻。1938年6月，奉命率部參加武漢會戰。12月30日，魯蘇（山東省和江蘇省）戰區成立，方叔洪部劃歸魯蘇戰區戰鬥序列，在魯南敵後展開遊擊戰。1939年6月25日，方叔洪率部在山東省沂水縣太平官莊、馮家場一帶與數倍於己的日軍展開激戰。經過數小時血戰，第一一四師直屬部隊傷亡慘重。方叔洪身中敵彈，重傷不能行走，日酋多次傳遞信息勸降，為寧死不降和不拖累部隊突圍，舉槍自戕殉國。時年33歲。

Fang Shuhong, originally named Fang Fan, was a famous patriotic Chinese general. He served as the Commander of the 114th Division, 51st Army of the Chinese National Revolutionary Army, with the rank of Major General. He was born in 1906 into a scholarly family in Jinan, Shandong Province, China. In 1925, he graduated from Shandong Provincial First High School and went to Japan for further studies, attending the Japanese Army Officer School. After graduating in 1929, he went to France and Germany for further education. Upon his return to China in 1930, he became the Colonel and Battalion Commander of the Instruction Battalion of the 19th Army. In early 1932, he led his troops to participate in the Battle of Shanghai during the resistance against Japanese aggression.

In July 1937, the Marco Polo Bridge Incident occurred, and Japan launched a large-scale invasion of China, shattering the peaceful construction environment. The Chinese government was compelled to organize a full-scale self-defense and resistance effort, marking the outbreak of the Chinese People's War of Resistance against Japanese Aggression. Fang Shuhong served as the Chief of Staff of the 112th Division, 57th Army of the Chinese National Revolutionary Army, and was ordered to lead his troops in fierce battles against the Japanese in the Jiangyin Fortress. Subsequently, he was also ordered to participate in the Defense of Nanjing. In early 1938, he was promoted to the rank of Major General and appointed as the Commander of the 114th Division, 51st Army. He led his troops to participate in the Battle of Xuzhou, where they fought against the Japanese and made significant contributions to the victory in the Battle of Tai'erzhuang in the Lanling area of Shandong Province. In June 1938, he was ordered to participate in the Battle of Wuhan. On December 30, the Lu-Su Theater Command was established, and Fang Shuhong's division was assigned to the combat sequence of the Lu-Su Theater Command to carry out guerrilla warfare behind enemy lines in southern Shandong. On June 25, 1939, Fang Shuhong and his troops engaged in a fierce battle with the numerically superior Japanese forces in the vicinity of Taipingguanzhuang and Fengjiachang in Yishui County, Shandong Province. After several hours of intense fighting, the 114th Division suffered heavy casualties. Fang Shuhong was seriously injured by enemy bullets and unable to walk. Rather than becoming a burden to his troops and refusing to surrender, he shot himself and sacrificed his life for the beloved motherland. He was 33 years old at the time.

抗日轉進　血戰日軍

　　1932年1月28日，日本海軍陸戰隊對駐守中國上海閘北的中國軍隊發動突然襲擊，上海民眾和駐軍官兵奮起痛擊日軍，淞滬抗戰爆發。方叔洪任國民革命軍陸軍第十九（路）軍教導大隊上校大隊長，奉命率領教導大隊全體官兵在閘北與入侵日寇展開激烈戰鬥。日軍炮火強大，攻勢兇猛。方叔洪沉著指揮教導大隊全體官兵，堅守陣地，粉碎了日軍的多次進攻。戰鬥最激烈時，方叔洪身先士卒，持槍與士兵並肩作戰，阻止了日軍向閘北一帶的攻勢，致使日軍沒有前進半步，誓死保衛著上海和平。

　　1937年7月，蘆溝橋事變發生，日寇大舉入侵中國華北，打破了中國和平建設環境，中國政府號召全國軍民積極備戰和自衛應戰。方叔洪任中國國民革命軍陸軍第五十七軍第一一二師少將參謀處長。多年的軍旅生涯和對日本軍國的研究，使他深知：日本軍閥的侵略擴張野心日益膨脹。酷愛和平的中華民族，不會甘心日寇鐵蹄的蹂躪，一場大戰在所難免。他要求調到部隊基層帶兵，時刻準備應戰。終得獲准，方叔洪任第一一二師第三三四旅第六六七團少將團長。在駐守江蘇省南通、海門和靖江守衛祖國海防和江防中，他努力提高官兵戰鬥素質。由於方叔洪受過高等軍事教育，文韜武略，為人正直，平易近人。尤其在訓練中，他親自講授，親自帶頭示範操練，深受官兵佩服與愛戴，其所部整體素質和戰鬥技能大大提高。

　　1937年8月13日，日本軍隊又向中國上海進犯，中國上海守軍奮起抵抗，淞滬會戰爆發。11月21日，日軍大批飛機開始空襲中國江陰，並出動60餘艘軍艦封鎖江面，隨即向我江陰軍事要塞發動猛攻，江陰要塞吃緊。方叔洪奉命率第一一二師第三三四旅第六六七團馳援，防守江陰青陽、南閘及花山一帶。雙方在此展開了激烈爭奪戰。11月28日，日本第十三師團一部用重炮猛烈轟擊花山第六六七團陣地，並向南閘街及大洋橋發起猛攻。方叔洪巧設伏兵阻擊日寇，一舉斃敵30餘人，將日軍擊退。11月29日，方叔洪命一個營在正面與日軍對抗，同時命兩個營分別從兩側攻擊日軍側翼。三個營成犄角態勢，互相支援，打退了日軍多次瘋狂進攻，給予日軍重大殺傷。日軍無計可施，便滅絕人性地發射毒氣彈。方叔洪立即率部快速衝入敵軍陣地，避開了日軍的毒氣，與日寇展開白刃血戰，再次將日軍殺退，守住了陣地。

　　之後，方叔洪奉命率部向鎮江方向突圍轉進。不久，又奉命率部開赴南京，參加南京保衛戰。

魯南抗日　殉國沂水

　　1937年12月中旬，日本軍隊侵佔中國南京之後，為了打通中國南北戰場，遂沿津浦路南北對攻，企圖奪取戰略要地徐州。中國政府調動各路大軍積極應對，徐州會戰拉開戰幕。1938年3月，日本磯谷廉介師團和板垣徵四郎師團分進臺兒莊一帶。中國軍隊在第五戰區司令長官李宗仁將軍的指揮下，于3月10日開始，在臺兒莊地區與日軍展開了殊死戰鬥，以消滅日軍有生力量，保衛徐州。

　　方叔洪任國民革命軍陸軍第五十一軍第一一四師中將師長，奉命率領第一一四師在山東省蘭陵一帶防守，阻擊日軍增援部隊，牽制日軍行動，掩護主力部隊完成在臺兒莊殲滅日軍主力一部之目的。日軍為援救其陷入臺兒莊地區的孤軍，在飛機和重炮的火力掩護下，以集團衝鋒的方式瘋狂攻擊第一一四師陣地防線。在激烈的戰鬥中，方叔洪師長親臨前線指揮督戰。在方叔洪的激勵下，全師將士抱定與陣地共存亡的決心，拼力抵抗。1938年4月3日，我參戰各部隊開始對日軍發起總攻。4日，中國空軍以27架飛機對臺兒莊東北、西北日軍陣地展開猛烈轟炸。方叔洪立即指揮部隊向日軍進行全面反攻，有效阻擊了日軍增援部隊的激烈進攻，為保障臺兒莊大戰取得勝利做出了積極貢獻。

　　徐州會戰之後，中華民國國民政府為在敵佔區山東、江蘇等地打擊日軍，於1938年12月30日，成立了魯蘇戰區司令長官部，第五十一軍劃歸魯蘇戰區戰鬥序列。方叔洪奉命率第五十一軍第一一四師在魯南一帶遊擊日軍。

　　1939年6月初，日本以三個師團的兵力掃蕩魯南（沂水縣東里一帶是中國山東省政府臨時駐地）地區。方叔洪指揮第一一四師分拒萊蕪、蒙陰、魯村（今沂源西南）三面之敵，保護省政府的安全。歷經大小戰鬥十餘次，阻止了日軍進攻和連續擊破日軍數次包圍。6月下旬，日酋組織兵力企圖包圍第一一四師，方叔洪將師主力大部轉移出日軍包圍圈之外。自己親率師直屬部隊（師部特務連、直屬營等）由下高村向東南方向轉移。6月23日，到達丞石溝一帶宿營。早四時許，發現日軍一部約300人，攜炮兩門到達太平官莊。方叔洪遂令第六十九團一部前往包抄，激戰竟日，日軍憑藉工事頑抗。正當方叔洪準備組織部隊進行夜襲時，傍晚日軍又增兵五六百人及山炮四門，由沂水一帶進抵石坑峪，妄圖解救太平官莊被我軍包圍之軍隊。第六十九團警戒部隊及直屬營奮勇阻擊日軍的增援部隊，經過激烈戰鬥，終於阻敵於馮家場。23日夜，第六十九團夜襲太平官莊未能奏效，24日又激戰終日。6月25日晨，方叔洪獲悉太平官莊被我軍包圍之日軍有突圍跡象，認為殲滅日軍時機已到，即嚴令第六十九團務必完成殲滅日軍之任務，並親自到老窪子督戰。6時許，太平官莊之日軍向南突圍潰退，我軍奮勇追殺。此時，彭家場附近以及馮家場、公家場、閆家場等地均佈滿前來救援的日軍，並集中火力向方叔洪部圍攻堵擊，包圍了直屬部隊。方叔洪率部與數倍於我的日寇展開血戰，激戰三小時餘，我部官兵傷亡嚴重。方叔洪頭部、腰部中彈多處。日軍包圍圈逐漸縮小，步步逼近。其在日軍中的日本同學不斷傳遞信息，勸方叔洪師長率部投降。面對日軍的步步緊逼和勸降，方叔洪師長率部拼死血戰突圍。當自己再次受傷不能行走時，為了不拖累部隊突圍和寧死不降，毅然舉槍自戕，壯烈殉國。時年33歲。

　　方叔洪師長殉國後，其忠骸被第一一四師官兵含淚收斂，安葬在蒙陰縣坡里以北的山坡上。1943年，第五十一軍在沂源縣石龍官莊興建了該軍抗日烈士公墓，方叔洪將軍忠骸又被遷移至公墓中，以供人們永久紀念與敬仰。

左權將軍
General Zuo Quan

陸軍少將、國民革命軍第八路軍副參謀長

Major General and Deputy Chief of Staff of the Eighth Route Army of the National Revolutionary Army

左權，學名紀權，號叔仁。中國國民革命軍陸軍第八路軍少將副參謀長，著名抗日愛國戰將。1905年3月，出生於湖南省醴陵縣平橋鄉黃茅嶺。1924年3月，考入廣州陸軍講武堂，後轉入廣州黃埔陸軍軍官學校第一期學習。1925年年初，秘密加入共產黨。1925年秋冬，入蘇聯莫斯科中山大學學習。1927年春夏，考入莫斯科高級步兵學校，翌年秋轉入伏龍芝軍事學院深造。1930年6月，回國參加紅軍。歷任紅軍學校教育長、軍長、軍團參謀長、軍團長等職。

1937年7月，蘆溝橋事變發生，日本出兵大肆侵略中國，打破了中國和平生活環境，中華民國國民政府號召全國軍民共同抗擊日本軍隊入侵。紅軍堅決響應，其主力部隊奉命改編中國國民革命軍陸軍第八路軍（後改為第十八集團軍）。左權任第八路軍少將副參謀長兼第八路軍前方總部參謀長，奉命率部開赴華北抗日前線，開展遊擊戰爭。率部參加了太原會戰。1938年2月，率部開闢了太行山敵後抗日根據地。1939年秋冬，指揮八路軍粉碎了日軍對北嶽地區的大"掃蕩"，擊斃日本中將阿部規秀等日偽軍3600餘人。1940年8月，協助彭德懷副總司令指揮了"百團大戰"，斃傷日軍和偽軍25800餘人。1942年5月，日軍對太行山抗日根據地實行大"掃蕩"。5月25日，左權指揮部隊突圍轉移時，在遼縣十字嶺被日軍炮彈彈片擊中，壯烈殉國。時年38歲。八路軍全軍將士悲慟哀悼，總司令朱德和副總司令彭德懷親自撰文悼念。

  Zuo Quan, also known as Jiquan and nicknamed Shuren, was a famous patriotic Chinese general. He served as the Deputy Chief of Staff, Major General of the Eighth Route Army, Chinese National Revolutionary Army. He was born in March 1905 in Huangmaoling, Pingqiao Township, Liling County, Hunan Province, China. In March 1924, he was admitted to the Guangzhou Military Academy and later transferred to the first term of the Whampoa Military Academy in Guangzhou. In early 1925, he secretly joined the Communist Party of China. In the fall and winter of 1925, he studied at the Moscow Sun Yat-sen University in the Soviet Union. In the spring and summer of 1927, he entered the Moscow Advanced Infantry School and later transferred to the Frunze Military Academy for further studies. In June 1930, he returned to China to join the Red Army and held various positions, including Director of Education, Army Commander, Corps Chief of Staff, and Corps Commander in the Red Army.

  In July 1937, the Marco Polo Bridge Incident occurred, and Japan launched a large-scale invasion of China, shattering the peaceful living environment. The government of the Republic of China called on the entire nation to resist the Japanese invasion. The Red Army responded resolutely, and its main forces were reorganized into the Eighth Route Army of the Chinese National Revolutionary Army (later renamed the 18th Group Army). Zuo Quan served as the Deputy Chief of Staff, Major General, of the Eighth Route Army, as well as the Chief of Staff of the Front Headquarters. He was ordered to lead his troops to the anti-Japanese front in North China and conduct guerrilla warfare. He participated in the Battle of Taiyuan. In February 1938, he opened up a rear anti-Japanese base in the Taihang Mountains. In the autumn and winter of 1939, he commanded the Eighth Route Army to crush the large-scale "mopping up" operations by the Japanese army in the Beiyue area, killing more than 3,600 Japanese puppet troops, including Major General Abe Norihide. In August 1940, he assisted Deputy Commander Peng Dehuai in commanding the "Hundred Regiments Offensive," resulting in the deaths and injuries of over 25,800 Japanese and puppet troops. In May 1942, the Japanese army launched a large-scale "mopping up" operation against the anti-Japanese base in the Taihang Mountains. On May 25, while commanding his troops to break through and retreat at Shiziling, Liao County, Zuo Quan was hit by shrapnel from enemy artillery and died a heroic death. He was 38 years old. The entire Eighth Route Army mourned his loss, and Commander-in-Chief Zhu De and Deputy Commander-in-Chief Peng Dehuai personally wrote tributes to commemorate him.

組建八路軍　敵後出奇兵

1937年7月7日，日本軍隊向駐守中國河北蘆溝橋一帶的中國國民革命軍陸軍第二十九軍進行不斷挑釁、侵犯與進攻，第二十九軍將士奮起還擊，蘆溝橋事變發生。7月17日，中華民國國民政府委員會委員長蔣中正發表《對蘆溝橋事件之嚴正聲明》："中國民族本是酷愛和平……我們是弱國，國家要進行建設，絕對的要和平，過去數年中，不惜委曲忍痛，對外保持和平……我們固然是一個弱國，但不能不保持我們民族的生命，不能不負擔祖宗先民遺給我們歷史的責任，所以到了迫不得已時，我們不能不應戰……如果放棄尺寸土地與主權，便是中華民族的千古罪人……我們希望和平，而不求苟安，準備應戰，而決不求戰……如果戰端一開，就是地無分南北，人無分老幼，無論何人皆有守土抗戰之責……全國國民亦必須嚴肅沉著，準備自衛……"。接著，共產黨發表了《中國共產黨共赴國難宣言》："……當此國難極端嚴重民族生命存亡絕續之時，我們為著挽救祖國的危亡，在和平統一團結禦侮的基礎上，已經與中國國民黨獲得了諒解，而共赴國難……取消一切推翻國民黨政權的暴動政策及赤化運動，停止以暴力沒收地主土地的政策。取消現在的蘇維埃政府，實行民權政治，以期全國政權之統一。取消紅軍名義及番號，改編為國民革命軍，受國民政府軍事委員會之統轄，並待命出動，擔任抗日前線之職責……以便用統一團結的全國力量，抵抗外敵的侵略……"。8月25日，所領導工農紅軍奉命改編國民革命軍陸軍第八路軍（9月11日，中華民國國民政府軍事委員會發佈電令，將第八路軍番號改為第十八集團軍，下轄第一一五師、第一二〇師和第一二九師）。左權任陸軍第八路軍少將副參謀長兼第八路軍前方總部參謀長，協助總司令朱德、副總司令彭德懷將軍改編和組建第八路軍；並奉命帶領和指揮第八路軍開赴華北前線對日作戰，參加太原會戰。

9月中旬，第八路軍（第十八集團軍）誓師出征，東渡黃河，向華北抗日前線挺進。在部隊路過洪洞縣時，左權給久別的母親寄家信說："……日寇不僅要亡我之國，並要滅我之種，亡國滅種慘禍已臨到每一個中國人的頭上。……山西的民眾，整個華北的民眾，對我軍極表好感，他們都喚著'八路軍是我們的救星'。我們也決心與華北人民共艱苦、共生死。不管敵人怎樣進攻，我們準備不回到黃河南岸來。"

1937年9月23日，第十八集團軍總司令部進駐山西省五臺縣南茹村，左權於當日組織司令部展開工作，詳細瞭解山西敵我態勢，參與組織太原會戰。根據偵察獲悉，日本第五師團正由廣靈、靈丘一帶向平型關進發，左權立即將敵情報告朱德、彭德懷二位將軍，第十八集團軍總司令部馬上召開軍事會議，部署對敵作戰計畫。經過深入研究，總司令部決定在平型關伏擊日寇：命令第一二〇師奔馳雁門關牽制日軍主力南下；命令第一一五師24日進駐平型關並做好伏擊準備。9月25日凌晨，平型關戰鬥打響，一舉殲滅日軍精銳板垣徵四郎師團輜重部隊近1000人，擊毀敵汽車和馬車上百輛，並繳獲大量軍用物資。第十八集團軍首戰告捷。

1937年11月，山西重鎮太原陷落。之後，日軍沿同蒲路瘋狂南侵，鋒芒直逼風陵渡。為了穩定山西抗日局勢，堅持敵後抗戰，第十八集團軍總司令部在山西省和順縣石拐鎮召開軍事會議，傳達了中共中央關於創建以太行山為依託的晉冀豫抗日根據地的指示，研究制定了全軍的作戰部署和軍事力量配備問題。會上，左權根據抗戰中敵強我弱的特點，指出打日寇必須集中優勢兵力打殲滅戰。他說："敵人一個聯隊相當於我們一個團，兩千餘人。他們裝備好，我們可以三個團打他們的一個團……"。會後，在左權主持下，以八路軍總司令部名義發佈了一系列關於發動群眾、擴大武裝、作戰、訓練、建設太行山抗日根據地等訓令、指示。

1938年2月，八路軍總司令部由朱德和左權率領，挺進太行山開闢敵後抗日根據地。與此同時，日軍在飛機、坦克和大炮的掩護下，分三路進犯臨汾地區。朱德、左權被迫率部向晉東南山區轉進。2月25日，八路軍總部到達安澤縣（府城）的古縣鎮時，與從東陽西進的日軍突然遭遇。當時，總司令部只有兩個警衛連，情況萬分危急。為了牽制日軍，保護朱德總司令和總司令部的安全，左權親臨前沿指揮部隊阻擊日軍。面對強敵，左權沉著冷靜，仔細觀察地形，瞭解敵情。當摸清敵情後，左權命令正面部隊頑強抗擊、指揮其他部隊利用地形優勢從側面出擊，給予日軍出奇攻擊，遲滯了日軍進軍速度。左權率部與敵激戰四晝夜，為八路軍總司令部安全轉移、以及轉運在臨汾的軍需物資爭取了時間。

1938年4月，日酋調集30000餘兵力，分九路向晉東南地區"分進合擊"，企圖消滅八路軍主力，摧毀太行山抗日根據地。朱德和左權詳細研究敵情後，制訂了作戰計畫：決定以一部和抗日遊擊隊在內線開展遊擊戰、運動戰，牽制日軍；主力部隊則迂回出敵人的合圍圈，轉移到外線實施反包圍作戰。同時，八路軍總司令部決定尋機殲滅日軍一部，左權提議先打最狡猾的苦米地旅團一部。4月16日，左權指揮部隊利用長樂灘的地形優勢，將有限的兵力分作三部分，巧妙布成口袋陣。待日軍全部進入伏擊圈之後，左權一聲令下，合圍部隊同時開火，日軍隊伍頓時被斬成數段。任憑日本兵如何拼死掙扎，最後全被八路軍消滅。旅團長苦米地親自率精銳部隊前來救援，左權隨即命令部隊憑藉地形優勢頑強截擊，迫其倉皇逃竄。長樂之戰圍點打援，共擊斃日軍2000餘人，繳獲大批輜重。之後，八路軍乘勝追擊，連續收復武鄉、沁源、安澤、壺關、長治等19座縣城，把日寇趕出了晉東南。

1939年7月，八路軍總司令部轉移到武鄉縣。10月，日酋糾集重兵20000餘人，對北嶽地區進行冬季大"掃蕩"。左權日夜關注日軍動向，指揮部隊充分利用地形優勢，襲擊日偽軍。11月7日，八路軍第一二〇師一部和晉察冀地區的八路軍密切配合，在黃土嶺將日軍主力一部包圍。經過浴血奮戰，殲敵900餘人，日本中將阿部規秀被擊斃。此次反"掃蕩"作戰歷經45天，八路軍進行大小戰鬥108次，共斃傷日偽軍3600餘人。

組織破擊戰　百團戰敵寇

1940年春夏，八路軍為了粉碎日軍的"囚籠政策"和更好地開展敵後遊擊戰，經過充分準備，八路軍總指揮官朱德、彭德懷和左權聯合簽發作戰命令，要求八路軍各部於8月下旬開始，在華北敵後全線出擊，破壞敵人的囚籠圍攻，對各主要交通線進行大破擊戰。同時，中華民國國民政府軍事委員會委員長蔣中正要求各戰區牽制日軍增援，命令第一戰區司令長官衛立煌協助第十八集團軍（八路軍）開展破擊戰。戰役指揮部設在武鄉縣磚壁村娘娘廟，作為參謀長的左權每天晚上端著蠟燭，面對牆上的軍用地圖，細心地察看，精確地標明八路軍各部的行動路線和作戰方位，研究怎樣才能更有效地破擊敵人重要交通線上的橋樑、隧道、車站和打擊日軍。左權將軍要求所有參戰部隊在同一個時間向敵人發起進攻。

1940年8月20日晚，戰役全面打響。八路軍華北各部將士浴血奮戰，捷報頻傳。左權認真仔細分析戰況，部署下一階段的作戰計畫，戰果不斷擴大。8月26日，左權與彭德懷致電延安中共革命軍事委員會，指出："正太戰役我使用兵力約百個團，於20日晚已開展戰鬥，序戰勝利已經取得，這次戰役定名為"百團大戰"……"。參加這次戰役的部隊共有105個團，截至12月5日，戰役共經歷了三個階段，歷時三個半月，八路軍共進行大小戰鬥1824次，斃傷日軍和偽軍25800餘人，俘虜日軍281人、偽軍18407人，日軍投降47人。基本破壞了日軍在華北地區的鐵路和公路交通大動脈，斷絕或破壞了日軍由東北或華北運往中南和華東地區的軍需物資，全力支持了中國正面戰場上的抗日戰爭。

1941年11月，日本第三十六師團和獨立第一、第四、第九混成旅團各一部從黎城出發，向黃崖洞、水腰地區發起瘋狂進攻，企圖一舉摧毀八路軍兵工廠等設施。左權率總司令部警衛團親臨前線支援，指揮黃崖洞保衛戰。他指示部隊"要不驕不躁，不慌不恐，以守為攻，以靜制動，殺敵致勝"。當日軍進至我防禦前沿時，左權命令部隊依託堅固工事堅守陣地。與敵激戰兩天后，命令部隊撤至第二道防線繼續堅守。與敵激戰兩天后，再命令部隊撤到山上高地，依託有利地形阻擊敵人。待我增援部隊趕到後，命令部隊內外夾擊，痛殲日寇。經過八晝夜的激烈戰鬥，左權率1500餘名官兵殲敵1000餘人，粉碎了日軍的瘋狂進攻。

太行山突圍　名將殉國家

　　1942年5月，日本調集第三十六師團、四十一師團、六十九師團及獨立第九旅團各一部精銳共計30000餘人，在日本特種分隊化裝八路軍"挺進隊"與漢奸的秘密指引下，分四路向太行山腹地進行奔襲式的大"掃蕩"，妄圖一舉消滅八路軍總司令部和第一二九師主力部隊，形勢萬分危急。5月24日，彭德懷和左權召開緊急軍事會議，研究對策。左權堅定地對大家說："敵人這次拼了血本，妄圖把我們消滅在太行山上，我們目前的處境是相當艱苦的。北方局、前方總部、黨校和整個後方機關在我們周圍，保護幾千名同志生命的重任落在了我們肩上。我們一定要掩護他們安全轉移，跳出敵人的合圍。太行山壓頂也決不動搖，誓死保衛總司令部的安全……"。當天晚上，八路軍總司令部和各機關連夜轉移到山西省遼縣南艾鋪地區。

　　1942年5月25日，由於八路軍總司令部、後勤部、政治部、北方局、中共黨校等機關單位幾千人擁擠在一起，又攜帶了大批輜重，行動很不方便，轉移進度緩慢。當隊伍陸續通過偏城，進入十字嶺一帶時，10000餘名日軍和偽軍突然從兩翼包抄過來，並以飛機、大炮滿山轟擊。左權站在山坡上，雙手舉著望遠鏡仔細地觀察敵情，指揮部隊搶佔十字嶺高地，憑藉地形優勢頑強阻擊兩翼敵軍。

　　總司令部機關人多，目標大，行動不便，彭德懷、左權決定分頭突圍：左權親率總司令部直屬隊和北方局沿清漳河東側向北突圍，羅瑞卿率政治部向東南青塔方向突圍，楊立三率後勤部向東北羊角方向突圍。左權同時命令警衛排護送彭德懷副總司令轉移至安全地帶。在此危機之時，仍背著上級中共黨組織強加給"托派"分子與處分的左權，再次挺身帶領警衛部隊掩護各部機關人員突圍。

　　全面突圍戰鬥進行到下午，左權指揮部隊連續打退敵人多次進攻。臨近傍晚，八路軍總司令部各機關基本跳出了敵人的包圍圈。左權開始組織部隊突圍。當左權率領掩護部隊，冒著日軍炮火即將衝出十字嶺時，突然一顆炮彈落在身旁爆炸，左權副參謀長頭部、胸部、腿部等多處中彈，鮮血如注，壯烈殉國。時年38歲。

　　左權犧牲，全軍悲慟。八路軍總司令朱德撰寫挽詩悼念忠魂："名將以身殉國家，願拼熱血衛吾華。太行浩氣傳千古，留得清漳吐血花。"副總司令彭德懷含淚寫下了《左權同志碑誌》："……追乎'七·七'事變，倭寇侵凌，我軍奮起抗敵，作戰幾遍中原。同志膺我軍副參謀長之重責，五年一日，建樹實多。不幸一九四二年五月二十五日清漳河戰役，率偏師與十倍之倭賊鬥，遽以英勇殉國……。壯志未成，遺恨太行。露冷風淒，慟失全民優秀之指揮；隆塚豐碑，永昭堅貞不拔之毅魄。德懷相與也深，相知更切。用書梗概，勒石以銘。是為志。"1942年9月18日，八路軍晉冀魯豫邊區決定：將左權犧牲的地方——山西省遼縣改名左權縣，以永志紀念。

史蔚馥將軍
General Shi Weifu

陸軍少將、國民革命軍廣西綏靖公署高級參謀

Major General and Senior Staff of Guangxi Provincial Appeasement Commission of the National Revolutionary Army

　　史蔚馥，字從吾。中國國民革命軍陸軍廣西綏靖公署少將高級參謀，著名抗日愛國儒將。1891年出生於江蘇省溧陽縣蔣店鄉草溪圩村一書香世家。1899年入本鄉私塾啟蒙。1908年考入縣學堂讀書。1910年赴蘇州、南京學習。1912年考入武昌陸軍預備學校，後考入保定陸軍軍官學校第三期步兵科。1928年任國民革命軍陸軍第十二軍第二師團長。1931年調任中央陸軍軍官學校第一分校上校教官。1935年任上校參謀長，1936年任少將副師長。

　　1937年7月，盧溝橋事變發生，日本出兵大肆侵略中國，打破了中國和平建設環境，中國政府被迫全力組織軍民自衛應戰，中華民族抗日戰爭全面爆發。史蔚馥任國民革命軍陸軍第四集團軍教導總隊少將副總隊長，在盧山聆聽了中華民國國民政府蔣中正委員長關於《對盧溝橋事件之嚴正聲明》，請求回家鄉組織抗戰。1938年任蘇浙皖邊區遊擊總指揮部少將高級參謀，率部在敵後牽制打擊日軍。1939年任中國軍事委員會軍法執行總監部第十兵站少將分監。1940年任廣西綏靖公署少將高級參謀。1944年11月11日，桂林失守，隨部隊撤退到永福縣境內，與日軍遭遇激戰，力戰不支而被俘。12月，當日酋得知史蔚馥是位滿腹經綸的儒將時，設宴款待，請其講解道家學說。史蔚馥借此痛斥日酋，不講不降。被下令處死。史蔚馥吟詩赴難，壯烈殉國。時年 54 歲。

  Shi Weifu, also known as Congwu, was a famous patriotic Chinese general and scholar-officer. He served as a Senior Staff Officer, Major General, in the Guangxi Pacification Headquarters of the Chinese National Revolutionary Army. He was born in 1891 in Caoxiwei Village, Jiangdian Township, Liyang County, Jiangsu Province, China, into a scholarly family. He received his early education at a local private school in his hometown in 1899. In 1908, he enrolled in the County School for further studies. In 1910, he went to Suzhou and Nanjing for further education. In 1912, he was admitted to the Wuchang Reserve Officers' School and later joined the third term of the Infantry Department at the Baoding Military Academy. In 1928, he became the Division Commander of the 2nd Division of the 12th Army of the National Revolutionary Army. In 1931, he was transferred to the rank of Colonel and served as an instructor at the 1st Branch of the Central Army Officer School. In 1935, he became the Chief of Staff with the rank of Colonel, and in 1936, he became the Deputy Division Commander with the rank of Major General.

  In July 1937, the Marco Polo Bridge Incident occurred, and Japan launched a large-scale invasion of China, disrupting the peaceful development in the country. The Chinese government was forced to mobilize its military and civilians for self-defense, and the Chinese people's war of resistance against Japan broke out. Shi Weifu served as the Deputy Commander of the Teaching Brigade, Major General, of the 4th Army Group of the National Revolutionary Army. He attended a lecture by Chairman Chiang Kai-shek of the National Government on the "Stern Statement on the Marco Polo Bridge Incident" at Mount Lu and requested to return to his hometown to organize the resistance. In 1938, he served as a Senior Staff Officer, Major General, in the Su-Zhe-Wan Border Area Guerrilla Command, leading his troops to engage and strike Japanese forces in the rear. In 1939, he was appointed as a Senior Inspector of the 10th Army Station at the General Directorate of the Military Law Execution of the Chinese Military Commission. In 1940, he served as a Senior Staff Officer, Major General, in the Guangxi Pacification Headquarters. On November 11, 1944, when Guilin fell, he retreated with his troops to Yongfu County and encountered intense battles with the Japanese. Despite fighting bravely, he was captured. In December, when the Japanese commanders learned that Shi Weifu was a learned scholar-officer, they repeatedly tried to persuade him to surrender, but he refused to comply and then was executed. At the last moment of his life, Shi Weifu chanted poems of the heroic death of Chinese ancient heroes and went to his doom courageously at the age of 54.

千里轉戰抗日　儒將赴義永福

　　1937年7月8日，已任國民革命軍陸軍第四集團軍教導總隊少將副總隊長的史蔚馥，正在中國廬山軍官訓練團受訓。獲悉7月7日，日本軍隊製造了蘆溝橋事件，正向中國河北發起攻擊。中國和平生活與建設環境面臨嚴重破壞和挑戰。史蔚馥將軍義憤填膺，與受訓將校官紛紛請求奔赴前線抗擊日本軍隊入侵。7月17日，史蔚馥等受訓將校官在廬山聆聽了中華民國國民政府委員會委員長、軍事委員會委員長兼行政院院長蔣中正關於《對蘆溝橋事件之嚴正聲明》演講：

　　"中國民族本是酷愛和平……萬一真到了無可避免的最後關頭，我們當然只有犧牲，只有抗戰……如果放棄尺寸土地與主權，便是中華民族的千古罪人……我們希望和平，而不求苟安，準備應戰，而決不求戰……如果戰端一開，就是地無分南北，人無分老幼，無論何人皆有守土抗戰之責任，皆應抱定犧牲一切之決心。所以政府必須特別謹慎，以臨此大事；全國國民亦必須嚴肅沉著，準備自衛……"。史蔚馥和全體將校官熱血沸騰，紛紛表示堅決響應國家號召，隨時準備帶兵出征自衛應戰。8月13日，日本又出兵入侵中國上海，史蔚馥主動請纓，要求返回原籍江蘇省溧陽組織軍民自衛抗戰。

　　1937年11月，日本軍隊的鐵蹄踏進了中國江蘇——祥和美麗的魚米之鄉，江南人民慘遭倭寇蹂躪。史蔚馥任國民革命軍蘇浙皖邊區遊擊總指揮部少將高級參謀，立即組織軍民反抗。他率部利用家鄉熟悉的地理環境和人文關係，以神出鬼沒的遊擊戰術，打擊入侵的日本軍隊。

　　1939年下半年，史蔚馥調任中國軍事委員會軍法執行總監部第十兵站少將分監，為參加桂南會戰的中國軍隊日夜調運和監督分發軍需——武器彈藥與各類物資。1940年又調任廣西綏靖公署少將高級參謀，為策劃與維護地方治安，保障前方軍需物資供給，日夜奔忙操勞。

　　1944年8月底，日本為打通中國大陸內的南北交通線，秘密調集侵佔中國湖南、湖北、江西、江蘇和浙江等省的八個師團外加兩個旅團的兵力，趁我軍一部主力入緬甸維和，準備分路進攻中國廣西桂林、柳州等地。中國政府偵知後，命令第四戰區積極應對。桂柳會戰拉開戰幕。中國第四戰區司令長官張發奎指揮9個軍約12萬人，與日本約13.4萬人展開了血腥拼殺。11月11日，中國桂林城被日本軍隊攻陷，史蔚馥隨軍撤退。當史蔚馥正在永福縣組織軍民加強守備，準備迎敵惡戰時，不料因情報失誤，突然遭遇日本第十三師團圍攻。史蔚馥將軍立即率部進行突圍，經多次血戰，由於敵眾我寡，力戰不支而被俘。

日本第十三師團師團長赤鹿理，對中國博大精深的文化十分感興趣，然而又特別"不理解"、"弄不懂"——1938年6月1日，日本第四騎兵部隊集中攻打河南省鹿邑縣縣城（鹿邑是中國古代偉大思想家、哲學家、文學家和史學家，道家學派創始人李耳——老子的故里），當發射到城牆和民房的炮彈全部爆炸，而發射到城內最高點老君臺（傳說是老子升仙和傳道講學的地方，原名升仙臺或拜仙臺）的所有炮彈一顆也沒有爆炸、射出的步槍和機槍子彈沒有回聲時。日本官兵驚呼："中國老祖宗顯靈了"，紛紛下跪膜拜[1]。1940年4月，日本軍隊佔領安徽省青陽縣九華山聖地。在這個一年四季濕潤、氣候潮濕的地方，發現明朝期間百歲無瑕禪師和唐朝期間地藏大師肉身不腐，軍官們驚訝詫異，更是不可思議，紛紛議論，相互傳遞[2]。當赤鹿理師團長得知被俘的史蔚馥是位難得的博古通今滿腹經綸的中國才子將軍時，欣喜若狂，力爭說降，邀君教誨，指點迷津。

1944年12月月初的一天，赤鹿理師團長親自設席置酒"款待"史蔚馥將軍。席間，赤鹿理厚顏無恥地告訴史蔚馥其家鄉、國都都被吾大日本皇軍佔領，今又佔柳州與桂林，百般勸誘史蔚馥將軍歸降……史蔚馥將軍堅貞不屈，吟誦中國南宋政治家、文學家文天祥的《過零丁洋》拒降回敬："辛苦遭逢起一經，干戈寥落四周星。山河破碎風飄絮，身世浮沉雨打萍。惶恐灘頭說惶恐，零丁洋裡歎零丁。人生自古誰無死，留取丹心照汗青……"。借此，史蔚馥將軍向赤鹿理痛斥了日本軍隊殘酷殺我中華百姓、掠我土地財產、燒殺淫掠的滔天罪行……赤鹿理將話搶了過來說："我們是來幫助建設你們國家的，對於那些不聽話的刁民和反抗者，自然要誅之……"。史蔚馥將軍輕蔑地回答："強盜邏輯，你們就是一幫失去人性的強盜，披著人皮的豺狼，與你們在一起就是吾輩之恥辱！"並鄭重告訴赤鹿理等在場的日酋："中國人是殺不絕的，中國不是你一個小小日本就能征服的，中國文化——乃至道儒法釋，武術炁功，周易八卦，奇門遁甲，特異功能，中醫診斷，針灸經絡，廿四節氣，中國過年、龍抬頭日、中國清明、中國端午，還有天人合一等等文化蘊涵，已經刻在世代中國人骨子裡，流淌在中華民族的血液中，你們永遠奪不走、也掌握不了。就是你們得到了《天工開物》類似掌握簡單自然規律的知識，也是學我們的，步人後塵……"。史蔚馥將軍邊說邊慢慢站起身，昂首高聲明志："堅決不做賣國賊，要殺要剮由你便……"！赤鹿理等日酋威風掃地，惱羞成怒，命令部下將史蔚馥將軍押出去刺死。史蔚馥將軍從容地整理好衣容，高聲吟誦著中國三國曹魏文學家曹植的《白馬篇》緩緩走出，慷慨赴死：

"白馬飾金羈，連翩西北馳。借問誰家子，幽並遊俠兒。

少小去鄉邑，揚聲沙漠垂。宿昔秉良弓，楛矢何參差。

> 控弦破左的，右發摧月支。仰手接飛猱，俯身散馬蹄。
> 狡捷過猴猿，勇剽若豹螭。邊城多警急，虜騎數遷移。
> 羽檄從北來，厲馬登高堤。長驅蹈匈奴，左顧凌鮮卑。
> 棄身鋒刃端，性命安可懷？父母且不顧，何言子與妻！
> 名編壯士籍，不得中顧私。捐軀赴國難，視死忽如歸！"
> ……

史蔚馥將軍被日軍用亂刀刺死，為國英勇就義。時年54歲。其遺體後被當地民眾葬入南丹縣六寨中山公園。中華民國國民政府國防部部長白崇禧將軍得到消息後，親自給史蔚馥將軍撰寫碑文並立碑紀念。1947年4月12日，中華民國國民政府頒佈嘉獎令，明令褒揚史蔚馥將軍，以彰忠義。

注[1]：中國文化和博大精深的神奇力量，護佑、創造和滋潤著華夏神州大地與人類和平。作者曾分別兩次到鹿邑縣和九華山考察：當年日本軍隊開炮打進老君臺牆上、房上和樹中的13枚炮彈仍紮在裡邊沒有爆炸，只有炮彈的彈尾露在外邊。在1997年9月19日，當年炮擊老君臺的梅川太郎從日本帶來了兩個"白色方柱"，柱子上用中、日、英三國語言，刻寫了同一句話：祝願世界人類和平。他將此柱立在老君臺前，以表示自己的懺悔之情。

注[2]：現在九華山聖地已發現有據可查的肉身菩薩達14尊，其中無瑕禪師常年不食糧，饑食野果、渴飲山泉，用舌血抄成的《大方廣佛華嚴經》，依然存在；他臨終之時留下的詩句："**老叟形骸百有餘，幻身枯瘦法身肥。岸頭跡失魔邊事，洞口言來格外機。天上星晨高可摘，世間人境遠相離。客來問我歸何處，臘盡春回又見海。**"仍然在民間傳誦。1999年1月，發現的仁義師太肉身是世界上少有的比丘尼肉身。仁義法師真名叫姜素敏，她在吉林省通化市三道江村和通化老站自辦診所懸壺濟世，作者曾目睹過她的仁慈行醫和艱難生活。

作者分別於2010年7月9日在青陽九華山和2011年1月18日在鹿邑老君臺考察

白乙化將軍
General Bai Yihua

國民革命軍第八路軍晉察冀軍區平北軍分區副司令員

Deputy Commander of the Northern Beiping Military Sub-command of the Shanxi-Chahar-Hebei Military Region of the Eighth Route Army of the National Revolutionary Army

　　白乙化，字野鶴，譽稱槍法"百步穿楊"，滿族。中國國民革命軍陸軍第八路軍晉察冀軍區平北（北平北部）軍分區副司令員，著名抗日愛國戰將。1911年6月，出生於遼寧省遼陽縣石湯峪村。自幼好學、天資聰慧，13歲時能吟詩繪畫。1928年考入東北軍教導隊，旋入東北陸軍講武堂步兵科。1929年考入北平中國大學政治系預科班。1930年秘密加入共產黨，參加學生活動。

　　1931年"九‧一八"事變發生，日本出兵入侵中國東北，打破了東北和平生活環境。白乙化在東北遼陽組織抗日武裝，任"平東洋抗日義勇軍"司令。率部轉戰遼寧西部、熱河北部，連戰連捷。1936年率數百名東北流亡學生到綏遠進行軍事訓練。1937年7月，日本出兵大肆入侵中國關內，中國政府全力組織軍民自衛應戰，中華民族抗日戰爭全面爆發。白乙化任綏西（綏遠西部）抗日先鋒隊隊長，率部阻擊日軍進攻。1939年春，所部與冀東抗日聯軍合併為"華北人民抗日聯軍"，任副司令員。1940年1月，該軍被改編國民革命軍第八路軍晉察冀軍區冀東軍分區第十團、任團長，率部在敵後開展遊擊戰、鞏固和擴大抗日根據地。1941年年初，任平北軍分區副司令員。同年2月4日，白乙化在密雲縣西山率部與日軍激戰中，身中敵彈，壯烈殉國。時年31歲。

Bai Yihua, also known as Yehe and renowned for his marksmanship as "Hundred Steps Piercing the Target," was a Manchu officer. He served as the Vice Commander of the Northern Beiping Military Subdistrict, Jin-Cha-Ji Military Region, Eighth Route Army, Chinese National Revolutionary Army. He was a famous patriotic general during the anti-Japanese resistance. Born in June 1911 in Shitangyu Village, Liaoyang County, Liaoning Province, Bai Yihua was a diligent and talented individual who excelled in poetry and painting from a young age. In 1928, he enrolled in the Northeast Army Training Corps and later joined the Infantry Department of the Northeast Military Academy. In 1929, he entered the Preparatory Department of the Political Science Department at China University in Beiping (now Beijing). In 1930, Bai Yihua secretly joined the Communist Party and participated in student activities.

In 1931, the "September 18th Incident" occurred, with Japan invading Northeast China and disrupting the peaceful environment. Bai Yihua organized anti-Japanese armed forces in Liaoyang and served as the commander of the "Pingdongyang Anti-Japanese Volunteer Army." Leading his troops, he fought and achieved numerous victories in western Liaoning and northern Rehe. In 1936, Bai Yihua led hundreds of Northeastern exile students to Suiyuan for military training. In July 1937, as Japan launched a full-scale invasion of China, triggering the nationwide resistance war, Bai Yihua became the commander of the Suiwest (Suiyuan-Western) Anti-Japanese Vanguard Unit and led his forces to resist the Japanese offensive. In the spring of 1939, his unit merged with the Jidong Anti-Japanese Allied Forces to form the "North China People's Anti-Japanese Allied Army," and Bai Yihua served as the Vice Commander. In January 1940, the army was reorganized into the Tenth Regiment of the Jidong Military Subdistrict, Jin-Cha-Ji Military Region, Eighth Route Army, and Bai Yihua became its regimental commander. He led his troops to conduct guerrilla warfare, consolidate and expand the anti-Japanese base areas behind enemy lines. In early 1941, he became the Vice Commander of the Northern Beiping Military Subdistrict. On February 4th of the same year, during a fierce battle with Japanese forces on Xishan Mountain in Miyun County, Bai Yihua was hit by enemy fire and died a heroic death at the age of 31.

組織武裝　勇猛出擊

1931年"九·一八"事變發生，日本出兵侵略中國東北，打破了東北人民和平生活環境。白乙化在家鄉遼寧省遼陽秘密組織抗日隊伍，打擊日本軍隊侵略。1932年春，率隊突襲遼陽縣縣城，奪取10多支鋼槍。將武裝部隊定名為"平東洋抗日義勇軍"，自任司令。之後，白乙化率領義勇軍，利用熟悉的人文關係和地理環境，攻打偽政權、偷襲日軍軍需庫，從敵人手裡奪取軍備，武裝自己，聲勢不斷壯大，隊伍很快發展到3000多人。抗日義勇軍在日偽軍控制嚴密的遼西、熱北、錦西等地神出鬼沒，偷襲伏擊，連戰連捷，打得敵人寢食難安。

1939年春，白乙化率部進入平西（北平西部）抗日根據地，所部被編入蕭克將軍領導的冀熱察挺進軍——華北人民抗日聯軍，白乙化任副司令員。在長期的抗日遊擊戰爭中，白乙化不僅學會掌握和創造了遊擊戰術與方法，而且還練會了多種出槍技能、槍法百發百中，譽稱"百步穿楊"神手。

1939年6月18日，日本指揮官大島親率奧村中隊一部300餘人，向平西抗日根據地的中心齋堂"掃蕩"而來。白乙化部偵知，立刻部署作戰方案。白乙化運用遊擊戰術和當地地理環境，決定在沿城河的婁兒嶺一帶設伏。他命令第三大隊的一個中隊，在敵人前進道路上，即婁兒嶺、牛站之路，積極迎戰，進行佯攻，以此迷惑引誘敵人。一大隊、三大隊隱蔽於不遠處的山梁上，待機殲敵。早上8時許，戰鬥首先從前鋒中隊打響，日軍受到攻擊後，立刻組織全力還擊，輕重機槍、擲彈筒向我中隊齊射。我中隊見日軍攻勢加強，便悄悄轉移。日軍進行狂射後猛撲向我中隊陣地，卻撲了個空。正在日酋懊惱之時，我中隊已在前方佔據了有利地形，繼續向敵人射擊。日酋氣急敗壞，繼續率隊向我中隊猛撲。我中隊且退且戰把日軍引入埋伏圈，白乙化親率一大隊從左翼攻擊，三大隊從右翼攻擊，我誘敵中隊從前方攻擊。日軍三面受敵，陣腳大亂。但是，訓練有素的日酋很快組織反攻。原來，日軍指揮官隱藏在安全位置通過旗手用旗語指揮。白乙化在組織激戰中發現後，迅速舉起三八式步槍精准射擊，一槍就將日軍旗手擊倒。很快有日兵上來接替，又被白乙化一槍斃命，接著又擊斃了第三名旗手。失去了指揮信號的日軍徹底混亂。為了不讓日軍的先進裝備發揮優勢，白乙化抓住時機，一聲衝鋒令下，帶領隊員撲向日軍，展開了白刃戰。白乙化一馬當先，勇猛衝鋒。傍晚時分，日軍被殺退。此戰繳獲大批槍支彈藥，擊斃擊傷日軍近200人，日本奧村中隊長被當場擊斃。

1940年1月，白乙化所部被正式改編國民革命軍陸軍第八路軍晉察冀軍區冀東軍分區第十團，白乙化任團長。2月，日酋糾集數千名日偽軍對平西根據地發動十路圍攻，白乙化奉命率部在青白口阻擊日偽軍。進攻中的日偽軍不但有猛烈炮火作掩護，而且還派出飛機助戰。日本戰機在我陣地上空低空盤旋掃射，投放炸彈，白乙化部傷亡較大。白乙化一面組織官兵隱蔽還擊，一面從警衛員手中接過三八式步槍，單腿跪地，瞄準一架飛機連開數槍，擊中駕駛員，日本飛機搖搖晃晃撞在了對面大山上。白乙化立即組織部隊反擊，擊潰了日偽軍進攻。

4月，為完成冀熱察軍政委員會提出的"鞏固平西、堅持冀東、開闢平北"三位一體的戰略任務，白乙化率部進入密雲北部，以雲蒙山為中心開闢豐（寧）灤（平）密（雲）等地區的抗日根據地。8月下旬，白乙化奉命率部參加"百團大戰"。他帶領第十團炸毀日軍鐵路大橋、焚燒火車站，歷經56次大小戰鬥，共斃傷俘敵400餘人。之後，率第十團一營轉移到外線作戰，經37次大小戰鬥，斃傷俘敵600餘人，奪回和新開闢了長城外一大片地區。12月15日，第十團在馮家峪一帶秘密伏擊日軍撤退之敵，一舉消滅號稱"常勝部隊"的日軍鈴木大隊哲田中隊，擊斃哲田中隊長以下90餘人。在白乙化的努力下，"豐灤密"抗日根據地由初建時的4個區迅速發展到8個區。

揮筆抒志　血沃幽燕

1941年年初，白乙化任國民革命軍陸軍第八路軍晉察冀軍區平北軍分區副司令員，率部繼續戰鬥在北平以北廣大地區。一日，他率部來到密雲縣龍泉寺，目睹了古剎的雄偉，千年松柏的參天，感歎祖國大好河山，被日寇侵佔，更增加了中國軍人的羞恥和抗戰決心！於是，他揮筆寫下一首五言律詩：

"古剎映清流，松濤動凤愁。

原無極樂國，今古為誅仇。

閒話興亡事，安得世外遊。

燕山狂胡虜，壯士志增羞。"

1941年2月4日，偽"滿"灤平縣警務科長關直雄（日）親自指揮道田討伐隊170餘人，秘密向我第十團駐地馬營偷襲而來。哨兵探知敵情報告後，白乙化立刻做出戰鬥部署：命令遊擊大隊且戰且退，誘敵至鹿皮關；命令駐馬營的第三營搶佔鹿皮關以北的白河西岸山梁截敵後路；命令駐河廠的第一營趕赴白河東岸山梁佈陣，準備伏擊日軍。戰鬥打響後，日軍果然中計，短時間內就傷亡近百人，部分殘敵逃到舊長城的一座烽火臺裡負隅頑抗，等待救援。日軍人數雖少，但烽火臺易守難攻，他們倚仗有利地勢，殺傷我數名官兵。為減少我軍傷亡和防止日本軍隊前來救援，儘快消滅日軍殘兵，白乙化衝到陣地前沿指揮作戰。突然，被日軍子彈擊中頭部，壯烈殉國。時年31歲。

1941年2月20日，平北軍分區、第十團指戰員、"豐灤密"聯合縣政府及當地人民群眾、愛國僧侶300餘人，在北後城村為白乙化副司令員召開了追悼大會。1944年，又為白乙化建立了紀念碑，以供人們瞻仰、憑弔。

司徒非將軍
General Situ Fei

陸軍中將、國民革命軍第六十六軍第一六〇師參謀長

Lieutenant General and Chief of Staff of the 160th Division of the 66th Army of the National Revolutionary Army

　　司徒非，名榮曾，字嚴克，譽稱"大膽將軍"。中國國民革命軍陸軍第六十六軍第一六〇師少將參謀長，著名抗日愛國戰將。1893年出生於廣東省開平縣。1900年入本地私塾讀書。後考入廣東陸軍小學堂。1914年考入武昌第二陸軍預備學校。1917年考入保定陸軍軍官學校第六期步兵科。司徒非精通戰略戰術，為人正直，性格剛強，"不畏強梁，勇於任事"。1921年任孫中山大本營少校參軍。1925年任國民革命軍陸軍第一師第一旅少將旅長。1929年任第五軍少將參謀長。

　　1932年年初，司徒非任國民革命軍陸軍第十九（路）軍特務團少將團長，奉命率部參加"一·二八"淞滬抗戰，因作戰勇敢，敢打硬拼，且足智多謀，被譽為"大膽將軍"。1934年秋，任陸軍第六十六軍第一六〇師少將參謀長。1937年8月，日本出兵大肆侵略中國上海。司徒非奉命率部開赴上海前線參加淞滬會戰，帶領所部冒著日軍炮火和飛機反復掃射轟炸，與日軍進行多次血戰，給予日軍重大殺傷。隨後，司徒非奉命率部參加南京保衛戰，在南京城內外與日軍再次展開搏殺，打退日軍多次血腥進攻，為保衛國家首都立下大功。12月12日，在奉命率部突圍中，司徒非身中數彈，壯烈殉國。時年45歲。之後，中國政府頒佈褒揚令，追晉司徒非陸軍中將軍銜。

Situ Fei, also known as Rongzeng and with the courtesy name Yanke, was honored as the "Daring General." He served as the Chief of Staff of the 160th Division, 66th Army, Chinese National Revolutionary Army, with the rank of Major General. He was a famous patriotic general during the anti-Japanese resistance. Born in 1893 in Kaiping County, Guangdong Province, Situ Fei attended a local private school in 1900 and later enrolled in the Guangdong Army Elementary School. In 1914, he gained admission to the Second Wuhan Army Preparatory School. In 1917, he entered the 6th Infantry Department of the Baoding Military Officer Academy. Situ Fei was highly skilled in strategy and tactics, known for his integrity and strong character. In 1921, he served as a Staff Officer with the rank of Major in Sun Yat-sen's headquarters. In 1925, he became the Brigade Commander of the 1st Brigade, 1st Division of the National Revolutionary Army. In 1929, he became the Chief of Staff of the 5th Army.

In early 1932, Situ Fei was appointed as the Major General and Commander of the 19th Army (Route) Special Service Regiment of the National Revolutionary Army. He was ordered to lead his troops to participate in the "January 28th Incident" in Shanghai and demonstrated great courage in battle, earning him the title of "Daring General." In the autumn of 1934, he became the Chief of Staff of the 160th Division, 66th Army. In August 1937, as Japan launched a large-scale invasion of Shanghai, Situ Fei was ordered to lead his troops to the front lines in Shanghai to participate in the Battle of Shanghai. Despite facing heavy artillery fire and repeated strafing and bombing by Japanese aircraft, he engaged the enemy in numerous bloody battles, inflicting significant casualties on the Japanese forces. Later, Situ Fei led his troops to participate in the Defense of Nanjing, engaging in fierce battles both inside and outside the city, repelling multiple bloody assaults by the Japanese and making great contributions to the defense of the national capital. On December 12th, while leading his troops in a breakout operation, Situ Fei was hit by multiple bullets and died a heroic death at the age of 45. Subsequently, the Chinese government issued an order to commend his deeds and posthumously promoted Situ Fei to the rank of Lieutenant General in the Army.

日寇入侵　堅決抗擊

1932年1月28日，日本海軍陸戰隊數千人，由上海虹口租界分數路向駐守上海閘北的中國軍隊發起突然進攻，打破了上海和平生活環境。中國駐軍立即奮起還擊，上海抗戰爆發。司徒非任中國國民革命軍陸軍第十九（路）軍特務團少將團長，奉命率部進行英勇反擊廝殺，給予進攻日本軍隊重大殺傷。由於司徒非在戰鬥中率部敢打硬拼，且足智多謀、善於避開日軍火力，擊其要害，屢屢重創日軍，被新聞媒體讚譽為"大膽將軍"。上海抗戰結束後，司徒非奉命赴廣東參加組建第十九（路）軍補充師的工作。同年6月，司徒非升任第十九（路）軍補充師第二旅旅長。

1933年春，日本軍隊向中國長城一線各要塞發起攻擊，企圖打開缺口，奪取屏障，南下北平天津。面對日軍的瘋狂進攻，中國守軍第二十九軍將士奮起反抗，長城抗戰打響。中國第十九（路）軍為發揚"一·二八"上海抗戰精神，主動請纓參戰，保衛國家和平。司徒非奉命率第十九（路）軍補充師第二旅，經廣州乘火車北上，參加長城抗戰。

日寇再侵　堅決還擊

1937年7月7日，日本軍隊製造蘆溝橋事變，大舉入侵中國河北。7月17日，中國政府委員會委員長蔣中正發表聲明："……我們希望和平，而不求苟安，準備應戰……"。8月7日，中國政府在南京舉行最高國防會議，決定全面實施自衛抗戰。8月13日，日本軍隊又向中國上海發動攻擊。14日，中國政府發表自衛抗戰聲明：

"中國為日本無止境之侵略所逼迫，茲已不得不實行自衛，抵抗暴力……中國今日鄭重聲明，中國之領土主權，已橫受日本之侵略；國聯盟約，九國公約，非戰公約，已為日本所破壞無餘……中國決不放棄領土之任何部分，遇有侵略，惟有實行天賦之自衛權以應之……吾人此次非僅為中國，實為世界和平而奮鬥；非僅為領土與主權，實為公法與正義而奮鬥……"。中國政府立即組織軍民奮起還擊，淞滬會戰爆發。司徒非任中國國民革命軍陸軍第六十六軍第一六〇師少將參謀長（軍長葉肇兼任師長），駐防廣東，奉命全力備戰，準備參戰。

9月上旬，日本又向中國上海大量增兵。日本軍隊憑藉現代武器和精良裝備，發起一次次攻擊。中國軍隊由攻勢轉入守勢，淞滬戰場形勢危急。中國政府軍事委員會急調第六十六軍開赴上海前線參戰。第六十六軍經過長途跋涉到達上海前線，被編入第十九集團軍。第一六〇師作為左翼部隊進駐羅店東南劉家行一帶陣地防守。

9月22日，日軍集中主力向羅店方面發動猛攻。第一六〇師在劉家行與日軍展開殊死戰鬥。司徒非帶領官兵奮勇抗擊日軍進攻，牢牢堅守著陣地。23日拂曉，日軍先以重炮進行地毯式轟炸，繼以戰車為先導，掩護步兵發起集團式衝鋒。司徒非親臨火線，持槍率官兵與日寇展開慘烈的肉搏戰，至24日晚，陣地幾次失而復得。戰至10月初，第一六〇師奉命撤出陣地。不久，中國第三戰區司令長官部決定分三路對薀藻浜南岸日軍發起反攻，第一六〇師被編在第二路。司徒非和師長葉肇商定抽調全師精幹力量，組成突擊隊。21日晚8時，司令長官部下令開始反攻。第一六〇師突擊隊由三家橋附近出發，進至老陸宅東北，繼而進攻彭宅日軍，激戰至次日凌晨2時，由於日軍炮火封鎖，後繼部隊沒有跟上，加之其他部隊的進攻亦無多大進展，反攻遂告失敗。但是，仍給予日軍重大殺傷。

11月5日拂曉，日本又一支主力軍隊在上海南面杭州灣北岸的金山衛和全公亭突然登陸，進攻淞滬戰場中國守軍之側背，夾擊中國軍隊。淞滬戰場形勢發生突變，司徒非等奉命率第一六〇師後撤轉進，固守首都南京。

保衛南京　壯烈殉國

日本軍隊佔領中國上海後，稍作整頓便向中國南京發動進攻。11月中下旬，日軍突破中國"吳福國防線"和"錫澄國防線"，兵鋒直指南京。第六十六軍第一六〇師從上海退至南京外郊，奉命堅守湯山、青龍山一帶陣地，守衛南京前沿。

1937年12月6日，日本軍隊開始進攻湯山，南京保衛戰打響。第一六〇師佈防在南京最外圍的防線上，司徒非一刻不離前線，督部與日寇激戰。由於第一六〇師在連續大戰之後沒有及時得到補充和休整，將士疲憊不堪，且缺員嚴重。在日軍兇猛攻勢之下，漸感不支。12月7日，湯山一帶陣地被日軍突破。8日，第一六〇師被迫退守紫金山東北地區。日軍尾隨而至，連續發動攻擊。從9日起，司徒非率部在紫金山連續與日軍激戰三晝夜，打退日軍多次進攻。但部隊亦傷亡嚴重。

12月12日午後，日軍攻破中國守城部隊陣地，大量湧入南京城。守城部隊與日軍展開了激烈爭奪戰。由於首都衛戍司令長官部戰前沒有應變方案或計畫和準備，到此危急時刻，草草下達了突圍命令。導致戰局混亂，敵我雙方犬牙交錯，各部隊無法有效執行命令，紛紛湧往下關一帶。在此緊急關頭，第六十六軍的第一六〇師和第一五九師，決心按命令從紫金山北麓向南、在日軍正面突圍。天黑之後，第一六〇師開始行動。司徒非將軍望著在戰火中燃燒的南京城，聽著震耳欲聾的槍炮聲，軍人的莫大痛苦與恥辱使他的心情極為悲愴。司徒非悲憤率部離開陣地，機智尋找日軍兵力薄弱地帶往南開進，且戰且走。當部隊再次與日軍遭遇時，司徒非率部帶頭衝殺，突然身中數彈，壯烈殉國。時年45歲。

在司徒非將軍英雄行為的感召下，其所部將士奮勇衝殺，最終經馬廠機場東側淳化鎮、句容、溧陽殺出一條血路，到達皖南寧國。不僅完成了突圍任務，也為國家保存了一支向日寇復仇的血性部隊。由於司徒非將軍屍骨無存，抗日戰爭勝利後，中國政府在廣州白雲山為將軍修建了衣冠塚，以永祭紀念。同時，中國政府頒佈褒揚令，追晉司徒非陸軍中將軍銜。

朱赤將軍
General Zhu Chi

陸軍中將、國民革命軍第七十二軍第八十八師第二六二旅旅長

Lieutenant General and Commander of the 262nd Brigade of the 88th Division of the 72nd Army of the National Revolutionary Army

　　朱赤，字幼卿，號新民。中國國民革命軍陸軍第七十二軍第八十八師第二六二旅少將旅長，著名抗日愛國戰將。1900年出生於江西省修水縣上杉鄉。1907年入私塾讀書，繼入朱溪鎮小學讀書。高級小學畢業後，任私塾先生。1925年考入廣州黃埔陸軍軍官學校第三期步兵科。軍校畢業後，先後任國民革命軍排長、連長和營長等職。

　　1932年1月，日本出兵侵犯中國上海，朱赤率部參加淞滬抗戰，給予入侵日軍以重創。1937年8月，日本出兵再次入侵中國上海，徹底破壞了中國和平建設環境，中國政府奮力組織自衛應戰，調兵遣將保衛大上海，淞滬會戰爆發。朱赤任國民革命軍陸軍第七十二軍第八十八師第二六二旅少將旅長，奉命率部參戰。堅守上海閘北八字橋一帶陣地，帶領所部冒著日軍炮火和飛機反復掃射轟炸，與日軍進行多次血戰，擊退日軍多次大規模進攻。1937年12月，奉命率部參加南京保衛戰，擔任中華門、雨花臺右翼陣地守備任務。12月12日，面對日本多架次轟炸機和數十門重炮的猛轟與步兵集團式衝鋒，朱赤率部拼力抵抗。突然被敵炮彈擊中，壯烈殉國。時年38歲。全旅官兵寧死不降，在激戰中也全部犧牲。1939年6月，中華民國國民政府頒佈褒揚令，褒獎全旅官兵並追晉朱赤陸軍中將軍銜。

Zhu Chi, with the courtesy name Youqing and the pseudonym Xinmin, was a famous patriotic general in the Chinese National Revolutionary Army. He held the rank of Major General and served as the Commander of the 262nd Brigade, 88th Division, 72nd Army. He was born in 1900 in Shangshan Township, Xiushui County, Jiangxi Province. Zhu Chi attended a private school in 1907 and later studied at Zhuxi Town Elementary School. After graduating from senior primary school, he worked as a private tutor. In 1925, he gained admission to the 3rd Infantry Department of the Whampoa Military Academy in Guangzhou. After completing his studies at the military academy, he served in various positions, including platoon leader, company commander, and battalion commander in the National Revolutionary Army.

In January 1932, when Japan invaded Shanghai, Zhu Chi led his troops to participate in the Battle of Shanghai. In August 1937, as Japan launched a second invasion of Shanghai, causing severe disruption to China's peaceful construction, the Chinese government organized a defensive war effort and deployed troops to defend Shanghai. The Battle of Shanghai broke out, and Zhu Chi was appointed as the Brigadier General and Commander of the 262nd Brigade, 88th Division, 72nd Army, to join the fight. He defended the positions around the Ba Zi Bridge in Zhabei, Shanghai, leading his troops in the face of repeated artillery fire and strafing by Japanese aircraft, engaging in multiple bloody battles and repelling several large-scale enemy attacks. In December 1937, he was ordered to participate in the defense of Nanjing and was assigned to defend the positions at Zhonghua Gate and Yuhuatai on the right flank. On December 12th, under intense bombardment from Japanese bombers and heavy artillery, and faced with infantry assaults, Zhu Chi and his troops fought bravely. However, he was hit by an enemy shell and died a heroic death at the age of 38. The entire brigade, including all officers and soldiers, chose death over surrender and sacrificed their lives in the fierce battle. In June 1939, the government of the Republic of China issued an order to commend Zhu Chi's heroic deeds and posthumously promoted him to the rank of Lieutenant General in the Army.

一戰淞滬　廟行大捷

1932年1月28日，日本海軍陸戰隊對駐守上海閘北的中國軍隊突然發動進攻。打破了中國上海和平生活環境，中國駐軍奮起反擊，淞滬抗戰爆發。2月14日，中國政府命令由陸軍第八十七師、第八十八師、中央陸軍軍官學校教導總隊和第一炮兵獨立團等組成陸軍第五軍，開赴上海，支援軍民抗戰。朱赤任第八十八師中校營長，奉命隨部隊開赴上海前線，阻擊日本軍隊進攻。

2月15日，朱赤隨部隊抵達上海南翔車站。次日，進入江灣、廟行及蘊藻浜一帶陣地。2月20日晨，日寇在飛機和海軍艦炮的火力支援下沿閘北與吳淞之間的江灣、廟行一線發起總攻，中國軍隊奮起抗擊。朱赤和戰友們與日軍激戰三晝夜，並從兩翼迂回敵軍側後，對進攻之敵漸成包圍態勢，連續發起攻擊，迫敵逃竄。

廟行一戰，中國軍隊重創日本第九師團及其強悍的久留米混成旅團一部，廟行至江灣一帶日軍陳屍遍地，取得大捷。這是中國軍隊在上海抗戰中打得非常漂亮的一仗，也是日本軍隊在上海的第一次大慘敗。中國政府統帥部在賀電中指出："自22日廟行一役，我國我軍聲譽在國際上頓增十倍，連日各國輿論莫不稱我軍精勇無敵，而倭寇軍譽則一落千丈……"。此後，朱赤率部在江灣一帶繼續抗擊日軍。直到3月初，才奉命撤出上海。

再戰淞滬　鐵拳出擊

1937年7月，蘆溝橋事變發生，日本出兵向中國河北發起攻擊。8月上旬，日本又屢屢向中國上海蓄意製造事端，尋找藉口入侵中國上海。中國的和平建設環境受到嚴重威脅。朱赤任國民革命軍陸軍第七十二軍第八十八師第二六二旅少將旅長，奉命率部開赴上海，防守自衛。

1937年8月12日，朱赤率部隨第八十八師開赴上海，於當日到達真如待命。部隊進入駐地後進行短暫休整，朱赤發現有些士兵上街閒逛，沒有自衛應戰的緊張狀態，有些輕敵。朱赤立即召開團營軍官會議，嚴令全體官兵："一要堅守戰鬥崗位，不許上街閒逛；二要熟悉瞭解地形，搜集掌握日軍動態；三要推遲兩小時吃晚飯，搶修加固防守工事……"。與此同時，日本也加緊向中國上海集結兵力，大戰一觸即發。由於真如地區地勢平坦開闊，不利於堅守反攻，朱赤奉命率第二六二旅迅速向閘北推進，佔據上海北火車站、八字橋、江灣一線陣地。進入陣地後，朱赤旋即督促部隊火速構築工事，補充彈藥，準備戰鬥。

8月13日，日本軍隊向中國上海發動攻擊。14日，中國政府發表自衛抗戰聲明："中國為日本無止境之侵略所逼迫，茲已不得不實行自衛，抵抗暴力……中國今日鄭重聲明，中國之領土主權，已橫受日本之侵略；國聯盟約，九國公約，非戰公約，已為日本所破壞無餘……中國決不放棄領土之任何部分，遇有侵略，惟有實行天賦之自衛權以應之……吾人此次非僅為中國，實為世界和平而奮鬥；非僅為領土與主權，實為公法與正義而奮鬥……"。下午3時，中國軍隊開始向日軍陣地發起總反擊。第八十八師奉命攻擊虹口、楊樹浦之敵。第八十八師針對日軍陣地過長、防守兵力不足的弱點，制定了在其腰部突破，使敵首尾難顧，一舉將其擊潰的作戰方案，代號"鐵拳計畫"。朱赤奉命組建突擊隊。在突擊隊出發前，朱赤親自作戰前動員："弟兄們，這次由你們去完成的'鐵拳計畫'，是為鞏固'八·一三'淞滬抗戰所採取的一次軍事行動。今晚全軍將士看著你們，上海同胞看著你們，全國同胞也在看著你們。你們的成敗關係著全局安危，你們一定要發揚不怕犧牲的精神，打出我們第七十二軍八十八師二六二旅的威風來……"。總攻開始後，朱赤指揮第二六二旅在突擊隊的帶領下，向日軍發動猛攻。激戰至日暮，中國軍隊奪回八字橋和持志大學等地。此後，中國軍隊繼續進攻，將五洲墓、愛國女校、粵東中學及日本海軍俱樂部附近等數個日軍據點攻克，"鐵拳計畫"取得成功。

1937年8月下旬，日本增援部隊在吳淞、獅子林、川沙口等處登陸，向中國軍隊左翼方面寶山、羅店、瀏河一線進攻。雙方在羅店、吳淞等地展開了爭奪戰。由於日軍裝備精良，訓練有素，中國軍隊被迫轉入防禦，第二六二旅被迫退至蘇州河岸和江灣之間，以閘北為軸心陣地，構築街市防禦工事。之後，日軍向閘北多次發起猛攻，均被中國守軍擊潰。9月初，日本不斷增兵上海，中國政府更是調集重兵增援淞滬戰場。9月至10月，淞滬會戰規模鉅大，空前激烈，極其悲壯，達到了會戰最高潮。中國楊森軍長率領的第二十軍（轄三個師），敢打硬拼，全軍24000餘人，傷亡超過10000人。中國軍隊以每天傷亡3000多人的代價，冒著日軍炮火和飛機反覆掃射轟炸，阻擋著日本軍隊的猛烈進攻、侵犯。

11月5日，日本又一支主力軍隊在中國上海南面杭州灣北岸的金山衛和全公亭突然登陸。日本第六師團沿滬杭鐵路攻擊前進，另一部直撲松江，進攻淞滬戰場上中國守軍之側背，夾攻中國軍隊。中國軍隊被迫撤離淞滬戰場。朱赤奉命率部退守首都南京。

守衛南京　壯烈殉國

1937年12月初，日本軍隊逼近中國南京，形勢萬分危急。中國政府統帥部迅速調集重兵守衛南京。南京的防禦體系分為東南正面陣地和複廓陣地兩部分。第八十八師奉命擔任複廓陣地的防禦，朱赤旅長奉命率部擔任中華門、雨花臺右翼陣地的守備任務。12月5日，日軍分兵三路進攻南京。日本精銳第六師團為西路，經宣城進攻蕪湖，企圖截斷南京守軍的退路。經過三天的激烈戰鬥，日軍突破南京週邊陣地，開始向南京城發起攻擊。

1937年12月9日，日本第一一〇師團從溧水方向突破牛首山，攻向南京雨花臺。在日軍進攻之前，朱赤旅長指揮部隊利用地形和工事隱蔽，躲避日軍炮火，當日本步兵進攻到陣地前沿時，命令突然發起攻擊。日軍一排排倒在陣地前，傷亡慘重，囂張進攻氣焰頓時受挫。但是，日軍並不甘心失敗，稍作整頓後，重新發起進攻。朱赤旅長在瘋狂進攻的日軍面前，命令官兵沉著冷靜，狠狠打擊日軍有生力量。日軍在猛烈炮火和飛機的掩護下，再次發起猛攻。當日軍接近我軍陣地時，朱赤振臂高呼："兄弟們，跟我上！"縱身跳出戰壕，殺向敵群，與日軍展開白刃搏鬥，陣地上殺聲震天，血流成河，近身肉搏使日本炮火和飛機不能發揮作用，很快將日軍殺退。

10日午後，日軍又出動20多架次飛機，在雨花臺上空輪番轟炸。炮火中，山崩地裂，血肉橫飛。我軍人的血肉之軀難以抵擋日軍猛烈炮火，朱赤旅損失相當嚴重，朱赤也被炸傷。他不顧臉上流著的鮮血，對全體官兵們說："弟兄們，打仗必然會有流血，會有犧牲，你們不要管我。敵人很快要發起衝鋒，你們一定要打退敵人的進攻，誓死守住這塊陣地……"。不出所料，日軍很快組織起了大規模集團式進攻，朱赤旅長高聲喊道："弟兄們，報國的時刻到了，我們要與陣地共存亡，狠狠地打啊！"官兵們在朱赤的激勵下，利用機槍、步槍和手榴彈等立即殺向日軍，再次將進攻日軍打退。

12月11日，隨著日本援兵不斷到來，日軍的進攻越來越猛烈，第二六二旅友鄰部隊有的陣地陷落。朱赤旅長持槍督戰，一次又一次打退日軍進攻。激戰至12日，由於第二六二旅新兵居多，缺乏充足的時間休整訓練，歷經連續作戰後，部隊傷亡十分慘重，最後只剩下一個特務連的兵力。日軍仍像潮水一樣撲過來，朱赤意識到突圍已經是不可能了，只有決一死戰。他命令士兵把幾十箱手榴彈的蓋子全部打開，用繩子把導火索串聯起來，擺在陣地前，當日軍進攻到前沿陣地時，幾百枚手榴彈全部炸響。剎那間，日寇血肉橫飛，屍橫遍野。

1937年12月12日中午，面對日軍多架次轟炸機和數十門重炮的輪番猛轟猛炸，以及步兵的集團式衝鋒，朱赤率部拼死抵抗，再次打退日軍瘋狂進攻。朱赤旅長立即利用戰鬥空隙，命令部隊搶修工事和救護傷員。當他在陣地上檢查工事時，突然一發炮彈落在朱赤的腳邊，隨著一聲鉅響，朱赤血流如注，倒在了血泊中，壯烈殉國。時年38歲。

全旅官兵親見自己的旅長壯烈殉國，怒火沖天，誓為旅長報仇，寸土不讓，寸土必爭，仍牢牢地堅守著陣地。最後，與日寇展開了激烈的格鬥廝殺，全部壯烈戰死。1939年6月6日，中國政府頒佈褒揚令，褒獎全旅官兵併追晉朱赤旅長陸軍中將軍銜。

朱程將軍
General Zhu Cheng

國民革命軍第八路軍冀魯豫軍區第五軍分區司令員

Commander of the 5th Military Sub-command of Hebei-Shandong-Henan Military Region of the Eighth Route Army of the National Revolutionary Army

　　朱程，字公行。中國國民革命軍陸軍第八路軍冀魯豫軍區第五軍分區司令員，著名抗日愛國將領。1910年12月，出生於浙江省平陽縣礬山鄉。1918年春，入輥山國民學校讀書。1922年夏，就讀於蒲城高等小學。1925年秋，考入溫州商業學校。1926年春，就讀於廈門集美中學。1928年秋，考入南京中央陸軍軍官學校第七期。1933年冬，考入日本東京鐵道學院學習。

　　1937年5月，朱程正在日本忙於學習畢業，發現日本積極準備侵華戰爭，毅然放棄學業，回國參加抗日救亡活動。7月，日本出兵大肆侵略中國，朱程任河北民軍第四團團長，率部在河北抗擊日軍入侵。1938年秋，率部加入國民革命軍第八路軍，任華北抗日民軍司令員。1939年10月，率部伏擊擊毀日軍軍需車11輛。1940年4月，任八路軍第二縱隊華北民軍第一旅旅長。之後，先後任冀魯豫軍區第一、第五軍分區司令員。1943年9月，日軍組織大規模"掃蕩"，並包圍了該部。9月27日，朱程司令員率部突圍血戰，身中數彈，壯烈殉國。時年34歲。

　　Zhu Cheng, with the courtesy name Gongxing, was a renowned patriotic general and commander of the 5th Army Division in the North China Military Region of the Chinese

National Revolutionary Army's 8th Route Army during the Chinese Resistance War against Japan. He was born in December 1910 in Fanshan Township, Pingyang County, Zhejiang Province, China. In the spring of 1918, he enrolled in Yunshan National School for his studies. In the summer of 1922, he attended Pucheng Advanced Primary School. In the autumn of 1925, he gained admission to Wenzhou Commercial School. In the spring of 1926, he studied at Xiamen Jimei Middle School. In the autumn of 1928, he passed the entrance examination and enrolled in the 7th session of the Central Army Officer School in Nanjing. In the winter of 1933, he went to study at the Tokyo Railway Institute in Japan.

In May 1937, while Zhu Cheng was studying in Japan, he discovered that Japan was actively preparing for a war of aggression against China. He decided to abandon his studies and return to China to participate in the anti-Japanese resistance and salvation activities. In July, as Japan launched a full-scale invasion of China, Zhu Cheng became the commander of the 4th Regiment of the Hebei People's Army, leading his troops to resist the Japanese invasion in Hebei province. In the autumn of 1938, his troops joined the 8th Route Army of the Chinese National Revolutionary Army, and he was appointed the commander of the North China Anti-Japanese People's Army. In October 1939, he led his troops to ambush and destroy 11 Japanese military supply vehicles. In April 1940, he became the commander of the 1st Brigade of the North China Anti-Japanese People's Army in the 2nd Column of the 8th Route Army. Later on, he successively served as the commander of the 1st and 5th Army Divisions in the North China Military Region. In September 1943, the Japanese organized a large-scale "sweeping" operation and surrounded his unit. On September 27, Commander Zhu Cheng led his troops in a desperate breakout, but he was hit by multiple bullets and died a heroic death at the age of 34.

組織武裝　獅山伏擊日軍

1937年7月，蘆溝橋事變發生，日本出兵大肆侵略中國河北。徹底打破了中國和平建設環境，中國政府號召軍民行動起來自衛應戰，中華民族抗日戰爭全面爆發。朱程在河北參與組織抗日武裝隊伍，先後任河北民軍第十、第十一大隊大隊長，第十一團和第四團團長，率部在河北抗擊日本軍隊入侵。1938年秋，朱程率部加入八路軍，部隊更名"華北抗日民軍"。朱程任華北抗日民軍司令員，聞允志任政治委員。他們帶領部隊活躍在敵戰區，開展遊擊戰。

1939年10月，朱程在獅山組織了一次伏擊戰。他與第二連連長孫祖涵，化裝成當地老百姓，用了兩天一夜的時間，詳細偵察了白晉公路沿途的地形和日軍的兵力部署及其活動規律。然後又與孫祖涵一起化裝成香客，利用去北山進香的機會，察看了設伏地點。在朱程的嚴密計畫和親自指揮下，華北民軍進行了秘密設伏隱蔽。待日軍的運輸車隊進入既設"口袋"時，一舉擊毀日軍滿載軍火和軍需品的卡車11輛，消滅日軍120餘人，繳獲各類槍80餘支。

王廠突圍　率部血戰殉國

1940年4月，"華北抗日民軍"正式編入國民革命軍陸軍第八路軍戰鬥序列。朱程任第八路軍第二縱隊華北民軍第一旅旅長兼冀魯豫軍區第一軍分區司令員。1943年夏，朱程奉命率部開赴魯西南曹縣，擔任冀魯豫軍區第五軍分區司令員。9月，日酋集結萬餘兵力，分十路對山東單縣、曹縣地區進行大規模"掃蕩"，妄圖消滅肅清當地抗日武裝，鞏固其侵佔的後防基地。

1943年9月27日上午，日本騎兵第四旅團和步兵第十二軍團獨立混成第十旅團各一部，共約3000人，向第五軍分區"掃蕩"而來。為避開日軍包圍合擊，朱程命令主力部隊迅速向根據地邊緣轉移。由於日軍來勢迅猛，朱程和軍分區機關、第一團團部等被日軍合圍。朱程帶領被合圍的100餘名機關官兵與日軍展開周旋遊擊。

當朱程帶領隊伍將要轉移到王廠村時，發現一小隊日軍已搶先佔據該村莊，控制了民房制高點，切斷了退路。朱程果斷指揮先頭部隊，集中火力打掉了日軍的機槍火力點，迅速攻佔村邊的一座土牆圍子。此時，緊追的日軍越來越近，形勢十分危急。朱程率隊搶築防禦工事，並與第一團政委魏明倫及戰士們共同慷慨宣誓："誓死堅守陣地，誓死不當俘虜，為抗日流盡最後一滴血！"不久，日軍在輕重機槍火力的掩護下猛撲上來。朱程要求戰士們沉住氣，敵眾我寡，一顆子彈都不能浪費，等日軍走近了再打。當日軍衝到距離土牆30米時，朱程一聲令下，官兵們一齊開火，給第一波衝上來的日軍迎頭一擊。有十幾個日軍避開火力集中的地方，爬上了土牆，官兵們挺起刺刀與敵肉搏，將其全部消滅。日酋見硬攻不下，便施放毒瓦斯彈。朱程率領官兵冒著日軍毒氣和槍彈，進行頑強反擊，一連擊退日軍三次進攻。

戰至9月27日下午1時許，日酋又集中兵力，從三面發動猛攻。由於我方兵力太少，多方受擊，傷亡加重。此時部分日軍翻牆入院，官兵們立即與敵展開肉搏，激戰一個多小時，又一次擊退了敵人的進攻。日軍傷亡慘重，而我軍也僅剩下30餘人，並且大部分負傷，彈藥已盡。日酋恐朱程率部在天黑後突圍，命令集中火炮轟擊我軍陣地，一段土牆被轟塌，日軍再一次湧了上來。朱程命令砸毀電臺、摔壞機槍，帶頭持槍向日軍衝去，實施強行突圍。在衝鋒激戰中，朱程司令員身中數彈，壯烈殉國，時年34歲。

朱炎暉將軍
General Zhu Yanhui

陸軍中將、國民革命軍第九十四軍第一八五師第五四六旅旅長

Lieutenant General and Commander of the 546th Brigade of the 185th Division of the 94th Army of the National Revolutionary Army

　　朱炎暉，又名桂林。中國國民革命軍陸軍第九十四軍第一八五師第五四六旅少將旅長，著名抗日愛國戰將。1901年出生於浙江省瑞安縣城關鎮。1910年入本地私塾讀書。後因家貧輟學外出謀生。1924年到廣州投身國民革命軍。1926年參加北伐戰爭。先後任班長、排長、連長和營長等職。

　　1932年"一·二八"事變發生。朱炎暉隨部參加淞滬抗戰，因戰功晉升國民革命軍陸軍第六十一師第二四一團上校團長。1934年9月，考入南京中央陸軍軍官學校高等教育班第三期學習。1935年6月畢業，任中央陸軍軍官學校武漢分校教官。1937年7月，蘆溝橋事變發生，日本出兵大肆侵略中國，打破了國家和平建設環境，中國政府全力組織軍民自衛應戰。朱炎暉調任第九十四軍第一八五師上校團長，上書請纓抗戰。1938年春，任第九十四軍第一八五師第五四六旅少將旅長。奉命率部參加武漢會戰，抱病帶領所部轉戰出擊，始終堅持在前線指揮作戰，予敵重創。10月23日，朱炎暉在率部突圍時身中數彈，壯烈殉國。時年38歲。日軍佔領武漢後，因仇恨朱炎暉率部出其不意給以重大殺傷，又找到朱炎暉旅長的遺體開棺鞭屍。1939年春，中華民國國民政府頒佈褒揚令，追晉朱炎暉陸軍中將軍銜。

Zhu Yanhui, also known as Guilin, was a famous patriotic war general and the Major General and Brigade Commander of the 546th Brigade of the 185th Division, 94th Army of the Chinese National Revolutionary Army. He was born in 1901 in Chengguan Town, Rui'an County, Zhejiang Province, China. In 1910, he attended a local private school for his studies. Due to his family's poverty, he had to drop out of school and seek employment. In 1924, he joined the National Revolutionary Army in Guangzhou and participated in the Northern Expedition. He held various positions such as squad leader, platoon leader, company commander, and battalion commander.

In 1932, the "January 28th Incident" occurred, and Zhu Yanhui led his troops to participate in the Battle of Shanghai. Due to his meritorious service, he was promoted to the rank of Colonel and appointed as the commander of the 241st Regiment of the 61st Division of the Chinese National Revolutionary Army. In September 1934, he was admitted to the 3rd term of the Higher Education Class of the Central Army Officer School in Nanjing. He graduated in June 1935 and became an instructor at the Wuhan Branch of the Central Army Officer School. In July 1937, the Marco Polo Bridge Incident occurred, and Japan launched a large-scale invasion of China, disrupting the country's peacebuilding efforts. The Chinese government mobilized the military and civilians to defend against the aggression. Zhu Yanhui was transferred to the 185th Division of the 94th Army as the Colonel and Regiment Commander and wrote a letter requesting to fight in the resistance war. In the spring of 1938, he became the Brigadier General and Brigade Commander of the 546th Brigade in the 185th Division of the 94th Army. He was ordered to participate in the Battle of Wuhan and, despite being ill, led his troops in attacks, inflicting heavy casualties on the enemy. On October 23, Zhu Yanhui was hit by several bullets while leading his troops in a breakout, and he died a heroic death at the age of 38. After the Japanese occupied Wuhan, they harbored deep resentment towards Zhu Yanhui for the heavy losses inflicted on them in a surprise attack. They found his body and desecrated it. In the spring of 1939, the government of the Republic of China issued an order to commend and promote Zhu Yanhui posthumously to the rank of Lieutenant General.

血戰淞滬　廟行大捷

1932年1月初，日本海軍陸戰隊對駐守中國上海閘北的中國軍隊不斷挑釁。朱炎暉任國民革命軍陸軍第十九（路）軍第六十一師第一二一旅營長，參加了蔡廷鍇、戴戟等將領在上海龍華召開的營級以上緊急會議。蔡、戴二人在會上分析了當前敵我態勢，相繼慷慨陳詞，號召全體官兵要時刻準備應對日本軍隊的挑釁，保衛上海，守土保國，捍衛和平。朱炎暉表示："……決心為保衛上海而戰，誓與上海共存亡。"

1932年1月28日，日本海軍陸戰隊對我駐守上海的中國軍隊發起猛烈攻擊，中國守軍立即反擊自衛，淞滬抗戰爆發。朱炎暉率部在大場、廟行與日軍展開激戰。日本用飛機、大炮對我軍陣地瘋狂轟炸炮擊，陣地工事遭到嚴重摧毀，日本騎兵步兵向我軍發起猛攻。朱炎暉與官兵在日軍彈雨過後奮起猛烈還擊，打退了日軍的多次強攻。特別當日軍步兵被壓制敗退，騎兵又快速攻入我軍陣地時，日軍揮舞馬刀斬殺了我很多官兵。朱炎暉靈機一動躺在地上拿著大刀一路滾著前進專砍馬蹄或馬腿，被砍和受驚的戰馬紛紛狂叫摔倒或把日軍摔下。我其他官兵見狀，也跟著他一起專砍馬蹄和馬腿，再次阻止了日軍進攻。在與友軍共同浴血奮戰下，經過三天三夜的血戰，對進攻之敵漸成包圍態勢，迫敵逃回，取得了廟行大捷。1933年，朱炎暉因戰功晉升第六十一師第二四一團上校團長。

帶病參戰　血灑石首

1937年7月，蘆溝橋事變發生，日本出兵大肆侵犯中國，打破了中國和平建設環境，中國政府全力組織軍民自衛應戰，中華民族抗日戰爭全面爆發。朱炎暉任第九十四軍第一八五師上校團長，率部積極備戰應戰。1938年春夏之交，朱炎暉任國民革命軍陸軍第九十四軍第一八五師第五四六旅少將旅長，奉命率部駐防武漢金中地區，擔任武漢警備，阻擊日軍進攻。當時，朱炎暉已經身患重病。然而，朱炎暉深知軍人守土保國之責任，毅然派人將夫人和子女送回瑞安老家安當，自己拖著重病之軀，率部戰鬥在抗日前線。

1938年6月12日，武漢會戰拉開戰幕。日本投入35萬兵力向中國武漢發起猛烈攻擊，中國軍隊奮勇抗擊。敵我雙方在武漢週邊地區展開了激烈的拉鋸戰，戰鬥由夏入秋，戰況膠著且慘烈。在與日軍拼搏和轉戰中，朱炎暉病情加重。但是，他仍堅持讓官兵用擔架抬著或架著行走指揮作戰，運用過去與日軍戰鬥經驗，研究出對日軍的戰略方法和機動靈活多樣的戰術，予敵重創。然而，由於敵我兵力素質和裝備都相差懸殊，朱炎暉部傷亡慘重，繼而在楊橋附近陷入日軍的重兵包圍之中。10月23日，朱炎暉率部突圍，在激烈的衝鋒突圍中，身中數彈，壯烈殉國。朱炎暉時年38歲。

我第五四六旅官兵，抬著朱炎暉旅長的遺體突圍出來後，將朱炎暉旅長的遺體安放在石首縣藕池口山下。日本軍隊佔領武漢後，由於朱炎暉率部給予日軍以重大殺傷，日軍找到朱炎暉旅長的遺體，竟然又慘無人道地開棺鞭屍。後來，當地老百姓秘密將朱炎暉旅長遺體重新安葬。1939年春，中華民國國民政府為褒揚其英勇抗戰之精神，特追晉朱炎暉陸軍中將軍銜。

朱家麟將軍
General Zhu Jialin

陸軍中將、國民革命軍第四十軍第三十九師第一一五旅旅長

Lieutenant General and Commander of the 115th Brigade of the 39th Division of the 40th Army of the National Revolutionary Army

　　朱家麟，又名德馨，字國瑞。中國國民革命軍陸軍第四十軍第三十九師第一一五旅少將旅長，著名抗日愛國戰將。1892年出生於河北省滿城縣尉公村。1899年在本地小學讀書。朱家麟性情耿直剛烈，為人質樸忠誠，聰明仁惠，敬師好學。不久，考入河北省水利學校學習技術報國。之後，又投筆從戎，1918年考入保定陸軍軍官學校第八期炮兵科。畢業後投身軍旅。先後任排長、連長、營長和團長等職。

　　1931年"九·一八"事變發生，日本出兵侵佔中國東北之後，又不斷蠶食侵犯中國華北，破壞當地和平生活環境。1933年春，朱家麟任國民革命軍陸軍第四十軍第三十九師第一一五旅第二三〇團上校團長，率部駐防華北羅文裕一帶。奉命曾兩次帶兵突襲進犯的日軍，用大刀揮斬日軍上百人，被譽為"鐵血團長"。1937年夏，日本出兵大肆侵略中國，朱家麟從"廬山軍官訓練團"高級班畢業，升任第四十軍第三十九師第一一五旅少將旅長，率部轉戰於華北和華東地區阻擊日軍進攻。1938年年初，奉命率部參加徐州會戰，在山東省莒縣、湯頭、于家莊子、沂水和臨沂一帶與日軍多次激戰，給予日軍重大殺傷。4月底，第四十軍奉命進駐微山湖西邊江蘇省沛縣。朱家麟與全軍官兵和沛縣民眾一道，多次成功狙擊日軍過湖船艇進攻。5月15日，朱家麟奉命率部掩護主力部隊突圍，經過血戰，部隊傷亡慘重，朱家麟戰死沛縣。時年47歲。1938年年底，中華民國國政府頒佈褒揚令，追晉朱家麟旅長陸軍中將軍銜。

Zhu Jialin, also known as Dexin, courtesy name Guorui, was a famous patriotic war general and the Brigadier General and Brigade Commander of the 115th Brigade, 39th Division, 40th Army of the Chinese National Revolutionary Army. He was born in 1892 in Weigong Village, Mancheng County, Hebei Province, China. In 1899, he attended a local primary school for his studies. Zhu Jialin was known for his upright and resolute character, simplicity, loyalty, intelligence, benevolence, and respect for teachers. He soon entered the Hebei Provincial School of Water Conservancy to learn technical skills for the benefit of the country. Later, he joined the military, and in 1918, he was admitted to the 8th session of the Artillery Department at the Baoding Military Officer School. After graduating, he devoted himself to military service and held various positions such as platoon leader, company commander, battalion commander, and regiment commander.

In 1931, the "September 18th Incident" occurred, and after Japan invaded and occupied Northeast China, they continued to encroach upon and violate North China, disrupting the local peace and livelihood. In the spring of 1933, Zhu Jialin was appointed as the Colonel and Regiment Commander of the 230th Regiment of the 115th Brigade, 40th Army, Chinese National Revolutionary Army. He led his troops stationed in the Luowenyu area of North China. On orders, he launched two surprise attacks on the invading Japanese forces, personally wielding his sword to kill over a hundred Japanese soldiers. He was hailed as the "Iron-blooded Regiment Commander." In the summer of 1937, Japan launched a large-scale invasion of China. Zhu Jialin graduated from the "Lushan Officer Training Corps" advanced class and was promoted to the rank of Major General and Brigade Commander of the 115th Brigade, 39th Division, 40th Army. He led his troops in battles against the Japanese in North China and East China. In early 1938, he was ordered to participate in the Battle of Xuzhou. He engaged the Japanese forces in fierce battles in areas such as Juxian County, Tangtou, Yishui, and Linyi in Shandong Province, inflicting heavy casualties on the enemy. At the end of April, the 40th Army was ordered to station in Peixian, west of Weishan Lake in Jiangsu Province. Along with the officers and soldiers of the entire army and the people of Peixian County, Zhu Jialin successfully ambushed and attacked Japanese boats and ships crossing the lake on multiple occasions. On May 15, Zhu Jialin was ordered to lead his troops in covering the main forces' breakout. After a bloody battle, his troops suffered heavy casualties, and

Zhu Jialin died in Peixian County at the age of 47. At the end of 1938, the government of the Republic of China issued an order to commend and posthumously promote Zhu Jialin to the rank of Lieutenant General.

奮起自衛　莒城抗敵

　　1937年7月7日，蘆溝橋事變發生，日本出兵大肆入侵中國河北。17日，正在蘆山軍官訓練團受訓的朱家麟和全體將校官聆聽了中華民國國民政府委員會委員長、軍事委員會委員長兼行政院院長蔣中正向全國和全世界的廣播演講——《對蘆溝橋事件之嚴正聲明》："中國民族本是酷愛和平……萬一真到了無可避免的最後關頭，我們當然只有犧牲，只有抗戰……如果放棄尺寸土地與主權，便是中華民族的千古罪人……我們希望和平，而不求苟安，準備應戰，而決不求戰……如果戰端一開，就是地無分南北，人無分老幼，無論何人皆有守土抗戰之責任，皆應抱定犧牲一切之決心。所以政府必須特別謹慎，以臨此大事；全國國民亦必須嚴肅沉著，準備自衛……"。朱家麟和全體將校官熱血沸騰，堅決響應，紛紛表示服從國家需要，隨時帶兵出征——自衛應戰。

　　12月下旬，日本磯谷廉介第十師團沿著中國津浦鐵路攻擊南下，侵佔濟南之後，向南猛撲。日本板垣徵四郎第五師團沿著中國膠濟鐵路東進，與在青島登陸的日本國崎支隊會合後，沿膠濟鐵路西進，與津浦鐵路上的磯谷廉介師團遙相呼應，直赴臨沂，欲會師臺兒莊，合攻徐州。另一部日本軍隊從中國鎮江等地渡過長江北上，也向徐州攻來。中國軍隊奮起阻擊，徐州會戰拉開帷幕。朱家麟從蘆山軍官訓練團畢業，升任國民革命軍陸軍第四十軍第三十九師第一一五旅少將旅長，奉命率部參戰。

　　1938年2月17日，日本板垣徵四郎師團田野聯隊，以漢奸劉桂堂的皇協軍騎兵團為前導，從諸城方向沿臺濰公路（臺兒莊至濰坊）南侵。在莒縣縣城以北之招賢、柳家莊遇到中國國民革命軍海軍陸戰隊的頑強抵抗，戰鬥相當激烈。第四十軍軍長龐炳勳命令朱家麟旅長與黃書勳副旅長，率領第一一五旅前往馳援，遲滯日本軍隊進攻（中國第四十軍、軍長龐炳勳兼第三軍團指揮官，轄一個特務營，一個整編師、即第三十九師，師長馬法五。第三十九師轄第一一五旅、旅長朱家麟，第一一六旅、旅長李運通，補充團、團長李振清。全軍13000餘人。裝備步槍8000餘支，手槍900餘支，輕重迫擊炮60餘門，輕重機槍600餘挺，擲彈筒200餘個，山炮4門，戰馬300餘匹。1938年2月上旬，全軍奉命調駐山東臨沂）。朱家麟旅長接命，立即命令並帶領全旅官兵從臨沂相公莊一帶各村莊大道奔向公路，急赴東北方莒縣縣城。為了安撫民眾和宣示中國軍隊保家衛國的決心，全旅官兵冒著日本偵察飛機掃射危險、邊疾進邊高唱中國宋朝岳飛填寫的《滿江紅·怒髮衝冠》之壯歌，浩浩蕩蕩開赴前線阻敵入侵：

"怒髮衝冠，憑欄處，瀟瀟雨歇。

抬望眼，仰天長嘯，壯懷激烈。

三十功名塵與土，八千里路雲和月。

莫等閒，白了少年頭，空悲切！

靖康恥，猶未雪；

臣子恨，何時滅？

駕長車，踏破賀蘭山缺。

壯志饑餐胡虜肉，笑談渴飲匈奴血。

待從頭收拾舊山河，朝天闕。"

……

2月21日下午，中國第五戰區第二路遊擊軍司令劉震東少將，奉第四十軍龐炳勳軍長之命令，率部入駐莒縣縣城堅守，阻擊日本軍隊向臨沂方向進攻。山東省莒縣縣城是臨沂的東北"大門"。當時，劉震東部只有400餘人，一邊積極構築工事應戰，一邊請求上峰快速派兵增援。進入後半夜，朱家麟旅長率領的援軍——第一一五旅趕到莒縣縣城（第二二九團進駐城內，第二三〇團駐在城外）。接著，莒縣縣長許樹聲也奉命率縣大隊開回城內助戰。他們立即組成莒縣城防指揮部，劉震東任總指揮、朱家麟任副總指揮。2月22日拂曉，日本軍隊從東、北、西三面包圍了莒縣縣城，並向莒縣縣城發起了猛烈進攻，守城官兵與日軍展開了激烈拼殺。在激戰中，總指揮劉震東將軍中彈殉國。

堅守莒縣縣城的重任落在了朱家麟將軍的肩上。22日午後，日軍集中兵力瘋狂地向莒縣縣城發起炮轟後的集團式衝鋒攻擊。黃書勳率守城官兵在城牆上下對日軍展開了慘烈廝殺，擊退日軍攻擊，第二二九團團長邵恩三左臂受傷。在日軍再次強大炮火轟擊之下，幾處城牆被轟塌，在硝煙掩護下一股日軍突入城內。朱家麟旅長親率一個迫擊炮連出擊，打得日軍暈頭轉向。朱家麟命令兩個步兵團乘勝裡外夾擊，發起衝鋒，殲滅一部分日軍，其餘全部被趕出了城內。戰鬥進行到半夜，日軍停止了炮轟和進攻，莒縣縣城進入一片寧靜。之後，日酋認為中國軍隊已經熟睡，便組織部隊從被炮火轟塌的南門處偷襲莒縣縣城。豈不知朱家麟旅長早就預料到日酋的企圖，故而命令一半兵力休息，一半兵力隱蔽在街道兩側和城牆上。當朱家麟接到日軍偷襲的報告時，立即叫醒休息的官兵，與隱蔽部隊同時伏擊日軍。當日軍悄悄進入我軍伏擊圈後，12挺機槍率先開火，日軍如同被砍倒的高粱，一排排倒地，將入城偷襲日軍分割包圍全殲。此戰共擊斃日軍300餘人，繳獲各種槍支300餘支。

初戰告捷。徐州會戰總指揮——中國第五戰區司令長官李宗仁將軍接到戰報後，非常高興，立即致電祝賀與表彰。

轉戰湯頭　殉國沛縣

　　由於日本軍隊裝備優良、攻勢猛烈，朱家麟旅長被迫率部奉命撤出莒縣縣城，退至臨沂之東北的湯頭和相公莊之間，繼續佈防阻敵。日本軍隊窮追不捨，日本騎兵任意追趕砍殺民眾，日本飛機跟蹤偵察、掃射和轟炸。在臺濰公路林子路段將我正在運送燃油和彈藥的兩輛汽車炸毀起火，炸死民眾。日本軍隊兵分兩路：北路日軍由沂水沿沂河向葛溝、于家莊子和湯頭方向攻擊前進，東路日軍由莒縣向夏莊、後林子和湯頭方向攻擊前進。欲會師湯頭後合攻臨沂。

　　1938年3月3日（農曆二月初二），東路日軍侵佔了位於湯頭東北7.5公里的後林子村。後林子村東邊大嶺樹木成陰（東嶺），西邊長湖淥水蕩漾（西湖）。村南村北兩條清澈甜美的河水由東嶺發源流入西湖，臺濰公路由村南經西環繞村北向東北跨越東嶺延伸濰坊，河旁路邊和村外村內樹木茂密，村子座落在東高西低而形成的中間平面上、四周矗立堅固寨牆將該村圍護。村中民眾聽到東北方向的槍炮聲後，紛紛離村向南逃避。日本軍隊佔領後林子村，立即對該村進行燒殺搶劫（當躲在村內的馬連成等人發現家中房屋被日軍放火點燃後，馬連成在向"馬家井"提水滅火救房時慘遭日軍殺害。在村東家中菜窖內躲避的十多歲于萬善和于萬榮，耳聞目睹了日軍放火搶劫），全村房屋被焚毀；對村東具有上百年的"送子觀世音菩薩寺廟"（俗稱"于家寺廟"，大殿內存有文廟的學生桌椅）也進行了焚燒，塗汙了"山主于豹"大石碑[1]。其秀麗如畫遠近聞名的"秀才之村"，變成了一片火海[2]。日軍又將村東北"于家北林"的古柏砍伐，在其旁圈築彈藥庫，準備向湯頭方向發起攻擊。朱家麟旅長布兵阻擊，湯頭阻擊戰打響。

　　朱家麟旅長在總結莒縣縣城保衛戰之後，勉勵部屬："今日之戰乃馬關條約以來，中日兩國算總帳的時候了，我們要以必死的決心，取國家民族的生存。錯過這一機會，我們想死也無地可容了。"為了爭取這"可容之地"，朱家麟旅長率第一一五旅之第二二九團、二三〇團和第一一六旅之第二三二團與日軍在前林子與湯頭之間展開拉鋸戰，頑強阻擊日軍六天六夜。其中，在湯山公路的伏擊戰中擊毀日軍汽車五輛，殲滅日軍多人。在湯頭北後窯溝的阻擊中，我部雖傷亡較重，但在鄭莊附近擊斃日本高級軍官一名，給予日軍以重大殺傷。堅守湯頭的第二三二團因傷亡過重，乃令其放棄湯頭，撤至後方休整。日軍由後林子村推至湯頭，佔領了湯山。

　　東路日軍佔領湯頭後，為搶頭功立即向白塔、太平方面進攻。第四十軍第一一六旅之第二三一團奉命跑步趕到白塔、太平堅守，繼續阻擊拖住日軍；第四十軍野戰補充團由垛莊穿插董官莊一帶抄襲日軍右側背後；朱家麟由相公莊率第一一五旅之第二二九團沿沭河西岸抄襲日軍左側背後。我這三路大軍在銅佛官莊將一部日軍包圍，激戰從午夜一直打到午後，日軍仍拼死頑抗。第四十軍軍長龐炳勳親臨前線指揮，命令官兵們作殊死衝鋒。朱家麟旅長率部奮勇衝殺拼搏（第三營營長汪大章在搏殺中陣亡），兩個小時後，殲滅日軍一部，殘部逃回湯頭固守待援。我軍收復湯頭以南村莊與陣地。

1938年3月初，北路日軍佔領了沂水縣西難落村（後改稱西安樂村）。中國第四十軍野戰補充團立即組織于家莊子和周圍村莊民眾挖斷了通往臨沂的公路，在于家莊子莊前挖掘了一條從沂河東岸到小嶺子長2000餘米，阻攔日本坦克、騎兵進攻的深溝和戰壕。9日13時許，北路日軍向葛溝和于家莊子一帶發起猛烈攻擊。中國第四十軍補充團第二連與日軍展開了激烈陣地爭奪戰。第二連左翼以沂河河堤為依託，右翼由朱家麟部相策應，在葛溝和于家莊子之間與進攻日軍展開了廝殺血戰。在村民的幫助下，第二連官兵利用事先構築的工事、戰壕和村舍房屋、斷壁，以及熟悉的山嶺、樹林和"于家林"的墳墓、古樹、石碑等地形地物[3]，進行阻擊、反攻、穿插、夜襲、遊擊，遲滯日軍的攻擊前進。日軍則利用飛機、火炮、坦克和騎兵進行反覆轟炸、炮擊、掃射、攻擊。堅守至3月13日夜，連長王景洲戰死、戰場任命的連長李玉亭身負重傷，代理連長李宗岱奉命率全連倖存的29名官兵轉移至白莊整補。在激烈的阻擊戰中，我部一個班的戰士被日軍坦克全部碾死。其中，在夜襲西難落村的戰鬥中，我軍一部突入日軍兵營展開刺刀劈拼，雙方殺得火光映天，血流成河；日軍一輛坦克橫衝直撞攻擊到西小嶺旁的"王家林"，擊殺我後撤官兵。在此次夜襲戰鬥中，我軍戰死官兵490餘人。同時，也給予日軍重大殺傷（至今還在本地流傳著一首民謠："西難落西難落，小鬼子死成垛……"）。在小嶺子的阻擊戰中，九頂蓮花莊（後改稱西小嶺莊、又稱西劉小嶺）趙文德帶領莊民積極為我軍運送彈藥和搶救傷員。我軍一位連長身負重傷後，趙文德和王勝用門板抬著他隨部隊撤退途中死亡，被葬於後林子村村西。

東路日軍和北路日軍在湯頭會合後，日酋糾集5000餘人，配屬大炮30餘門，坦克車20餘輛，另有多架飛機在空中偵察、掃射和轟炸，向臨沂方向展開攻擊前進，先後占我南沙嶺子、白塔、太平和亭子頭等村莊。龐炳勳率領第四十軍全軍將士奮勇阻擊。3月14日，中國增援部隊——第五十九軍軍長張自忠率部到達臨沂城之北諸葛城一帶。立即奉命向日軍右後方猛烈奇擊，並向湯頭方向追擊前進；第四十軍第一一六旅守諸葛城至郁九曲之線陣地，牽制著日軍主力；第四十軍補充團和騎兵連自郁九曲以南向日軍左後方猛烈襲擊，欲在湯頭與張自忠軍會合；第四十軍第一一五旅隨時策應各方。是日，張自忠部首先攻克白塔和亭子頭。當日軍發現張部在其背後，即集中兵力對付張部。龐部防守部隊乘機進行反攻，李振清率補充團當即在日軍左側背發起攻擊，朱家麟指揮第一一五旅一部向日軍正面猛擊，戰況至為激烈。日軍腹背受擊，雙方廝殺在一起，日本飛機、大炮和坦克均失去效用。經過五晝夜激戰，日軍不支，全線敗退。我軍乘勝跟蹤追擊至湯頭，日軍乃向莒縣方向逃竄。同時，朱家麟率第一一五旅亦將臨沂城東南之殘敵全部肅清。18日上午，戰役結束。此役共擊斃日軍2000餘人，生俘2人，虜獲槍支、戰刀、軍毯和罐頭食物等戰利品眾多，擊落飛機1架，擊毀坦克6輛，日軍屍橫遍野。之後，日軍再犯臨沂，又被擊潰。蔣中正和李宗仁將軍得知，傳令嘉獎，全軍歡騰！3月26日，中國《大公報》發表報導《臨沂之捷》。臨沂之捷為徐州會戰贏得了寶貴時間，使中國政府調集各方軍隊，於4月7日在臺兒莊圍殲日本主力軍隊11000餘人。

1938年4月下旬，徐州會戰進入後期階段。中國軍隊在蚌埠、滕縣、臨沂、嶧城、邳縣和臺兒莊等地區給予日軍以重大殺傷後，達到了拖住、遲滯、消耗和消滅日本軍隊主力，實施物資轉運和戰略佈防之目的。中國政府軍事委員會決定：主動放棄徐州，除留少部分軍隊在蘇北和魯南地區實施遊擊、牽制日軍外，各軍相互交替掩護，主力部隊向徐州西南和皖西北方向轉進。19日，日本大軍在飛機掩護下，再次攻向臨沂城，朱家麟和龐炳勳率部英勇血戰。20日奉命撤出臨沂城，開往東隴海鐵路附近郯城以南佈防，並於板垣徵四郎師團一部再次激戰。26日，全軍完成牽制日軍任務，陣地奉命交給第四十六軍接防，開赴微山湖西岸沛縣休整、擔負阻止日軍過湖任務。第四十軍進駐微山湖西邊沛縣一帶，朱家麟與全軍官兵和沛縣民眾一道，在湖西嚴密設防，多次成功狙擊了日軍過湖船艇進攻與偷襲，對峙半月之久。日軍無法通過微山湖西進沛縣，便避開第四十軍主力，迂迴西進——向第四十軍合圍而來。龐炳勳為掩目日軍，達到牽制和防止日軍合圍之目的，將軍部設在距沛縣西南六里的趙圈。

1938年5月11日夜，龐炳勳命令朱家麟率本旅官兵掩護全軍交替突圍。第四十軍主力邊突襲日軍邊突圍。然而，在掩護突圍過程中第一一五旅卻被日軍重兵包圍。朱家麟臨危不懼，組織部隊分頭衝鋒突圍。5月15日，朱家麟率部駕車帶頭冒著日軍槍林彈雨奮力拼殺突圍。當突圍到一片原野時，朱家麟將軍身中數彈，壯烈殉國。時年47歲。其所率之旅官兵也大部為國捐軀，無一投降。在突圍後的第二天夜裡，朱家麟的一位本家兄弟朱益堂和田玉峰重回戰場，找到並背出朱家麟將軍遺體，將其埋葬在沛縣西關小李莊的土地廟背後，以永祭紀念。

1938年6月5日，第四十軍在河南省漯河為朱家麟旅長舉行了隆重追悼大會，全軍將士共同悼念為掩護他們而英勇犧牲的朱家麟旅長和第一一五旅官兵。1938年年底，中華民國國政府頒佈褒揚令，追晉朱家麟旅長陸軍中將軍銜。

注 [1]：送子觀世音菩薩寺廟，俗稱"于家寺廟"，坐落在臨沂東北鄉後林子村。五百多年前（明朝弘治末年和正德年間），後林子村村主于豹先生出資在村東組織建築了一座寺廟。此寺廟占地面積龐大，有大雄寶殿、廟前廣場、功德碑林、廟汪、廟林和廟地等。寺廟佈局工整，坐北朝南，宏偉莊嚴，松柏參天。大殿（又稱主殿或正殿）前兩側鐘樓和鼓樓矗立。大殿內兩山牆繪有立體壁畫，採用瀝粉貼金技藝；殿中菩薩全部貼金，威嚴壯觀，栩栩如生。中間觀世音菩薩，端莊優雅，慈祥親和，前懷左右各站一小童子，身側後兩邊各站三位大護法。菩薩施恩，澤潤四方；香火盛旺，眾民吉祥；清泉圍淌，世代安康；佛光蕩漾，村子繁強。1938年3月3日，日本軍隊侵佔此村，將大殿焚燒。之後，陸續破壞：大鐘銅鼓被砸毀，古柏大樹遭砍伐，功德碑林和"山主于豹"大石碑摧毀築橋修路，廟地沒收，僧人趕走，正殿、偏殿、菩薩塑像和圍牆先後被拆。到二十一世紀初，廟汪填平、廟林鏟除。此廟全（毀）無。

注 [2]：秀才之村——後林子。清朝晚期，後林子村蔣氏兄弟倆一同考中國家秀才。兄蔣文經中文秀才、弟蔣文貴中武秀才。全村歡騰，名聲遠揚；學風飄香，譽滿四鄉。加之該村和村東送子觀世音菩薩寺廟香火繚繞，綠水環抱（從東嶺流下的泉水，被民間稱為"礦泉水"。在文革後期農業學大寨等運動中，將全部泉眼和河渠與之形成的湖汪填平造田、樹木砍伐，生態失衡）；尊儒施教，祥和孝道（村東立有"孝"字高大石碑）。被民間譽為"秀才之村"。

注 [3]：于家莊子（1370年後于氏一世祖于水夫婦從山西省洪洞縣溪泉窪遷居山東省臨沂縣于家莊子）之于家林，坐落在臨沂城北七十里的沂河之東。此于家林即于家莊子于氏家族之墓地，占地面積龐大。自明朝初期建立啟用，據今已有六百餘年，有大小墳塚上百座。墓地生長著大量百年參天松柏，並有後人在明朝、清朝年間及之後敬立的墓碣、墓碑、譜碑和各種紀念碑或功德碑多統。有的墓碑四周雕刻的精美圖案與藝術設計，堪稱藝術瑰寶。其中，1568年為二世祖于思先生和1607年為三世祖于大先生敬立的墓碣、1707年敬立的譜碑毀壞與日曬風雨剝蝕較輕，字跡和圖案比較清晰。是當地保存下來的珍貴歷史文物古跡和重要文化遺產與抗戰遺址，也是當地人傳承和弘揚中國傳統文化和孝道文化的歷史見證（二十世紀五六十年代和此世紀末，因生態環境失衡沂河多次漲水沖刷和擴建公路，樹木砍伐，四世祖之後的墳墓陸續遷出，于家林逐漸被縮）。

1938年3月，日本軍隊進攻中國守軍在于家林于思墓碑上留下的彈痕。

朱毅先將軍
General Zhu Yixian

陸軍少將、國民革命軍第一戰區第七遊擊隊副司令

Major General and Deputy Commander of the 7th Guerrilla Unit of the 1st Theater of the National Revolutionary Army

朱毅先，中國國民革命軍陸軍第一戰區第七遊擊隊少將副司令，著名抗日愛國將領。1898年出生於河南省襄城縣紫雲鎮朱莊村。1907年入本地小學讀書，繼考入本地中學學習。1934考入南京中央陸軍軍官學校高等教育班第三期，後又考入中央陸軍步兵學校校官研究班深造。畢業後，先後任國民革命軍排長、連長、營長和團長等職。

1937年7月，蘆溝橋事變發生，日本出兵大舉侵略中國，打破了中國和平建設環境，中國政府被迫全力組織軍民自衛應戰。朱毅先任國民革命軍陸軍第一戰區第七遊擊隊少將副司令，奉命率部在河南省新鄉一帶敵後襲擾消耗日軍，破壞日軍交通補給線，組織遊擊戰爭。1939年3月21日，其部在新鄉與日軍發生激戰，朱毅先兩次負傷仍不下火線。在率部突圍激戰中，再次中彈，壯烈殉國。時年42歲。

Zhu Yixian, a renowned patriotic military leader, was the Deputy Commander and Brigadier General of the 7th Guerrilla Unit of the Chinese National Revolutionary Army, 1st Theater of Operations. He was born in 1898 in Zhuzhuang Village, Ziyun Town, Xiangcheng County, Henan Province, China. In 1907, he attended a local primary school and later enrolled in a local middle school for further education. In 1934, he was admitted to the 3rd session of the Higher Education Program at the Nanjing Central Military Officer

School and further pursued advanced studies in the Research Class of the Infantry School of the Central Army Academy. After graduating, he held various positions in the Chinese National Revolutionary Army, including platoon leader, company commander, battalion commander, and regiment commander.

In July 1937, the Marco Polo Bridge Incident occurred, and Japan launched a massive invasion of China, shattering the peaceful construction environment. The Chinese government was forced to mobilize the military and civilians for self-defense and resistance. Zhu Yixian was appointed as the Deputy Commander and Major General of the 7th Guerrilla Unit of the Chinese National Revolutionary Army, 1st Theater of Operations. He was tasked with leading his troops to conduct disruptive attacks behind enemy lines in the Xinxiang area of Henan Province, harassing and depleting the Japanese forces, disrupting their supply lines, and organizing guerrilla warfare. On March 21, 1939, his unit engaged in intense combat with the Japanese army in Xinxiang. Zhu Yixian was wounded twice but refused to leave the front lines. During the fierce breakout battle, he was hit by enemy fire and bravely sacrificed his life. He was 42 years old at the time.

遊擊日軍　血沃新鄉

1937年7月，蘆溝橋事變發生，日本出兵大舉侵略中國，打破了中國和平建設環境，中國政府被迫全力組織自衛應戰。由於日本軍隊裝備精良，機械化程度高，官兵訓練有素、戰鬥力強，在不到一年的時間內，中國華北、華東和中原一部分地區陷落。中華民族艱苦卓絕的抗日戰爭全面展開。朱毅先任國民革命軍陸軍第一戰區第七遊擊隊少將副司令，奉命率隊在河南省新鄉一帶敵後組織民眾，利用家鄉熟悉的地理環境和人文關係，打擊日軍，開展遊擊戰爭。朱毅先根據敵情變化，率部出沒新鄉大地，夜行日息，偵察刺探；尋機殲滅小股日軍，破壞日軍補給線，打擊日軍運輸隊，炸毀日軍軍用倉庫，挖斷交通運輸線。全力實施襲擾日偽軍、牽制日軍兵力，拖疲和消耗日本兵力的戰略目的。

1939年3月21日，日酋秘密組織2000餘兵力，突然襲擊包圍遊擊隊新鄉駐地。朱毅先率隊立即應戰，與日偽軍連續血戰4小時，打退多次進攻，斃敵百餘人，尋機突圍。當日偽軍再次發起進攻時，朱毅先突然中彈負傷，鮮血直流，身邊左右人員勸其隱蔽治傷，朱毅先副司令堅定表示："此乃正我殺敵報國之時，不可復失……"。在進行簡單包紮後，朱毅先忍著劇疼繼續指揮戰鬥，組織官兵與日偽軍廝殺突圍。不料，又被敵彈擊中臂部，但仍奮力率部拼殺。在突圍激戰中，朱毅先副司令再次中彈，壯烈殉國。時年42歲。

朱毅先殉國後，其英烈遺骸被官兵運回了其故鄉，葬在了生他養他的家鄉土地中。1947年10月，中華民國國民政府國防部頒佈褒揚令，予以褒獎優恤。

朱鴻勳將軍
General Zhu Hongxun

陸軍中將、國民革命軍第五十三軍副軍長兼第一三〇師師長

Lieutenant General and Commander of the 130th Division and Deputy Commander of the 53rd Army of the National Revolutionary Army

　　朱鴻勳，字柏廷。中國國民革命軍陸軍第五十三軍副軍長兼第一三〇師少將師長，著名抗日愛國戰將。1899年出生於吉林省農安縣。1907年入本地學校讀書，繼考入天津南開中學，後考入東北陸軍講武堂第六期。畢業後參加東北軍，先後任排長、連長、營長和團長等職。1933年任國民革命軍陸軍第五十三軍第一三〇師師長，奉命率部在長城一帶抗擊日軍入侵戰鬥。

　　1937年7月，蘆溝橋事變發生，日本出兵大肆侵略中國，打破了中國和平建設環境，中國政府被迫全力組織軍民自衛應戰，中華民族抗日戰爭全面爆發。朱鴻勳任國民革命軍陸軍第五十三軍副軍長兼第一三〇師少將師長，奉命率部轉戰河北、河南和山西省等地，冒著日本飛機的反復掃射、轟炸和火炮的炮擊，以及坦克或騎兵的強攻，阻擊日軍入侵。1938年6月，奉命率部參加武漢會戰。朱鴻勳帶病指揮作戰。由於第五十三軍全為北方人，水土不服，朱鴻勳和很多官兵染上疾病。他們一邊運用中草藥和當地民間土方醫治，一邊堅持戰鬥：在三溪口、花猶樹、雙崗口一帶與日軍激戰7晝夜，為武漢守軍和民眾轉移贏得了寶貴的7天時間。1939年春至1940年末，奉命率領第一三〇師擔任長江、洞庭湖一帶防務任務。1940年12月30日，日軍出動多架飛機轟炸藕池口第一三〇師指揮部，朱鴻勳在指揮部隊反擊時中彈殉國。時年42歲。1941年3月，中國政府頒佈褒揚令，追晉朱鴻勳陸軍中將軍銜。

Zhu Hongxun, with the courtesy name Baiting, was a famous patriotic military general. He served as the Deputy Commander and Major General of the 53rd Army and the Commander of the 130th Division of the Chinese National Revolutionary Army. He was born in 1899 in Nong'an County, Jilin Province, China. In 1907, he attended a local school and later enrolled in Tianjin Nankai Middle School. He was admitted to the 6th session of the Northeast Army Military Academy after passing the entrance exam. After graduating, he joined the Northeast Army and held various positions, including platoon leader, company commander, battalion commander, and regiment commander. In 1933, he was appointed as the Commander of the 130th Division of the 53rd Army of the Chinese National Revolutionary Army, and he led his troops to fight against the Japanese invasion in the Great Wall region.

In July 1937, the Marco Polo Bridge Incident occurred, and Japan launched a massive invasion of China, shattering the peaceful construction environment. The Chinese government was forced to mobilize the military and civilians for self-defense, marking the outbreak of the Chinese People's War of Resistance Against Japanese Aggression. Zhu Hongxun was appointed as the Deputy Commander and Major General of the 53rd Army, as well as the Commander of the 130th Division. He was tasked with leading his troops to engage the Japanese invaders in Hebei, Henan, Shanxi, and other provinces to defend against their aggression. In June 1938, he was ordered to participate in the Battle of Wuhan. Despite being ill, Zhu Hongxun commanded the operations. However, due to the soldiers of the 53rd Army being predominantly from the northern regions and not adapting well to the local environment, Zhu Hongxun and many of his officers and soldiers fell ill. They used traditional Chinese medicine and local folk remedies while continuing to fight. In the areas of Sanxikou, Huayoushu, and Shuanggangkou, they engaged in fierce combat with the Japanese army for seven days and nights, successfully buying valuable time for the defense and evacuation of Wuhan. From spring 1939 to the end of 1940, Zhu Hongxun was tasked with defensive duties in the Yangtze River and Dongting Lake areas as the Commander of the 130th Division. On December 30, 1940, the Japanese launched an air raid on the command post of the 130th Division in Ouchikou. Zhu Hongxun was fatally wounded while leading the counterattack. He was 42 years old at the time. In March 1941, the Chinese government issued an official commendation and posthumously promoted Zhu Hongxun to the rank of Lieutenant General in the Chinese Army.

轉戰華北華中　帶病血戰日軍

1937年7月，蘆溝橋事變發生，日本出兵大肆入侵中國，打破了中國和平建設環境，中國政府被迫全力組織自衛應戰，調兵遣將阻擊日本軍隊入侵，保衛國家和平。朱鴻勳任中國國民革命軍陸軍第五十三軍副軍長兼第一三〇師少將師長，奉命率部在華北抗擊日軍入侵，阻擊沿平漢路南犯日軍。接著，轉入晉東南與日軍展開遊擊戰。後奉命渡過黃河進至豫中，參加豫魯皖邊戰役。1938年春，奉命率部編入第二十六軍團，挺進湖北參加保衛大武漢的武漢會戰。

湖北省位居長江中游，北連中原之地河南省，南接山川雄固的湖南省，此三省實際是中國"鉅人"的腰臍所在。長江從湖北境內蜿蜒東去，可呼應贛皖蘇，而從宜昌溯江西上，則能背倚巴蜀作大後方。湖北省府武漢更是水陸交通樞紐，不僅有長江水路聯絡東西，還有平漢鐵路和粵漢鐵路兩大動脈貫通南北，並溝通西南、西北地區，而由廣州北運從國外購買的各種戰略物資也經武漢三鎮（漢口、漢陽和武昌）集散，分頭接濟全國各戰區。1937年11月，中國首都南京被日軍轟炸時，國民政府遷都重慶，其中國家軍事統帥部及許多政府重要部門遷至武漢領導抗戰。武漢實際上已成為中國軍事、政治、經濟中心，戰略地位十分重要。日本軍隊在攻佔中國首都南京後，面臨一個嚴酷的事實：就是中國戰略空間太大，中國政府領導抗日作戰的能力和意志極強，雖然遭到嚴重的戰場挫敗，但就是不肯屈服，堅決衛國捍和平。因此日本速戰速決、征服中國的戰略指導原則，已經失去作用。在這種情形之下，日本不得不調整侵華策略，不斷增兵，繼續深入中國內地，以攻佔中國更多的領土、截斷中國對外的交通補給線，以及摧毀中國所有的抵抗意志與作戰力量。所以，中日兩國在武漢的決戰自然形成。雙方都在此投入了空前的兵力。

1938年6月12日，武漢會戰拉開戰幕……。第五十三軍奉命駐守三溪口，第一三〇師擔任保衛湖北通往湘、鄂、粵的要道陽新——武漢週邊的防禦任務。日本精銳部隊博田混成支隊，恃其陸空優勢，不斷進行猛烈攻擊，企圖一舉突破中國軍隊防線，切斷粵漢路，使守衛武漢的我軍無路可退。

當第五十三軍和第一三〇師由華北挺進湖北防地時，由於全軍官兵多為北方人，初到江南地區，水土極為不服。第一三〇師官兵有三分之一以上的人患上了"打擺子"病，戰鬥力明顯下降。師長朱鴻勳也身染此疾病。在這緊張而危急的情況下，朱鴻勳無絲毫退卻之心，帶病親臨前線，一邊鼓勵官兵堅持咬牙挺住、運用中草藥和當地民間土方醫治、以及苗醫（苗族醫學）治療方法，一邊指揮作戰：既要注意日軍的空中轟炸，又要應對日軍陸地進攻。朱鴻勳率全師官兵在三溪口、花猶樹、雙崗口一帶阻擊,與日軍頑強血戰七天七夜,為武漢守軍、民眾轉移和搶運抗戰物資贏得了寶貴的7天時間,並給予日軍以重大殺傷。

武漢會戰歷時長達近5個月(日本軍隊10月25日攻佔武漢),中國雖然暫時失去了武漢重鎮,但是卻給予了日本和日本軍隊重大打擊,日軍死傷病亡20萬人以上[1]。由此,中國抗日戰爭進入了戰略相持階段。第五十三軍在萬福麟將軍和朱鴻勳將軍的率領下也越戰越勇。

主動出擊日軍　赴難捐軀池口

武漢會戰之後,從1939年春至1940年末,朱鴻勳奉命率第五十三軍第一三〇師擔任江湖防務任務。在此期間,朱鴻勳常常派出小股部隊主動出擊:在長江江北一帶打擊肅清小股日偽軍,襲擊洞庭湖東岸的城陵磯、白螺磯等數個日軍據點,並且直至粵漢路上日軍的重要據點岳陽,攪得日軍惶恐不安。特別是派出第三八九團副團長魏宏烈率一個加強營到洞庭湖東岸襲擊日軍,取得了重大戰果,鞏固了我軍防線,消耗了日軍實力。

朱鴻勳副軍長指揮部隊頑強抗戰和主動出擊,激怒了侵佔該地的日酋。日軍通過秘密偵察和從漢奸得知朱鴻勳指揮部,日酋快速秘密組織兵力對第一三〇師實施報復。1940年12月30日,日本突然出動數架飛機,轟炸藕池口第一三〇師前方指揮部。朱鴻勳一面指揮相關官兵架設機槍對準飛機開火,防止日本飛機低空掃射。一面命令官兵快速進入隱蔽部隱蔽。突然,一顆炸彈的彈片擊中了正在指揮的朱鴻勳副軍長,朱鴻勳當場倒地,鮮血直流,壯烈殉國。時年42歲。

朱鴻勳副軍長殉國後,第五十三軍召開追悼大會進行悼念,中國國民革命軍參謀總長兼國民政府軍政部部長何應欽親臨弔唁。朱鴻勳遺體被送往重慶厚葬,安葬於重慶南山復興村,第二十六軍團總司令兼第五十三軍軍長萬福麟將軍(忠於國家、抗戰名將),為此親撰碑文悼念。1941年3月,中華民國國民政府頒佈褒揚令,追晉朱鴻勳陸軍中將軍銜。

注[1]:武漢會戰日軍傷亡病死人數,眾說不一。作者又進行了多次大量查證和實地考察認為:《抗戰建國大畫史》(中國文化信託服務社,1948年4月版)和《抗日戰爭時期國民黨正面戰場》(四川人民出版社,2005年版)列出的數據比較符合實際——日軍死傷在20萬人以上。故採用此數據(分別見270頁、271頁和85頁)。

因為在1931年"九·一八"事變發生後和全面抗戰爆發前,國民政府以蔣百里(見下卷蔣百里將軍)

和張諿行為領銜的將軍、專家，就提出抗擊日本軍隊入侵：變南北戰場為東西戰場，充分利用祖國江河湖泊和森林山勢地理，以抵消日本兵器先進、機械化和日軍訓練方面的優勢，行遊擊戰和持久戰。加之日本官兵進入我國內地後水土不服，疾病（死亡）快速增加，戰鬥力大大下降。特別是我參戰部隊有了平津作戰、淞滬會戰、徐州會戰和太原會戰的戰鬥經驗，戰鬥力全面提高。敵我傷亡比例已逐漸成為一對一之比（《武漢會戰》，中國文史出版社、1988年版。陳誠將軍在1938年10月9日"以全力保衛大武漢"中闡述），甚至在有的戰場日軍傷亡人數多於我軍傷亡人數。所以武漢會戰之後，中國抗日戰爭進入了戰略相持階段。

朱耀華將軍
General Zhu Yaohua

陸軍中將、國民革命軍第二十二軍第十八師師長

Lieutenant General and Commander of the 18th Division of the 22nd Army of the National Revolutionary Army

　　朱耀華，字強生。中國國民革命軍陸軍第二十二軍第十八師中將師長，著名抗日愛國將領。1888年出生於湖南省長沙市。1896年入長沙私塾讀書。早年投身軍旅。1911年率部參加辛亥武昌起義。1916年畢業保定陸軍軍官學校。1922年被孫中山委任北伐湘軍總司令兼湖南省省長。1925年任國民革命軍第二軍第六師副師長。1927年升任師長。1928年第二軍縮編為陸軍第十八師，任該師第五十二旅少將旅長、師長。1935年，被中華民國國民政府授予陸軍中將軍銜。

　　1937年7月，日本出兵大肆侵略中國河北。8月，日本又出兵侵犯中國上海。日本軍隊入侵，徹底打破了中國和平建設環境，中國政府被迫全力組織軍民自衛應戰。朱耀華任國民革命軍陸軍第二十二軍第十八師中將師長，奉命率部開赴上海前線參加阻擊日本軍隊進攻的淞滬會戰。在大場一帶佈防阻敵，與日軍展開了激烈廝殺。10月26日，我軍防線被日軍突破，第十八師將士冒著日本飛機反復掃射轟炸、各類火炮和毒彈襲殺，衝鋒拚搏、浴血奮戰、堵殺死守，大部戰死。朱耀華師長也身負重傷，被部下強行拖出陣地撤退轉移，送入野戰醫院治療。陣地失守。10月28日，朱耀華師長蘇醒，深感軍人丟失陣地，無顏以對國家，無顏以對庶民養育，舉槍自戕殉國。時年

50 歲。

Zhu Yaohua, with the courtesy name Qiangsheng, was a famous patriotic military general. He served as the Major General and Commander of the 18th Division of the 22nd Army of the Chinese National Revolutionary Army. He was born in 1888 in Changsha, Hunan Province, China. In 1896, he attended a private school in Changsha for his early education and later joined the military. In 1911, he led his troops to participate in the Wuchang Uprising during the Xinhai Revolution. After graduating from the Baoding Army Officer School in 1916, he was appointed by Sun Yat-sen as the Commander-in-Chief of the Hunan Army and concurrently served as the Governor of Hunan Province. In 1925, he became the Deputy Commander of the 6th Brigade of the 2nd Army of the National Revolutionary Army. In 1927, he was promoted to the position of Division Commander and in 1928, when the 2nd Army was reorganized into the 18th Division, he became the Major General and Commander of the 52nd Brigade and subsequently the Division Commander. In 1935, the Republic of China government awarded him the rank of Lieutenant General in the Army.

In July 1937, Japan launched a large-scale invasion of China in Hebei Province. In August, they further invaded Shanghai, breaking the peaceful construction environment in China. The Chinese government was compelled to mobilize the military and civilians for self-defense. Zhu Yaohua was appointed as the Lieutenant General and Commander of the 18th Division of the 22nd Army of the Chinese National Revolutionary Army. He was tasked with leading his troops to the front lines in Shanghai to participate in the Battle of Songhu and resist the Japanese army's offensive. He deployed defenses in the Daba area and engaged in intense fighting with the Japanese forces. On October 26, our defense line was breached by the Japanese army, and the soldiers of the 18th Division fought fiercely, sacrificing their lives to hold their ground. Zhu Yaohua, the Division Commander, sustained serious injuries and was forcefully evacuated by his subordinates and taken to a field hospital for treatment. On October 28, when Zhu Yaohua regained consciousness, he deeply felt the loss of the battlefield and felt ashamed for not being able to fulfill his responsibilities to the country and the people. With a heavy heart, he took his own life with a gunshot, sacrificing himself for his country. He was 50 years old at the time.

為和平正義英勇血戰　陣地失守自戕殉國

1937年7月7日，日本出兵大肆入侵中國河北。8月13日，日本又出兵侵犯中國上海。14日，《中華民國國民政府自衛抗戰聲明書》發表："中國為日本無止境之侵略所逼迫，茲已不得不實行自衛，抵抗暴力。近年來，中國政府及人民一致所努力者，在完成現代國家之建設，以期獲得自由平等之地位；以是之故，對內致力於經濟文化之復興，對外則尊重和平與正義，凡國聯盟約，九國公約——中國曾參加簽訂者，莫不忠實履行其義務……中國今日鄭重聲明，中國之領土主權，已橫受日本之侵略；國聯盟約，九國公約，非戰公約，已為日本所破壞無餘……中國決不放棄領土之任何部分，遇有侵略，惟有實行天賦之自衛權以應之……吾人此次非僅為中國，實為世界和平而奮鬥；非僅為領土與主權，實為公法與正義而奮鬥……"。

中國國民革命軍陸軍第二十二軍第十八師中將師長朱耀華與全體官兵收聽和學習了國家《自衛抗戰聲明書》，紛紛上書國家，堅決為捍衛和平與正義戰鬥到底。不久，朱耀華奉命率部從湖南開赴上海前線，參與阻擊日本軍隊入侵的戰役——淞滬會戰。10月初，朱耀華率第十八師到達上海前線，被編入第三戰區第九集團軍，奉命趕赴大場以西一帶駐防，備戰禦敵。

從8月13日日本軍隊入侵中國上海，到10月上旬，中國軍隊已在上海地區與日軍血戰兩個來月。中國軍人用血肉之軀抵擋著日本法西斯大炮、飛機和精銳武器的進攻——掩護和平居民撤離，機器物資安全轉移。朱耀華和全軍將士目睹著中國庶民百姓艱難逃離家鄉、逃避日本戰火的慘痛情景……作為中國軍人，沒能保護好國民和平生活，自己的國土慘遭日本軍隊鐵蹄蹂躪，他心如刀割！

1937年10月12日，日本集中兵力猛攻陳行一帶。中國政府調集第一軍、第七軍、第八軍、第二十軍、第四十三軍等軍，共10餘個師，10餘萬人，輪番阻敵。日軍遇到我軍猛烈反擊，久攻不進，便轉向進攻南翔，企圖突破南大公路，從側翼包圍大場。10月17日，日本軍隊在裝甲車配合下，向大場以西胡家宅、洛河橋進犯。我軍因戰線過長，兵力薄弱和後援不濟，南大公路被敵突破1公里多，隨即胡家宅、洛河橋相繼失守。此時，日軍攻勢直指大場，朱耀華帶領全師官兵奮力阻擊。

10月25日，日本出動多架次飛機，對第十八師陣地反覆狂轟濫炸和施放毒氣彈，投彈100多噸。我軍陣地工事盡毀。隨即，日軍用戰車開路，步兵騎兵配合，以集團式衝鋒撲向第十八師陣地。朱耀華師長身先士卒，率部頑強反擊，幾經血戰之後，所部傷亡慘重，憑藉的樹木、房屋、殘垣全毀，被迫退入彈坑、壕溝，固守待援。同時，中國總指揮蔣中正下令："江灣、大場兩據點守備官兵，無命令不得撤退，違則軍法懲治。"但是，由於敵我兩軍技能和裝備相差懸殊，守軍後援又被日軍阻擊遲遲不至，第十八師守戰艱苦卓絕，已近極限，但仍終將日軍擊潰。

日酋再次組織大軍壓入我第十八師陣地，朱師長再次組織敢死隊相抗衡：隊員們身捆手榴彈或手攜炸藥包相互掩護衝入敵群，進行決死反擊。第十八師陣地屢失屢得，反復拉鋸。激戰至10月26日下午，第十八師陣地防線終被日軍突破，陣地被日軍分割包抄。第十八師全體官兵奮勇抗擊，兩軍廝殺在一起，展開了激烈的肉搏戰，陣地上血流成河，屍橫遍野。終因敵強我弱，全師官兵大部戰死，朱耀華師長也身負重傷昏迷過去。第十八師已力戰不支，難抵日軍，餘部不得不邊打邊撤出大場陣地。朱耀華師長被部下強行拖出陣地而未能戰死。

1937年10月28日午後，已在治傷的朱耀華將軍思緒萬千，深感大場陣地失守影響淞滬戰役全局！軍人理當守土有責，恨自己無能使陣地失守，自感無面以對國家，無顏以對民族和養育自己的庶民，突然舉槍自戕。一代忠將，以身殉國。時年50歲。

李必蕃將軍
General Li Bifan

陸軍中將、國民革命軍第十三軍第二十三師師長

Lieutenant General and Commander of the 23rd Division of the 13rd Army of the National Revolutionary Army

　　李必蕃，字子祺。中國國民革命軍陸軍第十三軍第二十三師少將師長，著名抗日愛國戰將。1892年春，出生於湖南省嘉禾縣一書香門第。1899年入本地私塾讀書，聰明仁惠，敬師好學。1906年考入長沙陸軍小學堂，後考入武昌陸軍中學堂，1912年夏，考入保定陸軍軍官學校第一期工兵科。1914年畢業投身國民革命軍，先後任連長、營長、團長、旅長和副師長等職。1925年入廣州黃埔陸軍軍官學校任教官。1936年1月。升任第二十七軍第二十三師少將師長。

　　1937年7月，蘆溝橋事變發生，日本出兵大肆侵略中國，打破了中國和平建設環境，中國政府被迫全力組織自衛應戰。李必蕃任國民革命軍陸軍第二集團軍第二十三師少將師長，奉命率部由陝西臨潼進駐山東德縣。在守衛德縣縣城中，指揮將士奮力拼殺，重創日軍，受到嘉獎。1938年2月，任第十三軍第二十三師少將師長，奉命參加徐州會戰。率部在鄆城、菏澤一帶阻擊日軍。5月11日，鄆城被日軍攻佔，全力守衛菏澤。5月13日，日軍以飛機、大炮狂轟菏澤城防工事。李必蕃身先士卒，率部與日軍血戰，身負重傷。5月14日，菏澤城被日軍攻破，李必蕃深感軍人未盡守城之責，寧死不降，拔槍自戕殉國。時年47歲。之後，中國政府明令褒獎其忠烈抗戰之事蹟，追晉李必蕃陸軍中將軍銜。

Li Bifan, with the courtesy name Ziqi, was a famous patriotic military general. He served as the Major General and Commander of the 23rd Division of the 13th Army of the Chinese National Revolutionary Army. He was born in the spring of 1892 in Jiahe County, Hunan Province, China, into a scholarly family. In 1899, he attended a local private school and showed intelligence, kindness, and a respect for teachers. In 1906, he was admitted to the Changsha Army Elementary School and later entered the Wuchang Army Middle School. In the summer of 1912, he was accepted into the 1st Engineer Corps of the Baoding Army Officer School. After graduating in 1914, he joined the National Revolutionary Army and held various positions such as company commander, battalion commander, regiment commander, brigade commander, and deputy division commander. In 1925, he became an instructor at the Whampoa Military Academy in Guangzhou. In January 1936, he was promoted to the rank of Major General and appointed as the Commander of the 23rd Division of the 27th Army.

In July 1937, the Marco Polo Bridge Incident occurred, and Japan launched a large-scale invasion of China, shattering the peaceful construction environment and forcing the Chinese government to organize a self-defense campaign. Li Bifan was appointed as the Major General and Commander of the 23rd Division of the 2nd Group Army of the Chinese National Revolutionary Army. He was ordered to lead his troops from Lintong, Shaanxi to occupy De County, Shandong. While defending the county seat of De County, he commanded his soldiers to fight valiantly, inflicting heavy casualties on the Japanese army and earning commendation. In February 1938, he was assigned as the Major General and Commander of the 23rd Division of the 13th Army and participated in the Battle of Xuzhou. He led his troops to resist the Japanese army's attacks in Heze and Yuncheng. On May 11, Yuncheng was captured by the Japanese, and Li Bifan focused on defending Heze. On May 13, the Japanese relentlessly bombarded the defensive fortifications of Heze with aircraft and heavy artillery. Li Bifan, leading from the front, fought fiercely against the Japanese army but sustained serious injuries. On May 14, the city of Heze fell to the Japanese, and feeling the responsibility of a soldier to defend the city, Li Bifan chose to sacrifice himself rather than surrender, taking his own life with a gunshot. He was 47 years old at the time. The Chinese government later honored his bravery and sacrifice during the resistance against Japan and posthumously promoted Li Bifan to the rank of Lieutenant General in the Army.

挺進華北　德縣殲敵

1937年7月，蘆溝橋事變發生，日本出兵大肆入侵中國華北，打破了中國和平建設環境，中國政府被迫全力組織軍民自衛應戰。李必蕃任國民革命軍陸軍第二十七軍第二十三師少將師長，率部駐防陝西省臨潼。李必蕃耳聞日寇野蠻入侵，中華和平大地慘遭蹂躪，憤筆請纓抗戰。得到上峰肯允後，奉命率部開赴津浦路上的重鎮德縣阻敵。經過千里艱苦行軍，部隊於9月進駐德縣縣城。

李必蕃率第二十三師到達德縣，劃歸第二集團軍戰鬥序列。當時，日寇在華北已經攻佔了中國北平和天津地區，在南方則集中兵力進攻中國上海。日本大本營為了實現其"三個月滅亡中國"的陰謀，調集國內和侵佔北平、天津的兵力沿津浦路大舉南侵，準備襲取滄縣、德縣，進窺山東、河南和江蘇，企圖打通津浦路。中國軍隊沿津浦路節節抵抗，並決定在滄縣、德縣組織會戰，阻截南下的日軍。9月中旬，日軍向滄縣一帶展開進攻，我守軍艱苦阻擊，李必蕃也派出一部側擊，與敵相持激戰十幾日，在滄縣重創日軍。但終因日軍裝備精良、攻擊猛烈，我後援不濟而全線後退。滄縣失守後，德縣便成為日軍進攻的首要目標。

1937年10月3日，日本第十師團開始進攻德縣縣城。面對強敵，李必蕃沉著指揮部隊，憑藉城外和城防工事與敵人展開激戰和反覆廝殺。由於日軍炮火猛烈，我守軍炮火無法與之抗衡，同時援軍遲遲未全到（僅第八十一師第四八五團趕到），第二十三師官兵傷亡慘重。但是，李必蕃率部仍頑強苦戰，誓死堅守。10月5日，日軍突破德縣縣城東北、西北處城垣，突入城內。李必蕃組織部隊再三反擊血戰，終未能驅去日軍，德縣縣城失守。李必蕃奉命率部退守河南省北部的湯陰，休整補充。之後，率部繼續阻擊日軍南侵。德縣保衛戰，李必蕃部與友軍第八十一師第四八五團（團長張德允戰死）配合，共殲敵2000餘人。

中華民國國民政府軍事委員會委員長蔣中正及第一戰區司令長官程潛等對第二十三師在德縣的戰績慰勉有嘉，程潛將軍特發給第二十三師優厚獎金鼓勵。李必蕃為表示全師將士愛國抗日之忱，分文未取，全部捐贈給《大公報》，作為抗日宣傳經費，共同抗戰衛國。

血戰菏澤　壯志未酬

1937年12月下旬，日軍繼續沿津浦路南北夾攻，妄圖攻佔徐州，一舉打通津浦路。中華民國國民政府軍事委員會調動兵力，南堵北截，保衛徐州。徐州會戰拉開戰幕。

1938年2月，李必蕃任第十三軍第二十三師少將師長，奉命率部移駐魯西南定陶，旋即駐守鄆城、菏澤一線，阻止日本軍隊南侵，參加徐州會戰。鄆城、菏澤為魯西南之重鎮，北扼黃河，南屏隴海，此地若失，徐州失去屏障，則中原危殆。菏澤又為山東省國民政府軍需品集散地，還是山東省政府臨時所在地，菏澤安危，關係重大。李必蕃深知責任重大，命第六十八旅駐守鄆城，第六十七旅守備菏澤，師部設在菏、鄆之間的皇姑庵，全師沿河防守寬達120餘里。

1938年5月11日夜，日本第十四師團（土肥原賢二師團）在酒井旅團的掩護下，攻佔濮縣附近的董口，渡過黃河，進逼鄆城。鄆城守將第六十八旅旅長李嶽霖怯敵，與日軍一接觸即潰。團長劉冠雄率部分官兵與日軍巷戰一晝夜，終因寡不敵眾，鄆城被日軍攻佔。鄆城陷落，菏澤側翼受到了重大威脅，李必蕃憂心如焚，決計收復鄆城。嚴令第六十八旅誓死反攻鄆城，並親率師直屬部隊協同作戰。由於日軍裝備精良，訓練有素，加之敵眾我寡，第六十八旅官兵經多次反攻，都未獲成功。李必蕃遂決心堅守菏澤，等待援兵。

為了堅守菏澤，李必蕃重新佈置防務，以兩個旅分置菏澤左右兩翼。但佈置未妥，日軍於5月13日發起攻擊。李必蕃命一部於菏澤城北的大丁莊阻擊日軍。經過一晝夜激戰，大丁莊失守，李必蕃命部隊退守菏澤城。14日，日軍主力向菏澤城發起猛攻。以工兵為骨幹的第二十三師一向以善守著稱，李必蕃親臨城牆指揮作戰，他激勵部下："……我們無論如何都要堅守陣地，哪怕死在這裡也絕不後退，再不能讓日寇狼奔豕突了。"指揮所部與日軍展開了激烈廝殺，打退日軍多次攻擊。日軍在久攻不下的情況下，立即調來飛機和大炮猛烈轟擊，第二十三師傷亡慘重。當戰鬥進行到最激烈的時刻，第六十七旅旅長李嚴武、第六十八旅旅長李嶽霖畏敵先撤，致使菏澤防線崩潰，日軍湧入城內，並包圍了第二十三師師部。李必蕃師長揮起大刀，率警衛排同師部官兵，與日軍展開肉搏血戰。此時，城內巷戰慘烈無比。肉搏中，李必蕃師長被日軍子彈擊中腹部，頓時血流如注。李師長不顧個人安危，左手用大刀拄撐身體，右膝跪地，繼續指揮戰鬥。經過兩個多小時頑強衝殺，終於殺開一條血路，李必蕃被官兵用門板抬著衝出重圍。5月14日傍晚，部隊抵達菏澤以南的曲里集。

面對日軍窮追，目睹國仇未報，而自己用人不當，又身體受傷難以行動，致使鄆城、菏澤失守，軍人職責未盡……李必蕃悲憤交加，決心不做戰俘，以死來堅定軍人、國人的殺敵意志。於是，他在軍用地圖的空白處寫下遺言："誤國之罪，一死猶輕；願我同胞，努力殺賊！李必蕃遺言。"然後趁隨從不備，躺在門板上舉槍自戕。一代忠將，以身殉國，時年47歲。

李必蕃將軍殉國後，遺體由部下搶運至開封裝殮，連續公祭三天。湖北、湖南各界人士分別於武漢、長沙、岳陽等地召開追悼大會悼念。中華民國國民政府軍事委員會委員長蔣中正親筆書寫挽聯哀悼。之後，中華民國國民政府明令褒獎李必蕃將軍的忠勇抗戰事蹟，追晉陸軍中將軍銜。

李延平將軍
General Li Yanping

東北抗日聯軍第四軍軍長

Commander of the 4th Army of the Northeast Anti-Japanese United Army

　　李延平，中國東北抗日聯軍第四軍軍長，著名抗日愛國將領。1903 年 3 月，出生於吉林省延吉縣。1910 年夏，入本地私塾讀書，1916 年在本縣一家皮鋪店做學徒工。1928 年前往哈爾濱學習汽車駕駛和修理技術。

　　1931 年"九‧一八"事變發生，日本出兵侵略中國東北，破壞了東北和平生活環境。李延平投奔中國國民救國軍，任中國國民救國軍軍部參謀，阻擊日軍入侵。1932 年 3 月，奉命隨部參加在鏡泊湖阻擊日軍的伏擊戰，殲敵千餘人。同年 6 月，秘密加入共產黨，任綏寧遊擊支隊支隊長。1933 年冬，被派往蘇聯莫斯科東方大學學習。1935 年冬，學成回國，重返東北抗日戰場。1936 年春，接任東北抗日聯軍第四軍代軍長、軍長。1937 年 8 月，指揮東北抗日聯軍第四軍和第五軍一部，在寶清縣二道河子公路伏擊敵軍，殲敵百餘人。1938 年 4 月，任東北抗日聯軍第四、第五軍聯合西征部隊主要負責人，率部西征。11 月 20 日，李延平率官兵在珠河縣一面坡西南銼草頂子宿營時，與叛變投靠日軍的叛徒發生激戰，中彈殉國。時年 36 歲。

　　Li Yanping, a renowned patriotic military leader, served as the Commander of the 4th Army of the Northeast Anti-Japanese United Army in China. He was born in March 1903 in Yanji County, Jilin Province. In the summer of 1910, he attended a local private school, and in 1916, he worked as an apprentice in a fur shop in his county. In 1928, he went to Harbin to study automotive driving and repair techniques.

In 1931, the "September 18th Incident" occurred, and Japan invaded and occupied Northeast China, disrupting the peaceful living environment. Li Yanping joined the Chinese National Salvation Army and served as a staff officer, actively resisting the Japanese invasion. In March 1932, he was ordered to participate in an ambush battle against the Japanese army at Jingpo Lake, where he annihilated over a thousand enemy troops. In June of the same year, he joined the Communist Party of China and became the leader of the Suining Guerrilla Detachment. In the winter of 1933, he was sent to study at the Far Eastern University in Moscow, Soviet Union. After completing his studies in the winter of 1935, he returned to China and reentered the anti-Japanese battlefield in Northeast China. In the spring of 1936, he took over as the Acting Commander and later the Commander of the 4th Army of the Northeast Anti-Japanese United Army. In August 1937, Li Yanping commanded the 4th and 5th Armies of the Northeast Anti-Japanese United Army to ambush enemy forces on the Erdaohezi Highway in Baoqing County, resulting in the annihilation of over a hundred enemy soldiers. In April 1938, he was appointed as the main leader of the joint Western Expeditionary Force of the 4th and 5th Armies of the Northeast Anti-Japanese United Army, leading his troops on a western campaign. On November 20, while camping at Zhuhe County on the southwest slope of a hill named Cuocaodingzi, Li Yanping engaged in a fierce battle with traitors who had defected to the Japanese army and was shot and killed. He was 36 years old at the time.

連續伏擊日寇　首獲殲敵大捷

1931 年"九·一八"事變發生，日本出兵侵略中國東北，破壞了東北人民和平生活環境。駐守延吉地區東北邊防軍獨立第二十一旅第七團第三營王德林營長，在延吉小城子宣佈，成立中國國民救國軍，王德林任司令，李延祿任參謀長，抗擊日本軍隊入侵。李延平（李延祿胞弟）輾轉來到寧安縣，加入中國國民救國軍，擔任中國國民救國軍軍部參謀。1932 年 2 月，中國國民救國軍連克敦化、額穆和蛟河三縣，隊伍很快發展壯大到 5000 餘人。王德林與李杜率領的東北抗日自衛軍（原東北邊防軍獨立第二十四旅少將旅長）結成聯盟，相互支持，共同抵抗日本軍隊入侵。抗日部隊很快聲名遠揚，引起日酋恐慌不安[1]。

1932 年 3 月上旬，日本關東軍第二師團第十五旅團由哈爾濱沿中東鐵路東進"掃蕩"，企圖一舉消滅駐守在寧安地區（鏡泊湖南湖頭一帶）的中國國民救國軍。12 日，中國國民救國軍總司令部得到情報，立即在寧安五林河召開緊急軍事會議，部署迎敵作戰計畫。經過對敵情的深入分析研究，會議決定：由孔憲榮、李延祿和姚振山等率領中國國民救國軍第二團等部700餘人在南湖頭"牆縫"處構築工事，伏擊阻止日軍。李延平奉命參加。

"牆縫"是夾在牡丹江江邊和山坡下一條長約5里的大路邊上側石壁。既在路邊自然聳立著一人多高、如牆一樣的石壁岩石，時斷時續，隔一段有個裂口，被稱為"牆縫"。小的縫隙只能露臉，大的縫口數米寬。岩石壁下的牡丹江江灘邊，是一條通商古道，地勢寬闊，毫無遮掩之處，也是日軍入侵必經之路。利用這種地理地勢，中國國民救國軍若埋伏在岩石後，扼守各個縫口，可形成交叉火力網。李延平與各部在"牆縫"上布好了伏兵，給日軍"準備"了大量的手榴彈和子彈。

3月16日，日軍從敦化出發北上，分兵兩路，一路沿鏡泊湖西岸直赴寧安；另一路攜炮隊、輜重車沿鏡泊湖東側大道前進。18日凌晨，日軍一部向"牆縫"一帶進發，並強迫當地獵戶陳文起帶路。清晨6點多鐘，陳文起故意把日軍帶到"牆縫"中國國民救國軍的伏擊圈內。李延平觀察清楚後，立即向總指揮部報告。總指揮一聲令下，5里長的戰場上30多個襲擊點（縫口）同時發動襲擊，槍彈齊鳴，手榴彈扔進敵群爆炸，日軍一片片倒在了血泊之中……激戰一天，我軍以微小的傷亡代價安全轉移，斃傷日軍千餘人，擊毀輜重車40餘輛。

1932年3月21日，李延平奉命率領一支小部隊，在日軍殘部必經的松蔭溝設伏，尋機利用春天風大草乾襲擊敵人。日軍殘部離開"牆縫"和南湖頭又繞過鏡泊湖後，於3月23日向松蔭溝方向"掃蕩"回撤。在"牆縫"受到猛烈打擊後，日軍極為謹慎，時進時退，不貿然前進。在群山環抱的松蔭溝，李延平已率領500多名官兵在密林、草地上埋伏了兩天，正在等待日軍的到來。時值陽春三月，天高日暖，草木極易點燃。當日寇全部進入我軍所設計的火網帶後，李延平果斷命令戰士點火。官兵們利用已準備好的引火草，20多部"火鐮"同時打火，火苗立即燃起草木。當時南風猛烈，火借風勢，風助火威，一時煙火彌漫，李延平帶領官兵隔著煙霧向日寇射擊。煙火中的日寇人喊馬嘶，亂成一團，風大火急，日軍身上背的彈藥來不及解開，紛紛燃爆。日酋命令部隊突圍回竄，但回竄時迎面撲來烈火，再命令掉頭往前衝。道路已被我軍阻塞，殘敵人馬互相踐踏，日軍傷亡慘重，只有一部分日軍僥倖逃生而回。

奮力西征苦戰　為國犧牲珠河

1932年7月，李延平任綏寧遊擊支隊支隊長。之後，率領遊擊支隊智取了綏寧公司（株式會社），繳獲步槍60多支和許多其他軍用物資。1933年2月，李延平率領遊擊支隊第二分隊伏擊了偽軍車隊，繳獲三輛汽車物資，並親自駕車將物資運往根據地。

1933年冬，軍部派李延平赴蘇聯莫斯科東方大學學習。1935年冬，李延平學成回國後，代理東北抗日同盟（革命）軍第四軍軍長兼第一師師長。1936年4月，東北抗日同盟軍第四軍更名為東北抗日聯軍第四軍。李延平代理東北抗日聯軍第四軍軍長（原軍長李延祿奉命由蘇聯轉入中國關內），率部與日軍轉戰深山密林中。部隊很快發展成為4個師，10個團，共2000餘人。部隊的快速發展，使李延平代軍長豪情滿懷，對抗日戰爭的勝利充滿信心，他揮筆賦詩一首：

"我們是共產黨領導的抗日遊擊隊，我們在各個戰場上都打勝仗。

為了從祖國領土上趕走日本法西斯，同志們不斷地戰鬥在寒冷的疆場。

腳下的雪花越鋪越厚，霜雪凝成的冰溜越掛越長。

嚴寒不能把英雄嚇倒，千萬個神槍手揮動著步槍。

凍得發麻的手繼續著射擊，儘管血水腦漿濺滿了衣裳。

把抗日遊擊戰爭進行到底，勝利的火花閃耀著一簇簇紅光。"

1937年秋冬，日酋先後調動重兵向富錦、寶清一帶進行"討伐"，敵情日趨嚴重。第四軍作戰頻繁，損失較大，戰鬥力嚴重削弱。李延平奉命對東北抗日聯軍第四軍進行了整頓和補充。第四軍由四個師整編為兩個師，李延平任軍長，王光宇任副軍長，黃玉清任政治部主任，陳文學任參謀長。

1938年年初，日酋加緊對"三江"地區的兵力部署，依、樺、富、寶各縣敵我戰鬥日益頻繁。為加強抗日武裝的統一領導，1938年初春，東北抗日聯軍第二路軍組建成立，東北抗日聯軍第四軍劃入第二路軍戰鬥序列。為打破敵人的作戰意圖，中共吉東省委於4月做出第二路軍主力向西南遠征的決定。按照西征計畫，李延平、王光宇、陳翰章負責領導騎兵西路部隊，經五林河迅速突入寧安西北地區，在西老爺嶺、牡丹江鏡泊湖西北地帶活動，以衝破日軍封鎖、破壞集團部落、建立臨時後方根據地。而後，再根據敵人情況，主力大部隊分兵向五常、舒蘭、榆樹等地遊擊，活躍於吉敦鐵路兩側，破壞敵人交通運輸，並與抗聯第一、二軍和第十軍取得聯繫。會後，李延平、王光宇著手集中、編組第四軍參加遠征的部隊，5月中旬，向指定地點集結。

1938年5月27日，第四軍第一師、第二師及第五軍第二師在李延平、王光宇、宋一夫、陶淨非等率領下從富錦出發，經七天急行軍進入勃利縣境內。此時，吉東地區的形勢變化很大，我西征部隊行動遇到了極大困難。為籌集給養只得攻打"集團部落"強行徵集，結果暴露了我軍行動方向。日軍用汽車、騎兵追蹤襲擊。部隊只得放棄在勃利、密山作短期休整的計畫，繼續向穆棱前進。6月上旬，李延平在行軍途中與抗聯第二軍第五師陳翰章相遇，得知第五軍第一師等西征部隊尚未啟程，而計畫中的遠征目的地寧安一帶已經成了敵人嚴密防範的腹地。鑒於上述情況，李延平、王光宇率騎兵繼續南下試探前進，順利時則過中東路進入寧安西北山區活動，不順利時北返到第五軍牡丹江蓮花泡一帶與步兵會合。部隊在南下途中，很快被敵人發現。為擺脫敵人的跟蹤，李延平率部迅速回撤至第五軍後方牡丹江蓮花泡地區。

7月初，東北抗日聯軍第四軍再度西征。李延平率第四軍第一師、第二師和聯合救世軍一部夜襲江東岸的敵人據點，繳獲大批糧食和牛馬30餘頭。隨後，部隊出發西進，經四道河子、三道河子進入老爺嶺山區，穿過300餘里無人煙的深山老林，7月8日到達葦河縣北部山中。7月12日，李延平指揮第四、第五軍和救世軍主力部隊突襲葦河縣樓山鎮，繳獲一批武器彈藥和糧食，隨即向五常縣一帶進軍。在進軍途中，因作戰頻繁，給養日益困難，又因地理不熟誤入延壽縣內。之後，部隊在一系列惡戰中損失嚴重，狀況堪憂，十分艱難。但是，李延平、王光宇依然堅持執行西進計畫。日偽當局從長春、哈爾濱抽調3000多兵力，在飛機的配合下對我西進部隊展開圍追堵截。西進部隊處境愈加艱難，為了隱蔽，不能生火做飯，只能以生玉米、生土豆充饑，病員日益增多；官兵們衣服、鞋襪早已破損不堪，許多人用破布和樹皮包腳在荊棘叢生的山林中行軍，天天受到一些植物的傷害（如刺五加、蟄麻子、枸杞棵子和託盤棵子等）和蚊蟲叮咬（如草爬子、瞎眼蠓、蚊子、小咬、蜂子、長蟲和螞蟻等），使人難以忍受，部隊掉隊和傷亡加重；特別由於戰鬥頻繁，彈藥軍需無處補給，一些戰士抱著空槍被俘……8月中旬，西征部隊越過中東路進入五常縣沖河地區後，第四、第五軍決定分開行動，第四軍此時已經不足百人，在日軍連續"追剿"下，部隊幾乎天天作戰。8月15日，李延平率隊攻打了沖河附近一個大屯，獲得少許糧食。但部隊渡河時又遭遇敵人襲擊，傷亡慘重。李延平、王光宇帶著收集起來的十多人，繼續在五常、珠河一帶活動，尋找聯繫我第十軍部隊。

1938年11月20日，東北抗日聯軍第四軍軍長李延平和副軍長王光宇率領官兵在珠河縣一面坡西南銼草頂子宿營時，與叛變投靠日軍的叛徒發生激戰。李延平中彈殉國。時年36歲。

注[1]：1931年"九·一八"事變發生，日本出兵侵佔中國東北，並扶植了一個傀儡政權"滿洲國"。中華民國國民政府號召東北軍民奮起反抗，驅逐日寇，不承認"滿洲國"。東北武裝組織風起雲湧。在上海等地組織成立了"東北抗日聯軍總指揮部"，李杜任總指揮，支持、幫助和宣傳東北各武裝、各界層、各黨派、各團體聯合抗日。1937年7月，中華民國國民政府批准在蘇聯援助的項目中，直接撥給東北抗日部隊10個師的武器裝備。後因蘇聯政府控制過嚴沒能兌現。

李家鈺將軍
General Li Jiayu

陸軍二級上將、國民革命軍第三十六集團軍總司令

General (Rank 2) and Commander-in-Chief of the 36th Group Army of the National Revolutionary Army

　　李家鈺，字其相。中國國民革命軍陸軍第三十六集團軍上將總司令，著名抗日愛國戰將。1892年4月出生於四川省蒲江縣大興鄉一耕讀之家。自幼喜好讀書。1898年入本地私塾讀書。1906年考入浦江小學堂。1912年考入四川陸軍軍官學堂第一期。軍校畢業後，投入川軍，開始戎馬生涯。在軍旅中先後任排長、連長、營長、團長、旅長、師長和軍長等職。

　　1937年7月，蘆溝橋事變發生，日本出兵大肆侵犯中國，打破了中國和平建設環境，中華民國國民政府全力組織軍民自衛應戰。李家鈺任國民革命軍陸軍第四十七軍中將軍長，被編入第二十二集團軍，奉命開赴山西抗日前線，阻擊日本軍隊入侵。率部大戰東陽關，血戰長治。1938年4月後，李家鈺歷任第二十二集團軍副總司令、第四集團軍副總司令、第三十六集團軍上將總司令等職，先後率部出擊夏縣、絳縣、平陸等地。李家鈺總司令關愛士兵與民眾，軍紀嚴明，帶兵浴血奮戰，連續給予入侵日本軍隊重大殺傷。之後，奉命率部轉戰中條山，守衛黃河，多次主動出擊並重創日軍。1944年5月，在豫中會戰中，李家鈺率第三十六集團軍擔任後衛，掩護各路大軍轉進和集結。在與日軍激戰中，李家鈺頭部中彈，壯烈殉國。時年53歲。7月10日，中華民國國民政府頒發褒揚令，追晉李家鈺總司令陸軍二級上將軍銜。

李家鈺上將，是中國為捍衛世界和平、戰死在抗日戰場上的第二位集團軍總司令。也是第二次世界大戰反法西斯陣營中，戰死的盟軍最高將領之一。

Li Jiayu, with the courtesy name Qixiang, was a renowned patriotic general in the Chinese National Revolutionary Army. He served as the Commander-in-Chief of the 36th Army Group, a Lieutenant General in the Army. He was born in April 1892 in Daxing Township, Pujiang County, Sichuan Province, into a family that valued education. From a young age, he showed a passion for learning. In 1898, he enrolled in a local private school, and in 1906, he gained admission to the Pujiang School. In 1912, he entered the first session of the Sichuan Military Officers Academy. After graduating from the military academy, he joined the Sichuan Army and embarked on a military career, serving in various positions such as platoon leader, company commander, battalion commander, regimental commander, brigade commander, division commander, and army commander.

In July 1937, the Marco Polo Bridge Incident occurred, and Japan launched a large-scale invasion of China, shattering the peace and disrupting the nation's development. The Chinese government mobilized all efforts to organize a resistance against the Japanese aggression. Li Jiayu was appointed as the Lieutenant General and Commander of the 47th Army of the National Revolutionary Army. He was assigned to the 22nd Army Group and sent to the frontline in Shanxi to resist the Japanese invasion. He led his troops in major battles at Dongyangguan and Changzhi. From April 1938 onwards, Li Jiayu held various positions, including Deputy Commander of the 22nd Army Group, Deputy Commander of the 4th Army Group, General and Commander-in-Chief of the 36th Army Group. He led his forces in offensives in Xiaxian, Jiangxian, Pinglu, and other areas. General Li Jiayu cared deeply for his soldiers and civilians, maintained strict discipline, and led his troops in bloody battles, inflicting significant casualties on the invading Japanese forces. Later, he led his troops to defend the Yellow River at Zhongtiaoshan and launched multiple successful offensives against the Japanese. In May 1944, during the Battle of Central Henan, Li Jiayu commanded the 36th Army Group as the rear guard, providing cover for the retreat and regrouping of other allied forces. During fierce combat with the Japanese, Li Jiayu was struck in the head by a bullet and died a heroic death at the age of 53. On July 10th, the Chinese government posthumously honored him with the rank of Lieutenant General and issued a commendation order.

General Li Jiayu was the second Group Army Commander who sacrificed his life in the Anti-Japanese War to safeguard peace. He was also one of the highest-ranking allied generals who died in action during World War II.

出師四川　轉戰晉豫

1937年7月，蘆溝橋事變發生，日本出兵大肆侵犯中國，打破了中國和平建設環境。中華民國國民政府號召、組織軍民抗擊日本軍隊入侵，保家衛國。駐中國大後方四川省軍隊將領紛紛請纓參戰。李家鈺任國民革命軍陸軍第四十七軍中將軍長，特電請國家軍事委員會蔣中正委員長，率部開赴前線抗戰："……國難至此，已達最後存亡關頭。應懇鈞座立即下令全國，一致動員，揮師應戰，還我河山，嚴懲群奸，以雪公憤。職軍正事整編，士氣激昂，倘蒙移調前方，誓當執苤赴難。迫切陳詞，佇候訓示！職李家鈺叩，卅卯。"

9月初，李家鈺部——第四十七軍奉命編入國民革命軍陸軍第二十二集團軍戰鬥序列。第四十七軍下轄兩個師四個旅六個步兵團：即第一〇四師、師長李青廷（轄第三一〇旅、旅長陳紹堂，第六一九團、團長彭仕複，第六二〇團、團長吳長林。轄第三一二旅、旅長李克源，第六二三團、團長張光漢，第六二四團、團長熊崗陵）。第一七八師、師長李宗昉（轄第五三一旅、旅長楊顯名，第一〇六一團、團長楊顯名兼，第一〇六二團、團長羅世英。轄第五三二旅、旅長張持華，第一〇六三團、團長孫介卿，第一〇六四團、團長雙宗海）。9月19日，奉命從四川省西昌城出發。10月3日，部隊到達成都北效新都縣。李家鈺在此召開全軍抗日誓師大會，他在大會上莊嚴宣告："日寇侵略意在亡我中華，滅我民族，保家衛國乃我軍人天職，我軍將士應成為全國軍人表率，為天職去戰鬥去犧牲……"並當場賦詩一首，以明其志和激勵全體將士：

"抗日救國出四川，

不滅倭寇誓不還。

埋骨何須桑梓地，

人間到處是青山。"

誓師大會之後，全軍開赴抗日戰場。部隊沿川陝公路徒步行進，一路艱辛。當到達川陝交界之處七盤關時，官兵紛紛離隊轉身向四川方向含淚敬禮告別。師長李青廷和參謀長李倫見狀，下令部隊停止前進、立正向後轉，向家鄉敬禮告別。傳令兵在傳達命令時已經泣不成聲，一邊哭一邊高喊："向家鄉告別喲！向家鄉告別喲……"。隨著執旗兵橫擺揮動號旗的那一瞬間，全體官兵竟齊聲嚎啕慟哭，泣不成聲喊著："生我的爹娘，育我的家鄉，兒一去難複返，請爹娘保重喲！請爹娘多保重喲……"有的士兵甚至雙膝撲通跪拜在地，嘴裡喊著爹娘及親人的稱呼，向著家鄉連連磕頭……直到長官命令繼續前進，官兵們才擦乾眼淚轉身前行，懷揣風蕭蕭兮易水寒之心情隨部隊行進在漫漫的征途上。當抵達寶雞後，部隊搭乘火車沿隴海路東進。在長安接奉國民政府軍事委員會命令："第四十七軍撥歸第一戰區，即刻開赴河南禦敵，受司令長官程潛指揮。"接著，第四十七軍繼續東進開赴鄭州，準備在平漢鐵路阻敵。

此時，日本軍隊大舉進攻山西省，山西形勢萬分危急，第四十七軍又轉而隸屬第二戰區。部隊在鄭州稍作休整後，即開赴山西東陽關、黎城、長治一帶佈防，重點據守長治和東陽關。1937年12月，第四十七軍到達山西長治，李家鈺即命第一七八師守衛黎城東陽關；第一〇四師（缺一個旅）守備新店鎮，軍部和第一〇四師之一旅駐防長治。

1938年2月，侵佔華北方面日本軍隊沿平漢路和同蒲路南犯，在炮兵和航空兵的支援下，由邯鄲經涉縣向東陽關、長治方向進攻。李家鈺得悉日軍動向，即令第一七八師加強東陽關一帶陣地防禦。2月14日，日軍仗其裝備和火力優勢，猛攻東陽關第一七八師陣地。守軍憑藉山地工事，頑強抵抗，多處陣地反覆爭奪，激戰三晝夜，日軍陳屍500餘具，我守軍營長周策勳等以下千人殉國，陣地歸然不動。然而，日軍在飛機和火炮的掩護下越攻越猛，仍無法攻克。戰至18日，日軍一部在漢奸的引領下繞到我軍背後，同時前後攻擊，我守軍腹背受敵，加之武器裝備低劣，難以抗衡，邊打邊撤。我第三營營長譚培和連長楊廷春等近千人陣亡，雄關失守[1]。

第四十七軍第一七八師衛戰黎城東陽關，黎城縣縣長何公振在致軍長李家鈺的信中這樣描述：

李軍長麾鑒：

東陽關之役，貴軍官兵英勇抗敵，經一周之血戰，日寇傷亡千餘人，我忠勇官兵，作戰壯烈犧牲者亦在2000人以上。黎城民眾對此可歌可泣之事蹟，極為崇佩敬仰，久而難忘。除陣亡官兵，由地方民眾分別清查埋葬，舉行追悼。及負傷官兵已由地方政府收容治療外，並在東陽關建立國民革命軍陸軍第四十七軍（川軍）抗日死難紀念碑一座。在黃帝陵建川軍廟一所，每年2月17日，演戲一日，以志不忘。

黎城縣縣長何公振敬上

日軍攻佔東陽關後，即由黎城、平順直插長治城，與另一路日軍配合，對長治作鉗形攻勢。長治城為古潞州治所，是晉東南重鎮，城垣堅固。李家鈺當即命令第一〇四師的第三一二旅堅守，並將第一〇四師其餘部隊部署於城外東北高地，以策應城內作戰。第三一二旅李克源旅長命令將北、東、西城門堵塞，準備誓死抵抗日軍。1938年2月19日，日軍向長治合圍而來。當日軍偵知長治城三門堵塞，僅留南門一口，正在組織百姓民眾南撤時。19日午後，日軍騎兵先至，主力跟進而來，遂三面包圍長治。當晚大炮轟城，欲將守軍從南門逼走。李克源旅長立即下令將南門用磚石堵塞——決一死戰。同時在城外東北高地守軍，與日軍展開激烈鏖戰，整夜不休。20日天亮，日軍難以攻進城邊，即以三架飛機轟炸全城和東北高地，又施重炮集中轟炸北門，繼以步兵發起攻擊。城牆上下，守城官兵與日軍絞殺一團。大戰半日，北城依然屹立在硝煙之中。午後，日軍大炮再次集中轟擊北門，城頭落彈1000餘發，炸開城上缺口，日軍衝了上來。我守軍團長熊崗陵，指揮一個整排衝入敵陣，白刃交鋒，陣地上血流成河。一個回合下來，我一個整排官兵只有三人生還，擊退日軍進攻。戰至21日上午，日軍再施以重炮猛轟昨日缺口，使其擴大成斜坡狀，大批日軍挺槍而上，堅守北城連長楊顯謨和夏撫濤身先士卒，率部迎頭劈殺，血祭陣地，日軍蜂擁而入，突入城內。守軍連續組織三次反擊未能奏效，與日軍展開慘烈巷戰。在城門之內大北街上，守軍與日軍逐街逐屋肉搏拼殺，營長楊嶽岷和全營官兵戰死。此時，日軍飛機又向我東門西門和城中心狂轟，長治古城火光沖天。熊崗陵團長親率餘部大戰西門。李克源旅長指揮旅、團部參謀、副官、直屬連隊及勤雜人員，組成總預備隊，阻擊東門入城之敵。全城在燃燒，全城在吶喊，全城在拼搏。旅長李克源、副旅長李光淵均身負重傷。至此，我守城一個甲級團殺到最後，全部戰死。血戰至次日上午，東西兩門也相繼失守，第三一二旅殘部退守南門。鑒於官兵傷亡過重，旅長下令撤出城內，長治城陷落。長治反復血戰，李家鈺部擊斃日軍2000餘人[2]。

1938年4月，李家鈺奉命率部由太陰山移師中條山南段之絳縣、夏縣、運城和芮城一帶，向夏縣以南鐵路沿線警戒。5月，李家鈺率部進襲日軍，接連收復平陸、芮城、安邑等地。第四十七軍越戰越勇。其中：4月5日李家鈺親自帶兵在聞喜縣藍德一帶與絳縣方面日軍激戰，擊斃日本軍官20餘人，士兵200餘名，奪得敵步槍40餘支，乘馬、子彈、軍用品若干。6月3日夜，第四十七軍一部猛攻運城南關，一度收復火車站。第一〇四師第六二四團第二營第五連連長許暉率部由芮城縣水峪村夜襲虞鄉火車站，消滅日軍50餘人，繳獲電台一部、電話總機一台、電話機三台、機槍步槍20餘支、並炸毀鐵路300餘米、剪獲電線200餘斤。我軍負傷9人、陣亡1人、百姓負傷3人。特別在1939年6月26日，日軍步、騎、炮兵三四百人猛攻李家鈺部侯家嶺陣地。第一〇六四團炊事員李發生自報奮勇攜帶9顆手榴彈參戰，在戰場上先後殺死日軍士兵5人。他本人身體也多處受傷、鮮血直流，當發現本團負傷官兵太多，自願放棄擔架抬送，步行去衛生隊包紮傷口。被兵民譽為中華民族英雄。國民政府授予李發生華胄勳章一枚，提升為排長。1939年10月22日，《陣中日報》對李發生英勇戰鬥事蹟作了專門詳細報道。據統計，從1939年7月至10月底，第四十七軍與日軍在中條山地區進行大小戰鬥583次，斃傷敵軍2651人（包括少佐以上軍官20餘人），炸毀鐵路32段，火車頭2部，車廂5節，汽車38輛，汽油300餘桶。

1939年10月24日，李家鈺因戰功擢升第三十六集團軍上將總司令（兼第四十七軍軍長），下轄第十七軍和第四十七軍，以及第八、第十五、第十八遊擊支隊，奉命移師晉城，防守太行山南麓獲嘉、焦作、博愛等以北山區。1940年入秋，李家鈺總司令奉命由山西省晉城地區南渡黃河，擔任河南省境內閡鄉至澠池一帶黃河防務，拱衛中原，隸屬第一戰區。1941年冬，第三十六集團軍防線東移（轄第十四軍、第十七軍和第四十七軍），負責澠池、新安、孟津縣等沿河防務。在此期間，李家鈺命令部隊一面堅守河防，一面派出小股部隊襲擊和遊擊黃河對面日軍。同時，部隊經過休整補充，軍事素質大大提高，武器裝備也大有改善，全軍鬥志高昂。

關愛兵民　凝聚戰力

李家鈺將軍率第四十七軍在晉東、晉西南、晉南輾轉抗戰兩年餘，共傷亡官兵一萬五千餘人，連隊一般都補充兵源二至三次，特別是第一〇四師第六二三團曾三次打光三次補充。第四十七軍斃、傷日偽軍達一萬五千人，重挫日本侵華野心，打出了川軍的軍威，展示了川軍抗日到底的決心！

之後，國民政府實行新的軍隊編制，旅一級建制撤銷，軍直屬兩個整編師。每個師直轄步兵三個團，炮、工、輜重各一個營，騎兵、通訊各一個連，還有特務連、衛生隊、野戰醫院。每個步兵團有通訊排、特務排、迫擊炮連。各步兵營有重機槍連和三個步兵連，每連有六零炮班和三個步兵排，兵員增多，戰鬥力大大提升。同時，李家鈺將軍在全軍展開了練兵、愛民和軍紀教育與活動，尤其對軍人違反軍法軍風軍紀的情況展開檢查，並通報全軍和呈報上峰，加強懲治力度。

1940年秋，為充實全軍戰鬥力，李家鈺電令在成都郊區蕭家碾訓練的新兵第二團團長高揚，率全團速趕赴前線。高揚接令即率部沿川陝公路負重步行，翻越秦嶺到達長安後轉赴軍部報到。李家鈺將軍為防止軍官虐待抗戰新兵，沿途派人暗中跟蹤調查新兵第二團軍官行為。然而，個別連長不把新兵當兄弟對待，讓長途負重行軍已勞累不堪的新兵用滑桿抬著走。高揚帶領全團4個營官兵一個不少的到達了河南陝縣五原村軍部後，李家鈺令全團休息三天。三天後，李家鈺命令全團集合。第四十七軍副軍長羅澤州、參謀長魏粵奎陪同李家鈺軍長站在講演臺上，檢閱新兵後，全團官兵整齊肅立聽從首長訓話。突然，李家鈺軍長大喊一聲："在行軍途中坐滑桿的連長出列！"九個連長快速站出來排成一列，等候訓斥。李家鈺又大喊一聲："李全益站出來！"李全益立即應聲"到！"往前站了一步。李家鈺宣佈了李全益在行軍途中虐待新兵的罪行後說："立即就地槍決！"全場官兵大驚。副軍長羅澤州趕忙勸道："老總，從寬處理吧，免去死刑！"李家鈺乾脆回答："不行，今天就是我老漢（即父親）來講情，我也要執行軍紀！"話已至此，羅澤州也不便再說。高揚團長立即高聲報告請求："報告總司令，李連長虐待士兵我有管理不善的責任，請求給我處分，減免李連長的死刑！"李家鈺生氣地斥責道："對破壞軍紀的人，就必須依據軍法嚴懲。你再多嘴，就連你一起槍斃！"李家鈺命令："立即執行！"早已作好準備的執法隊拖起李全益到旁邊樹林執行槍決。四川省劍閣縣團管區司令馬足驥的部下給李家鈺寫來一封控告信，信中揭發：團管區一個接新兵的連長，在江油縣接新兵時，途中有一個新兵逃跑了，該連長派人把逃兵追回來後，用扁擔當眾活活打死！李家鈺閱信後即電令馬足驥查明屬實，將不按軍法處置的該連長就地槍決。

第三十六集團軍總司令部副官處中校副官馮子驥，出川抗戰前，在四川曾擔任過縣長，有搜刮民財的壞名聲。一次在抗日前線，總司令部派他去運送軍糧，他在分配地方派來的牛車時，榨取牛車車主的錢財。被當地民眾告發，李家鈺極為生氣，立即對副官處處長尚奎光說："我派你去調查，取來人証物証，我親自處理！"尚奎光處長不敢怠慢，查明屬實，將人証物証呈送李家鈺總司令。李家鈺派人把馮子驥叫來親自審問。馮供認不諱，李家鈺說："那就對不起了，軍法無親——是你先對不起國家和以身試法。日軍屠殺中國老百姓。你則更壞，竟敢欺壓為抗日軍隊送糧的老百姓？該殺，按軍令必須得殺！"李家鈺大喊一聲："推出去執行！"集團軍總司令部軍法處將馮子驥槍決後，貼出佈告，通告當地民眾百姓。駐軍當地民眾百姓对李家鈺管束部隊嚴格、且軍紀嚴明，拍手稱快。於是，有了問題也直接向集團軍總司令部反映。一天，李家鈺接到一封老百姓的控告信，控告集團軍總司令部一位高參和駐地村裡一家母女兩代發生男女情事，村裡百姓認為這太不像話了，不像抗日軍人幹的事！李家鈺閱信後，壓住心中怒火，立即派人調查：經查屬實後，馬上召開總司令部軍官大會，宣佈這位高參的罪行，並處以極刑。

李家鈺將軍不僅治軍嚴厲，而且在用人任職方面，也首先考慮的是有利於部隊的戰鬥、團結和穩定，絕不搞任人唯親。在他升任第二十二集團軍副總司令、第四集團軍副總司令、第三十六集團軍總司令後，都一直兼任第四十七軍軍長一職。這不是他不放權或大權獨攬，而是從部隊的戰鬥、團結和穩定性作出的不得已的決定！一般軍隊都是非常重視官兵資歷，而第四十七軍最有資格接任軍長一職的是第一〇四師師長李青廷，他追隨李家鈺是從基層以軍功累積而升至第一〇四師師長。但是，最大遺憾是他勇猛有餘，文化知識淺薄，難以承擔軍長重任。時任第四十七軍副軍長的羅澤州，不僅是李家鈺同鄉，而且還是軍校同學。但是，此人私心過重，比較看重錢財，還有吸食大煙嗜好，也不能委以重任！

李宗昉雖是李家鈺四川陸軍軍官學校的同學，但李宗昉是1937年8月才出任第一七八師師長。儘管李宗昉文化和軍事指揮才能上都能勝任軍長職務，如若李宗昉接任軍長一職，羅澤州和李青廷等第四十七軍上層軍官難免會心生芥蒂，不利於第四十七軍的團結、穩定和增強戰鬥力。李家鈺的胞弟李家英，在法國陸軍炮兵學校畢業回來後，曾任中央陸軍軍官學校成都分校重兵器中校教官、炮兵科上校研究員、重慶防空司令部炮兵團團長。到第四十七軍後任第一七八師副師長。但是，其資歷和實戰經歷均淺，若委以重任難免會被人垢病為任人唯親！

所以，李家鈺經與國家軍事委員溝通，此事才一直拖到1943年年初。李青廷因長年艱苦征戰，落下一身疾病，不適宜前線戰爭生活，命令調其後防四川，任樂（樂至縣）安（安岳縣）師管區司令（於當年冬病故司令職務崗位）。1943年11月15日，李家鈺才卸任第四十七軍軍長一職，專任集團軍總司令職務。而第一七八師師長李宗昉升任第四十七軍軍長。李家英升任第一七八師師長。從而穩定了軍隊大局，加強了戰鬥力。

豫中會戰　上將殉國

1944年春，日本軍隊在太平洋戰場屢遭慘敗，為援救其侵入南洋的孤軍，日酋企圖發動豫中戰役，秘密調集軍隊，以圖打開"大陸交通線"。對日軍的動向，中國第一戰區有所察覺，但對其意圖並不太清楚。1944年4月17日半夜，日軍從河南省中北部強渡黃河，直取中牟，發起閃電進攻，受到我守軍猛烈阻擊，豫中（中原）會戰拉開戰幕。

當時，第三十六集團軍擔負孟津以西、新安以北迄於澠池以東一帶河防，李家鈺率總司令部駐新安縣古村。日軍下元熊彌的"勝"字第五四四四部隊在小浪底渡過黃河後，向南竄犯，直指第三十六集團軍防地。李家鈺總司令臨危不懼，立即組織部隊出擊。5月10日夜，第一戰區司令長官蔣鼎文由新安、宜陽、洛寧、撤向盧氏。路過新安時與李家鈺密談後，又匆匆離去。李家鈺以一部兵力暫留河防固守，抽調主力打擊澠池來襲之敵。之後，李家鈺一面研究對策，一面指揮總司令部和部隊轉移。此時，第三十六集團軍能夠掌握的部隊，僅有第四十七軍一個軍的兵力。

5月12日約8時，轉移部隊已接近雲夢山。渡過黃河的日軍先頭部隊的兩個大隊約一千人，搶先佔領了雲夢山山頂。李家鈺親自命令第一〇四師第三〇一團吳長林團長帶隊攻擊雲夢山日軍，經過反復廝殺與爭奪，在李家鈺總司令親自督戰下擊潰了日軍的阻攔伏擊，為我一戰區部隊的西撤打通了道路。13日11時許，又命令第一七八師第五三二團彭仕複團長帶隊在新安鐵門以南的金門岩，側擊由澠池東進之敵，掩護大部隊西撤。在多次轉戰掩護的戰鬥中，彭仕複與多名官兵英勇殉國。

由於日本軍隊機械化迅猛攻勢，使我守軍漸漸失去了戰場的主動權，各部隊相續後撤轉移。5月17日，李家鈺率部在洛寧縣的翟涯鎮（第四十七軍），與從洛陽方向撤來的第十四集團軍副總司令劉戡、第十四軍軍長張際鵬、新編第八軍軍長胡伯翰、暫編第四軍軍長謝輔三和第三十八軍軍長張耀明及第十五炮兵團團長姚盛喬等將領相遇。因各軍擁擠一途，場面極度混亂。當晚，將領們（包括張仲雷、石嚴懋、譚本良、王有度、張持華等各級參謀長和隨軍幕僚）聚集在暫編第四軍軍部，開了一個臨時會議。會上胡伯翰軍長首先發言："這麼多的隊伍，都擠在一條路上，爭先恐後的行走，極易發生混亂，若一旦遇敵，就無法指揮，進退失據，大家都會受到影響。我提議請李家鈺總司令統一指揮。如明天繼續行動，也要先規劃一下！"之後，眾將一致推舉李家鈺出任總指揮官，統一指揮各部和闡述自己的觀點。李家鈺將軍臨危受託、也為策應"長衡會戰"，便主動提出由第三十六集團軍擔任後衛掩護任務，他說："我們應該商討一下今後的行動，倘若部隊混亂，當然要產生很多障阻，行動必然遲緩，指揮必然困難。如果明天繼續西行，我願殿後。"開完會，李家鈺立即回到總司令部布署作戰任務，為振奮軍心，他激勵全體將士說："我軍在河南駐守四年，是河南庶民百姓養育了我們，倭寇打來了就撤退，能對得起養育我們的庶民百姓嗎……我軍出川抗戰是自己主動來請纓殺敵的！現在大敵當前，正是我們保家衛國，大顯身手的時候！我們要不怕困難，不怕犧牲！""……男兒欲報國恩重，死到疆場是善終。"

5月18日凌晨，各部隊先後撤退。待李家鈺率部西行時，大雨滂沱、路滑難走，日軍在後緊追不捨，各部官兵渾身濕透，人、槍、炮滿身泥漿，艱苦之狀，實難言表。總司令部及第四十七軍向前河方向推進。然而，他們未能到達前河天已大黑，便宿營西馬蹄溝。19日晨，李家鈺剛起床，忽接到劉戡派人送來的信："敵人一部已從陝縣渡河，靈寶也發現敵情……"李家鈺閱信後，率部繼續前進。行軍一日無敵情，夜宿石原村。5月20日黎明，李部從雁翎關出發，西行至距菜園10里處，折入南山，再經過張窪到達溝南。溝南屬陝縣，是一個山地村莊，村內有座天主教堂，陝縣火車站站長和一個醫院院長都逃到這兒。他們都認識李家鈺，村內老百姓也有人認識李家鈺，便都拿出糧食賣給部隊。餓了幾天的官兵，能得以果腹，自然稱快。午飯後，繼續向趙家坡頭前進。這一段路，道路崎嶇，行軍困難，翻越兩座山後，已近黃昏。李家鈺見部隊疲勞不堪，就決定在東姚院宿營。李家鈺不相信劉戡等將領送來的敵情通報，對身邊的參謀人員說："敵人絕無如此之迅速！"又說："連日行軍作戰疲勞已甚，饑餓已極，趁這裏能尋到糧食，就讓官兵連吃兩頓飽飯再走吧！"便下令休息一晚上。

5月21日拂曉，李家鈺獲得情報：日軍追擊高樹勳部，距東姚院只有十餘里了。李家缸下令部隊在早飯後，盡快收拾行李，準備於午前10時出發。後因第一〇四師師長楊顯名、第一七八師師長李家英在電話中要求改變已決定的行軍路線，以至將出發時間延至中午11點半。在這困難時刻，為了激勵士氣，李家鈺在臨出發前給官兵講話："值此生死存亡關頭，凡有愛國愛家之志，誓死消滅日寇者，隨我前進；如有他心，可自尋出路。我部殿後，要在後面不斷側擊日軍，阻止日軍入潼關，威脅陝西……"在場官兵紛紛表示：願同生死，共患難。部隊無一人離開或開小差。行軍序列為：第一七八師為前衛，然後是總司令部，後面為第四十七軍軍部，最後是第一○四師。李家鈺率總司令部剛由東姚院出發，行不及半華里，就遇到日軍從張莊村打來的數發炮彈。李家鈺四處觀察了一會，決定把原由南而西的路線改為由西而南，還要軍長李宗昉派人通知前衛第一七八師師長李家英，繼續前進不要等他。之後，總司令部行軍路線改定為由趙家坡頭至秦家坡經雙廟到南寺院這條路線、向秦家坡旗捍嶺行進。然而，總司令部只有特務營的一個連保衛，兵力非常單薄。

是時，日本第一軍團（司令官吉木貞一中將）所屬獨立混成第三旅團（代號洋兵團，旅團長小原一明）已佔領張卞鎮，其部秘密埋伏於旗捍嶺高地的麥田中（此時麥子快要成熟，日軍借此隱藏在了麥田內秧苗之中）。

我第一○四師殿後被日軍跟蹤追擊，沿途採取打蛇退殼的方式掩護撤退。第四十七軍軍長李宗昉知道李家鈺改道後，立即派第四十七軍軍部特務營屈治州連長率全連跑步追上總司令部，以保護李家鈺和總司令部的安全。屈治州跑到趙家坡頭，向李家鈺報告："奉軍長命令，前來隨總司令行進。"當李家鈺向屈治州詳細詢問了後續部隊情況後，便命屈治州及全連就地稍事休息，等待總司令部電臺機關到達後，保護前進。

李家鈺帶領總司令部機關人員、以及部分家屬和僅有的一個特務連的警衛部隊，陸續誤入了日軍的埋伏地。當李家鈺走上一條不到兩尺寬的石板路時，此石板路左邊是一層又一層全無草木的禿岩，右邊是種麥子的梯地。走在前頭的總司令部特務連尖兵搜索排已將李部甩在了後邊。埋伏在山上麥地裡的日軍狡猾地一動也不動，有意放尖兵排過去，準備出擊後面的高級將領。軍人的職業生涯經驗和麥地裡的異樣告訴李家鈺此地不正常，他立即命令部隊停止前進後撤。在命令剛發出的一瞬間。槍炮齊鳴，彈火從天而降，日軍向李部發起了攻擊……惡戰突起。李家鈺一邊親率特務連奮力反擊廝殺，一邊指揮所部向山下衝鋒突圍。日軍見李家鈺身著黃呢軍服，認定他是位高級軍官，就集中火力向他射擊。一顆子彈擊中了李家鈺肩部，他哎呀一聲坐在了麥地上。當他掏出鋼筆和本子寫命令時，機槍子彈擊中了他的腳，又一顆子彈擊中了頭部左額。李家鈺倒地，鮮血噴流，壯烈殉國。時年53歲。在此激戰中戰死的還有陳紹堂指揮官、周鼎銘副官和肖孝澤高級參謀等將士。

李家鈺將軍英勇戰死的消息，震驚了全國。1944年7月10日，中華民國國民政府頒發褒揚令："陸軍上將、第三十六集團軍總司令李家鈺，器識英毅，優嫻韜略。早隸戎行，治軍嚴整。綏靖地方，具著勳績。抗戰軍興，奉命出川。轉戰晉豫，戍守要區。挫敵籌策，忠勤彌勵。此次中原會戰，督部急赴前鋒，喋血兼旬，竟以身殉。為國成仁，深堪矜悼。應予明令褒揚，交軍事委員會從優議恤，並入祀忠烈祠。生平事蹟，存備宣付國史館，用旌壯烈，而勵來茲。此令！"同時，追晉李家鈺陸軍二級上將軍銜。

　　注[1]：王振庸上尉文書，參與和記錄了這場慘烈的阻擊戰。王振庸，1916年出生於四川省安岳縣高升鄉一耕讀之家，聰穎機靈、堅韌好學。1922年在自家讀私塾。1935年四川大學文學系畢業，任重慶洛磧鎮區立小學教師。1936年任安岳縣高升鄉小學校長。1937年抗戰爆發，欲投筆從戎，校方與親友勸阻，其曰："值此國難當頭，後方可少一教師，而前方不可少一士兵"。旋即，獨自一人從家鄉長途跋涉趕往西昌縣參軍報國，被編入國民革命軍陸軍第四十七軍第一七八師第一〇六三團，任中尉文書，奉命出川抗戰。歷經東陽關阻擊戰、安邑之戰、同蒲路反攻戰和中條山戰役。1942年因父親去世，妻子病危，退伍回鄉照料。1948年任安岳縣師範學校教員。1961年回鄉務農，因家庭出身富貴和參加抗戰，受到不公正對待，多次無端被抓關押，屢遭批鬥摧殘，倍受污辱折磨，受盡了人間苦難。1978年平反，受聘內江市中醫學校教師。1988年被精減回鄉。2010年5月6日，無疾而終。享年95歲。

　　注[2]：第四十七軍以薄弱的軍事裝備，長途跋涉血戰東陽關與長治，彰顯了中華民族大團結和熱愛和平的精神與力量。1938年11月6日，中央通訊社報導："李家鈺部在東陽關、長治一帶抗戰，其可歌可泣之事甚多。該軍器械不如敵軍之優越，然官兵犧牲之精神，莫不令人敬仰。在長治中全團殉國死節，子彈用盡，繼以槍托拳腳與敵巷戰肉搏，斃敵兩千左右。官兵寧願餓死，不願掠奪，深為民眾所敬仰。現潞城至黎城途中，民眾自願為該軍修建廟宇及紀念碑甚多。大小廟宇，皆立該軍陣亡將士神位，堪為我軍之表率！"

李翰卿將軍
General Li Hanqing

陸軍中將、國民革命軍第七十四軍第五十七師步兵指揮官
Lieutenant General and Infantry Commander of the 57th Division of the 74th Army of the National Revolutionary Army

　　李翰卿，字墨林，譽稱"戰將"。中國國民革命軍陸軍第七十四軍第五十七師少將步兵指揮官，著名抗日愛國戰將。1895年出生於山東省濮縣。"家貧父早亡，事母至孝，慷慨有大志"。1903年入本地私塾讀書。1911年在天津馬廠參軍，不久入福建隨營學校學習，畢業後在閩軍第二師任職。1926年加入國民革命軍，先後任第六十九軍第五十七師營長、團長等職。1934年入廬山軍官訓練團受訓。

　　1937年7月，日本向中國華北發動侵略戰爭。8月，日本又出兵進犯中國上海。日本軍隊入侵徹底打破了中國和平建設環境，中國政府被迫全力組織軍民自衛應戰。李翰卿任國民革命軍陸軍第六十九軍第五十七師第三四二團上校團長，奉命率部參加淞滬會戰。在此次會戰中，該軍傷亡嚴重，無力補充兵員，該軍番號被撤銷。餘部合編到第五十七師，改隸第七十四軍，並奉命參加南京保衛戰。1938年6月，李翰卿奉命率部參加武漢會戰。1939年9月，奉命率部參加第一次長沙會戰。1940年秋，李翰卿升任第七十四軍第五十七師少將步兵指揮官。1941年3月，奉命率部參加上高會戰。同年9月，奉命率部參加第二次長沙會戰。9月27日，李翰卿率部在春華山一帶與日軍血戰，身中敵彈，壯烈殉國。時年47歲。1942年1月，中國政府頒佈褒揚令，追晉李翰卿陸軍中將軍銜。

Li Hanqing, with the courtesy name Molin, was renowned as the "War General." He served as the Infantry Commander of the 57th Division, 74th Army, Chinese National Revolutionary Army. He was born in 1895 in Pu County, Shandong Province. In 1903, he enrolled in a local private school. In 1911, he joined the army at Machang of Tianjin and later studied at the Camp School in Fujian Province. After graduating, he served in the 2nd Division of the Fujian Army. In 1926, he joined the Chinese National Revolutionary Army and held various positions, including Battalion Commander and Regimental Commander of the 57th Division, 69th Army. In 1934, he received training at the Lushan Military Officer Training Corps.

In July 1937, Japan launched an aggressive war in northern China, followed by an invasion of Shanghai in August. The Japanese invasion completely shattered the peaceful environment and forced the Chinese government to organize a defense. Li Hanqing was appointed as the Colonel and Commander of the 342nd Regiment, 57th Division, 69th Army, and was ordered to participate in the Battle of Shanghai. During the battle, his division suffered heavy casualties and was unable to replenish its troops, leading to the dissolution of the division. The remaining troops were incorporated into the 57th Division, which was reassigned to the 74th Army, and participated in the Defense of Nanjing. In June 1938, Li Hanqing was ordered to lead his troops in the Battle of Wuhan. In September 1939, he participated in the First Battle of Changsha. In the autumn of 1940, Li Hanqing was promoted to the rank of Major General and appointed as the Infantry Commander of the 57th Division, 74th Army. In March 1941, he participated in the Battle of Shanggao, and in September of the same year, he took part in the Second Battle of Changsha. On September 27th, Li Hanqing fought bravely against the Japanese near Chunhua Mountain, where he was struck by an enemy bullet and died a heroic death at the age of 47. In January 1942, the Chinese government posthumously honored him with the rank of Lieutenant General.

率部應戰　保家衛國

1937年7月7日，蘆溝橋事變發生，日本出兵大肆入侵中國河北。8月13日，日本又出兵進犯中國上海。日本軍隊入侵徹底破壞了中國和平建設環境，中國政府號召全民全軍起來自衛應戰，保家衛國。李翰卿任國民革命軍陸軍第六十九軍（轄第五十五師和第五十七師）第五十七師第三四二團上校團長，奉命率部開赴上海，參加阻擊日本軍隊入侵的淞滬會戰，駐守上海軍工路。李翰卿團長與第五十七師官兵激情滿懷、鬥志昂揚，與上海大學生高唱著《死不了的中國》之歌，滿懷信心地備戰應戰，誓死保衛大上海，保衛中國，捍衛和平：

"我們這裡有個老太婆，她的名字就叫中國，五千年了依然活著，老天保佑不死的中國！

我們這裡有個老太婆，她的孩子比星星還多，他們多災多難卻生生不滅，老天保佑不死的中國！

我們這裡有個老太婆，她的故事是眼淚和血，飽受滄桑歷盡千難百折，老天保佑不死的中國！

我們這裡有個老太婆，我們的母親我們的祖國，五千年了依然活著，老天保佑不死的中國！"

……

8月14日，李翰卿團長與第五十七師官兵，奉命由上海軍工路方向向浦西公大紗廠一帶日軍發起全面反擊進攻。在浴血奮戰的戰場上，李翰卿和官兵們口哼《死不了的中國》之歌，越過戰壕、跨過戰友的屍體，冒著日本飛機的轟炸和大炮的炮火，向著日本強盜衝鋒刺殺。李翰卿所部連續與日軍激戰四晝夜，攻克公大紗廠，多次打退日軍的進攻。由於在激烈的血戰中，該軍第五十五師和第五十七師傷亡慘重，奉命撤出戰場休整補充。

因為第六十九軍在淞滬會戰中傷亡減員嚴重，無力補充兵員，該軍番號被取消。所轄人員合編到第五十七師，劃歸第七十四軍戰鬥序列。1937年12月初，南京保衛戰打響，李翰卿奉命率部參加南京保衛戰，與日軍在南京城內外血戰七天七夜……1938年6月，又奉命率部參加武漢會戰，負責守衛武漢週邊田家鎮要塞，多次重創日軍。

率部大戰　血鑄戰將

1939年9月，日本第十一集團軍司令官岡村寧次，指揮日本五個半師團和其他部隊及偽軍共18萬餘兵力，在海軍、空軍的配合下，從中國贛北、鄂南、湘北三個方向向中國長沙發起攻擊。中國第九戰區積極應戰，第一次長沙會戰拉開戰幕。李翰卿和第五十七師將士奉命參戰。9月下旬，贛北日軍為配合其湘北主力對長沙的攻勢，從靖安、奉新等地向西、西南方向發起進攻。李翰卿率團隨第五十七師由分宜地區向東迎擊日軍，9月25日進抵橫橋，配合友軍部隊圍攻甘坊、冶城日軍。27日，攻克上富鎮。28日，李翰卿率部與我第一八四師主力合攻橫橋附近日軍，經過五晝夜激戰，終將日軍擊潰。隨即，投入到圍攻日軍第一○六師團的戰鬥。經過第九戰區全體將士浴血奮戰，忠勇用命，人民協同，合圍伏擊，日本軍隊慘敗，向奉新和靖安一帶潰退。第一次長沙會戰結束，取得殲敵 3 萬餘人的勝利[1]。

1940 年秋，李翰卿因戰功卓著升任第七十四軍第五十七師少將步兵指揮官。1941 年 3 月 15 日，日本集結兩個師團和一個獨立混成旅團，由安義、南昌等地分三路向中國上高地區進攻，企圖圍剿第九戰區第十九集團軍主力。中國守軍則在上高東北方向環設三道防線，準備層層阻擊，誘敵深入，各個擊破。上高會戰拉開序幕。李翰卿和余程萬率第五十七師將士與第五十八師聯合作戰（中國第七十四軍轄第五十一師、師長李天霞，第五十七師、師長余程萬，第五十八師、師長廖齡奇）。他們在友軍的配合下，奮勇阻擊，打退日軍多次進攻。3 月 24 日，日本師團長親自督戰，調集 3000 餘重兵在數十架飛機的掩護下向我軍主要陣地白茅山發起攻擊。日軍飛機反覆轟炸白茅山，致使陣地工事幾乎毀盡，人員傷亡慘重。我軍官兵仍頑強反擊，日軍雖發起多次集團式衝鋒，但終究未能前進半步。戰至中午，敵步兵在飛機輪番轟炸掩護之下乘隙突入下坡橋，李翰卿率領官兵拼力血戰，與日軍反覆搏殺，斃敵無數，終將日軍逐出下坡橋。3 月 26 日，中國軍隊將來犯日軍圍困在直徑不足 5 公里的包圍圈內。27 日，日軍在飛機的掩護下強行突圍，我軍將士猛追不放。3 月 28 日，第五十七師將一部日軍圍困在官橋鎮內，第五十八師乘勝衝鋒，克復官橋鎮，殲敵 600 餘人，擊斃日軍第三十四師團一陸軍少將指揮官。

上高會戰至 4 月 9 日勝利結束。是役，我軍擊斃日本少將步兵旅團長岩永、大佐聯隊長浜田以下 15000 餘人，繳獲軍馬 2800 餘匹，各種火炮 10 餘門，步槍萬餘支。由此，中國國民革命軍陸軍第七十四軍榮立大功：被譽為"抗日鐵軍"稱號，榮獲國民政府第一號武功狀和最高榮譽"飛虎旗"。軍長王耀武和第一五三旅旅長張靈甫指揮作戰優異，受到表彰；李翰卿和師長余程萬也得到殊榮，其率領的第五十七師被譽為"虎賁師"。

由於李翰卿率部久經沙場、轉戰千里，參加過多次大戰、惡戰、突圍戰和遭遇戰。不僅善於攻堅，戰鬥中機動靈活，而且總能夠率部轉危為安或取得勝利，被戰友們稱譽為"戰將"、"軍中楷模"。

再衛長沙　戰將殉國

1941 年 8 月下旬，日本大本營為消滅我第九戰區主力部隊，在岳陽、臨湘一帶集結四個師團、兩個支隊以及航空兵、海軍各一部，共計 12 萬餘兵力，由日本第十一集團軍司令官阿南惟畿指揮，企圖攻佔長沙，實現其目的。中國第九戰區積極應戰，第三、第五和第六戰區積極配合。第二次長沙會戰拉開帷幕。

1941年9月18日，李翰卿奉命率部入湘經瀏陽向西參加會戰。這時，湘北日軍主力犯至長沙以北撈刀河一線，中國守軍決定全線反擊。9月25日，第五十七師奉命前往赤石河、春華山一帶佔領陣地。黃昏時分，李翰卿率先頭部隊到達撈刀河南岸天鵝山，發現日軍已佔領河北岸春華山，並正繼續南犯。他立即下令部隊搶佔有利地形，給日軍迎頭痛擊。經過一晝夜激烈拼殺，終於擊退日軍。並於26日晨乘勝進攻，一鼓作氣克復春華山。26日上午8時，李翰卿等將春華山陣地交給第五十八師防守，率第五十七師向楓林港、赤石河、大和塘、丁家山一線挺進，準備向大壩橋、路口佘、麻林市一帶日軍發起攻擊。然而，日軍主力再次南犯，李翰卿等部與之鏖戰一晝夜，日軍死傷甚重。9月27日，日軍兵分三路發動更加猛烈的攻勢：第三師團一部在飛機的轟炸和低空掃射之後，向我第五十七師正面陣地猛攻而來；第六師團一部迂回向李翰卿部左方攻來；第四十師團一部則迂回進攻右翼。我軍勢危。李翰卿冷靜分析戰況，為緩解陣地壓力，親率預備隊從郭公渡渡河，火速繞到日軍後面，猛烈開火，給進攻日軍狠狠一擊。之後，又命預備隊靈活作戰，有效配合了陣地主力打擊日軍。激戰至午後，第五十七師傷亡已達3000餘人，戰鬥力銳減，而日軍的攻勢一輪強於一輪。李翰卿率領久戰疲憊之師死守陣地，雖兵力已相差懸殊，但所部官兵皆同仇敵愾，不退半步。他激勵部眾說："我軍自'八·一三'浴血抗戰，至今已有五載，熟知日寇伎倆不過如此，勝利屬於能堅持到最後五分鐘的人……"。日軍新一輪衝鋒開始，大批日軍向我陣地衝了上來。李翰卿將軍身先士卒，持槍掃射，帶頭衝鋒殺敵。突然身中敵彈，摔倒在地，熱血噴流，壯烈殉國。久經沙場的一代戰將為國捐軀，時年47歲。

　　此役歷時33天。李翰卿與全體參戰將士用生命捍衛了長沙，致使日軍攻佔長沙的計畫全部破產，並受到重大殺傷，直接導致了日本國近衛內閣的倒臺。1942年1月，中華民國國民政府明令褒獎李翰卿，追晉陸軍中將軍銜。

　　注[1]：中國抗戰相關戰役、會戰，其斃敵斃傷人數有些資料記載不同，難以參考。作者只有根據掌握資料和認知進行有限度選取。例如：第一次長沙會戰《中國抗日戰爭史地圖集》記載斃敵20000餘人，《抗戰建國大畫史》記載敵死傷40000人以上，《長沙會戰紀念碑》記載殲敵30000餘人。如何選用，作者依據陳誠將軍在1938年10月9日"以全力保衛大武漢"中的闡述和實地考察與戰役情況、以及中國軍隊傷亡數字，採用《長沙會戰紀念碑》記載殲敵人數。總之，由於本人閱歷有限和不是從事抗戰研究出身，難免出現失誤、缺陷或選取資料不當，敬請讀者諒解！

李蘭池將軍
General Li Lanchi

陸軍少將、國民革命軍第五十七軍第一一二師第三三六旅副旅長

Major General and Deputy Commander of the 336th Brigade of the 112th Division of the 57th Army of the National Revolutionary Army

　　李蘭池，字錦卿。中國國民革命軍陸軍第五十七軍第一一二師第三三六旅上校副旅長，著名抗日愛國戰將。1898年出生於遼寧省昌圖縣。1906年在本地學校讀書，喜愛書法。1926年冬，考入東北陸軍講武堂第七期步兵科。1928年8月，畢業投身東北軍。1933年年初，隨部隊參加熱河抗戰和長城抗戰。在軍旅中先後任排長、連長、營長、副團長、團長和副旅長等職。

　　1937年7月，日本出兵大肆侵略中國河北。8月，日本又出兵進犯中國上海。日本軍隊入侵徹底打破了中國和平建設環境，中國政府被迫全力組織自衛應戰。李蘭池任國民革命軍陸軍第五十七軍第一一二師第三三六旅上校副旅長，奉命率部開赴上海地區，參加淞滬會戰。11月中旬，奉命率部駐守長江江陰要塞，帶領全體官兵冒著日本海陸空炮火，英勇頑強拚搏，阻擊日軍向南京進攻。12月8日，李蘭池又奉命率部參加南京保衛戰。1937年12月12日，在南京與攻城日軍血戰後，城破奉命率部突圍時，李蘭池身中敵彈，壯烈殉國。時年40歲。1940年12月，中國政府頒佈褒揚令，追晉李蘭池陸軍少將軍銜。

　　Li Lanchi, with the courtesy name Jinqing, was a renowned patriotic war general. He served as the Deputy Brigade Commander, Colonel, of the 336th Brigade, 112th Division, 57th Army, Chinese National Revolutionary Army. He was born in 1898 in Changtu County, Liaoning Province. In 1906, he attended a local school and developed a passion for calligraphy. In the winter of 1926, he passed the entrance exam for the 7th Infantry Class at the Northeast Army Military Academy. In August 1928, upon graduation, he joined the Northeast Army. In early 1933, Li Lanchi participated in the Anti-Japanese War in Jehol and the Great Wall. Throughout his military career, he held various positions such as Platoon Leader, Company Commander, Battalion Commander, Deputy Regimental Commander, Regimental Commander, and Deputy Brigade Commander.

In July 1937, Japan launched a massive invasion in Hebei Province, China. In August, they further attacked Shanghai. The Japanese invasion shattered the peaceful construction environment in China, and the Chinese government was forced to organize a defensive resistance. Li Lanchi was appointed as the Deputy Brigade Commander, Colonel, of the 336th Brigade, 112th Division, 57th Army. He was ordered to lead his troops to Shanghai to participate in the Battle of Songhu. In mid-November, he was tasked with defending the Yangtze River and the Jiangyin Fortress to block the Japanese advance towards Nanjing. On December 8th, Li Lanchi was ordered to command his troops to take part in the Battle of Nanjing. On December 12th, 1937, he and his troops were besieged after a bloody battle. While leading the troops to break out, he was shot down and died for the noble cause at the age of 40. In December 1940, the Chinese government issued a commendation order to promote him to the rank of Major General.

請纓抗日　阻敵入侵

1931年"九·一八"事變發生，日本出兵侵佔中國東北。1933年年初，日本又向中國華北用兵，徹底破壞了當地和平生活環境。面對日本軍隊的不斷挑釁與入侵，時任東北邊防軍副團長的李蘭池，主動請纓參戰，保衛人民和平生活。經過上峰肯許後，李蘭池率領部隊參加了熱河抗戰，與兄弟部隊阻擊了日本軍隊的進犯侵略。

1933年春，日本軍隊又向駐守長城一線各要塞的中國軍隊發起攻擊，企圖打開缺口，奪取屏障，南下北平天津。李蘭池團長又奉命率部參加了長城阻擊戰，與日軍在長城要塞血戰數日，多次擊退日軍進攻，殲敵甚多，捍衛了祖國領土與保衛了人民和平生活。長城抗戰結束後不久，李蘭池率部轉赴關內休整補充。

扼守長江　血灑首都

　　1937年7月，日本軍隊在華北製造了蘆溝橋事件，大舉入侵中國北平天津。8月，又出兵進犯中國上海。日本軍隊入侵徹底破壞了中國和平建設環境，中國政府全力組織自衛應戰。李蘭池任國民革命軍陸軍第五十七軍第一一二師第三三六旅上校副旅長。8月14日，阻擊日本軍隊入侵的淞滬會戰全面展開後，第五十七軍奉命開赴江蘇省南通、靖江、海門和啟東等地駐防，堅守海防和守備長江口岸，隸屬江防司令部，配合海軍部隊封鎖長江航道，阻止日軍溯長江而上，保衛中國首都南京的側面安全。11月中旬，經過三個多月的浴血奮戰，中國軍隊被迫開始從淞滬地區全線撤退。為阻截日軍沿長江而上，第五十七軍第一一二師奉命南渡長江，和第一〇三師作為江防部隊共同據守長江的江陰要塞。江陰要塞位於"錫澄國防線"（無錫至江陰）的北端，形勢險要，控扼長江，易守難攻。

　　日本軍隊在佔領中國上海後，經過短暫補充，分兵三路迅速向南京方向發起進攻。11月19日，日軍憑藉強大炮火突破"吳（江）福（山）國防線"。11月29日，日本第十三師團兵臨江陰要塞，旋即發動猛烈進攻。第一一二師和第一〇三師協同反擊，固守江陰要塞，阻滯日軍溯長江沿線西上。李蘭池親臨前線，率部頑強抵抗，浴血苦戰，接連擊退日軍多次瘋狂進攻。日本步兵在進攻受挫後，日酋急忙調來海軍，對江陰要塞實施水陸夾擊。12月1日，第一一二師和第一〇三師在連續與日寇激戰五晝夜之後，奉命突圍，向江蘇省省府鎮江方向轉移。

　　李蘭池隨部隊剛剛進駐鎮江，12月8日，首都衛戍司令唐生智長官命令第一一二師，星夜兼程趕往南京城，參加南京保衛戰。12月10日晨，第一一二師到達南京城太平門外，隨即搶佔蔣廟陣地，構築工事。次日，日本第十六師團在飛機、重炮的掩護下，以坦克、戰車為先導向太平門發起猛攻。李蘭池等率部奮勇反擊，經過幾個小時的激戰，部隊傷亡慘重，陣地被日軍撕破，日軍衝了上來。李蘭池持槍率部與日軍展開白刃格鬥，殺退了日軍瘋狂進攻。

　　1937年12月12日，經過數日血戰，南京城被日軍攻破。由於南京衛戍司令唐生智長官事前沒有應變方案或統籌撤退的計畫，到此危急時刻草草下達了部隊突圍命令。第一一二師奉命向大勝關轉移突圍。李蘭池身先士卒，率隊在前面衝鋒突圍。突然身中敵彈，倒地殉國。時年40歲。

　　1940年12月2日，為表彰李蘭池副旅長率部英勇抗戰之事蹟，中華民國國民政府頒佈褒揚令，追晉李蘭池陸軍少將軍銜；給其家屬一次恤金1500元，年恤金600元。

呂公良將軍
General Lv Gongliang

陸軍少將、國民革命軍暫編第十五軍新編第二十九師師長

Major General and Commander of the 29th New Division of the 15th Provisional Army of the National Revolutionary Army

呂公良，原名呂周。中國國民革命軍陸軍暫編第十五軍新編第二十九師少將師長，著名抗日愛國戰將。1903年出生於浙江省開化縣。1911年在本地學校就學，1920年考入衢州省立第八師範學校。1926年考入廣州黃埔陸軍軍官學校第五期步兵科。中國陸軍大學參謀班畢業，先後任國民革命軍第八十九師排長、連長、參謀和師參謀處處長等職。1936年奉命率部北上抗日，參加綏遠省百靈廟戰役。

1937年7月，蘆溝橋事變發生，日本出兵大肆侵略中國，破壞了中國和平建設環境，中國政府被迫全力組織軍民自衛應戰，中華民族抗日戰爭全面爆發。呂公良任國民革命軍陸軍第十三軍第八十九師上校參謀長，奉命率部扼守南口居庸關和阻擊日軍入侵。先後參加了南口戰役、太原會戰和晉中太穀戰役。1938年奉命率部參加徐州會戰，升任陸軍第八十五軍參謀長。1939年奉命率部參加隨棗會戰（在隨縣和棗陽地區抗擊侵華日軍的大型戰役），任陸軍第三十軍參謀長。1941年升任陸軍第三十一集團軍總司令部高級參謀，兼任華中抗日總隊第五縱隊司令、安徽省界首警備司令等職。1942年冬，任陸軍暫編第十五軍新編第二十九師少將師長。1944年4月29日，率新編第二十九師與大批進犯的裝備現代化日軍，在許昌城周邊及許昌城血戰兩天，3000餘名將士壯烈犧牲。5月1日淩晨，呂公良率餘部突圍，遭遇日寇伏擊，為國捐軀。時年42歲。

Lv Gongliang, originally named Lv Zhou, was a renowned patriotic war general. He served as the Division Commander, Major General, of the 29th New Division of the 15th Provisional Army of the National Revolutionary Army. He was born in 1903 in Kaihua County, Zhejiang Province. In 1911, he attended a local school, and in 1920, he was admitted to the Quzhou Provincial Eighth Normal School. In 1926, he passed the entrance exam for the 5th Infantry Class at the Huangpu Military Academy in Guangzhou. He graduated from the Chinese Army Command College and held various positions such as Platoon Leader, Company Commander, Staff Officer, and Chief of Staff in the 89th Division of the Chinese National Revolutionary Army. In 1936, Lv Gongliang was ordered to lead his troops northward to participate in the Anti-Japanese War and took part in the Battle of Bailingmiao in Suiyuan Province.

In July 1937, the Lugou Bridge Incident occurred, and Japan launched a massive invasion in China, disrupting the peaceful construction environment and forcing the Chinese government to mobilize the military and civilians for self-defense. The Chinese People's War of Resistance against Japanese Aggression broke out. Lv Gongliang served as the Chief of Staff, Colonel, of the 89th Division, 13th Army, Chinese National Revolutionary Army. He was ordered to defend Nankou and Juyong Passes and resist the Japanese invasion. He participated in battles such as the Nankou Campaign, the Battle of Taiyuan, and the Battle of Jinzhong-Taigu. In 1938, he was ordered to participate in the Battle of Xuzhou and was promoted to Chief of Staff of the 85th Army. In 1939, he was ordered to participate in the Battle of Sui-Zao and served as the Chief of Staff of the 30th Army. In 1941, he was promoted to the Senior Staff of the Headquarters of the 31st Army Group and concurrently served as the Commander of the 5th Corps of the Central China Anti-Japanese Joint Command and the Commander of the Jieshou Defense Command in Anhui Province. In the winter of 1942, he became the Commander of the 29th New Division of the 15th Provisional Army of the National Revolutionary Army. On April 29, 1944, Lv Gongliang, leading the newly formed 29th Brigade, engaged in fierce battles against the well-equipped modernized Japanese forces in and around Xuchang City for two days, with over 3,000 officers and soldiers sacrificing their lives. In the early morning of May 1, Lv Gongliang led the remaining troops in a breakout but fell into a Japanese ambush, sacrificing himself for the country. He was 42 years old at the time.

將軍抗戰別妻兒　保家衛國

1942年冬，中國抗日戰爭在激烈進行中。呂公良任中國國民革命軍陸軍暫編第十五軍新編第二十九師少將師長兼許昌守備司令，奉命率部駐守河南省許昌城。

許昌城位於中原腹地，是平漢鐵路線上的一個重要據點。其城牆在戰爭中已經拆亂毀壞，只留下了土圍子。唯一對該城能夠起到防護作用的是城四周護城河。此河比一般護城河寬大，僅能防範一般盜匪攻擊。對於機械化程度較高的日本軍隊，形同虛設屏障。日軍要打通平漢路，必須要攻克許昌城。許昌城易攻難守，呂公良責任重大。

1944年4月初，侵佔中國的日本司令官為打通中國平漢鐵路南段，佔領洛陽和平漢鐵路以西廣大地區，秘密調集了6個師團又4個旅團和1個飛行團，共計15萬餘人，由日本華北方面軍司令官岡村寧次指揮，準備向鄭縣（鄭州）、洛陽地區中國守軍大舉進攻。中國政府積極應對，命令第一戰區司令長官蔣鼎文和第八戰區司令長官胡宗南組織官兵，阻擊決戰。

4月2日，日本軍隊攻陷中牟。呂公良當即率新編第二十九師將士與劉昌義軍長奔赴中牟，給立足未穩之敵狠狠一擊，克復中牟。4月17日半夜，日酋集結重兵突然再犯中牟，劉昌義部奮起反擊，因寡不敵眾和日軍攻擊力度特強，無奈撤退，中牟再度陷入敵手。日軍得此橋頭堡據點，後續部隊快速渡過黃河，進而分兵兩路向中國守軍駐地閃電進犯，一路圍攻鄭州、洛陽，一路強攻郭莊，直逼許昌城。豫中會戰拉開戰幕。

豫中形勢危急。鎮守許昌城的呂公良師長，敏銳地察覺到大戰在即，日夜忙於軍備，修築防禦工事：命令部隊在通往許昌的道路上設置陷阱和埋設地雷，指揮軍民在土圍子上築牆加高，鞏固城門；又在殘存的城牆根上修建明碉暗堡，以及防塹壕，無暇顧己家務。此時，夫人方蓮君帶著兒女來到許昌城探望，呂公良沒有時間，只派了一位副官草草接待安排。次日妻子和兒女將要離開之時，他只是從前線匆匆趕回許昌見了一面，並囑咐妻子說："……我要誓死保衛許昌……如果我犧牲了，也是盡到了軍人的天職，也是全家的光榮，人民會尊重你們，國家也會撫恤你們。要好好教育子女，接過我未完成的任務……"。妻子和兒女含淚告別。待她們走後，呂公良將軍深感對不住千里迢迢來看望的愛妻與孩子。4月20日，又寫信給妻子說："……你這次到許昌短短的兩天，走後真使我心中有說不出的難受……待戰事穩定下去，敵人打走後，再接你到前方來，痛快地住幾天。""今天敵人圍攻鄭縣，恐怕敵人攻了鄭縣之後，一定要南下新鄭、許昌的。但是我已充分準備，打仗是軍人的本分，希望他來一拼。恐怕此信到手時，我已在與敵人拼命了……當軍人不打仗還有何用！"

日本軍隊在中國的土地上燒殺淫掠，百姓流離失所，轉死溝壑。中國要和平，軍人必須拼命驅逐日寇，才能獲取真正獨立自主的和平，呂公良正全力踐行。

扼守許昌抵萬兵　戰將殉國

1944年4月24日，呂公良接到第一戰區副司令長官湯恩伯將軍命令：堅守許昌，牽制日寇，配合突圍友軍實施作戰計畫。接著，他集合全師官兵召開誓師大會，對眾將士們說："……守土抗戰，保家衛國，人人有責。養兵千日，用兵一時，我們要有必勝的信念，要有與陣地共存亡的決心，才能贏得戰爭的和平。"旋即，分配作戰任務，修築防禦工事應戰。此時，日酋華北方面軍司令官岡村寧次親臨鄭州督戰，調集第十二軍集團軍第三十七師團、第六十二師團、騎兵第四旅團、戰車第三師團等部，共約8萬之眾，向許昌、許昌周邊和臨潁等地潮水般湧來。許昌城將陷敵重圍。

4月29日拂曉，許昌保衛戰打響。日本第三十七師團副官福島六郎首先帶隊攻向北門方向一帶，另一部日軍則集中兵力攻向南關周邊。日軍採取10公里縱深、層層包圍主陣地，以坦克開路，步兵騎兵大隊推進，10多架次飛機配合輪番轟炸，許昌城內外硝煙彌漫。呂公良將軍親臨前線指揮殺敵。在北門方向一帶，日軍炮火雖重，但我軍反擊卻更加頑強。然而，日本後續部隊滾滾赴來。由於我軍在道路上提前布放了地雷，日軍工兵僅探開一側路，其汽車、騎兵在通往許昌城公路時都小心翼翼地擁擠在一起，行進十分困難。有的馬匹突然被擠出隊伍，踏響地雷，隊伍立即混亂起來，繼而又有更多的地雷被踏響，混亂狀況一發不可收拾。我守城將士乘機開炮，給日軍以狠狠打擊。在城南門守衛的一連官兵憑藉工事居高臨下，與日軍猛烈的攻勢相對抗，雖受到日本飛機和火炮瘋狂的轟炸和炮擊，傷亡慘重，但是官兵們寸土不讓，寧死不退。血戰至日落時分，成功擊退了日軍七八次進攻。然而沒多久，日本大批後續部隊開來集結。

日本軍隊以絕對優勢的兵力和裝備，數次進攻都未能攻進許昌城半步，被迫改變戰術。4月30日拂曉，日軍利用人數優勢，炮兵首先開炮攻擊開路，工兵和步兵緊隨，預備隊續後，分兵齊攻北門、南門和西門。我許昌守軍兵力太少，不敷分配，傷亡加重，戰鬥越加艱難。不久，南門、西門均都被突破。日本坦克、騎兵、步兵蜂擁入城，坦克橫衝直撞。呂公良與黃永淮副師長又親自率兵去炸坦克。城內硝煙彌漫，血流成河。我方援軍又在週邊遭遇日軍阻截。許昌城危。呂公良師長依然率部拼力抵抗，經過兩天浴血苦戰，3000餘名官兵壯烈殉國。

1944年5月1日凌晨，為了避免更慘重傷亡，呂公良師長決定率餘部撤離許昌。為了保障軍隊與傷兵有序和快速撤離，呂公良師長身著整齊的少將黃呢軍服，率領官兵帶頭衝鋒陷陣。在部隊突圍至許昌東郊的于莊、蘇溝村之間時，突然遭遇日軍伏擊，呂公良師長等眾官兵壯烈殉國。呂公良時年42歲。之後，中華民國國民政府頒佈褒揚令，褒揚呂公良師長率部忠勇報國之事蹟。

呂旃蒙將軍
General Lv Zhanmeng

陸軍少將、國民革命軍第三十一軍參謀長
Major General and Chief of Staff of the 31st Army of the National Revolutionary Army

呂旃蒙，字伯民，曾用名天民。中國國民革命軍陸軍第三十一軍少將參謀長，著名抗日愛國將領。1905年4月，出生於湖南省零陵縣普利橋鄉八井塘村，"幼慧敏，有大志"。1911年入私塾啟蒙教育。1919年考入零陵崇文小學。1921年考入永州蘋州中學。1926年考入廣州黃埔陸軍軍官學校第五期步兵科。畢業參加國民革命軍，先後任排長、連長、營長、團長及政治部主任等職。1935年考入中國陸軍大學第十三期將官班學習深造。

1937年7月，蘆溝橋事變發生，日本出兵大肆侵略中國，破壞了中國和平建設環境，也打破了大學平靜的學習生活。中國政府被迫全力組織軍民自衛應戰。呂旃蒙和陸軍大學全體同學義憤填膺，紛紛上書請求率兵報國殺敵。1938年呂旃蒙由中國陸軍大學畢業，任中央陸軍軍官學校第十六期第二總隊上校副總隊長。1939年調任第六軍預備第二師參謀長兼補充團團長，奉命率部參加桂南會戰。在桂南會戰的崑崙關戰役中，呂旃蒙身體負傷仍不下火線，繼續指揮和率部奮力拼殺。1940年調任第四戰區司令長官部少將高參。1941年調任第十六集團軍第三十一軍少將參謀長。1944年8月，呂旃蒙奉命參加桂（林）柳（州）會戰，率第三十一軍防守桂林城。11月9日，日寇突破桂林城防陣地，呂旃蒙率部與日軍英勇血戰，身中數彈，壯烈殉國。時年40歲。

Lv Zhanmeng, courteously named Bomin, formerly name Tianmin, Major General and Chief of Staff of the 31st Army of the Chinese National Revolutionary Army and a well-known patriotic general against Japan. He was born in Bajingtang Village, Puliqiao Township, Lingling County, Hunan Province in April 1905 and went to a private school in 1911. In 1919, he passed into Chongwen Primary School of Lingling County and then he studied at Pingzhou Middle School of Yongzhou City. In 1926, he was admitted to the 5th session of Whampoa Military Academy from which he graduated. Then he served successively as the Platoon Leader, Company Commander, Battalion Commander, Regimental Commander and Director of the Political Department. In 1935, he was admitted to the 13th session of General Class of China Army University for further study.

In July 1937, the Lugouqiao Incident (the Marco Polo Bridge Incident) happened. Japanese troops invaded China, destroyed the environment of China's peaceful construction, and also broke the quiet study life of universities. The Chinese government was forced to organize self-defense. Filled with righteousness and love for his motherland, Lv Zhanmeng asked to lead the army to serve the country and kill the enemy. After graduating from the China Military University in 1938, he was appointed the Colonel and Vice Captain-in-chief of the Second Corps of the 16th Class of the Central Military Academy. In 1939, he was promoted to the Commander of the Replacement Regiment and Chief of Staff of the 2nd Reserve Division of the 6th Army and participated in the Battle of South Guangxi. In 1940, he was promoted to the Major General and Senior Staff of the 4th War Zone. In August 1944, he was ordered to join the Gui (Lin) Liu (Zhou) Battle and defend Guilin along with the 31st Army. On November 9th, the Japanese break through Guilin position, he led his soldiers to fight against the Japanese army in a heroic and bloody battle and martyred for the country at the age of 40.

平時勤奮　戰時勇猛

1937年7月，蘆溝橋事變發生，日本出兵大肆侵略中國，破壞了中國和平建設進程，也打破了中國大學平靜的學習環境。正在中國陸軍大學學習深造的呂旃蒙和全校同學義憤填膺，紛紛請求開赴前線捍衛國家和平、阻擊日本軍隊入侵。校方要求同學們發奮學習，努力掌握抗敵本領，用知識和能力捍衛祖國和平。

1938年，呂旃蒙從中國陸軍大學畢業，任中央陸軍軍官學校第十六期第二總隊上校副總隊長。1939年，調任國民革命軍陸軍第六軍預備第二師參謀長兼補充團上校團長。

呂旃蒙整天忙於軍政要務和抗戰大事。但是，他為人和藹可親，勤奮樸實，潔身自愛，經常深入到部隊基層，關心士兵生活溫暖，告訴班排長要讀書閱報，研究軍事理論和總結實戰經驗，帶領大家打勝仗。呂旃蒙性格堅忍不拔，毅力超人。常常以"勤勞堅忍"四字以勵僚屬。戰時帶兵打仗，平時忙於軍務，做事井井有條。每日按時出操，即到師部辦公，晚9時多回寢休息，數年如一日。遇有難決案例，常常處理至深夜甚至天亮。其勤奮敬業、忠於職守和儒將風度，深受將士愛戴。然而，戰時又是一員猛將，衝鋒陷陣，敢打硬拼。

1939年11月上旬，日本軍隊企圖從中國欽州灣登陸，直取南寧，切斷中國西南補給線。中國桂林行營偵知日軍動向，立即組織兵力應對抗擊，桂南會戰拉開戰幕（中國軍隊在廣西南部地區抗擊侵華日軍的戰役，也稱南寧戰役）。呂旃蒙奉命協同第五軍主力攻擊崑崙關之敵。在攻擊進行中，呂旃蒙率部（預備第二師）衝鋒在前，銳不可擋，勇猛無敵，與日軍展開了激烈的攻擊戰。在戰鬥中呂旃蒙肩頸負傷，仍不下火線，繼續率部殺敵。至12月31日，我軍攻克崑崙關，取得大捷，呂旃蒙才被強行送進醫院救治。

堅守桂林　壯烈殉國

1944年8月初，日本軍隊攻克中國湖南重鎮衡陽後，為繼續打通中國大陸交通線，破壞西南地區的中國空軍基地，8月底秘密集中約13.4萬兵力向廣西桂林、柳州地區發動進攻。中國第四戰區立即組織抵抗。桂柳會戰拉開帷幕。其中日軍3個多師團10餘萬兵力，直逼廣西重鎮桂林和周邊地區。第四戰區司令長官部緊急部署桂林防禦，調集第三十一軍第一三一師、第四十六軍第一七〇師和特種兵部隊，以及廣西民眾勇士共17000餘人，共同堅守桂林城。

呂旃蒙任國民革命軍陸軍第三十一軍少將參謀長，隨第三十一軍軍部一同開進桂林城駐防。他臨危受命，明知敵眾我寡，武器彈藥、兵力裝備難以抵擋上萬日軍機械化攻擊，桂林城不能長期固守。但是，仍擔負起參謀主官的責任，面對敵強我弱的險惡形勢，親筆寫下"願與桂林共存亡"的遺書。呂旃蒙參謀長協助第三十一軍軍長賀維珍將軍，部署部隊的防禦工作。針對陣地寬闊、跨河配備、固守待援的艱鉅任務，盡可能合理配置兵力，指導各條防線上的部隊構築工事，敷設障礙，搞好與友軍銜接部的保障措施，完善各級指揮機構的通訊網路，並儲備足夠的糧食和彈藥，做好固守孤城、抗擊日本侵略軍的準備。

1944年10月26日，日本主力部隊進逼桂林，在大炮的炮擊下開始了全面的進攻。第三十一軍將士在賀維珍軍長、呂旃蒙參謀長的統一指揮下，充分利用既設工事和復雜的溶洞地形，奮起抵抗日軍的進攻，經過數天的激戰，日軍死傷累累。但是，由於敵眾我寡，加之我軍裝備較差，10月31日，日軍對桂林城形成了合圍之勢。

11月4日，日軍集中全力轟擊我城防工事和攻打桂林城週邊我軍各陣地，以破壞我軍"以城野戰"的戰略，並兇殘地動用了毒氣、燃燒彈和火焰噴射器。固守週邊陣地的我軍官兵傷亡慘重，戰死、被毒死的官兵成百上千。經過兩天兩夜的激戰，我週邊陣地被日軍突破佔領。11月7日，大批日軍趁勢強渡灕江，敵我雙方在桂林城下展開激烈的爭奪戰。

1944年11月8日，日軍集結了重炮百餘門、戰車30多輛，在大批飛機的助戰下向城防陣地猛轟猛攻。我城防陣地被日軍突破，日軍蜂擁而入，雙方轉入激烈的陣地爭奪戰與巷戰中。戰至11月9日晚，第三十一軍指揮部陷入日軍重圍，呂旃蒙參謀長和賀維珍軍長各自指揮所能掌握的部隊向四面衝殺，與日軍展開肉搏。終因敵眾我寡，久戰難支，呂旃蒙參謀長在德智中學附近身中數彈，壯烈殉國。時年40歲。

戰至1944年11月11日，桂林城陷落。堅守桂林城的我軍官兵和廣西市民勇士7000多人血戰殉國，無一人降敵。1946年3月和6月，廣西省政府和中華民國國民政府頒佈褒揚令，褒揚呂旃蒙和眾將士、民眾忠勇報國之事蹟，並立碑構亭永作紀念。

吳克仁將軍
General Wu Keren

陸軍中將、國民革命軍第六十七軍軍長

Lieutenant General and Commander of the 67th Army of the National Revolutionary Army

　　吳克仁，字靜山，滿族。中國國民革命軍陸軍第六十七軍中將軍長，著名抗日愛國戰將。1894年出生於吉林省寧安縣三道灣。自幼勤奮好學，1901年入本地私塾讀書，繼考入省立中學。1916年考入保定陸軍軍官學校第五期炮兵科。畢業後入皖系邊防軍。1925年赴日本入炮兵學校深造。1930年赴法國考察炮兵。回國後，升任東北陸軍講武堂炮兵研究班少將教育長。

　　1937年7月，蘆溝橋事變發生，日本出兵大肆侵犯中國，打破了中國和平建設環境，中國政府全力組織軍民自衛應戰，中華民族抗日戰爭全面爆發。吳克仁任國民革命軍陸軍第六十七軍中將軍長，奉命率部在津浦路河北段阻擊日軍入侵，給予日軍重大殺傷。"八·一三"事變後，吳克仁奉命率部開赴上海前線，參加淞滬會戰，血戰松江城。1937年11月9日下午，吳克仁率部突圍抵達青浦和昆山交界的白鶴港。因河橋被日本飛機炸毀，吳克仁指揮部隊涉泗渡河。傍晚時分，突遭日軍便衣隊襲擊，身中數彈，壯烈殉國。時年44歲。

　　吳克仁軍長是淞滬戰場上戰死的中國軍隊最高級別指揮官。他率部為捍衛國家和平，一刻不停地從河北打到上海，全軍將士大部戰死。這種率部長途跋涉、冒雨拼搏、連續征戰、反復搏殺、不怕犧牲、奮力報國、誓驅日寇、還吾和平的英勇壯舉，真乃驚天地泣鬼神！

Wu Keren, courteous name Jingshan, Manchu, a famous patriotic general of the War of Chinese People's Resistance against Japanese Aggression, had been the Lieutenant General and Commander of the 67th Army of the National Revolutionary Army. In 1894, he was born in Sandaowan Village, Ning'an County, Jilin Province (now belongs to Heilongjiang Province). In 1901, he entered a local private school, and then enrolled at Provincial Middle School. In 1916, he was admitted to the 5th session of the Artillery Department of the Officers' Course of Baoding Military Academy. After graduation, he joined Anhui Border Guard Army and began to engage in his military career. In 1925, he studied at the Artillery College of Japan. In 1930, he went to France to inspect the Artillery. When returned homeland, he was promoted to be the Major General and Minister of the Artillery Seminar of Officers' Course of Northeast Military Academy.

In July 1937, the Lugou Bridge Incident happened. Japan sent troops to invade China wantonly and broke the peaceful environment of China's development. The Chinese government made full efforts to organize the army and the people to fight in self-defense. The Anti-Japanese War of the Chinese nation broke out in an all-round way. Wu Keren was appointed Commander of the 67th Army of the National Revolutionary Army. He was ordered to lead the troops to block and attack Japanese invaders at the Tianjin-Pukou Railway and inflicted heavy casualties on the Japanese enemies. After the outbreak of the Battle of Shanghai, he was ordered to participate in the Battle of Shanghai and fought in Songjiang County. In the afternoon of November 9th 1937, Wu Keren and his men succeeded in breaking out the encirclement and then arrived at Port Baihe, the border of Qingpu and Kunshan. Because the Japanese aircraft had bombed the bridge, Wu Keren led his troops to swim across the river. In the evening, they suffered sudden attack from Japanese enemies. Unfortunately, General Wu Keren was shot down at the fighting and died for his motherland at the age of forty-four.

General Wu Keren was the highest-ranking commander of the Chinese army who died in action on the Shanghai front during the Battle of Songhu. Leading his troops to defend national peace, he relentlessly fought from Hebei to Shanghai, with a large majority of his soldiers sacrificing their lives. This courageous feat of leading his troops on a long and arduous journey, battling in the rain, engaging in continuous warfare, fighting repeatedly, fearing no sacrifice, striving to serve the country, vowing to drive away the Japanese invaders, and restoring peace is truly a staggering and awe-inspiring achievement that shakes the heavens and moves spirits.

河北阻敵　英勇頑強

1937年7月7日，蘆溝橋事變發生，日本出兵大肆侵犯中國河北，打破了中國和平建設環境，中國政府全力組織軍民自衛應戰，中華民族抗日戰爭全面爆發。吳克仁任國民革命軍陸軍第六十七軍中將軍長，深知抗日報國時機已到，乃率第六十七軍全體將士昂然請纓，上陣殺敵。第六十七軍轄第一〇七師，師長金奎璧；第一〇八師，師長張文清。第一〇七師轄第三一九旅，旅長吳騫；第三二一旅，旅長朱之榮。第一〇八師轄第三二二旅，旅長劉啟文；第三二四旅，旅長夏樹勳。

7月31日，中華民國國民政府軍事委員會再次發佈動員令，部署部隊，阻擊日軍進攻。吳克仁奉命率部北上，開赴河北省滄縣，增援第二十九軍。吳克仁率部從河南省商丘乘敞篷汽車向河北省滄縣進發。行軍途中，天降大雨。部隊頂風冒雨，同唱抗日救亡歌曲，高歌赴國難。其中《保衛國土》之歌，在第六十七軍行軍路途上，隨風雨不斷回蕩在隊列行進的上空：

"同胞們，起來，起來！保衛國土，向敵人作英勇的反攻！你看，日本強盜已在動手；你聽，侵略的炮聲正隆隆！退讓就是死亡，要生存只有抗爭！起來，起來，起來！同胞們，保衛國土，向敵人作英勇的反攻！

同胞們，起來，起來！保衛國土，為民族作敢死的先鋒！你看，全國軍隊已在肉搏；你聽，抗敵的聲濤正洶湧！退讓就是死亡，要生存只有抗爭！起來，起來，起來！同胞們，保衛國土，為民族作敢死的先鋒！"

……

第六十七軍歷經四晝夜急行軍，抵達滄縣，接應由平津退守馬廠一帶的第二十九軍一部。8月31日，吳克仁率軍進駐子牙河，接替第二十九軍第一三二師在姚馬渡、大城、文安一線的防務。此時，河北地區秋雨淫虐，諸河暴漲，且多處決口，六十七軍在泥水中趕修工事，備歷艱苦。

1937年9月1日，侵入中國河北日軍沿津浦路發動大規模進攻。津浦鐵路是河北通向華東的大動脈，日本要實現其"速戰速決"的戰略，佔領中國腹地，消滅中國野戰主力軍隊，必定要沿津浦路南下。日本軍隊侵佔中國天津後，以第十師團進攻馬廠正面的第二十九軍，以第十六師團沿子牙河進攻大城一帶的第六十七軍。第二十九軍在大河兩岸節節抗擊，傷亡過重，9月11日放棄馬廠，退守滄縣，導致正與日本第十六師團交戰的我第六十七軍右翼完全暴露。9月12日，日本第十六師團向第六十軍陣地右翼發起猛攻，吳克仁率部在姚馬渡、中趙扶逐次抵抗。15日，吳克仁在仔細分析敵情後，決定出奇兵打擊日軍。當晚，命令張文清師長率第一〇八師涉水前進，以一部攻佔東辛莊，阻敵援軍，待擊退孫河日軍後，向姚馬渡一帶發動攻擊；同時，命令金奎璧師長率第一〇七師猛攻東西次河日軍陣地。此次反擊作戰，因日軍毫無防備，第六十七軍進展非常順利，予敵重大殺傷。

由於我部是孤軍深入，吳克仁命令部隊於16日天亮前撤回原陣地。日軍遭此沉重打擊後，開始瘋狂報復。9月17日，日本第十六師團一部向吳克仁部發起猛烈攻擊，吳克仁指揮部隊頑強抵抗，與日軍形成對峙。9月20日晨，日軍先以重炮轟炸，繼以飛機支援步兵展開集團衝鋒。吳克仁指揮所部拚死抵抗，並屢屢主動出擊，激戰至日暮，再次將日軍猛攻擊退。21日晨，日軍炮火更加密集，攻勢也更加猛烈。吳克仁督部力戰禦敵，迭施反擊，所部傷亡慘重，陣地多遭毀壞。9月22日晨，日軍突入大城東關，第六十七軍由於傷亡慘重，被迫放棄大城，退守留各莊。23日至24日，日軍繼續沿子牙河進攻，經連續激戰，吳克仁部傷亡較大，陣地工事亦多被摧毀。與此同時，由於河水氾濫，平地水深數尺，吳克仁為防止日軍以武裝汽艇繞襲我軍側背，率部連夜渡過子牙河，退守獻縣。在獻縣，吳克仁指揮部隊與日軍激戰至10月10日。之後，吳克仁奉命率部退往新河以西，轉隸平漢路第一戰區休整。

津浦路北段作戰持續一個半多月時間。吳克仁率部在子牙河一帶與日軍英勇作戰，繼而堅守大城、文安一線陣地，有效遲滯日軍的猛烈攻勢，以傷亡數千名官兵的重大代價力挫日軍鋒芒，殲敵上千人，成功掩護友軍轉進。為此，國民政府軍事委員會委員長蔣中正，於1937年9月底致電吳克仁予以表彰。

血戰松江　為國捐軀

1937年"八·一三"事變後，日本大舉增兵進攻中國上海。中國政府調兵遣將堅決抵抗自衛。9月底，日軍強渡蘊藻濱。10月下旬，日本軍隊突破中國軍隊大場防線，淞滬戰場局勢萬分危急。10月25日，國民政府軍事委員會急令吳克仁部開赴上海，參加淞滬會戰。吳克仁率部日夜兼程奔赴上海。第六十七軍進抵淞滬戰場後，撥歸防守南線右翼集團軍，駐防青浦。

11月5日，日本第十集團軍在上海南部的金山衛和全公亭等地突然登陸，隨即猛撲松江，進攻右翼集團軍防守區域，對淞滬戰場上的中國軍隊實施迂回包圍。中國右翼集團軍因支援中央集團軍，兵力十分不足。恰逢第六十七軍趕到。右翼集團軍總司令張發奎命令吳克仁率第六十七軍進駐松江城，防守黃浦江北岸陣地，阻擊日軍進攻。

1937年11月6日夜，吳克仁率部進抵松江城，在認真分析敵情後，擬訂了第六十七軍作戰計畫，並作出具體部署：命令張文清師長率第一〇八師防守城西一帶，命令金奎璧師長率第一〇七師出東關迎擊日軍。11月7日晨，第一〇七師冒雨急行軍，在松江城東北米市渡與日軍一部遭遇。第一〇七師利用江堤掩護，出其不意，以平射炮壓住敵人火力，猛攻正在強渡黃浦江的日軍，當即擊斃日軍600餘人，黃浦江江面日軍屍體累累，敵橡皮艇及木帆船幾乎全部被擊沉。7日午後，日本援兵第六師團一部主力趕到戰場，向第一〇七師發起猛攻。第一〇七師漸感不支，被迫向後撤退。8日拂曉，日軍由得勝橋以西各渡口渡過黃浦江。日軍一部迅速向松江城發起進攻，中國守軍第一〇八師憑藉城防工事，打退日軍多次進攻。午後，日軍增兵3000多人，在重炮和飛機的掩護下繼續猛攻，並最終突入松江城。第一〇八師與日軍展開巷戰。由於第一〇八師傷亡慘重，同時日軍援兵又至，松江城岌岌可危。在此危急關頭，吳克仁軍長親率一部官兵趕到前線，他身先士卒，帶頭衝鋒，給血戰中的官兵極大鼓舞。第六十七軍的將士在吳克仁軍長的示範作用下、奮勇殺敵，終將日軍逐出松江城。

日本軍隊在松江城內外死傷累累，攻城毫無進展，便採取了最殘暴和最卑鄙的手段：一面運用火炮和飛機對松江城輪番轟炸，一面向全城和上海撒下傳單大造謠言，散佈"第六十七軍投誠"的假情報。同時，又在8日夜，日軍援兵源源不斷開赴松江城週邊。松江城東、南、西三面被圍，北面也有一部日軍力圖合圍。第六十七軍將士頂著鉅大攻擊和心理壓力，仍頑強抵抗和拖住日軍主力，掩護中國主力部隊安全轉進。

1937年11月9日下午，在完成堅守松江城任務之後，吳克仁軍長決定指揮部隊突圍。傍晚時分，部隊抵達青浦和昆山交界的白鶴港時，因河橋被日本飛機炸毀，吳克仁立即指揮部隊涉泗渡河。當部隊正在渡河過程中，突然遭遇日軍便衣隊襲擊，正在指揮的吳克仁軍長身中數彈，壯烈殉國。時年44歲。

吳克仁軍長是戰死在淞滬戰場上的中國軍隊最高級別指揮官。此戰，戰死的還有軍參謀長吳桐崗少將，第一〇七師參謀長鄧玉琢少將，第三二二旅旅長劉啟文少將，第三二一旅旅長朱芝榮少將等將官。第六十七軍將士為抗日救國，大部戰死在淞滬戰場。

佟麟閣將軍
General Tong Linge

陸軍上將、國民革命軍第二十九軍代軍長

General and Deputy Commander of the 29th Army of the National Revolutionary Army

佟麟閣，原名凌閣，字捷三，滿族。中國國民革命軍陸軍第二十九軍中將代理軍長，著名抗日愛國戰將。1892年10月，出生於河北省高陽縣邊家塢村。從小拜其舅父為師，苦讀經書。1907年秋，與彭靜智女士結婚。1908年春，入高陽縣縣公署任繕寫員。1911年11月，投身軍旅報國。先後任哨長、排長、連長、營長、團長、旅長和師長等職。在任職期間，曾入"高教團"（陸軍軍官訓練團）學習深造。佟麟閣善於練兵帶兵、與士兵同甘共苦、軍事技術特別過硬，生活"極儉樸，而信（基督）教甚誠"。

1931年"九·一八"事變發生，日本出兵侵佔中國東北之後，又不斷蠶食中國華北。中國關內和平環境受到嚴重威脅。1933年5月，日軍向中國華北地區入侵進攻。佟麟閣任察哈爾民眾抗日同盟軍第一軍軍長兼察哈爾省代主席，率部同日寇進行殊死戰鬥，收復了失地，還民眾和平之生活。1937年7月，蘆溝橋事變爆發，日本出兵大肆侵略中國河北。佟麟閣以國民革命軍陸軍第二十九軍中將代理軍長之職，率先指揮全軍將士奮起反擊日本軍隊入侵。此正值佟麟閣父親病重，佟麟閣給妻子捎去書信："大敵當前，此移孝作忠之時，我不能親奉湯藥，請夫人代孝敬雙親……"。7月28日，在堅守南苑抗擊日軍的血戰中，佟麟閣身中槍彈，壯烈殉國。時年46歲。7月30日，國民政府軍事委員會立即任命馮治安代理第二十九軍軍長，繼續組織指揮部隊抗擊日本軍隊入侵。7月31日，中華民國國民政府頒佈褒揚令，褒揚佟麟閣率部抗日報國之英雄事蹟，追晉陸軍上將軍銜。

Tong Linge, originally named Lingge and known as Jiesan, was a prominent patriotic general in the Chinese National Revolutionary Army. He served as the acting commander of the 29th Army and held the rank of Major General. He was born in October 1892 in Bianjiawu Village, Gaoyang County, Hebei Province. From a young age, he studied diligently under the tutelage of his uncle, focusing on studying classic texts. In the autumn of 1907, he married Ms. Peng Jingzhi. In the spring of 1908, he worked as a copyist in the county office of Gaoyang County. In November 1911, he joined the military to serve his country, taking on various positions such as platoon leader, company commander, battalion commander, regimental commander, brigade commander, division commander, and army commander. During his service, he also attended the "Gaojiaotuan" (Military Officer Training Group) for further studies. Tong Linge excelled in training and leading troops, sharing hardships with soldiers, and had exceptional military skills. He lived a frugal and devout life, placing great importance on his religious beliefs.

In 1931, the "September 18th Incident" occurred, and Japan invaded and occupied northeastern China, gradually encroaching on North China. The peaceful environment in China was severely threatened. In May 1933, when the Japanese army invaded and attacked the North China region, Tong Linge served as the commander of the First Army and acting chairman of the Anti-Japanese Alliance of the Chahar people. He led his troops in fierce battles against the Japanese invaders, successfully reclaiming lost territories and restoring peace to the people. In July 1937, the Lugou Bridge Incident erupted, and Japan launched a large-scale invasion of Hebei Province in China. Tong Linge, as the acting commander of the 29th Army in the Chinese National Revolutionary Army, took the lead in commanding all soldiers to rise up and counterattack the invading Japanese forces. It was during this time that Tong Linge's father fell seriously ill, and he wrote a letter to his wife, saying, "At this critical moment, when there is a great enemy, it is the time to show filial piety through loyalty. I cannot personally serve my parents, so please take care of them on my behalf." On July 28, in the bloody battle defending Nanyuan, Tong Linge was shot and martyred, at the age of 46. On July 30, the Military Affairs Commission of the National Government immediately appointed Feng Zhi'an as the acting commander of the 29th Army to continue organizing and commanding the troops to resist the Japanese invasion. On July 31, the Republic of China's National Government issued a commendation order, praising Tong Linge for his heroic actions in leading his troops to resist the Japanese and sacrifice for the country, and posthumously promoting him to the rank of General in the Army.

奮起自衛抗戰　保衛察哈爾省

1931年9月18日，日本出兵侵佔中國東北。中華民國國民政府視為國家恥辱。由於國家貧弱，政府忍辱負重，統一軍民意志，爭取和平時間，努力提高國力，早日收復東北失地。日本軍閥則採取種種手段與陰謀進行挑撥、挑釁和製造事端，妄圖使其侵佔中國東北合法化，並繼續破壞中國和平建設環境，妄欲蠶食鯨吞。不久，日本又出兵侵佔中國察哈爾省北部四縣，察哈爾省受到嚴重威脅與蠶食，民眾苦不堪言。佟麟閣率部駐守察哈爾，領導軍民奮起反抗。

1933年5月26日，察哈爾省民眾抗日同盟軍在張家口成立。馮玉祥將軍通電全國就任總司令，佟麟閣任察哈爾民眾抗日同盟軍第一軍軍長兼察哈爾省代理主席與民政廳廳長。5月28日，佟麟閣與吉鴻昌等14名將領在張家口聯名通電，響應馮玉祥將軍號召，堅決反對日本軍隊入侵察哈爾，保家衛國。6月15日，察哈爾省民眾抗日同盟軍第一次代表大會召開，通過了堅決抗戰的決議案，選舉產生了同盟軍最高權力機構——軍事委員會，委員35人，常委11人。佟麟閣當選為委員和常委，他既揮筆書寫王昌齡的《出塞》詩句，以示抗戰決心，保衛國家太平：

　　"秦時明月漢時關，萬里長征人未還。
　　但使龍城飛將在，不教胡馬度陰山。"

隨即，佟麟閣率領察哈爾民眾抗日同盟軍第一軍出征。同時，派出第一軍第二師由吉鴻昌將軍指揮。佟麟閣全力支持與協助吉鴻昌和方振武將軍等部出兵張北，進攻日偽軍，保衛察哈爾。經過同盟軍全體將士的奮力血戰，一舉收復察北四縣，肅清了侵入察哈爾省境內的日本軍隊，殲滅日偽軍千餘人。

1935年冬，中國華北局勢繼續惡化。在日本政府的壓力下，中國政府也為爭取一定時間的和平建設與備戰，大部中國軍隊忍辱負重退出華北部分地區，冀察兩省的中國軍隊僅剩國民革命軍陸軍第二十九軍。宋哲元任第二十九軍上將軍長兼冀察政務委員會委員長，佟麟閣任第二十九軍中將副軍長兼軍事訓練團團長，駐防北平，坐鎮南苑軍部，負責軍事指揮。同時，佟麟閣堅持研讀《聖經》，為中國和平而禱告。

佟麟閣將軍面對嚴峻的局勢，抓緊時間整軍修武。在訓練中，佟麟閣一再向部下承諾："中央政府如下令抗日，淩閣若不身先士卒者，君等可執往天安門前，挖我兩眼，割我兩耳……"。很多有志抗日報國青年學生，仰慕佟將軍的抗日聲譽，紛紛前來報名投軍，報效國家。

蘆溝橋畔自衛　將軍血灑南苑

　　1937年7月7日夜，日本佔據中國豐臺軍隊在河北省宛平城外蘆溝橋一帶以演習為藉口，向駐守宛平城中國軍隊（第二十九軍第三十七師第一一〇旅第二一九團第三營第九連）進行挑釁、攻擊。第二十九軍代理軍長佟麟閣（軍長宋哲元稱病）命令第三十七師第一一〇旅旅長何基灃率部自衛還擊，8日凌晨2時，日本華北駐屯軍第三營主力佔領宛平城外制高點沙崗，5時許向宛平城外第二十九軍陣地發起猛烈進攻，激戰一個多小時。日軍第三營主力又向回龍廟、鐵路橋進攻，我駐守回龍廟守軍進行英勇還擊，兩個排的官兵幾乎全部壯烈犧牲……日軍佔領了回龍廟、鐵路橋，接著越過永定河向蘆溝橋方向迂回，繼續向第二十九軍守軍駐地進攻，猛烈的炮火炸毀了宛平縣公署和大批民房……蘆溝橋事變爆發。

　　7月8日，中華民國國民政府軍事委員會委員長蔣中正電令軍長宋哲元："宛平城應固守勿退"。蘆溝橋畔槍聲殺聲不絕：大王廟前，我第二十九軍一部官兵揮舞大刀高呼："寧為戰死鬼，不做亡國奴！"與日軍反復爭奪陣地。大王廟陣地三失三得，戰況空前激烈，永定河畔烽煙滾滾。7月13日，佟麟閣率第二十九軍高級將領通電全國："保衛國土，義不容辭；慷慨就義，理所當然。"並以軍部名義向全軍官兵發出命令："凡是日軍進犯，堅決抵抗，誓與蘆溝橋共存亡，不得後退半步"。此時，其父佟煥文在北平城內病重，家人屢促歸省，佟麟閣以戰事瞬息萬變，不肯須臾去軍，便揮淚給妻子彭靜智捎去書信："大敵當前，此移孝作忠之時，我不能親奉湯藥，請夫人代供子職，孝敬雙親……"

　　7月17日，中華民國國民政府委員會委員長、軍事委員會委員長兼行政院院長蔣中正發表《對蘆溝橋事件之嚴正聲明》："中國民族本是酷愛和平……萬一真到了無可避免的最後關頭，我們當然只有犧牲，只有抗戰……如果放棄尺寸土地與主權，便是中華民族的千古罪人……我們希望和平，而不求苟安，準備應戰，而決不求戰……如果戰端一開，就是地無分南北，人無分老幼，無論何人皆有守土抗戰之責任，皆應抱定犧牲一切之決心……"。接著，中華民國國民政府發佈了軍隊動員令和軍事徵用令，全國軍隊統一配置，統一調度。分別調集駐陝、豫、鄂、皖和蘇等省有關軍隊，向隴海、平漢鐵路集結。在石家莊設置軍事行營，在保定設置前線總指揮部，進行自衛應戰。佟麟閣奉命在南苑鎮軍部指揮第二十九軍將士進行英勇反擊自衛。7月27日，第二十九軍第一三二師師長趙登禹率一個團的兵力支援南苑，在半路遭遇日本軍隊堵擊，損失過半。至晚間才趕到南苑鎮。

　　7月28日拂曉，日本軍隊兵分四路，在數十架飛機的掩護下，從東、南、西、北四個方向,向北平附近中國軍隊陣地發起總攻。南苑鎮是日本軍隊重兵進攻的主要方向,我守軍僅有第二十九軍衛隊旅、軍官教導團和軍訓團的青年學生、以及趙登禹半個團等5000餘人。在日軍密集炮火轟擊下,處於極其危險境地。佟麟閣知道自己率部據守南苑是北平和天津的屏障,一旦南苑失守,北平就完全暴露在日軍面前。面對強敵,佟麟閣和趙登禹率部誓死堅守,指揮部隊英勇反擊。佟麟閣除分一部分兵力主動出擊,在南苑城週邊與敵交鋒激戰外,其餘部隊憑藉戰壕、工事,堅決固守。官兵們抱定了與陣地共存亡的決心,從凌晨至午後,激戰一刻未停,在日軍密集炮火攻擊下,中國守軍傷亡慘重。佟麟閣始終在陣地前沿指揮作戰,激勵將士保家衛國,奮勇殺敵,寸土不讓,寸土必爭。

宛平境中、蘆溝橋畔、永定河流域、南苑城內外,佟麟閣、趙登禹和第二十九軍將士與軍訓團的青年學生高唱著《蘆溝橋戰歌》,冒著日軍的炮火英勇還擊自衛:

"蘆溝橋!蘆溝橋!男兒墳墓在此橋!最後關頭已臨到,犧牲到底不屈撓;飛機坦克來勿怕,大刀揮起敵人跑!蘆溝橋!蘆溝橋!國家存亡在此橋!

蘆溝橋!蘆溝橋!男兒墳墓在此橋!委曲忍痛和平保,無可避免上刺刀;自衛應戰理氣壯,挺劍而起是今朝。蘆溝橋!蘆溝橋!為國爭光在此橋!

蘆溝橋!蘆溝橋!男兒墳墓在此橋!豺狼入室露牙爪,南北驟突真逍遙;快快拼起民族命,最後勝利是吾曹!蘆溝橋!蘆溝橋!立功報國在此橋!"

……

南苑城的戰鬥越來越激烈,日本軍隊憑藉著先進武器的優勢,不斷壓向南苑。我第二十九軍軍部守軍腹背受敵,佟麟閣和趙登禹分頭指揮部隊阻擊。日軍攻勢有增無減,一部攻入南苑城。由於通信線路被日軍斷絕,佟麟閣知道北平城內援軍無法及時趕到,便命令部隊突圍,向大紅門方向轉移。佟麟閣率部利用地形邊打邊撤,途中遭遇日本飛機瘋狂掃射,不幸右腿中彈,血流如注。部下欲勸其退後,佟麟閣執意不肯,大聲說:"情況緊急,抗敵事大,個人安危事小!"不顧傷痛仍率部繼續突圍。戰至7月28日下午4時許,佟麟閣頭部突然再受重創,血流不止,壯烈殉國。時年46歲。7月30日,國民政府軍事委員會立即任命馮治安代理第二十九軍軍長(原第三十七師師長),繼續組織指揮部隊抗擊日本軍隊入侵。

佟麟閣將軍是中國全面抗戰(1937年7月)以來,在抗日戰場上戰死的第一位軍級將領。1937年7月31日,中華民國國民政府頒佈褒揚令:褒揚佟麟閣率部英勇抗日之事蹟,追晉陸軍上將軍銜。

余子武將軍
General Yu Ziwu

陸軍少將、國民革命軍第六十二軍第一五一師副師長

Major General and Deputy Commander of the 151st Division of 62nd Army of the National Revolutionary Army

余子武，號文波。中國國民革命軍陸軍第六十二軍第一五一師少將副師長兼政訓處主任，著名抗日愛國戰將。1901年出生於廣東省臺山縣一書香之家。余子武自幼好學、聰明過人，興趣廣泛、多才多藝，性格剛毅、堅忍不拔，愛好公益、樂於助人，積極向上、熱愛和平，擅長雄辯、言行一致。1909年入縣城小學讀書。省立第二中學畢業。先後肄業於北京大學法學院和日本東京政法大學。1929年畢業於日本陸軍士官學校第二十期騎兵科。回國後投身軍旅、捨身報國，先後任排長、連長、營長和團長等職。

1937年7月，蘆溝橋事變發生，日本出兵大肆侵略中國，打破了中國和平建設環境，中國政府被迫全力組織軍民自衛應戰，中華民族抗日戰爭全面爆發。余子武任國民革命軍陸軍第六十六軍第一六〇師上校團長，先後奉命率部參加淞滬會戰，南京保衛戰。1939年7月，因戰功卓著，升任第六十二軍第一五一師上校參謀長。1943年6月，任第六十二軍第一五一師少將副師長，奉命赴印度參加同盟國美國陸軍部舉辦的高級將領訓練班。1944年6月，回國繼任第六十二軍第一五一師少將副師長，奉命率部參加長衡會戰（在長沙和衡陽地區抗擊侵華日軍的大型戰役）。1944年7月21日，余子武率部在衡陽市郊與日軍激戰中，中彈殉國。時年44歲。

Yu Ziwu, also known as Wenbo, was a renowned patriotic general in the Chinese National Revolutionary Army. He served as the Deputy Division Commander and Director of the Political Training Department of the 151st Division, 62nd Army. He was born in 1901 in a scholarly family in Taishan County, Guangdong Province. Yu Ziwu was a diligent and exceptionally intelligent student with a sincere and kind-hearted nature. He had a resolute character, a passion for public welfare, and a willingness to help others. He was proactive, had a love for peace, excelled in eloquence, and prioritized putting words into action. He attended a local primary school in the county town in 1909 and later graduated from the Provincial No. 2 Middle School. He then went on to study at the Law School of Peking University and the Tokyo University of Political Science and Law in Japan. In 1929, he graduated from the 20th session of the Japanese Army Officer School, specializing in cavalry. Upon returning to China, he devoted himself to the military and selflessly served his country, holding various positions such as platoon leader, company commander, battalion commander, and regimental commander.

In July 1937, the Lugou Bridge Incident occurred, and Japan launched a large-scale invasion of China, disrupting the peaceful development in the country. The Chinese government was compelled to organize the military and civilians for self-defense, leading to the outbreak of the Chinese People's War of Resistance against Japanese Aggression. Yu Ziwu served as the Colonel and Regimental Commander of the 160th Regiment of the 66th Army in the Chinese National Revolutionary Army. He was successively ordered to lead his troops to participate in the Battle of Shanghai and the Defense of Nanjing. In July 1939, due to his outstanding achievements in battle, he was promoted to the position of Chief of Staff of the 151st Regiment of the 62nd Army, holding the rank of Colonel. In June 1943, he was appointed as the Deputy Division Commander with the rank of Major General in the 151st Division of the 62nd Army and was sent to India to participate in an advanced training course organized by the United States Army Department. In June 1944, after returning to China, he assumed the role of Deputy Division Commander of the 151st Division of the 62nd Army and led his troops to participate in the Changheng Campaign. On July 21, 1944, during a fierce battle with the Japanese army in the suburbs of Hengyang City, Yu Ziwu was shot and died a martyr at the age of 44.

衛國轉戰　衡陽捐軀

1937年7月，蘆溝橋事變發生，日本出兵大肆侵略中國，打破了中國和平建設環境，中國政府被迫全力組織軍民自衛應戰，中華民族抗日戰爭全面爆發。余子武任國民革命軍陸軍第六十六軍第一六〇師上校團長，奉命率部由廣東開赴上海，參加阻擊日本軍隊入侵的淞滬會戰。與進犯日軍在上海羅店和馬家宅等地展開廝殺血戰。之後，又奉命率部參加南京保衛戰和粵北戰役等諸戰役。因戰功卓著，升任第六十二軍第一五一師少將副師長。由於余子武在戰鬥中英勇善戰，指揮有方，被選拔到印度參加反法西斯同盟國美國陸軍部舉辦的高級將領訓練班深造。1944年6月，余子武學成回國，繼任第六十二軍第一五一師少將副師長（師長林偉儔）。

1944年5月，日本大本營為打擊中國湘中中國守軍，貫通粵漢鐵路，由第十一集團軍司令官橫山勇秘密組織指揮日本10個師團20萬餘人馬，兵分三路，準備向中國湖南進攻。其部署為：中路，以第三十四、第五十八、第六十八、第一一六師團由岳陽東南沿粵漢鐵路為主要攻擊；東路，以第三、第十三師團自崇陽附近發起攻擊；西路，以第四十師團及第十七旅團自華容實施輔助進攻；另有第三十七、第六十四、第二十七師團位於臨湘、蒲圻一帶擔任增援。中國第九戰區司令長官薛岳將軍指揮16個軍54個師，共40萬餘兵力，採取長沙會戰之戰法，策定以一部兵力利用既設陣地，節節阻擊日軍，遲滯其前進，主力則集結於後方或側翼，誘敵於有利地區實施包圍分割殲滅，粉碎日軍進攻企圖。長沙衡陽會戰拉開戰幕。第六十二軍奉命參戰。

5月26日，日軍發起進攻。東路日軍第三、第十三師團經過激戰，於29日突破我守軍第七十二軍陣地佔領通城，6月1日至2日，又先後侵佔長壽街和平江；中路日軍4個師團向我守軍第二十軍陣地發起攻擊，佔領新牆後，於30日直趨汨羅江北岸；西路日軍第四十師團及第十七旅團由華容渡洞庭湖向沅江我守軍發起攻擊。激戰至6月6日，日軍主力突破汨羅江陣地，進至永安、撈刀河、沅江一線，另有一部日軍經盧林潭攻佔湘陰。中國軍隊積極反擊，殲滅日軍一部。9日，日軍強渡撈刀河，突破瀏陽一帶防線，對長沙形成包圍之勢。14日，日軍開始攻擊長沙。我守軍第四軍與敵激戰4日，因週邊陣地皆失，遂於18日向南突圍，長沙淪陷。日軍佔領長沙後向衡陽進犯。至20日，日軍先後攻佔醴陵、株洲、淥口、湘潭等地。中國軍隊轉向淥水南岸進行抵抗。24日，東路日軍南下攻佔攸縣、安仁、耒陽等地，第九戰區積極反擊，曾一度收復攸縣、官田、醴陵。西路日軍第四十師團南下攻佔湘鄉，26日再占永豐，遭中國守軍猛烈反擊，改取守勢。中路日軍在兩翼策應下，沿粵漢鐵路兩側南下，向衡陽城郊突進。6月28日，日軍對衡陽城實施包圍，並多次向衡陽城發起攻擊，均被我守城第十軍打垮。日軍不斷向衡陽增兵，衡陽守軍危急。第六十二軍奉命由粵北馳援衡陽。第六十二軍下轄第一五一師和第一五七師。在軍長黃濤的帶領下向衡陽方向疾進。余子武從印度返回祖國軍中放下行裝，即投入救援行列。

余子武副師長隨從第六十二軍，率領騎兵迅捷快速，截擊日軍進攻，解圍衡陽，支援第十軍。7月5日，第一五一師在獅子嶺、五里牌一帶與佔領白鶴鋪鎮日軍展開激烈戰鬥，殲敵600餘人。7月9日，第一五一師和第一五七師奉命向包圍衡陽的日軍發起攻擊。在衡陽西站與敵激戰廝殺，反復向圍攻衡陽之敵衝鋒突擊，血戰數晝夜，斃敵千餘人。我第四七一團上校團長丁克堅和上千名官兵英勇戰死[1]。

1944年7月21日拂曉，設在衡陽市郊馬鞍嶺之七里山的第一五一師指揮部突然遭遇日軍襲擊。雙方短兵相接，廝殺聲與槍聲同起。余子武立即跨上嘶嘯的戰馬，揮起指揮刀，率領特務連殺向敵陣。在衝殺的血戰中，余子武的戰馬身中數彈，呼嘯倒地而死，余子武左手也被流彈擊中，血流如注。他從倒地的戰馬上飛躍而起，血手緊執指揮刀，挺立在衝殺的陣營中，舉刀發令："弟兄們，寧可戰死沙場絕不做倭寇俘虜！為了我大中華民族的尊嚴，為了千千萬萬同胞不受鐵蹄踩躪，衝呀……"！帶頭衝入敵陣拼殺肉搏，在激烈的廝殺中，余子武後背及腹部連遭重創、槍擊，血流倒地，壯烈殉國。時年44歲。

余子武生前好讀書，愛詩詞，寫得一手好字。他為人爽直，待人溫厚和藹，嚴於律己，廉潔奉公，深受官兵尊敬與愛戴。噩耗傳出，全師悲慟……余子武副師長忠骸被禮棺殮運其家鄉。當靈柩抵達廣東省韶關市區時，第七戰區司令長官余漢謀親為治喪並為鉅石刻墓表撰文。9月25日，余子武將軍被厚葬於曲江縣馬壩南郊白芒山麓。《中央日報》和《中山日報》均以大量篇幅給予詳盡報導，褒稱余子武為"民族英雄"、"國家忠骨"。1946年美利堅合眾國華文報紙《少年中國晨報》，也以連載的形式刊出署名文章《余故師長子武將軍事略》，向同盟國美國宣傳中國熱愛和平和余子武將軍為世界反法西斯戰爭英勇戰鬥之事蹟。

余子武將軍殉國後，留下發妻、老母和6個子女。在余漢謀將軍的幫助下，赴美國定居。

注[1]：在長衡會戰的衡陽阻擊守衛戰中，中國戰區最高統帥蔣中正，在繁忙的世界與中國事務中對此次戰役給予了高度重視：調兵遣將支援和救援衡陽被圍困的第十軍官兵，並虔誠地為他們向上帝祈禱。他對衡陽苦戰之將士們的關注持續多次出現在其日記中，如1944年6月26日、6月反醒錄，7月1日、5日、8日、15日、17日、19日、20日、23日、24日、25日、26日、27日、上星期反醒錄、7月反醒錄，8月1日、3日、4日、5日、上星期反醒錄、7日、8日、9日、10日、12日、上星期反醒錄、19日、8月反醒錄。

武士敏將軍
General Wu Shimin

陸軍中將、國民革命軍第九十八軍軍長

Lieutenant General and Commander of the 98th Army of the National Revolutionary Army

　　武士敏，字勉之。中國國民革命軍陸軍第九十八軍中將軍長，著名抗日愛國戰將。1892年出生於察哈爾省懷安縣柴溝堡，"性敦厚，豪爽有膽識"。1899年入私塾讀書，勤奮好學，熟讀四書五經，亦喜舞刀弄槍。1908年後，先後考入宣化公立學堂、天津法政專科學校學習。1915年投身軍旅，先後任員警所長、隊長和旅長等職。之後，考入南京陸軍大學學習深造。1936年任第九十八軍第一六九師少將師長。

　　1937年7月，蘆溝橋事變發生，日本出兵大肆侵略中國，打破了中國和平建設環境，中國政府全力組織自衛應戰，中華民族抗日戰爭全面爆發。武士敏任國民革命軍陸軍第九十八軍第一六九師少將師長。奉命率部轉戰晉冀地區，在華北平原、太行山區屢次重創日寇。在太原會戰中，功勳卓著。1938年2月，奉命率部與八路軍配合，在晉冀敵後多次重創日軍。1939年秋，升任第九十八軍中將軍長，奉命移師戰略要地中條山駐防。1941年春，奉命率部參加晉南會戰（亦稱中條山會戰），率全軍在給予日軍重大打擊後，突破日軍重圍進入太嶽山。9月下旬，第九十八軍被日軍重兵包圍在太嶽山。9月29日，武士敏軍長命令部隊分路突圍。他在率一路官兵突圍時受傷，仍率部肉搏奮進，再次受傷時大呼："拼到底，不成功，便成仁"。迨官兵傷亡殆盡，日軍逼近，獨以手槍斃數敵。突然頭部中彈，壯烈殉國。時年50歲。同時，全軍將士英勇拼殺，大部為國戰死。

Wu Shimin, with the courtesy name Mianzhi, was a famous patriotic general in the Chinese National Revolutionary Army. He served as the Division Commander of the 98th Army and held the rank of Lieutenant General. He was born in 1892 in Chaigoupu, Huai'an County, Chahar Province. In 1899, he began attending a private school where he diligently studied and became well-versed in the Four Books and Five Classics. He also developed a fondness for martial arts and weapons. From 1908 onwards, he successively entered Xuanhua Public School and Tianjin Law and Politics Specialized School for further studies. In 1915, he joined the military and held various positions such as Police Chief, Company Commander, and Regimental Commander. Later, he was admitted to the Nanjing Army University for advanced studies. In 1936, he became the Major General and Division Commander of the 169th Division of the 98th Army.

In July 1937, the Lugou Bridge Incident occurred, and Japan launched a large-scale invasion of China, disrupting the peaceful development in the country. The Chinese government organized a nationwide resistance, leading to the outbreak of the Chinese People's War of Resistance against Japanese Aggression. Wu Shimin served as the Major General and Division Commander of the 169th Division of the 98th Army. He was ordered to fight in the Jin-Ji (Shanxi-Hebei) region, where he inflicted repeated heavy blows on the Japanese invaders in the North China Plain and the Taihang Mountain area. He achieved remarkable accomplishments in the Battle of Taiyuan. In February 1938, he was tasked with coordinating operations with the Eighth Route Army behind enemy lines and dealt severe blows to the Japanese forces. In the autumn of 1939, he was promoted to the rank of Division Commander of the 98th Army. In the spring of 1941, he led his troops to participate in the Battle of Jinnan (also known as the Zhongtiao Mountain Battle). In late September, the 98th Army was heavily surrounded by the Japanese at Mount Taiyue. On September 29, while leading his troops in a breakout attempt, Wu Shimin was shot in the head and died a heroic death. He was 50 years old at the time. Many of his soldiers also fought bravely and sacrificed their lives for the country.

轉戰冀晉　抗擊日軍

1937 年 7 月，蘆溝橋事變發生，日本出兵大肆侵略中國河北，打破了中國和平建設環境，中國政府全力組織軍民自衛應戰，中華民族抗日戰爭全面爆發。武士敏任國民革命軍陸軍第二十七路軍（9 月改編第 14 軍團）第一六九師少將師長，奉命率第一六九師由陝西省大荔徒步行軍至潼關，再乘火車出陝西、渡黃河過山西，開赴河北抗日前線，阻擊日本軍隊入侵。

9月，武士敏率部在保定以南的完縣大郭村首次遭遇日軍。日軍在飛機、大炮等優勢火力支援下，向武士敏部陣地發起猛攻；另以騎兵迂回側擊武師陣地兩翼。武士敏身先士卒，親赴火線指揮，命令部隊頑強抗擊，分兵一部巧妙出擊……全師官兵經過浴血奮戰，給予日軍重大殺傷，終將日軍進攻擊退，初戰告捷。之後，第一六九師的一部在定縣、安國、深澤、滹沱河等地也屢次與日軍展開激戰。在武士敏師長沉著指揮下，全師將士且戰且走，節節抵抗，成功遲滯了日軍進攻速度，保護了民眾與完成了掩護主力部隊轉進和集結的重任。

1937年10月上旬，武士敏奉命率部增援晉北，參加太原會戰。他與友軍協同，進駐娘子關一帶陣地，以防止日軍由太行山小路進攻山西。當武士敏率第一六九師行軍至上下磐石時，日軍尾隨而來。武士敏急命部隊迅速佔領兩側高地，封鎖道路，就地阻擊日軍。日軍囿於地形狹窄，飛機、戰車、野炮等火力優勢無從發揮，武士敏則指揮部隊充分利用地形優勢，與日軍展開近戰，給予日軍重大殺傷。第一六九師官兵在與日軍激戰一晝夜後，正準備轉移。突然日軍援兵趕到，敵眾我寡，第一六九師陷入日軍重圍。在此萬分危急時刻，八路軍（第十八集團軍）第一二九師趕到，兩師交替掩護，突出日軍重圍。

山西抗戰　重創日軍

1938年2月，國民政府軍事委員會策劃反攻太原和石家莊，組成東西兩路大軍，開赴太行山敵後，牽制日軍。第十八集團軍總司令朱德和副總司令彭德懷分別擔任東路軍的正副總指揮官，統一指揮包括第一六九師在內的太行山區各部抗日部隊。在由朱德和彭德懷召開的小東嶺軍事會議上，各部將領深感在抗戰初期階段，由於指揮不統一而招致重大失利。武士敏結合所部作戰體會，認為在全民族抗戰中，必須堅定國民政府軍事委員會的領導，全心全力抗擊日本軍隊入侵，才能打破軍隊體系的門戶之見，互相配合，顧全大局，協同作戰，對於取得戰爭勝利至關重要。會後，武士敏賦詩一首，以抒胸臆：

"國破山河碎，城荒犬狼行。

父老遭塗炭，羞煞帶槍人。

軍民團結緊，合力掃妖魔。

抗戰必勝利，建國定成功。"

1938年4月，日本為打通白晉公路，摧毀太行山抗日根據地，糾集重兵3萬餘人，兵分九路"分進合擊"進犯太行山抗日根據地。武士敏率部扼守要隘子洪口。日本第一〇九師團一部由太穀出發，沿白晉公路大舉進攻。武士敏指揮第一六九師在盤陀東西團城鋪附近阻擊日軍。全師官兵拼力抵抗，奮勇殺敵，冒著日軍的猛烈炮火，頑強將日軍阻截於東西團城鋪以北地區。激戰歷時五晝夜，武士敏部擊毀日軍軍車十餘輛，殲敵千餘人，迫使日軍棄屍潰逃。

1939年6月，日本再次集結第一〇九師團和獨立第九旅團主力，夾擊駐防太嶽山區的武士敏部。在腹背受敵的險境下，武士敏巧妙利用山區有利地形，打退日軍多次進攻。7月4日夜，武士敏率部秘密迂回佔領沁源天神山，命令部隊集中大炮和輕重機槍等優良武器，利用有利地形設伏。7月5日晨，日軍接近天神山山腳，進入伏擊圈。武士敏命令部隊立即開火，予敵迎頭痛擊。激戰持續至日暮，日軍傷亡慘重，狼狽逃竄。伏擊戰結束後，武士敏迅速移師沁河之南，經數日激戰再將另一股日軍擊潰。此次戰鬥結束後，武士敏因指揮英明，戰果輝煌，中華民國國民政府軍事委員會命令武士敏晉升第九十八軍中將軍長，轄第四十二師和第一六九師，改隸為第五集團軍，移師戰略要地中條山駐防。

在武士敏率部進駐中條山之際，日軍一部突破中國軍隊第二道防線，聞喜縣東北戰事吃緊，同善、垣曲一帶隨之危急。武士敏命兩個主力團在正面截擊日軍，同時派兩個團迂回側擊日軍，鏖戰三晝夜，重創日軍，並將其擊退。旋即，武士敏指揮第九十八軍乘勝追擊日軍至達山腳下。嗣後，武士敏命各部構築防禦工事，以備再戰。

1940年秋，武士敏奉命率第九十八軍進駐陽城以西地區，轉隸第十四集團軍。第九十八軍進入防區，武士敏在認真分析敵我態勢後，常常以小股精銳部隊突襲日軍據點，以主力部隊於運動戰中攻擊日軍，使陽城、沁水日軍受到極大威脅，日夜不得安寧。

敵後堅守　殉國沁水

1941年春，第九十八軍奉命進駐沁水縣東峪村。5月，日本為奪取中國戰略要地中條山，準備向中条山發起大規模攻击（史稱晉南會戰）。日本秘密從中國華中、華東和中原等佔領區抽調軍隊，調集關東軍飛行部隊，以及糾集臨汾、長治、晉城一帶的軍隊，共六個師團又兩個半旅團，總計十萬餘人，分十四路合擊中條山一帶中國守軍，企圖肅清黃河左岸，而後進犯洛陽、潼關，威脅中國第五戰區側背，西窺長安。

1941年5月7日，陽城、絳縣日軍突襲第九十八軍陣地，雙方展開激烈廝殺。同時，日軍向中條山中國守軍發起攻擊。中國守軍奮起還擊，晉南會戰拉開戰幕。激戰持續至10日，日軍一部進抵煤坪，武士敏派一部配合友軍圍攻該敵，斃敵1000多人。然而，由於日本軍隊裝備精良，閃電攻擊，隨著戰役的全面展開，中國守軍相繼潰敗。

第九十八軍奉命向沁水、翼城公路以北轉移。武士敏命兩個團正面阻擊日軍，主力部隊則分成兩路突出重圍，進入太嶽山區。此次會戰，我駐中條山守軍損失慘重，部隊相繼撤至黃河南岸休整。武士敏則率第九十八軍將士與第四十三軍一部等少部分軍隊，沒有撤至黃河南岸，仍在敵後與日軍周旋遊擊。

武士敏軍長率部剛剛進入太嶽山區，日軍便趁其久戰跋涉、無暇休整之機，集中主力部隊兩萬多人，在飛機配合下分三路跟蹤追擊。武士敏則派出小股部隊分途迎擊，節節抵抗，遲滯日軍進攻速度，其主力則按遊擊戰、運動戰之原則，曉息夜動。由於日軍攻勢猛烈，第九十八軍的後方補給線被切斷，官兵衣食、彈藥已成問題，加之不斷與日軍激戰，部隊傷亡慘重，減員情況嚴重，兵力由原來的兩萬餘人，減員至八九千人。但是，武士敏最終率第九十八軍挫敗了日軍的圍剿計畫，佔據沁水以南、白晉公路以西地區為根據地。在抗日根據地得到鞏固之後，武士敏奉命組織太嶽黨政軍聯合委員會，任主任，駐守東峪。

9月下旬，日本調集主力部隊約25000餘人，配屬40餘門大炮，分九路進攻"掃蕩"太嶽山區。武士敏親自制訂十路迎擊日軍的反"掃蕩"計畫，激勵全軍將士，誓與太嶽山區共存亡，並以主力部隊主動出擊，尋殲日軍。9月23日起，武士敏指揮第九十八軍各部分頭與日軍激戰。在激戰中，日軍派出一名認識武士敏的漢奸到第九十八軍勸降，武士敏當場撕碎勸降信，並發誓："我是一名軍人，我應當死在抗日戰場，絕不投降當漢奸……"。繼續揮師與日軍戰鬥。

1941年9月28日，第九十八軍被日本第三十六、四十一師團主力合圍。武士敏見後繼無援，彈藥殆盡，決定全軍分路突圍。9月29日拂曉，武士敏親率兩個步兵營向東南突圍。在突圍戰鬥中，大部官兵壯烈戰死，武士敏頭部也受重創。但他仍不顧一切，邊衝鋒突圍，邊高呼："拼到底，不成功，便成仁……"。突然身體再次中彈，摔倒在地，壯烈殉國。時年50歲。在此突圍戰中，第九十八軍將士英勇拼殺，傷亡殆盡。

1942年6月，中華民國國民政府頒佈褒揚令，給予武士敏和全軍英勇殉國將士明令褒揚。

林英燦將軍
General Lin Yingcan

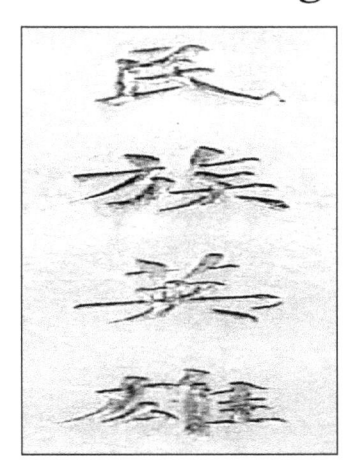

陸軍少將、國民革命軍第六十二軍第一五二師副師長

Major General and Deputy Commander of the 152nd Division of the 62nd Army of the National Revolutionary Army

　　林英燦，字子文。中國國民革命軍陸軍第六十二軍第一五二師少將副師長，著名抗日愛國戰將。1898年出生於湖北省黃岡市，1906年入本地小學讀書，繼考入中學學習，後考入保定陸軍軍官學校第六期步兵科。畢業後投身軍旅報國，先後任排長、連長、營長和團長等職務。1931年任第一五二師參謀長。1936年奉令率部駐防中國海南瓊崖。

　　1937年7月，蘆溝橋事變發生，日本出兵大肆侵略中國，打破了中國和平建設環境，中國政府被迫全力組織自衛應戰。林英燦任國民革命軍陸軍第六十二軍第一五二師上校參謀長，奉命率部在海南積極備戰，並與入侵日軍頑強作戰，屢立戰功，升任第一五二師少將副師長。1938年10月，奉命率部參加廣州戰役。之後，在粵北清遠、花縣一帶抗擊日軍入侵。1939年1月13日，日軍進攻清遠縣，林英燦組織部隊奮勇抗擊。當日軍全線壓了上來時，林英燦掄起大刀邊率部衝殺，邊高呼："窄路相逢，勇者勝，兄弟們跟我衝啊！"終於打退日軍進攻。日軍大集團衝鋒敗退後，便調用飛機和大炮向我軍陣地實施狂轟濫炸，林英燦被彈片擊中，壯烈殉國。時年42歲。

　　Lin Yingcan, courtesy name Ziwen, was a famous patriotic general in the Chinese

National Revolutionary Army. He was the Deputy Division Commander of the 152nd Division, 62nd Army. He was born in 1898 in Huanggang City, Hubei Province, China. In 1906, he attended a local elementary school and later entered a middle school. He then passed the entrance exam for the 6th Infantry Department of the Baoding Military Officers School. After graduating, he devoted himself to military service and held various positions, including platoon leader, company commander, battalion commander, and regimental commander. In 1931, he became the Chief of Staff of the 152nd Division. In 1936, he was ordered to station his troops in Hainan, China.

In July 1937, the Marco Polo Bridge Incident occurred, and Japan launched a large-scale invasion of China, disrupting the peaceful construction environment. The Chinese government was forced to mobilize its forces for self-defense. Lin Yingcan, then serving as the Colonel Chief of Staff of the 152nd Division, 62nd Army, was ordered to actively prepare for war in Hainan and vigorously fight against the invading Japanese forces. He achieved numerous military merits and was promoted to the Deputy Division Commander of the 152nd Division with the rank of Major General. In October 1938, he led his troops to participate in the Battle of Guangzhou. Afterwards, he fought against the Japanese invasion in the Qingyuan and Huaxian areas of northern Guangdong Province. On January 13, 1939, when the Japanese army attacked Qingyuan County, Lin Yingcan organized his troops to bravely resist and repel multiple Japanese assaults. After a large-scale charge by the Japanese army failed, they resorted to indiscriminate bombing of our positions with aircraft and artillery. Lin Yingcan was hit by shrapnel and died a heroic death at the age of 42.

駐守海南　備戰殺敵

1937年7月，蘆溝橋事變發生，日本出兵大肆侵略中國，打破了中國和平建設環境，中國政府被迫全力組織自衛應戰，調兵遣將組織軍民抗擊日本軍隊入侵。林英燦任國民革命軍陸軍第六十二軍第一五二師上校參謀長，奉命率部駐防中國海南瓊崖（陸軍第六十二軍、軍長張達，下轄第一五一師、師長莫希德，第一五二師、師長陳章）。林英燦耳聞日寇倡狂侵略行徑，怒不可遏，與全軍將士上書國家軍事委員會，請求趕赴抗日前線，殺敵衛國保和平。

中國軍事委員會根據當時全國戰況分析，林英燦部所駐之地海南，雖然暫時無戰事，但是戰略地位非常重要，日本軍隊要大舉進犯中國，此處定是必爭之地。遂命其率部在海南修築要塞工事，訓練部隊，積極備戰。同時，命令駐南海諸群島海軍部隊，守衛海疆；加強巡邏，搜集情報，注重日軍動態。林英燦所部奉命日夜修築工事、整訓部隊，一刻不曾懈怠。

不久，日本軍隊大舉進犯，第一五二師官兵們在林英燦等將校官的率領下鬥志高昂，奮勇殺敵。他們充分利用海南熟知的地形、工事與熱帶氣候，多次打退日軍偷襲進攻。由於林英燦殺敵衛疆戰功卓著，被晉升陸軍第六十二軍第一五二師少將副師長。

廣東抗戰　殉國清遠

1938年下半年，林英燦奉命率部渡過瓊州海峽，趕赴粵北地區集結駐防。10月，日本軍隊向中國廣東實施大規模入侵登陸，林英燦奉命率部進行英勇阻擊，並參加保衛廣州戰役。廣州失陷後，林英燦與師長陳章奉命率部日夜兼程奔赴從化縣太平場，阻敵向戰時省會韶關進攻。在阻擊日軍北犯中，林英燦指揮所部將士堅守陣地，奮勇殺敵。然而，日本飛機輪番轟炸我前沿陣地，官兵傷亡嚴重，師長陳章舉起步槍擊傷日機一架。經過第一五二師全體官兵奮戰，有效遲滯了日軍進攻。是役，第一五二師阻敵有功，繳獲一大批戰利品，受到上級傳令嘉獎。之後，全師奉命移駐廣東省清遠縣、花縣一帶地區，阻擊殺敵。

1939年1月13日，日軍集中優勢兵力，向清遠縣龍山一線發動進攻，妄圖殲滅我軍主力，由此北上西進。林英燦率第一五二師主力扼守陣地，日軍在飛機轟炸和重炮火力轟擊之下不斷發起攻擊，林英燦冒著日軍炮火指揮官兵，多次打退日軍進攻。然而，林英燦部亦傷亡嚴重。但他們仍牢牢堅守陣地，使敵無法逾越。日軍又集結大批兵力，以更加猛烈的火力配合，向我軍陣地全線壓了上來。在此危急時刻，林英燦組織奮勇隊，掄起大刀高呼："窄路相逢，勇者勝，兄弟們跟我衝啊……"！親率奮勇隊突進敵群，捨命拼殺，與敵展開了白刃血搏。在全體官兵的配合下，終將日軍擊潰。日酋見地面部隊敗退，立即呼叫飛機和火炮再次向我陣地猛轟。林英燦在指揮部隊進入工事掩蔽時，突然被彈片擊中，壯烈殉國。時年42歲。

范蓋將軍
General Fan Jin

陸軍中將、國民革命軍第八十七軍第一九八師副師長

Lieutenant General and Deputy Commander of the 198th Division of the 87th Army of the National Revolutionary Army

　　范蓋，原名孟聲，字致博。中國國民革命軍陸軍第八十七軍第一九八師少將副師長，著名抗日愛國將領。1899年出生於江西省豐城縣後坊村一書香之家。從1904年記事起，在家中隨父讀書。1915年考入南昌第二中學。1919年考入保定陸軍軍官學校第八期。1924年任廣州黃埔陸軍軍官學校第三期總隊教官和少校隊長。1928年返鄉務農，精心研究軍事與經濟。在軍旅中歷任團長、上校科長等職。1937年入中央陸軍軍官學校將校訓練班學習。

　　1937年7月，蘆溝橋事變發生，日本出兵大肆侵略中國，打破了中國和平建設環境，中國政府被迫全力組織軍民自衛應戰。范蓋任國民革命軍陸軍第八十七軍第一九八師少將副師長，積極率部備戰練兵。日軍侵略中國，在中國進行燒殺搶劫，特別從1938年起對中國武漢、西安等城市反復轟炸，死傷平民無數。英國、美國等文明國家和"國際反侵略運動總會"等組織對其進行嚴厲譴責。1938年6月，范蓋奉命率部參加阻擊日本軍隊進攻的武漢會戰。10月24日，在組織湖北黃陂戰鬥中，率部多次打垮日軍集團式衝鋒，陣地失而復得。在激烈戰鬥中，當范蓋指揮部隊反擊時，身中數彈，壯烈殉國。時年40歲。之後，中華民國國民政府頒佈褒揚令，追晉范蓋陸軍中將軍銜。

Fan Jin, originally named Mengsheng, courtesy name Zhibo, was a famous patriotic general in the Chinese National Revolutionary Army. He served as the Deputy Division Commander of the 198th Division, 87th Army. He was born in 1899 in Houfang Village, Fengcheng County, Jiangxi Province, China, into a scholarly family. From 1904, he began studying at home under the guidance of his father. In 1915, he passed the entrance exam for the Second Middle School in Nanchang. In 1919, he entered the 8th session of the Baoding Military Officers School. In 1924, he became an instructor and the captain of the junior officer company of the 3rd session of the Whampoa Military Academy in Guangzhou. Later, he held positions such as battalion commander and colonel staff officer during his military career. In 1937, he enrolled in the Officer Training Class of the Central Army Officer School.

In July 1937, the Marco Polo Bridge Incident occurred, and Japan launched a large-scale invasion of China, disrupting the peaceful construction environment. The Chinese government was forced to mobilize its military and civilians for self-defense. Fan Jian served as the Deputy Division Commander of the 198th Division, 87th Army of the Chinese National Revolutionary Army and actively prepared his troops for war. In June 1938, he was ordered to lead his troops to participate in the Battle of Wuhan, a counterattack against the Japanese army. On October 24th, during the Huangpi Battle in Hubei province, he repeatedly broke the Japanese group attacks and recaptured lost positions. In the fierce fighting, while directing his troops in a counterattack, Fan Jin was hit by multiple bullets and died a heroic death at the age of 40. Subsequently, the Government of the Republic of China issued a commendation order posthumously promoting Fan Jin to the rank of Lieutenant General.

匹夫之責　正人正己為國家

1928年下半年，范藎由軍隊返回家鄉務農、修養。但仍矢志不渝報國，在家天天手不釋卷，研究軍事理論，關注國家大事，特別關注國家安全與經濟發展，盼望國家快速崛起。范藎不僅研究中國軍事，熟讀孫子兵法，而且學習外國軍事理論，注重和研究日本經濟、軍事發展和關注對中國的態勢動向。並且與同學通信交流信息和學習研究體會，臥薪嚐膽，隨時準備為國家盡軍人、盡匹夫之責。

在家鄉務農期間，常常為老百姓說話辦事，扶正打惡，幫助鄉親種田和識字寫信、教育娃娃讀書上進，明白事理，長大服務家鄉和報效國家。其鄰居范根生身體有病、家境貧困，無錢醫治，范藎無償資助 300 塊銀圓。其弟弟范叔秧，沾染了很多壞習氣，在鄉間比較霸道，賭博打架，愛占小便宜。范藎知道後對其嚴加管教，並使其改邪歸正，老老實實做人務農。

保衛武漢　出師未捷身先死

1937 年 7 月，蘆溝橋事變發生，日本出兵大肆侵略中國，打破了中國和平建設環境，中國政府被迫全力組織自衛應戰，調兵遣將組織軍民抗擊日本軍隊入侵，中華民族抗日戰爭全面爆發。范藎任國民革命軍陸軍第八十七軍第一九八師少將副師長，與師長王育瑛立即率部投入報效國家的抗戰洪流中，積極備戰練兵。1938 年夏，奉命率部參加阻擊日本軍隊進攻的武漢保衛戰。駐防武漢外圍湖北省黃陂一帶，構築工事，準備迎戰。

武漢（武昌和漢口的統稱）地處江漢平原東緣，踞長江與漢水之間，扼平漢、粵漢兩條鐵路的銜接點，是中國心臟腹地，又是東西南北水陸交通樞紐，戰略地位十分重要。中國上海淪陷、首都南京被日本佔領之後，中國政府雖宣佈遷都重慶，但國家政府機關大部和軍事統帥部仍在武漢。武漢實際上是全中國政治、經濟、軍事的中心。日本大本營陸軍部認為，只要攻佔武漢，控制中原，就可以支配中國。於是，日本御前會議決定，迅速攻取中國武漢，迫使中國政府屈服投降，儘快結束戰爭。與此同時——1938 年 7 月 6 日，中國政府在武漢召開了國民參政會第一屆會議（參會有國民黨、共產黨、青年党、國社黨、第三黨、救國會和社會各界人士代表等），大會莊嚴宣告："……中華民族必以堅強不屈之意志，動員其一切物力、人力，為自衛，為人道，與此窮凶極惡之侵略者長期抗戰，以達到最後勝利之日為止。"要求全國軍民："一切的奮鬥，要鞏固武漢為中心，以達成中部會戰勝利為目標"。在此之前，1938 年 2 月國際反侵略運動總會在倫敦召開援華大會，通過制日議案多起，提出"救中國即救和平"之口號。英國、法國、美國、澳洲、蘇聯等國立即採取行動——抵制日貨、援華展覽和慰問武漢與支援中國抗戰到底，譴責日本飛機輪番轟炸武漢等中國大中小城市。極大鼓舞了中國抗戰和維護和平的決心[1]。

所以，中國政府要抗戰到底——保衛武漢，守衛和平。日本要奪取、佔領武漢，就構成了中日雙方在戰略上的一場大決戰。1938 年 6 月 12 日，武漢會戰拉開戰幕。中日雙方在長江沿線，分五路展開激戰，戰線擴及皖、豫、贛、鄂四省數千里。日本集結了 14 個師團、3 個獨立旅團、1 個機械化兵團和 3 個航空兵團，飛機 300 餘架，艦艇 120 餘艘，約 25 萬兵力。7 月中旬，日本又調整部署，增加兵力 35 萬餘人，向武漢發起了立體式進攻。中國政府先後調集部署了 14 個集團軍、10 個軍團，即 130 個師和飛機上百架、艦艇及佈雷小輪 30 餘艘，共 100 萬餘人，利用大別山、鄱陽湖和長江兩岸地區有利地形，組織防禦，保衛大武漢。范藎積極向全體官兵講解國家保衛武漢的意義和國際對中國的聲援，提高部隊戰鬥力。

范藎所部奉命駐防長江北岸黃陂阻擊日軍。日本陸軍在空軍和海軍的掩護下，9 月 6 日攻陷廣濟，9 月 28 日攻陷田家鎮要塞，10 月 14 日攻陷浠水，9 月 16 日商城淪陷，10 月 20 日向范藎指揮的第一九八師防禦地湖北黃陂逼近。范藎與師長王育瑛率領全師官兵奮力抗擊，日軍在飛機的配合下，向范藎陣地發起了集團式衝鋒，范藎親臨前線指揮官兵奮力抗擊。陣地被日軍撕開了幾處口子，范藎親率預備隊拼死血戰又奪了回來、堵住缺口。陣地屢失屢得。范藎率部與日軍展開了拉鋸式爭奪戰。血戰至 10 月 24 日，全師將士傷亡慘重。正當范藎副師長再次組織兵力反擊時，突然被敵彈擊中，倒地氣絕，壯烈殉國。時年 40 歲。之後，中華民國國民政府明令表彰范藎英勇獻身抗戰之行為，追晉陸軍中將軍銜。

注 [1]：國際反侵略運動總會——為國際反侵略運動之勁旅，援華運動之急先鋒。該會擁有 35 個會員國，每國均有分會，發起人為英國薛西爾爵士。1936 年 9 月 3 日在比京不魯塞爾召開第一次代表大會，到會 5000 餘人。1938 年 2 月 12 日在倫敦召開第二次代表大會——"救中國救和平世界大會"，提出"**救中國即救和平**"之口號。1938 年 7 月 23 日又在巴黎召開"反轟炸大會"（日本飛機對中國武漢、重慶和部分大中小城市實施反復輪番野蠻大轟炸，死傷無辜平民無數）。大會通過決議五條："一．凡按九國公約國聯盟約、非戰公約及國聯大會通過之決議，所應給予中國之援助，本會決動員世界輿論以贊成中國對國聯大會所有之正當要求。二．反對一切欲妨害中國獨立與領土完整之處置。三．要求直接貸款與中國政府，以資援助；加強援華運動，以具體表現吾人對中國有國際休戚相關之濃厚同情。四．重申 1938 年 2 月，本會在倫敦召集之援華大會所通過各項決議。五．請求愛好和平各國，勿供應軍用品與日本，前已進行，茲復與各國重提舊案。"

范子俠將軍
General Fan Zixia

國民革命軍第八路軍第一二九師新編第十旅旅長

Commander of the 10th New Brigade of the 129th Division of the Eighth Route Army of the National Revolutionary Army

范子俠，中國國民革命軍陸軍第八路軍第一二九師新編第十旅旅長兼太行軍區第六軍分區司令員，著名抗日愛國戰將。1908年出生於江蘇省豐縣大史樓村。1914年喪母，在同族人幫助下讀完小學。1922年赴天津入東北軍隨營學校學習。畢業後投身軍旅，先後任排長、連長、營長和團長等職。

1931年"九‧一八"事變，日本出兵侵佔中國東北地區。爾後，又向中國華北用兵。1933年5月，察哈爾民眾抗日同盟軍在張家口成立。范子俠任該抗日同盟軍團長，率部抗擊日本軍隊入侵。1937年7月，中國抗日戰爭全面爆發。范子俠任國民革命軍晉察遊擊第二路第二師師長，率部阻擊日軍入侵。1939年11月，范子俠率部接受八路軍領導，並秘密加入共產黨。1940年5月，范子俠任國民革命軍陸軍第八路軍第一二九師新編第十旅旅長。8月，奉命率部參加"百團大戰"，再次受傷住院。1941年年底，范子俠又兼任太行軍區第六軍分區司令員。1942年2月12日，范子俠在沙河縣柴關阻擊日軍戰鬥中，中彈殉國。時年35歲。

Fan Zixia, a famous patriotic general of the War of Chinese People's Resistance against Japanese Aggression, had been the Commander-in-chief of the 6th Sub-command of Mount

Taihang Military Region and the Commander of the New 10th Brigade of the 129th Division, the Eighth Route Army of the National Revolutionary Army. In 1908, he was born in Dashilou Village, Feng County, Jiangsu Province. In 1914, when he was six years old, his mother passed away. He finished primary school with the help of his family members. In 1922, he entered Tianjin Northeast Army Camp School. After he graduated, he joined the Army where he was appointed successively as the Platoon Commander, the Company Commander, the Battalion Commander, the Regiment Commander, and so on.

After the outbreak of Mukden Incident in 1931, the Japanese forces initiated aggression in North China. In May 1933, Fan Zixia participated in the People's Anti-Japanese United Army which was founded in Zhangjiakou. He was appointed the Regimental Commander. After the outbreak of the War of Chinese People's Resistance against Japanese Aggression, Fan Zixia was appointed as the Commander of the 2nd Division of the 2nd Route of the Shanxi-Chahar Guerrilla Army of the National Revolutionary Army. In November 1939, Fan Zixia joined the Communist Party. In May 1940, his troops were reorganized into the New 10th Brigade of the 129th Division of the Eighth Route Army, and he was appointed the Commander of the 6th Military Sub-command. He commanded his men to participate in the Hundred Regiments Battle in August of the same year. On February 12th, 1942, while blocking the Japanese forces in a vehement battle at Chaiguan Village, Shahe County, he was killed in action at the age of thirty-five, laying down his life for his beloved motherland.

阻擊日軍入侵　保衛家園

1931年9月，日本軍閥製造了"九·一八"事變，出兵侵佔中國東北地區。爾後，又對中國華北地區伸出了侵略魔掌。1933年5月26日，察哈爾民眾抗日同盟軍在張家口成立。范子俠任該抗日同盟軍團長，率部先後在康保、寶昌、多倫等地區阻擊日本軍隊入侵。

1937年7月7日，蘆溝橋事變發生，日本出兵大肆入侵中國，徹底打破了中國和平建設環境，中國政府全力組織軍民自衛應戰。范子俠任國民革命軍陸軍第二十九軍副團長，奉命帶領部分官兵在河北無極、藁城、新樂、行唐一帶組織抗日義勇軍。很快，抗日義勇軍發展到千餘人。10月13日，范子俠對抗日義勇軍進行整編，編入國民革命軍晉察遊擊第二路第二師，范子俠任師長，並帶領全體人員宣誓："我們是中華民族的優秀兒女，我們是炎黃的子孫，我們是英勇善戰的軍隊，我們是勇往直前的鐵軍，我們要為民族求解放，為祖國爭生存，誓以頭顱換回已失去的錦繡河山，誓以鮮血粉碎萬惡的漢奸敵人……"。接著，范子俠率部運用其熟悉的地理環境和人文關係，在冀中地區和平漢鐵路兩側展開遊擊戰，打擊日本軍隊入侵，擊斃山原大佐軍官和日偽軍多人。在連續打了幾個勝仗之後，范子俠部軍威大振，部隊迅速發展到 3000 餘人。

參加百團大戰　英勇頑強

1939 年 11 月 20 日，范子俠率部接受八路軍直接領導。1940 年 5 月，范子俠部與晉冀豫邊區縱隊第一、三團和保安第六團合編為八路軍第一二九師新編第十旅，范子俠任旅長。

1940 年 8 月 20 日，"百團大戰"拉開序幕。范子俠奉命率領新編第十旅作為第一二九師的右翼，投入戰鬥。當時，范子俠由於眼疾復發，淚流不止，疼痛難忍，但每天仍堅持留在前線組織戰鬥。白天戴著茶色眼鏡，擦著眼淚指揮戰鬥，夜裡摘下墨鏡，進行治療養護。在進攻正太路中段桑掌橋的戰鬥中，因日寇憑藉堅固的碉堡拼死頑抗，我軍進攻遇到極大阻力。范子俠仔細分析敵情後，親率突擊隊，以偽裝作掩護，直抵距敵碉堡 60 米處，架起機關炮和組織運用各種槍支，集中火力向碉堡射擊，打得敵人抬不起頭。突然，我部隊爆發出驚人的突擊力，一舉攻佔該據點，全殲該部日偽軍。

在"百團大戰"第一階段，范子俠一刻不離前線。在帶領部隊進行激烈戰鬥中，突然中了日軍施放的毒氣。他蘇醒後，仍然率部衝鋒陷陣，最終將敵人盤據據點攻克。在第二階段戰鬥中，范子俠奉劉伯承將軍命令，率部在和（順）遼（縣）公路弓家溝設伏，成功擊毀日軍運輸車 30 多輛，全殲隨車日偽軍。在第三階段，范子俠率部參加彭德懷副總司令和左權副參謀長指揮的關家堖戰鬥。此次戰鬥歷時兩晝夜，殲滅日軍岡崎支隊一部和擊斃日軍主指揮官岡崎謙長中佐。在與日寇拼殺中，范子俠率部奮力阻擊日本增援部隊，不料左手腕被敵子彈打穿，血流不止，但仍帶傷堅持在前線指揮。副旅長汪乃貴見他傷勢嚴重，不得不以前線指揮部的名義下令把他強行送到野戰醫院治療。幾天後，他不等傷口痊癒就回到了前線參加戰鬥，還風趣地說："左腕傷口雖然流血過多，然經（錢）信忠同志神手醫治，不日當可痊癒，仍無害於執槍前線也……"。

率部出擊日軍　殉國沙河

1941 年年底，范子俠在繼續任八路軍第一二九師新編第十旅旅長的同時，又兼任第六軍分區司令員，責任相當艱巨。1942 年春，日酋糾集重兵，對八路軍太行、太嶽抗日根據地發動瘋狂春季"大掃蕩"。反"掃蕩"開始前，第一二九師和晉冀豫軍區相關首長帶領工作組正在第六軍分區視察，反"掃蕩"開始後同軍分區機關一起行動。第六軍分區研究決定組成前方指揮部，以一個基幹團在正面阻擊日軍攻勢，同時派另一基幹團轉入敵後，相機打擊敵人，並掩護軍分區首腦機關轉移，保護邊區民眾。范子俠決定在前方指揮部隊作戰，命令軍分區首腦機關快速轉移。

反"掃蕩"形勢越來越緊張。當偵知正面沙河縣日偽軍將於2月11日向軍分區大舉進攻時，2月10日，軍分區機關連夜轉移。為了詳察敵情並掩護機關轉移，范子俠決定親率部隊襲擊沙河縣日軍週邊據點。

1942年2月10日夜，范子俠帶領一個連奇襲日偽軍功德旺據點，一舉攻克。沙河日偽軍不知八路軍布兵底細，不敢輕易來援。2月11日上午，日偽軍向第六軍分區發起進攻。范子俠根據掌握的敵情，率領部隊採取側擊和伏擊戰術，成功遲滯日偽軍攻勢，並給予日偽軍沉重打擊。直到2月12日下午，日偽軍才得以向柴關發起進攻。此時，我軍分區機關已經安全轉移，沿線邊區民眾也都安全疏散。范子俠親率小分隊適時繞到日偽軍側翼，予敵重擊。12日傍晚，日軍騎兵進入柴關，此時柴關已經空無一人，日軍立刻向柴關週邊搜索。范子俠率部襲擊、騷擾。經過連續幾晝夜戰鬥，部隊極度疲勞，范子俠遂決定回到柴關臨時休息。

當部隊剛剛休息一個小時左右，日軍騎兵又突然竄回柴關。范子俠立即指揮部隊搶佔柴關附近高地，掩護部隊和回村民眾疏散。范子俠身先士卒，持槍帶領官兵們予敵迎頭痛擊。范子俠邊還擊，邊提醒官兵注意隱蔽。突然，被敵人機槍射出的子彈打中了左肩大動脈，血流如注。2月12日深夜，范子俠旅長因流血過多，壯烈殉國。時年35歲。

范子俠旅長殉國後，遺體安葬在沙河縣大鞍山的封巒寺前。當地民眾用大青石為他立碑紀念："山石不老，山泉不枯，山花不敗，救過山裡人的范司令永遠不死！"

郁仁治將軍
General Yu Renzhi

陸軍中將、國民政府山東省第一行政區督察專員兼軍事特派員

Lieutenant General and Special Military Agent and Administrative Supervision Commissioner of the 1st Shandong Provincial Administrative Region

　　郁仁治，昵稱"鬱鬱"。中華民國國民政府山東省第一行政區督察專員兼少將軍事特派員，著名抗日愛國戰將。1905年5月，郁仁治出生於江蘇省海門縣天補鄉石利村一個士紳家庭，自幼聰慧好學。1912年入本鄉小學讀書。1918年考入私立海門中學。1924年自費赴日本東京，考入陸軍士官學校工兵科第二十一期學習。1929年畢業後回國，先後任國民革命軍上尉教官，少校主任，南京工兵學校中校、上校教官等職。郁仁治"少倜儻有大志，資秉聰穎，志慮深沈，實為不可多得之人才"。

　　1932年1月，日本軍隊進犯中國上海，郁仁治任國民革命軍陸軍第十九（路）軍參謀，率部阻止日本軍隊入侵。之後，回南京工兵學校繼續任教。1934年春，調任江西省工兵訓練處上校營長。1936年年初，任中華民國國民政府軍事委員會參謀部上校參謀，根據日本軍閥對中國侵略擴張陰謀，組織謀劃應對日本軍隊入侵各項預案。1937年7月，日本出兵大肆侵略中國，中華民族抗日戰爭全面爆發，郁仁治任青島國防工程處處長兼軍警處少將處長，奉命下令炸毀日本紗廠等工廠。1938年1月，任國民政府山東省第一行政區督察專員兼軍事少將特派員。11月27日，率部駐守肥城縣演馬莊，遭遇日軍襲擊包圍。當日軍得知郁仁治是日本留學生時，傳遞信息，勸其投降。郁仁治寧死不降，率部奮力衝殺突圍，身中敵彈。11月29日，因傷勢嚴重，壯烈殉國。時年34歲。之後，中華民國國民政府頒佈褒揚令，追晉郁仁治陸軍中將軍銜。

Yu Renzhi, a famous patriotic general of the War of Chinese People's Resistance against Japanese Aggression, had been the Major General and Special Military Agent and Administrative Supervision Commissioner of the 1st Shandong Provincial Administrative Region. In May 1905, he was born in a gentry family in Shili Village, Tianbu Town, Haimen County, Jiangsu Province. In 1912, he went into a local primary school. In 1918, he was admitted to the Haimen Private High School. In 1924, he went to Tokyo to study at the Sapper Department of the 21st Class of the Officers' Course of Tokyo Military Academy. After he returned home in 1929, he served successively as the Captain, Instructor, Major and Director of the National Revolutionary Army, the Lieutenant Colonel and Instructor, Colonel and Instructor of Nanjing Engineer School. "Yu Renzhi was a young man of great ambition, endowed with intelligence and wisdom, deep thoughts, and remarkable talents that are truly rare to come by."

When the January 28th Incident happened in 1932, Yu Renzhi, serving as the Colonel and Chief of Staff of the 19th Route, was ordered to march to Shanghai to resist the Japanese aggressors. At the beginning of 1936, he was appointed the Staff of the Military Commission of the Republic of China. He organized plans to deal with the invasion of the Japanese army, based on Japanese warlords' plot to expand in China. When the War of Chinese People's Resistance against Japanese Aggression broke out in 1937, he was successively appointed the Director of the Engineering Department of Qingdao National Defense, the Director of the Uniformed Services Department. In 1938, he was appointed the Major Commander and Special Military Agent the Administrative Supervision Commissioner of the First District of Shandong Province. On November 27th, 1938, when his troops were stationing in Yanmazhuang, Feicheng County, they encountered the Japanese attack and were surrounded. As soon as the Japanese knew that he had learned in Japan, they made every effort to persuaded Yu Renzhi to surrender, but was refused by Yu resolutely. When Yu led the army to break through the siege, he was hit by several bullets in the body. On November 29, he died a martyr because of serious injury at the age of 34. To praise his bravery and heroic deeds, the National Government of China promoted him to the rank of Lieutenant General posthumously.

為國謀劃抗日　拒絕任何賄賂

1931年"九・一八"事變發生，日本出兵侵佔中國東北地區。郁仁治根據自己對日本的研究和在日本軍校學習期間對日本的瞭解認為："日本軍閥對中國的地大物博野心勃勃，妄想侵佔中國的野心和計畫一刻沒有中斷……"。所以，中國與日本的大戰在所難免，只是時間問題。為了表示自己抗日的決心和告誡後人，郁仁治將自己4個兒子名字的最後一個字分別取字為："英、雄、豪、傑"。明示自己和孩子一定要做保家衛國、捍衛和平的"英雄豪傑"。

1932年"一·二八"事變發生，日本出兵進犯中國上海，淞滬抗戰爆發。郁仁治任上海守軍第十九（路）軍中校參謀，率部與入侵的日本軍隊展開激烈廝殺，阻止日軍入侵。給予日本軍隊重大殺傷。

1936年年初，郁仁治調任中華民國國民政府軍事委員會參謀部上校參謀。面對日本軍國的咄咄逼勢和對中國的侵略擴張野心，他積極協助張謂行少將制定國防備戰計畫，組織謀劃和應對日本軍隊入侵的可能預案與擬訂我軍作戰指導綱領。

1937年7月，日本出兵向中國華北發起大肆進攻，中國和平建設環境慘遭破壞，中國政府被迫全力組織軍民自衛應戰。郁仁治奉命調往山東省青島，擔任國防工程處處長兼軍警督察處少將處長。此時，日本正密謀向青島用兵，青島危矣。郁仁治率部積極應對和向國家報告。之後，郁仁治接到上峰下達的撤退命令。命令其在撤退前，焚毀日本設在青島的紗廠等工廠。為此，日本商人紛紛託人向其說情，獻上鉅款收買郁仁治企圖保全紗廠等工廠。郁仁治義正詞嚴地將說情送禮者罵跑，表示在任何時候任何情況下，決不向日本人妥協，決不接收日本人分文贓款。立即下令將日本紗廠等工廠全部炸毀燒掉，堅決不給日本侵略軍留下任何提供戰爭的物資與設備。

1938年1月，中國抗日前線戰況進一步惡化，華北華東領土成片淪陷。中華民國國民政府軍事委員會命令郁仁治趕赴山東省西部，組織和領導敵後抗日遊擊戰。任山東省第一行政區（魯西地區）督察專員兼軍事少將特派員。郁仁治立即赴任，在肥城、長清、東阿、平陰、寧陽等縣大力宣傳抗日救國思想，領導抗日武裝與敵寇遊擊周旋。他在寫給父親的信中說道："……男兒隸屬軍籍，效命疆場，誓與日軍周旋到底，最後的勝利必屬於我們。"他在給妻子的信中說："鬱鬱文章理道深，仁愛及人薄自己，治國願捐七尺軀……我現今獨當一面，文武兼管，所寄照片兩張，妥為保存，小孩讀書應教他看圖識字，早懂報效國家的道理……"。

不理同學勸降　血戰赴難肥城

1938年11月27日，郁仁治將軍率部駐守肥城縣西南的演馬莊。拂曉時分，日軍步兵、騎兵、炮兵和空軍共計1000餘人向其突襲包圍而來，郁仁治迅速指揮官兵應戰。日軍先以飛機加火炮進行轟炸炮擊，然後在步兵騎兵的配合下，共同向郁仁治部發起猛撲。

郁仁治與官兵們奮不顧身固守陣地。他們利用圍牆、房屋和斷壁，擊退了日軍一次又一次進攻。激戰一小時後，日軍大批援兵趕到，郁仁治部陷入日軍重圍之中。

當日本軍官從漢奸中得知，郁仁治將軍曾留學於日本，是個難得的將才時，便停止了攻擊，迅速調來其當年日本的同學校友，在陣前喊話，勸其投降或妥協。郁仁治對戰友說："我寧死不會降，你日本人打進吾家門，佔領吾國土，殺害吾同胞，姦污吾姐妹！我能降嗎？""投降，是我們軍人莫大的恥辱……"。他回答的是一串串子彈，和更加猛烈的反擊。

之後，郁仁治便與日酋拖延時間，決心借夜色殺開一條血路突圍。進入夜晚，郁仁治將軍親自端槍在前頭衝鋒陷陣，率領部隊向外猛衝猛殺。突圍中一個個官兵倒在了血泊中，郁仁治也身中敵彈負傷。但是，仍一邊指揮官兵猛烈還擊突圍，一邊咬牙忍痛衝鋒陷陣。終於，在貼身警衛攙扶和士兵的血戰下，突出了日軍的包圍圈，轉危為安。然而，郁仁治因傷勢嚴重，流血過多，於11月29日在東阿縣醫院殉國。時年34歲。

1938年12月23日，為表彰郁仁治率部忠勇抗戰報國之事蹟，山東旅外同鄉戰地服務團在重慶銀行公會，為郁仁治專員舉行了隆重的追悼大會，中華民國國民政府主要領導人林森、蔣中正等敬獻了花圈和挽聯。之後，中華民國國民政府頒佈褒揚令，追晉郁仁治陸軍中將軍銜。

易式穀將軍
General Yi Shigu

陸軍少將、國民革命軍第二十二軍司令部副官處處長

Major General and Chief of Lieutenants' Office of the 22nd Army Headquarters of the National Revolutionary Army

易式穀，字寶鈞。中國國民革命軍陸軍第二十二軍司令部副官處少將處長，著名抗日愛國戰將。1891 年出生於湖南省湘鄉縣。幼年入私塾讀書。中華民國初期畢業於保定陸軍軍官學校。之後，在湖南陸軍中先後任排長、連長、營長和團長等職。並參加北伐戰爭。

1937 年 7 月，蘆溝橋事變發生，日本出兵大肆侵犯中國，打破了中國和平建設環境，中國政府全力組織自衛應戰，中華民族抗日戰爭全面爆發。易式穀任國民革命軍陸軍第二十二軍司令部副官處少將處長。8 月，奉命率部參加淞滬會戰，在堅守大場地區陣地中予敵重創。1938 年春，奉命率部開赴徐州，參加徐州會戰。在邳縣禹王山南部地區冒著日本飛機掃射、轟炸和火炮炮擊，以及坦克與騎兵的強攻，成功阻滯了日軍的進攻，掩護我主力大軍戰略轉進。5 月 22 日，軍部被日軍機械化部隊包圍在靈壁縣尹集。易式穀奉命率部冒著日本陸空炮火，強行開路突圍，廝殺中重傷昏迷倒地。日軍誤認為是軍長譚道源負傷，立即抓捕，押往天津治傷說降。易式穀寧死不降，被日軍殺害殉國。時年 48 歲。

Yi Shigu, courteously named Baojun, a famous patriotic general of the War of Chinese

People's Resistance against Japanese Aggression, had been the Major General and Chief of Office of the 22nd Army Headquarters of the National Revolutionary Army. In 1891, he was born in Xiangxiang County, Hunan Province. He had studied at an Old-style Primary School. In the beginning of the Republic of China, he graduated from Baoding Army Officers School. He had served successively as the Platoon Leader, Company Commander and Battalion Commander in Hunan Army and he had joined the Northern Expedition.

In July 1937, the Lugouqiao Incident happened. Japan sent troops to invade China and broke the peaceful environment of China's development. The Chinese government made full efforts to organize self-defense and the Anti-Japanese War broke out in an all-round way. As the Major General and Chief of Lieutenants' Office of the 22nd Army Headquarters of the National Revolutionary Army, Yi Shigu participated in the Battle of Shanghai and heavily hit the enemy in the action of holding Dachang locality. In Spring of 1938, he was ordered to participate in the Battle of Xuzhou and succeeded in delaying the Japanese attack in Yuwang Mountain areas of Pi County and finally covered the main strength of his army to transfer. On May 22nd, Yi Shigu's troops were surrounded by the Japanese in Yiji of Lingbi County, and he was ordered to break through the close siege. Unfortunately, he was seriously wounded and lost consciousness. The Japanese wrongly thought he was Commander Tan Daoyuan, so they captured him and rushed him to Tianjin under armed guard. But Yi Shigu would rather die than surrender to the enemy and was eventually killed therein at the age of forty-eight, devoted his life to the noble cause of peace.

千里躍進華東抗戰　血戰被俘寧死不降

1937年7月，蘆溝橋事變發生，日本出兵大肆侵犯中國河北。8月，又出兵侵犯中國上海。日本軍隊入侵徹底打破了中國和平建設環境，中國政府被迫全力組織自衛應戰，中華民族抗日戰爭全面爆發。易式毅任國民革命軍陸軍第二十二軍司令部副官處少將處長，奉命率部由湖南省開赴上海，參加阻擊日本軍隊進攻的淞滬會戰。在堅守大場地區陣地中，率部頑強拼搏廝殺，予敵重創。同時，其所部也傷亡嚴重，第十八師師長朱耀華將軍殉職。奉命撤出淞滬戰場，全軍轉回湖南休整補充。

1938年4月初，徐州會戰進入了白熱化，為阻擊日本軍隊大幅度進攻和國際反戰形勢需要，以及打擊日本國內軍閥對中國的瘋狂侵略野心和"以求戰局的速決"，教訓、圍剿與拖垮日本。中國政府再次調集大軍向徐州集中。易式毅奉命隨軍長譚道源率第二十二軍以及所轄第五十師等部從漢口乘火車，趕赴江蘇省運河東岸的邳縣禹王山以南地區、三岔河一線阻擊日軍進攻，參加徐州會戰。

　　日本大本營為消滅參加徐州會戰的中國主力軍，調兵遣將向徐州合圍而來。1938年4月21日，日軍一路從蘇北攻高郵、寶應、逼近淮陰；另一路由鹽城、阜寧趨海州轉向新安與郯縣南下之部隊會合，快速向西推進，企圖直擊邳縣。4月22日，從臺濰公路及津浦路集結的日軍，由嶧縣東南經洪山南下直逼邳縣。22日晨，從雲南趕來參戰的我第六十軍一部與日軍在邳縣陳瓦房遭遇，雙方展開激烈廝殺。22日午，中國最高軍事統帥蔣中正委員長一行冒著日軍槍林彈雨趕到前線邳縣車輻山視察，他要求官兵一定阻擊遲滯日軍進攻……我各路大軍對入侵日軍展開了圍打堵截、襲擊。由此，臺兒莊地區至邳縣全線展開了激烈戰鬥。4月24日，邳縣禹王山地區戰事相當緊張。此刻，第二十二軍奉命趕到，易式穀將軍協助軍長譚道源指揮部隊迅速展開，以大運河為依託抵抗裝備精良的日本第十師團進攻。日軍以飛機、坦克和裝甲車配合步兵騎兵，向第二十二軍防守陣地反覆衝鋒攻擊，易式穀持槍指揮部隊日夜督戰廝殺，在日軍雨點般的炮彈與子彈中，率部頑強反擊，鏖戰拼搏，阻擊著日軍進攻。然而，我部隊也傷亡慘重。但是，全軍將士上下同仇敵愾，奮勇搏殺，牢牢堅守著陣地。至5月15日，成功阻滯了日軍的合圍計畫，掩護參加徐州會戰的我各路大軍戰略轉進。

　　1938年5月15日上午10時，易式穀奉命帶領所部撤離陣地，沿津浦路東側撤退。由於日軍佔有空中優勢，利用飛機對我部跟蹤射擊，致使我軍不斷傷亡。數日後部隊抵達安徽省靈璧縣境內，又遭到日軍堵截。易式穀率部強行突圍，且戰且走。5月22日上午，在尹集又遭遇到日本機械化部隊的包圍，面對數倍於己且裝備精良的日軍，易式穀指揮部隊，帶頭帶領軍部人員反擊廝殺突圍。突然身中槍彈，重傷倒地，昏死過去。軍長譚道源和軍參謀長李家白等官兵順利突圍。第五十師副師長彭璋等將士壯烈殉國。

　　之後，日本軍隊在打掃戰場時，發現易式穀重傷未死，見其高大魁梧，又在他的口袋裡發現了"譚道源"軍長的名片和私章，誤以為生俘了"譚道源"軍長。除進行大肆宣揚"勝利"戰果外，又將易式穀押往天津治傷，逼迫這個"譚道源"投降、並強行要求與其"合作"。易式穀飽受日軍酷刑，始終堅貞不降。最終，被日軍殘酷殺害。時年48歲。

易安華將軍
General Yi Anhua

陸軍中將、國民革命軍第七十一軍第八十七師第二五九旅旅長

Lieutenant General and Commander of the 259th Brigade of the 87th Division of the 71st Army of the National Revolutionary Army

易安華，字福如，號濟臣。中國國民革命軍陸軍第七十一軍第八十七師第二五九旅少將旅長，著名抗日愛國戰將。1900年4月，出生於江西省宜春縣遼市鄉。1907年夏，入本鄉私塾讀書。1924年11月，考入廣州黃埔陸軍軍官學校第三期憲兵科。1926年1月畢業，參加北伐戰爭。1928年畢業於南京陸軍軍官學校訓練班。1929年受訓於陸軍教導隊軍官隊。在軍旅中先後任排長、連長、營長和副團長等職。

1932年"一·二八"淞滬事件爆發，日本出兵侵犯中國上海。易安華任國民革命軍陸軍第五軍第八十七師第二六一旅第五二二團中校副團長，奉命隨部開赴上海抗戰，因戰功升任第五二二團上校團長。1937年8月，日本出兵大肆侵犯中國上海，徹底打破了中國和平建設環境，中國政府被迫實施自衛應戰，淞滬會戰爆發。易安華任國民革命軍陸軍第八十七師第二五九旅少將旅長，奉命率部參戰，給予入侵日軍重大殺傷。11月初，任鎮江警備司令，率部擊繳日軍戰車15輛，斃傷近千人。11月5日，南京保衛戰打響。奉命率部防守光華門右翼陣地，多次與日軍展開近戰肉搏。12月12日，易安華主動率部向雨花臺和中華門方向日軍出擊，與所部將士戰死在中華門外。易安華時年38歲。1939年9月，中華民國國民政府頒佈褒揚令，追晉易安華陸軍中將軍銜。

Yi Anhua, courteous name Furu, literary name Jichen, a famous patriotic general of Anti-Japanese War, had been the Major General and Commander of the 259th Brigade of the 87th Division of the 71st Army, Chinese National Revolutionary Army. In April 1900, he was born in Raoshi Town, Yichun County, Jiangxi Province. In the summer of 1907, he entered Private School. In November 1924, he was admitted to the Military Police Department of the 3rd session of Whampoa Military Academe. After graduation in January 1926, he participated in the Northern Expedition. In 1928, he graduated from the Nanjing Army Officers School. In 1929 he was trained in the Army Training Corps. He had served successively as the Platoon Commander, Company Commander, Battalion Commander, Deputy Regimental Commander, and so on.

In 1932, the Battle of Shanghai broke out on January 28th, and Japan sent troops to invade Shanghai, China. Yi Anhua, the Lieutenant Colonel and Deputy Commander of the 522nd Regiment of the 261st Brigade of the 87th Division of the 5th Army, commanded his troops to rush to the battlefield and resist Japanese forces in Shanghai. Because of his outstanding military exploits, he was promoted to the Colonel and Commander of the 522nd Division. In August 1937, Japan sent troops to invade Shanghai, China, completely breaking the peace-building environment in China. The Chinese government organized all forces to resist the Japanese invasion, and the Battle of Shanghai broke out. Yi Anhua led his troops to resist the enemies as the Major General and Commander of the 259th Brigade of the 87th Division. In early November, he served as commander of Zhenjiang police office. He led the troops to capture 15 Japanese chariots. When the Battle of Nanjing broke out on November 5th, 1937, he commanded his troops to defend the battlefield of Zhonghua Gate of Nanjing. After violent engagement, he fought at close quarters with Japanese invaders in bitter battles. On December 12th, Yi Anhua took the initiative to lead his troops in an attack towards the Yuhuatai and Zhonghua Gate direction. He and his soldiers fought to the death outside the Zhonghua Gate. Yi Anhua was 38 years old at the time. In September 1939, the Government of the Republic of China issued a commendation order posthumously promoting Yi Anhua to the rank of Lieutenant General in the Army.

首赴上海　勇猛殺敵

1932年1月28日，日本軍隊向駐守上海閘北的中國軍隊發動突然襲擊。中國守軍第十九（路）軍奮起自衛應戰。2月14日，中華民國國民政府組建國民革命軍陸軍第五軍，開赴上海前線，支援第十九（路）軍抗戰。易安華任第五軍第八十七師第二六一旅第五二二團中校副團長，奉命隨部參戰。易安華秉性忠誠、沉默寡言、有膽有識，對人和藹可親，帶兵善思能威，平時躬親鉅細，砥礪廉隅，臨陣身先士卒、忠勇奮發、為軍人之典範。

2月15日，易安華隨部到達上海南翔車站、第十九（路）軍總指揮部所在地，即奉命駐防上海虹橋機場。之後，又奉命擔任吳淞、張華浜、蘊藻浜等地的防禦任務。2月20日晨，日軍沿閘北與吳淞之間的江灣至廟行一線發起總攻，易安華率部在廟行一帶陣地阻擊日軍。他身先士卒，率部打退日軍一次又一次進攻。血戰至22日，易安華與友鄰部隊經過三晝夜拼搏奮戰，終於穩住陣角，阻止了日軍猛攻。中國軍隊立即從兩翼迂回日軍側後，對進攻之敵形成包圍態勢，日軍為避免被包圍全殲，狼狽逃竄。

廟行戰鬥剛剛結束，易安華即奉命增援瀏河。易安華所部徒步趕往瀏河，由於路途較遠，加之一路上日軍不斷騷擾，直到晚上也未能到達目的地。中途又奉命趕赴太倉。在太倉一線陣地，第五二二團和友鄰部隊協同作戰，與日軍相持多日。後因上海休戰協定簽訂，易安華等部奉命返師。1932年冬，易安華因戰功升任第五二二團上校團長。

再赴上海　痛殲日軍

1937年7月，蘆溝橋事變發生，日本軍隊大肆入侵中國河北。8月，日本又不斷向中國上海用兵，上海形勢漸趨緊張。為了保衛國家和平建設和經濟大都市上海，中國軍事委員會調兵遣將開赴上海。易安華任國民革命軍陸軍第七十一軍第八十七師第二五九旅少將旅長，率部駐防常熟。突然接到準備開赴上海的命令，立即將妻子兒女送回老家。在返回告別時，他對妻子施德群說："保家衛國，為了百姓的和平生活，軍人赴難捐軀是天職，汝準備領吾撫恤金，贍養家小……"。並給妻子和子女留下終言："不滅倭寇，誓不生還。國將不保，何以家為？……'名編壯士籍，不得中顧私。捐軀赴國難，視死忽如歸'"。

易安華回到軍營，立即召開誓師動員大會。面對全旅官兵，他心情激動，慷慨陳詞："……日寇佔領了我國東北，又侵入我國華北，國亡無日了，現在正是我們軍人報效國家的時候，不當生還，願效馬伏波馬革裹屍。"然後，他宣讀了開赴上海前線的命令。全旅官兵群情激奮，同聲高吼："國家興亡，匹夫有責！寧碎頭顱，還我河山！"……

1937年8月12日，易安華率部進駐上海江灣一帶陣地。8月13日，日本軍隊向江灣八字橋中國守軍發動進攻。14日，中國政府發表自衛抗戰聲明，組織反擊。淞滬會戰爆發。

8月14日下午，中國守軍總司令部下達總攻擊命令：我炮兵、步兵和空軍向入侵日軍實施全面反擊。第八十七師和第八十八師並列向虹口、楊樹浦之敵進攻。易安華率部向日軍展開猛攻，連戰皆捷，推進順利。戰至日暮，中國軍隊奪回八字橋、持志大學等要點。此後，中國軍隊冒著日本飛機掃射、轟炸和火炮襲殺，繼續猛攻，接連克復五洲公墓、愛國女校、粵東中學。17日，易安華部在友軍協同下，基本摧毀日本海軍操場和海軍俱樂部陣地。19日，易安華旅迅速突入楊樹浦租界至岳州路附近。8月22日，一舉攻佔了兩個日本工廠：康泰廠與精版印刷廠。

8月下旬，在張華浜戰鬥中，易安華率部奮勇阻敵，一舉殲滅日軍千餘人，繳獲大量戰利品。但易安華部也傷亡官兵1300餘人，營長袁韜陣亡。在蘇州河戰鬥中，營長白成奎戰死，他仍率部頑強與敵廝殺、抗衡。

1937年11月5日，日本又一支主力軍隊突然在中國上海南面杭州灣登陸，兵分兩路向淞滬戰場上中國軍隊側背迂回，對中國軍隊形成包圍之勢。淞滬戰場形勢急轉直下，中國軍隊被迫向"吳（吳江）福（福山）線"和"錫（無錫）澄（江陰）線"既設防禦陣地轉移抗擊。11月初，易安華奉命任鎮江市警備司令，率領第二五九旅和江蘇省省府鎮江警備部隊積極備戰。12月7日，率部與敵激戰爭奪四明山。在敵重炮飛機轟擊之下，易安華仍率部固守而戰。經艱苦遊擊奮戰，擊毀繳獲敵戰車15輛，斃傷日軍近千人。當晚，易安華奉命撤出陣地，轉進南京。

保衛南京　視死如歸

1937年12月初，日本軍隊分三路直撲中國首都南京，南京形勢萬分危急。中華民國國民政府軍事委員會任命唐生智為南京（首都）衛戍司令長官，負責固守南京。南京的防禦體系分為東南正面陣地和複廓陣地兩部分。易安華旅奉命擔任複廓防區光華門、通濟門外一帶右翼陣地的防禦任務。易安華立即率本旅及第五一八團和配屬補充團向指定防區進發。

1937年12月5日，南京保衛戰首先在句容打響。中國軍隊在淞滬會戰之後，因師勞兵疲，無法有效阻擊日軍的猛烈炮火，經過三晝夜浴血奮戰，陣地終被日軍突破。12月6日，日軍攻向淳化鎮，沿大道直赴光華門及通濟門。12月8日，易安華率部進抵中與日軍在高橋門一帶遭遇，雙方展開激戰。在擺脫日軍後，旋即進入光華門陣地。12月9日午後，日本指揮官松井石根為瓦解中國守軍戰鬥意志，派飛機向南京城撒下勸降書。中國守軍對此毫不理睬，繼續以高昂鬥志堅持抗戰、保衛南京。12月10日13時，日酋見勸降不成，調整部署，向南京城發起總攻擊。進攻從雨花臺、通濟門、光華門、紫金山同時開始，而對光華門的進攻尤為猛烈。

在光華門陣地上，面對日軍瘋狂進攻，在沒有炮火支援，傷兵也無法撤出的情況下，易安華沉著指揮，命令部隊隱蔽，待日軍靠近我方陣地時與日軍展開近戰，令日軍炮火優勢無從發揮。易安華率部頑強抵抗，連續打退日軍多次瘋狂進攻。戰至申時，日軍集中炮火猛轟光華門，城牆被炸開兩處缺口，日本步兵蜂擁而入，情況萬分危急。為堵住缺口，易安華率部與陳頤鼎指揮的第二六一旅協同作戰，第二五九旅從正面攻擊突入城內的日軍，第二六一旅則包抄日軍後路。經過一晝夜浴血奮戰，終於堵住了城牆缺口，全殲突入城內日軍。在戰鬥中，易安華頭部負傷，但仍和陳頤鼎將軍在電話中互相鼓勵："打得好！我們要堅持下去，守住南京……"。經與入侵日軍血戰三晝夜，迫使日軍將進攻重點轉向雨花臺方向。

1937年12月11日，日軍集中兵力進攻雨花臺和中華門，中國守軍傷亡慘重。戰至12日晨，雨花臺有的陣地陷落，中國守軍傷亡加重，陷入日軍重圍。易安華認為雨花臺關係全軍安危，為挽救危局，決定出其不意，主動出擊，牽制日軍，配合友軍守陣，乃率部反攻。在衝鋒陷陣中，易安華旅長身體受傷，部下勸其離開退下，易安華大義凜然地回答："我是堂堂的中國軍人，決不忍偷生而負國負民，我誓與弟兄們同生死……。"率部繼續反擊。他冒著槍林彈雨，身先士卒，帶傷率部衝鋒。在進攻途中，頭部、右臂又多處負傷。當腰部再次中彈後，昏死在地。易安華及部所餘官兵均犧牲在中華門外與進擊雨花臺中（旅部中校參謀主任鐘崇鑫等官兵也先後戰死。不知鐘崇鑫戰死的夫人張淑英在家苦苦等了77年，盼望夫君回家過上和平生活）。易安華旅長時年38歲，身無分文，留下愛妻和三子一女。

易安華旅長殉國後，江西省宜春舉行了隆重的追悼大會。國家軍政要員和各界人士敬獻花圈、誄辭。蔣中正委員長親贈輓聯："抗戰竟成仁，愴懷禾黍思猛士；精靈倘不昧，試看磅礡作怒濤。"張治中將軍送來輓聯："一身是膽，百戰忘軀，慟抗敵金陵，裹創麖兵成烈士；悵望河山，愴懷袍澤，誓揮戈海島，犁庭掃穴慰忠魂。"宋希濂將軍贈送輓聯："矢死不偷生，頓傷鼷鼠千鈞弩；思君惟有淚，待寫河山百戰功。"陳頤鼎將軍贈送輓聯："忠忱一念移山，滄海桑田驚浩劫；熱血千年化碧，蠻煙瘴雨哭英雄。"由於戰爭慘烈無法保護或找到易安華將軍遺體，人們便在宜春鎮北郊秀江河畔修建了一座衣冠塚，以供後人瞻仰。1939年9月29日，中華民國國民政府頒佈褒揚令，追晉易安華陸軍中將軍銜。

易良品將軍
General Yi Liangpin

國民革命軍第八路軍冀南軍區第六軍分區司令員

Commander of the 6th Military Sub-command of South Hebei Military Region of the Eighth Route Army of the National Revolutionary Army

　　易良品，外號"夜老虎"。中國國民革命軍陸軍第八路軍新編第七旅旅長，冀南軍區第六軍分區司令員，著名抗日愛國戰將。1910年9月，出生於湖北省麻城縣順河鄉易家畈。1917年入本村私塾讀書。高等小學畢業後，考入長沙市第三師範學校。1926年任小學教師，並秘密加入共產黨。1927年11月，參加黃安農民暴動，先後任工農紅軍排長、連長、營長、團長和團政委等職。1934年10月，隨部參加長征。之後，進入延安抗日軍政大學學習。

　　1937年7月，蘆溝橋事變發生，日本出兵大肆侵略中國。中國政府號召和全力組織軍民抗擊日本軍隊入侵，中華民族抗日戰爭全面爆發。工農紅軍堅決響應和積極參與，其主力部隊奉命改編國民革命軍陸軍第八路軍（後改稱第十八集團軍）。易良品任第八路軍第一二九師第三八六旅第七七二團第二營營長，奉命率部參加太原會戰。隨即，在敵後開展遊擊戰。1938年6月，任第一二九師隨營學校校長。1940年5月，任第八路軍新編第七旅旅長，奉命率部參加"百團大戰"，給予日偽軍重大殺傷。1941年2月，任冀南軍區第六軍分區司令員。1942年夏，所指揮的第十九團被第十八集團軍命名為"冀南戰鬥模範團"稱號。1943年3月15日，易良品率部轉移到棗強縣楊莊宿營，突遭日偽軍合圍。在指揮警衛部隊分路突圍時，腹部中彈，難以救護，3月24日殉國。時年34歲。

Yi Liangpin, nicknamed "Night Tiger", a famous patriotic general of the War of Chinese People's Resistance against Japanese Aggression, had been the Commander of the 6th Military Sub-command of South Hebei and Commander of the 7th New Brigade of the Eighth Route Army of the National Revolutionary Army. He was born in September 1910, in Yijiafan Village, Shunhe Town, Macheng County, Hubei Province, and was educated in an old-style private school in his childhood. After graduating from the Higher Primary School, he passed into the No.3 Normal School of Hunan Province. In 1926, he engaged in teaching at a primary school and joined the Chinese Communist Party secretly. In November 1927, he participated in Huang'an Armed Uprising, then he had served successively as the Platoon Leader, Company Commander, Battalion Commander, Regimental Commander of the League of the Workers' and Peasants' Red Army. In October 1934, he participated in the Long March. After that, he entered Yan'an Anti-Japanese Military and Political University to study.

After the Marco Polo Bridge Incident happened in July 1937, Japan sent troops to invade China. The Chinese government made every effort to organize the army and the people to resist the invasion of the Japanese army, and the Chinese Nation's War of Resistance against Japan broke out in an all-round way. The main body of Chinese Workers' and Peasants' Red Army was reorganized into the Eighth Route Army of the National Revolutionary Army in which Yi Liangpin was appointed the Second Battalion Commander of the 772nd Regiment of the 386th Brigade of the 129th Division of the Eighth Route Army. He led his troops to join the Battle of Taiyuan. In June 1938, he was appointed the President of the Camp School of the 129th Division. In May 1940, serving as the Commander of the 7th New Brigade of the Eighth Army, he led his troops to participate in the Hundred Regiments Offensive. In February 1941, he served as the Commander of the 6th Millitary Subarea of South Hebei. In the summer of 1942, the 19th Regiment under his command won the title of "the Model Fighting Regiment of Southern Hebei" awarded by the 18th Group Army. On March 15th, 1943, he led his troops to move to Yangzhuang of Zaoqiang County where they encountered surprise attack by Japanese and puppet troops. While commanding his garrison to break through the close siege, he was unfortunately shot in the abdomen and eventually died on March 24th at the age of 34, devoted his life to the beloved motherland.

展開破擊戰　智勇雙全

　　1940年8月8日，中國國民革命軍陸軍第八路軍（又稱第十八集團軍）總司令朱德、副總司令彭德懷和副參謀長左權聯合下達破擊華北日偽軍交通線的戰役行動命令。命令堅守華北敵後的八路軍全軍同時迅猛出擊，在晉察冀等地破壞日軍交通線，圍攻日偽軍據點，襲擾日偽軍行動，破壞敵人囚籠圍攻，紮根華北地區，牽制日軍向華東華中用兵。同時，中華民國國民政府軍事委員會委員長蔣中正要求各戰區牽制日軍增援，命令第一戰區司令長官衛立煌協助第十八集團軍（八路軍）開展破擊戰。8月20日晚，八路軍與日偽軍展開最大規模戰役——大破擊戰（亦稱"百團大戰"）拉開戰幕。八路軍105個團全部出擊。易良品任國民革命軍陸軍第八路軍新編第七旅旅長（政治委員文建武），奉命率部參加大破擊戰——對所分配正太鐵路段進行全面破壞。

　　8月30日，易良品率新編第七旅和冀南軍區部隊發起了大規模針對王高路的破擊戰。易良品帶領全旅官兵負責全線攻擊掩護，數萬名民工參加破路。為確保勝利，易良品命第十九團主攻垂楊鎮以北至高村的敵人，第二十一團攻擊垂楊鎮以南至王官莊之間的敵人，自己率第二十團和旅直屬部隊圍攻敵中心據點馬固莊。經過三晝夜激戰，不僅掩護民工將王高路段徹底破壞，而且攻克日偽軍碉堡16座，全殲偽"治安軍"兩個團。共計斃傷日偽軍500餘名，俘日偽軍450餘名，繳步槍500餘支、輕機槍27挺、子彈數萬發和大量軍需品。

　　9月22日，易良品指揮新編第七旅發動了"武城戰鬥"。攻打武城縣城前，易良品率部首先掃清週邊日偽軍據點。劉官屯據點是縣城週邊據點最堅固的一個，由日軍一個小隊和部分偽軍堅守。劉官屯炮樓築有四層樓高，修在公路邊，距縣城僅4公里，是通往武城的要道。日偽軍在炮樓四周挖了兩米深的壕溝，將土培成圍牆，中間的鹿砦吊橋高高拉起，壁壘森嚴。易良品旅長決定率部先攻克劉官屯的日偽軍據點。然而，日偽軍憑藉炮樓頑強抵抗，難以攻破。尤其新編第七旅的武器裝備很差，沒有攻堅的大炮等武器，日偽軍又堅守不出。所以，攻克此據點就成了一大難題。

　　易良品通過多方籌謀，想出了將地道挖到日偽軍據點底下、炸毀炮樓的辦法。他立即命令兩個連戰士，從日偽軍炮樓外的壕溝往裡挖，先挖明溝，後挖暗溝，快速掘進。日偽軍從炮樓內往外扔手雷，用機槍掃射，卻打不著在暗溝裡作業的八路軍官兵。很快八路軍新編第七旅將地道挖到炮樓底下。易良品命令在炮樓底下的地道裡安放了600公斤炸藥。

　　炸藥點火前，易良品命令官兵槍炮齊發，佯攻炮樓據點將日偽軍全部趕到炮樓內。然後，由爆破員點著炸藥引線，連聲鉅響，炮樓拔地而起，當場23名日軍、19名偽軍坐土"飛機"上了西天。此戰俘虜日偽軍60多人，繳獲據點全部武器彈藥及10多輛馬車的戰利物品。旋即易良品率領新編第七旅攻克武城縣城，打開日軍監獄，營救了300多名抗日志士和民眾，又繳獲了日偽軍大量軍用物資，取得全勝。

堅持遊擊戰　殉國棗強

　　1941年至1942年，中國抗日戰爭進入最艱難時期，尤其敵後抗日根據地更是進入了最艱苦階段。易良品奉命調任國民革命軍第八路軍冀南軍區第六軍分區司令員。此時，日軍正對冀南抗日根據地進行反復"掃蕩"、"合圍"和打擊。尤其第四、第六軍分區又是日偽軍攻擊"合圍"的重點，易良品率領廣大軍民無一日不處於緊張的戰鬥生活之中。僅1942年，日偽軍就對冀南抗日根據地"掃蕩"、"合圍"達737次。為避免大部隊被日軍圍而聚殲，保存有生力量，八路軍主力向外線轉移。易良品率領留守骨幹部隊化整為零，裝扮成民眾百姓，充分利用八路軍夜戰、突襲特點和自身多年養成的"夜老虎"習性，帶領小股部隊，襲據點、掏狗窩（漢奸、日本走狗居所）、摸崗哨、炸橋樑，穿梭於日偽軍眼皮之下，存身於各村莊的民眾之中，繼續在冀南日偽軍夾縫中、堅持遊擊戰，戰果優異。所指揮的第十九團被第十八集團軍命名為"冀南戰鬥模範團"稱號。

　　1943年初春，華北平原嚴寒刺骨，抗日鬥爭形勢更加艱苦險惡。為了擺脫困境，3月15日，軍分區在冀縣劉莊召開會議研究對策，會後為避免突遭日偽軍襲擊，又轉移到棗強縣楊莊宿營。第二天拂曉，村頭忽然響起淒厲的槍聲。易良品和官兵們跳下土炕衝出院子，發現村子已被日偽軍包圍。易良品立即指揮還擊，並果斷指揮與會人員和警衛排分頭突圍。在突圍途中，易良品被敵人一顆子彈擊中腹部，身負重傷。警衛排邊打邊掩護易良品突圍。很快易良品被抬到底閣村掩藏起來，躲過了日偽軍搜捕。然而，由於傷勢過重，3月24日，壯烈殉國。時年34歲。

　　易良品司令戎馬一生，死後身無分文。當本地官兵民眾為其下葬時，在場的分區醫療所所長熊登欽問警衛員說："……易司令還有什麼遺物嗎？"警衛員回答："只有一塊從日軍中繳獲的手錶，其他分文無有。"熊登欽接過手錶，上滿弦對準時間，鄭重地戴在了易良品的手腕上。幾天之後，當易良品的妻子王月婷匆匆趕來，重新打開棺木再看丈夫一眼的時候，發現丈夫手腕上那塊手錶的錶針，仍然執著地向前跳動著，發出清脆的滴答響聲。

周元將軍
General Zhou Yuan

陸軍中將、國民革命軍第四十八軍第一七三師副師長

Lieutenant General and Deputy Commander of the 173rd Division of the 48th Army of the National Revolutionary Army

周元，字凱之，壯族。中國國民革命軍陸軍第二十一集團軍第四十八軍第一七三師中將副師長，著名抗日愛國戰將。1894年出生於廣西省明江縣（今寧明）洞廊村。1902年入私塾讀書。1909年參加桂軍，開始戎馬生涯。後考入龍州教導團學習。1924年周元轉入國民革命軍。1934年考入中央陸軍軍官學校南寧分校第五期高級班學習，畢業後任少將副師長。

1937年8月，日本出兵大肆入侵中國上海，打破了中國和平建設環境，中國政府組織軍隊奮力阻擊，淞滬會戰爆發。周元任國民革命軍陸軍第四十八軍第一七三師少將副師長兼第五一七旅旅長，奉命率部從廣西省開赴上海參戰。10月，周元率部進入上海指定戰場，立即與日軍展開廝殺。因負傷仍堅持指揮作戰，被擢升陸軍中將軍銜。1938年5月初，奉命率一個團堅守安徽省蒙城，阻止沿津浦鐵路、蒙蚌路和沿渦河進攻之敵，掩護參加徐州會戰的主力部隊轉進。部隊在行進中突遭暴雨，周元傷病復發，仍率部於10日趕到蒙城佈防。5月13日，經過浴血奮戰，給予日軍重大殺傷，其所部也傷亡嚴重，蒙城陷落。周元在指揮部隊突圍時，身中數彈，壯烈殉國。時年45歲。其所部沒有突圍出來的官兵和傷員慘遭日軍殺害。

Zhou Yuan, courtesy name Kaizhi, was a Zhuang ethnic minority. He was a renowned patriotic general in the Chinese National Revolutionary Army, serving as the Deputy Division Commander of the 173rd Division, 48th Army of the 21st Group Army. He was born in 1894 in Donglang Village, Mingjiang County (now Ningming County), Guangxi Province, China. In 1902, he attended a private school for his education. In 1909, he joined the Guangxi Army, beginning his military career. Later, he enrolled in the Longzhou Instructional Corps for further studies. In 1924, Zhou Yuan transferred to the Chinese National Revolutionary Army. In 1934, he entered the 5th Advanced Class of the Nanning Branch of the Central Military Officers School and, after graduation, held the rank of Major General as the Deputy Division Commander.

In August 1937, Japan launched a large-scale invasion of China, starting with Shanghai, which shattered the peaceful construction environment in China. The Chinese government organized its forces to vigorously resist, and the Battle of Shanghai broke out. Zhou Yuan served as the Deputy Division Commander of the 173rd Division, 48th Army of the Chinese National Revolutionary Army, and concurrently as the Commander of the 517th Brigade. He was ordered to lead his troops from Guangxi Province to Shanghai for combat. In October, Zhou Yuan and his troops engaged in fierce fighting against the Japanese army. Despite being injured, he persisted in commanding the operations and was promoted to the rank of Lieutenant General. In early May 1938, he was ordered to defend Mengcheng in Anhui Province, blocking the enemy's advance along the Jinpu Railway, Mengbang Road, and the Yanwo River, while covering the main force troops retreating to participate in the Battle of Xuzhou. On May 13th, after bloody battles that inflicted significant casualties on the Japanese, Zhou Yuan's forces suffered heavy losses, and Mengcheng fell. While leading his troops in a breakout attempt, Zhou Yuan was hit by several bullets and died a heroic death at the age of 45.

保衛上海英勇善戰　負傷不下火線

1937年7月，蘆溝橋事變發生，日本出兵大肆侵犯中國華北，打破了中國和平建設環境，中國政府被迫全力組織自衛應戰，中華民族抗日戰爭全面爆發。周元任中國國民革命軍陸軍第四十八軍第一七三師少將副師長兼第五一七旅旅長，奉命率部駐守廣西省蒙山、荔浦一帶。耳聞日本軍隊瘋狂進攻中國華北地區，周元義憤填膺，對所部將士說："你我都是軍人，讓日本鬼子占去我們的大好河山，我們有何臉面再見黎民百姓……"。

8月13日，日本海軍陸戰隊向中國上海江灣八字橋守軍發起進攻，中國守軍奮起還擊，淞滬會戰爆發。中國軍隊浴血奮戰，前赴後繼阻擋日本軍隊入侵。10月11日，中國政府命令駐廣西的第七軍和第四十八軍組成第二十一集團軍，開赴上海參戰，周元隨廖磊總司令率部北上。此時，上海已經是炮火連天，日本飛機反復轟炸，到處硝煙彌漫，中國軍隊頑強阻擊，殺聲陣陣。10月17日，周元奉命在陳家行指揮部隊阻擊日軍進攻。日軍炮火異常猛烈、飛機掃射轟炸，步兵攻勢凌厲，一波接著一波攻擊。周元部雖初次與日軍交戰，但是周元指揮有方，官兵個個士氣高昂，英勇善戰，寧死不退，將日軍進攻一次次擊退。特別在戰鬥關鍵時刻，周元身先士卒，率部衝鋒陷陣。當自己身負重傷時，仍堅持指揮戰鬥，督戰官兵奮勇衝殺……直至將敵人擊潰，才撤離戰場，進入戰地醫院治療。未待痊癒，周元即再赴戰場。上級鑒於其忠勇異常，帶兵有方，特呈報國家擢升陸軍中將軍銜。

11月5日，日本又一支主力軍隊突然在中國杭州灣登陸，向淞滬戰場上中國軍隊側背發起攻擊，對中國軍隊形成包圍之勢。為打破日軍包圍與保存有生力量，中國軍事委員會命令中國軍隊立即撤退轉進。周元奉命率部轉進浙西，駐紮孝豐、桐廬一帶，收容整頓部隊。繼而在皖南、浙西一帶展開遊擊戰，打擊日本軍隊入侵。

掩護徐州轉進部隊　堅守蒙城殉國

1938年年初，徐州會戰全面展開。中國軍隊在蚌埠方面給予日軍重大殺傷。3月中旬，中國軍隊在臨沂一帶重創日軍。4月初，又重創沿津浦路南犯之日本精銳第五、第十師團，取得臺兒莊戰役勝利。4月中旬始，日本不甘心失敗，先後從國內和中國佔領區平、津、晉、蘇、皖一帶增調8個師團和其他部隊，共計30萬餘兵力，分六路對徐州实施大包圍，企圖消滅第五戰區60萬大軍於徐州地區，中國第五戰區積極應對。5月上旬，第五戰區司令長官部考慮到數十萬大軍雲集於徐州一帶，正是日本機械化部隊和空軍最好的攻擊目標，為避免在不利條件下與敵決戰，遂決定放棄徐州，有計劃向豫南、皖西北一帶實行戰略轉移，尋機再戰。為掩護主力部隊和司令長官部撤退轉進，司令長官部命駐守淮河地區的第二十一集團軍阻擊津浦路南段之敵，堅守宿縣和蒙城。廖磊總司令即命第七軍第一七一師師長楊俊昌率部馳赴宿縣縣城堅守、命令第四十八軍第一七三師副師長周元率一個團兵力，星夜兼程馳赴蒙城佈防。周元立即率第一七三師第一〇三三團（團長凌雲上）趕赴蒙城，抗擊沿津浦路北進與沿渦河西犯之敵。與此同時，日軍第十三師團兩萬餘人已由南京向蚌埠集結、進攻。

1938年5月8日，周元和凌雲上率第一〇三三團（轄第一營、營長賈俊優，第二營、營長李國文，第三營、營長藍權）2400餘人，向蒙城開拔。到鳳臺南岸渡過淮河，沿蒙鳳公路續進。是晚在新集附近宿營。9日晨繼續向目的地前行。然而日本飛機不斷掃射轟炸，午後又遇傾盆大雨，行軍十分困難。10日上午11時許，才到達蒙城。蒙城縣城狹小，城牆單薄，且大部是土牆，容被炮火損害，易攻難守。東郊附近有小村莊數個，村緣樹林濃密。城北城西的郊外，地勢平坦，村莊離城較遠。北面城垣之下，有渦河東流，對堅守蒙城有緩衝作用。

周元因在上海戰役中受傷，加之冒雨行軍疲勞過度，身體衰弱生病，命令凌雲上團長分配兵力，指揮部隊抓緊時間構築工事（參照上海戰役的作戰經驗進行構築），嚴陣以待：第一營佔領南門外小街市及南門城頂，第二營佔領北城外的河邊街及西北角之小北門、並向渦河北岸警戒，第三營守東門外附近各村莊及東門城內大街。同時，動員城內民眾去鄉村以避戰火。

11日下午3時許，日軍大部隊趕到，連續向城外周邊村莊發起攻擊，均被守軍擊退。12日晨，日軍升起系留氣球探測目標，其大炮向東門內猛轟，密如彈雨。日軍飛機三四架來回向城內外俯衝轟炸掃射。蒙城內外，濃煙四起，一片火海。各營官兵堅守陣地，寧死不退，日軍進攻毫無進展。下午1時許，日軍再次施展上述戰術，並掩護10餘輛坦克向我陣地衝來。因前沿陣地均設置樹杆鹿砦，官兵以手榴彈猛投，其後步兵以輕重機槍猛掃，再次粉碎日軍進攻。入夜，戰鬥再起，在日軍猛攻與戰車連續衝擊之下，城外各陣地均失，部隊全部撤回城內堅守。日軍迫近城垣，徹夜以機槍掃射城頂，屢次企圖爬城，全被守軍打垮擊退。

13日拂曉，日軍開始攻城，各種火炮向城頂和城內傾瀉。尤其東城南端，更為激烈，炮聲振耳、硝煙彌漫，令人呼吸困難，守軍傷亡慘重。日軍乘機登城，守城官兵奮力阻殺。第二營營副李如春與四名排長戰死，士兵傷亡逾百，終將敵打退。擊斃日軍多人，俘獲日軍10餘人，繳獲步槍60餘支、輕重機槍5挺。10時許，攻城日軍在飛機和戰車的協助下，又發起猛攻，城垣多處轟毀。12時，日軍向城內發起突擊猛衝，第三營營長藍權與多名官兵中彈犧牲。周元立即向集團軍總司令廖磊發出急電："……四面包圍之敵與我激戰，敵於炮空掩護下，屢向我軍突擊，互爭東、南門各要點，血戰終日，我已傷亡過半，彈藥將盡，迫得逐步向城內退守，準備刃戰，與城共存亡。城垣不堅，今日東、南門已被轟毀數處，情況緊急……飭援軍兼程前進，以挽危局而奏夾擊之效。"廖磊總司令接電後，即令第一七六師從側背襲擊進攻蒙城之敵。但為敵所阻，未能接近蒙城。

日軍展開了四面攻城。在北城垣戰鬥中，第二營營長李國文中彈陣亡。正在督戰的中校團附謝榮森戰死。日軍大量湧入城內，各要點已被日軍強佔，並將大街小巷割斷，對守城官兵分割包圍，巷戰全面展開，激烈而慘酷。周元和凌雲上分別率能掌握之部突圍，他們在小北門附近相遇。周元命令淩雲上集結、收攏隊伍，向城外強行突圍。在突圍激戰過程中，周元在東門外身中數彈，壯烈殉國，時年45歲。淩雲上帶領剩餘人員繼續突圍。在城內被敵分割包圍、難以突圍的守軍官兵仍在頑強戰鬥，寧死不降。14日蒙城陷落。15日淩雲上率殘兵突出到達鳳臺縣城。在此次堅守蒙城戰鬥中共犧牲官兵1600多人，其中600多名無戰鬥力又不能行走突圍的重傷員，被日軍俘獲全部屠殺。

　　戰後，蒙城民眾收斂殉國將士忠骸，在社會各界人士的幫助下，葬於城郊莊子祠東側，築抗日忠烈墓，特為周元將軍專築一墓，並立碑銘志。在周元將軍的故鄉，桂林市建築了一座周元抗日陣亡紀念塔，塔上刻有白崇禧將軍和李宗仁將軍親筆題詞："痛失幹城"、"成仁取義"，以永祭紀念。

周建屏將軍
General Zhou Jianping

陸軍少將、國民革命軍第八路軍第一一五師第三四三旅副旅長

Major General and Deputy Commander of the 343rd Brigade of the 115th Division of the Eighth Route Army of the National Revolutionary Army

周建屏，原名宗堯，字興唐。中國國民革命軍陸軍第八路軍第一一五師第三四三旅少將副旅長，晉察冀軍區第四軍分區司令員，著名抗日愛國將領。1892年8月，出生於雲南省宣威縣倘壙村。1899年入本地學校讀書。1909年考入雲南陸軍講武堂。1925年考入廣州黃埔陸軍軍官學校第四期。1927年秘密加入共產黨。1929年奉命到方志敏領導的贛東北根據地任紅軍團長、師長和軍長[1]。1934年率部參加長征。

1937年7月，蘆溝橋事變發生，日本出兵大舉侵略中國，打破了中國和平生活環境，中華民國國民政府號召全國軍民共同抗擊日本軍隊入侵。工農紅軍堅決響應中華民國國民政府號召，其所部奉命改編中國國民革命軍陸軍第八路軍（後改為第十八集團軍），離開後防駐地延安地區，開赴前線抗日。周建屏任第八路軍第一一五師第三四三旅少將副旅長，奉命率部挺進華北抗日前線禦敵，參加了太原會戰，多次重創日軍。12月，周建屏任晉察冀軍區第四軍分區司令員。帶領全分區軍民積極抗戰，踴躍支前，擴建八路軍隊伍和地方武裝。第四軍分區榮獲"模範抗日根據地"稱號。1938年6月13日，周建屏在抗日根據地勞累過度，舊傷和疾病復發，沉屙難治，為國殉職。時年47歲。

Zhou Jianping, formerly named Zongyao, courteously named Xingtang, a famous patriotic general of the War of Chinese People's Resistance against Japanese Aggression, had been the Major General and Deputy Commander of the 343rd Brigade of the 115th Division of the Eighth Route Army of the National Revolutionary Army and Commander of the 4th Military Sub-command of the Shanxi-Chahar-Hebei Military Region. He was born in August 1892, in Tangkuang Village, Xuanwei County, Yunnan Province. In 1899, he studied at a local school. In 1909, he was admitted to the Yunnan Military Academy. In 1925, he was admitted to the 4th session of Officers' Course of Whampoa Millitary Academy. In 1927, he joined the Chinese Communist Party secretly. From 1929, he served successively as the Regimental Commander, the Division Commander and the Commander-in-Chief of Northeastern Jiangxi base area which was led by Fang Zhimin. In 1934, he led his troops to participate in the Long March.

In July 1937, the Lugou Bridge Incident happened, and Japan launched a large-scale invasion of China, breaking the peace-building environment in China. The Chinese government made every effort to organize the army and the people to fight against the Japanese invasion, and the Chinese nation's war of resistance against Japan broke out in an all-round way. Chinese Workers' and Peasants' Red Army force was reorganized to the Eighth Route Army of the National Revolutionary Army where Zhou Jianping served as the Major General and Deputy Commander of the 343rd Brigade of the 115th Division. He led his forces to march from Yan'an to the front line of North China to resist the Japanese aggressors and repeatedly defeated them. In December, Zhou Jianping was appointed Commander of the 4th Military Division of the Jin-Cha-Ji Military Region. The 4th Military Division won the title of "model Anti-Japanese invasion base area". On June 13, 1938, he died of recurrence of the former wounds and diseases because of overwork in the Anti-Japanese battlefield, at the age of 47 years old.

共赴國難　痛殲日軍

1937年7月7日，蘆溝橋事變發生，日本出兵大肆侵略中國，打破了中國和平建設環境。7月17日，中華民國國民政府委員會委員長蔣中正發表《對蘆溝橋事件之嚴正聲明》："中國民族本是酷愛和平……我們是弱國，國家要進行建設，絕對的要和平，過去數年中，不惜委曲忍痛，對外保持和平……我們固然是一個弱國，但不能不保持我們民族的生命，不能不負擔祖宗先民遺給我們歷史的責任，所以到了迫不得已時，我們不能不應戰……如果放棄尺寸土地與主權，便是中華民族的千古罪人……我們希望和平，而不求苟安，準備應戰，而決不求戰……如果戰端一開，就是地無分南北，人無分老幼，無論何人皆有守土抗戰之責……全國國民亦必須嚴肅沉著，準備自衛……"。

共產黨堅決響應，立即發表《中國共產黨共赴國難宣言》："……當此國難極端嚴重民族生命存亡絕續之時，我們為著挽救祖國的危亡，在和平統一團結禦侮的基礎上，已經與中國國民黨獲得了諒解，而共赴國難……取消一切推翻國民黨政權的暴動政策及赤化運動，停止以暴力沒收地主土地的政策。取消現在的蘇維埃政府，實行民權政治，以期全國政權之統一。取消紅軍名義及番號，改編為國民革命軍，受國民政府軍事委員會之統轄，並待命出動，擔任抗日前線之職責……"。8月25日，紅軍部隊奉命改編中國國民革命軍陸軍第八路軍（9月11日，中華民國國民政府軍事委員會發佈電令，將第八路軍番號改為第十八集團軍，下轄第一一五師、第一二〇師和第一二九師）。陳光任第八路軍第一一五師第三四三旅少將旅長，周建屏任少將副旅長。奉命率領部隊東渡黃河，奔赴華北抗日前線阻敵。

9月下旬，第一一五師主力部隊奉命開赴晉東北前線，參加太原會戰。9月23日夜，周建屏奉命率領第三四三旅在平型關喬溝一帶設伏阻擊日軍。平型關喬溝一帶地勢險要，公路兩側都是高山。周建屏帶領官兵利用此有利地形進行秘密埋伏。25日拂曉，周建屏率部同友軍密切配合共同出擊，一舉圍殲日本第五師團第二十一旅團一部和旅輜重部隊近1000人，繳獲大量車輛、槍支彈藥和軍用物资。

12月11日，中國晉察冀軍區第四軍分區在河北省平山縣洪子店成立，周建屏任司令員，劉道生任政治委員。負責在平漢路新樂至石家莊以西和正太路石家莊至壽陽以北地區，打擊和襲擾日偽軍。晉察冀軍區第四軍分區的成立，直接威脅到石家莊的日軍，對平漢、正太兩條鐵路也構成重大威脅。日酋得到消息後，立即由石太路秘密調集1000多名日軍和偽軍，企圖襲擊洪子店，消滅八路軍第四軍分區機關。周建屏探知，快速向上級彙報了日軍的動向，很快我第三四四旅的兩個主力團開赴第四軍分區，由周建屏統一指揮。周建屏對當地地形早已諳熟於心，決定將部隊分成兩路，一路埋伏在辛莊西的西涼山上，一路埋伏在辛莊東山上，力圖全殲來犯日偽軍。驕橫的日酋憑藉著裝備精良武器朝辛莊撲來。當日偽軍全部進入我軍設好的伏擊圈後，周建屏一聲令下，立刻響起急風暴雨般的槍聲和手榴彈爆炸聲。氣焰囂張的日偽軍被打得人仰馬翻，鬼哭狼嚎。1000多名日偽軍，大部分當場被擊斃擊傷，只有一少部分逃回。

擴大武裝　殉職太行

中國平漢路新樂至石家莊以西和正太路石家莊至壽陽以北地區，在第四軍分區司令員周建屏和全體工作人員的努力下，當地群眾抗日熱情十分高漲，青壯年紛紛報名參加八路軍，很快成立了3個區隊。各村的自衛隊、兒童團也活躍起來，站崗放哨，通風報信。同時，軍分區的發展促進了抗日力量的大聯合。其中有3個營兵力的地方抗日武裝——聯莊會，在周建屏細緻宣傳和耐心說服下，同意與第四軍分區3個區隊進行合編，接受第四軍分區領導。第四軍分區的部隊不斷發展擴大，戰鬥力也在不斷增強。

1937年年底到1938年年初，日本糾集重兵，兵分八路向晉察冀抗日根據地發動瘋狂"掃蕩"。周建屏率部與兄弟部隊緊密配合，利用熟悉地形的優勢和靈活多變的遊擊戰術成功粉碎了日軍進攻，並驅逐了侵佔平山城的日軍。同時，周建屏率領軍分區機關和部隊，在日偽軍殘酷"封鎖"、"分割"、"掃蕩"和"蠶食"的艱苦條件下，發動群眾開展減租減息運動，幫助地方百姓發展生產，建設抗日民主政權，建立地方抗日武裝；動員民眾參軍參戰，壯大八路軍隊伍。第四軍分區抗日力量在敵後太行山東麓、滹沱河兩岸得到迅猛發展，被晉察冀邊區命名"模範抗日根據地"。

1938年3月，周建屏由於勞累過度，舊傷復發，又染上了脊髓炎，身體越來越差，難以站立。經多方醫治，病情始終不見好轉。6月13日下午3時許，周建屏將軍在太行山抗日根據地病逝殉職。時年47歲。

注[1]：工農紅軍是共產黨領導組織的民眾武裝，其軍、師、團、營、連的編制與中華民國國民政府領導的國民革命軍正規編制不一樣，尤其人數和裝備基本都少於中國國民革命軍的軍、師、團、營、連的人數與裝備。所以，在1937年8月工農紅軍奉命改編中國國民革命軍陸軍時，其軍隊幹部職務普遍降一級到兩級，如紅軍師長，則為國民革命軍團長。

柳漱風將軍
General Liu Shufeng

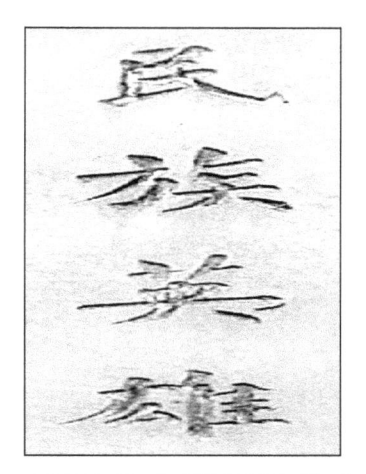

陸軍少將、國民革命軍新編第六軍參謀長

Major General and Chief of Staff of the 6th New Army of the National Revolutionary Army

　　柳漱風，又名溥泉。中國國民革命軍陸軍新編第六軍少將參謀長，著名抗日愛國將領，以廉潔奉公聞名於軍內外。1895年出生於湖南省醴陵縣五里牌村。1903年入本鄉私塾讀書。之後，就讀於長沙中學和湖南工業專科學校礦冶科。1922年，在湖南陸軍講武堂畢業後，赴廣州大元帥府任職。先後任副官、處長、員警所長、軍官訓練團總務科科長等職。1936年考入中國陸軍大學深造。

　　1937年7月，蘆溝橋事變發生，日本出兵大肆侵略中國，打破了中國和平建設環境，中國政府全力組織軍民自衛應戰，中華民族抗日戰爭全面爆發。柳漱風率領部隊阻擊日本軍隊進攻入侵。1938年春，任國民革命軍第九戰區司令長官部少將高級參謀，參與組織了武漢會戰的決策與指揮。1939年春，奉命到湘西組建國民革命軍陸軍新編第六軍。柳漱風以自身過硬軍事素質、吃苦實幹、清正廉潔、辦事公正和禮賢下士贏得官兵愛戴。新編第六軍很快組建完成，柳漱風任軍參謀長。1939年5月27日，柳漱風在趕赴湖南省桃源水溪視察軍隊時，中途翻車遇難殉職。時年45歲。由於柳漱風人格魅力之影響，該軍很快成為一支能征善戰的抗日勁旅。

　　Liu Shufeng, also known as Puquan, was a famous patriotic general in the Chinese National Revolutionary Army. He served as the Chief of Staff of the newly formed 6th Army of the Chinese National Revolutionary Army with the rank of Major General. He was well-known for his integrity and dedication to public service, both within and outside the military. He was born in 1895 in Wulipai Village, Liling County, Hunan Province, China. In 1903, he attended a local private school for his education. Later, he studied at Changsha Middle School and Hunan Industrial Technical School, majoring in mining and metallurgy. In 1922, after graduating from the Hunan Military Academy, he went to work at the Grand Marshal's Headquarters in Guangzhou. He held various positions, including aide-de-camp, department director, police station chief, and chief of general affairs in the Military Officer Training Corps. In 1936, Liu Shufeng entered the Chinese Army University for further studies.

In July 1937, the Marco Polo Bridge Incident occurred, and Japan launched a large-scale invasion of China, shattering the peaceful construction environment and leading to the outbreak of the Chinese People's War of Resistance against Japanese Aggression. Liu Shufeng led his troops to resist the Japanese invasion. In the spring of 1938, he served as a senior staff officer of the 9th Military Region Command of the Chinese National Revolutionary Army and participated in the decision-making and command of the Battle of Wuhan. In the spring of 1939, he was ordered to organize the newly formed 6th Army of the Chinese National Revolutionary Army in Xiangxi. Liu Shufeng's personal qualities of hard work, integrity, fairness, and respect for talent won the love and respect of his officers and soldiers. The formation of the 6th Army was quickly completed, and Liu Shufeng became its Chief of Staff. On May 27, 1939, while traveling to inspect the troops at Shuixi in Taoyuan County, Hunan Province, Liu Shufeng's vehicle overturned, and he tragically lost his life. He was 45 years old at the time. Due to his charismatic influence, the 6th Army quickly became a formidable force in the resistance against Japan.

衛國征戰抗倭寇　廉潔整軍殉軍途

1937年7月，蘆溝橋事變發生，日本出兵大肆侵略中國，打破了中國和平建設環境，中國政府全力組織軍民自衛應戰，中華民族艱苦卓絕的抗日戰爭全面爆發。柳漱風積極參與和組織自衛應戰。1938年春，中華民國國民政府軍事委員會為適應抗日戰爭需要，以武漢衛戍司令部為基礎，組建成立第九戰區司令長官部。柳漱風任第九戰區司令長官部少將高級參謀，參與組織了武漢會戰和阻擊日本軍隊入侵湖南的重大戰役與戰鬥。

隨著中國抗日戰爭的不斷深入與擴大，隱居在中國湖南省西部大山中以占山為王，拉紳糧、劫富商為生計的幾股"土匪"，請求政府能夠招安他們，出山參加抗日戰爭，以洗清其罪惡，為保衛國家和平出力、為抗擊倭寇效命疆場。並懇求政府派得力將官，幫助他們訓練和整治隊伍，以取信於民，取信於國家。同時，湖南省鳳凰、乾城、麻陽、永綏和保靖等地的苗民子弟，苗寨各村屯的自衛隊、保安團（革屯軍）等聯合組成了抗日自願軍，也請求政府派出得力人員幫助他們訓練抗擊日軍的戰鬥技能，以便出寨保家衛國，為和平效力。

由於柳漱風將軍受過多學科中高等教育，知識而廣，責任心強，有韌性，認識高，特別廉潔自律，才華出眾，務實肯幹，指揮和帶兵實踐經驗豐富。尤其是他在1922年受命赴廣東大元帥府任職，在陸軍講武學校開辦期間，曾兩次奉命回湖南省招生。當錄取人員較多，所領取的招生費用（銀洋700元）僅用了三分之一，餘額全部上交的事例後，在軍中一直被傳頌佳話。為此，中國第九戰區司令長官部命令柳漱風帶隊去接收、整編和訓練這支隊伍。

柳漱風率隊到達訓練營地後，天天深入官兵下層，同士兵同吃同住同訓練，沒有任何特殊與"花樣"。尤其柳漱風作為政府和軍隊派出的帶隊官員，沒有任何官架，不吸煙、不喝酒、不賭博、不戲愚士兵和下層軍官，為人和藹可親；常常是一身士兵裝，在官兵中問寒問暖，給官兵解決切身問題與困難，教導士兵做人的道理，操練的科目實用簡單。特別是柳漱風軍事操練的準確規範，技能的神速高超，以及為人師表的典範與魅力，深得官兵們的愛戴與佩服。使"下山"的"土匪"，很快改掉了"匪氣"和不良習慣；各村屯自衛隊的"拖拉"和"哥們"作風迅速改變，官兵協調和單兵作戰技能快速提升，部隊整體素質提高很快⋯⋯在柳漱風等將領的艱苦努力下，這支隊伍於1939年春，被整編組建成立了國民革命軍陸軍新編第六軍。第九戰區司令長官薛岳上將親自兼任軍長，沈久成中將任副軍長，柳漱風少將任參謀長，下轄暫編第五師（師長戴季韜）和暫編第六師（師長龍雲飛）。準備開赴抗日戰場⋯⋯

1939年5月27日，當柳漱風驅車趕往湖南省桃源水溪視察該軍的綜合訓練情況時，突然在中途翻車遇難殉職。時年45歲。柳漱風參謀長突然遇難身亡，給該軍帶來了鉅大損失，全軍官兵為失去自己非常信賴的長官和兄長失聲痛哭，集體請求上峰予以記功褒揚。經查證："柳漱風將軍為官多年，忘我工作，清正廉潔，家貧如洗，現父老妻孀，膝下無兒女，無依無靠，為狀至慘⋯⋯"。中華民國國民政府特頒佈褒揚令：從優撫恤，明令表彰。

中國國民革命軍陸軍新編第六軍，通過多次戰鬥洗禮，已經成為一支能征善戰的抗日勁旅，譜寫了一曲曲壯烈的報國殺敵凱歌。其中，暫編第五師在鄂西會戰的華容惡戰中，將日軍打得落花流水。被日酋和媒體稱之為"戰意堅強、不可輕侮之師"。新編第六軍為中華民族和世界反法西斯戰爭立下了不朽功勳。

郝夢齡將軍
General Hao Mengling

陸軍上將、國民革命軍第九軍軍長

General and Commander of the 9th Army of the National Revolutionary Army

　　郝夢齡，字錫九。中國國民革命軍陸軍第九軍中將軍長，著名抗日愛國將領。1898年出生於河北省藁城縣莊合村。1905年入私塾讀書。少年時投入奉軍，開始戎馬生涯。1917年考入保定陸軍軍官學校第六期步兵科。在軍旅中先後任連長、營長、團長、旅長、師長和軍長等職，1937年5月被選拔中國陸軍大學深造。

　　1937年7月，蘆溝橋事變發生，日本出兵大肆侵犯中國，打破了中國和平建設環境，中國政府全力組織自衛應戰。郝夢齡任國民革命軍陸軍第九軍中將軍長，主動放棄大學學習生活，上書請纓，要求率部開赴前線保衛國家和平。之後，奉命率部由貴陽水陸日夜兼程趕赴石家莊前線，阻擊日軍進犯。在開赴前線的途中和戰場上，郝夢齡留給子女的遺囑、與鄉親們的道別之語、戰前陳詞、陣中訓話，以及戰地日記，真乃千古絕唱，催人淚下。1937年10月，奉命率部參加忻口戰役。在忻口戰役中（太原會戰重要組成部分），郝夢齡負責統帥中央兵團（共轄4個軍）。他親臨前線指揮、督戰，與進犯日軍展開激戰。10月16日，在前沿陣地組織部隊反攻時，身中敵彈，壯烈殉國。時年40歲。

　　郝夢齡將軍是中國軍隊自1937年7月全面抗戰以來，戰死的第一位正職軍長。中華民國國民政府明令褒獎其忠勇抗戰之事蹟，追晉陸軍上將軍銜。

Hao Mengling, courtesy name Xijiu, was a famous patriotic general in the Chinese National Revolutionary Army. He served as the Lieutenant General and Commander of the 9th Army. He was born in 1898 in Zhuanghe Village, Gaocheng County, Hebei Province, China. In 1905, he attended a private school for his education. As a young man, he joined the Feng Army and began his military career. In 1917, he passed the entrance exam for the 6th Infantry Department of the Baoding Military Officers' School. Throughout his military service, he held various positions, including company commander, battalion commander, regimental commander, brigade commander, division commander, and army commander. In May 1937, he was selected for further studies at the Chinese Army University.

In July 1937, the Marco Polo Bridge Incident occurred, and Japan launched a large-scale invasion of China, shattering the peaceful construction environment. The Chinese government mobilized its forces for self-defense. Hao Mengling, as the Lieutenant General and Commander of the 9th Army of the Chinese National Revolutionary Army, voluntarily gave up his university studies and submitted a letter requesting to lead his troops to the front lines to defend the country. Subsequently, he was ordered to lead his troops from Guiyang, traveling day and night, to rush to the frontline in Shijiazhuang and resist the Japanese aggression. In October 1937, he was ordered to participate in the Battle of Xinkou. In the battle (an important part of the Taiyuan Campaign), Hao Mengling commanded the Central Corps consisting of four armies. He personally led the troops, commanded and supervised the battle, and engaged in fierce combat with the advancing Japanese forces. On October 16th, while organizing a counterattack at the frontline, he was hit by enemy bullets and died a heroic death at the age of 40.

General Hao Mengling was the first active-duty commander in the Chinese military who died in action since the full-scale resistance war began in July 1937. The Government of the Republic of China issued commendations for his brave and dedicated service in the war, posthumously promoting him to the rank of General in the Army.

萬里赴戎機　抗戰報國急

1937年5月底，郝夢齡被選拔到中國陸軍大學將官班深造。他十分高興，立即安排軍中事宜，交待工作，準備行裝，奔赴陸軍大學。當行至重慶時，得知蘆溝橋事變發生——日本出兵大肆入侵中國華北，打破了中國和平建設環境。作為中將軍長的郝夢齡，深感國家民族已到生死存亡最後關頭，毅然返回所部，請求率部北上抗日，未獲應允。郝夢齡再次上書請纓，中華民國國民政府軍事委員會見其報國心切，加之日軍沿平綏路、平漢路大舉入侵進攻，華北前線吃緊。於是命令已任國民革命軍陸軍第九軍中將軍長的郝夢齡，率部兵出貴州，北上抗日。陸軍第九軍直轄四個獨立營，下轄第四十七師和第五十四師。每師轄兩個旅，每旅轄兩個團。其中，第五十四師下轄第一六一旅和第一六二旅，第一六一旅下轄第三二一團和第三二二團，第一六二旅下轄第三二三團和第三二四團。全師共一萬餘人。

1937年8月，郝夢齡指揮部隊冒酷暑徒步行軍，經黔東鎮遠抵達湖南桃源。之後，改乘汽輪拖帶之木船到達長沙，隨後乘火車向湖北武昌進發。9月15日，當大軍行至武昌時，郝夢齡因家人均在武昌居住，遂急忙回寓所與家人話別。臨別時為其子女們寫下遺囑，交給長女郝慧英，並叮囑她三天后才能拆閱。其遺囑中寫道："……此次北上抗日，抱定犧牲，萬一陣亡，你要聽母親的教誨，孝順汝祖母老大人。至於你等上學讀書，我個人是沒有錢的，將來國家戰勝，你等可進遺孤（族）學校。留於慧英、慧蘭、蔭楠、蔭槐、蔭森五兒云。"

郝夢齡軍長的清貧和報國之心，感天動地！他在與老母、夫人、子女急促告別後，匆匆忙忙率部星夜兼程北上，奔赴石家莊抗日前線。第九軍到達石家莊後，奉命轉歸第十四集團軍戰鬥序列。

星夜赴山西　忻口布兵忙

1937年9月下旬，日本軍隊向中國山西省發動猛烈攻勢，正突破中國守軍內長城防線。為了阻擊日軍南下，保衛太原（陽曲），中國軍事委員會第二戰區司令長官部決定依託忻口之有利地形，阻擊日軍進攻——準備忻口戰役（太原會戰的重要組成部分），緊急調集各路大軍，開赴忻口地區佈防。

10月1日，郝夢齡奉命率第九軍從石家莊一帶又星夜兼程，開赴山西忻口。當第九軍行軍途中路過郝夢齡的家鄉時，村莊內和村莊周圍父老鄉親們爭先恐後為部隊送茶、送飯，將最好的房舍和被褥騰出讓給子弟兵休息。懇請郝夢齡軍長帶領軍隊阻擊日寇進攻，保衛家鄉，保護老百姓的和平生活。軍人出身的郝夢齡軍長，面對父老鄉親的熱情和請求，以及日寇的瘋狂進攻，深感愧疚，他一再向父老鄉親們保證："一定要殺退倭寇，回報父老鄉親、黎民養育之恩……決心以死相報，還父老鄉親的和平生活環境"。

1937年10月3日，郝夢齡向全軍將士作戰前動員，他慷慨陳詞："此次戰爭是為民族存亡之戰爭，只有犧牲；如果再退卻，到黃河邊，兵即無存，哪有長官？此謂我死國活、國活我死……"。他反復強調："我們吃的糧，是百姓之種，我們穿的衣，是百姓之紡，我們手中槍，是國家之賜。今天日寇入侵，百姓遭殃！國家養我們、百姓養我們有何用？我們人人一定要抱定有我無敵、有敵無我的決心去與敵拼殺！"他繼續說："7月31日，蔣委員長告知我們'……全體將士要一心一德，服從命令，結果一定可以打敗倭寇，雪我國恥……維持我們祖先數千年來遺給我們的光榮歷史與版圖，報答我們父母師長所給我們的深厚教誨與養育，而不至於對不起我們後代子孫。將士們！現在時機到了！我們要齊心努力殺賊，有進無退，來驅逐萬惡的倭寇'……"。全軍將士齊聲高呼："誓死殺敵！保衛和平！捍衛祖國版圖！報效黎民百姓！"……

10月4日午夜，郝夢齡率部抵達太原以北80餘公里的忻口前線。此時，日軍已突破平型關、雁門關一線的內長城防線，兵鋒直指太原。忻口之地，右託五臺山，左倚雲中山，地勢險要。忻口一線已經成了屏障太原的最後一道防線。在忻口前線，前線總司令部將到達忻口地區的各路大軍，統一編成中央、左翼、右翼三個兵團。任命郝夢齡軍長為中央兵團總指揮，轄第九、第十九、第三十五、第六十一軍共四個軍，堅守忻口以北龍王堂、南懷化、大白水、南峪一線主陣地，阻擊日軍進攻。郝夢齡夜以繼日，奔波在前沿陣地，觀察地形，部署兵力，指導構築工事，鼓勵士兵奮勇作戰。

中國第九軍是郝夢齡軍長直接領導的軍隊，為給中央兵團其他軍隊作出表率，在佈防之前，郝夢齡軍長特召集軍內營以上官兵訓話："……日寇大舉入侵，國將不國，民不聊生，就是我軍人沒有盡到責任，實感恥辱。欲置國家於磐石之上，拯救黎民於水火之中，必須官兵用命，奮勇戰鬥，把侵略者驅出國境。我從第五十四師由連長逐級升至軍長，一直沒有離開，我與大家感情特深。現在大敵當前，我更不忍心離開大家，決心與全體官兵同生死，共患難。你們的劉師長剛到任不久，人事關係不熟，同時第四十七師另有任務不在此地，我將參加第五十四師的戰鬥行列，與大家並肩戰鬥。8月下旬，第六十一軍中將軍長李服膺棄守天鎮，被執行軍法，給我們做出了軍法無親的榜樣，希望大家千萬不要以身試法……"。接著，郝夢齡軍長帶領營以上長官深入實地，詳細勘察，分配任務。他根據忻口車站東北沿雲中河南岸、西至南懷化的地形情況和第五十四師兵力，賦予防守任務：第一六二旅旅長王晉帶領該旅佔領忻口車站北方某高地，沿雲中河南岸向西延伸，至忻口與南懷化中間的某一小高地；師屬工兵營接其左，第三二二團接連工兵營左翼迄南懷化西南方；第一六一旅旅長孔繁瀛率第三二一團在雲中河北岸全師陣地正前面，佔領前進陣地。隨即全師官兵立即進入各自防守陣地構築工事。中央兵團總指揮部設在忻口紅溝一排窯洞內。

10月10日，郝夢齡將軍在日記中寫道："今日為國慶26周年紀念日，回憶先烈締造國家之艱難，到現在華北將淪落日本人之手，我們太無出息、太不爭氣了……。"在此決戰前夜，他又想起了遠在後方的家人，立即給夫人劇紉秋寫了絕命書："……

余自武漢出發時，留有遺囑與諸子女等。此次抗戰乃民族國家生存之最後關頭，抱定犧牲決心，不能成功即成仁。為爭取最後勝利，使中華民族永存世界上，收成功不必在我。我先犧牲。我即犧牲後，只要國家存在，諸子女教育當然不成問題。……倘吾犧牲後，望汝好好孝順吾老母及教育子女，對於兄弟姐妹亦要照拂。故余犧牲亦有榮。為軍人者，為國家戰亡，死可謂得其所矣！書與秋賢協助，拙夫齡字。雙十節於忻口。"

戰場督戰急　將軍血灑盡

1937年10月11日，侵華日酋板垣徵四郎指揮日本第五師團，在飛機、大炮、坦克的掩護下，傾全力向忻口陣地發起猛攻，忻口大戰拉開戰幕。

日本軍隊在第九軍第五十四師陣地正面，佈置野炮和山炮30餘門，用齊放排射的方式向第五十四師陣地猛烈射擊；日本飛機三四十架次，穿梭般地盤旋在第五十四師陣地上空投彈掃射。其重點攻擊第一六二旅的橋頭堡陣地和第三二二團堅守的陣地，當日軍攻擊最猛烈時，郝夢齡軍長冒著炮火趕到橋頭堡陣地，指揮官兵躲避炮火，利用地形地物，加強工事，減少傷亡。在日軍一陣瘋狂攻擊之後，他又冒著槍林彈雨，巡視各團。在第三二二團陣地，作出了具體指導佈置，以防偷襲。果然，日軍步騎兵千餘人繞過第三二一團前進陣地，向第三二二團陣地猛攻。郝夢齡軍長沉著督導指揮，全團官兵奮勇血戰。三營陣地多次遭遇日軍猛攻，傷亡很大。一營增援上來與日軍展開白刃戰，也遭到重創，迫不得已轉移南懷化村與日軍巷戰。團長戴慕真率全團官兵赴了上來，郝夢齡軍長在後督戰，連續三次猛烈衝鋒，終將日軍打出村外。片刻，日軍援兵趕到，隨即又展開了激烈爭奪戰。幾經爭奪後，我團傷亡慘重，團長、副團長和三位營長先後負傷。郝夢齡軍長立即傳令第七十二師派兵增援，援軍四個連趕了上來。日酋發現後，即集中10餘門大炮、飛機8架向我開炮轟炸。郝夢齡軍長挺立陣地督戰指揮，全體官兵英勇衝鋒，終將日軍擊潰。

連日激戰，第五十四師傷亡嚴重，尤其是團、營、連長傷亡殆盡，建制系統完全破壞。郝夢齡軍長和劉家麒師長立即將部隊進行縮編和任命指揮官後，郝夢齡對大家說："……吾輩一天不死，抗戰的任務一天不能完，我不怕死，你們怕死嗎？"官兵們異口同聲回答："不怕！不怕！"郝夢齡軍長高興地說："將有戰死之心，士無貪生之意，這句格言，只有在兇殺惡戰中才能體會出來！"話畢，立即命令各部進入陣地。與此同時，日軍連續幾天以陸、空聯合猛攻第一六二旅主陣地和橋頭堡陣地，均遭到英勇還擊。之後，日軍從三面圍攻第三二一團之前進陣地，全團官兵在孔繁瀛旅長指揮下，奮不顧身，頑強拼搏。正在危急之時，郝夢齡軍長冒著槍林彈雨趕到旅指揮所，指示作戰方法和說明前進陣地的重要性："現在既無援兵，又不能放棄，只有拼殺到底，別無良策……"。

然後，走進每一條戰壕，安慰官兵，鼓舞士氣，並操槍與士兵共同射殺日軍。官兵們多次與日軍展開白刃肉搏，陣地失而復得，戰鬥異常慘烈，敵我雙方都損失相當慘重。其中我守軍與日軍在忻口西北、南懷化東北的二〇四高地上展開了激烈的拉鋸戰，一晝夜反復爭奪13次之多。

郝夢齡在中央兵團總指揮部窯洞內向各將校官詢問了各軍戰況和佈署任務後，走出窯洞，又浴血督戰在忻口左側的永興村、安東莊一帶，在槍林彈雨中穿梭往返指揮殺敵。在日軍猛烈炮火攻擊下，我守軍防守的南懷化一高地被日軍突破攻佔，防線出現裂口，爭奪陣地的拉鋸戰愈加慘烈。郝夢齡軍長站在戰壕內的一塊較寬處向激戰中的官兵訓話說："先前我們一個團守這個陣地，現在剩下100多人還是守這個陣地。就是剩下一個人，也要守這個陣地。我出發前已給家人寫下遺囑，不打敗日本決不生還。現在我和你們一起堅守這個陣地，決不後退。我若先退，你們不論是誰，都可以槍斃我！你們不管是誰，只要後退一步，我立即槍斃他。"之後，他又大聲問在場的將士："你們大家敢陪我在此堅守陣地嗎？"全體官兵們同聲高呼："誓死堅守陣地，保衛國土！"……

1937年10月15日夜，為收復南懷化高地，穩住防線，集團軍總司令部增派出七個旅交給郝夢齡指揮，由正面進攻、兩翼同時出擊，以期夾擊日軍。16日凌晨2時，全面反擊開始。郝夢齡軍長身先士卒，揮兵疾進，連克幾個高地。至5時許，天色微明，郝夢齡急於前往獨立第五旅的前沿陣地督戰指揮。哨兵告訴他，前面有一段路是被日軍火力封鎖，十分危險。其部下翟洪章營長建議他寫個書面命令，派人送去。郝夢齡軍長毅然決然地說："還是我親自去，效果大一些。瓦罐不離井口破，大將難免陣前亡！漢將馬援馬革裹屍而還，魏將龐德抬棺而戰，今天的戰鬥誰能堅持最後五分鐘，誰就勝利！"說罷，便帶頭向前沿陣地衝去。當在穿越日軍火力封鎖地段時，突然受到日軍機槍阻擊，郝夢齡軍長身中數彈，壯烈殉國。時年40歲。

郝夢齡將軍為國捐軀的行為，激勵著廣大官兵奮勇血戰廝殺。中國軍隊乃至出現了"一天就垮掉十一個團"和"一天就戰死軍、師、旅、團、營長十幾人"的"奇重傷亡"，阻擋著日本軍隊先進裝備的猛烈進攻。中國軍隊的頑強拼殺，終於以劣勢裝備在忻口與日軍相持20多天，殲敵兩萬餘人，遲滯了日軍的攻勢。郝夢齡軍長，是中國軍隊自1937年7月全面抗戰以來，在抗日戰爭中戰死的第一位正軍長。中華民國國民政府明令褒揚郝夢齡的英勇抗戰之事蹟，追晉陸軍上將軍銜。1937年10月24日，郝夢齡的靈柩由山西運到武漢，蔣中正委員長代表國家發表祭文，進行哀悼。武漢各界舉行了隆重公祭，中華民國國民政府以國葬之禮將其安葬在武昌卓刀泉墓地，以永祭紀念；教育國人，抗戰到底，捍衛和平。

洪行將軍
General Hong Xing

陸軍中將、中國遠征軍第六軍新編第三十九師師長

Lieutenant General and Commander of the 39th New Division of the 6th Army of the Chinese Expeditionary Army

洪行，字明達，外號"洪鬍子"、譽稱"中國戰神"。中國遠征軍陸軍第六軍新編第三十九師中將師長，著名抗日愛國戰將。1900年出生於湖南省寧鄉縣西沖山。1908年入本地學校讀書。1917年考入湖南省陸軍小學。1928年畢業於湖南陸軍講武堂第一期。1929年考入中國陸軍大學。1930年畢業，先後任國民革命軍連長、營長、團長和少將旅長等職。

1937年7月，日本出兵大肆侵略中國，打破了中國和平建設環境，中國政府被迫全力組織自衛應戰，中華民族抗日戰爭全面爆發。洪行奉命組建和訓練國民革命軍陸軍預備第二師。1939年11月，奉命率領該師參加桂南會戰，給予日軍以重創。1942年5月，洪行任預備第二師少將副師長，奉命率部渡過怒江，深入騰沖一帶敵佔區開展遊擊戰，攪得日軍暈頭轉向，處處被動挨打。日酋無奈，下戰書擺擂台"單戈獨戰"。經過上百回白刃格鬥，日酋慘敗，洪行獲取"中國戰神"稱譽。1943年10月，任中國遠征軍陸軍第六軍新編第三十九師中將師長，奉命率部參加緬北滇西會戰。在攻克了松山、龍陵和消滅了芒友增援之敵後，正當全力進軍芒友之時。1944年12月17日，洪行將軍的指揮車在行進中突然傾覆，一代"戰神"殉職。時年45歲。

Hong Xing, courtesy name Mingda, was also known as "Beard Hong" and revered as the "Chinese God of War." He was the Commander of the 39th Division, newly formed 6th Army of the Chinese Expeditionary Force. He was a famous patriotic general in the resistance against Japan. He was born in 1900 in Xichongshan, Ningxiang County, Hunan Province, China. In 1908, he attended a local school for his education. In 1917, he entered the Hunan Provincial Army School. He graduated from the 1st session of the Hunan Military Academy in 1928 and was admitted to the Chinese Army University in 1929. After graduating in 1930, he held various positions in the Chinese National Revolutionary Army, including company commander, battalion commander, regimental commander, and brigadier general.

In July 1937, Japan launched a large-scale invasion of China, disrupting the peaceful construction environment and forcing the Chinese government to organize a full-scale defense. The Chinese People's War of Resistance against Japanese Aggression broke out. Hong Xing was ordered to organize and train the 2nd Reserve Division of the Chinese National Revolutionary Army. In November 1939, he led the division to participate in the Battle of Guinan. In May 1942, Hong Xing was appointed as the Deputy Division Commander of the 2nd Reserve Division with the rank of Major General. He was ordered to lead his troops across the Nu River and conduct guerrilla warfare deep in the enemy-occupied area around Tengchong, earning him the reputation of "Chinese God of War." In October 1943, he became the Commander of the 39th Division, newly formed 6th Army of the Chinese Expeditionary Force. He was ordered to participate in the Battle of Northern Burma and Western Yunnan. After capturing Songshan and Longling and eliminating the reinforcements of Mangyou, while advancing towards Mangyou, General Hong Xing's command vehicle suddenly overturned during the march, and the legendary "God of War" perished on December 17, 1944. He was 45 years old at the time.

應戰日本強盜　成就中國戰神

1942年5月，洪行任中國國民革命軍陸軍預備第二師少將副師長，與師長顧葆裕奉命率部由中國昆明附近的寧安縣出發，渡過怒江挺進敵佔區——中國雲南省騰沖西北地區：團結民眾，領導地方武裝，騷擾日本軍隊後方，開展遊擊戰，消耗和拖住日軍主力。

洪行和顧葆裕師長率部秘密進入騰沖地區後，運用靈活機動的遊擊戰略戰術，依靠當地民眾掩護：來無影，去無蹤。一會兒夜襲日軍據點，一會兒伏擊日軍小股部隊，一會兒又化裝苦力混入日偽軍要塞進行偵察或刺殺日軍軍官，搞得侵佔騰沖一帶日酋暈頭轉向，防不勝防，處處被動挨打。侵佔騰沖日酋無計可施，便從緬甸調來大批軍隊，集中對預備第二師進行殘酷"掃蕩"圍剿。中國政府探知，立即調兵前來支援，在我第七十一軍全力配合下，預備第二師將進犯日軍打得落花流水，死傷嚴重，慘敗而歸。

1943年2月，侵佔中國騰沖的日酋松本大佐，自譽以"白刃格鬥"舉世無雙，認為"明"與"暗"都打不了洪行部，便想進行單兵較量，氣急敗壞地向社會公開張榜挑戰——向洪行將軍下了一道戰書。洪行將軍看到戰書哈哈大笑。為堅守中華民族氣節，講究信譽，不降國格軍格，立即揮筆寫書迎戰：

松本大佐：

　　蒙邀會獵地盤關，幸甚！

　　狼群入門，焉能不打！彼華入侵，焉能不殲！久聞日軍白刃格鬥自譽為舉世無雙，故早欲領教一二，以飽眼福。屆時，願雙方不發一槍，專以白刃格鬥一見高下，如日軍不怯，望三日上爾等佈陣豎旗於地盤關，本將軍將率隊出山赴戰！

中華國民革命軍預備第二師 洪行

大中華民國三十二年二月二十一日

1943年2月24日，洪行將軍親率150名官兵，手提在崑崙關大戰獲勝後，我第二〇〇師戴安瀾師長贈予的大刀，赴約地盤關，迎戰日本松本大佐。

日本松本大佐經過充分準備，在軍中親自挑選了150名白刃格鬥武士，帶領其地盤關擂臺，狂叫親手宰殺洪行將軍。

雙方代表溝通好後即刻開戰：洪行將軍手持大刀與松本展開了你死我活的白刃格鬥，通過上百回的拼搏刺殺，松本大佐終於敗下陣來……接著，將士們一齊揮刀衝殺，松本大佐和日軍百餘名白刃格鬥武士，在地盤關大敗而回。

洪行將軍大勝而歸。之後，松本大佐和日本軍隊戰報稱洪行將軍"中國戰神"，許下重金"懸賞緝拿"。從此，洪行將軍的"中國戰神"譽稱，在此地和軍內外傳開。

滇西征戰攻堅　戰神為國殉職

1943年8月，世界反法西斯魁北克國際會議決定：向緬甸北部日本軍隊發動全面進攻，擊敗日本法西斯，早日恢復世界和平秩序。中華民國國民政府根據國際會議決定，成立"中國遠征軍"。世界反法西斯中國戰區最高統帥、中華民國國民政府軍事委員會委員長蔣中正，任命衛立煌上將為中國遠征軍司令長官，洪行中將任中國遠征軍第十一集團軍第六軍新編第三十九師師長。軍事行動由中國駐印度軍和中國駐緬北滇西軍（中國遠征軍）共同合作承擔。中國駐印度軍總指揮為中國戰區參謀長約瑟夫·史迪威中將（後期為丹尼爾·伊索姆·索爾登少將），副總指揮為中國駐印度軍鄭洞國中將。

1943年10月下旬，中國駐印度軍聯合美軍和英軍一部，共同由印度萊多出發，向緬甸北部日本軍隊發起反攻。10月29日，首取欣貝延。12月28日，攻克達邦加。1944年2月1日，佔領辛隆嘎。6月25日，攻克孟拱。8月2日，佔領密支那。1944年12月15日，攻克八莫。然後，盟國大軍直指芒友。與此同時，中國遠征軍向緬甸北部集結攻擊。1944年5月，與滇西駐軍共同對怒江以西日本軍隊展開全面反攻：中國遠征軍第二十集團軍為攻擊兵團，強渡怒江，向高黎貢山及騰沖日軍發起攻擊；中國遠征軍第十一集團軍為防守兵團，在固守怒江東岸原陣地的基礎上，各師派出加強團渡過怒江，策應攻擊兵團；美國空軍第十四航空隊配合作戰。5月12日，中國遠征軍強渡怒江。6月16日，收復北齋公房，接著奪回橋頭、馬面關。9月14日，攻克收復騰沖。

洪行師長親率新編第三十九師配合友軍進攻松山，包圍了龍陵。松山雄踞於怒江西岸，頂峰海拔2200米，東臨氣勢恢宏的怒江大峽谷，西控龍陵芒市，南北絕壁、縠深萬丈、溝壑縱橫，處處均有"一夫當關、萬夫莫開"之勢。是滇緬公路上的咽喉，也是易守難攻的雄關要地。1942年，日本軍隊侵佔滇西，松山由日本軍隊第五十六師團、被稱為"戰爭之花"的第一一三聯隊佔據。龍陵縣城位於松山西南39公里，滇緬公路穿境而過，日本軍隊在此集結了重兵。在中國遠征軍第十一集團軍宋希濂中將的指揮下，洪行師長率新編第三十九師與友軍通過120天的艱苦攻擊，攻克松山，全殲日軍。接著，會戰龍陵。洪行奉命率部在龍陵城下死守張金山、南天門和雙坡等陣地，惡戰日軍，全師幾乎拼光。經過長時間的激烈廝戰廝殺，日軍傷亡慘重不支，中國遠征軍於1944年11月3日上午，光復龍陵。此役，共擊斃日軍25393人，其中龍陵日軍13200餘人。

1944年12月17日，正當洪行率部與中國遠征軍全力征戰進軍芒友地區、與中國駐印度軍進行大會師之時，洪行將軍的指揮車在行進中突然傾覆，一代戰神殉職。時年45歲。

1945年1月19日，中國軍隊收復了被日軍強行佔據的中國滇西最後一座城鎮——畹町。1月27日，中國遠征軍與中國駐印度軍會師於芒友，中印公路全線打通。中國全面抗擊日本法西斯戰爭勝利在望，世界和平即將來臨。

姜玉貞將軍
General Jiang Yuzhen

陸軍中將、國民革命軍第三十四軍第一九六旅旅長

Lieutenant General and Commander of the 196th Brigade of the 34th Army of the National Revolutionary Army

　　姜玉貞，字連璧，譽稱"猛將"。中國國民革命軍陸軍第三十四軍步兵第一九六旅少將旅長，著名抗日愛國戰將。1893年出生於山東省菏澤縣辛集村。出生前父親去世，自幼與母親相依為命。1900年入本地私塾啟蒙教育。1913年應徵入伍（"備補兵"），在陝西省陸建章部任職。先後考入國民革命軍中央陸軍軍官學校學習和廬山軍官訓練團受訓。在軍旅中先後任班長、排長、連長、營長、團長和旅長等職。

　　1937年7月，蘆溝橋事變發生，日本出兵大肆侵犯中國，打破了中國和平建設環境，中國政府全力組織自衛應戰，中華民族抗日戰爭全面爆發。姜玉貞任國民革命軍陸軍第三十四軍第六十六師步兵第一九六旅少將旅長，請求率部開赴抗日前線，保家衛國。第一九六旅為國軍甲種旅，戰鬥力極強。1937年9月底，姜玉貞奉命率部參加太原會戰，堅守原平城。姜玉貞誓言："誓死抗戰，無令不離斯土！"手持駁殼槍，率領官兵與數倍於己的日軍廝殺。在堅守原平10天的激戰中，全旅官兵6000餘人忠於職守，大部戰死。戰至10月10日，姜玉貞率餘部官兵突圍時中彈，壯烈殉國。時年45歲。1937年12月，中華民國國民政府頒佈褒揚令，授予步兵第一九六旅"榮譽旅"稱號，追晉姜玉貞旅長陸軍中將軍銜。

Jiang Yuzhen, also known as Lianbi and renowned as the "Fierce General," was a famous patriotic general in the Chinese National Revolutionary Army. He served as the Brigade Commander of the 196th Infantry Brigade, 34th Army. He was born in 1893 in Xinji Village, Heze County, Shandong Province, China. His father passed away before he was born, and he relied on his mother for support from a young age. In 1900, he attended a local private school for his education. In 1913, he enlisted in the military as a "reserve soldier" and served in the Land Development Department in Shaanxi Province. He later entered the Chinese National Revolutionary Army Central Military Officers School for education and received training at the Lushan Military Officer Training Corps. Throughout his military career, he held various positions, including squad leader, platoon leader, company commander, battalion commander, regimental commander, and brigade commander.

In July 1937, the Marco Polo Bridge Incident occurred, and Japan launched a large-scale invasion of China, disrupting the peaceful construction environment. The Chinese government organized a full-scale defense, and the Chinese People's War of Resistance against Japanese Aggression broke out. Jiang Yuzhen served as the Brigade Commander of the 196th Infantry Brigade, 34th Army of the Chinese National Revolutionary Army. He requested to lead his troops to the frontline to fight against the Japanese and defend the country. In late September 1937, Jiang Yuzhen was ordered to participate in the Battle of Taiyuan and defend Yuanping City. He vowed, "I will fight to the death and never leave this land!" Armed with a shotgun, he led his officers and soldiers in fierce combat against the Japanese, despite facing overwhelming enemy numbers. During the intense 10-day defense of Yuanping, over 6,000 officers and soldiers of the brigade remained faithful to their duty, with the majority sacrificing their lives. On October 10th, while leading the remaining troops in a breakout attempt, Jiang Yuzhen was hit by enemy fire and died a heroic death at the age of 45. In December 1937, the Government of the Republic of China issued a commendation order, granting the 196th Infantry Brigade the honorary title of "Glorious Brigade" and posthumously promoting Jiang Yuzhen to the rank of Lieutenant General.

軍中猛將　臨危受命

姜玉貞從軍後，輾轉投入晉軍（駐山西部隊）商震將軍麾下。因作戰勇敢，身先士卒，每戰必親臨前線拼殺，在晉軍中榮獲"猛將"稱號，被晉升中國國民革命軍陸軍第三十四軍第六十六師步兵第一九六旅少將旅長。步兵第一九六旅是中國國民革命軍中的甲種旅，下轄第三九一團、第三九二團和第四一三團，每團有一個迫擊炮連，每營有一個重機槍連。全旅共6000餘人，戰鬥力強。中國抗日戰爭全面爆發前，姜玉貞率部駐防娘子關、井陘一帶，旅部設在陽泉。姜玉貞帶兵有方，其本人具有強烈的民族氣節、愛國精神和正義感。我國東北"九·一八"事變後，他更加加強了對部隊的軍事訓練，同時注重激發官兵的抗日愛國熱情，時刻準備開赴戰場，報國殺敵，收復東北，捍衛國家和平與領土主權完整。

1937年7月，蘆溝橋事變發生，日本出兵大肆入侵中國，打破了中國和平建設環境，中國政府被迫全力組織自衛應戰。然而，由於日本軍隊裝備精良，入侵中國的速度和對國人的蹂躪，超出了常人的想像。當時，姜玉貞旅長的妻子剛剛病逝不到一個月，留下了三個幼小的孩子。特別是在姜玉貞剛要出生前父親去世，是母親一手將其撫養成人，自幼與母親相依為命。現在老母親又體弱多病，非常需要親人照顧。面對家難國破和入侵者燒殺淫掠，將軍作出了艱難的抉擇：沒有國就沒有家，自古忠孝難兩全，毅然向老母辭別，率部奔赴抗日戰場，阻擋日本軍隊入侵燒殺。

1937年9月上旬，姜玉貞奉命率部由陽泉出發北上，在繁峙以北的小石口一帶佈防。繼而又奉命北進援助大同。姜玉貞在率部向大同進軍途中，得知大同失守，旋即奉命南撤。姜玉貞率部徒步行軍20餘天，9月30日下午到達崞縣南部崞河，隨即奉命駐守原平鎮，阻擊南下日軍，掩護我主力部隊向忻口一線集結，參加太原會戰——為忻口戰役贏得時間。

在第一九六旅由大同奔赴原平的行軍途中，姜玉貞發現竟然有個別官兵私闖民宅，劫掠財物。為嚴明軍紀，下令將一名士兵軍法處置。並當即從自己身邊的衛士中抽出三人組成執法隊，專門負責巡查所轄隊伍遵守紀律情況，以加強軍榮風紀。姜玉貞與士兵同餐共宿，常常將自己的戰馬讓給病號騎，而自己與士兵一起徒步行軍。

1937年9月底，日本糾集重兵14萬餘人，坦克150餘輛，火炮250餘門，分兩路從山西北部直撲太原。忻口是太原北部重要屏障，是唯一能擋住日軍進攻的隘口天險要地，若忻口失手，則太原就無險可守了。然而，忻口一帶的中國軍隊兵力十分不足，難以有效阻擊日軍大舉進攻，忻口危急，太原危急！

中國第二戰區司令長官部決定在忻口部署8萬兵力，組織忻口戰役（是太原會戰的重要組成部分，俗稱忻口會戰）。當時這些軍隊大部分在河北及山西的其它地區，就算急行軍趕到忻口一帶，也需要幾天的時間。而日軍距離忻口只有80多公里，擁有機械化裝備的日軍只需用一至兩天就能搶佔忻口。面對日軍咄咄逼人的態勢，唯一辦法就是先派一支部隊駐守忻口以北10多公里的原平，不惜一切代價阻滯日軍進攻，為中國軍隊在忻口佈防爭取時間。因此，第二戰區司令長官部命令姜玉貞旅長："雖剩一兵一卒，也要在原平死守七天（從10月1日起）。"所以，姜玉貞部擔負責任非常重大。9月30日晚9時許，第一九六旅進駐原平鎮，姜玉貞立即親率團、營和連長勘查地形，分配任務，從容佈防，構築工事，準備迎接日軍的強攻。同時，姜玉貞動員鎮內民眾出城到後方躲避，免遭戰火傷害。

守衛原平　壯烈殉國

1937年10月1日，日本獨立混成第十五旅團由代縣南下進攻原平鎮，原平大戰拉開序幕。原平鎮在忻口以北，距忻口10多公里，是忻口的門戶。因此，原平大戰實際上是忻口戰役的前哨戰。日軍向原平城外第一九六旅陣地發起猛烈攻擊。姜玉貞旅長手提駁殼槍，親臨第一線，指揮戰鬥，連續擊退日軍多次進攻。原平南門外的汽車站是險要陣地，敵我雙方為此反復爭奪，陷入拉鋸戰。日軍憑藉優勢裝備，在飛機、重炮的掩護下最終攻陷汽車站。我守軍則因傷亡重大，無力反擊。姜玉貞旅長立即從各團中抽出精兵，組成突擊隊，並親率突擊隊向日軍發動奇襲，一舉將汽車站奪回。

日軍經過連續兩天猛攻，非但沒有進展，反而傷亡較大。日軍稍作調整後，增兵上千，對原平鎮形成三面包圍態勢，再度發起猛攻。經過一晝夜激戰，第一九六旅傷亡慘重，鎮外陣地逐漸縮小。最後為保存戰鬥力，拖住日軍，以利再戰，姜玉貞命令部隊迅速撤入鎮內，憑藉原平城防工事固守血戰，阻敵前進。同時，姜玉貞借來運送彈藥的六輛大卡車，把200餘名重傷兵運回後方治療，以減少死亡和守城部隊的壓力。然而，車輛出城不久，被日軍伏擊劫持。慘無人道的日軍將我手無寸鐵的傷兵包圍起來，用軍刀亂殺亂刺，頃刻間全部被慘遭殺害。

1937年10月3日，日本板垣徵四郎師團一支精銳部隊趕到原平城下。用大炮、飛機狂轟原平城牆，最終將城牆炸開一個缺口，大批步兵在坦克掩護下向缺口發起衝鋒。姜玉貞指揮官兵攜手榴彈埋伏在缺口附近，待日軍靠近，輕重武器同時開火，日軍橫屍一片，狼狽後退。

在保衛整個原平戰鬥期間，日本飛機每天都有三四架飛臨原平上空，向我軍陣地及城內投彈轟炸和掃射。日本飛機有時飛得很低，氣浪把已經成熟的高粱吹倒，甚至將比較高的房屋房脊刮飛。但是，全旅官兵士氣很高，自覺找准位置，抱著與原平共存亡的決心，對低空掃射的飛機開槍開炮，對衝到近前的日軍投彈和舉槍掃射。經過幾晝夜的艱苦血戰，原平城牆附近到處是日軍和第一九六旅官兵的屍體，但日軍始終未能攻破城池。10月6日，日軍集中兵力向城牆缺口發動波浪式集團衝鋒，第一九六旅剛打退一波日軍，後一波馬上又衝上來。日軍不間斷衝鋒，反復消耗我守軍兵力、彈藥。姜玉貞旅雖傷亡極大，但仍堅持到10月7日晚，勝利完成了預定任務。

10月7日晚，第一九六旅已傷亡過半，彈藥所剩無幾，正當姜玉貞籌畫如何撤退時。第二戰區司令長官部再次電令第一九六旅繼續堅守3天，以掩護忻口我軍全面佈防。姜玉貞當即回電表示："誓死抗戰，無令不離斯土！"

1937年10月8日，日軍接連攻破西北城牆和南門，大批日軍攻入原平城內。姜玉貞率領官兵與日軍短兵相接，展開白刃格鬥，戰況十分慘烈。第一九六旅傷亡慘重，但日軍每前進一步，都付出了極大代價。10月10日晨，全旅只剩下不足千人，戰鬥進入最艱難時刻。姜玉貞把剩餘的部隊集中起來，固守城東北角的一片院落。官兵們視死如歸，前赴後繼，以血肉之軀捍衛最後的陣地。激戰至傍晚，第一九六旅陣地上只剩下能战斗官兵百餘人，被日軍重重包圍。旅參謀長谷泰指揮衛隊連和所有勤雜人員，與日軍一個院一個屋地展開了爭奪戰和巷戰。有的士兵將日軍投過來的手榴彈，又立即撿起扔了過去……官兵們在姜玉貞的帶領下，一直血戰到深夜，再次完成了堅守任務。

在完成守城任務後，姜玉貞率領倖存官兵和受傷官兵從城牆上一個預先挖好的土洞突圍。突圍不久，即被日軍發覺，姜玉貞率領官兵再次與日軍展開激戰。戰鬥中，姜玉貞左腿被敵炮彈擊中，因流血過多，壯烈殉國。時年45歲。

姜玉貞旅長殉國後，中華民國國民政府授予第一九六旅"榮譽旅"稱號，明令褒獎姜玉貞旅長。褒揚令稱："……查姜玉貞久歷戎行，夙稱忠勇。此次奉命抗敵，苦戰經時，堅守圍城，竟以身殉。眷懷壯烈，軫悼實深。應予明令褒揚，並追贈陸軍中將，交行政院轉飭軍政部從優議恤，以彰忠烈。"

中國原平保衛戰，姜玉貞旅長與全旅大部分官兵壯烈殉國（戰死官兵4300餘人，負傷上百人），共擊斃日軍1000餘人，打傷日軍上千人，成功遲滯了日軍攻勢，為忻口戰役——我軍集結、佈防贏得了寶貴時間。

姚中英將軍
General Yao Zhongying

陸軍少將、國民革命軍第八十三軍第一五六師參謀長

Major General and Chief of Staff of the 156th Division of the 83rd Army of the National Revolutionary Army

　　姚中英，字若珠。中國國民革命軍陸軍第八十三軍第一五六師少將參謀長，著名抗日愛國戰將。1898年出生於廣東省平遠縣敦背鄉。少年時父母雙亡，由四叔撫養，堅持讀書至中學畢業。1924年考入廣州黃埔陸軍軍官學校第二期步兵科。1929年考入中國陸軍大學第九期深造。先後在國民革命軍中歷任排長、連長、營長、教官和上校團長等職。姚中英"幼聰慧、有大志"，為人誠懇、不計名利，樂於公益、善於助人，痛恨權術、從不營私，勇謀善戰、帶兵有方，講究品行、官兵愛戴。

　　1937年7月，日本出兵大肆侵略中國，打破了中國和平建設環境，中國政府被迫全力組織自衛應戰，中華民族抗日戰爭全面爆發。姚中英任中國國民革命軍陸軍第八十三軍第一五六師上校團長，奉命率部由廣東省韶關奔赴上海抗日前線，參加阻擊日本軍隊入侵的淞滬會戰。因戰功顯著，晉升第八十三軍第一五六師少將參謀長。11月底，日軍兵分三路進犯南京。第一五六師奉命由淞滬戰場轉進南京，扼守湯山一帶陣地。12月8日，姚中英又奉命率部退守紫金山東北一帶堅守。12月12日，日寇攻破南京城。姚中英在奉命率部突圍激戰中，身先士卒，輾轉衝殺，身中數彈，壯烈殉國。時年40歲。

Yao Zhongying, courteously named Ruozhu, a famous patriotic general of the War of Chinese People's Resistance against Japanese Aggression, had been the Major General and Chief of Staff of the 156th Division of the 83rd Army of the National Revolutionary Army. In 1898, he was born in Dun Bei Town, Pingyuan County, Guangdong Province. Though he lost his parents in his childhood and lived with his uncle, he never gave up studying until graduating from the middle school. In 1924, he was admitted to the Second session of Infantry Department of Whampoa Military Academy. In 1929, he was admitted to the Ninth session of Chinese Army University for further study. After graduation, he served successively as the Platoon Commander, the Company Commander, the Battalion commander, the Instructor and the Colonel leader of the 156th Division of the 83rd Army.

In July 1937, Japan invaded China aggressively, breaking the environment of China's peaceful construction. The Chinese government was forced to organize self-defense and the war of resistance against Japan broke out in an all-round way. Yao Zhongying was the Colonel leader of the 156th Brigade of the 83rd Army of the National Revolutionary Army. He was ordered to lead the troops to march from Shaoguan, Guangdong Province, to Shanghai Anti-Japanese Front Line to participate in the Battle of Shanghai to block Japanese invasion. Because of his meritorious military services, he was promoted to be the Major General and Chief of Staff of the 156th Division of the 83rd Army of the National Revolutionary Army. In November, Japanese troops invaded Nanjing in three routes. The 156th Division was ordered to move from the Songhu Battlefield to Nanjing, holding positions around Tangshan. On December 8th, he led his soldiers to retreat to the north of Zijin Mountain. On December 12th of the same year, the Japanese invaders broke through the city of Nanjing. In the fierce battle of breaking through enemy's encirclement, Yao Zhongying took the lead in fighting against the enemies. He was shot by many bullets and killed in action at the age of 40, sacrificing for the noble cause of defending the peace of the motherland.

赴滬抗戰　戰場立功

1937年"七·七"事件發生，日本出兵大肆侵略中國，打破了中國和平建設環境，中國政府被迫全力組織自衛應戰，中華民族抗日戰爭全面爆發。姚中英任中國國民革命軍陸軍第八十三軍第一五六師上校團長。耳聞日寇的瘋狂入侵和暴行，他屢屢上書，積極請戰。同時，快速將家屬送回平遠老家。到達家鄉僅兩日，家人尚未安頓好便要返回部隊。家人、親友紛紛挽留其多住幾天，他拒絕了親人的請求，慨然說道："國家興亡，匹夫有責。國難當頭，我身為軍人，不能呆在家裡。只有趕走了日本侵略者，國家才有和平安定，親人才能團圓……"。回到部隊後，旋即奉命率部由廣東省韶關奔赴上海抗日前線，參加阻擊日本軍隊入侵的淞滬會戰。

在淞滬抗戰期間，姚中英機智勇敢，指揮有方。率領全團官兵憑藉簡陋武器裝備，冒著日軍陸、海、空軍的猛烈炮火，在一邊正面阻擊日軍進攻的同時，一邊挑選精兵從側面襲擊進攻日軍，或者主動出擊日軍，打退了日軍一次又一次的瘋狂進攻，給予日軍重大殺傷，有效鞏固了陣地。由此，姚中英團長因戰功卓著被晉升第八十三軍第一五六師少將參謀長，協助師長鄧龍光共同抗擊日軍入侵（鄧龍光同時任第八十三軍軍長）。

轉戰南京　突圍殉國

1937年11月5日，日本又一支主力軍隊在中國上海南面的杭州灣北岸之金山衛和全公亭突然登陸，向中國內地瘋狂進攻。日本第六師團沿滬杭鐵路攻進，另一部直撲松江，進攻淞滬戰場中國守軍之側背，夾攻中國上海守軍，中國守軍被迫撤退。姚中英和師長鄧龍光奉命率第一五六師趕赴鎮江設防，遲滯日軍進攻。姚中英"往來前線，鼓勵士氣，屢予敵重大打擊，繼大軍移衛首都"，參加南京保衛戰，扼守湯山一線陣地，阻止日軍沿京杭公路北犯。

日本軍隊在攻佔中國上海、無錫一帶後，繼續向南京發動攻勢。12月5日，攻向句容。6日，日軍開始進攻湯山一帶。姚中英等督部頑強抵抗。由於部隊連續作戰，沒有得到及時休整和補充，官兵疲憊不堪；加之又缺乏重型武器，後援不濟，雖力戰而不能支。12月8日，湯山被日軍突破，姚中英奉命率部與第三十六師預備第二團退守紫金山東北的青龍山、龍王山一帶陣地，掩護第一線守軍退守南京城複廓陣地，並與緊隨而來的日軍展開激烈的戰鬥。激戰至12月9日，南京週邊陣地相繼失守，姚中英等率部退入南京城內，奉命防守太平門。

1937年12月12日，日本集中兵力向南京城發起總攻。我第一五六師因連續作戰，兵員減員嚴重。但姚中英等仍督率餘部與日軍展開苦戰。當天下午，南京（首都）衛戍司令長官唐生智，緊急召開守備南京高級將領軍事會議，通知放棄南京，命令各路守軍突圍。當晚，姚中英奉命指揮所部尋找日軍兵力薄弱處攻擊突圍。在突圍戰鬥中，姚中英身先士卒，持槍提刀輾轉衝殺，連砍數敵。當殺開一條血路，在衝鋒陷陣中，突然遭遇敵彈，壯烈殉國。時年40歲。

秦霖將軍
General Qin Lin

陸軍中將、國民革命軍第七軍第一七一師第五一一旅旅長

Lieutenant General and Commander of the 511th Brigade of the 171st Division of the 7th Army of the National Revolutionary Army

  秦霖，原名同觀，字松濤。中國國民革命軍陸軍第七軍第一七一師第五一一旅少將旅長，著名抗日愛國將領。1900年8月，出生於廣西省桂林市丁家村一書香門第。自幼接受嚴格教育。1908年入廣西省立小學讀書，繼考入桂林中學。1919年考入廣西陸軍講武學堂步兵科。畢業後留校任教官。1936年冬，考入中央陸軍軍官學校第六分校（南寧分校）高級班。在軍旅中先後任參謀、連長、營長和團長等職。

  1937年7月，蘆溝橋事變發生，日本出兵大肆侵犯中國，打破了中國和平建設環境，中國政府全力組織軍民自衛應戰，中華民族抗日戰爭全面爆發。秦霖任國民革命軍陸軍第七軍第一七一師第五一一旅少將旅長，奉命率部參加阻擊日本軍隊入侵的淞滬會戰。從廣西率部急駛北上，進駐上海蘊藻浜南岸一帶。1937年10月23日，日本以飛機、重炮猛烈轟擊秦霖部隊陣地。秦霖率部拼力固守，屢次擊退日軍進攻。激戰至下午，秦霖帶領部隊向日軍再次發起攻擊時中彈，壯烈殉國。時年38歲。之後，中華民國國民政府明令褒揚其英勇抗戰之事蹟，追晉陸軍中將軍銜。

  Qin Lin, courteous name Songtao, formerly named Tongguan, a famous patriotic general of the War of Chinese People's Resistance against Japanese Aggression, had been the Major

General and Commander of the 511th Brigade of the 171st Division of the 7th Army of the National Revolutionary Army. In August 1900, he was born in a scholar-gentry family in Dingjia Village, Guilin City, Guangxi Province. In 1908, He attended Guangxi Provincial Primary School, then he enrolled into the Guilin Middle School. In 1919, he was admitted to the Infantry Department of Guangxi Military Academy and became a teacher after his graduation. In winter of 1936, he was admitted to the 6th Branch Campus of the High-Ranking Officers' Course of the Central Army Officer School. He had served successively as the Staff Officer, the Company Commander, the Battalion Commander, the Regimental Commander, and so on.

In July 1937, the Lugouqiao Incident happened. Japan sent troops to invade China and broke the peaceful environment of China's development. The Chinese government made full efforts to organize self-defense and the War of Chinese People's Resistance against Japanese Aggression broke out in all directions. Qin Lin, as the Major General and Commander of the 511th Brigade of the 171st Division of the 7th Army of the National Revolutionary Army, led his troops to participate in the Battle of Shanghai. On October 23rd, 1937, the Japanese forces bombed Qin Lin's battlefield with aircraft and heavy artillery bombardment. Qin Lin commanded his men to defend their position tenaciously and repelled the enemy repeatedly. The fierce fighting lasted until the late afternoon. When Qin Lin led troops to launch another attack on the enemy, he was hit by bullets and died in the last effort for the noble cause at the age of thirty-eight. As a result, the Chinese National Government promoted him to the rank of Lieutenant General posthumously to praise his patriotic deeds.

學軍習武　北上抗日

1931年"九·一八"事變發生，日本軍隊侵佔中國東北。1932年1月，日本軍隊又向中國上海發起進攻入侵。秦霖任國民革命軍陸軍教導團副團長，耳聞日本軍隊對中國瘋狂侵略進攻，深感所掌握的軍事知識不足，難以應對日本軍隊先進武器的進攻和保家衛國的戰爭，屢屢呈請辭職深造。1936年春冬，秦霖終於獲准——帶職入中央陸軍軍官學校第六分校高級班學習。他珍惜時間，刻苦學習，勇於探索，以優異成績畢業。秦霖被任命國民革命軍陸軍第七軍第一七〇師第五一〇旅第一〇一九團上校團長。

1937年7月7日，蘆溝橋事變發生，日本出兵大舉進攻中國華北，打破了中國和平建設環境。7月17日，中華民國國民政府軍事委員會委員長蔣中正發表《對蘆溝橋事件之嚴正聲明》："中國民族本是酷愛和平……萬一真到了無可避免的最後關頭，我們當然只有犧牲，只有抗戰……如果放棄尺寸土地與主權，便是中華民族的千古罪人……我們希望和平，而不求苟安，準備應戰，而決不求戰……"。8月7日，中華民國國民政府在南京舉行最高國防會議，決定全面實施自衛抗戰。8月12日，中華民國國民政府決定以軍事委員會為中國抗戰最高統帥部，任命桂軍統帥白崇禧為國民政府軍事委員會副總參謀長，任命李宗仁為第五戰區司令長官。白崇禧和李宗仁二位將軍接受任命後，即返回廣西進行全省總動員，擴編軍隊，準備北上抗戰。秦霖被任命第七軍第一七一師第五一一旅少將旅長。秦霖受命後：一邊積極率兵訓練習武，提高軍事技能；一邊帶頭學習國家相關抗戰宗旨，強化官兵政治素養，時刻準備北上抗戰，保衛和平，報效國家。

部隊出征前，秦霖給其三兄秦焰寫信，安排家事。家書中寫道："……暴日為實行大陸政策，侮我太甚。弟奉命北上殺敵，此我軍人千載一時為國用命之機會。嗣後，家事盼兄維持，國事弟當勉力為之。"

上海抗戰　赴難捐軀

1937年8月13日，日本軍隊突然進攻中國上海閘北守軍，中國軍隊奮起抗擊，淞滬會戰拉開戰幕。戰鬥進行至9月中旬，在中國軍隊的奮勇抵抗下，日本軍隊入侵中國上海進展不大。日本參謀本部為此制訂了新的作戰計畫。從9月中旬至10月上旬，日本不斷增兵上海，兵力增加到九個師團，20多萬人。中華民國國民政府為保衛上海，也以前所未有的規模增加兵力部署，保衛自己家園。

10月11日，中華民國國民政府軍事委員會命令，由第七軍和第四十八軍組成第二十一集團軍，隸屬第三戰區中央作戰軍，任命第七軍軍長廖磊為總司令，立即由廣西省率部開赴上海前線。10月中旬，第二十一集團軍陸續到達並進駐上海寶山、蘊藻浜南岸一帶陣地。

1937年10月19日，在上海與日軍連續苦戰近兩個月的國民革命軍陸軍第一軍——中國守軍胡宗南部傷亡過重，奉命撤至第二線休整，其陣地由秦霖所在的第一七一師等部接防。10月20日夜，秦霖率部晝夜兼程抵達南翔車站，當晚即在車站右翼徐家宅宿營。21日，秦霖奉命率所部之一團進至老人橋附近，在張家樓、湖裡宅、季項宅、蘇家宅一帶第二防線佈陣，作為預備隊。22日，第一線部隊連續與日軍發生激戰，傷亡慘重，基層指揮官大部陣亡，只剩千餘名散兵。秦霖遂率部收容散兵，進入第一線同日軍作戰。秦霖巧妙指揮，抓住戰機，殲敵頗多。之後，日軍再次發起猛攻。秦霖指揮部隊與日軍幾度短兵相接，展開白刃格鬥。在激戰中，秦霖身先士卒，持槍與敵搏殺。戰鬥異常殘酷，陣地幾度失而復得，我守軍與日軍陷入極為殘酷的拉鋸戰。經過激戰，秦霖旅傷亡慘重，已無力再度發動攻勢，只能拼力堅守陣地。

　　1937年10月23日辰時，日本出動飛機轟炸後，日軍繼續向秦霖所部陣地發起猛烈進攻。旅部周圍，彈如雨淋。秦霖指揮部隊死守陣地，迫使日軍進攻屢屢受挫。戰至午後1時許，日軍戰車向旅部逼近，炮火異常猛烈。此時，旅部對外電話被毀，與統帥部和友軍失去聯絡，情況危急萬狀。師部偵知，立即派特務連增援，秦霖率援兵及所部官兵涉水渡河至老人橋橋頭陣地，再次指揮部隊向敵發起攻擊。然而，日軍攻擊猛烈，部下請求秦霖躲避，秦霖拒絕說"軍人操干戈以衛國家，臨難豈可苟免耶！""長官不身先士卒，何以帶兵……"。繼續帶領作戰參謀和傳令長立於橋頭指揮作戰。突然，敵一串子彈飛來，秦霖等三人中彈倒地。秦霖旅長立即起身，持槍怒目前方日軍官兵連呼："殺！殺！殺向日本鬼子……"。然而，傷體再次被日軍炮彈擊中，壯烈殉國。年僅38歲。

　　秦霖旅長殉國後，全旅剩餘官兵誓為旅長報仇，奮力殺敵，始終堅守原有陣地。當晚8時許，奉令撤出戰場，將前線陣地交友軍接管。因秦霖旅長之身被炸飛，遺體無存，其三兄秦焰將其衣冠葬於桂林市南部苗圃內，以示悼念。中華民國國民政府明令褒揚其英勇抗戰之事蹟，追晉秦霖陸軍中將軍銜。

秦慶武將軍
General Qin Qingwu

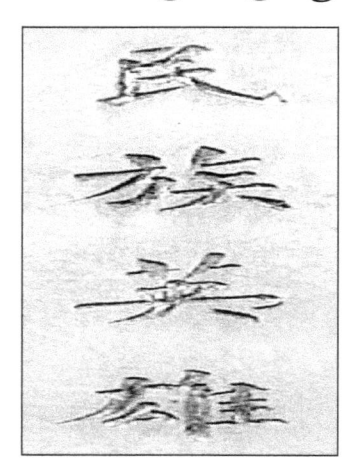

陸軍少將、國民革命軍第七十軍第十九師第一一三團團長

Major General, Regimental Commander of the 113th Regiment of the 19th Division of the 70th Army of the National Revolutionary Army

  秦慶武，別名炬冬。中國國民革命軍陸軍第七十軍第十九師第一一三團上校團長[1]，著名抗日愛國將領。1902年出生於湖南省瀏陽縣社港鎮。1911年入本地私塾讀書。1916年到長沙城學理髮。1919年參加湘軍。1926年隨湘軍編入國民革命軍陸軍第三十五軍，參加北伐戰爭。1927年被保送第四路軍幹部學校學習。黃埔陸軍軍官學校第六期第二總隊步兵科畢業後。在軍旅中先後任班長、排長、連長、營長和團長等職。

  1937年7月7日，蘆溝橋事變發生，日本出兵大肆侵犯中國河北，打破了中國和平建設環境，中國政府全力組織自衛應戰。秦慶武任國民革命軍陸軍第七十軍第十九師第五十七旅第一一三團上校團長，奉命率部從湖南省開赴浙江省寧波集結備戰。8月13日，日本又出兵入侵中國上海。8月14日，中國政府發表自衛抗戰聲明，秦慶武帶領全團官兵認真學習後，咬破手指滴血盟誓：誓死保衛祖國。9月23日，秦慶武奉命率全團開赴上海參戰。10月3日起，在葛家牌樓一帶與日軍展開血戰，擊退日軍數次瘋狂進攻。戰至10月17日，全團2000餘名官兵，僅倖存50餘人，自己也多處負傷，仍率領官兵堅守陣地。三次從日軍手中奪回陣地。當彈盡援絕，陣地上僅剩11名官兵時。秦慶武手握馬刀，帶頭躍出掩體，與衝上來的日軍拼殺肉搏，壯烈殉國。時年36歲。

1938年1月，中華民國國民政府頒佈褒揚令，追晉秦慶武陸軍少將軍銜。

Qin Qingwu, courteously named Judong, a famous patriotic general in the War of Chinese People's Resistance against Japanese Aggression, was Major General and Regimental Commander of the 113th Regiment of the 19th Division of the 70th Army of the National Revolutionary Army. He was born in 1902, in Shegang Village of Liuyang County, Hunan Province. In 1911, he entered an old-style private school. In 1916, he went to Changsha City. In 1919, he joined the Hunan Army. In 1926, he joined the 35th Army of the National Revolutionary Army, and participated in the Northern Expedition. In 1927, he was sent to the Fourth Route Military Cadre School for study. He graduated from the Infantry Division of the 6th session of the Whampoa Military Academy. In the army, he had successively held the positions of monitor, platoon leader, company commander, battalion commander and regimental commander.

On 7 July 1937, the Lugouqiao Incident happened. Japan sent troops to invade Hebei and broke the peaceful environment of China's development. The Chinese government made full efforts to organize self-defense. Qin Qingwu was appointed the head of the 113th Regiment of the 57th Brigade of the 19th Division of the 70th Army of the National Revolutionary Army, and was ordered to lead the troop to march from Hunan to Ningbo, Zhejiang Province. On August 13th, Japan sent troops to invade Shanghai, China. On August 14th, the Chinese government issued a declaration of self-defense and resistance. Qin Qingwu, leading his entire unit, solemnly pledged by biting his finger and drawing blood, "Swear to defend the motherland with my life." On September 23rd, Qin Qingwu was ordered to lead his unit to Shanghai to participate in the war. Starting from October 3rd, fierce battles broke out with the Japanese army around the Gejiapailou area, successfully repelling several frenzied enemy attacks. The fighting continued until October 17th, with only over 50 out of more than 2,000 officers and soldiers of the entire unit surviving, including Qin Qingwu himself, who sustained multiple injuries but still led his troops to hold the position. They recaptured the position from the Japanese army three times. When ammunition ran out and only 11 officers and soldiers remained on the position, Qin Qingwu, wielding a saber, leaped out of the cover and engaged in hand-to-hand combat with the charging Japanese soldiers, sacrificing his life heroically. He was 36 years old at the time. In January 1938, the National Government of the Republic of China issued an order to honor and promote Qin Qingwu to the rank of Major General in the Army.

猛將赴上海　全團血戰亡

1937年7月7日，蘆溝橋事變發生，日本出兵大肆侵犯中國華北，打破了中國和平建設環境，中國政府被迫全力組織軍民自衛應戰。秦慶武任國民革命軍陸軍第七十軍第十九師第五十七旅第一一三團上校團長，奉命隨第七十軍由湖南省開赴浙江省溫州、樂清和象山等重要港口，擔負守備任務。不久，秦慶武奉命率全團開赴寧波集結備戰，阻止日軍登陸。他帶領官兵日夜抓緊訓練，提高戰鬥技能。秦慶武一再向官兵強調：國家安全必須有強大軍隊捍衛，民眾幸福必須有軍人戰鬥技能護衛；維護和平，平息戰爭要靠旺盛的軍人氣魄。所以，他熱烈歡迎前來慰勞和宣傳的青年學生進駐軍營，請他們向官兵講述百年來帝國主義侵華罪惡史，教唱抗日救亡歌曲，全面提高和激發全團官兵保家衛國的抗日士氣。

1937年8月13日，日本又出兵入侵中國上海。14日，中國政府發表自衛抗戰聲明："中國為日本無止境之侵略所逼迫，茲已不得不實行自衛，抵抗暴力……維持正義與和平……中國決不放棄領土之任何部分，遇有侵略，惟有實行天賦之自衛權以應之……吾人此次非僅為中國，實為世界和平而奮鬥；非僅為領土與主權，實為公法與正義而奮鬥……"。秦慶武帶領全團官兵收聽學習了國家《自衛抗戰聲明書》後，帶頭咬破手指滴血盟誓：堅決自衛應戰，誓死保衛上海，誓死保衛祖國和平。9月23日，奉命率全團官兵開赴上海參戰。秦慶武率部從寧波出發，乘火車抵達上海附近的南翔後，步行進入上海郊區的大場鎮。此時上海已經是炮火連天，大場鎮連遭日本飛機大炮轟炸，所有房屋幾乎被夷為平地，鎮上空無一人，一片狼藉。秦慶武率部到達後，迅速在大場鎮以北、蘆藻浜以南、滬太路以西的葛家牌樓一線構築工事。他們冒著日本炮火和飛機轟炸，經過三天三夜奮戰，搶修了一條四里多長的塹壕和葛家牌樓與獅子樓畔的兩座碉堡。為堅守陣地，秦慶武帶領全團官兵在陣地上莊嚴宣誓："死守陣地，寸土不讓，尺地必爭……有死之榮，決無生還之辱！"

1937年10月3日，日本軍隊向秦慶武團葛家牌樓防線發起強攻，企圖奪取獅子橋。獅子橋陣地與日軍一河之隔，日軍排山倒海撲來。秦慶武團長命令官兵待日軍進入最佳射程時再開火。當日軍進入前沿陣地最佳射程，秦慶武一聲令下，官兵們一齊將手榴彈投向日軍，機槍、步槍猛烈開火。接著，率官兵躍出戰壕、碉堡，衝入敵群與日軍展開刺刀、大刀拼殺，讓日軍炮火無從發揮，將進入陣地前沿日軍全部殲滅。日酋不甘心失敗，在飛機、坦克的配合下，出動了數倍於我的兵力，鋪天蓋地向秦慶武團陣地再次撲來。在敵我力量十分懸殊的情況下，秦慶武沉著指揮部隊堅守陣地。他巧妙運用兵力，除在正面擺兵佈陣外，還從敵側面出擊和進行遊擊。在他的帶領下，全團官兵個個英勇殺敵，善戰巧戰……擊退了日軍多次進攻。

10月14日夜，日軍再次向秦慶武防線的各個要地據點發起猛烈進攻。雙方經過三個晝夜的連續血戰廝殺，日軍仍沒有越雷池半步。戰至10月17日拂曉，我全團2000餘名官兵，大部戰死。秦慶武和倖存的多名官兵已經多處負傷，他命令輕傷員將重傷員送出陣地治療。自己率領還倖存的50餘官兵繼續堅守陣地。他們英勇頑強，三次從日軍手中奪回失去的陣地。最後，陣地上全團官兵只剩下能戰鬥的11人。子彈打光了，手榴彈投沒了，秦慶武團長面對衝上來的兇殘日軍，手握馬刀，大聲吼道："中國領土不可侵犯，放棄祖國領土就是中華民族千古罪人、我軍人最大恥辱，弟兄們！衝啊……"。帶頭帶領11名官兵衝出掩體，殺向敵群，左砍右殺，奮力肉搏。當秦慶武揮舞大刀一連砍殺了4個日軍時，突然腿部受槍擊摔倒在地。接著，被衝上來一日軍刺中要害，血染陣地，壯烈殉國。時年36歲。

1938年1月，中國政府頒佈褒揚令，明令褒揚秦慶武率團英勇抗戰之事蹟，追晉秦慶武陸軍少將軍銜。

注[1]：秦慶武，《黃埔軍校將帥錄》記載是中央陸軍軍官學校第二旅第四團上校團長。通過《南京保衛戰殉難將士檔案》等資料查詢，沒有查找到。有關資料記載是第七十軍第十九師第一一三團上校團長。作者經過多次核查與走訪調研，後一種記載比較準確。

桂幹生將軍
General Gui Gansheng

國民革命軍第八路軍第一二九師新編第九旅旅長

Commander of the 9th New Brigade of the 129th Division of the Eighth Route Army of the National Revolutionary Army

桂幹生，原名本宏，譽稱"遊擊典範"。中國國民革命軍陸軍第八路軍第一二九師新編第九旅旅長，著名抗日愛國戰將。1911年出生於河南省羅山縣周黨鄉桂店村。幼年曾入本地小學讀書。1929年秘密加入共產黨。1930年參加工農紅軍，先後任班長、排長、連長、副營長、營教導員、團政委和師政委等職。1937年2月，入延安抗日軍政大學學習。

1937年7月，蘆溝橋事變發生，日本出兵大肆侵略中國華北，中國政府全力組織軍民抗擊日本軍隊入侵，中華民族抗日戰爭全面爆發。工農紅軍主力部隊奉命改編中國國民革命軍陸軍第八路軍（後改稱第十八集團軍），開赴華北前線抗戰。桂幹生任第八路軍第一二九師高級參謀，隨部參加太原會戰。1938年5月，任第八路軍第一二九師遊擊支隊支隊長兼晉冀豫軍區第二軍分區司令員。1940年5月，任第八路軍第一二九師新編第九旅旅長，奉命率部參加"百團大戰"。桂幹生善於遊擊戰術，又敢於冒險出擊，率部穿梭於敵後民間中，曾先後8次負傷，勝多敗少，被稱為"遊擊典範"。1944年春，奉命回延安學習並療傷。1945年7月，桂幹生奉命率100餘名官兵由延安奔赴抗日前線。7月8日，在跨越同蒲鐵路時，遭遇日偽軍伏擊，身受重傷，壯烈殉國。時年 35 歲。

Gui Gansheng, formerly named Gui Benhong, a famous patriotic general of the War of Chinese People's Resistance against Japanese Aggression, had been the Commander of the 9th New Brigade of the 129th Division of the Eighth Route Army of the National Revolutionary Army. In 1911, he was born in Guidian Village, Zhoudang Town, Luoshan County, Henan Province. In 1929, he joined the Chinese Communist Party secretly. In 1930, he participated in the Chinese Workers' and Peasants' Red Army, and successively served as the Platoon Leader, Company Commander, Battalion Commissar Brigade Political Commissar and Division Political Commissar. In February 1937, he studied at Yanan Anti-Japanese Military and Political College.

In July 1937, the Lugouqiao Incident (the Marco Polo Bridge Incident) happened, and Japanese troops invaded China. The Chinese government made every effort to organize the military and civilian forces to fight against the Japanese invasion. The Chinese nation's war of resistance against Japan broke out in an all-round way. The main forces of the Workers' and Peasants' Red Army were ordered to be reorganize as the Eighth Route Army of the Chinese National Revolutionary Army (later renamed the Eighteenth Group Army), and Gui Gansheng served as the Senior Staff of the 129th Division of the Eighth Route Army. In May of 1938, he was appointed the Captain of the Guerrilla Detachment of the 129th Division and the Commander of the 2nd Military Sub-command of Shanxi-Hebei-Henan Military Region. In May of 1940, serving as the Commander of the 9th New Brigade of the 129th Division of the Eighth Route Army, he led his men to participate in the Hundred Regiments Offensive. Gui Gansheng was skilled in guerrilla tactics and had the courage to launch daring attacks. Leading his unit to operate in enemy-controlled civilian areas, he was wounded 8 times, achieving more successes than failures, and was hailed as a "guerrilla exemplar." In the spring of 1944, he was ordered to return to Yan'an for study and medical treatment. In July 1945, he was orders to lead more than 100 officers and soldiers to go from Yan'an to the front line of the Anti-Japanese War. On July 8th, while marching across the Tongpu Railway, they were ambushed by the Japanese and puppet troops. While engaging the enemy in a vehement battle, he was mortally wounded and unfortunately died at the age of 35, devoted his life to the peace of his beloved motherland.

遊擊典範　殉國平遙

1937 年 7 月 7 日，蘆溝橋事變發生，日本出兵大肆侵略中國華北，打破了中國和平建設進度。中國政府動員與號召全民、全軍和全國各界人士、各黨派聯合起來共同抗戰，中華民族抗日戰爭全面爆發。共產黨積極響應，立即發表《中國共產黨共赴國難宣言》。8月25日，所領導工農紅軍奉命改編國民革命軍陸軍第八路軍（9月11日，中華民國國民政府軍事委員會發佈電令，將八路軍番號改為國民革命軍陸軍第十八集團軍），開赴前線抗日。9月，桂幹生以國民革命軍陸軍第十八集團軍第一二九師高級參謀的身份，跟隨劉伯承師長挺進華北太行山區，參加太原會戰，開展遊擊戰，投身創建抗日根據地的艱苦鬥爭中。

1938年5月，桂幹生任晉冀豫軍區第二軍分區司令員兼遊擊支隊支隊長，率部活躍於正（定）太（原）、（北）平漢（口）鐵路和正（定）昔（陽）公路某幾段路的沿線。他採取小群多路、神出鬼沒的遊擊戰術：忽而破壞日軍鐵路，襲擊日軍據點；忽而挖斷日軍公路，突襲日軍運輸隊；突然又出現在日偽軍面前，摧毀日偽組織，擊斃漢奸走狗。他率部搞得日偽軍顧頭不顧尾，處處被動挨打。冀西抗日根據地很快發展壯大，成為太行山區堅固抗日堡壘。

1940年5月，桂幹生任國民革命軍陸軍第一二九師新編第九旅旅長兼冀南軍區第四軍分區司令員。7月22日至28日，桂幹生率新編第九旅主力對日偽軍發起連續的破擊遊擊戰。先後作戰21次，斃傷日偽軍上百人，破壞鐵路50多里，公路180餘里。僅7月25日一天，桂幹生就率領新編第九旅第二十五團、二十六團、二十七團和四分區地方武裝，在武邑、衡水之間設伏，殲滅衡水來犯之敵40餘人，繳獲野炮1門，槍支30餘支，創造了在平原地區伏擊殲敵的範例。由此，桂幹生被官兵們稱為"遊擊典範"。之後，桂幹生奉命率部參加"百團大戰"，破擊交通道路，伏擊日偽軍，活躍於敵後戰場。在長期的艱苦征戰中，桂幹生曾先後8次負傷，身體比較虛弱，又患上了多種疾病。1944年春夏，奉命回後方延安治療與學習。

1945年7月初，桂幹生傷癒後奉命從延安出發，率100多人部隊返回抗日前線。7月8日，當他們行至山西省祁縣與平遙之間，準備跨越同蒲鐵路之際，突然遭遇日偽軍伏擊。桂幹生立即組織部隊反擊，指揮部隊突圍。由於日軍火力交叉嚴密，我部傷亡嚴重。桂幹生中彈倒地，流血過多，壯烈殉國。時年35歲。

袁聘之將軍
General Yuan Pinzhi

陸軍少將、國民政府山東省第四行政區保安司令

Major General and Security Commander of the 4th Shandong Provincial Administrative Region of the National Government of China

　　袁聘之，字韶三。中華民國國民政府山東省第四行政區保安少將司令，著名抗日愛國戰將。1903年出生於山東省博平縣大桑鄉袁家樓。1925年從聊城省立高中畢業，考入北平政法大學。1926年又轉學考入廣州黃埔陸軍軍官學校第五期。1929年考入北京大學法學院。成為名副其實的"才子""學霸"。1934年從北京大學畢業後，先後在北平、山東等地中學教書。之後，歷任山東省立惠民鄉村師範學校教師、濟南高級中學訓育主任、江蘇省南通學院講師等職務。

　　1937年7月，蘆溝橋事變發生，日本出兵大肆侵略中國，打破了中國和平建設環境，中國政府被迫全力組織軍民自衛應戰，中華民族抗日戰爭全面爆發。袁聘之先後擔任山東省軍事整編處參謀長，山東省第一行政區督察特派員等職。1938年12月，調任山東省第四行政區督察專員兼保安少將司令。他率部轉戰敵後，救濟民眾，嚴懲漢奸，遊擊日偽軍，擴大抗日武裝；他廉潔自持，與官兵同甘共苦，處處起模範作用，深受官兵愛戴。1939年1月，袁聘之又兼任山東省保安第二十二旅少將旅長，率部擊斃日本"常勝將軍"淺野少將司令。1940年3月29日，袁聘之率部在河南省寧陵活動，突然與大批日偽軍遭遇。在率隊衝鋒陷陣中，身中數彈，壯烈殉國。時年38歲。

Yuan Pinzhi, courteously named Zhaosan, a famous patriotic general of the War of Chinese People's Resistance against Japanese Aggression, had been the Major General and Security Commander of the 4th Shandong Provincial Administrative Region of the National Government (China). In 1903, he was born in Yuanjialou, Dasang Township, and Boping County of Shandong Province. In 1925, he graduated from Liaocheng Provincial Middle School. In 1926, he was admitted to the 5th session of Whampoa Military Academy. In 1929, he was admitted to the Law School of Peking University. He became a real "gifted scholar". After graduating in 1934, he had taught at Peiping and Shandong Middle School, and then had been the teacher of Shandong Provincial Huimin Normal School and Ji'nan Senior Middle School and the Lecturer of Nantong College.

After the Lugou Bridge Incident in July 1937, Japan invaded China, thereby broke China's peaceful building environment. The National Government of China was forced to make all-out efforts to organize civil and military self-defense, and the anti-Japanese war broke out in all-round way in China. Yuan Pinzhi successively served as the Chief of Staff of Shandong Province Military Reorganization and the Chief Inspector of the Ombudsman of the First District of Shandong Province and so on. In December 1938, he was promoted to be the Administrative Supervision Commissioner and Security Commander of the Fourth District of Shandong Province. He led the army to fight behind enemy lines. He was honest and self-sustaining, shared weal and woe with officers and soldiers, played an exemplary role everywhere, and was deeply loved by officers and soldiers. In January 1939, as the Major General and Brigade Commander of the 22nd Security Brigade, he and his men killed Asano, the Japanese Major General and Commander who was known as "Ever-victorious General." On March 29, 1940, he and his troops encountered the Japanese ambush in Ningling, Henan Province. He was unfortunately killed by enemy bullets and heroically martyred at the age of 38.

率部自衛轉戰魯西　廉潔持政殉國寧陵

1937年7月，蘆溝橋事變發生，日本出兵大肆侵略中國華北，打破了中國和平建設環境，中國政府被迫全力組織軍民自衛應戰，中華民族抗日戰爭全面爆發。袁聘之在山東組織地方武裝抗日。1937年12月，日本軍隊侵佔中國濟南後，山東省大部分地區淪陷。中國政府為實施全民抗戰，有計劃地在淪陷區組織民眾和派遣軍事長官領導抗戰。由於袁聘之受過高等教育，又是黃埔陸軍軍官學校畢業，在山東民間享有"才子"和"先生"的聲望。常常為當地老百姓代寫書信、文書和善解糾紛，深得民眾愛戴。

1938年12月，袁聘之調任山東省第四行政區督察專員兼保安少將司令。袁聘之受命後，立即帶領隨員數人，慨然赴任。他冒著生命危險，一邊率部在魯西與日偽軍遊擊周旋，一邊四處奔走聯絡。先後恢復並建立了第四行政區中各縣抗日政府。同時，收編散落民間的愛國志士和抗日組織，鞏固擴大抗日武裝力量。他多次奔走轉戰於臨清、高唐、清平、博平、堂邑、茌平、冠縣、邱縣、曲周等地。他節衣縮食，常常將自己的餉銀拿出接濟部下、士兵和救濟窮苦百姓。袁聘之知識淵博，又特別能與官兵同甘共苦，指揮打仗時必親臨前線，殺敵時又是一馬當先。所以，他在上任十五個月中，與日偽軍作戰27次，殲敵600餘人。

　　在敵後與日偽軍遊擊作戰，沒有任何安全保障和後勤保障。這就需要指揮官不僅要有膽略氣魄，而且還要有人格魅力。袁聘之剛到四區任職時，其家裡徒有四壁，田園荒蕪。他的父親感覺家裡生活實在難以維持，便長途輾轉到部隊找到了袁聘之，想讓他接濟一點銀兩，買點救命糧食度日。袁聘之感慨地說："兒帶領的數千弟兄還缺乏餉銀，實在是沒有餘銀接濟家裡，兒對不起您！兒是軍人，沒有保護好家鄉和您，讓日本人佔據了我們大好河山！我也沒有臉面再見家鄉父老……"。袁聘之的父親聽到這話就走了。袁聘之的同事聽說此事後，立即捐款若干贈予袁父，袁父再三推辭，勉強收下一部分後說："我兒能夠廉潔奉公，帶領你們驅逐倭寇，比給我千金還好，比給我千金還好……"。當袁聘之的部下聽說此件事後，更加佩服自己的長官，條件再艱苦，戰鬥再殘酷，官兵們也沒有怨言或者開小差。

　　1939年1月，袁聘之又兼任山東省保安第二十二旅少將旅長。3月，在山東臨清呂堂戰役中，袁聘之率部在兄弟部隊和民眾的配合下，與日本侵略軍淺野少將對陣。淺野曾參加過淞滬會戰、徐州會戰和鄂皖戰役的"老將"。因在侵華戰爭中"功勳卓著"，曾被"日皇裕仁"授予勳章和讚譽"常勝將軍"。在此次對陣當中，袁聘之運用靈活機動的戰略戰術，以及熟悉的地理條件聲東擊西，率部勇猛頑強廝殺，一舉擊斃日本"常勝將軍"淺野少將司令，挫敗了日本侵略軍的囂張進攻氣焰。

　　1940年3月，袁聘之奉命率部向南轉進移防。當轉戰於河南省寧陵縣一帶時，突然與一部日偽軍遭遇，雙方展開激戰。袁聘之率部拼力廝殺，終於擺脫遭遇，突擊衝出了日軍圍殺。但是，由於我軍兵力與裝備均處劣勢，作戰條件又極其艱苦，被日軍緊緊咬住。3月29日，袁聘之所部在毛家樓陷入日軍重圍之中。袁聘之司令在指揮部隊突圍，帶隊衝鋒激戰中，身負重傷，壯烈殉國。時年38歲。

　　袁聘之殉國後，山東省軍民非常悲慟。山東省政府主席沈鴻烈親自主持召開了追悼會，並為袁聘之題詞悼念。

夏雲傑將軍
General Xia Yunjie

東北抗日聯軍第六軍軍長

Commander of the 6th Army of the Northeast Anti-Japanese United Army

　　夏雲傑，中國東北抗日聯軍創建人之一，第六軍軍長，著名抗日愛國將領。1903年出生於山東省沂水縣金莊。少年時，曾讀過四年私塾即停學務農。1926年攜帶妻女逃荒東北，在黑龍江省湯原縣太平川落戶。以耕地務農為業，農閒季節到黑河金礦做工。為人正直，富有正義感。

　　1931年9月18日，日本出兵侵略中國東北，破壞了東北和平生活環境。夏雲傑組織武裝抗擊。1932年11月，秘密加入共產黨，為擴建抗日武裝四處奔波。1933年8月，任中共湯原中心縣委委員，組織東北民眾義勇軍，夜襲湯原縣城。1934年10月，任湯原民眾反日遊擊總隊政治委員。1935年秋，率部創建了以太平川為中心的湯原抗日根據地。1936年年初，湯原民眾反日遊擊總隊改編東北人民革命軍第六軍，夏雲傑任軍長。9月，該軍改稱東北抗日聯軍第六軍[1]，夏雲傑仍任軍長，率部活躍在三江森林平原。同年11月21日，夏雲傑率部與日偽軍激戰中，身負重傷。11月26日，難治殉國。時年34歲。

　　Xia Yunjie, a famous patriotic general of the War of Chinese People's Resistance against Japanese Aggression, had been one of the co-founders of the Chinese Northeast Anti-Japanese United Army and the Commander of the 6th Army. He was born in 1903, in Jinzhuang Village,

Yishui County, Shandong province. When he was young, he studied at an old-style private school for four years, and then dropped out of school and work on farms. In 1926, he fled the Northeast of China with his wife and daughter and settled in Taipingchuan, Tangyuan County, Heilongjiang Province. He engaged in farming for a living and worked in Heihe Gold Mine in leisure seasons. He was very honest and full of sense of justice.

On September 18th, 1931, the Japanese invaded the Northeast of China, breaking the peace-building environment in China. Xia Yunjie organized an armed team to resist the enemies. In November 1932, he joined the Chinese Communist Party secretly and made every effort to expand the Anti-Japanese armed forces. In August 1933, as a member of the Tangyuan Central County Committee of the Communist Party of China, he organized the volunteer army of the Northeast people to attacked Tangyuan County at night. In October of 1934, he was appointed the Political Commissar of Tangyuan People's Anti-Japanese Guerrilla Corps. In the fall of 1935, he led his troops to build Tangyuan Anti-Japanese Base Area around the center of Taipingchuan. In the early 1936, Tangyuan Guerrilla Corps was reorganized into the 6th Army of the Northeast People's Revolutionary Army which was renamed as the Northeast Anti-Japanese United Army in September 1936, and Xia Yunjie was appointed the Commander of the 6th Army. He led his troops to resist Japanese invasion in the Sanjiang Plain. On November 21st, 1936, while engaging the Japanese armed force and puppet troops in a fierce battle, Xia Yunjie was badly wounded. Eventually, he died from the fatal injury for his country on November 26th, when he was 34 years old.

建立武裝　保衛家園

1931年9月18日，日本出兵侵略中國東北，破壞了東北和平生活環境。夏雲傑在家鄉積極組織武裝進行抗擊，保衛家園，捍衛和平。創建了以太平川為中心的湯原抗日遊擊根據地，並迅速擴大和影響到湯原、依蘭、樺川、富錦、綏濱、同江、蘿北等10餘個縣。其抗日武裝隊伍也迅速壯大。1934年湯原民眾反日遊擊總隊發展到700多人，夏雲傑任總隊政治委員。1936年1月，湯原民眾反日遊擊總隊奉命改編為東北人民革命軍第六軍，夏雲傑任軍長。下轄4個團，部隊發展到千餘人。9月，東北人民革命軍第六軍奉命改編為東北抗日聯軍第六軍，夏雲傑繼續任軍長，李兆麟任政治委員，馮治綱任參謀長。全軍下轄4個師。

夏雲傑率領東北抗日聯軍第六軍，以湯原縣森林"密營"為抗日根據地，出沒於崇山峻嶺，活躍於三江平原。打擊日偽軍，鞏固根據地。使之日偽軍坐臥不安。

遊擊日軍　殉國湯原

　　1936年4月，日本關東軍第九師團一部開始對湯原抗日遊擊區進行重点"討伐"。夏雲傑得到情報後，立即研究決定：率領部隊避開日偽軍鋒芒，離開根據地，到小興安嶺東部與日軍打遊擊。夏雲傑率部日夜急行軍，風餐露宿、吞糠咽菜，冒著蟲咬蚊叮，奮力轉進。同時，日偽軍也派出部隊跟蹤追殺。夏雲傑利用對地形環境的熟悉和鑽林爬山的技巧，以及樹密山崖的掩護，與日偽軍在小興安嶺深山密林內展開周旋。當將日偽軍被拖得筋疲力盡、不得不退縮時，夏雲傑趁日偽軍士氣低落，無功而返之際，率部迅速插向日偽軍退去之路和據點。他採取伏擊、騷擾、遊擊日偽軍之法，出奇兵，攻據點：先是奇襲、封鎖日本守備隊，騎兵連和礦山警備隊，接著炸毀弔橋、倉庫，摧毀煤礦事務所，擊斃日本官兵多人，打得日偽軍膽戰心驚。日本關東軍第九師團一部"討伐"敗回。

　　10月末，日酋利用東北進入秋冬季節，樹木落葉和草枯林清、大雪封山之際，重新秘密組織重兵對湯原抗日根據地進行更大規模的"討伐"圍剿。日偽軍運用四面包抄法，突然瘋狂向湯原抗日根據地發起進攻。夏雲傑根據當時地理環境和雙方部隊戰況，決定率主力部隊突破包圍，秘密進入日偽防守薄弱的敵後開闢新遊擊區，遠征佛山（嘉蔭）。他率領部隊快速突破日偽軍一道道"討伐"圈，向外圍挺進。

　　1936年11月21日，當夏雲傑率部行至湯原丁大千屯時，突然遭遇日偽治安隊襲擊。夏雲傑軍長率部奮力血戰突圍，激戰中遭遇敵彈，身負重傷。11月26日，夏雲傑因傷難治殉國。時年34歲。

　　注[1]：東北抗日聯軍是共產黨領導的民眾抗日武裝，在14年抗戰中發展到了11個軍。由於敵後戰爭環境惡劣，沒有後勤保障，衣、食、武器和彈藥等軍需全靠自己籌措，所以各軍裝備和人數也不等，最多時有的軍4000餘人，最少時有的軍僅1000人左右，下轄的各師、旅、團、營、連人數也不等。

柴意新將軍
General Chai Yixin

陸軍中將、國民革命軍第七十四軍副參謀長兼第五十七師第一六九團團長

Lieutenant General of the Army, Deputy Chief of Staff of the 74th National Revolutionary Army and Head of the 169th Regiment of the 57th Division

　　柴意新，原名永茂，字澤高，號若愚，譽稱"軍神"、"戰將"。中國國民革命軍陸軍第七十四軍少將副參謀長兼第五十七師第一六九團團長，著名抗日愛國戰將。1898年出生於四川省南部縣建興鎮黃家壩村。1906年在本地小學讀書，後考入合川中學。1924年考入廣州黃埔陸軍軍官學校第三期。畢業分配第七十四軍，先後任排長、連長和營長等職。1935年考入中國陸軍大學特別班第五期深造，畢業後任第七十四軍上校副參謀長。

　　1937年7月，日本出兵大肆侵略中國，打破了中國和平建設環境，中國政府被迫全力組織軍民自衛應戰。柴意新任國民革命軍陸軍第七十四軍上校副參謀長，先後奉命率部參加淞滬會戰、南京保衛戰、徐州會戰、武漢會戰、南昌會戰、第一次長沙會戰、上高會戰、第二次長沙會戰和第三次長沙會戰等諸大戰役，給予入侵日本軍隊重大殺傷。1942年5月，柴意新從中國陸軍大學將官班畢業，升任第七十四軍少將副參謀長兼第五十七師第一六九團團長，奉命率部參加鄂西會戰（在湖北省西部地區長江沿岸抗擊侵華日軍的大型戰役）。1943年10月，率部參加常德會戰，奉命率第五十七師堅守常德城。11月13日，日寇向常德城週邊陣地發起瘋狂進攻，柴意新率部奮力阻擊。

11月26日，常德城牆被日本飛機炸彈轟開缺口，日軍蜂擁而入。柴意新帶領官兵口默戰歌，與日軍展開了白刃格鬥。戰至12月3日下午，柴意新與日軍肉搏殉國。時年46歲。1944年9月，中國政府頒佈褒揚令，追晉柴意新陸軍中將軍銜。

Chai Yixin, formerly named Yongmao, courteously named Zegao, self-titled Ruoyu, the "Chinese God of War", a famous patriotic general of the War of Chinese People's Resistance against Japanese Aggression, had been the Major General and Commander of the 169th Regiment of the 57th Division and Chief of Staff of the 74th Army of the National Revolutionary Army. In 1898, he was born in Huangjiaba Village, Jianxing Town, Nanbu County, Sichuan Province and enrolled in a local primary school in 1906. Then he was admitted to the Hechuan Middle School. In 1924, he was admitted to the 3rd session of Whampoa Military Academy. After graduation, he joined the National Revolutionary Army where he had served successively as the Company Commander and Battalion Commander of the 74th Army. In 1935, he enrolled in the 5th Special Class of the Chinese Army University and served as Deputy Chief of Staff of the 74th Army after graduation.

In July 1937, Japanese troops invaded China on a large scale, and broke the environment of China's peaceful construction. The Chinese government was forced to organize self-defense in full force. Chai Yixin, Deputy Chief of Staff and Colonel of 74th Army of the National Revolutionary Army, took the lead to participate successively in the Battle of Shanghai, the Battle of Nanjing, the Battle of Xuzhou, the Battle of Wuhan, the Battle of Nanchang, the Frist Battle of Changsha, the Battle of Shanggao, the Second Battle of Changsha, the Third Battle of Changsha and the Battle of Western Hubei and other Operations. In May 1942, Chai Yixin graduated from the General Class of the Chinese Army University and was promoted to the Chief of Staff of the 74th army and head of the 169th Regiment of the 57th Division. He led his troops to participate in the Western Hubei Battle. In October 1943, he led his troops to participate in the Battle of Changde. At the same time, the 57th Division was ordered to defend Changde City. On November 13th, the Japanese invaders launched a frenzied attack on the outskirts of Changde City. General Chai Yixin led his troops in a fierce resistance. On November 26th, the city walls of Changde were breached by Japanese aerial bombings, and the enemy forces poured in. Chai Yixin rallied his soldiers and engaged in hand-to-hand combat with the Japanese army. The battle continued until the afternoon of December 3rd when Chai Yixin fought valiantly and sacrificed his life for his country. He was 46 years old at the time. In September 1944, the Chinese government issued an order of commendation, posthumously promoting Chai Yixin to the rank of Lieutenant General in the army.

百戰不殆　軍神在戰火中鑄就

1937年"七·七"事件發生，日本出兵大肆侵略中國，打破了中國和平建設環境，中國政府被迫全力組織軍民自衛應戰，中華民族抗日戰爭全面爆發。柴意新任中國國民革命軍陸軍第七十四軍上校副參謀長，先後奉命率部參加了淞滬會戰、南京保衛戰、徐州會戰、武漢會戰、南昌會戰、第一次長沙會戰、上高會戰、第二次長沙會戰和第三次長沙會戰等諸大戰役，給予入侵日本軍隊重大殺傷。在眾多的惡戰、苦戰和突圍戰中，柴意新總能夠運籌帷幄，轉危為安。為了祖國和平，為了民眾安全，柴意新一刻不停地率部轉戰於大江南北、華東和華中抗日戰場，為驅逐日寇日夜拼搏征戰。特別在戰鬥中總是靠前指揮，每戰都能與官兵同甘共苦，關愛士兵、尊重老兵與長官；在戰鬥關鍵時刻總能夠應急處置，化險為夷，深受官兵們的愛戴。他負責制定和編訂的作戰方案、計畫，切合實際，細緻周到，應變預案切實有效、料事如神，被戰友們親切稱之為我們的"軍神"、"戰將"，日軍的剋星。

1942年5月，柴意新從中國（重慶）陸軍大學將官班畢業，升任第七十四軍少將副參謀長兼第五十七師第一六九團團長（中國第七十四軍第五十七師是抗日戰爭時期的王牌師——以能攻善守而聞名中外）。1943年5月，柴意新奉命率部參加鄂西會戰，在石門阻擊日軍中取得勝利，給予日軍重大打擊。之後，鑒於日軍情報機關破解了中國軍隊戰場番號，中國第七十四軍更改了原戰場代號，軍部及直屬隊為"輝煌"，所屬第五十一師代號為"文昌"、第五十七師代號為"虎賁"、第五十八師代號為"榆林"。

1943年7月，柴意新和第七十四軍官兵們奉命駐守常德一帶。常德歷史文化悠久，其名源自中國《老子》"為天下溪，常德不離"和《詩經·大雅·常武疏》"言命譴將帥，修戎兵戎，無所暴虐，民得就業，此事可常為法，是有常德也"；還有戰國時期名人"春申君"傳說等等。所以，常德上千年歷史，形成了常德獨有的"善德文化"。柴意新和第七十四軍的官兵們為能夠守護這座歷史文化古城和中國文化傳承地，不受日本侵略軍的蹂躪感到無尚榮光。然而，常德地處盆狀平原形，多為河泊，適於機械化部隊運動，易攻難守。但是，柴意新和第七十四軍官兵並沒有為難，他們挖戰壕、修掩體，築碉堡，固城牆，學軍事，練技能，豪氣十足高歌在常德城內外，嘹亮的《第七十四軍軍歌》回蕩在常德地區上空：

"起來！弟兄們，是時候了。我們向日本強盜反攻！他，佔領我們的土地，他，殘殺我們婦女兒童！我們知恥，我們負重，我們是國家的武力，我們是民族的先鋒！我們在戰鬥中成長，我們在炮火裡相從。我們死守過羅店，保衛過首都，馳援過徐州，大戰過蘭封！南潯線顯精忠，張古山血染紅。我們是國家的武力，民族的先鋒！起來，弟兄們，是時候了。踏著先烈的血跡，瞄準敵人的心胸，我們愈戰愈奮，愈殺愈勇。抗戰必定勝利！殺！建國必定成功！！"……

血戰常德　國旗在重圍中飄蕩

　　1943年10月，日本軍隊秘密向中國華容、石首和江陵一帶集結。中國軍事委員會偵知日軍動向後，命令第六戰區和第九戰區積極應對，常德會戰拉開帷幕。日本第十一集團軍為配合南方作戰並牽制中國軍隊向滇西緬北方面增援，在中國華容、石首、藕池口、沙市、彌陀寺和江陵一帶，集結第三、第十三、第三十九、第六十八、第一一六師團等部，準備向常德地區大舉進犯。11月2日，日本軍隊向中國第六戰區第二十九、第十集團軍守備的南縣、公安、松滋一線陣地發起全面進攻。其主力第三、第十三師團侵佔公安後繼續西犯，11月8日，進至煖水街及其以南地區，遭到中國第七十九軍頑強抵抗，攻勢受挫。11月10日，日本第一一六、第六十八師團進佔安鄉，進逼津市、澧縣。日本第三十九師團攻向赤溪河、仁和坪一線，被中國第十集團軍一部阻止。由於日軍機械化程度高，機動性強，至16日，津市、澧縣、石門先後失守，日本軍隊分路向常德城逼進。常德政府官員和員警立即疏散民眾，柴意新和余程萬率第七十四軍第五十七師利用常德城郊既設陣地，掩護民眾轉移，阻擊抵抗，保衛常德。

　　中國第五十七師奉命堅守和固牢常德城，以吸引和拖住日軍主力，為我軍調兵遣將殲滅日軍主力贏得時間。第五十七師，師長余程萬、參謀長陳噓雲、步兵指揮官周義重。師直屬炮兵營、營長孔溢虞，工兵營、營長高玉琢，輜重營、營長杜少蘭，特務連、連長楊筠，騎兵連、連長薛家富，通信連、連長劉擴襄，輸送連、連長曹寶貴。師下轄第一六九團、團長柴意新，第一七〇團、團長孫進賢，第一七一團、團長杜鼎，此外還配屬第六十三師第一八八團、團長鄧光鋒，軍炮兵團、團長金定洲。其中，第一六九團轄三個步兵營（第一營營長楊維鈞、第二營營長郭嘉章、第三營營長孟繼東）、一個迫擊炮連、一個輸送連、一個偵察連和一個通信連。全守城部隊與政府官員17800餘人。

　　柴意新奉命率第一六九團佈署於常德城東門一帶和東城外的德山一帶，修建工事和防禦體系。為固守固牢常德城，柴意新又分兵一部前往德山以東30華里的牛鼻灘和常德東北效塗家湖等地構築工事，阻擊日軍。11月13日，日本先頭部隊分多路沿河堤向牛鼻灘進犯，3架飛機臨空盤旋轟炸和投放毒氣彈。第一六九團第三營第九連排長李宗貽利用熟悉的地形和堅固的工事，展開自衛，常德保衛戰打響。苦戰三晝夜後，15日下午，日軍大批援軍趕到，血拼展開。11月18日凌晨5時許，日軍又向塗家湖前進據點發起進攻，第一六九團第三營第九連排長余佑吾率全排官兵奮起反擊。不久，日軍又向德山發起瘋狂進攻。柴意新以不到一個團的兵力抗擊從多面向其合圍而來的多股兇殘日軍。柴意新率全體官兵拼力奮戰，據險扼守。日軍一次又一次向其陣地撲來，一次又一次被擊退。11月21日，日本增兵千餘，用坦克在前面開路衝鋒，並以重炮猛轟，第一六九團防禦工事全部被毀，柴意新命令各部收縮陣地，退守芷灣、岩包一帶陣地，繼續阻擊日軍進攻。

芷灣、岩包的戰鬥更為激烈。日軍屢攻不下，又連續增兵7000餘人，調來數十門大炮和十餘架次飛機，輪番向芷灣、岩包進行轟炸和發起攻擊。柴意新指揮官兵用迫擊炮還擊，用機槍、步槍仰天射擊，迫使日本飛機不敢靠近陣地低空掃射和投彈轟炸；用成捆的手榴彈巧妙地塞到日軍坦克下炸斷其履帶。日軍每前進一步，都付出了沉重的代價。但我部也傷亡嚴重，柴意新率部撤到城內東門一帶繼續阻敵血戰。

11月21日，日本以傘兵部隊襲占桃源。11月24日，日本第三、第六十八師團協同第一一六師團對常德形成了合圍。日本為奪取中國常德城，使用飛機、重炮將一批又一批的燃燒彈傾瀉到常德城中，常德城頓時淹沒在濃煙烈火之中。日本第十一集團軍司令官橫山勇和常德前線總指揮官岩永旺對轟炸的效果不放心，又滅絕人性地向常德城發射毒氣彈和細菌。日軍的毒氣既有窒息性毒氣如光氣、氫氰酸、氯氣等，也有糜爛性毒氣如芥子氣等，還有催淚性、噴嚏性毒氣如二苯氰砷等。柴意新與第五十七師官兵防不勝防，官兵傷亡鉅大。

11月25日24時，日本軍隊向常德城發起總攻。日軍山炮、野炮、迫擊炮、榴彈炮、平射炮、輕重機槍、步槍全部對準第五十七師陣地和守城部隊，一齊開火，無限量地傾瀉進常德城。一條條熾熱的火焰、劃破夜空，一聲聲震耳欲聾的爆炸聲，地動城搖。猛烈的炮火幾乎將黑夜變成了白晝。余程萬師長指揮全師官兵沉著應戰，並及時調整了全城的兵力部署。其中，命令柴意新率第一六九團（缺第三營）堅守東門，對付日軍獨立步兵第六十五大隊和戶田支隊的進攻。中國國旗在常德城門和城內中央銀行大樓上空迎著炮火飄蕩。

26日凌晨，戶田支隊集中40餘門火炮、近6000人向東門一帶城基進行猛轟猛攻。日軍的炮火貼著地面橫掃過來，將東門處轟開一個缺口，缺口附近的城牆牆基都被炮火削平剷除，牆外的鹿砦也被炮火燒光，鐵絲網已被打得稀爛。日本一支300餘人的突擊隊，沿著缺口向城內猛衝。柴意新指揮兩挺重機槍組成火力網，牢牢封堵著缺口。日軍在炮火掩護下衝鋒仍然非常猛烈。我連長來汝謙發現難以阻擋，親率身上掛滿手榴彈的一個排士兵，運動到側面城牆處跳入缺口內的日軍群中拉響了手榴彈，與日軍同歸於盡。我守衛城東北隅西圍牆的第一六九團的一個排，當日軍炮火將城牆轟開缺口時，全排官兵牢牢守著缺口，日軍無法攻入。日酋命令發射毒氣彈，我全排官兵中毒昏迷。慘無人道的日軍衝進來，用刺刀對我官兵開膛破肚……

同時，日軍也從我西、北兩門附近地區發起全面進攻，我第五十七師官兵冒著日軍的毒氣堅守反攻，擊退了日軍一次次進攻。北門賈家巷一連守軍全部戰死，西門一排守軍壯烈陣亡，日軍乘勢逼近西大門。炮兵團團長金定洲見一線官兵幾乎陣亡，親自操炮炮擊，保住了西大門陣地。第五十七師官兵頑強抵抗，日軍寸步難行。日酋見火力強攻收效不大，便又瘋狂地施放毒氣，僅26日一天就對常德城我守軍施毒13次之多。11月28日下午，日本第一一六師團從北門攻入常德城內。之後，東門失守，大批日軍壓入常德城。我守軍手榴彈甩沒，炮兵炮彈打光。金定洲團長命令炮兵炸炮，當導火線點燃後，愛炮如命的幾位老炮兵，突然跑到自己大炮上緊緊抱住炮身，以身殉炮……慘烈的巷戰展開了。

柴意新與第五十七師官兵們喊出："有一牆守一牆，有一壕守一壕，有一坑守一坑"的決戰口號。第五十七師上至師長、下到馬夫，人人都投入了戰鬥。炮兵、工兵、輜重兵、通訊兵、擔架兵、衛生兵、勤務兵、甚至伙夫、馬夫都編入戰鬥部隊。有的用槍、有的拿起刀矛、磚石或棍棒。官兵們三五成群、相互支持，或獨立作戰、或共同伏擊，將常德城內的每一座房屋、每一條街道、每一堆廢墟都變成了殺敵的戰場。日軍每前進一步，都要付出血的代價。殘暴的日軍則採取"燒一段、攻一段，攻一段、占一段"的辦法，沿路放火，步步進逼。用37毫米反坦克平射炮和步兵炮對付我守軍的堅固據點、工事和碉堡。用迫擊炮轟擊隱蔽在建築物內及戰壕中的中國官兵。對於難以攻克的堅固據點，日軍則施放毒氣或發射燃燒彈。全城在吶喊，全城在血拼。30日晚，第一六九團第一營營長楊維鈞率3名士兵徒手打死日軍機槍手，奪得機槍一挺，以敵武器還擊之敵。

12月1日，柴意新率領傷殘人員，退守城西南一角繼續血戰拼殺。他一再激勵大家："我們只要還有一個人，還剩一口氣，就要與敵人繼續戰鬥！"至此，第五十七師參戰的8529名官兵（不包括炮兵團和第一八八團等守城部隊及員警部隊與政府官員），僅剩500餘名，彈藥消耗亦將盡。城上空焰火連片，城地上血流成河。晚上，日軍又向守軍撒毒，我官兵一面盡力消毒，一面繼續戰鬥。

1943年12月2日，日軍已快攻至常德城中的興街口，並佔領了大部常德城。我守軍只剩300餘人，僅控制興街口到筆架城、大西門和矮城牆縱橫約400米的範圍，古城常德危在旦夕，官兵傷亡越來越多。2日深夜，余程萬師長在一所房子內召開團長以上軍官會議，命令柴意新率部突圍，自己帶領少部分人員堅守陣地。柴意新堅決反對說："我師已苦戰半月餘，打得只剩幾百人了，奈何援軍不到？我們的任務已經完成，請師長帶著兄弟們突出去，讓我'虎賁'師血脈得以留存，萬勿遲疑；我帶領官兵堅守古城，以死維護我們祖先數千年來遺給我們的光榮歷史與城池，掩護師長突圍……"。最後，余程萬採納了柴意新的意見。

3日凌晨，余程萬和杜鼎等率餘部100餘人翻越城牆渡過沅江突圍，以圖與增援友軍會合，引導援軍儘快救援城內官兵與傷員。余程萬命令柴意新指揮常德城中剩餘官兵和第一六九團，繼續在城中抵抗，掩護突圍。柴意新命令全體官兵："堅守常德，寧死不降，兵亡官繼，彈盡肉搏，誓與常德共存亡……"。柴意新帶領100餘名官兵，堅守著常德城的最後一塊陣地——雙忠街。他們分兵把關，與進攻日軍展開了殊死決戰。日軍則集中擲彈筒、迫擊炮向我守軍發起一次次猛攻。

此時，中國援軍正突破日軍組織的層層阻攔與伏擊，日夜兼程往常德城趕赴，已迫近城南。日酋見此情形，更加集中大批兵力向柴意新部陣地實行密集衝鋒。柴意新率部拼死抗擊。他一邊指揮還擊，一邊利用倒塌建築物與日軍遊擊周旋，一天之內打退日軍五次強攻。戰至3日下午，柴意新身邊僅有守城部隊和第一六九團全團12個人。但是，面對日軍兇猛進攻，官兵們仍然毫無懼色，口默戰歌，各據要點，繼續頑強阻擊戰鬥："……中國不會亡，中國不會亡，寧願死不退讓，寧願死不投降。我們的國旗在重圍中飄蕩、飄蕩、飄蕩……"。

日軍攻擊的包圍圈越來越小，我守軍官兵彈藥已近耗盡。但是，他們仍堅守職責頑強抵抗。柴意新率官兵挺起刺刀，與衝上來的日軍展開了決死拼刺之戰：一名護旗兵，一手用身緊抱國旗杆，一手舉槍向日軍掃射，在勇護飄蕩的國旗中被日軍槍殺。久經沙場的柴意新和官兵，手持鋼槍撂倒一個日本兵，捅穿一個日本兵，猛烈反轉擊倒一個日本兵，肉搏百餘次……當柴意新身邊的官兵一個個倒下犧牲，近百個日軍官兵端著明晃晃的刺刀將身負重傷的柴意新圍在府新街春申君墓前時，一個會中國語的日本軍官走向前說："這位將軍，您已經表明了您的英勇！投降吧，我們日本也是崇拜英雄的民族！"。柴意新大笑道："哈哈……你們打進我們的家，破壞了我們的和平生活，豈有投降之道！中國只有斷頭將軍，沒有投降將軍！"話畢，柴意新突然猛力挺起身子，掄槍向日軍劈殺而去……日軍幾把刺刀同時紮進他的身體。柴意新壯烈殉國，時年46歲。該城陷落。

1943年12月9日1時許，杜鼎團長帶領援兵率先趕到，在中美空軍的全力支援下，我軍一舉克復常德，並向敗退的日軍展開追擊，給予日軍重大殺傷。此次常德會戰歷時50餘天，斃傷日軍2萬多人。中國軍隊傷亡官兵5萬多人，第五十七師全師8000餘官兵幾乎傷亡殆盡，僅剩80餘人。其中，第一六九團僅生存9人。

1944年年初，中國陸軍第七十四軍和常德縣政府在常德東城門西北部，修建了常德會戰陣亡將士紀念公墓，柴意新將軍與上千名戰死官兵被安葬於此。國家、軍隊主要領導人和著名人士為此題寫挽詩、挽詞或挽聯。與此同時，中國軍事委員會在重慶召開隆重追悼大會，沉痛悼念柴意新將軍和常德會戰犧牲的官兵。1944年9月8日，中國政府頒佈褒揚令，追晉柴意新陸軍中將軍銜。

馬玉仁將軍
General Ma Yuren

**陸軍中將、國民革命軍魯蘇戰區第一路遊擊司令
兼軍事委員會參議**

Lieutenant General, Senator of the Military Committee and Commander of the 1st Route Guerrilla, Shandong-Jiangsu War Zone, National Revolutionary Army

馬玉仁，原名日仁，字伯良，譽稱"虎將"。中國國民革命軍陸軍魯蘇戰區第一路遊擊少將司令兼軍事委員會參議，著名抗日愛國將領。1875年11月出生於江蘇省建湖縣高作鎮陸溝村。幼年時入私塾讀書。後因家貧，輟學習武，練就一身好武功。1911年辛亥革命爆發，投身革命軍歷任團長、旅長。1912年任陸軍第二師師長。1916年起，邊從戎邊努力學習讀書。1930年任陸軍第十六路軍總指揮兼第二十七軍軍長。後解甲歸田。

1937年7月，蘆溝橋事變發生，日本出兵大肆侵犯中國，打破了中國和平建設環境，中華民國國民政府全力組織軍民自衛應戰。馬玉仁以花甲之年，向政府請纓參加抗戰，被任命魯蘇戰區第一路遊擊少將司令兼軍事委員會參議。馬玉仁不給政府添麻煩，自籌資金，組建隊伍，抗擊日本軍隊入侵。在魯蘇戰區和當地抗日政府與民眾的支持下，多次重創日偽軍。1940年1月3日，馬玉仁所部在江蘇省阜寧縣永樂港遭遇日軍包圍襲擊，率部勇猛衝殺抗擊。在突圍激戰中，馬玉仁身負重傷，壯烈殉國。時年66歲。1940年6月，中華民國國民政府頒佈褒揚令，追晉馬玉仁陸軍中將軍銜。

Ma Yuren, originally named Riren, courtesy name Boliang, was renowned as the "Tiger General." He was a prominent patriotic leader and a Major General in the Chinese National Revolutionary Army, serving as the Commander and Military Committee Member of the 1st Route Guerrilla Army in the Lu-Su Theater of Operations. He was born in November 1875 in Lugou Village, Gaozuo Town, Jianhu County, Jiangsu Province, China. During his early years, he attended a private school for education. However, due to his family's poverty, he discontinued his studies and focused on martial arts, becoming skilled in combat. In 1911, during the Xinhai Revolution, he joined the revolutionary army and served as a regiment commander. In 1912, he became the commander of the 2nd Division of the Army. From 1916 onwards, he simultaneously served in the military and devoted himself to studying. In 1930, he served as the Commander of the 27th Army and Commander-in-Chief of the 16th Route Army. After the war, he retired from his position.

In July 1937, the Lugouqiao Incident happened. Japan sent troops to invade China and broke the environment of China's peace building. The Chinese national government made full efforts to organize the military and civil self-defense. Despite his old age of sixty, Ma Yuren volunteered to participate in the War and was appointed as the Major General and Senator of the Military Committee and Commander of the 1st Route Guerrilla, Shandong-Jiangsu War Zone. In order to resist Japanese invasion, he raised funds by himself to build up an army which defeated the Japanese invaders many times. On January 3rd, 1940, Ma Yuren encountered Japanese army at Yongle Port, Jiangsu Province. While breaking out of the tight siege, he was seriously wounded and died in the battlefield at the age of 66. In June 1940, he was promoted posthumously to the rank of Lieutenant General in honor of his bravery and heroic deeds.

老驥再伏櫪　抗日報國

1937年7月，蘆溝橋事變發生，日本出兵大肆侵犯中國華北。8月，又出兵侵犯中國上海。日本軍隊入侵徹底打破了中國和平建設環境，中國政府被迫全力組織自衛應戰。馬玉仁對日本軍隊的侵犯和種種暴行，怒髮衝冠。63歲的他慨然表示："天下興亡，匹夫有責，正為男兒立志時，吾老矣，吾尤將吾未亡之軀奔赴疆場，馬革裹屍，何所懼哉！"家人勸他不要以花甲之軀再去冒險，他毅然答道："山河破碎人心碎，日月不圓我火燃……"。既招募本村和周圍村莊的青壯年集訓，宣傳抗日，訓練隊伍，自衛應戰，還擊日本軍隊進犯。同時，向中華民國國民政府軍事委員會請纓，力爭率兵出征。之後，馬玉仁請求得到國家肯允。1938年12月，馬玉仁任魯蘇戰區第一路遊擊少將司令兼軍事委員會參議。

1939年春，馬玉仁正式上任。然而，江蘇省和山東省大部地區已經被日本軍隊佔領，在敵後組織軍隊與日偽軍遊擊抗衡，十分困難。馬玉仁人餉兩無，需要自行組織籌措。馬玉仁也深知國破家事難，不給國家政府添加麻煩，便想法變賣家產，東挪西借，自籌餉械。又召集舊部及抗日青年千餘人，並派人到上海購買武器彈藥。同時，派人到清江起回當年自己下野時埋藏的槍支，在極端困難的環境條件下，組建成立了一支抗日隊伍。他親自訓練官兵；親自帶領官兵出擊和襲擾日偽軍。

馬玉仁將司令部秘密設在江蘇省阜寧縣馬家蕩。馬家蕩地處阜寧縣西南邊垂，是蘇北一片廣袤沼澤地——馬家蕩、射陽蕩、收成蕩、沙莊蕩、青溝蕩在此交匯，蕩灘相連，素有八八六十四蕩。馬家蕩為首蕩之稱。這裡溝河縱橫，蘆葦連天，非常適合隱避，便於迂回。所以，馬玉仁將司令部和軍需倉庫選擇在這一帶：軍需庫設在紅鍋腔，司令部設在永樂港。

魯蘇戰區第一路遊擊隊，下轄四個大隊，總共有十餘挺輕機槍，共計1000餘人。每位士兵一支老式步槍，一套布軍裝，一條小被，月餉7元，扣除伙食費所剩無幾。在人員少，裝備差，糧餉不足的惡劣條件下，馬玉仁傾其全部家產，頑強支撐，堅持抗日目標不動搖。同時，魯蘇戰區司令長官部和當地政府避開日偽軍重重圍困，盡力接濟和支持馬玉仁抗戰，附近建湖縣、高郵縣政府也派出官員進行慰問與提供幫助[1]。日酋瞭解到馬玉仁的經歷復雜，又聽說他處境比較艱難，便許以高官厚祿，以蘇北文武官員的最高頭銜為條件誘惑其歸降，馬玉仁嚴詞拒絕。日酋見誘降不成，又秘密派出漢奸打入馬玉仁隊伍內部，企圖從內部分化瓦解這支抗日武裝。馬玉仁識破漢奸的面目後，下令將其派來人員立即處死，並稱"誰當漢奸我就打死誰……"。不久，他又公開槍決了擄掠民財的侄兒馬益華，大義滅親，伸張正義，整飭軍紀，得到了江蘇省政府和當地庶民百姓的讚譽與擁護。

日酋見勸降不成，瓦解未果，惱羞成怒。對馬玉仁部駐地進行多次瘋狂掃蕩，妄圖以武力摧毀馬玉仁部。在援軍相遠，內乏補給，強敵壓境之時，馬玉仁無所畏懼，率部頑強作戰。他運用熟悉的人文條件和地理環境，採取進退自如的遊擊戰術，炸碉堡、打埋伏、搞突襲，粉碎了日軍的掃蕩與進攻。在鹽城、阜寧沿海一帶與日偽軍進行大小數十戰，多次打退了日軍的進攻，還數次主動出擊施以奇襲。其中，以合德鎮西北和藕耕以北的伏擊戰、中心橋南的阻擊戰、通洋港的遭遇戰、夜襲陳洋據點等六次戰鬥最為激烈，給予了入侵日軍和漢奸偽軍沉重打擊。

保衛永樂港　壯烈殉國

冬季的蘆葦蕩，自顯滄桑，枯乾黃白，對游擊健兒難以借此掩護藏身，馬玉仁部的天然屏障失去作用。1940年1月3日，狡猾的日酋在漢奸的引領下、秘密率領重兵突然向馬玉仁部駐地永樂港發起包圍攻擊。馬玉仁得知立即命令第三大隊阻擊日偽軍，第一大隊掩護司令部轉移，自己則親率衛隊和第二、四大隊機動殲敵。在日偽軍進至望鄉臺的時候，馬玉仁率部迎敵於三合尖東側。當時，日偽軍進攻十分猛烈，而地形條件又對我方非常不利，馬玉仁沉著指揮部隊奮勇抗敵。在敵人瘋狂的攻擊下，馬玉仁部戰況漸顯劣勢，為鼓舞士氣挽回戰局，馬玉仁以花甲之軀一馬當先，手持衝鋒槍率部帶頭向日軍猛烈衝殺。力爭殺退日軍攻擊，打破日偽軍包圍。衝殺中，馬玉仁司令小腿中彈，鮮血直流。但是，他仍強忍劇痛，繼續指揮並帶領部隊衝鋒、殺敵。然而，由於日軍炮火十分猛烈，戰鬥衝殺中馬玉仁腹部又受槍擊，栽倒於地，壯烈殉國。時年66歲。

馬玉仁司令殉國後，江蘇蘇北各界人士為之痛悼，舉行了隆重的追悼大會。1940年6月，中華民國國民政府頒佈褒揚令，追念其抗日功勳，追晉馬玉仁陸軍中將軍銜。

張楚善烈士

注[1]：魯蘇戰區第一路遊擊隊成立後，消息很快傳遍了蘇北地區（1938年11月28日，國民政府軍事委員會在敵後成立魯蘇戰區，于學忠將軍任戰區司令長官，山東省政府主席沈鴻烈將軍和江蘇省政府主席韓德勤將軍任副司令長官。戰區下轄第五十一軍，第五十七軍、第八十九軍和山東省、江蘇省地方抗日遊擊武裝），附近政府官員和民眾非常高興與支持。高郵縣政府立即派出資深官員張楚善先生帶隊前去慰問（1912年1月馬玉仁將軍曾率部駐紮高郵），以表達全縣民眾和他個人對馬玉仁將軍抗日義舉的支持。

張楚善先生，1895年出生于高郵縣一戶書香之家，秉性溫恭仁厚，資質穎慧，飽讀詩書，深知禮義，為人謙躬，樂觀進取。多年任私塾先生，知識淵博，教書有方，為人師表，愛護學子，待人和善，樂於助人，經常為民代寫訴求，深受師生與民眾愛戴。在縣政府任職期間，積極向上，清正廉潔，忠誠愛國，負責盡職，甘願為民服務，凡事率先躬行。1939年10月2日，日本軍隊攻陷高郵。張星柄、張振邦和黃松濤等官員帶領相關人員與抗日民眾撤出高郵，張楚善先生奉命以"**他良好的人緣關係**"和教書身份為掩護留守縣城："**保管簿冊史料，並與鄉間政府聯繫**"——為縣常備旅和保安三旅提供情報，秘密進行抗日活動。11月19日晚，漢奸周宇龍帶領日本憲兵隊闖進張楚善先生家，強行將張楚善先生抓捕帶走。在獄中對其多次嚴刑拷打，灌辣椒水，用皮鞭抽，反覆折磨恐嚇，逼其交出同黨，降服日本。張楚善先生堅貞不屈，寧死不降，不出賣組織與同志，"**未吐一字**"。日酋無奈，12月10日將其從獄中押出，進行遊街侮辱。日酋見張楚善先生昂然自若、毫不動搖，又當著張楚善先生的面，連續殘暴地殺害了5名愛國同胞與抗日志士。張楚善先生大義凜然，仍不屈服。日酋惱羞成怒，命令劊子手將其拖到善因寺旁的大坑前，用刺刀捅入坑中活埋。張楚善先生壯烈殉國，時年45歲。其夫人王尊（1902年-1985年）帶著婆婆趙氏（1942年滿含悲憤離世）和兩個小女兒（大女兒張鴻娟7周歲，小女兒張景娟不滿周歲），艱難生活。

張楚善先生為國家、為民族與和平，舍自家與老母。如此之犧牲——堅貞與大愛，真乃驚天地泣鬼神！

馬秉忠將軍
General Ma Bingzhong

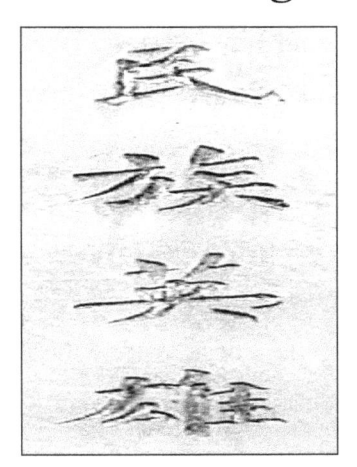

陸軍少將、國民革命軍暫編騎兵第一師第二旅旅長

Major General and Commander of the 2nd Brigade of the 1st Provisional Cavalry Division of the National Revolutionary Army

　　馬秉忠，回族。中國國民革命軍騎兵第五軍暫編騎兵第一師第二旅少將旅長，著名抗日愛國戰將。1910年出生於青海省臨夏縣四十里鋪一軍人世家。1917年入私塾讀書，學習刻苦。喜好習武，及長從戎，擅長騎射。軍涯旅途，作戰勇猛，屢立戰功，逐步晉升團長、旅長。後被選拔到陸軍軍官學校學習深造。

　　1937年7月，蘆溝橋事變發生，日本出兵大肆侵犯中國，打破了中國和平建設環境，中國政府全力組織軍民自衛應戰，中華民族抗日戰爭全面爆發。馬秉忠任國民革命軍騎兵第五軍暫編騎兵第一師第三旅少將旅長。9月，奉命率部開赴陝西省乾縣抗日備戰。1938年4月，奉命率暫編騎兵第一師剿滅由日本浪人和漢奸組織的"白蓮教"千餘名匪徒，受到通令嘉獎。1939年春，調任暫編騎兵第一師第二旅旅長。不久，奉命轉駐河南省周口至界首一帶黃泛區敵後，防禦淮陽周邊日軍；並牽制監督日軍，防止日軍外援，隨時準備攻克淮陽。1939年8月下旬，馬秉忠率部佔領進駐寶塔、孔莊，將日軍圍困於淮陽內城。9月8日，日軍援兵趕到，在火炮、坦克的配合下向我軍反撲，雙方展開了激烈白刃戰。馬秉忠一馬當先，奮勇衝殺。激戰中左胸中彈，壯烈殉國。時年30歲。

Ma Bingzhong, a member of the Hui ethnic group, was a famous patriotic war general in the Chinese National Revolutionary Army. He held the rank of Major General and served as the Commander of the 2nd Brigade of the 1st Provisional Cavalry Division. He was born in 1910 into a military family in Sishilipu, Linxia County, Qinghai Province, China. In 1917, he attended a private school and was known for his diligent studying. He had a passion for martial arts and excelled in horsemanship and archery. Throughout his military career, he demonstrated bravery in battle, achieved numerous military merits, and was promoted to the rank of regimental commander. Later, he was selected to attend the Army Officer School for further education and training.

In July 1937, the Lugouqiao Incident happened. Japan sent troops to invade China and broke the environment of China's peace building. The Chinese government made full efforts to organize self-defense and the Anti-Japanese War of the Chinese Nation broke out in an all-round way. Ma Bingzhong was ordered to set out for the battle of Qian County in Shaanxi Province in September as the Major General and Commander of the 3rd Brigade of the 1st Provisional Cavalry Division of the National Revolutionary Army. In April 1938, he led the 1st Cavalry Division to smash the " White Lotus Society", an organization founded by Japanese and traitors of China, and killed thousands of enemies. In the spring of 1939, he was promoted to be the Commander of the 2nd Brigade of the 1st Provisional Cavalry Division and was ordered to move to Zhoukou-Jieshou, Henan Province to resist the Japanese army around Huaiyang. In late August 1939, Ma Bingzhong commanded his men to station at Baota and Kong Zhuang, and besieged the Japanese Army in the inner city of Huaiyang. When its relief troops arrived on September 8th, the Japanese army launched a counter-offensive with the help of artillery and tanks. The two sides engaged in a fierce hand-to-hand combat. In the heat of battle, Ma Bingzhong was unfortunately shot on the left side of the chest and died on the battle filed. General Ma Bingzhong laid down his life for his country at the age of thirty.

東進抗日　一馬當先

1937年7月，蘆溝橋事變發生，日本出兵大肆侵犯中國，打破了中國和平建設環境，中華民國國民政府被迫全力組織軍民自衛應戰，中華民族抗日戰爭全面爆發。8月，青海省代主席、國民革命軍陸軍第八十二軍軍長馬步芳響應國民政府自衛應戰號召，積極調配人馬，組建了一支由回、撒拉、東鄉、藏、漢等民族組成的國民革命軍騎兵第五軍，馬步青任軍長，下轄騎兵第五師、馬步青兼任師長，暫編騎兵第一師、馬彪任師長。接著，騎兵第五軍展開了緊張的整訓與練兵。9月，暫編騎兵第一師奉命率先東進抗日。暫編騎兵第一師共一萬餘人，下轄三個旅，馬秉忠任第三旅少將旅長。隨後，在西寧市人民群眾隆重歡送之下，國民革命軍暫編騎兵第一師出征赴難。經蘭州、平涼，浩浩蕩蕩向東飛馳奔赴。10月17日，抵達陝西省乾縣。

1938年2月10日，馬彪和馬秉忠率領部隊駐紮臨潼一帶，擔任護路任務。確保隴海鐵路潼長段，長安至河南荊紫關公路沿線之藍田、商州、龍駒寨、丹鳳、商南、山陽公路一線的安全。在此期間，該師第一、二、三旅相互嚴密配合，常常組成騎兵小分隊，以靈活迅速的動作，追殺由日本特務和漢奸組成的偵察破壞隊和奇襲進擊運城一帶的日軍，確保了潼關的安全。

1938年4月，馬秉忠等部奉命準備剿滅長荊公路龍駒寨一帶，由日本人操縱的"白蓮教"1000餘名匪徒。這夥匪徒盤踞在華山南麓，由日本浪人和漢奸參加並操縱，聽受幾個居住於華山寺的日本人指揮，出沒於長（安）荊（河南荊紫關）公路沿線，襲擊地方政權，搶劫抗日軍用物資，肆意劫掠、迫害百姓，並策應日本軍隊向豫西、關中進犯，嚴重威脅著抗日後方的交通安全，影響我軍華中戰略物資的運輸供應。馬秉忠旅長等受命之後，在暫編騎兵第一師師長馬彪的親自指揮下，對敵突然發動進攻。馬秉忠率部英勇衝殺，一馬當先衝鋒在前。與兄弟部隊協同配合，一舉全殲該敵。此戰，速戰速決，僅用半天時間就將匪徒清剿，清除了我抗日戰略後方中的一處大隱患。中華民國國民政府長安行營主任蔣鼎文將軍得知，特通令嘉獎。

血戰淮陽　將軍殉國

1939年春，馬秉忠少將調任為暫編騎兵第一師第二旅旅長。不久，騎兵第一師轉駐河南省周口至皖北界首黃泛區防守，主力駐守項城，以防禦淮陽日軍進犯。淮陽是蘇、魯、豫、皖地區日軍侵佔中國的主要據點之一。我暫編騎兵第一師駐守河防，地處平漢路中段，是關係華東、華中的戰略要地。所以，日本迅速從各方調集多兵種部隊，對淮陽嚴防死守，並準備隨時出兵攻擊我暫編騎兵第一師。暫編騎兵第一師各旅輪流渡河，以小股騎兵隊遊擊的形式襲擾淮陽一帶日軍，藉機偵察淮陽敵情，將日軍驅逐或殲滅。

1939年8月下旬，我軍獲悉侵佔淮陽日軍兵力空虛，馬秉忠立刻率第二旅全部人馬渡河，對淮陽城展開圍攻，經過一場激戰，成功進佔了淮陽城西關，並將日軍圍困於淮陽內城。日軍一方面固守城防，一方面急電求援。我軍多次猛攻不下，日軍與我軍對峙激戰10餘天。

1939年9月8日，日酋秘密從開封調來一支機械化部隊增援，共有卡車、裝甲車近100輛，火炮10餘門，突然向圍城馬秉忠旅發起攻擊。淮陽城內的日軍也向我軍發動瘋狂反撲。面對裝備精良、兵種齊全的日本侵略軍的內外攻擊，我第二旅全旅將士毫不退縮，馬秉忠指揮騎兵部隊快速分頭奮勇衝殺，與日軍展開白刃戰。馬秉忠旅長身先士卒，揮舞戰刀，率部直衝前頭。戰鬥中左胸猝然中彈，摔於馬下，壯烈殉國。時年30歲。

淮陽之戰，極其慘烈。在我友軍配合下共消滅日軍1000餘人，俘虜20餘人，而我部也傷亡2000餘人。戰鬥結束之後，部隊和當地政府在河南省項城水寨為馬秉忠等陣亡將士舉行了隆重追悼大會。中華民國國民政府軍事委員會、第一戰區司令長官部等均來電弔唁。同時，青海省西寧市也召開了追悼大會。會後，將馬秉忠將軍的遺體安葬於師部所在地——項城水寨之南，立"陸軍暫編騎兵第一師第二旅馬少將旅長秉忠之墓"石碑，以垂永久紀念。

馬威龍將軍
General Ma Weilong

陸軍少將、國民革命軍第二十七軍第四十六師第一三八旅旅長

Major General and Commander of the 138th Brigade of the 46th Division of the 27th Army of the National Revolutionary Army

　　馬威龍，字雲飛。中國國民革命軍陸軍第二十七軍第四十六師第一三八旅少將旅長，著名抗日愛國戰將。1905年出生於廣西省龍州一書香門第，自幼聰慧，愛學向上。1913年在本地學校讀書。1925年考入廣州黃埔陸軍軍官學校第四期。中央軍官訓練團高級班畢業後，參加北伐戰爭，先後任排長、連長和營長等職。1933年參與中央陸軍軍官學校教導部隊的組織整編。1936年任中央陸軍軍官學校教導總隊第三團上校團長。

　　1937年7月7日，日本出兵大肆侵犯中國河北。8月13日，日本又出兵入侵中國上海，日本軍隊入侵徹底打破了中國和平建設環境。14日，中國政府發表自衛抗戰聲明，全面組織自衛應戰。馬威龍任中央陸軍軍官學校教導總隊第三旅少將旅長兼第五團團長，奉命率部開赴上海參加阻擊日本軍隊進攻的淞滬會戰。全體官兵冒著日本海陸空部隊的轟炸與連環攻擊，勇猛衝殺，給予入侵日軍大量殺傷。之後，還師南京，參加南京保衛戰。所率官兵在南京保衛戰中英勇殺敵，全部為國捐軀。馬威龍勇猛衝殺，死裡逃生。1938年年初，馬威龍調任第二十七軍第四十六師第一三八旅旅長，奉命率部參加蘭封戰役。5月27日，馬威龍督率所部官兵浴血奮戰，親自端著一挺機關槍帶頭向敵群猛烈掃射衝鋒。被日軍狙擊手擊中，壯烈殉國。時年34歲。

Ma Weilong, courteously named Yunfei, the Commander of the 138th Brigade of the 46th Division of the 27th Army of the National Revolutionary Army, was born in 1905, in Longzhou County, Guangxi Province. He was educated in his hometown and then was admitted to the 4th session of the Officers' Course of Whampoa Military Academy in 1925. After graduating from High-Ranking Class of the Central Officers' Training Regiment, he had participated in the Northern Expedition and served successively as the Platoon Leader, the Company Commander and the Battalion Commander. In 1936, he was appointed the Commander of the 3rd Regiment of the Training Corps of the Central Military Academy.

On July 7th, 1937, Japan sent troops to invade Hebei Province of China. On August 13th, another army was sent to invade Shanghai, China, completely breaking the environment for China's peaceful development. On August 14th, the Chinese government issued a statement of self-defense and was forced to organize a self-defense response. Ma Weilong served as the Commander of the 5th Regiment and Commander of the Instructing and Training Corps of the Central Military Academy of the National Revolutionary Army. He was ordered to lead his troops to participate in the Battle of Shanghai and the Battle of Nanjing in succession to defend against the Japanese invaders. In the Battle of Nanjing, they fought bravely, and all his subordinates died for the country. In 1938, Ma Weilong was promoted to be the Commander of the 138th Brigade of the 46th Division of the 27th Army and commanded his troops to take part in the Battle of Lanfeng. In a vehement battle on May 27th, his troops headed to fight against the Japanese army and suffered heavy causalities. He picked up a machine gun to fire at the enemy, and was shot by a Japanese sniper. He died in this battle at the age of thirty-four, sacrificing his life for the peace of the motherland.

雄師保衛淞滬南京　戰至最後兩人

1937年7月7日，蘆溝橋事變爆發，日本出兵大肆侵略中國河北。7月17日，中華民國國民政府委員長蔣中正發表《對蘆溝橋事件之嚴正聲明》："中國民族本是酷愛和平……我們是弱國，國家要進行建設，絕對的要和平，過去數年中，不惜委曲忍痛，對外保持和平……我們固然是一個弱國，但不能不保持我們民族的生命，不能不負擔祖宗先民遺給我們歷史的責任，所以到了迫不得已時，我們不能不應戰……如果放棄尺寸土地與主權，便是中華民族的千古罪人……我們希望和平，而不求苟安，準備應戰，而決不求戰……如果戰端一開，就是地無分南北，人無分老幼，無論何人皆有守土抗戰之責……全國國民亦必須嚴肅沉著，準備自衛……"。馬威龍任中央陸軍軍官學校教導總隊第三旅少將旅長兼第五團團長，與全校官兵集體收聽了蔣委員長《對蘆溝橋事件之嚴正聲明》，紛紛誓言：堅決響應國家號召，為保衛祖國和平，隨時自衛應戰。

8月13日，日本又出兵侵犯中國上海。14日，中華民國國民政府立即發表自衛抗戰聲明："中國為日本無止境之侵略所逼迫，茲已不得不實行自衛，抵抗暴力……維持正義與和平……中國決不放棄領土之任何部分，遇有侵略，惟有實行天賦之自衛權以應之……吾人此次非僅為中國，實為世界和平而奮鬥；非僅為領土與主權，實為公法與正義而奮鬥……"。馬威龍與全校官兵收聽了國家自衛抗戰聲明，立即請戰衛國。與此同時，中國政府實施全國總動員，調兵遣將趕赴上海，抵抗暴力，自衛應戰，淞滬會戰拉開戰幕。中央陸軍軍官學校教導總隊是中國軍隊裝備訓練最精良最精銳的甲種師，奉命分批開赴上海前線抗戰。馬威龍率第三旅官兵到達上海，參加紗廠攻擊戰。第三旅與兄弟部隊相互配合，前赴後繼，給予進犯日本軍隊重大殺傷。

1937年11月初，教導總隊奉命在蘇州河畔八字橋陣地接替第一軍陣地。馬威龍與教導總隊的將士們進入陣地後立即構築工事，日軍便潮水般撲來。將士們冒著日軍火炮、飛機的狂轟濫炸，進行猛烈還擊，擊退了日軍一次次集團式進攻。日軍從陸路攻擊失敗後，便從側翼組織了大批橡皮艇強渡蘇州河，實施偷襲。教導總隊將士與來自正面和側面日軍展開激烈廝殺惡戰，陣地失而復得，幾經拉鋸，幾經拼殺，血流成渠，河水染紅。狂暴的日軍在中國最精銳的部隊面前，終於敗下陣去。11月5日，日本又一支主力軍隊在上海南面杭州灣北岸金山衛和全公亭突然登陸，以第六師團沿滬杭鐵路推進，另一部直撲松江，進攻淞滬戰場中國守軍之側背，夾攻中國軍隊。中國軍隊被迫全線撤退。教導總隊奉命西撤轉進，還師首都南京。

11月20日，林森主席簽發《中華民國國民政府移駐重慶宣言》[1]："……國民政府鑒於暴日無止境之侵略，爰決定抗戰自衛，全國民眾同仇敵愾，全體將士忠勇奮發；被侵各省，均有極急劇之奮鬥，極壯烈之犧牲。而淞滬一隅，抗戰亙於三月，各地將士，聞義赴難，朝命夕至，其在前線，以血肉之軀，築成壕塹，有死無退。暴日傾其海陸空軍之力，連環攻擊，陣地雖化煨燼，軍心仍如金石。臨陣之勇，死事之烈，實足昭示民族獨立之精神，而奠定中華復興之基礎。邇者暴日更肆貪黷，分兵西進，逼我首都……為國家生命計，為民族人格計，為國際信義與世界和平計……為適應戰況，統籌全域，長期抗戰起見，本日移駐重慶，此後將以最廣大之規模，從事更持久之戰鬥，以中華人民之眾，土地之廣，人人本必死之決心，繼續抗戰，必能達到維護國家民族生存獨立之目的。"馬威龍與還師南京的教導總隊全體將士認真學習收聽了《中華民國國民政府移駐重慶宣言》，實感日本軍閥欺人太甚，決心以死保衛國家首都南京。馬威龍旅長奉命率步兵第三旅的第四、五團擔任南京紫金山老虎洞左側到岔路口之線防守。

1937年12月7日，南京保衛戰爆發。日本軍隊在坦克和空軍的配合下突破了我軍週邊陣地。9日拂曉，日軍集中兵力，攻擊紫金山老虎洞陣地。馬威龍率部頑強拼搏血戰，擊退了日軍一次次進攻。因老虎洞陣地比較突出，在日軍集中陸、空火力激烈攻擊下，馬威龍部傷亡慘重。由於不易增援，教導總隊命令馬威龍放棄老虎洞陣地，退守紫金山第二峰的主陣地繼續阻敵。12月10日，日軍佔領我老虎洞陣地後，即開始集中兵力向紫金山第二峰、孝陵衛之西山主陣地攻擊。由於教導總隊在孝陵衛駐紮四年之久，對那裡的地形非常熟悉，構築的戰壕、掩體和碉堡也比較堅固，以及憑藉先進的武器裝備，馬威龍和官兵們給予了入侵日本軍隊特大殺傷。戰至11日晚上，馬威龍和教導總隊的將士們與日軍在第二峰和西山陣地進行了近10輪的反覆爭奪戰，寸土必爭，寸土不讓。中國官兵傷亡雖然嚴重，但是也給予日軍極大殺傷。陣地始終牢牢掌握在我軍手中，日軍沒能越雷池一步。

1937年12月12日晚10時左右，馬威龍部奉命撤出南京，突圍並向滁縣方向集中。馬威龍率本旅餘部官兵向指定地點拼殺突圍。當部隊衝出日軍包圍圈，到達指定集合地點時，全旅僅剩馬威龍旅長和鄧文僖團長兩人。其所部將士全部為國赴難捐軀。

戰將率部衝鋒陷陣　赴難捐軀蘭封

1938年1月，馬威龍任國民革命軍陸軍第二十七軍第四十六師第一三八旅少將旅長。由於第四十六師在淞滬會戰中傷亡嚴重，中華民國國民政府軍事委員會決定重新組建該師。馬威龍到任後，立即著手補充兵員，招收新兵，整頓部隊，嚴格訓練，恢復元氣。1938年5月19日，中華民國國民政府發表《告日本國民書》，向全世界和日本人民說明破壞和平的是日本軍閥，此次戰爭是針對日本軍閥的戰爭，並非對日本人民的戰爭，號召日本人民和中國人民共同反對日本軍閥。馬威龍將軍積極宣傳本戰爭的政治意義，號召官兵為正義、為和平，為祖國而戰，努力提高殺敵本領。部隊整體素質提高很快。接著，馬威龍奉命率部開赴河南省蘭封（今蘭考縣）一帶駐防，準備參加蘭封戰役（又稱蘭封會戰），阻擊日本軍隊進攻。

1938年5月中下旬，日本第十四師團兩萬餘眾，在師團長土肥原賢二中將的指揮下，切斷了中國隴海鐵路，對給西撤的中國戰略物資運輸和參加徐州會戰的中國軍隊造成鉅大壓力。5月22日，桂永清部陣地被日本軍隊突破，日軍兵臨蘭封城下。23日，蘭封陷落。蘭封失陷，使中國開封、鄭州面臨日軍直接威脅。蔣中正委員長坐鎮鄭州，急調第一軍固守開封，使土肥原賢二急襲開封城計劃破產；下令嚴厲處分了"指揮無方"的第二十七軍軍長桂永清和第七十一軍軍長宋希濂，撤職逮捕了第七十一軍第八十八師師長龍慕韓（其兩位團長戰死），以圖重振軍威，收回失地。接著，中華民國國民政府軍事委員會制定了反攻蘭封，圍殲土肥原賢二師團的作戰計畫。由薛岳將軍任第一戰區第一兵團總司令，指揮中國豫東各軍師準備發起全線進攻，包圍蘭封、羅王寨、三義集、曲蘭集一帶的日本第十四師團。

1938年5月25日午後4時許，薛岳將軍指揮豫東各軍師向日軍發起猛攻。於27日晨3時，奪回蘭封城。馬威龍率領第一三八旅配合主力部隊於羅王寨、三義寨一帶將日本土肥原賢二師團一部包圍。日軍憑藉險要陣勢和現代化裝備進行負隅頑抗，雙方寸土必爭，寸土必奪，戰鬥進行得異常激烈。在此緊急關頭，馬威龍旅長親臨戰場最前線，督率所部官兵浴血奮戰。激戰至關鍵時刻，馬威龍旅長親自端著一挺機關槍帶隊率兵向敵群猛烈掃射衝鋒。突然，馬威龍被日軍狙擊手擊中倒地，鮮血噴流，壯烈殉國。時年34歲。之後，中華民國國民政府頒佈褒揚令，明令褒揚馬威龍將軍英勇抗戰之事蹟。

注[1]：中華民國國民政府鑒於日本軍閥侵佔了中國東北之後，又不斷向中國熱河、察哈爾和上海等地挑釁與入侵。為了"維持我們祖先數千年來遺給我們的光榮歷史與版圖"，收復東北和準備長期堅持抗戰……在1935年前後就制定了應變計畫和進行初步備戰建設。如果首都南京一旦失守，國民政府機關就遷駐重慶繼續領導抗戰。如果重慶一旦失守，國民政府機關就遷駐西昌繼續堅持領導抗戰。重慶至西昌的公路修築從1938年年底開始動工，總長955公里。四川境內江河縱橫、大山峻嶺高聳入雲。中國為了堅決抗戰到底，四川人民和周邊省民工與工程技術人員硬是用血和肉——一釺一錘一鍬一筐開闢了這條山區公路。其中，開鑿樂山到西昌這段高差2430米、長525公里的公路就犧牲彝、漢民工4200多人。特別在當時經濟、技術條件非常落後和戰爭時期，人工開闢修築的山、嶺、洞和橋實為人間罕見。如蓑衣嶺、岩窩溝、農場大渡河懸索橋和菩薩崗等四項工程，無論是勘測、設計與施工都是難於上青天，施工人員還是按時完成了工期——"用我們的血和肉，去填平岩窩溝！抗日衛國一寸山河一寸血，築路架橋每米工程每米魂！"通過20多萬民工、工程技術人員與官兵日夜艱苦勞作，於1940年12月全線正式竣工通車，為打敗日本入侵者創造了人間氣勢恢弘的奇跡。所以，國家堅決抗擊外敵入侵和進行長遠考慮與規劃，堪稱中華優秀文化的踐行、傳承與發展，也就無往而不勝。

徐積璋將軍
General Xu Jizhang

陸軍少將、國民革命軍第十九軍第七十師第二〇五旅旅長

Major General and Commander of the 205th Brigade of the 70th Division of the 19th Army of the National Revolutionary Army

　　徐積璋，字耀堂。中國國民革命軍陸軍第十九軍第七十師第二〇五旅少將旅長，著名抗日愛國戰將。1906年出生於山西省襄陵縣（今襄汾）西徐村，自幼聰穎好學，富有正義感。1914年入襄陵趙曲第二小學讀書。1921年考入山西學兵團（後改稱北方陸軍軍官學校）。畢業從軍報國，先後任西北軍排長、連長和營長等職。後又考入南京陸軍大學深造。畢業任山西省綏靖公署參謀科科長。徐積璋為人正直，治軍有方，恩威並濟，深得軍心。

　　1937年7月，蘆溝橋事變發生，日本發動了全面侵華戰爭，打破了中國和平建設環境，中國政府被迫全力組織軍民自衛應戰。徐積璋任國民革命軍陸軍第十九軍第七十師第二〇五旅上校團長，奉命率部參加平綏鐵路東段沿線作戰和太原會戰，屢挫日軍。因戰功升任第七十師第二〇五旅少將旅長兼晉西南十八縣保安司令。1938年12月5日，在山西省聞喜縣指揮部隊冒著日本飛機掃射、轟炸和地面火炮炮擊，以及戰車的強攻，與入侵日軍展開激烈戰鬥中，突然被敵機炸彈擊中頭部，壯烈殉國。時年33歲。

　　Xu Jizhang, courteously named Yaotang, a famous patriotic general of the War of

Chinese People's Resistance against Japanese Aggression, had been the Major General and Commander of the 205th Brigade of the 70th Decision of the 19th Army, National Revolutionary Army. He was born in 1906, in Xixu Village, Xiangling County of Shanxi Province. He was very studious and full of sense of justice since his childhood. In 1914, he enrolled at Zhaoqu Primary School of Xiangling County. In 1921, he was admitted to the Shanxi Student Soldier Corps which was later renamed as the Officers' School of Northern Military Academy. After graduation, he served successively as a Platoon leader, Company Commander and Battalion Commander. Then he was admitted to Nanjing Military College for further study. Then he returned to Shanxi and was appointed Chief of Staff of Shanxi Appeasement Administration.

In July 1937, when the Lugouqiao Incident (the Marco Polo Bridge Incident) happened, Japan launched an all-round war of aggression against China, which broke the environment of China's peaceful construction, and the Chinese government was forced to organize self-defense in full force. Xu Jizhang was appointed the Colonel and Commander of the 205th Brigade of the 70th Division of the 19th Army, the National Revolutionary Army. He was ordered to take part in the battles along the eastern section of the Pingsui Railway and the Taiyuan Battle, which repeatedly frustrated the Japanese army. Due to his meritorious military service, he was promoted to Major General of the 205th Brigade of the 70th Division and Commander of Security of the Eighteen Counties in Southwest Shanxi. On December 5th, 1938, while engaging the Japanese forces in a fierce battle to defend Wenxi County of Shanxi, he was unfortunately bombed in the head and eventually died for the noble cause at the age of 33.

轉戰山西　殉國聞喜

1937年7月7日，蘆溝橋事變發生，日本發動了全面侵華戰爭，破壞了中國和平建設環境，中國政府被迫全力組織軍民自衛應戰，中華民族抗日戰爭全面展開。徐積璋任國民革命軍陸軍第十九軍第七十師第二〇五旅上校團長，奉命率部參加平綏鐵路（北平至綏遠省包頭的鐵路）東段沿線作戰和忻口戰役（太原會戰重要組織部分）。在忻口戰役中，第十九軍擔任中央地區的防禦阻擊任務。在日軍集團式衝鋒下，徐積璋指揮有方，勇猛善戰；冒著日本飛機轟炸和火炮轟擊，率部衝鋒陷陣，連續擊退日軍多次進攻，給予日軍重大殺傷。1937年秋，徐積璋因戰功升任第十九軍第七十師第二〇五旅少將旅長兼晉西南十八縣保安司令。

晉西南是山西省重要糧倉之地，是通往河南省和陝西省的門戶，自古以來就是軍事戰略要地。日本軍隊為了進軍河南，從而達到佔領全中國的目的，對晉西南的重鎮早已虎視眈眈。作為晉西南十八縣保安司令的徐積璋深感守土有責，積極率部備戰，以必死之決心率部守衛。

　　1938年12月4日夜，日酋集中主力4000多人，在飛機、大炮等優勢火力掩護下，向晉西南的聞喜發動了猛烈進攻。徐積璋親自率隊迎敵，在稷王山一線浴血奮戰，阻擊日軍入侵。日軍在猛烈炮火的掩護下，向我軍陣地發起瘋狂衝鋒。徐積璋率領官兵沉著應戰，利用地形頑強阻擊日軍進攻。戰鬥異常激烈，陣地數次易手，反覆爭奪，屢失屢得。然而，日軍始終未能突破我軍防線。戰至5日清晨，日寇傷亡慘重。

　　12月5日上午，氣急敗壞的日酋又調集重兵和戰車，調整部署，憑藉優勢火力和空中飛機支援，向我軍陣地展開了集團式衝鋒，致使我軍陣地相繼喪失。徐積璋立即帶領預備隊衝上陣地，與日軍展開了肉搏戰，終將進攻日軍擊退。下午1時許，日本飛機又開始對我軍陣地進行瘋狂轟炸，徐積璋立即指揮官兵開槍反擊。突然被敵機炸彈彈片擊中頭部，徐積璋倒地，鮮血直流，壯烈殉國。時年33歲。

　　徐積璋旅長戰死，激發了全旅官兵視死如歸、前赴後繼、寧死不降的鬥志，赴難捐軀英勇拼殺……幾乎全部血灑聞喜。

郭子斌將軍
General Guo Zibin

陸軍少將、國民革命軍魯蘇戰區暫編第三十師副師長

Major General and Deputy Commander of the 30th Provisional Division of Shandong-Jiangsu War Zone of the National Revolutionary Army

　　郭子斌，原名子陽，又名志彬。中國國民革命軍陸軍魯蘇戰區暫編第三十師少將副師長，著名抗日愛國將領。1896年出生於遼寧省阜新。1904年起入本地小學、中學讀書。成年後投身軍旅。先後任排長、連長、營長和團長等職。

　　1937年7月，蘆溝橋事變發生，日本出兵大舉進攻中國，打破了中國和平建設環境，中國政府全力組織軍民自衛應戰。郭子斌跟隨朱世勤在魯西北、魯西和魯西南敵後組織部隊抗擊日軍入侵。1939年2月，參與指揮了山東省成武縣郜鼎集之戰，予敵重創。1942年年初，任國民革命軍魯蘇戰區暫編第三十師少將副師長。1942年5月4日，郭子斌與朱世勤師長一同在山東省單縣潘莊保衛戰中，同日軍血戰殉國。郭子斌時年47歲。

　　Guo Zibin, formerly named Guo Ziyang, also named Zhibin, a famous patriotic general in the War of Chinese People's Resistance against Japanese Aggression, had been the Major General and Deputy Commander of the 30th Provisional Division of Shandong-Jiangsu War Zone of the National Revolutionary Army. He was born in 1896, in Fuxin County, Liaoning Province. He was educated in a local primary school and middle school, and then enlisted in the army after graduation. He successively held the positions of platoon leader, company commander, battalion commander and head of the regiment.

In July 1937, the Lugou Bridge Incident happened. Japan sent troops to invade China and broke the peaceful environment of China's development. The Chinese government made full efforts to organize self-defense and the War of Chinese People's Resistance against Japanese Aggression broke out in all directions. Guo Zibin and Zhu Shiqin, his commander, organized troops to resist the Japanese invasion in the northern and southwestern region of Shandong Province. In February 1939, he participated in the Battle of Gaodingji in Chengwu County. In 1942, he was appointed as the Major General and Deputy Commander of the 30th Provisional Division of Shandong-Jiangsu War Zone of the National Revolutionary Army. On May 4th, 1942, while engaging the Japanese forces in Panzhuang Defense Battle in Shanxian County, Shandong Province, both he and Mr. Zhu Shiqin died for the noble cause of defending the peace of the motherland.

郭好禮將軍
General Guo Haoli

國民革命軍第八路軍冀南軍區第一軍分區副司令員

Deputy Commander of the 1st Sub-command of South Hebei Military Region of the Eighth Route Army of the National Revolutionary Army

郭好禮，原名福堂。中國國民革命軍陸軍第八路軍冀南軍區第一軍分區副司令員兼參謀長，著名抗日愛國戰將。1904年出生於河北省臨漳縣郭小屯。1912年入本地小學讀書。大名縣教會華美中學畢業後，在黃金堤村小學和基督教學校教書，傳授與踐行基督教行公義、好怜悯、爱人如己之宗旨。之後，在安陽參加西北軍，先後任班長、排長、連長等職。1930年回到家鄉組織地方武裝，任臨漳縣保安隊中隊長。

1937年7月，蘆溝橋事變發生，日本出兵大肆入侵中國河北，打破了中國和平生活環境，中國政府全力組織軍民自衛應戰，中華民族抗日戰爭全面爆發。郭好禮任河北民軍第一路軍副司令兼第五支隊司令，奉命率部阻擊日軍進攻。1938年秋，率部在魯西北地區抗擊日軍入侵。1939年夏，任臨漳縣縣長。1940年1月，任八路軍第一二九師第三八六旅第七七四團副團長，率部參加"百團大戰"。1941年任冀南軍區第一軍分區參謀長。1942年任冀南軍區第一軍分區副司令員兼參謀長。1942年秋，兼任冀南軍區"路南支隊"（廣平和大名公路南部支隊）支隊長。1943年2月27日，其所部被日軍包圍在魏縣屯禮村。在牽制日軍，掩護部隊突圍的激戰中，郭好禮頭部中彈，壯烈殉國。時年40歲。

Guo Haoli, formerly named Guo Futang, a famous patriotic general in the War of Chinese People's Resistance against Japanese Aggression, had been the Deputy Commander and Chief of Staff of the 1st Sub-command of South Hebei Military Region of the Eighth Route Army of the National Revolutionary Army. In 1904, he was born in Guoxiaotun Village, Linzhang County, Hebei Province. He studied at a local primary school in 1912. After graduating from Huamei High School in Daming County, he taught at primary schools in Huangjindi Village and Christian schools, where he imparted and practiced the principles of Christianity, which include righteousness, compassion, and loving others as oneself. Later then, he joined the Northwest Army where he had served as the Monitor, the Platoon leader and the Company Commander successively. He returned to his hometown in 1930 to organize the local armed forces and served as the Security Captain.

In July 1937, the Lugouqiao Incident happened. Japan sent troops to invade China and broke the peaceful environment of China's development. The Chinese government made full efforts to organize self-defense and the War of Chinese People's Resistance against Japanese Aggression broke out in full scale. Guo Haoli was appointed as the Commander of the 5th Detachment and Deputy Commander of the 1st Route Army of Hebei Masses' Army. In the autumn of 1938, he commanded his troops to resist Japanese Army in the area of Northwestern Shandong. In summer of 1939, he was appointed as the Magistrate of Linzhang County. In January 1940, as the Deputy Commander of the 774th Regiment of the 386th Brigade of the 129th Division of the Eighth Route Army, he commanded his troops to participate in the Hundred Regiments Offensive. In 1941, he served as the Chief of Staff of the First Military Division of the Southern Hebei Military Region. In 1942, he was promoted to the Commander and Chief of Staff of the 1st Sub-command of South Hebei. In the autumn of 1942, he was appointed Captain of the Southern Detachment of Daming and Guangping Road. On February 27th, 1943, his troops were surrounded by Japanese at Tunli Village of Wei County. While engaging the Japanese forces in a vehement battle, he was unfortunately shot in the head and died for the noble cause at the age of forty.

組織武裝頻繁出擊　血灑魏縣

1937年7月，蘆溝橋事變發生，日本出兵大肆入侵中國河北，並沿平漢鐵路瘋狂向南侵犯。10月中旬，中國邯鄲、磁縣相繼被日軍侵佔。日軍入侵徹底打破了中國和平建設環境，中國政府被迫全力組織軍民自衛應戰，中華民族抗日戰爭全面爆發。郭好禮受中國國民革命軍陸軍第二十九軍之命，在衛河以西招兵買馬，組織家鄉民眾抗日，任河北民軍第一路軍副司令兼第五支隊司令。1938年秋，率部轉移到魯西北，同八路軍東進縱隊協同作戰。部隊很快發展壯大4個團，計6000餘人。率部轉戰於魯西北，在敵後與日偽軍展開遊擊戰。由於戰鬥激烈頻繁，無後勤保障，部隊減員較大。

1940年1月，郭好禮率部參加八路軍，任國民革命軍陸軍第八路軍第一二九師第三八六旅第七七四團副團長。8月，率部參加了"百團大戰"和冀南抗日根據地反"掃蕩"戰鬥。1941年任冀南軍區第一軍分區參謀長。1942年任冀南軍區第一軍分區副司令員兼參謀長。後又兼任冀南軍區"路南支隊"支隊長（副支隊長裴香齋），率隊活動於廣平至大名公路以南地區。在敵後艱苦卓絕的抗日遊擊戰爭歲月裡，郭好禮與官兵同吃同住共患難，行公義、愛民眾。經常與官兵們在一起開玩笑，調劑生活，使抗戰生活充滿了樂觀主義精神。官兵們自編順口溜："住在炮樓下，夜觀樓上燈。行軍必路過，天天跑敵情"……。當地民眾對郭好禮領導的"路南支隊"秋毫不犯，堅持抗戰的事蹟也編成歌謠傳頌："郭好禮的兵不好當，破鞋破襪破軍裝。夜晚常住坷垃地，白天走的樹林行。"

1943年1月，郭好禮帶領路南支隊連續拔除日偽軍在張仁堂、何家莊和白莊等5個據點。2月4日晚，又率隊聯合其他部隊一舉攻克魏縣縣城，殲滅守城日偽軍。日軍司令部人員得知大為震驚，立即調動人馬尋找郭好禮部，欲實施"鐵壁合圍"殲滅之。2月27日，郭好禮與路南支隊被日偽軍包圍在魏縣屯禮村。激戰中，郭好禮帶領一部分人員衝出了村子。然而，支隊的大部分指戰員仍被堵在村中，沒有突圍出來。郭好禮急令警衛員回村傳令沒有突圍出來的連隊朝村東突圍，自己留下牽制敵人。警衛員剛走，日軍便嗷嗷叫著向郭好禮等人撲來。郭好禮隱藏在一座墳頭後面，接連擊斃5個日本兵。突然，一顆子彈擊中他的頭部，郭好禮副司令壯烈殉國。時年40歲。

郭好禮犧牲，冀南軍區將士十分悲痛，為他舉行了追悼大會。八路軍第一二九師師長劉伯承將軍專門向郭好禮父親郭振湖先生發去唁電："好禮同志一生為中國人民解放事業而奮鬥，艱苦卓絕英勇犧牲之精神，足為三軍楷模。"

郭陸順將軍
General Guo Lushun

國民革命軍第八路軍第三縱隊回民支隊政治委員

Political Commissar of the Hui Detachment of the 3rd Column of the Eighth Route Army of the National Revolutionary Army

　　郭陸順，又名六順。中國國民革命軍陸軍第八路軍第三縱隊回民支隊政治委員，著名抗日愛國遊擊戰將。1914年6月，出生於湖南省瀏陽縣北盛區郭家屋場。1922年入本地小學讀書。1926年任鄉兒童團團長。1927年秘密加入共產黨。1929年參加工農紅軍，先後任班長、排長、連政治指導員、營教導員等職。1935年隨紅二軍團長征到達陝北。

　　1937年7月，蘆溝橋事變發生，日本發動了全面侵華戰爭，中國政府全力組織軍民自衛應戰，中華民族抗日戰爭全面爆發。紅軍主力部隊奉命改編國民革命軍陸軍第八路軍（後改稱第十八集團軍），開赴華北前線抗日。郭陸順任第八路軍第一二〇師第三五九旅團政治處主任，參加了太原會戰。1938年年底，隨第一二〇師挺進冀中敵後粉碎日軍多次圍攻和"掃蕩"。1939年9月，調任八路軍第三縱隊回民支隊政委。與馬本齋司令共同領導回民支隊在無機、新樂、藁城一帶開展游擊戰，創建抗日根據地。該部成為敵後"能征善戰"的游擊勁旅。1940年8月，郭陸順奉命率部參加"百團大戰"。1942年4月27日拂曉，所部遭遇日偽軍偷襲。郭陸順在指揮作戰中，頭部受重傷，壯烈殉國。時年29歲。

Guo Lushun, alias Guo Liushun, a famous patriotic general of the War of Chinese People's Resistance against Japanese Aggression, had been the Political Commissar of the Hui Detachment of the 3rd Column of the Eighth Route Army of the National Revolutionary Army. He was born in June 1914, in Guojiawuchang Village, Liuyang County, Hunan Province. In 1922, he enrolled in a local primary school. In 1926, he was appointed the Commander of Children's Corps of Liuyang County. In 1927, he joined the Chinese Communist Party secretly. In 1929, he joined the Red Army and since then he had successively served as a Monitor, Platoon leader, Company Political Instructors, the Camp Instructor, and so on. In 1935, he participated in the Long March and reached the northern Shaanxi.

In July 1937, when the Lugouqiao Incident happened, Japan launched an all-round war of aggression against China. The Chinese government made every effort to organize military and civilian self-defense to respond to the war, and the Chinese nation's war of resistance against Japan invaders broke out in an all-round way. The main forces of the Red Army were ordered to be reorganized into the Eighth Route Army of the National Revolutionary Army (later renamed the Eighteenth Group Army). Luo Lushun, the Director of Regimental Political Department of 359th Brigade of the 120th Division of the Eighth Route Army, took part in the Battle of Taiyuan. At the end of 1938, he marched into the central Hebei along with the 120th Division and repeatedly crushed the Japanese besiege and mopping-up operations. In September 1939, he was promoted to be the Political Commissar of Hui Detachment of the 3rd Column of the Eighth Route Army. He established Anti-Japanese Base Area in the vicinity of Wuji, Xinle and Gaocheng in company with General Ma Benzhai. In August 1940, he led his troops to participate in Hundred Regiments Offensive. On the morning of April 27th, 1942, Japanese and puppet troops launched a sneak attack on his troops. While engaging the aggressors in a vehement battle, he was badly wounded in the head and finally died for his country at the age of twenty-nine.

敵後抗日　救援友軍

1937年7月7日，蘆溝橋事變發生，日本出兵大肆侵略中國，打破了中國和平生活環境。中國政府動員與號召全民、全軍和全國各界人士、各黨派聯合起來共同抗戰，維持我們祖先數千年來遺給我們的光榮歷史與版圖，驅逐倭寇。共產黨積極響應，立即發表了《中國共產黨共赴國難宣言》。8月25日，共產黨所領導的紅軍部隊奉命改編國民革命軍陸軍第八路軍（9月11日，中華民國國民政府軍事委員會又發佈電令，將八路軍番號改為第十八集團軍），開赴華北前線抗日。郭陸順任第八路軍第一二〇師第三五九旅某團政治處主任。1937年9月，隨部隊東渡黃河，挺進華北抗日前線，參加太原會戰。之後，參與晉西北抗日根據地的創建。

1938年年底，根據抗戰形勢變化，第一二〇師在天寒地凍下挺進河北省中部，插入日軍後方開展遊擊戰和創建抗日根據地。部隊到達冀中後，與冀中地方部隊密切配合，連續粉碎日偽軍多次圍攻和"掃蕩"。郭陸順在戰鬥中，作戰勇敢，足智多謀。而且非常善於做官兵們的思想政治工作，得到了上級欣賞。

1939年清明節剛過，日偽軍一支200多人組成的精銳部隊，配備輕重機槍和火炮，突然向回民教導總隊駐地獻縣東辛莊進行瘋狂"掃蕩"圍殲。回民教導總隊司令馬本齋率部頑強抗擊。但是，由於敵人裝備精良，火力兇猛，部隊被圍困在蘆葦叢中，情況萬分危急。回民教導總隊，是馬本齋在1937年8月創建的一支回族抗日武裝義勇隊。1938年4月，接受八路軍領導，被改名為回民教導總隊（原稱回民教導隊）。正在這千鈞一髮之際，郭陸順率部趕到，與教導總隊官兵裡外配合，很快將日偽軍擊退。然而，郭陸順則在戰鬥中身負重傷。

郭陸順率部救援回民教導總隊的行為，得到了回民廣大官兵的感激、敬重與讚譽。1939年7月，回民教導總隊被改編為八路軍第三縱隊回民支隊，馬本齋任司令員。郭陸順應回民廣大官兵的請求，調任八路軍第三縱隊回民支隊政治委員。之後，回民支隊奉命開赴河北省無極、新樂、藁城一帶，展開游擊戰，開闢新的抗日根據地。

冀中遊擊　殉國獻縣

1940年年初，日本軍隊為鞏固在中國華北的佔領統治，以保證其在正面戰場的攻勢無後顧之憂，對河北中部地區的抗日武裝展開了瘋狂的"掃蕩"、"分割"、"蠶食"。回民支隊奉命轉移到深縣至衡水一帶敵後，繼續堅持遊擊抗戰。

4月，為打破日軍點、碉、路、溝、牆五位一體的"囚籠政策"，馬本齋和郭陸順率領回民支隊採取"麻雀戰"戰術，先後在南花盆、魯科莊、小羊集、張騫寺、土路口、康莊、城東村、楊臺、潘家莊、大張村、大安村、程家村、貢家臺、榆科等地連續作戰30餘次，成功攻克日偽軍據點兩處，斃傷日偽軍500多人，打開了深縣南部地區的抗戰局面。回民支隊為此榮獲國民革命軍第八路軍冀中軍區授予的"攻無不克，無堅不摧，打不爛，拖不垮"的抗日錦旗一面。

5月29日，郭陸順和馬本齋在康莊組織了一起圍點打援伏擊戰。他們在充分瞭解敵情和掌握熟悉地形的條件下，馬本齋和郭陸順對戰鬥進行了詳細部署：支隊第一大隊一中隊和衡水縣大隊一部，佯攻安家村據點，吸引衡水之敵出援；郭陸順政委、馮克參謀長和丁鐵石政治部主任等率支隊第五、六中隊和衡水縣大隊主力於康莊公路兩側設伏，伏擊衡水來援之敵；馬本齋率第一大隊隱蔽於邢家村，準備截擊潰逃之敵。當天中午，從衡水出動的日偽軍進入我軍伏擊圈。郭陸順看準時機一聲令下，回民支隊和縣大隊的官兵們同時開火，打得日偽軍亂作一團。經過40分鐘激戰，支隊無一傷亡，擊斃日偽軍70多人，繳獲火炮1門，輕重機槍4挺和部分軍需品。國民革命軍第八路軍晉察冀軍區司令員聶榮臻將軍讚揚回民支隊："能征善戰……"。官兵們也蹺起大拇指說："別看咱們郭政委人瘦個小，打仗真有兩下子……"。

1940年8月，冀中軍區官兵奉命參加"百團大戰"，郭陸順和馬本齋率部積極投入破擊日軍鐵路、公路的戰鬥，取得了豐碩的戰果。11月中旬，回民支隊在八路軍一部配合下對深澤縣進行圍攻，經過連續四晝夜的激戰，擊斃日偽軍100多人，有力配合了整個軍區的反"掃蕩"作戰和"百團大戰"進展。

1941年年初，馬本齋、郭陸順率領回民支隊挺進北平、天津、保定之間的三角敵後游擊區，在大清河兩岸配合冀中第十軍分區軍民開展交通破擊戰。進入3月，日偽軍數千人向回民支隊活動區域"掃蕩"而來。馬本齋和郭陸順為避敵鋒芒、保存實力，運用"推磨戰術"，帶領部隊圍著容城縣打圈子。然後，他們在夜幕和村民的掩護與幫助下急行軍20多公里，插到雄縣西槐樹莊隱蔽。第二天拂曉，他們又分乘200多條漁船從流通鎮進入白洋淀中，徹底甩掉了追擊之敵。

1942年春，華北日偽軍加緊了"治安強化運動"，河北省中部平原壕溝縱橫，公路如網，寨牆林立，三里一碉堡，五里一崗樓，給回民支隊的活動造成了嚴重困難。4月下旬，回民支隊秘密進駐獻縣陳莊和陳莊附近的一帶村莊。4月27日拂曉，交河、泊鎮之敵千餘人突然偷襲陳莊。回民支隊立即組織反擊固守。駐在高官村的郭陸順政委要親自到陳莊前線指揮戰鬥，馬本齋司令員勸他留在司令部指揮，郭陸順政委開玩笑地說："這批鬼子的武器好，是送上門來的肥肉，可不能讓他跑掉……"。說罷，他急忙趕往陳莊前線，參加指揮戰鬥。當時我軍正與日軍激戰，槍聲不斷，流彈橫飛。警衛員和特派員劉世昌催政委趕快隱蔽。郭陸順半認真半開玩笑地說："抗日第一，個人安危第二……"。突然，日軍一顆子彈飛來擊中郭陸順頭部，郭陸順當即倒地。警衛員立即背起郭陸順回到司令部治療，因傷勢過重，在獻縣高官村壯烈殉國。郭陸順時年29歲。

郭陸順犧牲，回民支隊一片悲慟，子牙河兩岸一片哭聲。馬本齋司令含淚說："陸順同志是我們的好政委，他為回民支隊立下了汗馬功勞……"。冀中軍區司令員呂正操十分痛惜："回民支隊不僅是團結回民抗日的旗幟，也是回漢人民團結抗日的旗幟，郭陸順是模範政治委員。"

高志航將軍
General Gao Zhihang

空軍少將、國民革命軍空軍驅逐司令兼第四大隊大隊長

Air Force Major General, Commander of the Air Force's Fighter Command and Commander of the 4th Squadron, National Revolutionary Army

　　高志航，字子恆，原名銘久，譽稱空中"軍神"、"天王"。中國國民革命軍空軍上校驅逐司令兼第四大隊大隊長，著名抗日愛國戰將和中國空軍軍人之典範。1907年5月，出生於遼寧省通化縣三棵榆樹。1916年入縣城小學讀書，1919年考入奉天中法中學學習。1924年考入東北陸軍軍官學校教育班。1925年被選派法國莫拉諾高等航空學校、伊斯特陸軍戰鬥學校學習。1927年畢業回國，任東北航空處少校駕駛員。

　　1931年"九‧一八"事變發生，日本出兵侵佔中國東北。高志航轉入關內投軍報國，任中華民國軍政部航空署第四航空隊少校飛行員。1933年晉升中校飛行員兼任飛行教官。1934年任空軍第四大隊大隊長。1935年奉命到歐洲考察。1936年任空軍教導總隊副總隊隊長。1937年7月，日本出兵大肆侵略中國河北，8月13日，又出兵入侵中國上海。8月14日，高志航與戰友架機迎戰入侵日本飛機，一舉擊落擊傷日本飛機6架，我軍無一傷亡。中國政府將這天定為"中國空軍節"。之後，率隊駕機連戰連捷，晉升空軍驅逐上校司令。1937年11月21日，高志航率機在周家口待命，突然遭遇日本飛機偷襲轟炸，高志航壯烈殉國。時年31歲。1941年4月，中華民國國民政府頒佈褒揚令，追晉高志航空軍少將軍銜。

Gao Zhihang, courteously named Ziheng and formerly named Gao Mingjiu, honored as "God of the Army", "King of the Air" of the Air Force, a famous patriotic general of the War of Chinese People's Resistance against Japanese Aggression, had been the Air Colonel and the Captain of the 4th Battalion and Expelling Commander of the National Revolutionary Army. He was born in May 1907, in Sankeyushu Village, Tonghua County, Liaoning Province. In 1916, he went into a county primary school. In 1919, he was admitted to China-France Middle School of Fengtian Province. In 1924, he was admitted to the Officers' Course of Northeast Military Academy, and then he successively went to the Morano University of Aeronautics, France, and Eastbourne Army Combat Academy for further study in 1925. In 1927, he graduated and returned to China as Major Pilot of Northeast Airlines Department.

In 1931, the September 18th Incident happened, and Japan invaded Northeast China. Gao Zhihang went into Shanhai Pass for military service and served as Major Pilot of the 4th Air Force of the Aviation Administration of the Ministry of Military Affairs of the Republic of China. In 1933, he was promoted to Lieutenant Colonel Pilot and served as flight instructor. In 1934 he was Captain of the Fourth Air Force Brigade. In 1935, he was ordered to visit Europe. In 1936, he was the Captain of the Air Force Training Corps. In July 1937, Japanese troops invaded Hebei Province, China, and on August 13th, they invaded Shanghai, China. On August 14th, Gao Zhihang and his comrades-in-arms fought against the invading Japanese aircraft, shooting down and destroyed six Japanese aircrafts in one fell swoop. No casualties occurred in Chinese army. The Republic of China designated this day as China Air Force Day. Gao Zhihang was promoted Colonel and Expelling Commander of Air forces due to his outstanding tactical skills. On November 21st, 1937, Gao Zhihang was on standby in Zhoujiakou, when he was suddenly bombed by Japanese aircrafts and martyred for his beloved motherland at the age of 31. To praise his bravery and heroic deeds, the National Government of China promoted him to the rank of Major General posthumously in April 1941.

飛行技術硬　空戰無敵手

1937年7月7日，日本出兵瘋狂進犯中國華北，打破了中國和平建設環境，中國政府被迫全力組織軍民自衛應戰。高志航任中國國民革命軍空軍第四大隊中校大隊長。奉命駕駛戰機，在中國領空與入侵日本飛機展開空戰搏殺，保衛與保護著祖國領空、領海和中國陸軍的英勇反擊。8月初，高志航奉命率空軍第四大隊在河南省周家口待命。8月13日，日本軍隊又進犯中國上海。此時，因大雨與南京最高軍事指揮機關中斷聯繫多日的高志航，再也按捺不住迫切抗戰心情，強迫一架因雷雨迷航降落在周家口的外國大福特運輸機飛往南京請戰。高志航飛到南京後，參加了中國空軍高級將領軍事會議，奉命立即率部到杭州集中，參加組織阻擊日本軍隊入侵的淞滬會戰——負責淞滬戰場上的制空（轟炸日本第三艦隊）任務。高志航立即駕機飛往杭州莧橋機場備戰。

8月14日中午，駐防周家口待命的空軍第四大隊，接到高志航強行起飛的密碼電報命令："立即起飛，飛往杭州莧橋"。由於杭州天空下雨，機場沒有通訊導航設備，飛行員和指揮員全憑目視飛行觀察指揮。站在雨中等待的高志航，待自己的座機IV—1號一落地，就立即跳上座艙，帶領兩架僚機飛上天空，保衛杭州機場安全。

1937年8月14日15時30分左右，日本海軍木更津航空隊、鹿屋航空隊的18架重型轟炸機由中國臺灣臺北起飛直奔杭州莧橋機場而來，妄圖一舉摧毀中國空軍基地——將中國空軍扼殺在航空學校搖籃之中。此時，中國空軍第四大隊飛機剛剛著陸莧橋機場，長途從周家口飛行而來油料幾乎殆盡，防空警報響起……第四大隊飛機立即升空迎敵。

高志航架機在空中機警地搜索著。突然，發現日本飛機偷襲而來，高志航迅速逼近跟上，不等日本飛機發現，就扣動了機槍扳機，一架日本飛機中彈，在爆炸聲中栽了下去。李桂丹和他的中隊也跟了上來，高志航憑藉過人的技術指揮全隊與日本多架重型轟炸機展開了空中激戰。頓時，杭州上空火光燭天，槍炮轟鳴。中國戰機越戰越勇，緊緊咬住日本飛機不放，日本飛機一架又一架冒出了黑煙，栽向大海、山腰或者錢塘江，其餘日本飛機立即竄逃臺北。高志航、李桂丹等10餘架飛機發出了油盡信號閃爍，不能戀戰紛紛迫降。此空戰僅僅進行了10多分鐘，日本空軍就遭到了侵華以來前所未有的打擊，被擊落、擊傷6架飛機。而我軍無大損傷，創造了"六比零"的空戰大捷。

8月15日，在杭州、上海和南京等地，中國空軍再次與入侵的日本飛機展開了大規模空戰。中國空軍全面出擊，抗住了日本飛機60餘架的襲擊和連續攻擊，共擊落日本飛機17架。在杭州，我第四大隊、第五大隊奮起迎戰，高志航一人就擊落日本飛機2架。但是，高志航也身體負傷。

1937年10月1日，高志航因戰功晉升空軍上校軍銜，任驅逐司令兼第四大隊大隊長，被調往南京，擔負保衛首都南京的防空重任。此時，已在漢口治傷的高志航不等傷口痊癒，便返回南京赴任。10月12日，日本轟炸機9架、驅逐機6架侵襲南京。高志航大隊起飛霍克式5架，與友軍波音281型2架，菲亞特式1架相互配合，共同保衛首都南京，迎戰日機。空戰中第四大隊再次擊落日本飛機2架，其中高志航擊落日本飛機1架。在駐防南京的一個多月中，高志航多次率隊與日本進襲飛機鏖戰，先後擊落日本偵察機2架，驅逐機4架，為保衛首都南京立下了戰功。

— 256 —

为鼓舞中国军民坚决抗战意志，中国政府、中国空军总司令部颁布命令：将8月14日中国空军首战日本空军获"六比零"战绩的日子，定为"中国空军节"。将第四大队命名"志航大队"。高志航本人也被战友们称誉中国空中"军神"、"天王"。其战斗事迹和中国空军英雄精神被编成歌曲《永生的"八·一四"》，在军内外传唱：

"鹰旗飞舞，马达雷鸣，大中国，新空军，大中国，新空军，军威严肃军容盛，志节高超技术精，纵横霄汉际会风云，这是民族的力量，这是历史的光荣！

怀往事，最关情，'八·一四'，西湖滨，海风怒吼山岳倾，浓云如墨天地昏，杀气弥空草木腥，逞凶锋兮彼荒鹫，血溅何兮我雏鹰！

志航队，飞将军！怒目裂，血沸腾！振臂高呼鼓翼升，鼓翼升，群英奋起如流星，掀天揭地鬼神惊，我何壮兮一当十，从何怯兮六比零！

一战传捷，举世蜚声，隆国运应天心，隆国运应天心。中华男儿万人敌，笕桥精神万古新，缅怀壮烈，益精忠勤，发扬民族的力量，珍重历史的光荣！"

为此，在保家卫国的反法西斯战场上，中国第一代飞行员：他们有的来自顶尖学府、有的是归国华侨、有的是出生名门望族、有的是高官子弟，为了捍卫祖国和平、自愿放弃优越学习或生活环境，毅然报考"空军学校"进行刻苦学习与训练。他们绝大部分毕业从军到牺牲，仅仅只间隔了半年多时间；而平均年龄，也仅仅只有23岁。如李桂丹、阎海文、陈怀民、黄昌林和金雯等众多著名飞行员，全都血洒蓝天大地。中国保卫和平不怕牺牲的英雄气概，得到了世界很多爱好和平国家与组织的支持和同情：其中苏联志愿航空队，美国志愿援华航空队（又称飞虎队，即美国克莱尔·李·陈纳德将军指挥的志愿援华航空队，后改为第14航空队。该航空队与中国空军紧密配合，为捍卫和平做出了钜大贡献，也付出了钜大牺牲。特别在"驼峰航线"，为维持中国抗战空中生命线，创造了飞行运输历史上的奇迹），以及韩国、印度航空志愿者纷纷来到中国，与中国空军并肩作战，共同抗击日本法西斯的入侵与屠杀，捍卫着和平。

宁损百架机　不失高志航

1937年11月初，高志航奉命赴兰州接收苏联支援中国的飞机。当办完接收手续，准备第二天起航时，不料当天夜里狂风骤起，乌云翻滚，第二天漫天大雪覆盖了原野山川。当飞行员们打开收音机听气象报告时，收到莫斯科广播电台关于中国战况的报导："……日本空军连日来大规模空袭南京，其中两次轰炸南京机场，中国空军损失严重。日本空军对中国和平居民狂轰滥炸，甚至追炸旅客列车和轮船，南京民宅毁坏万间，无辜民众死伤数万……"。此时，上海前线和华北、华东地区战事十分紧张，日本军队正大举入侵中国，中国陆军急需中国空军投入战斗——助战陆军和击杀空中倭寇。

高志航攥緊拳頭對戰友們說："……國家正在受難，軍民百姓慘遭屠殺，我們要飛回去，立即投入戰鬥！"飛行員們紛紛贊成："拼上命也要飛回去，消滅日本鬼子，討還血債，還我和平！""請機場附近當地老百姓幫忙，清理出跑道來，我們一定飛回去……"。

1937年11月15日，機場守衛人員和上百名農民冒著風寒鏟去冰雪、礫石，把機場打掃得平坦乾淨。高志航與戰友們立即駕駛著20架飛機，跟狂風、飛雪搏鬥著，跟跟蹌蹌地強行起飛，漸漸地消失在茫茫的天際之中。飛機一架接一架從狹窄的山口穿過。突然，一架飛機出現了故障，發動機熄滅了火，螺旋槳停止不動，此架飛機飄蕩著墜入山谷。當高志航與戰友們駕駛的20架飛機，在周家口機場著陸時，只有13架降落在周家口機場，有6架飛機失去聯絡，再也沒有回來。高志航和戰友們無比沉痛。他們到達周家口機場檢修保養完飛機，並加滿了油，準備飛往南京投入戰鬥。此時，周家口天氣又變得十分惡劣，大雨連綿。空軍偵察司令毛邦初電示："留原地待命"。

1937年11月21日，天氣轉晴，高志航正準備率機飛往南京，忽聞沉悶轟炸機的引擎聲從遠處傳來，機警的高志航大聲呼叫命令："敵人空襲，立即起飛！"便和飛行員快速奔向自己的戰機。高志航跳進座艙，點火發動飛機。但連續發動3次，發動機運轉不起來。戰友們的飛機逐漸升入空中，迎戰日本飛機。而高志航的飛機卻發動不起來，機械師趕來檢查判斷，並向高志航高聲說："高司令！油路堵塞了……"。高志航命令機械師："你幫我搬動螺旋槳，我點火起動……"。機械師大聲喊："敵機來了，來不及了高司令，快下來隱蔽……"。高志航急迫地喊道："這是命令，趕快執行！"

率先升空的我機伊爾16，同前來偷襲的日本飛機交火戰鬥著。然而，由於敵我數量懸殊，大批的日本飛機突破我伊爾16的阻擊，在機場上空投下了一枚枚炸彈。機場頓時濃煙滾滾，火舌沖天，一架架未能起飛的飛機起火爆炸、變成了碎片。在一連串鉅大的爆炸聲中，由蘇聯援助中國的飛機幾乎全部被炸毀。在爆炸的火焰中，中國空中"軍神"高志航，壯烈殉國。時年31歲。

高志航犧牲的噩耗傳到南京，中華民國官員和軍委會將士十分悲痛，國民政府軍事委員會委員長蔣中正連聲痛惜："國家寧願損失百架飛機，也不願失去一個高志航……"。並親自主持了在漢口商務會大禮堂為高志航烈士舉行的追悼大會，敬獻花圈志哀："高志航殉國，死之偉大，生之有威，永垂千古。"1941年4月10日，中華民國國民政府頒佈褒揚令，對高志航明令褒揚並追晉空軍少將軍銜。

高致嵩將軍
General Gao Zhisong

陸軍中將、國民革命軍第七十二軍第八十八師第二六四旅旅長

Lieutenant General and Commander of the 264th Brigade of the 88th Division of the 72nd Army of the National Revolutionary Army

　　高致嵩，字子晉。中國國民革命軍陸軍第七十二軍第八十八師第二六四旅少將旅長，著名抗日愛國戰將。1898年8月，出生於廣西省岑溪縣歸義鎮一耕讀之家。1905年秋，入私塾讀書，習讀經史。後考入縣立岑溪中學學習。1925年7月，考入廣州黃埔陸軍軍官學校第三期步兵科。畢業後，先後任國民革命軍排長、連長和營長等職。高致嵩為人忠實儉樸，智勇兼備，為軍人之楷模。

　　1932年1月，日本出兵入侵中國上海，高致嵩任國民革命軍陸軍第五軍第八十八師中校參謀，隨部隊開赴上海參加抗擊日本軍隊入侵的戰鬥。1937年8月，日本出兵再次入侵中國上海，徹底打破了中國和平建設環境，中國政府奮力組織自衛應戰。高致嵩任浙江省保安處第三團上校團長，奉命率部參戰。所部被編入第八十八師第二六四旅。在激戰中旅長黃梅興壯烈殉國，高致嵩升任第二六四旅少將旅長。繼續率部冒著日本飛機掃射、轟炸和各類火炮炮彈、毒氣彈的襲殺，向入侵日軍反復衝殺，堅守著陣地。1937年12月初，高致嵩率部參加南京保衛戰，奉命堅守雨花臺左翼陣地。12月12日，在激戰中高致嵩和全旅官兵壯烈犧牲。高致嵩時年40歲。1938年9月，中華民國國民政府明令褒揚高致嵩率部英勇殺敵之事蹟，追晉陸軍中將軍銜。

Gao Zhisong, courteously named Zijin, a famous patriotic general of the War of Chinese People's Resistance against Japanese Aggression, had been the Major General and Commander of the 264th Brigade of the 88th Division of the 72nd Army of the National Revolutionary Army. He was born in Guiyi Town, Cenxi County, Guangxi Province in August 1898. In 1905, he entered an old-style private school. Later he enrolled in Cenxi County Middle School. In July 1925, he was admitted to the Infantry Department of the 3rd session of Whampoa Military Academy. He had served successively as the Platoon Commander, the Company Commander, the Battalion Commander, and so on.

In January 1932, Japan sent troops to invade Shanghai, China. Gao Zhisong served as the Chief of Staff of the 88th Division of the Fifth Army of the Chinese National Revolutionary Army, and went to Shanghai with the troops to participate in the battle against the invasion of Japanese troops. In August 1937, Japan sent troops to invade Shanghai, China again, which completely broke the peaceful environment of China's development. The Chinese government made great efforts to organize self-defense. Gao Zhisong's troops were incorporated into the 264th Brigade of the 88th Division to take part in that battle. While engaging the Japanese forces in a vehement battle, Commander Huang Meixing was killed. Gao Zhisong was promoted to be the Major General and Commander of the 264th Brigade to lead the soldiers to fight against the enemies. Early in December 1937, he commanded his troops to take part in the Battle of Nanjing, he was ordered to defend the left position of Yuhuatai. On December 12th, Gao Zhisong and all the brigade officers and soldiers died in the fierce battle, sacrificing their lives for the noble cause of defending the peace of motherland. To honor his bravery and heroic deeds, the Chinese National Government promoted him to the rank of Lieutenant General posthumously.

首衛淞滬　英勇阻敵

1932年1月28日，日本軍隊向駐守中國上海閘北軍隊發動突然攻擊。中華民國國民政府立即組織自衛應戰，命令駐守上海的國民革命軍陸軍第十九（路）軍奮起還擊；命令陸軍第八十七師、第八十八師、中央陸軍軍官學校教導總隊和第一炮兵獨立團等組成國民革命軍陸軍第五軍，開赴上海，支援第十九（路）軍抗擊日本軍隊入侵。

高致嵩任第八十八師中校參謀，隨部隊開赴上海前線，與入侵日軍展開激戰。2月14日，第八十八師推進到上海南翔。2月16日，第八十八師奉命擔任江灣北端至廟行、蘊藻浜一線陣地的防禦任務。2月20日，日軍實行所謂"中央突破計畫"作戰行動，進攻重點直指第八十八師防守的江灣、廟行陣地。2月20日拂曉，日酋首先集中飛機、重炮和海軍艦炮猛烈轟炸中國守軍陣地，隨即步兵在坦克、裝甲車的掩護下發起全面進攻。面對強敵，高致嵩認真分析了敵我態勢，協同各級主官指揮部隊迎擊日軍，打退了日軍一次次進攻。2月22日，日軍繼以大炮五六十門進行長達五小時轟擊，火力之猛，前所未有。第八十八師前沿陣地變成一片焦土，戰鬥進入白熱化階段。高致嵩和前線官兵在大、小麥家宅一帶陣地與日軍展開慘烈肉搏戰。經過第八十八師將士們拼力搏殺，重創日軍後終於擊潰日軍進攻，使其"中央突破計畫"破產。

此後，高致嵩隨部隊繼續在江灣、閘北一帶阻擊日軍入侵，打退了日軍一次又一次的進攻。在戰鬥中，高致嵩腿部不幸中彈，且傷勢嚴重，被迫離開戰場，送後方醫院救治。

再衛淞滬　臨危受命

1937年8月13日，日本海軍陸戰隊向中國上海江灣一帶發起入侵攻擊。14日，中華民國國民政府發表自衛抗戰聲明："中國為日本無止境之侵略所逼迫，茲已不得不實行自衛，抵抗暴力……維持正義與和平……中國決不放棄領土之任何部分，遇有侵略，惟有實行天賦之自衛權以應之……"。高致嵩任浙江省保安處第三團上校團長，奉命率部開赴上海自衛應戰。高致嵩率領部隊進駐上海南翔後，被編入國民革命軍陸軍第七十二軍第八十八師第二六四旅戰鬥序列（旅長黃梅興）。

8月14日下午，中國軍隊經過準備，向入侵日軍盤踞陣地發起總攻。第八十八師奉命攻擊虹口、楊樹浦之敵。第八十八師針對日軍陣地過長、防守兵力不足之特點，制定了在其中間突破，使敵首尾難顧的作戰方案，代號"鐵拳計畫"。進攻開始：全師將士冒著日本飛機轟炸和各類火炮炮彈、毒氣彈襲殺，衝鋒陷陣。第二六四旅協同友軍向閘北持志大學、五洲公墓等地日軍展開猛烈攻勢。日軍憑藉房屋和工事頑抗，第二六四旅官兵與日軍逐屋爭奪，穩步推進。戰至近日暮，奪回八字橋、持志大學、滬江大學等地。第二六四旅奉命繼續向五洲墓、愛國女校、粵東中學和日本海軍陸戰隊司令部發起攻擊。當部隊進攻到愛國女校及虹口公園、快要攻擊到日本海軍陸戰隊司令部附近時，旅長黃梅興突然中彈，壯烈殉國。在此危急時刻，高致嵩被晉升第二六四旅少將旅長，率部繼續進攻，勝利完成了"鐵拳計畫"，給予日軍重大殺傷。

1937年9月18日，日軍再次向閘北及持志大學進犯，從兩面向第二六四旅陣地進攻。高致嵩沉著指揮應戰，等日軍靠近時，首先率部躍出工事，同日軍展開肉搏近戰，令日軍之炮火優勢無從發揮，再次將日軍擊潰。10月，高致嵩旅轉守北站一帶。當時，日軍不斷向北站陣地炮擊，並常常進行偷襲。高致嵩則以其人之道還治其人之身，挑選精銳官兵，組成敢死隊，實施夜間突襲，擊斃日軍甚多，鞏固了前沿陣地。

1937年11月5日，日本又一主力軍隊突然在中國上海南面杭州灣之金山衛和全公亭登陸。之後，兵分兩路，一路沿滬杭鐵路推進，另一路直撲松江。對淞滬戰場中國守軍形成包圍之勢。高致嵩部和上海守軍被迫撤離上海，向"吳福線"和"錫澄線"既設防禦陣地轉移[1]。我軍利用既設防禦陣地與日軍大戰月餘，在給予日軍大量殺傷後，高致嵩奉命率部又退至南京，守衛首都。

保衛南京　血戰殉國

1937年12月初，日本軍隊兵鋒直逼南京，南京岌岌可危。中國軍隊最高統帥部迅速調集重兵守衛南京。南京的防禦體系分為東南正面陣地和複廓陣地兩部分。第八十八師奉命擔任複廓陣地防禦，高致嵩率第二六四旅擔任中華門、雨花臺左翼陣地之守備任務。

高致嵩在與日軍多次交戰後，總結出了兩條經驗。第一條是戰前必須做好充分準備。高致嵩率部進入雨花臺左翼陣地後，立即組織各級軍官察看地形，研究戰鬥部署。12月8日上午，部隊構築工事時，高致嵩仔細檢查每一處工事，發現不合格的嚴令官兵重新構築。他嚴肅地對所部將士說："……平時多流汗，戰時就少流血。如果工事挖的馬馬虎虎，怎麼抵禦敵人的子彈、手榴彈和炮彈？"第二條經驗是每戰之前要進行充分動員，力爭把官兵們保家衛國的情緒激發出來，就能在戰場上發揮出最強技能和爆發出勇猛戰鬥力。

1937年12月9日，日本軍隊突破牛首山后，在飛機、大炮的掩護下，向光華門、中華門及雨花臺各要隘發起進攻。在日軍進攻開始前，高致嵩面對所部將士慷慨陳詞："弟兄們，你們聽到炮聲了嗎？新的戰鬥就要開始了，我們現在擔負著保衛國家首都的重任，作為一名軍人，丟失陣地是可恥的，如果臨陣脫逃，那就更加可恥。我們不能做遺臭萬年的怕死鬼。弟兄們，世上什麼苦都能吃，什麼罪都能受，就是亡國的苦不能吃，亡國奴的罪不能受。現在敵人來了，誰不抵抗，打得不積極，誰就是犯了亡國罪。弟兄們，為了我們的祖國和我們中華民族的今天和明天的和平，我們要與侵略者拼到底！"訓話完畢，他帶領官兵們舉起拳頭高呼："狠狠打擊日本侵略者！誓與陣地共存亡！寧死不當俘虜！"……日軍在瘋狂轟炸之後，繼以步兵發起集團式衝鋒，高致嵩率部頑強阻擊。高致嵩一面仔細觀察戰鬥進展情況，一面思索擊退日軍辦法。認為光靠正面阻擊無法打退日軍進攻，必須適時施以猛烈反擊或側擊，做到攻守兼備才能擊退日軍。於是，他看準時機，命令各團迅速出擊。同時，自己身先士卒，持槍躍出戰壕衝向日軍。全旅官兵在高致嵩的率領下，勇猛衝向敵陣，與敵展開肉搏近戰。

陣地上，殺聲震天，鮮血飛濺。在短兵相接的肉搏戰中，高致嵩的耳朵被敵人咬掉一隻，鮮血直流……

1937年12月12日，經過反復廝殺，高致嵩旅重創日軍，陣地前日軍橫屍一片。但是，高致嵩旅也傷亡慘重，只剩下不足500人。當日軍再次發起攻擊，如潮水般湧來時，高致嵩命令官兵們將所有手榴彈、炸彈以及炸藥包用導火索連接起來，擺在陣地前，並搞好偽裝。高致嵩命令官兵隱蔽，不要開槍，聽他指揮。當日軍靠近第二六四旅主陣地時，見中國軍隊沒有動靜，便放鬆了警惕，興奮地向前衝鋒。待距敵不足5米時，高致嵩大喊一聲："拉導火索！"隨著一聲聲鉅響，高致嵩旅長和堅守前沿主陣地的官兵與衝入我主陣地的日軍同歸於盡。高致嵩時年40歲。

1938年9月29日，中華民國國民政府明令褒揚高致嵩率部英勇殺敵之事蹟，追晉陸軍中將軍銜。

注[1]：1936年到1937年年初，中國為防止日本軍隊入侵和保衛首都南京，在京滬杭地區修築了三道國防工事線，即吳福（吳江到福山）、錫澄（無錫到江陰）和乍嘉（乍浦到嘉興）國防線。這三道國防線均是以鐵路為軸（吳福線、錫澄線以京滬鐵路為軸；乍嘉線以滬杭鐵路為軸），呈南北走向，防禦日本軍隊從海上侵入後，海、陸軍協同西進，快速進入中國內地，打亂或分割國家抗戰部署。此國防線又稱為"既設防禦陣地"。1937年8月至12月，此國防"既設防禦陣地"在抗擊日本軍隊入侵中，發揮了鉅大作用。中國軍隊與民眾武裝利用國防工事，頑強阻擊了日本機械化軍隊的攻擊與殺戮。

這些國防工事經過當時戰爭炮火衝擊和80多年的日曬與風雨剝蝕、以及人為破壞，有些還堅固仍在。說明了當時國家抗戰的決心、應對日本軍隊入侵方案的正確和建設修築質量的可觀。

乍嘉國防線碉堡

唐淮源將軍
General Tang Huaiyuan

陸軍上將、國民革命軍第三軍軍長

General and Commander of the 3rd Army of the National Revolutionary Army

　　唐淮源，字佛川。中國國民革命軍陸軍第三軍中將軍長，著名抗日愛國戰將。1884年9月，出生於雲南省江川縣栗園村。幼年喪父，家貧好學。1891年被鄉紳侯氏招其伴子讀書。1909年鄉試得中，赴昆明參加省試，考入雲南陸軍講武堂。之後，加入同盟會，參加辛亥革命。先後在軍旅中歷任排長、連長、營長、團長、旅長和師長等職。

　　1937年7月，蘆溝橋事變發生，日本出兵大肆侵犯中國，打破了中國和平建設環境，中國政府全力組織自衛應戰，中華民族抗日戰爭全面爆發。唐淮源任國民革命軍陸軍第三軍少將副軍長兼第十二師師長。奉命率部先後參加了高碑店、易水和保定等抗擊日軍入侵的戰役。1937年10月，唐淮源奉命移師山西，參加太原會戰。1938年夏，在中條山保衛戰中，率部屢挫日軍。1939年7月，因戰功卓著升任陸軍第三軍中將軍長，率部堅守戰略要地中條山。此間，與其相依為命的老母親病逝，因戰事緊張，未能及時奔喪，感動了國家最高統帥。1941年5月，日本發起中條山戰役（又稱晉南會戰），唐淮源率部與日軍展開激烈的爭奪戰。5月12日，唐淮源部陷入日軍重圍之中。在彈盡援絕之際，唐淮源軍長喊出："中國軍隊只有陣亡的軍師長，沒有被俘的軍師長！"毅然拔槍飲彈自戕，以身殉國。時年58歲。1942年2月，中華民國國民政府頒佈褒揚令，追晉唐淮源陸軍上將軍銜。

Tang Huaiyuan, courteously named Fochuan, a famous patriotic general of the War of Chinese People's Resistance against Japanese Aggression, had been the Lieutenant General and Commander of the 3rd Army of the National Revolutionary Army. In September 1884, he was born in a poor family in Liyuan Village, Jiangchuan County, Yunnan Province. When he was very young, his father died, resulting in the serious poverty of his family. As an eager learner, Tang Huaiyuan was employed by Hou Shi, a squire, to accompany her son to study. In 1909, he succeeded in the provincial examination and then was admitted to Yunnan Military Academy. Later, he joined the Chinese Revolutionary League and took part in the Revolution of 1911. He had served successively as Platoon Leader, Company Commander, Battalion Commander, Regimental Commander, Brigadier, Division Commander, and so on.

In July 1937, the Lugouqiao Incident happened. Japan sent troops to invade China and broke the peaceful environment of China's development. The Chinese government made full efforts to organize self-defense, and the War of Chinese People's Resistance against Japanese Aggression broke out in all directions. Tang Huaiyuan was serving as the Major General and Deputy Commander of the 3rd Army of the National Revolutionary Army. He commanded his troops to participate in the Battle of Gaobeidian, the Battle of Yishui, the Battle of Baoding, and so on. In October 1937, he commanded his troops to move to Shanxi, taking part in the Battle of Taiyuan. In summer of 1938, he and his soldiers repeatedly frustrated the enemy at Mount Zhongtiao (Battle of South Shanxi). In July 1939, he was promoted to be the Lieutenant General and Commander of the 3rd Army of the National Revolutionary Army due to his outstanding meritorious achievements. He led the troops to stick to the strategic terrain. During this period, his mother, who was dependent on him, died of illness. He failed to go back home to attend the funeral because of the war. In May 1941, the Japanese launched the Battle of South Shanxi. Tang Huaiyuan commanded his troops to contend for the possession of Mount Zhongtiao position. On 12th of May, Tang's troops were besieged by Japanese forces. They fought courageously until the last bullets. In time of desperation, Tang Huaiyuan shouted: "As a Chinese commander, I would rather die than surrender", and drew out his gun to commit suicide, devoted his precious life for the peace of motherland at the age of fifty-eight. On February 2nd, 1942, to praise his bravery and heroic deeds, the Chinese National Government promoted Tang Huaiyuan to the rank of General posthumously.

轉戰晉冀　為和平阻日寇

1937年7月7日，蘆溝橋事變發生，日本出兵大肆侵犯中國華北，打破了中國和平建設環境，中國政府全力組織自衛應戰，中華民族抗日戰爭全面爆發。唐淮源任國民革命軍陸軍第三軍少將副軍長兼第十二師師長，立即請纓：堅決為和平阻擊日寇進攻侵犯，保家衛國。不久，奉命率部開赴華北前線阻擊日本軍隊入侵。

9月19日（農曆八月十五），唐淮源副軍長率領部隊途徑山西省陽泉火車站時，巧遇八路軍總指揮（第十八集團軍總司令）朱德將軍（雲南陸軍講武堂同學）。兩位身經百戰、出生入死的老將軍在中秋月下同乘一列火車，為保衛國家和平、北上抗日、共赴國難，盡軍人之天職。他們擁抱，他們高興，他們把酒臨風，回想起28年來的同學、戰友、盟友、弟兄之情。倆人共同吟誦著我國著名詩人蘇軾的大作《水调歌头·明月几时有》：

"明月幾時有？把酒問青天。不知天上宮闕，今夕是何年。我欲乘風歸去，又恐瓊樓玉宇，高處不勝寒。起舞弄清影，何似在人間。

轉朱閣，低綺戶，照無眠。不應有恨，何事長向別時圓？人有悲歡離合，月有陰晴圓缺，此事古難全。但願人長久，千里共嬋娟。"

……

他們誦著，談著，笑著。想起了校長、教官的教導，想起了在校的誓言，又同聲吟誦："保境安民、富國強兵、抵禦外辱、衛我國權、揚威中華！""用我們自強不息的生命，殺出一條中華民族復興的血路；去博取中華民族重新屹立於世界民族之巔的那一天！"接著，兩位老將軍又一邊自打著拍子、一邊共同唱起了《雲南陸軍講武堂校歌》，車上、車廂內的官兵也隨和高聲同唱：

"風雲滾滾，撼覺那黃獅一夢醒。同胞四萬萬，互相奮起作長城。神州大陸奇男子，攜手去從軍。但憑團結力，旋轉新乾坤。哪怕它歐風美雨，來勢頗凶湧。練成鐵臂擔重任，壯哉中國民！壯哉中國民！

中國男兒！中國男兒！要憑雙手撐住蒼穹。睡獅昨天，醒獅今天，一夫振臂萬夫雄。長江大河，亞洲之東。翹首崑崙，風虎雲龍。泱泱大國，取多用宏。黃帝之裔神明冑，天驕子，紅日正當中。"

……

之後，唐淮源將軍與朱德將軍揮淚告別，率部奔赴河北抗戰前線，第三軍轉隸第一戰區第二集團軍戰鬥序列。

此時，日本軍隊正沿中國平漢鐵路瘋狂南侵。中國第一戰區司令長官部為阻止日軍南下，命令第三軍在平漢路河北段阻擊日軍，掩護主力部隊轉進與集結。唐淮源率部先後參加了高碑店、易水諸戰役。然後，移師安新地區休整。在保定戰役中，唐淮源奉命由安新趕赴滿城，參加滿城保衛戰。之後，唐淮源奉命率部向井陘既設陣地轉移，轉屬中國第二戰區戰鬥序列。

1937年10月，由於日本軍隊裝備優良，機械化程度高，突破了中國守軍內長城防線，向山西省猛赴，山西危急。中國第二戰區司令長官部為保衛太原（陽曲），決定組織太原會戰：利用山西北面和東面的自然山川，遏制日軍裝備優勢，阻擊日軍進攻。為配合太原會戰，唐淮源和軍長曾萬鐘奉命率部在娘子關一帶阻擊日軍沿正太路西進。10月10日，唐淮源部在大、小良家集結。13日，唐淮源率部進抵新關，與由舊關來犯日軍遭遇，經過血戰，將日軍擊退。14日，繼續率部向舊關進攻。日軍已逐漸增兵，並依靠飛機大炮的支援進行反擊。唐淮源部傷亡慘重，但仍拼力抵抗，堅守陣地。21日，為策應我軍在正太路的正面抵抗，唐淮源部向左翼龍窩進襲，給日本第二十師團第七十七聯隊以重大殺傷。25日，日軍向第三軍正面發起猛烈攻擊。26日，日本第二十師團左縱隊佔領柏木井，進入娘子關及舊關我軍背後，向第三軍陣地展開猛攻，激戰一天，陣地被攻破。第三軍突圍至平定方面。同日，娘子關失守。此後，唐淮源繼續率部向西轉移，在平遙一帶展開遊擊戰。

1938年2月至3月，唐淮源率部圍攻屯留。4月，率部參加粉碎日軍九路圍攻的戰鬥，在襄垣、武鄉、東田鎮、黎城、涉縣等地與敵苦戰。不久，唐淮源奉命率部轉入晉南作戰，參加侯馬戰鬥及聞喜縣華東村戰鬥。6月2日起，唐淮源部與日軍在新絳一帶展開激戰，歷時三十三晝夜，重創日軍。戰局趨於穩定。

保衛晉南　盡忠孝為國家

1938年7月9日，唐淮源部奉命駐守中條山中部聞喜、夏縣以東區域。中條山位於山西省南部，南臨黃河，北通臨汾，東連太行山，西北與呂梁山相望，進可攻，退可守，是地勢險要的天然屏障，又是進入關中的重要通道，自古以來，為兵家必爭之地。為了保衛這戰略要地，中國政府調集了兩個集團軍、五個整軍、一個新編旅、一個遊擊隊，共約18萬人駐守中條山。日本為奪取這戰略要衝，也在秘密調集主力部隊。中條山大戰不可避免。唐淮源率部進入中條山地區後，一刻不能怠慢，先後與日軍作戰上百次，不僅固守了戰略要地中條山，而且保衛了潼洛，遮罩了陝甘。在槍劣、糧缺、彈乏等險惡條件下屢挫日寇，給予入侵日軍沉重打擊，促使日酋不敢輕舉妄動。

1939年4月17日，唐淮源母親因病不幸逝世於故鄉江川縣縣城。唐淮源得知噩耗後萬分焦急！他幼年喪父，從小與母親相依為命。他對天長歎，痛哭不已：深感沒有在母親面前盡孝而難過，更感沒有見母親最後一面而落淚。然而，日本軍隊對我中條山防區虎視眈眈，時常進犯或偷襲，與日軍戰鬥正處於緊張狀態。唐淮源指揮所部竭力守護與反擊，遲遲未能回鄉奔喪。7月，唐淮源因戰功卓著，升任國民革命軍陸軍第三軍中將軍長。唐淮源知道自己肩上的責任更重，只能默默地向著母親的靈柩遙望。當國家最高統帥蔣中正委員長得知唐淮源在前方日夜征戰，難以回家為母奔喪時，深為感動，特准其假，並親自揮筆為唐母題詞："岳歐懿範"；中國軍事委員會參謀長何應欽將軍也因此感動落淚，題寫"芳徽風邁"，以表感激與敬佩。

1939年入秋，唐淮源帶著對母親的思念和愧疚千里迢迢飛速趕回家鄉雲南江川奔喪。為了彌補對母親的愧疚，唐淮源致書其師李根源："吾母姚太夫人，疾終裡弟，四月餘矣。不孝待罪戎行，生既不能侍養，歿又不得奔喪。每一追思，哀痛何極！今將安葬，表墓之文，敢以乞吾師……"。唐淮源在陸軍講武堂學習時用功刻苦，深得李根源先生器重。李先生收信後為唐淮源"以身許國，移孝作忠"的精神深為感動，欣然命筆寫下了《江川唐母姚太夫人墓表》。

唐淮源回到家鄉，直奔母親靈柩，重重地跪在母親的靈柩前連磕數頭謝罪，久跪不起。之後，見老者行禮，見小者問好，在一一見過父老鄉親後。唐淮源被迎進村中大寺，當未見著自己啟蒙老師胡歧山老先生時。便問方知，胡先生年逾古稀，行動不便。他即命隨行之人與鄉親上胡家去請。胡老先生被請到時，唐淮源迎出寺門，"撲通"一聲跪於寺門前的石路上，深情地說："先生！請受學生唐淮源一拜！"連磕三頭。胡先生連忙扶起唐淮源說："唐軍長不必行此大禮！老朽承受不起啊！"唐淮源回答："一日為師，終身為父！沒有先生教誨，哪有淮源今天！"

唐淮源在家鄉受到父老鄉親的熱情接待，在辦完母親喪事後，他當眾奮筆言志，表示為國家為民族、即使戰死沙場也在所不惜，以報答父老鄉親厚愛：

"萬里乘風去復來，隻身東海挾春雷。

忍看圖畫移顏色，肯使江山付劫灰！

濁酒不銷憂國淚，救時應仗出群才。

拼得十萬頭顱血，須把乾坤力挽回。"

之後，唐淮源急忙上路——返回山西抗日戰場。在返回路途之中，又給其子寫信道："……現你們祖母安葬已畢……於16日飛蓉，改乘汽車回中條山防地。此後家庭之責任已了，國難之恥辱未了，各有職責，望汝等好自為之。"他回到中條山駐地後，對部下說："……吾向以老母在，故有所慮，今大事已了，此身當為國有，誓與中條山共存亡！"

大戰被圍　拔槍自戕殉國

1941年春，日本侵佔中國華北方面軍為消滅晉豫地區中國軍隊主力，以確保華北地區"安全"，調整兵力部署，秘密從中國華中、華東、中原等佔領區調集六個師團、三個獨立混成旅團及偽軍一部，兵力共十餘萬人，且裝備精良，並配以第三飛行集團協同作戰。經過充分準備，日軍突然對駐守黃河北岸中條山地區衛立煌所部——第一戰區部隊實施閃電圍攻，發起了晉南戰役（又稱中條山會戰）。

5月7日，日軍以迅速突破、切割包圍、反復掃蕩之戰法，分東、北、西三面向中條山發起猛烈攻擊，而以主力35個大隊配置於西正面。日軍在飛機的支援轟炸下，集中上百門各種火炮猛烈轟擊第三軍和第九十八軍等陣地，其他師團日軍也向中條山守軍展開了炮擊，整個中條山瞬間變成一片火海。緊接著日軍坦克、裝甲車掃射開路，大批日軍跟隨其後，空降兵自天而降，騎兵快速切割，強佔了一些重要制高點。整個中條山戰場局勢危急險惡，中國軍隊奮力反擊，大戰展開。

唐淮源率第三軍（轄第七師、師長李世龍，第十二師、師長寸性奇，第三十四師、師長公秉藩）駐守結山、唐王山之花凸村一線陣地，首當其衝。7日下午3時，晉南聞喜、夏縣以南日本第三十七師團主力、第三十六師團及第十六混成旅團各一部，向第五集團軍（下轄第三軍和第八十軍）展開猛烈攻擊，其重點直指張店鎮以東第三軍與第八十軍之接合部，激戰至黃昏，第三軍左翼第八十軍陣地被日軍突破。接著，日軍向第三軍左翼發起攻擊。8日凌晨，第三軍第七師潤底河陣地被日軍突破，唐淮源立即派兵增援，恢復第七師陣地。上午7時，日軍增援部隊亦趕到，進襲位於唐回村的第三軍司令部，因寡不敵眾，地形不利，後援不繼，唐回村被日軍佔領。在緊張的混戰中，第三軍右翼部隊在唐王山陣地與敵展開激戰。不久，第三軍右翼友軍防守的左家灣陣地被敵突破。此時，戰線犬牙交錯，慘烈異常，我軍漸趨不支。8日下午，唐淮源奉命率部退守第二線既設陣地，以一部兵力佔領羅有村、孤子嶺、野豬嶺、聚水村一線，抵抗日軍進攻。主力尋殲深入之日軍。9日，第三軍腹背受敵，且與兩翼友軍失去聯繫，遂奉命逐次南移至夏縣與皋落鎮大道南側山地繼續戰鬥抗擊……

5月10日，唐淮源率部冒雨向南突擊，與深入之敵遭遇溫穀村附近，為爭奪溫穀村以北之高地，第三軍將士前赴後繼，廝殺拼搏，血染山嶺黃河。5月11日，沿山口與黃河各渡口，均被敵佔，敵主力以分進合擊之勢合圍第三軍，必欲置之死地。第三軍傷亡過半，三面受敵，糧盡援絕，後路已斷。在此危急關頭，唐淮源決定轉向外線作戰，立即召集參謀長和各師師長，堅定地對他們說："現情勢險惡，吾輩對職責及個人之出路，均應下最大之決心，在事有可為時，須各竭盡心力，以圖恢復態勢，否則應為國家民族保全人格，以存天地正氣……。"並告誡全軍將士："……中國軍隊只有陣亡的軍師長，沒有被俘的軍師長，千萬不要由第三軍開其之端。"接著，唐淮源遂下令以團為單位，化整為零，以分敵勢，分頭突圍。

唐淮源軍長親率第十二師之一部，向懸山且戰且走，遇到日軍大部隊，左衝右殺，無法逾越，不得已轉向西。又被敵軍阻於東交口附近。第三軍幾經激戰衝殺轉戰，第十二師師長寸性奇少將、第三十四團團長張正書均負重傷，第三軍少將軍械處處長金述之、第三十四團副團長潘爾伯、第三十六團團長黃仙穀、第七師第二十一團副團長張永安等將校官先後陣亡。敵我屍橫遍野，血染黃土河山。

1941年5月12日午後，唐淮源率部帶頭衝鋒在前，將士們與敵殊死拼殺，且戰且走。當到達樊家溝懸山頂一間土屋休息時，唐淮源軍長憤恨未能達到守衛中條山之責，又使部隊傷亡如此嚴重，揮筆寫下遺書："余身受國恩，委于三軍重任，當今戰士傷亡殆盡，環境險惡，與總部失去聯繫。余死後，望余之總司令及參謀長收拾本軍殘局，繼續抗戰，余死瞑目矣！"突然，唐淮源軍長拔槍對準自己，飲彈自戕。時年58歲。

1941年9月5日，中國軍事委員會委員長蔣中正聽取了第一戰區第五集團軍總司令曾萬鐘關於晉南會戰經過的彙報時，對為國家而陣亡的第三軍唐淮源軍長、第十二師寸性奇師長、新編第二十七師王竣師長等將官痛惜悲壯，下令褒獎。1942年2月2日，中國政府頒佈褒揚令，追晉唐淮源軍長陸軍上將軍銜。

唐聚五將軍
General Tang Juwu

陸軍中將、國民革命軍東北抗日遊擊軍司令

Lieutenant General and Commander-in-Chief of the Northeast Anti-Japanese Guerrilla Army of the National Revolutionary Army

　　唐聚五，字甲州，滿族。中國國民革命軍東北抗日遊擊軍中將司令，著名抗日愛國戰將。1898年4月，出生於吉林省雙城縣蘭棱村。自幼天資聰穎，崇尚武略，1906年入私塾讀書。1916年入東北軍第二十七師當兵。1926年被選送東北陸軍講武堂第六期步兵科學習。畢業後晉升副團長。

　　1931年"九·一八"事變發生，日本出兵侵略中國東北。唐聚五任東北邊防軍第一團中校副團長，隻身趕到北平向張學良請求抗戰。之後，奉命返回東北遼寧組織抗戰。1932年4月2日，唐聚五率遼寧東部14縣軍警和民眾，在桓仁成立遼寧民眾自衛軍。8月15日，唐聚五在通化主持成立遼寧省臨時政府，任遼寧省臨時政府主席兼東北民眾抗日救國義勇軍第二軍總指揮、遼寧民眾自衛軍中將總司令，轄7個方面軍，總兵力約15萬人。率部與日偽軍展開了遊擊戰。1937年7月7日，日本出兵大肆入侵中國華北，徹底打破了中國和平建設環境，中國政府全力組織自衛應戰。7月23日，唐聚五任國民革命軍東北抗日遊擊軍司令，準備率部打回東北。1939年5月18日，唐聚五所部在遷安縣平臺山被日軍包圍，幾經突圍未成。在激戰中，唐聚五身中敵彈，壯烈殉國。時年42歲。

Tang Juwu, courteously named Jiazhou, Manchu, a famous patriotic general of the War of Chinese People's Resistance against Japanese Aggression, had been the Lieutenant General and Commander-in-chief of the Northeast Anti-Japanese Guerrilla Army of the National Revolutionary Army. He was born in Lanleng Village, Shuangcheng County, Jilin Province in April 1898. In 1906, he entered an old-style private school. In 1916, he joined the 27th Division of Northeast Army. In 1926, he was sent to the Infantry Department of the 6th session of the Northeast Military Academy. After graduation, he was appointed the Deputy Regimental Commander.

After the outbreak of the September 18th Incident (the Mukden Incident) in 1931, Japanese occupied the Northeast of China. Tang Juwu, Deputy Commander of the First Regiment of the Northeast Border Guard, rushed to Peiping alone and asked Zhang Xueliang to resist the enemy. On April 2nd, 1932, Tang Juwu led the army and police of 14 counties in eastern Liaoning to establish the Liaoning People's Self-Defense Army. On August 15th, Tang Juwu presided over the establishment of the Provisional Government of Liaoning Province in Tonghua. He served as Chairman of Liaoning Province and Commander-in-chief of the Second Army of the Northeast People's Volunteer Army and Lieutenant General of the Liaoning People's Self-Defense Army, with a total force of about 150000. Tang Juwu led his troops to resist the Japanese invasion. In July 1937, the Lugouqiao Incident happened. Japan sent troops to invade China and broke the peaceful environment of China's development. The Chinese government made full efforts to organize self-defense, and the War of Chinese People's Resistance against Japanese Aggression broke out in all directions. On July 23rd, 1937, he was appointed the Commander of the Northeast Anti-Japanese Guerrilla Army. On May 18th, 1939, Tang Juwu and his troops were surrounded by Japanese forces on Pingtaishan in Qian'an County. Despite several attempts to break through, they were unsuccessful. During the fierce battle, Tang Juwu was hit by enemy bullets and died a heroic death, at the age of 42.

堅決抗日　桓仁舉義

1931年9月18日22時20分，日本關東軍鐵路守備隊在中國東北炸毀了瀋陽附近柳條屯的一段鐵路，藉以誣稱中國東北邊防軍破壞了鐵路和襲擊了日本守備隊，向瀋陽北大營和瀋陽城中國駐軍發動猛烈進攻，"九·一八"事變發生。中國東北保安總司令（東北邊防軍司令）張學良接到消息，命令東北邊防軍迅速撤往中國華北。日本關東軍很快佔領了中國東北地區，東北邊防軍大量軍需物資、兵工廠、飛機、大炮、坦克、武器彈藥和財產及東北廣闊土地森林與礦產資源被日本侵佔、掠奪。

唐聚五任東北邊防軍第一團中校副團長，奉命率部駐守鳳城。"九•一八"事變發生後，第一團團長率部投敵，唐聚五冒死逃出。唐聚五曾深受張學良器重，立即從東北遼寧隻身趕到北平，向張學良將軍彙報日軍進攻東北和面陳抗日殷情。張學良感知擅自命令部隊不抵抗撤退、讓日本軍隊佔領中國東北而釀成的大錯，更自知為保存實力將東北大好江山與物質資源拱讓日本將成為歷史罪人，立即任命唐聚五為自己全權特使，返回東北遼寧，組織抗日。

唐聚五回到東北遼寧桓仁縣後，聯絡志士仁人共謀抗日大計。經過積極動員和廣泛聯絡，組織了包括東北邊防軍第一團舊部以及新賓、桓仁、寬甸、通化等十餘縣的員警、保安隊、民團、商團和自衛隊等地方武裝。1932年4月21日，他在桓仁縣師範學校舉行了"遼寧民眾自衛軍"成立大會，並通電全國，誓師抗日。唐聚五慷慨激昂，發表演講："鄉親們！弟兄們！俗話說，天下興亡，匹夫有責，如今，日本鬼子打到東北來了，凡是有氣節的中國人，怎能容忍敵人的猖獗！我唐聚五把大家聚在這裡，就是要商量個救國的道理……"。說罷，他用刀割破手指，用殷紅的熱血在白布上寫下"殺敵討逆，救國愛民"八個大字。會場上群情激奮，官兵民眾高呼："打倒日本，還我山河……"。其口號聲迴響會場內外。

大會推選唐聚五為遼寧軍事委員會委員長兼總司令，成立了東北抗日救國會遼寧省分會和遼寧民眾自衛軍總司令部。總司令部內設參謀、秘書、副官、軍法、軍醫、獸醫、軍需、軍械、軍衛、兵站等10個處。並制定了嚴格的紀律與軍規，同時佈告天下，凡軍人違反以下21條中之一者一律嚴懲：

1、投降日軍，賣國求榮者；2、通敵叛國，查有實證者；3、掠奪民眾金銀財寶及衣物者；4、放火焚燒百姓房屋者；5、臨陣不聽命令，擅自逃脫者；6、霸佔強娶民女，逞性妄為者；7、強姦婦女者；8、無故毆打農民，橫行霸道者；9、盜竊軍事機密者；10、偽報敵情，欺騙長官者；11、克扣軍餉，飽入私囊者；12、盜賣武器軍用物資者；13、攜械潛逃或臨陣脫逃者；14、私入民宅，敗壞軍紀者；15、行軍破壞民眾財務和損壞莊稼者；16、繳獲武器彈藥不歸公，擅自倒賣者；17、擅自鳴槍，給敵人通風報信者；18、作戰中貪生怕死，畏縮不前者；19、進軍中不聽指揮，違背軍紀者；20、信口開河，隨便洩露軍中機密者；21、散佈謠言，蠱惑軍心者。

遼寧民眾自衛軍共分十九路，計10萬餘人。全軍具有一定戰鬥力，只是武器裝備落後，只有近六成的戰士配有槍支，其餘戰士皆配大刀、長矛等冷兵器。自衛軍成立後，遼東各地的愛國志士仁人，紛紛加入這支抗日隊伍。一些反正偽軍，也陸續前來投奔。時間不長，自衛軍就在新賓、撫松、長白、臨江、輯安等地，建立自己武裝與根據地。

此時，日本軍隊主力正進兵中國吉、黑兩省和外蒙古，鎮壓各地義勇軍，偽軍主力則集結於錦州一帶。桓仁、通化附近防務空虛，唐聚五指揮所部採取各種攻勢，積極擴大影響。4月28日，自衛軍第十六路攻入通化，圍攻日偽警備隊，逼走日本領事。5月1日，自衛軍在離通化不遠的過道河子設伏，成功打退偽軍進攻。與此同時，于芷山率領2000多名偽軍，分兩路向自衛軍駐地進攻。唐聚五指揮自衛軍在新開嶺和老城等地痛擊偽軍，迫使偽軍龜縮在新賓縣城內。之後，唐聚五採取疲憊戰術，每晚自衛軍分頭在敵人陣地外騷擾，並向偽軍喊話："中國人不能為鬼子賣命……當漢奸絕沒好下場……"。4天之後，在第六和第七路軍的強大攻勢下，于芷山率部倉皇逃回山城鎮，唐聚五率自衛軍收復了新賓縣城。

為了阻擋敵人的再次進攻，唐聚五下令在坎川嶺設置防線。7月初，他親臨前線陣地，鼓勵自衛軍官兵，他說："以前我們節節後退，是為了消耗敵人的體力，把敵人引進深山，最後消滅他們，別看小鬼子的武器好，可進了這深山老林，它的飛機大炮就不靈了，我們用長矛、大刀和土槍、土炮，照樣能夠消滅他們！"7月16日，800多名日偽軍進犯坎川嶺，自衛軍官兵奮起還擊，將敵人擊退。至此，日偽軍對唐聚五自衛軍的"討伐"徹底失敗，唐聚五率部成功打開了武裝抗日新局面。

救國愛民　擴大武裝

唐聚五率部打退了敵人進攻後，著手創建抗日根據地。要想建立根據地，就必須得到當地老百姓擁護。因此，他特別強調自衛軍必須全面貫徹"救國愛民"宗旨。1932年5月，他依照"軍規"下令槍斃了6個搶奪老百姓財物的部下。為了杜絕擾民事件再次發生，他不僅經常向官兵們講述救國愛民道理，還組織了憲兵隊，專門稽查部隊紀律。在他的教育下，自衛軍變成一支紀律良好，深受老百姓擁護的抗日軍隊。

唐聚五在根據地實行多種鼓勵抗日措施與政策：廢除苛捐雜稅；建立民眾銀行，向農民發放生產貸款；調撥糧食，救濟災民；建立學校，教育農民子弟。他還指揮自衛軍修築堤臺嶺道路。道路修成後，通化人民懷著感激的心情，把堤臺嶺改名為"唐公嶺"，並在嶺道的石壁上刻文：

"險峰峻嶺化坦途，軍興民眾慶來蘇；

堤臺嶺改唐公嶺，大好山河入壯圖。"

在唐聚五的治理下，遼東抗日根據地消除了偷盜，穩定了社會，出現了家家安居樂業、人人奮勇抗敵的生動局面。8月，遼寧民眾抗日救國會和自衛軍各路首領在通化召開會議，決定成立抗日政權。會後，根據張學良將軍報呈國民政府同意：遼寧省臨時抗日政府成立，唐聚五任省臨時政府主席兼東北民眾抗日救國義勇軍第二軍總指揮、遼寧民眾自衛軍中將總司令。自衛軍成立了7個方面軍，由原來的十九路軍發展到三十七路軍，總兵力約15萬人。9月5日，唐聚五主持緊急軍事會議，決定加強與其他各部義勇軍的聯繫，在"九•一八"事變一周年之際發起進攻，襲擊沈海路（瀋陽至海龍）及日軍佔據的政治、軍事要地。隨後，自衛軍主動出擊，多次與日偽軍激戰，給予了日偽軍以重創。

遼東受挫　轉戰熱河

遼寧民眾自衛軍的快速發展，引起了日本軍閥極大不安。為了消滅唐聚五和他領導的自衛軍，日本關東軍秘密調動兵力，向遼東集結。1932年10月11日，日本以高波旅團為主力，共糾集了3萬多人，在飛機、坦克和重炮的掩護下，分三路向自衛軍發起全面進攻。日軍西路出千金寨進攻新賓，南路由寬甸入太平哨，東路從韓國渡過鴨綠江直逼設在通化的自衛軍總部。由於自衛軍缺乏統一指揮，各自為戰，同時缺乏通信聯繫和難以配合，在日軍瘋狂進攻之下節節敗退。遼寧自衛軍總部退至撫松，日本飛機緊隨其進行偵察、轟炸。經過連日血戰，自衛軍雖然給予日偽軍以重創，自己也傷亡非常慘重，到了彈盡援絕之境地。10月19日，唐聚五化裝帶領數人繞道入關。自衛軍餘部一部分化整為零潛伏各縣，一部分轉戰他處或者進入深山老林進行遊擊抗戰，一部分退入關內華北休整待戰。

1933年年初，日本軍隊侵佔了中國山海關，接著又向熱河發動進攻。退入熱河的唐聚五所部——遼寧民眾自衛軍第六方面軍兩千餘人被編入第三軍團，參加長城抗戰。日本第四旅團一部在飛機和裝甲車的配合下實行輪番進攻，中國守軍在長城一帶進行了拼死抗擊，終因傷亡過重，熱河長城抗戰失敗。唐聚五部劃歸宋哲元將軍指揮的察哈爾地方軍。

再上戰場　捐軀遷安

1937年7月，蘆溝橋事變發生，日本出兵向中國華北大肆進攻，徹底打破了中國和平建設環境，中國政府被迫全力組織軍民自衛應戰，中華民族抗日戰爭全面爆發。已避居漢口的唐聚五挺身而出，向國民政府再次請纓抗戰。7月23日，唐聚五被任命為東北抗日遊擊軍司令，遂積極籌備北上抗戰。8月3日，他告別弱妻幼子，毅然率部屬百餘人從漢口北上。隨後，在汜水由國民革命軍陸軍第五十三軍（原東北邊防軍）萬福麟軍長（中國堅決抗戰精英、抗日戰將）接濟給養彈藥後，9月進抵天津寶坻縣境，招募和收集舊部抗戰。1937年年底，唐聚五率領的軍隊已經擴編成了六個縱隊——7000餘人的遊擊部隊，分別在遷安、玉田、寶坻、遵化和青龍等地襲擾日軍和交通線，前後作戰達20餘次，給予入侵日軍以重創。同時，在冀東建立了秘密抗日根據地，策劃向東北進軍。

1939年5月，日本軍隊對冀東抗日根據地發起了殘酷大"掃蕩"，唐聚五率部與當地八路軍密切配合，向敵人展開了反"掃蕩"作戰。5月18日，日酋偵知了唐聚五司令部駐地，得知其主力轉入外線作戰，秘密快速調集重兵，突然包圍了遷安縣平臺山唐聚五司令部。唐聚五當即決定把隊伍分成兩部分，分頭突圍：大部向北面突圍，自己率小部向南面突圍。下達戰鬥命令後，他又神色嚴肅地對大家說："萬一發生不幸，東北遊擊軍這支抗日力量不能分散，要團結所有的抗日力量挺進東北，早復東北……"。突圍戰鬥開始，唐聚五持槍率領官兵們向敵人發起衝鋒。無奈敵強我弱，部隊被敵人擋在了半山腰。唐聚五見情況危急，奮不顧身，率部帶頭奮勇衝殺。在衝鋒陷陣中，唐聚五的頭部和腰部兩處受傷。他草草包紮後，繼續率部突圍衝鋒。在接連突破日軍兩道防線後，又遭遇大批日軍圍攻。經過兩個多小時的血戰，唐聚五和二百多名官兵全部壯烈戰死。唐聚五時年42歲。

唐聚五司令殉國後，中華民國國民政府在重慶舉行了隆重的追悼大會。馮玉祥將軍致輓聯："氣壯山河，忠光簡冊；早復東北，告慰英靈。"中華民國國民政府行政院孫科院長致輓聯："忠烈壯千秋，自有殊勳騰上國；乾坤存正氣，哪堪揮淚弔忠魂。"

陳中柱將軍
General Chen Zhongzhu

陸軍中將、國民革命軍魯蘇皖邊區遊擊第四縱隊司令

Lieutenant General and Commander of the 4th Guerrilla Column of Shandong-Jiangsu-Anhui Border Military Region of the National Revolutionary Army

　　陳中柱，原名為讓，字退之。中國國民革命軍陸軍魯蘇皖邊區遊擊第四縱隊少將司令，著名抗日愛國戰將。1906年10月，出生於江蘇省建湖縣草堰口鄉堰東村。1915年入本地學校學習。1925年到上海謀生。1928年考入中央陸軍軍官學校第六期步兵科學習。畢業後任國立中央大學軍事教官。1933年任津浦鐵路特務室主任等職。

　　1937年7月，蘆溝橋事變發生，日本出兵大肆侵略中國，打破了中國和平建設環境，中國政府被迫全力組織自衛應戰。陳中柱任中國軍事委員會戰地特種工作團第三總隊團長，第二路軍第二旅旅長，奉命率部參加徐州會戰。1938年年底，任國民革命軍陸軍魯蘇皖邊區遊擊第四縱隊少將司令，奉命率部在敵後發動民眾抗日保國，游擊牽制日偽軍活動。1939年秋，率部駐守江蘇泰州抗擊日軍。1940年夏，與新編第四軍陳毅將軍在泰州達成合作抗日協議。1941年7月1日，其所部被日偽軍五路分進"合剿"。陳中柱率部苦戰，身中六彈，壯烈殉國。時年36歲。日軍將陳中柱將軍頭顱割下帶回泰州司令部領功。其夫人王志芳不顧7個月身孕，獨身闖入日軍司令部，向日酋索回丈夫頭顱，與其身縫合入土安葬。之後，中國政府頒佈褒揚令，追晉陳中柱陸軍中將軍銜。

Chen Zhongzhu, formerly named Chen Weirang, courteously named Tuizhi, a famous patriotic general of the War of Chinese People's Resistance against Japanese Aggression, had been the Major General and Commander of the 4th Guerrilla Column of Shandong-Jiangsu-Anhui Border Military Region of the National Revolutionary Army. He was born in October 1906, in Yandong Village, Caoyankou Town, Yancheng City, Jiangsu Province. In 1915, he enrolled at a local primary school. In 1925, he went to Shanghai to make a living. In 1928, he was admitted to the Sixth session of Infantry Department in Whampoa Military Academy. After graduation, he served as military instructor of National Central University. In 1933, he served as the Director of the Special Branch of Jinpu Railway.

In July 1937, when the Lugouqiao Incident (the Marco Polo Bridge Incident) happened, Japanese troops invaded China on a large scale and broke the environment of China's peaceful construction. The Chinese government was forced to organize self-defense in full force. Chen Zhongzhu was appointed the Commander of the 2nd Brigade of the 2nd Army and head of the 3rd General Team of China Military Commission Field Special Operations Group and he led his troop to participate in the Battle of Xuzhou. At the end of 1938, he was appointed the Major General and Commander of the 4th Guerrilla Column of Shandong-Jiangsu-Anhui Border Military Region. In the fall of 1939, he led his troops to station in Taizhou of Jiangsu Province to resist the Japanese invaders. In the summer of 1940, he reached agreement with General Chen Yi to cooperate closely to fight against Japanese enemies in Taizhou. On July 1st,1941, Japanese and puppet troops launched a collective action from five different directions. While commanding his troops to fight against the enemy, he was shot down by six bullets and finally died for the noble cause at the age of 36. To honor his bravery and heroic deeds, the National Government of China promoted him to the rank of Lieutenant General posthumously.

率部抗日　團結禦敵

1937年7月7日，日本出兵侵略中國華北。8月13日，日本軍隊又入侵中國上海。日本軍隊入侵徹底打破了中國和平建設環境，中國政府被迫全力組織自衛應戰，調兵遣將組織軍民抗擊日本軍隊入侵。陳中柱任中國軍事委員會戰地特種工作團第三總隊團長，耳聞目睹日本侵略者在自己土地上橫行霸道，日寇鐵蹄所到之處山河破碎民不聊生，悲憤不已，主動請求赴前方組織抗日。不久，升任第二旅上校旅長，奉命參加徐州會戰。率部在徐州附近的淮陰王營子、安徽靈璧、戚家圍等地多次痛擊日寇入侵進犯。

1938年年底，陳中柱任國民革命軍陸軍魯蘇皖邊區遊擊第四縱隊少將司令，奉命率部在敵後開展遊擊戰。1939年秋，奉命率部駐守江蘇泰州，積極主動出擊，多次殺退日偽軍圍攻。同時，也注重與其他抗日友軍的配合與聯繫，防止發生矛盾，被日軍利用，相互殘殺。一次，魯蘇皖邊區遊擊總指揮李明揚和新編第四軍蘇北指揮部指揮陳毅，在泰州文明旅社會商洽談，陳中柱陪同李明揚參加了會商談判。雙方認為，日寇侵我國土，一切應以抗日大局為重，相互諒解與支持，槍口一致對外；絕對服從國民政府軍事委員領導，共赴國難。之後，陳中柱特命副官室主任吳應奎將十幾車毛巾、鞋子等慰問品及十幾箱子彈送到新四軍蘇北駐地，支援新四軍進行抗日戰爭。

不當漢奸　巧妙脫身

1941年2月，李長江司令召集各個縱隊司令到泰州城裡西山寺，參加緊急軍事會議。四周架起機槍，崗哨密佈，李長江脅迫各縱隊司令磕頭起誓效忠於他，並要求隨他一起投向日軍。陳中柱迫於形勢，也參加了"起誓"。散會後，陳中柱乘機潛出，連夜奔回家中對妻子王志芳說："李長江決定投日，叫我跟他走……我不能對不起國家和這班兄弟，更不能當漢奸，遭世人唾罵，就是死也不能跟他走。"遂令妻子帶女兒從東門出城，自己帶衛兵從西門出城，到塘頭會合。為避免引起李長江懷疑，家中東西一件都沒有帶。在塘頭會合之後，陳中柱將妻女安頓好，又悄悄潛回駐地，將第四縱隊拉出城帶走，為中國抗日戰爭保存了一支隊伍。

李長江公開投降日軍後，日本獨立混成第十二旅團司令南部襄吉率部佔領了泰州城。陳中柱帶領第四縱隊轉移至泰縣與興化縣交界處，同新四軍一部和其他抗日友軍相配合，繼續在蘇中、皖東一帶與日偽軍開展遊擊戰。

堅持抗日　血灑蘇中

1941年6月29日，日本獨立混成第十二旅團司令南部襄吉調集日軍和偽軍2000餘人，分五路向蘇皖邊區遊擊總指揮部"掃蕩"而來。其中，主要目標是陳中柱指揮的第四縱隊。陳中柱率部迎頭痛擊其中一路日偽軍，激戰兩小時，雙方傷亡甚重。陳中柱便率部邊打邊撤往有利地區，與日偽軍一直激戰到晚上，借用夜色立即組織部隊突圍，北渡蚌蜒河。陳中柱命令官兵們分乘小木船，利用熟悉的水道與日偽軍周旋。

7月1日晨，陳中柱又在一水道隱蔽處秘密設伏，一舉擊沉日軍汽艇兩艘，殲敵數十人。之後，立即率部撤出戰鬥轉移。上午10時許，陳中柱率部行進到武家澤，突然與大批日偽軍遭遇，雙方展開慘烈激戰。戰鬥中，陳中柱身中六彈，倒在了血泊中，壯烈殉國。時年36歲。

　　戰鬥結束，日偽軍打掃戰場時，發現了陳中柱的屍體，又殘忍地將其頭顱割下，帶到泰州城司令部向南部襄吉邀功請賞。當地老百姓得知後，用門板釘了一口棺材，殮其無頭屍身入土安葬，並立了一塊寫著"陳中柱將軍"的木牌，以祭紀念。之後，其年僅26歲的夫人王志芳得知丈夫陳中柱犧牲，頭顱被日軍砍掉帶走，不顧懷胎7個月的身體，冒死勇闖泰州日軍司令部，向日酋南部襄吉堅決要回了陳將軍頭顱，與丈夫身體縫合後重新安葬。

　　1945年8月，中國抗日戰爭勝利後，國民政府為褒揚陳中柱抗日愛國忠烈事蹟，在南京為陳中柱司令召開了隆重追悼大會，于右任、吳鐵城、陳果夫等政府知名人士參加。之後，中華民國國民政府頒佈褒揚令，追晉陳中柱陸軍中將軍銜。

陳安寶將軍
General Chen Anbao

陸軍上將、國民革命軍第二十九軍軍長
General and Commander of the 29th Army of the National Revolutionary Army

　　陳安寶，字善夫。中國國民革命軍陸軍第二十九軍中將軍長，著名抗日愛國戰將。1891年出生於浙江省臺州縣。1898年入私塾讀書，聰明穎慧，勤奮好學。1914年考入保定陸軍軍官學校第三期。1916年從軍校畢業後返回浙江，在陸軍第二師開始戎馬生涯。先後任排長、連長、營長、團長、旅長和副師長等職。陳安寶為人正直、忠誠守信，果敢剛毅、指揮若定，北伐剿匪、無役靡從，恪守不渝、有令必行。

　　1937年7月，蘆溝橋事變發生，日本出兵大肆侵犯中國，打破了中國和平建設環境，中國政府被迫全力組織自衛應戰，中華民族抗日戰爭全面爆發。陳安寶任國民革命軍陸軍第七十九師少將師長，奉命率部參加淞滬會戰。在平湖以東與敵激戰十晝夜，掩護我大軍戰略轉進。1938年2月，奉命率部在餘杭、嘉湖敵後地區開展游擊戰，多次重創日軍，因戰功卓著晉升第二十九軍中將軍長。之後，奉命率部參加武漢會戰，率全軍冒著日本飛機掃射、轟炸和火炮炮擊，阻擋著日軍進攻。1939年春，奉命率部參加南昌會戰。5月6日，在反攻南昌的戰鬥中，率部冒著日本飛機掃射、轟炸，徒步在敵占區穿插，並不斷擊潰日軍阻擊向南昌疾進。當陳安寶與士兵一起浴血殺敵時，突然心臟中彈，壯烈殉國。時年49歲。1940年7月，中華民國國民政府頒佈褒揚令，追晉陳安寶陸軍上將軍銜。

Chen Anbao, courteous name Shanfu, a famous patriotic general of the War of Chinese People's Resistance against Japanese Aggression, had been the General and Commander of the 29th Army of the Chinese National Revolutionary Army. He was born in 1891, in Taizhou County, Zhejiang Province. He had been educated in an old-style private school since 1898, and then was admitted to the 3rd session of Officers' Course of Baoding Military Academy in 1914. In 1916, after graduation he returned to Zhejiang Province and began his military career in the 2nd Division of the army. Since then, he had served successively as the Platoon Commander, the Company Commander, the Battalion Commander, the Regimental Commander, the Brigade Commander, the Deputy Division Commander, and so on.

In July 1937, the Lugouqiao Incident happened. Japan sent troops to invade China and broke the environment of China's peace building. The Chinese government made full efforts to organize the army and the people to fight in self-defense. The Anti-Japanese War of the Chinese nation broke out in an all-round way. Chen Anbao commanded his troops to participate in the Battle of Shanghai as the Major General and Commander of the 79th Division of the Chinese National Revolutionary Army. He had been fighting against the enemy for ten days and nights and succeeded in covering for the strategic retreat and transfer of the principal forces of China's army. In February 1938, his troops imposed great damage on Japanese enemies, because of which he was promoted to be the Lieutenant General and Commander of the 29th Army. After that, he commanded his troops to take part in the Battle of Wuhan. In the spring of 1939, he joined the Battle of Nanchang. On May 6th, 1939, when fighting courageously with his soldiers, he was shot in the heart and was killed in action at the age of forty-nine. In July 1940, the Chinese National Government issued a special commendation order to promote him to the rank of General posthumously.

轉戰滬浙贛　敵後戰日軍

1937年7月7日，蘆溝橋事變發生，日本出兵大肆侵犯中國，打破了中國和平建設環境，中國政府全力組織自衛應戰，中華民族艱苦卓絕的抗日戰爭全面爆發。陳安寶任國民革命軍陸軍第七十九師少將師長，多次上書司令長官，請纓參戰。不久，第七十九師奉命加入第一戰區，由潼關東進河南輝縣備戰。

1937年10月，陳安寶奉命率部向東南開拔，參加淞滬會戰。11月5日，日本第六、第十八、第一一四師團和國崎支隊等侵略軍，在中國杭州灣的全公亭、金山衛一帶突然登陸，分兵向平湖地區進犯，妄圖從西面截斷滬杭路，襲擊我淞滬正面守軍側背。

陳安寶率部由嘉興連夜急行軍至平湖以東佈防，分兵扼守獨山、虎嘯橋、廣陳鎮等戰略要地。6日凌晨，部隊剛剛進入陣地，便遭遇日軍猛烈進攻，第七十九師遂與日軍展開激烈戰鬥，堅守陣地達10晝夜。第七十九師兵力單薄，裝備落後。但是，陳安寶果敢剛毅，指揮若定，率部從容應戰，多次打退日軍進攻。15日夜，陳安寶奉命率部退守崇德，扼守臨平以東、滬杭路及運河正面等陣地，節節抗擊日軍進犯。掩護我參加淞滬會戰大軍戰略轉進。

1938年2月，陳安寶奉命率部從浙江諸暨渡富春江，反擊入侵餘杭之日軍。2月14日，陳安寶採取"圍城打援"戰術，用一部分兵力直撲餘杭城壘，另一部分兵力則在中途設伏，襲擊從杭州方面來援之敵。陳安寶利用家鄉熟悉的地理環境，與敵援軍激戰一晝夜，日軍損失慘重，用了20餘輛車載屍逃回。

3月1日，第七十九師奉命深入嘉湖淪陷區，開展敵後遊擊戰爭。陳安寶率部隊向東分兵越過京杭國道，突入敵後，活動於德清、崇德、新市、青鎮及鐵道、公路、運河沿線一帶。第七十九師在敵後開展政治工作，安撫在侵略軍鐵蹄下倖存下來的黎民百姓，收編當地抗日義勇兵5000多人。還在杭州、嘉興等淪陷城市秘密潛伏人員，組織抵抗力量。鞏固了浙西抗日遊擊基地。

1938年7月，國民政府軍事委員會以第七十九師為基礎，重新組建第二十九軍。陳安寶因戰功卓著晉升第二十九軍中將軍長兼七十九師師長。第二十九軍下轄第四十、第七十九兩師。之後，陳安寶奉命率部參加武漢會戰。10月，陳安寶專任軍長，率部進駐永修，在徐家埠及關城以北一帶佈防備戰。

攻戰南昌急　戰將殉國家

南昌為江西省省會，東依鄱陽湖，西傍贛江，是中國軍隊集結重兵的戰略基地。日本侵佔中國武漢後，對在長江呈一線型展開的日軍構成重要威脅。武漢會戰結束後，南昌的戰略地位更顯突出。因而，南昌成為日方所必攻，中方所必守的戰略要地。

1939年2月中旬，日本大本營為保證侵佔武漢幾十萬大軍補給，確保長江水路交通生命線，制訂了攻佔南昌計畫。2月28日，中華民國國民政府軍事委員會從武漢日軍集結的種種跡象中，判斷日本第十一集團軍將進攻南昌。當即電令第九戰區代司令長官薛岳將軍，速向南昌方面佈置重兵，以堅守南昌。薛岳命令陳安寶率部從浮梁兼程到東鄉佈署撫河和鄱陽湖防務，命令其他部隊快速向南昌集結。南昌會戰拉開序幕。

1939年3月，日軍越過修水河進犯南昌。日酋憑藉其大量的汽車、艦船和優良裝備，迅速調動集結了第六、第一〇一、第一〇六和第一一六等四個主力師團的兵力，以及騎兵、工兵、炮兵部隊四個半聯隊，戰車部隊一個半聯隊和海軍、空軍各一部，共計

12萬餘人。在第十一集團軍司令官岡村寧次指揮下，從3月17日拂曉開始，分三路突然向鄱陽湖西面中國軍隊發動全線進攻。由於吳城凸現日軍魔掌之下，中國守軍雖全力守衛血戰，3月24日，吳城失守。3月26日，日軍迂回包圍了南昌，並在南昌及市郊與中國第三十二軍一部、南昌市警備隊展開激烈巷戰和爭奪戰。全城火光沖天，狼煙四起，殺聲震天。大街小巷，都在進行慘烈的肉搏戰。3月27日夜，槍聲漸次稀少，日本佔領了中國南昌城。

日本軍隊攻陷南昌後，日本第一〇一師團留守南昌及近郊，第一〇六師團由南昌向西追擊，一部沿湘贛公路西進。至4月初，日軍戰線過長，已無力繼續西犯，江西戰局遂趨於平緩。日本以為大功告成，便由南昌一帶撤走部分軍隊，中華民國國民政府軍事委員會在得悉日軍動向後，遂決定趁日軍不備，出其不意，發動春季攻勢，以克復南昌。

1939年4月21日，國民政府軍事委員會命令第九戰區開始反攻，限令第九戰區代司令長官薛岳將軍奪回南昌。中國第七十九師師長段朗如，奉命率部與預備第十師、第十六師同歸第三十二集團軍總司令上官雲相指揮，負責具體奪回南昌之任務。段朗如部承擔主攻南昌之任務，其撫河陣地則由第二十六師接替。陳安寶軍長仍然率部擔任鄱陽湖東南岸和撫河東岸守備。4月25日，段朗如開始行動，由於指揮不當，到27日仍未奏效。陳安寶急從東鄉馳赴進賢，準備就近從中匡正。28日，他力促段朗如渡河指揮，要段朗如所部第七十九師和第二十六師王旅速向南昌進擊，奪取南昌。29日，段朗如師長率部攻擊南昌受挫後，不但不設法利用援軍再作突進，反而擅自放棄攻擊南昌的任務。

陳安寶軍長得到消息後，義憤填膺，兩日不思飲食。第三戰區司令長官顧祝同接到報告後震怒，電令將段朗如師長撤職扣押，由副師長葉棠率領，重新聚集主力再攻南昌。然而，日本第一〇一師團已調整完佈防，戰機失去。

1939年5月3日，陳安寶奉命率預備第五師、第二十六師和第七十九師之第二三七團攻擊南昌，限5月5日到達，時間只有三天。因時間急迫，陳安寶未等部隊全部集結到位，便先行帶領軍部人員奔赴茬港指揮作戰。陳安寶命令預備第五師和第二三七團迅速集結、從瑤湖經紅門橋，約定於5日突入南昌。4日夜，陳安寶親率第七十九師王團和第二十六師主力在茬港渡撫河。夜半時分，部隊進抵撫河以西的支流，由於渡船太少，加上躲避敵機偵察轟炸，至5日上午11時才潛渡完畢。部隊渡河後，立即在敵據點間曲折跑步前進，準備沿鐵道西側向南昌挺進。

5月5日下午2時許，部隊通過公路鐵路抵達沙窩章村，先頭部隊遭遇日軍阻擊，旋即展開激戰。不久，先頭部隊在桐樹廟西北高地被日軍粘住。同時，在軍、師部後面的通信連、輜重排和部分部隊也被日軍攔腰截斷。陳安寶當機立斷，命令一個團迅速擊潰正面日軍，繼續向南昌前進。戰至下午 4 時 30 分，因日軍據點工事堅固，我部隊進展緩慢，並與日軍膠著於高坊北端的夏莊、吳莊、沙窩章村和西北高地山里姚、龍里張一線。

　　5 月 6 日拂曉，日軍向陳安寶部發起攻擊，炮火比昨日更加密集，兼以 6 架飛機輪流轟炸，陳安寶所部陣地狹小，傷亡十分慘重。陳安寶仔細察看周圍地形後，知道白天不易突圍，便督令將士沉著應戰，準備在天黑後衝破敵人的包圍圈繼續向南昌挺進。6 日午後 4 時，戰鬥愈加激烈，日軍一部侵入桐樹廟西北高地，直接威脅到整個部隊的安全。陳安寶急率師長劉雨卿、參謀長徐志勖帶領身邊僅餘的特務排向該部日軍發起反攻，一舉奪回被敵侵佔的桐樹廟西北高地。至下午 5 時，陳部左翼陣地龍里張方面敵我陷於混戰狀態。陳安寶部已無預備隊可用，便親率隨從官兵冒著敵機猛烈炮火與掃射前往督戰。在行進途中田埂上，陳安寶將軍中彈，擊傷心臟，壯烈殉國。時年 49 歲。

　　1939 年 5 月 7 日，薛岳將軍驚聞陳安寶軍長以身殉國噩耗，悲痛欲絕，淚如雨下。深知已無法克復南昌，便向軍事委員會發電請罰："安寶南潯苦戰，迭挫凶鋒。今安寶壯烈殉國，傷悼已深，敬請重恤。岳指揮無方，南昌未克，而喪我忠良，敬請重罰，以慰英烈。"中國軍事委員會收到薛岳電報後，立即下令停止對南昌的攻擊。

　　陳安寶軍長壯烈殉國後，全軍哀慟，舉國悲悼。1939 年夏，陳安寶軍長的靈柩運回家鄉，數萬民眾沿途設祭。陳安寶軍長靈柩安葬在其家鄉橫街山，並立碑銘志。1940 年 7 月 7 日，中華民國國民政府軍事委員會頒佈褒揚令，追晉陳安寶軍長陸軍上將軍銜。

陳季良將軍
General Chen Jiliang

海軍上將、國民革命軍海軍總司令部參謀長兼第一艦隊司令

Admiral and Chief of Staff of the Navy Headquarters and Commander of the 1st Naval Fleet of the National Revolutionary Army

陳季良，原名世英。中國國民革命軍海軍總司令部參謀長兼第一艦隊中將司令，著名抗日愛國戰將。1883年9月，出生於福建省侯官縣一書香門第。1889年入本地私塾讀書。1897年考入南京江南水師學堂第四期駕駛班。1905年畢業，在"海容"艦任魚雷槍炮大副。之後，赴英國學習。1914年任"江亨"艦艦長。1917年奉命組建黑龍江江防艦隊，任"江亨"艦艦長兼江防艦隊領隊隊長，率領艦隊開赴中國東北海參崴、廟街等地駐防。1924年晉升海軍少將軍銜。1925年任海軍第一艦隊司令。1935年晉升海軍中將軍銜。1937年1月，任國民政府海軍部常務次長兼第一艦隊司令。

1937年7月，日本出兵大肆侵犯中國河北。8月，日本又出兵侵犯中國上海。日本軍隊入侵徹底打破了中國和平建設環境，中國政府被迫全力組織軍民自衛應戰，中華民族抗日戰爭全面爆發。陳季良任中國海軍第一艦隊司令兼江陰封鎖區中將總指揮，率海軍第一艦隊四艘戰艦在江陰與日本300多架戰機、70多艘軍艦，浴血奮戰兩個月零一天，身負重傷仍堅持指揮戰鬥，擊落日機20多架，擊沉擊傷日本軍艦多艘。1938年帶傷參加和指揮了長江防禦、佈雷與武漢會戰。1940年任海軍第一校閱組組長，組織校閱各江防要塞、海軍學校等機構。1944年任海軍總司令部參謀長兼海軍第一艦隊司令。1945年4月14日，陳季良在舊傷復發臨終時，請求不要將其入土安葬，待"看到"日本投降後再入土，方可死而瞑目。時年63歲。1945年5月25日，中華民國國民政府頒佈褒揚令，追晉陳季良海軍上將軍銜。

Chen Jiliang, formerly named Chen Shiying, a famous patriotic general of the War of Chinese People's Resistance against Japanese Aggression, had been the Vice Admiral and Commander of the 1st Naval Fleet of the National Revolutionary Army. In September 1883, he was born in a scholar family in Houguan County, Fujian Province. In 1889, he studied at an old-style primary school. In 1897, he was admitted to the 4th Driving Class of Nanjing Naval Academy. After graduating in 1905, he served as the first mate of torpedo and firearm on the Hai Rong Ship. Then he went to England for further study. In 1914, he was appointed the captain of the "Jiang Heng" Fleet. In 1917, he was ordered to set up the Heilongjiang River Defense Fleet and was appointed the captain of "Jiang Heng" Fleet and Captain of the River-Defense Leader Fleet. Then he led his fleet to push to garrison Haishenwai and Miaojie and other places. In 1924, He was promoted to the Rear Admiral. In 1925, he was appointed the Commander of the First Navy Fleet. In 1935, he was promoted to the Vice Admiral. In January 1937, he served as the Vice Minister of the Navy of the National Government of China and Commander of the 1st Fleet.

In July 1937, Japan launched a large-scale invasion, violating China's Hebei Province. In August, Japan invaded Shanghai. The Japanese military's incursion completely disrupted the peaceful construction environment in China, forcing the Chinese government to organize the military and civilians for self-defense. The Chinese people's war of resistance against Japan broke out in full swing. Chen Jiliang served as the Commander of the Chinese Navy's First Fleet and the Lieutenant General Commanding the Jiangyin Blockade Zone. Leading the First Fleet's four warships, he engaged in a bloody battle with over 300 Japanese fighter planes and more than 70 warships for two months and one day in Jiangyin. Despite sustaining severe injuries, he persisted in commanding the battle and shot down more than 20 Japanese aircraft while sinking and damaging multiple Japanese warships. In 1938, Chen Jiliang, while still injured, participated in and commanded the defense of the Yangtze River, mine-laying operations, and the Battle of Wuhan. In 1940, he became the Chief of the Navy's First Inspection Group, organizing the inspection of various river defense fortresses, naval schools, and other institutions. In 1944, he served as the Chief of Staff of the Naval General Headquarters and the Commander of the Navy's First Fleet. At the moment of Chen Jiliang's impending death, with his old wounds resurfacing, he requested not to be buried until he "saw" Japan's surrender, so that he could rest in peace. He was 63 years old at the time. On May 25, 1945, the National Government of the Republic of China issued a commendation order, posthumously promoting Chen Jiliang to the rank of Admiral in the Navy.

激戰江陰　血灑長江

1937年8月13日，日本出兵大肆侵略中國上海。14日，《中華民國國民政府自衛抗戰聲明書》發表："中國為日本無止境之侵略所逼迫，茲已不得不實行自衛，抵抗暴力……維持正義與和平……中國決不放棄領土之任何部分，遇有侵略，惟有實行天賦之自衛權以應之……吾人此次非僅為中國，實為世界和平而奮鬥；非僅為領土與主權，實為公法與正義而奮鬥……"。淞滬保衛戰爆發。中華民國國民政府先後組織了7個陸軍集團軍和海軍、空軍等部隊，在淞滬戰場以每天傷亡3000餘名將士的代價阻擋著日本軍隊瘋狂轟炸與猛烈進攻。陳季良任中國海軍第一艦隊司令兼江陰封鎖區中將總指揮，奉命在江陰一帶構築阻塞線。他在戰前動員會上堅定表示："軍人應當忠於職守，勇於從戰，以身報國。在陸地戰場，人人要有馬革裹屍的雄心，在海上戰場，人人要有魚腹葬身的壯志，不管戰場環境如何險惡，人人都要殺敵致果，堅持用最後的一發炮彈或一顆魚雷，換取敵人的相當代價……"。

陳季良率部在長江江陰段江面上，以12艘老艦艇、23艘商輪、8艘躉船和185艘民船及大量石方築起了第一道江陰阻塞線；接著，他又將當時中國海軍序列中噸位最大的"海圻"號等四艘老艦沉入江中，於第一道阻塞線後構成一條輔助阻塞線。同時，他又徵用了"公平""萬宰"和"泳吉"號等三艘民輪沉入封鎖線，在鎮江、蕪湖、九江、漢口等地繳獲的日籍躉船也先後被拖到封鎖線鑿沉；中國最大煤礦——中興煤礦公司船舶部，也主動把自己多艘輪船炸沉於長江封鎖航道。海軍部又請國民政府行政院訓令江蘇、浙江、安徽、湖北等省政府緊急徵用民用小船185艘，滿載3094萬方石子沉入封鎖線的空隙中。然後，中國海軍在阻塞線外側敷設水雷區，主力艦則駐紮內側，構成一道嚴密的封鎖線。海軍部還在阻塞線內外佈設了水雷，在江岸構築炮臺，架設艦炮，組成火力網。陳季良總指揮統率巡洋艦"平海""寧海""逸仙"和"應瑞"號，為第一梯隊列陣封鎖線內，以第二艦隊驅逐艦"建康"號，炮艦"楚有"號為第二梯隊巡弋於南京下關一帶，參加會戰和阻擊日軍西上。

1937年8月21日，日本派出了包括當時獨霸全球的日本海軍航空兵九五式水上偵察機在內的精銳空軍，對江陰封鎖區進行狂轟濫炸。陳季良立即指揮部隊予以還擊，當場擊落日本飛機一架。江陰海空戰由此拉開序幕。日本軍閥清楚，若不能突破中國江陰防線，其艦隊的行動範圍只能在崇明島、黃浦江一帶，而不能突入長江腹地。然而，日本多次出動飛機和軍艦對江陰封鎖區進行輪番進攻，均告失敗。

9月22日，日本海軍聯合航空隊出動30多架攻擊機、戰鬥機，攜重型炸彈，竄犯江陰，向長江江陰封鎖區實施開戰以來最為猛烈的空中反復攻擊轟炸。日本首先對中國海軍旗艦"平海"艦實施了重點輪番轟炸。陳季良總指揮坐鎮指揮"平海"艦。"平海"艦官兵冒著彈雨，用高射炮和高射機槍猛烈還擊，擊落日本飛機5架。同時我"平海"艦也被炸傷，艦上有5名官兵戰死，20餘名官兵受傷（艦長高憲申腰部中彈）。

9月24日，日酋通過偵察發現，其首輪猛烈攻擊未達到目的，立即改變戰術，增派兵力，以80多架飛機分4批集中攻擊中國實力最強的"平海"和"寧海"兩艦，以及轟炸相關目標。中國海軍官兵在陳季良總指揮的指揮下殊死抵抗，英勇還擊，使日本飛機難以超低空飛行轟炸。經過幾輪較量，由於中國海軍沒有空軍的較好支援，"平海"艦和"寧海"艦相繼被敵機炸毀擊沉，艦長陳宏泰受重傷，軍需員陳惠、見習生孔繁均皆加入作戰，全艦殉國。陳季良毫不氣餒，率司令部移駐"逸仙"艦，繼續掛出司令旗指揮戰鬥。

9月25日，日本集中16架飛機再次猛攻"逸仙"艦。陳季良率官兵猛烈還擊，擊落敵機兩架，而我"逸仙"艦也被擊中，艦上14名官兵戰死，6名官兵重傷。官兵們勸陳季良快撤，陳季良喝道："不！我們還剩十幾發炮彈，我們要和敵人血拼到底……"。激戰中，"逸仙"艦再次中彈，艦身左傾，艦首炮與艦尾炮都被炸毀，陳季良被彈片擊中腰部，血流如注，摔倒在甲板上。陳季良強忍劇痛，果斷命令"逸仙"艦搶灘。敵機見"逸仙"艦無力還擊，就超低空飛行，繼續轟炸"逸仙"艦，陳季良頑強站起身，大聲吼道："中國革命軍人最好的歸宿，就是與敵人戰死在最後一刻……"。並立即拔出手槍與敵機對決。陳季良將軍的英勇精神感染了全艦官兵，身負重傷但還有一口氣的官兵們也從血泊中頑強地行動起來，用手槍、步槍和機槍與日軍血戰，直到所有的子彈打光。"逸仙"艦終因中彈多處，艙內大量進水，沉沒江中。

負傷後的陳季良將軍依然不下火線，繼續移駐"應瑞"艦，再次升起司令旗，指揮我官兵與敵激戰——向敵艦和敵機開槍開炮。有人勸告說："掛司令旗暴露目標很危險……"。陳季良將軍堅定回答："司令旗在，中國的艦隊就在，對敵人是蔑視，對自己人是個鼓舞。"再次組織火力進行反攻。血戰至1937年10月23日，陳季良所率的中國海軍第一艦隊主力雖然在敵機狂轟濫炸之下全軍覆沒，但日本軍隊依然未能突破江陰封鎖線。在這萬分危急之際，陸軍第十五團團長劉光、海軍第二艦隊司令曾以鼎趕到，接替身負重傷的陳季良將軍指揮，繼續在江陰阻擊日軍。官兵們將一些被炸壞艦艇上的火炮拆下，移至岸上，與日軍繼續血戰……

據統計，僅"平海""寧海"兩艘戰艦，在兩天內發射高射炮彈1300多發，高射機槍彈10000餘發。兩個多月的血戰中共擊落日本飛機20多架，擊沉擊傷日本軍艦多艘……在江陰海空戰戰場觀戰的一位德國顧問、被陳季良將軍和中國海軍英勇無畏的精神所震撼，連連讚譽："這是第一次世界大戰以來，我所親眼看到的最慘烈的海空戰。中國海軍司令如此英勇，中國軍人如此無畏，中國必勝！"

日本不降　死不瞑目

1938年1月，中華民國國民政府撤銷海軍部，改設戰時海軍總司令部，並重新編組了第一、第二艦隊。編組後的第一艦隊司令仍由陳季良中將擔任，司令部設於"民權"炮艦上，負責武漢到蕪湖的長江防務。6月，武漢會戰拉開戰幕。陳季良帶傷率領第一艦隊高唱戰歌，在長江上又與日寇展開了激戰：

"我們是中華民國的新海軍，

我們是三民主義的新海軍；

信仰堅定，紀律嚴明，

操縱新時代的戰艦，使用最堅利之甲兵。

雄視三洋，屏障四海，保衛疆土，鞏固和平；

同舟共濟，萬眾一心，養成忠勇冒險之好習慣；

同舟共濟，萬眾一心，創造海洋生活之新精神。

新海軍！新海軍！乘長風破萬里浪，

為青天白日旗爭光榮！為青天白日旗爭光榮！"

……

1938年10月24日，中國海軍"中山"艦在薩師俊艦長的指揮下，不畏強敵壓境，與侵犯長江上空和長江水域的日本飛機、日本軍艦展開激烈戰鬥。他在執行開赴漢口、掩護軍民撤退和船舶轉移過程中，連續受到日本飛機轟炸，仍駕艦奮力拼搏……最後，戰艦被炸沉，艦長薩師俊和24名官兵，全部壯烈殉國。

陳季良在常年與日本侵略軍艱苦征戰中，由於腰傷而埋下的病患時常復發。1945年春，陳季良腰傷再次復發，又得了傷寒，被送往重慶救治。由於中國抗戰困難，重慶竟連一支盤尼西林藥都無法賣給這位為國負傷的將軍。病榻前，陳季良將軍的夫人哭著對丈夫說："我再去找陳（紹寬）部長（海軍部），看是否能買到盤尼西林（青黴素）……"。陳季良將軍擺擺手，輕聲說："不用了，我這身體即使能治好，也上不了前線了，有盤尼西林還不如用到受傷的年輕軍人身上，治好了他們還可以上前線多拼殺幾個日本仔……"。陳季良將軍望了一眼身邊的夫人，繼續艱難地對她說："我去世後，不要讓我入土，我要'看著'日本人被打敗。等打敗了日本人，你就往我的棺材裡倒幾杯酒，我也要好好慶賀一番……"。

1945年4月14日，陳季良將軍帶著對日寇的滿腔仇恨，瞪著雙眼，在重慶離開了人間。時年63歲。陳夫人遵照遺命，為陳季良將軍特製了一口水泥棺放在重慶的一個高山的山坡上，面向東北方，讓陳將軍時時刻刻都"看著"在前線與日本強盜英勇拼殺的中國將士，"看到"日本投降的這一刻。

1945年5月25日，中華民國國民政府通令表彰陳季良英勇抗戰和帶傷帶領海軍將士頑強殺敵的行為，追晉海軍上將軍銜。8月15日，日本戰敗宣佈無條件投降。9月2日，陳季良將軍的戰友、軍令部部長徐永昌上將代表中華民國國民政府，出席了在日本國的美國"密蘇里"號戰列艦上舉行的日本向中國和全世界反法西斯同盟國受降盛典。當陳季良"看到"日本投降的這一刻後，陳季良上將的水泥靈柩由國民政府負責運回其家鄉福州，入土安葬，以永祭紀念。

陳師洛將軍
General Chen Shiluo

陸軍少將、國民革命軍第八十九軍參謀長
Major General and Chief of Staff of the 89th Army of the National Revolutionary Army

　　陳師洛，字謀敦。中國國民革命軍陸軍第八十九軍少將參謀長，著名抗日愛國戰將。1902年出生於湖南省茶陵縣黃泥沖村一中醫世家。資質穎慧，繈褓中即能辨菽粟，凡授學科、讀一二遍即可背誦無遺，且獨懷大志，秉性溫恭仁厚。1909年入本地私塾讀書，並從師於茶陵尹超凡、陳應炳和譚壽山等名師，讀經書、史書和詩詞百卷。1920年考入湖南省立第一中學。1928年考入中央陸軍軍官學校第六期。1930年參加國民革命軍，升任少校訓練官。1934年5月，任新編第一軍師政訓處中校秘書。陳師洛以記憶非凡，文才武略而聞名全軍。

　　1937年7月，蘆溝橋事變發生，日本出兵大肆侵略中國，打破了中國和平建設環境，中國政府被迫全力組織自衛應戰。陳師洛任國民革命軍陸軍第三十三師政訓處上校主任，率部在平漢鐵路北段阻擊日軍進攻。1938年春，任第八十九軍少將參謀長，先後率部參加了徐州會戰和武漢會戰。帶領部隊冒著日本飛機掃射、轟炸和火炮炮擊，以及坦克與騎兵的攻擊，阻擋著日軍的侵略猛攻。1939年2月，第八十九軍隸屬魯蘇戰區，陳師洛率部轉戰魯蘇皖敵後地區打擊日寇入侵。1941年2月23日，陳師洛率部在江蘇省淮陰抗日前線與日軍對陣，遭遇日本飛機炸彈轟炸，壯烈殉國。時年40歲。之後，中國政府頒佈褒揚令，給予明令褒獎。

Chen Shiluo, courteously named Moudun, a famous patriotic general of the War of Chinese People's Resistance against Japanese Aggression, had been the Major General and Chief of Staff of the 89th Army of the National Revolutionary Army. He was born in 1902 in Huangnichong Village, Chaling County, Hunan Province, into a family of traditional Chinese medicine practitioners. He displayed exceptional intelligence from a young age, showing a remarkable ability to comprehend and memorize texts effortlessly. He pursued his studies under renowned teachers such as Yin Chaofan, Chen Yingbing, and Tan Shoushan, delving into classics, poetry, and literary works. In 1920, he gained admission to the No. 1 Hunan Provincial High School, and in 1928, he was accepted into the 6th term of the Central Army Officer School. In 1930, Chen Shiluo joined the National Revolutionary Army, rising to the rank of major and serving as a training officer. In May 1934, he became the secretary of the Political Training Department of the newly formed 1st Army Headquarters.

In July 1937, the Lugou Bridge Incident occurred, and Japan launched a large-scale invasion of China, shattering the country's peaceful development. The Chinese government was compelled to organize a self-defense campaign. Chen Shiluo was appointed as the director of the Political Training Department of the 33rd Army Division of the National Revolutionary Army, leading his troops to resist the Japanese offensive on the northern section of the Pinghan Railway. In the spring of 1938, he became the Chief of Staff of the 89th Army, a position he held as a brigadier general. He led his troops to engage in the Battle of Xuzhou and the Battle of Wuhan. In February 1939, the 89th Army was assigned to the Lu-Su Theater of Operations, and Chen Shiluo led his troops to engage the Japanese invaders in the rear areas of Shandong, Jiangsu, and Anhui Provinces. On February 23, 1941, Chen Shiluo and his forces confronted the Japanese army on the anti-Japanese front line in Huaiyin, Jiangsu Province. During the battle, they were subjected to intense bombardment by Japanese aircraft and Chen Shiluo died a heroic death at the age of 40. Subsequently, the Chinese government issued a commendation order, posthumously honoring him for his remarkable achievements.

文武之將　殉國淮陰

1937年7月，蘆溝橋事變發生，日本出兵大肆侵略中國，打破了中國和平建設環境，中國政府被迫全力組織自衛應戰，調兵遣將組織軍民抗擊日本軍隊入侵，中華民族抗日戰爭全面爆發。陳師洛任國民革命軍陸軍第三十三師政訓處上校主任，率部在平漢鐵路北段阻擊日本軍隊進攻。隨後，奉命率部參加徐州會戰。1938年春，陳師洛任國民革命軍陸軍第八十九軍少將參謀長，奉命率部參加武漢會戰。1939 年 2 月，第八十九軍隸屬魯蘇戰區，陳師洛帶領部隊在敵後開展遊擊戰，轉戰魯蘇皖地區打擊日寇入侵。

陳師洛參謀長文才武略，在槍林彈雨中能夠鎮定自若，滿懷豪情，激勵官兵奮勇抗敵。將士們在他的鼓舞之下鬥志高昂，攻敵奪陣勇不可擋。他時常為表達抗日將士的豪邁情懷，賦詩吟唱，其中一首詩寫道：

"烽煙遍地月西斜，可恨寇蹄毀萬家。

殺敵衝鋒征戰地，中華兒女挺奇葩。"

1941 年 2 月，陳師洛在江蘇省淮陰抗日前線與敵對陣，率領將士與日軍英勇血戰，多次擊退進犯日軍。2 月 23 日，日酋派出飛機對我軍陣地輪番轟炸，陳師洛在指揮部隊與日軍作戰和組織官兵對空射擊中，由於日軍空中轟炸和地面攻擊猛烈，我軍傷亡甚重，陳師洛也被炸殉國。時年 40 歲。

1942 年 4 月，陳師洛遺體遷葬淮安曹家園。為表彰陳師洛參謀長在敵後堅持抗戰的英勇獻身行為，中華民國國民政府頒佈褒揚令，予以明令褒獎。

陳德馨將軍
General Chen Dexin

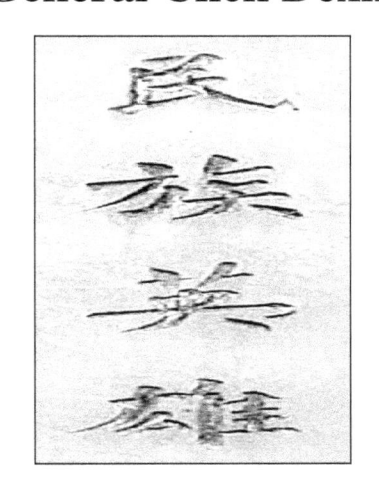

陸軍中將、國民革命軍第五十五軍第二十九師第八十六旅旅長

Lieutenant General and Commander of the 86th Brigade of the 29th Division of the 55th Army of the National Revolutionary Army

　　陳德馨，字惟吾。中國國民革命軍陸軍第五十五軍第二十九師第八十六旅少將旅長，著名抗日愛國戰將。1904年出生於河南省鄢陵縣柏梁鄉西老莊一書香世家。因其父任私塾先生，自幼跟父讀書。1922年中學畢業，考入開封國民革命軍陸軍檢閱使署學兵團。1924年投身軍旅報國，先後任排長、連長、營長、團長和旅長等職。1935年國家授予陸軍少將軍銜。

　　1937年7月，蘆溝橋事變發生，日本出兵大肆侵略中國，打破了中國和平建設環境，中國政府被迫號召全國軍民起來自衛應戰。陳德馨任國民革命軍陸軍第五十五軍第二十九師第八十六旅少將旅長，立即通電全國全軍堅決響應："本旅全體官兵，枕戈待命，誓殲倭寇，為中華民族而效死。"之後，陳德馨奉命帶領全旅官兵轉戰臨邑、陵縣、德縣、濟寧等地抗擊日軍入侵。1938年3月，奉命參加徐州會戰，率部在滕縣北部阻擊日軍。同年8月，奉命率部參加武漢會戰。9月12日，日軍在飛機掩護下向陳德馨陣地發動進攻。陳德馨率部浴血衝殺，陣地失而復得。激戰中，陳德馨中彈負傷，仍堅持指揮不下火線。終因失血過多，壯烈殉國。時年35歲。之後，中國政府頒佈褒揚令，追晉陳德馨陸軍中將軍銜。

Chen Dexin, courteously named Weiwu, a famous patriotic general of the War of Chinese People's Resistance against Japanese Aggression, had been the Major General and Commander of the 86th Brigade of the 29th Division of the 55th Army of the National Revolutionary Army. He was born in 1904, in Xilaozhuang Village, Boliang Town, Yanling County, Henan Province. He was homeschooled by his father who was a teacher of an old-style private school. After graduating from the middle school in 1922, he passed into Student Soldiers Corps of Kaifeng Army Honor Guard of the National Revolutionary Army. After graduation in 1924, he joined the National Revolutionary Army where he served successively as Platoon Leader, Company Commander, Battalion Commander, Regimental Commander, and so on. In 1935 he was awarded the rank of Major General of the Army by the government.

In July 1937, when the Lugouqiao Incident (the Marco Polo Bridge Incident) happened, Japanese troops invaded China and broke the environment of China's peaceful construction. The Chinese government was forced to organize self-defense in full force. Chen Dexin, as Major General of the 86th Brigade of the 29th Division of the National Revolutionary Army, led his troops to fight against Japanese invasion in the region around Linyi County, Ling County, De County and Jining County of Shandong Province. In March 1938, he was ordered to take part in the Xuzhou Battle and led his troops to block the Japanese army in the north of Teng County. In August of the same year, he was ordered to lead his troops to participate in the Wuhan Battle. On September 12nd, under the cover of aircraft, the Japanese army launched an attack on Chen Dexin's position. Chen Dexin led his troops in a bloody battle, reclaiming the lost position. During the intense fighting, Chen Dexin was hit by enemy fire and wounded, yet he persisted in commanding his troops without leaving the front line. Eventually, due to excessive blood loss, he died a heroic death at the age of 35. Subsequently, the Chinese government issued a commendation order, posthumously promoting Chen Dexin to the rank of Lieutenant General in the Army.

以身作則　效命國家

1937年7月，蘆溝橋事變發生，日本出兵大肆入侵中國華北，打破了中國和平建設環境，中國政府被迫全力組織自衛應戰，調兵遣將組織軍民抗擊日本軍隊入侵。陳德馨任國民革命軍陸軍第五十五軍第二十九師第八十六旅少將旅長（轄第一七一團和第一七二團），奉命率部開赴山東省北部備戰禦敵。陳德馨立即通電馮玉祥將軍和全軍將士表示："本旅全體官兵，枕戈待命，誓殲倭寇，為中華民族而效死。"

11月初，陳德馨奉命率部急駛臨邑，阻擊日本軍隊進攻。在保衛臨邑城的戰鬥中，入侵日軍憑藉炮火猛烈優勢，如狼似虎猛撲我軍陣地，臨邑城危在旦夕。在此危急時刻，陳德馨親臨一線陣地指揮拼殺，他立即從衛士手中要過一把長槍，迅速地裝上刺刀，高呼"兄弟們，報效國家的時候到了，衝啊……"。迎著日軍衝了上去。前線將士紛紛端起長槍或揮起大刀，跟著衝入敵群，與日軍展開了短兵相接肉搏戰，使日軍優勢炮火難以發揮……經過激烈血拼，終於擊退了日軍的進攻。之後，陳德馨率部轉戰山東陵縣、德縣、濟寧等地，不斷阻擊、打擊日軍進攻。

1938年3月，陳德馨奉命率領部隊參加徐州會戰。他率部與兄弟部隊在滕縣北部，阻擊日軍增援滕縣縣城和支援臺兒莊地區的作戰。在戰鬥中，陳德馨旅長堅持與部下同甘共苦，凡事以身作則，賞罰分明。時常與大家說："……自己能力綿薄，歷次戰績，均賴上下一心，士卒用命，而長官逾格拔擢，實深漸顏，惟有誓死為革命奮鬥，報國家於萬一耳。"帶領官兵上下同心完成了阻擊日軍的艱鉅任務。

保衛武漢　血戰殉國

中國徐州失陷之後，日本調遣9個師團、3個旅團和炮兵部隊、海軍陸戰隊各一部，飛機300餘架，各種艦艇120餘艘，共計25萬餘人準備向中國武漢地區發起進攻。中國政府調集全國兵力物力全面應對。

1938年6月12日，日本波田支隊佔領安慶，武漢會戰拉開序幕。7月中旬，日本又調整部署，增加兵力35萬人，集中全力攻向武漢。陳德馨奉命率領全旅官兵4500餘人，參加武漢保衛戰，在廣濟西南第一線駐守禦敵。

時值炎熱夏季，陳德馨旅官兵系北方人，由於水土不服，有五六百名官兵身患疾病，戰鬥力下降。然而，日軍正向廣濟至蘄春公路進攻，陳德馨防線首當其衝。9月12日拂曉，日軍飛機對陳旅陣地輪番轟炸並進行低空掃射，摧毀了大批防禦工事，緊接著千餘名日軍向八十六旅陣地發起全線猛攻。陳德馨率部奮力阻敵，擊退了來犯之敵。日軍援兵又至，衝鋒力度增強，妄圖在陳德馨旅陣地上撕開一個口子。陳德馨指揮官兵頑強反擊廝殺，多處陣地屢失屢得。上午10時許，戰鬥達到白熱化，陳德馨旅損失慘重，援兵未至。而日軍在飛機的掃射掩護下攻勢有增無減，戰線已成犬牙交錯之勢。陳德馨跨出指揮部掩體，來到第一線指揮作戰，親率部下與日軍展開廝殺。激戰中，陳德馨將軍左胸中彈，身負重傷。他顧不上包紮，用手按住傷口強行止血，繼續指揮作戰，直到援軍趕到才被衛兵背下火線。

在醫院搶救中，陳德馨深感自己不行了，用微弱的語言留下遺囑："現在倭寇猖獗，國難益深，凡我軍人，皆宜鞠躬盡瘁，死而後已。余自抗日戰起，身經臨邑、濟寧、廣濟諸役，大小數十戰，此次雖中彈而傷，然死而無憾；甚盼我全旅袍澤，繼續吾志，拼命殺敵，擁護最高統帥，爭圖民族生存，此余之厚望也。吾四弟德儉膽識過人，深望為國努力，為民族爭生存；吾子女皆幼，亦望我兄弟撫育成人，繼續吾志，余死亦瞑目矣……"。陳德馨旅長終因傷勢嚴重，難以搶救，為國捐軀。時年34歲。

1938年9月16日，武漢各界人士冒著被日本飛機轟炸危險為陳德馨舉行公祭大會，蔣中正委員長、馮玉祥將軍等國家要員親臨致祭。其中馮玉祥將軍挽聯寫道："溯將軍在開封入伍，受國家培養將近廿年，才兼文武，學粹品端，素具決心收失地。慟弟臺戰廣濟獻身，為民族解放不惜一死，大敗敵軍，成仁取義，英靈有知亦安心。"下午6時，陳德馨的靈柩由夫人、公子護靈返河南鄢陵原籍安葬。1939年，中國政府頒佈褒揚令，追晉陳德馨陸軍中將軍銜。

陳翰章將軍
General Chen Hanzhang

東北抗日聯軍第一路軍第三方面軍總指揮

Commander-in-Chief of the 3rd Part of the 1st Route Army of the Northeast Anti-Japanese United Army

　　陳翰章，譽稱"遊擊悍將"，滿族。中國東北抗日聯軍第一路軍第三方面軍總指揮，著名抗日愛國遊擊悍將。1913年6月，出生於吉林省敦化縣半截河屯。1920年入本地私塾學習。1925年入敦化宣化小學讀書。1930年以第一名優異成績畢業於敖東中學，通曉日語，具有軍事天賦。1931年夏，任敦化縣民眾教育館講解員。

　　1931年"九·一八"事變發生，日本出兵侵略中國東北，打破了東北和平生活環境。陳翰章投筆從戎，加入抗日救國軍，抗擊日本軍隊入侵。1933年秘密加入共產黨。1935年任東北反日聯合軍第五軍第一師政治部主任。1936年起，先後擔任東北抗日聯軍第二軍第二師參謀長、代師長，第五師師長，率部在長白山和林海雪原中遊擊日軍。1938年7月，任東北抗日聯軍第一路軍第三方面軍總指揮。陳翰章率部先後與日偽軍交戰上百次，予敵重大殺傷。1940年12月8日，日偽軍包圍了陳翰章所部駐地灣溝密營。在激烈戰鬥中，陳翰章胸部中彈，重傷昏迷，被日軍俘獲。他寧死不降，慘遭日軍殺害。時年28歲。

　　Chen Hanzhang, known as "guerrilla warrior", Manchu, a famous patriotic general in the War of Chinese People's Resistance against Japanese Aggression, had been the Commander-in-Chief of the 3rd Part of the 1st Route Army of the Northeast Anti-Japanese United Army. He was born in Dunhua County of Jilin Province in June 1913, and was educated in an old-style private school in his childhood. In 1925, he entered Dunhua Xuanhua Primary School. In 1930, he graduated with the first place from Ao'dong Middle School, proficient in Japanese. A year later, he was appointed a cicerone of the Public Education Museum in Dunhua County.

After the outbreak of Mukden Incident (the Sept.18th Incident) in 1931, Japanese troops invade Northeast China, breaking the peace-building environment in Northeast China. Chen Hanzhang quit his studies to join the Anti-Japanese National Salvation Army. In 1933, he became a member of the Chinese Communist Party. Since then, he had served successively as the Director of the Political Department of the 1st Division of the 5th Army of the Northeast Anti-Japanese United Army in 1935, Chief of Staff and Acting Commander of the 2nd Division of the 2nd Army and Commander of the 5th Division of the Northeast Anti-Japanese Army in 1936. He led the troops to attack the Japanese army in the Changbai Mountain Forest. In July 1938, he was promoted to the post of Commander-in-Chief of the 3rd Part of the 1st Route Army of the Northeast Anti-Japanese United Army. He had successively commanded his troops to fight against Japanese army hundreds of times, and dealt the enemy heavy blows. On December 8th, 1940, his garrison located at Wangou Camp was besieged by the enemy. While engaging the Japanese forces in a vehement battle to break through the encirclement, Chen Hanzhang was shot in the chest and was captured in coma. Nevertheless, he would rather die than surrendered. Eventually, he was cruelly killed at the age of twenty-eight.

當兵衛國　抗日雄師血戰多

1931年"九‧一八"事變發生，日本軍隊侵佔了中國吉林省敦化縣縣城，打破了當地人民和平生活環境。1932年9月13日，陳翰章逃出縣城，前往敦化城南太平山，投入抗日救國軍前方司令吳義成部隊，任司令部秘書。1933年吉東反日同盟軍成立，陳翰章任前方總司令部秘書長。1934年6月，陳翰章調任綏寧反日同盟軍工農義勇隊政治指導員。1935年2月10日，綏寧反日同盟軍改編東北反日聯合軍第五軍，周保中任軍長，柴世榮任副軍長，胡仁任政治部主任，張健東任參謀長，下轄第一師和第二師，陳翰章任第一師政治部主任。不久，調任第二師參謀長兼師政委，率部在寧安、額穆、敦化、蛟河一帶，利用家鄉熟悉的地理環境和人文關係與日軍展開遊擊戰，給予日偽軍沉重打擊。

日偽軍為了動搖陳翰章抗戰決心，抓捕了他的父親和妻子，逼迫他們進山勸降。

陳翰章堅定表示：自古忠孝不能兩全，要抗日就不能苟且偷生。他說："為了驅逐日寇，讓更多的百姓過上和平日子……我決心抗日到底。為了抗日，就是全家人都被日本人殺了，我也絕不回去，堅決不當亡國奴！"日酋見勸降不成，又以重金懸賞捉拿他。陳翰章將計就計，巧妙地處決了偽吉林省員警廳警備科長、偽敦化縣副縣長等四個罪大惡極的漢奸走狗。

1936年2月下旬，反日聯合軍第五軍改編東北抗日聯軍第五軍，陳翰章任該軍第二師參謀長。3月上旬，吉東安圖縣"迷魂陣會議"決定，將東北人民革命第二軍改編東北抗日聯軍第二軍，王德泰任軍長，魏拯民任政治委員，下轄3個師，陳翰章奉命調第二軍第二師任參謀長。後又因師長史忠恒患病，陳翰章代理師長。3月，第二師第四團在陳翰章、團長侯國忠指揮下，在寧安縣團山子同偽軍100餘人發生戰鬥，斃傷40餘人。5月18日，該師第四團與第五軍第二師在寧安鏡泊湖南部與日軍佐藤部進行激戰，擊斃佐藤留次郎以下官兵10餘人。接著，陳翰章率部夜襲了林口龍爪溝，巧戰廟嶺，智擊刁翎、三道溝，打得日軍防不勝防。同時，陳翰章還展開政治和心理攻勢戰術，促使偽軍不斷進行嘩變，參加抗日聯軍隊伍。

1936年9月，陳翰章率領部隊在牡丹江東北太平溝夜襲日本軍用列車，一舉全殲日軍閱邊司令親自帶領的討伐隊第十九師團一部300多人，繳獲大批軍火給養，日本驚呼此事為"第一次事變"。同年秋，日酋為報復抗日聯軍，糾集萬餘日偽軍在飛機的協助下，以南湖頭、東京城西南、寧安南部地區為中心目標，瘋狂搜索"討伐"抗日聯軍（史稱綏寧地區秋季"大討伐"）。10月，第五師（後第二師改為第五師）師長史忠恒率部在"圖佳路"老松嶺伏擊日偽軍列車的戰鬥中，壯烈犧牲。陳翰章奉命接任第五師師長，繼續率部運用靈活的遊擊戰術，給予日偽軍一定殺傷後，順利突出日偽軍"討伐"圈。

1937年12月，陳翰章、侯國忠率領第二軍第五師，與第五軍密切配合，活動在中東鐵路南側鏡泊湖沿岸。他們突入汪清、琿春，馳騁於防川和圖們江中下游。周旋於寧安、敦化和延吉，開闢了新的遊擊區。奇襲日偽軍據點，顛覆軍車，破壞鐵路、橋樑、隧道、機場、倉庫等軍事設施，擾亂敵人後方。僅敦化沙河沿一戰，就消滅日偽軍近百人。

1938年4月，第二軍第五師在陳翰章率領下，在敦化、額穆、寧安一帶堅持遊擊日軍。之後，根據中共吉東省委決定，陳翰章率抗聯第二軍第五師等部，開始西征作戰，由牡丹江地區南下，直搗正在修建的鏡泊湖水電站。陳翰章召集軍事會議，研究制定了襲擊鏡泊湖瀑布水電站工程的作戰部署。戰鬥開始後，陳翰章率部一舉攻克水電站，焚燒了工程事務所，解放了大批中國勞工。致使日本侵略者苦心經營數年的鏡泊湖水電站遭到嚴重破壞，被迫停工。

1938年7月底，東北抗日聯軍第一路軍第四師、第五師，根據輯安老爺嶺第二次會議決定，在敦化漢陽溝合編為東北抗日聯軍第一路軍第三方面軍，陳翰章任第三方面軍總指揮，候國忠任副總指揮，下設第十三團、十四團、十五團，共計600多人。

1939年春，陳翰章率部和第五軍第二師在延吉、敦化一帶進行遊擊活動，攪得日偽軍惶惶不可終日。在敦化蒲柴河和葦塘溝與日偽軍展開的遊擊激戰中，擊斃日軍多人，繳獲步槍40餘支，子彈7000餘發。陳翰章的游擊戰術達到了爐火純青的地步，總是奇襲制勝。所以，當地老百姓和抗聯老兵稱譽陳翰章："神兵天將"、"遊擊悍將"。至此，在寧安、敦化一帶民眾中一直流傳著一首歌謠："……神兵天將陳翰章，打得漢奸無處藏。日本鬼子遭了殃，出門遇見陳翰章！"

堅持抗戰　熱血融化鏡泊湖

1939年下半年，日本關東軍發起了以消滅東北抗日聯軍第一路軍為目的的大"圍剿"，抗聯部隊處於極端困難狀態。陳翰章率部堅持在遊擊戰中尋找生存。8月下旬，魏拯民、陳翰章和侯國忠統率第三方面軍全軍、第二方面軍第九團、第五軍陶淨非部等共計900多人主力部隊，運用先打城後打援的戰術，準備突然在安圖縣發動大沙河戰鬥。陳翰章奉命率部主攻，戰鬥定於黎明時分打響。

大沙河鎮是日偽軍修建的一個"集團部落"，四周築有土牆，各角均有炮臺，駐有偽警30多人、偽軍一個中隊和日軍一個小隊，火力較強，防守嚴密。由於準備襲擊城門的抗聯戰士被日軍發現，迫使抗聯進攻時間提前進行，由偷襲變為強攻。陳翰章率部身先士卒，冒著槍林彈雨向城門猛衝，隨著猛烈的爆炸聲，土城門被炸開一個大缺口。借著濃煙的掩護，陳翰章指揮部隊衝進城去。敵人倉惶逃進偽員警署，憑藉堅固工事垂死掙扎。我軍幾次猛攻均告失利，且傷亡較大。陳翰章見此情景，怒睜雙眼，提過一挺機槍就要上房。警衛員明基立即奪過機槍，爬上偽員警署附近的一所房子，從側面向敵人實施火力壓制。我敢死隊員趁此機會，迅速靠近敵人工事，將一捆手榴彈扔進敵機槍工事內。隨著一陣鉅響，敵人的工事被炸上了天。

在攻佔大沙河鎮之後，陳翰章率部急奔小沙河助戰——阻擊敵人援兵。此時，由安圖開來的日軍和偽軍援兵已在強大火力掩護下，攻佔了小沙河山嶺的有利地形，抗聯第三方面軍副總指揮侯國忠犧牲。在此危急時刻，陳翰章率部趕到。他一邊大聲高喊："為侯副總指揮報仇，殺死小鬼子……"，一邊向敵人發起了潮水般的攻擊。終將敵人趕下山擊潰，斃敵聯隊長以下50多人。此戰鬥共斃傷和俘虜日偽軍400餘人，繳獲大量武器裝備。

大沙河連環戰鬥勝利後，陳翰章率軍連夜向敦化寒蔥嶺進發。9月初，部隊在行軍中設伏殲滅了蒲柴河偽軍第十團一個連。20天后，又在寒蔥嶺南坡公路旁密林中設伏，殲滅日軍松島討伐隊長以下46人，擊毀汽車9輛，繳獲大量輕重武器和子彈。

1939年入冬，連年在野外山林轉戰的東北抗日聯軍第一路軍進入更加艱難困苦的季節。但是，陳翰章率第三方面軍堅決執行總司令部的指示：不退入蘇聯不轉進關內，堅持東北抗戰。進入1940年，日軍更加緊了圍攻東北抗日部隊的力度，東北的抗日形勢進一步惡化。陳翰章率第三方面軍直屬部隊，仍然堅持在鏡泊湖地區開展遊擊戰爭。

1940年3月，部隊在敦化牛心頂子遭遇日偽軍2000餘人包圍。陳翰章率部苦戰一天，付出傷亡70餘人的代價（陳翰章腿部也負傷），深夜突出重圍。之後，當陳翰章帶領戰士們回到牛心頂子密營深處時，發現密營已被日偽軍完全破壞。面對嚴酷的現實，陳翰章用楊靖宇總司令的英雄事蹟（1940年2月23日，楊靖宇壯烈殉國）教育大家。他說："楊總司令是戰死的，他的死是最偉大的，全中國的老百姓都不會忘記他。我們就是戰鬥到最後一個人，也一定要奪取勝利，這才不愧是楊總司令的部下、戰友、同志……"。然後，他帶領全體官兵宣誓："誓與敵人血戰到底，絕不回頭！絕不投降！"從5月至9月，陳翰章率部穿梭於長白山密林中，連續與日軍作戰10餘次，殲敵100多人。10月，為解決部隊冬季作戰的給養問題，決定第三方面軍主力100餘人向"三江省"方向突圍。陳翰章親率60餘人的小分隊留在鏡泊湖地區牽制日軍。

1940年12月6日夜，陳翰章帶領20餘人的小分隊，冒嚴寒踏深雪，在零下40多度的冰天雪林中，順著鷹髒子山向鏡泊湖東南方的灣溝密營前進。12月8日，部隊進至密營後，即被由叛徒引來的日軍包圍。陳翰章指揮戰士們分散隱蔽，與日軍展開殘酷的血戰。激戰兩個多小時，打退敵人五次進攻。陳翰章身邊戰士多數犧牲。敵人不惜代價，拼命攻擊。陳翰章在帶領、掩護幾名戰士勇猛向外突圍時，突然胸部中彈，栽倒雪地昏迷過去。日軍立刻包圍上來，陳翰章重傷被俘，胸部流出的熱血凍結了衣裳。日酋隨即對陳翰章進行審問勸降，陳翰章堅貞不屈，拒不交代，誓死不降。日酋惱羞成怒，殘忍地割去了他的舌頭、刺瞎他的雙眼。陳翰章總指揮在日寇的殘暴酷刑下，壯烈殉國。年僅28歲。

陳翰章總指揮堅持抗戰和寧死不屈的精神與熱血融化了鏡泊湖的堅冰。他在艱苦的戰爭歲月裡風餐露宿、戰鬥空隙、躲雨避雪、休息之際，始終堅持記錄日記，總結戰鬥經驗，找出得失。所以他帶兵打仗總是勝多敗少。日軍將他殺害後，在其身上搜出了日記本，並將其頭顱割下，送往新京（今長春）請功領賞。

當地民眾和抗日聯軍官兵得知陳翰章總指揮殉國後，十分痛心，懷念他的民謠和詩歌一直在民間傳頌，其中一首民謠頌道："……鏡泊湖水清亮亮，一棵青松立湖旁。喝口湖水想起英雄漢，看見青松忘不了將軍陳翰章。"

陳鐘書將軍
General Chen Zhongshu

陸軍中將、國民革命軍第六十軍第一八三師第五四二旅旅長

Lieutenant General and Commander of the 542nd Brigade of the 183rd Division of the 60th Army of the National Revolutionary Army

　　陳鐘書，字樹藩。中國國民革命軍陸軍第六十軍第一八三師第五四二旅少將旅長，著名抗日愛國將領。1891年出生於雲南省安寧縣月照屯。幼年時入私塾讀書。1908年投入滇軍，開始戎馬生涯。1923年考入雲南陸軍講武學堂。陳鐘書志向遠大，具有鳶飛戾天之追求。他勤奮好學，飽讀兵書，刻苦操練，成績優異。曾先後參加護國、靖國、剿匪和護法等戰爭，"久綰軍符，夙稱英勇"，深受官兵愛戴。在軍旅中先後任班長、排長、連長、營長、團長和旅長等職。

　　1937年7月，蘆溝橋事變發生，日本出兵大肆侵犯中國，打破了中國和平建設環境，中華民國國民政府被迫全力組織自衛應戰，中華民族抗日戰爭全面爆發。陳鐘書任國民革命軍陸軍第六十軍第一八三師第五四二旅少將旅長，深知國難當頭、軍人理當報國、馬革裹屍，立即返回家鄉安排贍養老人等諸項事宜，準備率部北上抗戰。9月9日，全軍在昆明誓師出征。1938年2月，陳鐘書隨部隊到達河南省信陽抗日前線。4月21日，全軍奉命開赴山東省臺兒莊地區參加徐州會戰。22日拂曉，陳鐘書率部在邳縣邢家樓、五聖堂與日本軍隊遭遇，帶領部隊奮勇廝殺。戰至傍晚，陳鐘書身中敵彈，傷重殉國。時年48歲。之後，中華民國國民政府明令褒揚陳鐘書旅長的抗日功勳，追晉陸軍中將軍銜。

Chen Zhongshu, courteous name Shufan, a famous patriotic general in the War of Chinese People's Resistance against Japanese Aggression, had been the Major General and Commander of the 542nd Brigade of the 183rd Division of the 60th Army of the National Revolutionary Army. He was born in Yuezhao Village, Anning County, Yunnan Province in 1891. He studied at a private school as a child. In 1908, he joined the Yunnan Army and started his military career. In 1923, he was admitted to Yunnan Military Academy, he studied hard and got good marks. He had participated in various wars, including the War to Defend the Nation, the War to Pacify the Nation, and the War to Protect the Constitution, and had long been associated with military honors due to his bravery. He had served successively as the Platoon Leader, the Company Commander, the Battalion Commander, the Regimental Commander, the Brigadier, and so on.

In July 1937, the Lugouqiao Incident happened. Japan sent troops to invade China wantonly and broke the peaceful environment of China's development. The Chinese government was forced to organize self-defense, and the Anti-Japanese War broke out in an all-round way. Chen Zhongshu was appointed Major General of the 542nd Brigade of the 183rd Division of the 60th Army of the Chinese National Revolutionary Army, and was ordered to lead the troops to the North of China to block the enemies. On September 9, the whole army took a vow in Kunming. In February 1938, Chen Zhongshu arrived at Anti-Japanese front-line in Xinyang County of Henan province with his troops. On April 21, the army was ordered to go to Taierzhuang area of Shandong Province to participate in the Battle of Xuzhou. At dawn of April 22, Chen Zhongshu led his troops to fight bravely with the Japanese army in Xingjialou and Wushengtang of Pixian County until the evening. In a fierce battle he was shot and sacrificed his life to his motherland at the age of forty-eight. After that, Chinese National Government issued a commendation order to promote him to the rank of Lieutenant General posthumously.

整軍習武報國　率部北上抗戰

1937年7月7日，蘆溝橋事變發生，日本出兵大肆侵犯中國，打破了中國和平建設環境。面對日本軍隊瘋狂進攻和欺侵中國，陳鐘書旅長義憤填膺，誓言堅決抗戰，他在給家人信中說："……日寇侵略成性，年內必有大戰，我要上前線抗日，作為軍人，是報效國家民族的時刻了。日本帝國主義欺我國人民太甚，我已決心捨身衛國，不打敗日本鬼子絕不回家！"陳鐘書為了專心抗戰，解除後顧之憂，專程趕回老家，處置了家中的房產和田產，安排好贍養老人等諸項事宜，旋即奔赴軍營。抓緊時間訓練部隊，激勵官兵為保衛和平、堅定殺敵報國的信念。

7月17日，中華民國國民政府軍事委員會委員長蔣中正發表聲明："中國民族本是酷愛和平……萬一真到了無可避免的最後關頭，我們當然只有犧牲，只有抗戰……如果放棄尺寸土地與主權，便是中華民族的千古罪人……我們希望和平，而不求苟安，準備應戰，而決不求戰……"。8月7日，中華民國國民政府軍事委員會在南京召開最高國防軍事會議，決定實施全面抗戰。雲南省政府主席龍雲出席會議。會後龍雲主席回到雲南，積極動員民眾，招募新兵，整編軍隊。龍雲集中滇軍主力，組建了國民革命軍陸軍第六十軍，任命盧漢為軍長，下轄三個師（第一八二師、師長安恩溥，第一八三師、師長高蔭槐，第一八四師、師長張沖）六個旅。陳鐘書因英勇善戰，被任命為第一八三師第五四二旅少將旅長。9月9日，第六十軍在昆明舉行出征誓師大會。10月初，陳鐘書奉命率第五四二旅隨第六十軍由雲南出發，北上抗戰。

1938年2月，部隊到達河南省信陽後，陳鐘書充分利用部隊休整時間，收集和總結日本軍隊進攻中國的戰術戰法，親率全旅官兵展開了緊張的軍事訓練。他言傳身教，一絲不苟，並根據敵我雙方的實際情況，研究有針對性的戰術方案和作戰科目。在此期間，陳鐘書的父親病故，他強忍失去父親的鉅大悲痛，化悲憤為力量，夜以繼日地工作，決心把部隊訓練成一把刺向日寇的利刃。

將軍驍勇善戰　為國捐軀邳縣

1938年3月，徐州會戰達到白熱化。日本集中精銳部隊第五師團和第十師團沿津浦鐵路向南進攻，企圖攻佔魯南戰略要地臺兒莊，進而攻佔徐州，打通津浦線。日軍憑藉裝備精良的現代化武器，以猛烈炮火連續向臺兒莊及其附近地區展開猛攻。中國守軍在第五戰區司令長官李宗仁將軍的指揮下，採取陣地戰的守勢與運動戰的攻勢相結合的戰術戰法將日軍擊潰，取得臺兒莊大捷，重創日軍第十師團大部，擊斃日軍11000餘人。

日本視此次臺兒莊慘敗為極大恥辱，遂改變原來的戰略方針。日本東京大本營先後從國內和中國佔領區平津蘇皖一帶增調八個師團、三個旅團、三個支隊、兩個航空兵團及戰車、炮兵部隊和偽軍共30萬餘人，分六路對徐州進行大包圍。4月16日，東路日軍在飛機、坦克、大炮的火力掩護下，再次向臺兒莊地區發起兇猛攻勢，李宗仁指揮孫連仲、湯恩伯、于學忠等部與日軍展開了激戰。

1938年4月19日，中國第六十軍奉命開赴徐州地區，參加徐州會戰，轉歸第五戰區司令長官部直接指揮。為固守臺兒莊，保衛徐州。第五戰區司令長官部命令第六十軍作為二線部隊，開赴運河東北岸臺兒莊附近的邳縣邢家樓至禹王山一帶集結佈防。第六十軍由河南搭乘火車東赴徐州。4月21日半夜路經徐州後，直開趙（墩）臺（兒莊）支線的車輻山火車站下車，阻擊東路日軍進攻[1]。

4月22日拂曉前，第六十軍第一八三師、第一八四師及第一八二師之郭建臣旅與軍部在車輻山火車站下車，分別向指定地點緊急集結。22日8時許，軍指揮部抵達運河邊黃家樓。第一八三師先頭部隊在五聖堂、邢家樓和陳瓦房與日軍遭遇，展開激戰。日本大軍正向車輻山一帶急襲而來。

4月22日晨，中國最高軍事統帥蔣中正委員長一行由鄭州乘車抵達徐州，在聽取了李宗仁和白崇禧等高級將領的戰況彙報後，冒著日本飛機轟炸和槍林彈雨，搭乘火車前往抗戰最前線臺兒莊地區視察。他在車輻山火車站下車後[2]，看到鐵道線馳奔兵車上的官兵、以及徒步行進的隊伍高唱抗日救亡歌曲，車站員工和站前廣場小販、兒童也都唱和著"向前走，別退後，同胞被屠殺，土地被強佔……犧牲已到最後關頭，犧牲已到最後關頭！"……蔣委員長與隨行人員跟著歌曲旋律，唱和著走出火車站廣場，進入會議室與孫連仲、湯恩伯、于學忠等諸位將領會商後，在車輻山召開軍事會議：他要求一定阻擊遲滯日軍的進攻，尋找戰機殲滅日軍有生力量，擊痛日本國內決策軍閥……保障民眾和戰略物資安全轉移，以及中興煤礦等公司企業機器設備撤出。與此同時，日本正集中兵力向臺兒莊東側推進，我各路大軍也勇猛開進阻擊[3]。

4月22日拂曉後，陳鐘書率第五四二旅奮勇疾進，搶佔了臺兒莊東側的邢家樓、五聖堂，幾乎同時日本軍隊也撲了上來。面對武器裝備精良的日軍，在極為不利的條件下，陳鐘書指揮部隊佔據著邢家樓、五聖堂有利地勢沉著應戰。由於與日軍突然遭遇，第五四二旅官兵來不及構築防禦工事，只能憑藉身邊的地形地物阻擊日軍，在日軍的猛烈炮火攻擊下，傷亡很大。但是，滇軍健兒初次與日軍作戰，士氣昂揚，在陳鐘書旅長的正確指揮下擊退日軍一次次猛攻。經過反覆搏殺，到下午1時許，我後續部隊到達，才站穩並鞏固了陣地。約在下午4時許，日軍又發動了大規模進攻。日軍先以猛烈炮火轟擊，繼以步兵衝鋒，遭到我軍頑強阻擊，傷亡嚴重，進攻減緩，有不支模樣。在正面阻擊的同時，陳鐘書發現在其側方距前沿陣地500餘米處的一個小村莊裡，有一股日軍正在休息。為保證側翼安全，陳鐘書立即決定利用樹林、麥田和正面作戰的槍聲炮火掩護，偷襲敵營，他親自挑選100餘名智勇雙全的官兵組成敢死隊。在敢死隊出發前，陳鐘書面授殲敵機宜，並慷慨陳詞，鼓勵敢死隊官兵："弟兄們：……一定要端掉這股鬼子，為陣亡的弟兄們報仇，為中華民族雪恨！"敢死隊像一支離弦的利箭射向敵人，不到20分鐘，全殲該股日軍，並繳獲部分武器彈藥，大大振奮了部隊的士氣。

1938年4月22日下午5時多，我軍正面阻擊戰仍在進行。在邢家樓、五聖堂一線，陳鐘書指揮的第五四二旅官兵接連擊潰日軍以坦克和騎兵組織的進攻多次，頑強遏制了日軍的攻勢。隨後，陳鐘書親自來到前沿指揮所指揮。日軍在密集炮火支援下又發起了瘋狂進攻。由於彈藥供應不上，第五四二旅前沿部隊傷亡慘重，大批日軍向指揮所合圍而來。在此危急時刻，陳鐘書旅長抓起上了刺刀的步槍，率領前沿指揮所和前沿陣地官兵躍出戰壕迎向日軍，身先士卒與衝上來的日軍展開白刃戰。面對兇猛而又善於拼刺刀的日本侵略者，驍勇善戰的陳鐘書毫不示弱，一口氣連續刺死了衝上來的14個日本兵，官兵們見旅長如此神勇，一個個勇氣倍增，持槍殺向日軍。喊殺聲驚天動地，直殺得日本兵鬼哭狼嚎，倉皇逃竄。陳鐘書命令部隊乘勝追擊。在此中國戰場上出現了空前罕見的奇觀：中國軍隊威風凜凜，端著滴著日寇鮮血上了刺刀的步槍，衝向敵群，拚殺與追擊著日本侵略兵。在激戰中，陳鐘書身中槍彈，仍帶傷浴血指揮拼殺。然而頭部再受重創，但他仍持槍而立，指揮官兵們衝殺，口中不斷地大喊著："衝鋒……衝鋒……"。第五四二旅前線官兵在旅長的帶動和鼓舞下，奮勇衝殺，終於挫敗了日軍攻勢，再次穩住了陣地。突然，陳鐘書旅長摔倒在地，衛士立即將渾身流血的旅長背出火線回後方搶救。正在前線慰問的第五戰區司令長官部少將高級參謀余定華握住陳鐘書旅長的手，向他致以親切慰問與敬意。陳鐘書旅長卻鎮定地說："……慚愧啊，我對不起國家，日寇未滅身先傷！"之後，陳鐘書旅長因傷勢過重，帶著對祖國的無限忠誠與歉疚而咽氣。時年48歲。

陳鐘書旅長的遺體被運到徐州、準備轉送其家鄉安葬，然而由於戰時交通緊迫，其遺體被葬在了徐州東關的亂石崗中。在此次邢家樓至禹王山一帶的阻擊戰中，第六十軍共投入兵力35132人，犧牲官兵13869人，負傷官兵4545人，失蹤官兵430人。其中，陳鐘書、嚴家訓少將和董文英、莫肇衡、龍雲階、陳潔如上校團長戰死。共斃傷日軍和偽軍12000餘人。陳鐘書將軍久歷戰陣，素以英勇善戰而著稱，是中國軍隊中有名的驍將。當余定華將軍得知陳鐘書旅長搶救無效犧牲後痛心惋惜，揮筆疾呼："像這樣的軍人，應該盡情地歌頌他！"抗日戰爭勝利後，中華民國國民政府明令褒揚陳鐘書將軍的抗日功勳，頒發"金碧生輝"巨幅橫錦肯贊，並追晉陸軍中將軍銜。

注[1]：據查證和相關人員介紹（榮承鎮等工程技術人員介紹）：國民政府為應對日本軍隊入侵——加快國家建設、煤炭運輸和備戰，於1933年投入鉅資，在錢宗澤與李為驤等官員帶領的工程技術人員努力下，修築了一條"趙臨鐵路支線"。即在隴海鐵路線徐州東段的趙墩向北經車輻山、臺兒莊、嶧縣、棗莊，然後由棗莊向西匯入臨城的津浦鐵路線的支線，以阻擋日本軍隊入侵（民國作戰計畫甲案）。

"趙臨鐵路支線"1935年竣工通車，為國家煤炭運輸和徐州會戰發揮了鉅大作用：中國第二集團軍、第二十軍團、第二十二軍、第六十軍等軍隊就是搭乘火車通過這條鐵路開赴東部戰場，給予入侵日軍重大殺傷。二十世紀五十年代被拆除毀掉。2019年9月，作者在車輻山一帶走訪考察，發現在車輻山鎮的鐵路路基和河流交匯處矗立的兩座鐵路大橋還依然存在：一座是鋼鐵橋（鋼材和水泥全是從國外進口。1958年大煉鋼鐵時，當地政府採用了很多方法都無法拆除），一座是鋼筋混凝土結構橋。雖然經過多次洪水和戰爭洗禮以及人為破壞，當年氣勢恢宏與繁忙景象已不復存在。但是，其建築的牢固性、科學性和藝術性雄姿仍然存在。

注[2]：很多資料顯示，中國最高軍事統帥蔣中正委員長一行是4月24日到臺兒莊地區戰場視察。根據作者查證（蔣公八年抗戰日記、蔣介石年譜）和現場考查，蔣中正委員長一行是4月22日到車輻山火車站下車後，在此召開了軍事會議和進行視察。此地距正在血戰的邢家樓和臺兒莊一帶僅10公里左右。車輻山鐵路線上火車飛駛，日本飛機偵察、掃射轟炸，日軍炮彈時而飛到附近爆炸。蔣中正和中國將領們仍泰然處之。

注[3]：在徐州會戰最緊張之刻，很多記者雲集徐州，前去前線採訪、鼓舞官兵戰鬥。其中著名女記者謝冰瑩，在蔣中正委員長一行到達的第二天也趕往車輻山，她寫道：火車到達台兒莊南的宿羊山車站，在此等候了一個多小時，因為得讓兵車先行。謝冰瑩感慨："**兵車真多，起碼有一里路那麼長。雄壯的救亡歌曲，由每個英勇的戰士嘴裡唱出，特別有一種力量和勇氣傳到每個人的耳鼓裡。他們一個個漲紅了臉，放開嗓子怒吼著，車站上的小販和我們也都唱和著'犧牲已到最後關頭，犧牲已到最後關頭！'**"作者在此調研中，很多當地老人也這樣描繪。

常德善將軍
General Chang Deshan

國民革命軍第八路軍冀中軍區第八軍分區司令員

Commander of the 8th Military Sub-command of the Central Hebei Military Region of the Eighth Route Army of the National Revolutionary Army

　　常德善，又名保勝。中國國民革命軍陸軍第八路軍冀中軍區第八軍分區司令員，著名抗日愛國戰將。1911年出生於山東省嶧縣古邵鄉虎裡埠村。父母早亡，由本族姐姐撫養。1923年投入西北軍當兵。1929年率西北軍一個班參加工農紅軍。1932年秘密加入共產黨，先後任班長、排長、連長、營長、團長和師參謀長等職。1936年隨紅軍長征到達陝北，進入延安抗日軍政大學學習。

　　1937年7月，蘆溝橋事變發生，日本出兵大肆侵略中國。中國政府全力組織軍民抗擊日本軍隊入侵，中華民族抗日戰爭全面爆發。工農紅軍主力部隊奉命改編國民革命軍陸軍第八路軍（後改為第十八集團軍），開赴華北前線抗日。常德善任第八路軍第一二〇師直屬特務營營長，奉命率部開赴山西省抗戰。1939年秋，任冀中軍區第三軍分區司令員。1940年6月，任冀中軍區第八軍分區司令員，率部參加"百團大戰"，多次重創日軍。1942年6月8日，所部被日軍包圍，常德善端著機槍率部帶頭衝鋒突圍，身中數彈，壯烈殉國。時年32歲。其所率官兵也大部為國壯烈捐軀。由於常德善英勇善戰，日軍又將其頭顱割走，進行示眾恐嚇阻止中國人抗日。

　　Chang Deshan, also known as Baosheng, a famous patriotic general of the War of

Chinese People's Resistance against Japanese Aggression, the Commander of the 8th Military Sub-command of the Central Hebei Military Region of the Eighth Route Army of the National Revolutionary Army. He was born in Hulibu Village, Gushao Town, Yi County, Shandong Province in 1911. In 1923, he joined the Northwest Army. In 1929, he led a Squad of the Northwest Army to participate in Chinese Workers' and Peasants' Red Army. In 1932, he joined the Chinese Communist Party where he served successively as a Monitor, Platoon Leader, Company Commander, Battalion Commander, Regimental Commander and Division Chief of Staff. In 1936, he arrived in Northern Shaanxi with the Red Army and studied at Yan'an Anti-Japanese Military and Political College.

In July 1937, the Lugouqiao Incident happened, and Japan sent troops to invade China on a large scale. The Chinese government made every effort to organize the army and the people to fight against the Japanese invasion, and the Chinese nation's Anti-Japanese War broke out in an all-round way. The main forces of the Workers' and Peasants' Red Army were ordered to be reorganized as the Eighth Route Army of the National Revolutionary Army (later renamed the Eighteenth Group Army). Chang Deshan, Commander of the Secret Service Battalion Directly under the 120th Division of the Eighth Route Army, was ordered to lead his troops to Shanxi for the War of Resistance Against Japan. In the autumn of 1939, he was appointed the Commander of the 3rd Military Sub-command of the Central Hebei Military Region. In June 1940, serving as the Commander of the 8th Sub-command of the Central Hebei Military Region, he led his troops to participate in the Hundred Regiments Battle and repeatedly hit the Japanese Army. On June 8th, 1942, his troops were surrounded by the Japanese enemies. While taking the lead to break through the tight siege with a machine gun, he was unfortunately shot down and was killed at the age of 32. At the same time, most of his officers and soldiers died a heroic death, sacrificing their precious lives for the peace of the motherland.

敵後遊擊　用兵如神

1937年7月7日，蘆溝橋事變發生，日本出兵大肆侵略中國。中國政府動員與號召全民、全軍和全國各界人士、各黨派聯合起來共同抗戰，維持我們祖先數千年來遺給我們的光榮歷史與版圖，保護我們錦繡河山一草一木和全國國民，驅逐倭寇。共產黨積極響應，立即發表了《中國共產黨共赴國難宣言》。8月25日，共產黨所領導的工農紅軍奉命改編國民革命軍陸軍第八路軍（9月11日，中華民國國民政府軍事委員會又發佈電令，將八路軍番號改為第十八集團軍），開赴前線抗日。常德善任第八路軍第一二〇師直屬特務營營長，奉命率部挺進山西省前線，參加抗擊日軍入侵。

1940年8月，八路軍在華北地區對日軍發動了破擊大戰（又稱"百團大戰"）。常德善任冀中軍區第八軍分區司令員，根據冀中軍區指示，率領第八軍分區部隊成功破壞了平大公路、滄石公路、交泊公路、石德鐵路等路段日寇交通要線。破壞了沿路的電線、電杆，切斷了日軍的通訊。同時，連續多次打擊和擊潰護路日偽軍。在滄石、交泊公路的破擊戰中，常德善接到報告：一隊敵軍從商林出動，快速向常德善部隊所在的杜林逼近。常德善根據地勢和敵我狀況，冷靜分析，迅速作出戰略部署進行伏擊。待敵軍靠近，常司令一聲令下，我軍官兵迅速將敵軍圍而殲之。此戰，擊斃日偽軍90餘人。

之後，在交泊公路某一險要地域，常德善以一片梨樹林做掩護，接連三天三次伏擊日偽軍。第一天，常德善指揮部隊伏擊並全殲了一支日偽軍快速"掃蕩"小股部隊。隨後，常德善推斷：日酋必定以為我軍兵力不佔優勢，不敢長時間暴露於日軍控制區域之內，一次小勝之後必然立即轉移，所以明天也不會派出過多的"掃蕩"軍隊。遂令隊伍原地隱蔽，安心休息，準備明天再打一次伏擊戰。果然，日酋認定我軍已經轉移，並未重視此處，在第二天派出"掃蕩"的兵力中僅比昨天多了一輛汽車。我軍伏擊官兵等日偽軍進入了埋伏圈，隨著常德善司令槍聲一響，突然發起攻擊，輕鬆地殲滅了這股日偽軍。接下來常德善兵行險招，仍然讓隊伍埋伏在此處，等待明天繼續伏擊日偽軍。常德善冷靜分析：日酋已經吃過兩次虧，按常理必在盛怒之下，派出重兵來攻。而正因如此，日酋也一定自認為我軍不敢繼續留在此處"坐以待斃"，所以明天日酋更不會派出重兵"掃蕩"梨樹林。第三天，日偽軍果然又以相同兵力途經此地，我軍官兵又打了一次漂亮的伏擊戰。

三天三戰三捷。常德善指揮遊擊作戰沉著，戰術靈活機動。其警衛連連長說："跟著常司令打仗，能增加三分膽量……"。

主動出擊　痛擊敵寇

1940年9月下旬，冀中軍區為了更好配合"百團大戰"向縱深發展，擴大抗日根據地，發起了"任（丘）河（間）大（城）肅（寧）戰鬥"。此次戰鬥，我軍從三個方向出擊：第八軍分區政委王遠音指揮第二十三團主力屬中央部隊，秘密楔入敵軍佔領的中心區，向河間、獻縣的公路突擊，在任丘、河間之間伺機襲戰；第八軍分區司令員常德善指揮第三十團為右翼，第二十四團副團長魏文建指揮其部為左翼。

按照軍區原定戰略計畫，由兩翼吸引敵軍，分散敵軍中央兵力，為王遠音的中央隊創造戰機。10月1日，王遠音率部在河間、獻縣之間的公路一帶遇到一隊搶糧的日偽軍，並以迅雷不及掩耳之勢將其殲滅。駐紮在周邊地區的日偽軍聞訊，紛紛抽調兵力圍擊我中央部隊。王遠音這一戰，將日偽軍吸引到了中央部隊方面，"任河大肅"地區中心區週邊防守立時空虛，冀中軍區將計就計，變中央開花為兩翼開花，立即命兩翼部隊出動。左翼隊在潴龍河以東，河間、任丘以西地區出擊，從2日到6日四天時間裡，連續攻克連家莊、東固賢、良村等三處據點，玉皇廟、豐樂堡、劉善寺等各據點日偽軍望風而逃。右翼部隊在常德善的率領下迅速進入大城以南、子牙河以東地區展開攻擊，至7日，連克李民居、鄧莊子、石疙瘩、西劉莊、臧莊子、陳村等據點。10月15日，常德善率部與王遠音部隊在子牙河岸邊相約地區會合後，又殲滅了由白馬堂出援的敵軍，攻克了半截河據點。右翼部隊亦取得了重大勝利。

"任河大肅戰鬥"戰果輝煌，我軍共投入兵力5個團，擊斃日軍805人、偽軍322人；俘獲日軍3人、偽軍336人；繳獲長短槍315支，輕機槍5挺，擲彈筒1個，火炮1門，騾馬78匹；毀壞汽車3輛，火車機車1輛，車廂48節，鐵路5公里，公路150公里，橋樑5座；拔除敵據點29個。

突圍血戰　殉國肅寧

1941年12月，太平洋戰爭爆發後，日本軍隊為實現把華北變成"大東亞戰爭的兵站基地"企圖，於1942年5月，糾集一個師團部隊、兩個獨立混成旅團和其他偽軍部隊約5萬人，對冀中地區實行大規模"掃蕩"。常德善司令員與第八軍分區政委王遠音一起率部與日偽軍周旋，尋機殲敵。

1942年6月8日拂曉，部隊在靠近河肅公路的肅寧縣薛村遭遇到日偽軍合圍，常德善和王遠音指揮部隊邊撤邊打。但是，由於地勢對我軍非常不利，再加上日偽軍兵力眾多，在轉移中我軍傷亡慘重。隊伍一直向北衝殺，過了河肅公路，日軍的騎兵又很快從兩側包抄上來。常德善立即命令部隊分路突圍，然後親率一個連的兵力進行掩護。此時，西南邊肅寧方向的敵人快速圍攻上來。常德善端著一挺機槍一馬當先，或點射或連發，打得圍上來的日軍騎兵紛紛落馬。他一邊指揮官兵突圍，一邊命令警衛員把文件全部銷毀。常德善的右腳、左臂已經負傷，身上也有多處傷口在流血。但是，他仍端著機槍繼續射擊，奮力衝殺。同時，日偽軍也在卡車上、土丘上架起機槍向我軍猛射，戰場上子彈紛飛密如雨點，槍炮聲、爆炸聲響成一片，我軍傷亡愈加嚴重。常德善司令員突然被敵人的機槍子彈射中頭部，栽倒於地，壯烈殉國。時年32歲。隨同常德善突圍的官兵也大部戰死。

之後，大批日偽軍壓了過來，日偽軍痛恨這個端著機槍英勇衝鋒的八路軍猛士，又在他的屍體上連續補射幾槍。戰鬥結束後，當地人民群眾來收斂將士們的遺體，發現常德善身中27顆子彈，太陽穴部位就有3處。第二天一早，日偽軍又返回戰場。原來，日偽軍昨天並不知道這位猛士就是冀中軍區第八軍分區司令員，日偽軍來到常德善墓前，把常司令員的屍體挖出來，擦洗乾淨，拍下照片。最後，又慘毒地把常德善的頭顱割走，掛在河間城門示眾，妄圖恐嚇和削弱中國人民抗戰意志。

八路軍第一二〇師師長賀龍得知常德善司令員犧牲的消息十分痛惜，讚譽說："常德善同志是中國共產黨的優秀黨員，人民軍隊的堅強幹部……功勳卓著，業績永存。"

符竹庭將軍
General Fu Zhuting

國民革命軍第八路軍濱海軍區政治委員

Political Member of the Maritime District of the 8th Route Army of the National Revolutionary Army

  符竹庭，原名宗仔。中國國民革命軍陸軍第八路軍濱海軍區政治委員，著名抗日愛國戰將。1912 年出生於江西省廣昌縣邊界村。父母早逝，家境貧寒，由祖母和村民供養長大。幼年讀過私塾。1927 年參加紅軍遊擊隊，加入共青團。1928 年秘密轉入共產黨。之後，隨遊擊隊轉入紅軍主力部隊。1934 年 10 月，跟隨紅軍長征。1936 年 6 月，入延安抗日軍政大學學習。先後任大隊政委、團政委和師政治部主任等職。

  1937 年 7 月，蘆溝橋事變發生，日本出兵大肆侵犯中國，打破了中國和平生活環境，中國政府號召全國軍民團結一致，共同阻擊日本軍隊入侵，紅軍官兵積極響應，中華民族抗日戰爭全面爆發。紅軍主力部隊奉命改編中國國民革命軍陸軍第八路軍（後改稱第十八集團軍），開赴華北前線抗日。符竹庭任第八路軍第一一五師第三四三旅第六八六團政治部主任，奉命率部參加太原會戰。1938 年 10 月，任八路軍東進抗日挺進縱隊政治部主任。1940 年冬，任第八路軍第一一五師教導第二旅政委。1941 年春，率部進入山東省濱海地區抗戰。1943 年 4 月，任濱海軍區政治委員兼中共濱海區委書記。11 月 26 日，符竹庭率部騎馬在反擊日軍襲擊馬旦頭村的作戰中，不幸受傷落馬，壯烈殉國。時年 32 歲。

  Fu Zhuting, formerly named Fu Zongzai, a famous patriotic general of the War of

Chinese People's Resistance against Japanese Aggression, had been the Political Member of the Maritime District of the 8th Route Army of the National Revolutionary Army. In 1912, he was born in a poor family in Bianjie Village, Guangchang County, Jiangxi Province. His parents' untimely death made his family poor. He was educated in a old-style private school when he was young. In 1927, He participated in the Red Army and joined the Chinese Communist Youth League and was transferred to the Chinese Communist Party in 1928. In October 1934, he participated the Long March with the Central Red Army. In June 1936, he entered into Yan'an Anti-Japanese Military and Political University to study. He had served successively as the Battalion Political Commissar, the Regimental Political Commissar, the Director of the Political Department of the Division, and so on.

In July 1937, the Lugouqiao Incident happened. Japan sent troops to invade China and broke the peaceful environment of China's development. The Chinese government made full efforts to organize self-defense and the War of Chinese People's Resistance against Japanese Aggression broke out in all directions. The main forces of the Red Army were ordered to reorganize the Eighth Route Army of the Chinese National Revolutionary Army (later renamed the 18th Group Army). Fu Zhuting, the Director of the Political Department of the 686th Regiment of the 343rd Brigade of the 115th of the Eighth Route Army, led his troops to take part in the Battle of Taiyuan. In October 1938, he was appointed the Director of Political Department of Eastward Anti-Japanese Column of the Eighth Route Army. In the winter of 1940, he was appointed the Political Commissar of the 2nd Instructing and Training Brigade of the 115th Division. In the spring of 1941, he took part in the War of Resistance against Japanese Aggression in coastal district of Shandong Province. In April 1943, he was appointed the Political Commissar and Secretary of CPC Central Coastal District Committee. On November 26th, while beating back the Japanese forces at Madantou, he was shot and killed for the noble cause at the age of thirty-two.

改編紅軍部隊　東進抗日

1937年7月7日，蘆溝橋事變發生，日本出兵大肆侵犯中國，打破了中國和平生活環境。中華民國國民政府動員與號召全民、全軍和全國各黨派聯合起來共同抗擊日本軍隊入侵，維持我們祖先數千年來遺給我們的光榮歷史與版圖，驅除倭寇。共產黨積極響應，立即發表了《中國共產黨共赴國難宣言》。8月25日，共產黨所領導的工農紅軍奉命改編中國國民革命軍陸軍第八路軍（9月11日，中華民國國民政府軍事委員會發佈電令，將第八路軍番號改稱第十八集團軍，下轄第一一五師、第一二〇師和第一二九師），開赴前線參加抗戰。符竹庭任第八路軍第一一五師第三四三旅第六八六團政治部主任。8月下旬，第一一五師奉命從陝西省三原出發，東渡黃河，開赴華北抗日前線，參加太原會戰。

9月23日夜，第八路軍第一一五師由太原經原平到達冉莊時，接到上級命令，要求做好參加平型關之戰的各項準備。為了打好這一仗，符竹庭在全團大會上進行動員："……國家興亡，人人有責。人民的子弟兵，要有中國人的骨氣。要消滅日本法西斯，打出八路軍的威風，為中華民族雪恥，為受苦受難的同胞報仇！"9月24日夜，第三四三旅第六八六團和第六八五團在平型關喬溝一帶設伏，伏擊日本第五師團第二十一旅團一部和旅輜重部隊。25日7時許，第三四三旅第六八六團和第六八五團在友鄰部隊的配合下，向日軍發起攻擊。符竹庭率部與日軍浴血奮戰，一舉殲滅日本輜重部隊近1000人，擊毀日軍運輸車上百輛，繳獲大量軍用物資。為太原會戰立了首功。

1938年9月底，第一一五師第三四三旅部分部隊奉命東征，在冀魯邊區樂陵縣城與地方部隊會師。10月，組建成立八路軍東進抗日挺進縱隊，符竹庭任政治部主任，奉命挺進敵後開闢冀魯邊區抗日根據地。之後，符竹庭率縱隊政治部和部分隊伍活動於陽信、惠民、商河一帶，毀公路、拔據點，聲東擊西，多次重創日偽軍。

創建抗日基地　攻打郯城

1940年冬，符竹庭任第八路軍第一一五師教導第二旅政治委員。1941年春，奉命率部揮戈東進，進入山東省濱海地區，開闢抗日根據地。3月，符竹庭率領教導第二旅，在山東縱隊的配合下，在贛榆發起了青口戰鬥。鏖戰4日，殲敵千餘，拔除了海頭、興莊、朱都集等八處日偽軍據點，收復了從青口至柘汪大片沿海地區，創建了濱海抗日根據地，並溝通了與蘇北、膠東等抗日根據地的聯繫。

1943年年初，為了配合冀魯邊區和清河區軍民反"掃蕩"，粉碎敵人封鎖濱海區的企圖，教導第二旅奉命攻克防守堅固的郯城日偽軍據點。1月19日晚，槍炮齊鳴，殺聲震天，總攻開始了。符竹庭同旅長曾國華率教導第二旅指戰員和地方武裝，穿過密集的敵偽哨卡，直撲郯城南關。

南關設有兩道城門，城牆高約兩丈，壕寬丈餘，且工事複雜堅固。符竹庭觀察了戰地情況，感到強攻於我不利，決定從敵人火力薄弱的城東南角大炮樓中間地段打開缺口。於是，組織突擊隊用梯子架起浮橋，冒著敵人槍林彈雨炸開了第一道城門。此時，敵人以密集的火力封鎖缺口，致使教導第二旅進攻受阻，部隊傷亡加重。20日凌晨，日偽軍竟滅絕人性地施放毒氣，教導第二旅被迫暫時停止攻擊。在城外一間小屋裡，旅部正在召開緊急會議。有的人主張撤退，以免遭受敵人內外夾擊。符竹庭則堅定地對大家說："撤當然保險，但攻城計畫就會全部落空。我們已付出了相當的代價，現在只有集中全部輕重武器，背水一戰，突進城去，奪取勝利！"他激昂地說："我的意見，堅決打！"關鍵時刻符竹庭的意見被採納了。

1943年1月21日黎明時分，攻城部隊將所有輕重機槍和迫擊炮集中，同時向敵人一處開火，密集的子彈、炮彈像雨點般傾瀉在敵人城頭，打得敵人抬不起頭。突擊隊員乘機豎起雲梯，爬上城牆搏殺。敵人見勢不妙，急忙退進偽縣政府頑抗。符竹庭立即命令爆破組炸開了偽縣政府的院牆，偽軍和偽政府人員驚恐萬狀，紛紛舉手繳械投降。此戰，攻克敵據點18處，共斃傷日偽軍400餘人，俘虜600餘人，繳獲大批槍械彈藥和生活用品，創造了八路軍在敵佔區以攻堅戰奪取城池的輝煌戰例。

保衛濱海邊區　殉國贛榆

在交通和資訊不發達的敵後堅持抗戰，符竹庭政委特別重視利用報刊宣傳工具，做好部隊官兵政治思想工作。他在部隊創辦了《挺進報》、《挺進週刊》；指導邊區黨委創辦了《烽火報》；協助津南魯北特委創辦了《火光報》、《鬥爭》、《戰士》等軍隊和地方報刊。他經常在報刊上撰寫政治工作文章，如《關於平原作戰時的政治工作》、《我們生長於人民之中》。這些報刊，對宣傳抗日主張，鼓舞部隊官兵士氣，喚起敵後人民的抗日覺悟，發揮了重要作用。同時，符竹庭在根據地內還經常帶領官兵們高唱《八路軍軍歌》，以鼓舞鬥志，堅定抗戰決心：

"鐵流兩萬五千里，直朝著一個堅定的方向！

苦鬥十年鍛煉成一支不可戰勝的力量。

一旦強虜寇邊疆，慷慨悲歌上戰場。

首戰平型關，威名天下揚。

首戰平型關，威名天下揚。

嘿！遊擊戰，敵後方，剷除偽政權；

遊擊戰，敵後方，堅持反掃蕩。

鋼刀插在敵胸膛。

鋼刀插在敵胸膛。

巍巍長白山，滔滔鴨綠江，誓復失地逐強梁。

爭民族獨立，求人類解放，

這神聖的重大責任，都擔在我們雙肩。"

……

1943年3月18日，中共山東分局、山東軍區作出決定，各區黨委、地委實行"一元化"領導，統一軍事指揮。4月下旬，中共濱海地委改稱中共濱海區委，由原第一一五師教導第二旅、教導第五旅和山東縱隊第一旅一部合編為濱海軍區，撤銷教導第二旅番號，符竹庭任八路軍濱海軍區政治委員兼中共濱海區委書記。11月20日，符竹庭同軍區其他領導同志一起，率領部隊攻佔了贛榆縣城，殲滅偽"和平建國軍"第七十一旅和偽保安隊等2000餘人，粉碎了日軍打通海（州）青（島）公路，"蠶食"濱海抗日根據地的計畫。11月22日，濱海軍區機關為避敵鋒芒和防止敵人報復，主動撤離贛榆縣城，秘密轉移到黑林鄉馬旦頭村一帶活動。

　　符竹庭率部攻克贛榆縣城，引起了日軍非常不安。11月21日開始，日酋從溧陽、灌雲和新浦等地調集了1500餘人，對濱海抗日根據地實行報復性"掃蕩"。1943年11月26日，日偽軍突然將駐馬旦頭村濱海軍區機關包圍。符竹庭率領部隊奮勇反擊日偽軍包圍進攻。在騎馬突圍戰鬥中，符竹庭不幸受傷落馬，重傷搶救無效，壯烈殉國。年僅32歲。

　　符竹庭殉國後，濱海軍民將他安葬在巍峨峻峭的贛榆縣馬鞍山上。山東軍區司令員兼政治委員羅榮桓將軍讚揚他："是一名軍事上、政治上都比較強，有能力的優秀幹部。"

許國璋將軍
General Xu Guozhang

陸軍中將、國民革命軍第四十四軍第一五〇師師長

Lieutenant General and Division Commander of the 150th Division of the 44th Army of the National Revolutionary Army

　　許國璋，字憲廷。中國國民革命軍陸軍第四十四軍第一五〇師少將師長，著名抗日愛國戰將。1898年出生於四川省成都一世武之家。1905年入私塾讀書，崇尚武略，立志從軍報國。後投入四川陸軍新編第二師，開始戎馬生涯。許國璋畢業於第二師軍官傳習所。先後任班長、排長、連長、營長和團長等職。

　　1937年7月，蘆溝橋事變發生，日本出兵大肆侵犯中國，打破了中國和平建設環境，中國政府全力組織自衛應戰，中華民族抗日戰爭全面爆發。許國璋任國民革命軍陸軍第二師第九旅第二十五團上校團長，率部駐防重慶，多次上書請纓開赴前線抗戰。1938年3月，許國璋任第六十七軍第一六一師第四八三旅少將旅長，奉命率部出川抗戰，先後參加武漢會戰和鄂西會戰（在湖北省西部地區長江沿岸抗擊侵華日軍的大型戰役），給予入侵日軍重大殺傷。1941年秋，許國璋因戰功卓著晉升第一五〇師副師長。1942年7月，晉升第四十四軍第一五〇師少將師長。1943年11月22日，在常德會戰中，率部與日軍血戰。當他指揮部隊突圍時，身中兩彈昏迷倒地，被衛士急忙背下火線。當許國璋醒來時，自知長官放棄士兵而脫離火線，軍法無情和對不住火線上的官兵，拔槍飲彈自戕。為國捐軀，時年46歲。1944年2月，中華民國國民政府頒佈褒揚令，追晉許國璋陸軍中將軍銜。

Xu Guozhang, courteously named Xianting, a famous patriotic general of Anti-Japanese War, had been the Major General and the Division Commander of the 150th Division of the 44th Army of the National Revolutionary Army. In 1898, he was born of a martial art family in Chengdu City, Sichuan Province. In 1905, he entered an old-style private school, meanwhile he began to practice Kungfu. He graduated from the Officers Training Institute of the 2nd Division. Then he joined the 2nd Division of Sichuan New Army. He had served successively as the Platoon Commander, the Company Commander, the Battalion Commander, the Regimental Commander and so on.

In July 1937, the Lugouqiao Incident happened. Japan sent troops to invade China wantonly and broke the environment of China's peace building. The Chinese government made full efforts to organize self-defense and the Anti-Japanese War broke out in an all-round way. Xu Guozhang was the head of the 25th Regiment of the 9th Brigade of the Second Division of the National Revolutionary Army. He led the troops to garrison Chongqing, and repeatedly requested for being sent to the front line of the Anti-Japanese War. In March 1938, as the Major General and Brigadier of the 483rd Brigade of the 161st Division of the 67th Army, he was ordered to leave Sichuan and engage the Japanese invaders. Since then, he participated in the Battle of Wuhan and the Battle of Western Hubei in succession. Because of his outstanding military exploits in fighting, he was successively elevated to the Deputy Commander of the 150th Division in 1941 and awarded the rank of Major General in July 1942. On November 22, 1943, during the Battle of Changde, Xu Guozhang led his troops in a fierce fight against the Japanese army. While commanding his forces to break through enemy lines, he was hit by two bullets and fell unconscious to the ground. His guards quickly carried him away from the frontline. When Xu Guozhang regained consciousness, realizing that he had abandoned the soldiers and left the battlefield. He was so overwhelmed by the guilt of violating military law and leaving behind the soldiers that he drew his gun and sacrificed himself by taking his own life. He died for his country at the age of 46. In February 1944, the National Government of the Republic of China issued a commendation order, posthumously promoting Xu Guozhang to the rank of Lieutenant General.

率部出川　參加武漢會戰

1937年7月7日，蘆溝橋事變發生，日本出兵大肆進犯中國河北。8月13日，日本又出兵侵犯中國上海。日本軍隊入侵徹底破壞了中國和平建設環境，中國政府全力組織自衛應戰。許國璋任國民革命軍陸軍第二師第九旅第二十五團上校團長，奉命駐防重慶。在得知日本軍隊侵佔中國大片領土後，許國璋深感是中國軍人的恥辱。他迭電上峰，請纓抗戰殺敵。並常常激勵所部官兵："……日本的鐵騎縱橫黃河南北，日本的軍隊在淞滬一帶橫行霸道，我們要好好練就軍事技能，將來一遇機會，一定要與日本強盜見個高低。"

1938年3月，四川省主席王纘緒在成都奉命組建國民革命軍陸軍第二十九集團軍，親任總司令，下轄第四十四軍和第六十七軍。許國璋晉升第六十七軍第一六一師第四八三旅少將旅長，奉命率部隨第二十九集團軍出川，開赴抗日前線。在大軍開拔前，許國璋對家人說："我出川抗戰，身已許國。你們在後方，妻要勤儉過生活，兒要努力讀書。我每月除以應得薪金寄助外，要你們自己努力。至於我，望你們不要惦念……"。同年6月，許國璋率部隨第二十九集團軍東出夔門，行軍數千里，進駐安徽省宿松、太湖縣一帶，奉命參加武漢會戰。

武漢地處九省通衢，戰略地位十分重要，自古以來是兵家必爭之地。日本為消滅中國軍隊在華中的主力，迫使中國政府投降，調動華中派遣軍和其他佔領區軍隊9個師團、3個旅團和炮兵部隊、海軍陸戰隊各一部，飛機300餘架，各種艦艇120餘艘，計25萬餘兵力，於1938年6月12日，向武漢發起攻擊。7月中旬，日本又調整部署，增加兵力35萬餘人。憑藉兵員訓練精良和裝備優勢，連續突破中國守軍防線，並迅速向湖北黃梅、廣濟推進，企圖一舉奪取田家鎮要塞，直逼武漢。

1938年9月初，第五戰區司令長官部決定在黃梅、廣濟地區與日軍主力第六師團決戰，以保衛田家鎮要塞，許國璋奉命率第四八三旅向佔據黃梅縣的日軍發動進攻。許國璋親臨前線，仔細觀察地形，制定作戰方案。他指揮第四八三旅與日軍激戰兩日。但是，由於缺乏重型武器的火力支援，屢攻不克，部隊傷亡較大。經過深入分析敵我態勢，許國璋決定由白天進攻改為夜襲。在此連續幾天的夜襲戰中，雖未攻破黃梅縣城，但仍給日軍以重創，迫使日軍增兵固守。10月，日軍不斷增加兵力，加強攻勢。中國軍隊被迫轉攻為守，許國璋旅在鄂東大巴河一帶參加防禦。10月19日，日本以第六師團主力發動猛烈攻勢，中國守軍正面陣地有被突破的危險，許國璋當即率部預先進入側面陣地隱蔽。正面激戰至午後2時許，陣地被日軍突破。日軍步兵、騎兵乘勢追擊後撤的中國軍隊，許國璋率部在側面陣地對日軍追擊部隊猛烈出擊，出其不意給以重創，扼制了日軍追擊，減輕了我軍傷亡，為保衛武漢立下戰功。

轉戰鄂湘　率部頑強拼殺

1938年10月25日，武漢會戰結束，第二十九集團軍奉命向鄂西轉移。許國璋率部駐防襄河、石牌一帶。日軍屢屢發動進攻，許國璋指揮部隊攻守兼備，進退有方，屢次重創來犯之敵。

1939年秋，許國璋奉命率部進駐京山、鐘山，保衛大洪山。日軍在攻佔豫南後，向鄂西發起進攻。大洪山地勢險要，正是抵抗日軍進攻的天然屏障。許國璋沉著冷靜，指揮部隊依靠有利地形，屢屢擊退日軍進攻，堅守和全力保護了鄂西地區。

1941年秋，許國璋因戰功升任第四十四軍第一五〇師副師長。1942年夏，第二十九集團軍由河南調防湖南，第一五〇師隨之轉往鄂南湘北一帶，擔負長江沿岸公（安）石（首）南（縣）華（容）地區防務。1942年7月，許國璋晉升第一五〇師少將師長。

1943年2月，日本軍隊在飛機和長江艦隊的火力支援下向中國守軍發動攻勢，戰鬥異常激烈。在長江北岸，日軍攻佔沔陽、臨利、洪湖之間的三角地帶，繼而向長江以南的藕池口、石首、華容等地發起猛攻。許國璋親臨前線，督部迎戰日軍。日軍憑藉其佔據空中、水上優勢連續進攻，許國璋部在與敵激戰20餘天后，傷亡慘重，奉命後撤。日軍乘機登陸長江南岸，發起報復性進攻，其飛機大炮向中國軍民狂轟濫炸。許國璋冒著槍林彈雨一面指揮部隊頑強阻擊，一面命令部隊救護受傷當地居民，並明令師衛生隊必須首先搶救受傷居民，保護老百姓。此舉受到了社會各界的一致讚譽。

1943年5月上旬，日軍大舉渡江南進，鄂西會戰拉開戰幕。許國璋奉命率第一五〇師轉守津（市）澧（縣）地區。在津茅外線的茅中街、沙口、楊家廠、甘家場一帶防禦，許國璋在部署好作戰方案後，向全師將士慷慨陳詞："為國捐軀，軍人分也。近日將與敵決一死戰，只有不怕犧牲，我們才能取勝……"。帶領全師官兵冒酷暑炎熱堅守陣地，阻敵前進，常常與日軍廝殺在一起，陣地失而復得，相持月餘，為取得鄂西會戰大捷作出了重要貢獻。

保衛常德　為國自戕陬市

中國常德地處沅江下游，東接洞庭湖，北通宜昌；溯江而上，可達貴州省的銅仁、鎮遠；向西是遮罩川東和戰時首都重慶的要塞；向南有公路與長沙相連，是湖北、湘西的門戶，戰略地位極為重要。日本為攻佔中國常德，也為牽制中國軍隊向滇西方面增援，秘密集中主力部隊10萬多人，準備向常德發起總攻。中國軍事委員會偵知後，為粉碎日本軍隊進攻，命令第六戰區和第九戰區積極應對。常德會戰拉開戰幕。

1943年11月，日本軍隊向常德發起進攻。許國璋奉命率部於常澧公路抗擊澧縣方面來犯日軍。11月15日，石門、澧縣、慈利相繼失守，日軍一部南渡澧水直奔常德。許國璋率第一五〇師退守太浮山、衍嗣庵一帶，屏障常（德）桃（源）。第一五〇師各部剛剛撤過澧水（我上尉女連長周詠南率一個加強連女兵在此渡口頑強堅守），津市、安鄉一帶的日軍突破我軍阻擊，亦從正面渡過澧水。許國璋當機立斷，命第四四九團迅速趕赴太浮山先敵佔據陣地，命令第四四八、第四五〇團取捷徑向太浮山前進，他則親率師部跟進。由於日軍機械化程度高，行動迅速，師部通往太浮山的通道被敵截斷。

與此同時，我第四四八、第四五〇團在太浮山與日軍展開激烈戰鬥，許國璋率領師部被日軍緊追不捨。許國璋在慎重分析敵情後，決定向南且戰且退，以吸引和分散日軍主力，支援其他部隊儘快佔領陣地。部隊進至陬市，許國璋命令部隊構築工事，以抵禦追敵。追敵不知陬市中國守軍兵力虛實，開始只是作試探性進攻，許國璋率領身邊官兵進行抵抗。時近黃昏，許國璋身邊沒有大部隊（不足五個連），處境十分危險，但依然鼓勵官兵："我們為國家盡力的時候到了，多打死一個日本兵，就給守備常德的部隊減輕一分壓力，盡到我們軍人的天職。我們已經三面被敵包圍，背後又是深不可測的沅水，既無渡船，天氣又冷，與其當俘虜被日寇侮辱殺害，或落水淹死，不如在前線光榮戰死。我們前進是生路，我絕不離開陣地一步，戰死在這裡，這就是我的墳墓……"。官兵紛紛表示："保衛和平，為國盡忠！"……陬市居民聽到槍炮聲，紛紛逃避他鄉。日軍偵察探知陬市守軍兵力薄弱後，大舉進攻。許國璋帶病持槍督戰，全體將士奮勇阻敵，戰鬥愈益激烈……通過一番激戰，許國璋明白，以現有微弱兵力，守住陬市這座商業重鎮很難。

1943年11月21日夜，許國璋決定分頭攻擊突圍，以吸引和分散日軍兵力，拖住日軍向常德攻擊時間。他命令副師長楊自立指揮殘餘部隊繼續阻擊日軍，自己則帶特務連向正在衝鋒的日軍發起逆襲。在逆襲激戰中，許國璋突然身中兩彈，昏迷倒地休克。衛士誤以為他已陣亡，拼死將他背下火線，乘著煙霧黑夜掩護，拚命突出城外來到沅水岸邊的一所草房內。正巧有漁民兩人欲駕船離開，衛士請漁民將他們送往對岸。11月22日凌晨4時左右，許國璋從昏迷中蘇醒過來，向既驚又喜的衛士詢問戰況。許國璋在得知自己被送下火線而師部人員仍在奮戰時，非常痛切地說："我……我是軍人，應該……戰死在沙場，況且我已經和大家說絕不離開陣地一步，你們把我運過河，這是害了我呀！"說完又陷入昏迷。片刻之後，許國璋再次醒來，他在羞憤中從昏睡的衛士身上取出手槍，對著自己太陽穴扣動了扳機，飲彈自戕。時年46歲。

1944年1月，許國璋的遺體被送回成都原籍安葬。途經重慶時，各界舉辦了隆重的公祭儀式，蔣中正特派何應欽主持，並頒挽幛——"義壯山河"。此後，川康綏靖公署副主任潘文華在成都忠烈祠為許國璋舉行追悼會，並親寫挽聯以彰忠烈："大忠大孝，以國家民族為先，頻傳常桃鏖兵，光復名城摧敵虜；成功成仁，繼之鐘（王銘章）弼臣（饒國華）而去，遠昭睢陽授命，長留正氣滿瀟湘。"1944年2月2日，中華民國國民政府頒佈褒揚令，追晉許國璋陸軍中將軍銜。

梁希賢將軍
General Liang Xixian

陸軍少將、國民革命軍第八十軍新編第二十七師副師長

Major General and Deputy Commander of the 27th New Division of the 80th Army of the National Revolutionary Army

　　梁希賢，字哲生，原名夢瑞。中國國民革命軍陸軍第八十軍新編第二十七師少將副師長，著名抗日愛國戰將。1898年出生於陝西省同官縣黃堡鎮。1906年就讀於同官縣第一高級小學。1920年考入省立長安第一師範學校。1926年考入廣州黃埔陸軍軍官學校第五期步兵科。後考入廬山軍官訓練團校官研究班。梁希賢為人善良、樂於學習，積極向上、敢於擔當，一心報國、忠於事業。在國民革命軍中先後任中尉排長、上尉連長、中校營長、上校團長和少將副師長等職。

　　1937年7月，日本出兵大肆侵犯中國河北。8月，日本又出兵侵犯中國上海。日本軍隊入侵徹底打破了中國和平建設環境，中國政府被迫全力組織自衛應戰。梁希賢任國民革命軍陸軍第一軍第一師第三團上校團長，奉命率部開赴上海抵抗日本軍隊入侵，在戰鬥中身負重傷，被送後方醫院救治。1939年春，梁希賢傷癒歸隊，升任新編第二十七師副師長。1940年秋，任第八十軍新編第二十七師少將副師長，駐防中條山地區。1941年5月，奉命率部參加中條山會戰。5月9日，在師長王竣、參謀長陳文杞壯烈殉國後，梁希賢率餘部繼續堅守臺寨村陣地，仍堅持與日軍血戰廝殺，直到全體官兵傷亡殆盡。梁希賢寧死不降，率餘部跳進黃河，悲壯殉國。時年44歲。

Liang Xixian, courteously named Zhesheng and formerly named Liang Mengrui, a famous patriotic general of the War of Chinese People's Resistance against Japanese Aggression, had been the Deputy Commander of the 27th New Division of the 80th Army of the National Revolutionary Army. He was born in 1898, in Huang Bao Town, Tongguan County, Shaanxi Province. In 1906, he studied at the No.1 Higher Primary School of Tongguan County. In 1920, he was admitted to the No.1 Provincial Chang'an Normal School. In 1926, he was admitted to the 5th session of Infantry Section of Whampoa Military Academy of Guangzhou. He was admitted to the Official Research Class of Lushan officer Training Regimen. Liang Xixian was a kind-hearted and eager learner, always striving for self-improvement and willing to take on responsibilities. He dedicated himself wholeheartedly to serving his country and remained loyal to his career. After graduation, he joined the National Revolutionary Army in which he had served successively as a Lieutenant and Platoon Leader, Captain and Company Commander, Major and Battalion Commander, Colonel and Regimental Commander, Major General and Deputy Division Commander.

In July 1937, Japanese troops invaded Hebei Province, China. In August, the Japanese enemy invaded Shanghai, China. China's peaceful construction environment was broken, and the Chinese government was forced to organize full self-defense. Liang Xixian was the colonel of the Third Regiment of the First Division of the National Revolutionary Army. He was ordered to lead his troops to Shanghai to resist the Japanese invasion and suffered serious injuries in the battle. In the spring of 1939, he recovered from injury and was promoted to the post of Deputy Director of the 27th Division of the New Series of the First Army. In the fall of 1940, he was promoted to be the Deputy Commander of the 27th New Division of the 80th Army of the National Revolutionary Army and took charge in garrisoning the area of Mount Zhongtiao. In May 1941, he led his men to participate in the Battle of Mount Zhongtiao. On May 9th, after the brave sacrifice of their commanding officer Wang Jun and Chief of Staff Chen Wenqi, Liang Xixian led the remaining troops to continue defending the position at Taizhai Village. They fought relentlessly against the Japanese army, refusing to surrender, until the entire unit suffered heavy casualties. Liang Xixian chose death over surrender and, along with the remaining soldiers, jumped into the Yellow River, tragically sacrificing themselves for their country. Liang Xixian was 44 years old at the time.

應戰負重傷　抱病巡陣地

1937年"七·七"事件發生，日本出兵大肆入侵中國河北。8月13日，日本又出兵進犯中國上海。日本軍隊入侵徹底打破了中國和平建設環境，中國政府被迫全力組織自衛應戰，調兵遣將抗擊日本軍隊入侵。梁希賢任中國國民革命軍陸軍第一軍第一師第三團上校團長，奉命率部由徐州地區開赴上海參加淞滬會戰，抵抗日本軍隊侵犯上海。梁希賢率部冒著日本飛機掃射轟炸與大炮的轟擊，先後在寶山、北泗塘和薀藻浜北岸的西塘橋村一帶與日軍廝殺爭奪、血戰近兩個月。在激戰中梁希賢身負重傷，仍率部奮勇阻敵殺敵。後奉命撤出陣地，被送後方醫院搶救治傷。

1939年春，梁希賢傷癒歸隊不久，升任新編第二十七師少將副師長，與師長王竣率部負責黃河西岸朝邑至潼關一帶河防。1940年秋，新編第二十七師轉歸第八十軍戰鬥序列。梁希賢和王竣奉命率部經漯河、渭河出潼關，東渡黃河，進入山西省中條山抗日前線，師部駐平陸縣東北的黃家莊。然而，由於梁希賢勞累過度，加之負傷後身體虛弱，導致身體經常生病。師長和同事勸他回後方治療休養。梁希賢總是一笑了之，仍抱病轉戰中條山防區。率部在黃家莊、羊皮嶺、曹家川、馬家溝、臺寨一帶與日軍對峙。作戰數十次，擊敗日軍多次進攻，牢牢堅守著防地。

1941年4月，日本侵佔中國華北方面軍秘密集中10萬餘主力部隊，準備在飛機、大炮的掩護下，向山西南部的抗日根據地——中條山地區各隘口發動瘋狂進攻。以解除中國軍隊對其平漢、同蒲鐵路的威脅，進而南渡黃河，打通平漢路，進犯中原，威逼重慶。此時，梁希賢將軍正身患重病，本應到後方醫院治療。但是，當他得知日軍可能發動進攻的消息，毅然決定留在部隊，指揮部隊作戰殺敵。他日夜抱病巡視陣地，用"抗日必勝，日軍必敗"的道理鼓勵官兵堅持抗戰，立功報國，爭做優秀軍人。

血戰中條山　黃河葬忠魂

1941年5月7日，日本軍隊以閃電突襲的立體化進攻方式，向山西中條山地區發起了突然攻擊，中國駐中條山軍隊奮起反擊。中條山會戰拉開戰幕（亦稱晉南會戰）。日軍在空中飛機、地面火炮、戰車和騎兵的多層次攻擊下，從東、北、西三個方面對中條山地區展開了全面進攻。中條山瞬間變成了一片火海。在中條山西面（我西面和西南防線），日軍向中國第三軍和第八十軍陣地猛攻，數十架飛機輪番轟炸，並連續施放毒氣，其重點直至第八十軍與第三軍之銜接部。中國守軍、我第三軍與第八十軍官兵奮起反擊。其中，日軍突擊隊集中力量猛攻第八十軍新編第二十七師堅守的張店鎮陣地（師部駐地），雙方激戰至黃昏，陣地一處被日軍突破，並對新編第二十七師形成包圍，我部傷亡慘重。師長王竣和副師長梁希賢，率全師官兵左衝右殺，斃敵無數，被迫退守第二線陣地，繼續抵抗日軍進攻。但是，由於敵強我弱以及日軍為發動這次戰役作了一系列偵察、準備工作，抓住了我軍幾支部隊銜接部的弱點，突破了中條山防線。雙方戰線犬牙交錯，各部隊與日軍展開了近戰和肉搏戰。5月8日，新編第二十七師向馬圈溝，臺寨一帶轉移。日軍憑藉強大火力和先進武器裝備，步步緊逼，新編第二十七師邊打邊撤。

戰至5月9日上午，日軍攻勢越來越兇猛，第八十軍新編第二十七師師部退至到臺寨村後，佈置兵力繼續抵抗。然而，日軍則先以便衣隊擾亂射擊，同時指示飛機轟炸，隨後其攻擊部隊從三面圍攻，使新編第二十七師上下前後左右，均受攻擊。在與日軍血戰中，全師官兵大部戰死，彈盡援絕，師長王竣、參謀長陳文杞先後在前沿陣地壯烈殉國。

梁希賢接替師長指揮，繼續率餘部官兵與日軍展開激烈血戰廝殺，部隊傷亡越來越大。日軍又蜂擁衝來，新編第二十七師餘部和受傷將士，邊打邊退到黃河岸邊。梁希賢副師長與身邊官兵射殺了衝在前邊的日軍後，為保持中國軍人氣節，梁希賢副師長高聲呼喊："弟兄們：生為人傑，死為鬼雄，為國捐軀，雖死猶榮……弟兄們，絕不能當俘虜，死就死在祖國母親的懷抱裡——跳河啊！"轉身帶頭攜槍縱身跳入洶湧澎湃的黃河之中。隨之，我官兵和負傷的官兵們也紛紛跟著跳入咆哮的黃河中，全部壯烈殉國。梁希賢副師長時年44歲。

梁啟霖將軍
General Liang Qilin

陸軍少將、中國遠征軍第一路司令長官部副參謀長

Major General and Vice-Chief of Staff of the 1ˢᵗ Route Army Command of the Chinese Expeditionary Army

　　梁啟霖，號伯宇。中國遠征軍第一路司令長官部少將副參謀長，著名抗日愛國戰將。1910 年出生於浙江省紹興縣。1918 年入本地小學讀書。成年後參加國民革命軍，開始戎馬生涯。先後任班長、排長、連長、營長和副團長等職。1936 年 12 月，考入中國陸軍大學正則班第十五期學習。

　　1939 年 3 月，梁啟霖在中國陸軍大學畢業，任國民革命軍陸軍第十九集團軍總司令（羅卓英）部參謀處（參謀長張襄）上校處長。跟隨羅卓英總司令先後參與了第一次長沙會戰，上高會戰，第二次長沙會戰和第三次長沙會戰等打擊日本軍隊入侵進攻的重大決戰。1942 年任中國遠征軍第一路司令長官部少將副參謀長，奉命率部遠征緬甸，維護世界和平，阻擊日本軍隊入侵緬甸，參加世界反法西斯之戰。1942 年 4 月 25 日，梁啟霖率部在參加緬甸東枝戰役中，中彈殉國。時年 33 歲。

　　Liang Qilin, courteously named Boyu, a famous patriotic general in the War of Chinese, People's Resistance against Japanese Aggression, the Major General and Deputy Chief of Staff of the 1ˢᵗ Route Army Command of the Chinese Expeditionary Army. He was born in Shaoxing City, Zhejiang Province in 1910, and went into a local primary school in 1918. As he grew up, he joined the National Revolutionary Army. In December 1936, he was admitted to the 15th Regular Class of the China Army University.

In March 1939, he graduated from the China Army University. Later then, he was appointed the Colonel and Director of the Staff Office of the 19th Group Army Command General of the National Revolutionary Army. He also participated in the First Changsha Battle, Shanggao Operations and the Second and the Third Changsha Battle and other important battles. In 1942, Liang Qilin served as the Deputy Chief of Staff of the First Route Army Command of the Chinese Expeditionary Force. He was entrusted with the mission to lead his troops on an expedition to Burma, to safeguard world peace and counter the Japanese invasion of Burma during the global anti-fascist war. On April 25, 1942, Liang Qilin and his troops participated in the Battle of Eastern Yunnan in Burma, where he was fatally wounded by enemy fire and sacrificed his life for his country. He was 33 years old at the time.

梁鑒堂將軍
General Liang Jiantang

陸軍少將、國民革命軍第三十四軍第二〇三旅旅長

Major General and Commander of the 203rd Brigade of the 34th Army of the National Revolutionary Army

梁鑒堂，字鏡齋。中國國民革命軍陸軍第三十四軍第六十九師步兵第二〇三旅少將旅長，著名抗日愛國將領。1897 年出生於河北省蠡縣。1904 年在本地學校讀書。1917 年考入北平清河陸軍預備學校。在校學習努力，訓練刻苦，頗受校方欣賞。1920 年入日本陸軍士官學校第十五期炮兵科學習。畢業回國投身軍旅，先後任連長、營長，炮兵上校團長和少將旅長等職。

1937 年 7 月，蘆溝橋事變發生，日本出兵大肆入侵中國河北，打破了中國和平建設環境，中國政府被迫全力組織自衛應戰，中華民族抗日戰爭全面爆發。梁鑒堂任國民革命軍陸軍第三十四軍第六十九師步兵第二〇三旅少將旅長，奉命率部挺進晉西北抗日前線，參加太原會戰。在繁峙以北的茹越口正面陣地佈防，迎擊日軍。1937 年 9 月 27 日，梁鑒堂率部在茹越口與日軍展開激戰，雙方反覆衝殺，陣地失而復得，傷亡慘重。9 月 29 日，梁鑒堂在與日軍血戰廝殺中，其頸部、頭部多處中彈，壯烈殉國。時年 41 歲。

Liang Jiantang, courteously named Jingzhai, a famous patriotic general of the War of Chinese People's Resistance against Japanese Aggression, had been the Major General and Commander of the Directly under the 203rd Brigade of the 34th Army of the National Revolutionary Army. He was born in 1897, in Li County, Hebei Province. In 1904, he went into a local school. In 1917, he was admitted to Peiping Qinghe Army Preparatory School, in which he studied and trained so hard that he won appreciation from teachers and classmates. In 1920, he was admitted to the Artillery Department of the 15th Class of Japanese Military Academy. After graduation, he returned home to join the army in which he served successively as a Colonel and Regimental Commander, Major General and Brigadier and so on.

In July 1937, the Lugouqiao Incident happened. Japanese troops invaded Hebei Province of China and broke the environment of China's peaceful construction. The Chinese government was forced to organize self-defense, and the War of Resistance against Japan broke out in an all-round way. As the Major General and Brigadier of the 203rd Brigade of the 34th Army of the National Revolutionary Army, Liang Jiantang was ordered to move to the front line of Northwestern Shanxi and took part in the Battle of Taiyuan. Liang Jiantang was deployed to defend the front line at Ruyuekou, north of Fanzhi, to counter the Japanese army. On September 27, 1937, Liang Jiantang and his troops engaged in intense combat with the Japanese at Ruyuekou. The battle saw repeated charges and counterattacks, with the position changing hands multiple times and resulting in heavy casualties. On September 29, during a fierce fight against the Japanese, Liang Jiantang was struck by multiple bullets to his neck and head, heroically sacrificing his life. He was 41 years old at the time.

抗日轉戰急　精忠報國

1937年7月7日，蘆溝橋事變發生，日本出兵大肆侵略中國河北，打破了中國和平建設環境，中國政府被迫自衛應戰，全力組織軍民抗擊日本軍隊入侵。日本侵略軍在攻佔中國北平、天津後，為迅速佔領中國華北，分別沿平綏路和正太路瘋狂向中國山西省進攻，很快突破晉西北中國軍隊第一道防線。中國第二戰區司令長官閻錫山為保衛太原，命令部隊堅守平型關、雁門關、神池一線，阻擊日軍凶猛攻勢。梁鑒堂任國民革命軍陸軍第三十四軍第六十九師步兵第二〇三旅少將旅長，正奉命率部向山西臨汾集結待命。

9月初，第三十四軍又被調往繁峙以北小石口設防。當接到開赴前線作戰命令後，梁鑒堂在臨汾舉行的抗戰誓師大會上，激勵全體官兵："這次抗戰系民族戰爭，如果失敗，就要當亡國奴。我們開赴前方作戰，人人要抱必勝信念，不成功則成仁，以盡軍人之天職……精忠報國！"誓師大會結束，梁鑒堂立即率部向北方繁峙方向開拔。

當部隊行進途中，梁鑒堂又奉命率部奔赴大同，協助第六十一軍作戰。然而，在部隊急行軍途中，得知大同失守。於是，梁鑒堂又奉命率部開赴天險雁門關北部，茹越口一帶，阻擊日本軍隊向南入侵的勢頭，參加太原會戰，以確保太原安全。

守衛茹越口　將軍殉國

雁門關茹越口戰略位置十分重要，它位於茹越溝北端，東西兩側是高山，其間唯有十多米寬的通道可供行軍。其向北是應縣，一過溝口便直抵繁峙，乃是恒山的交通要道，向來都是兵家必爭之地，也是日軍南攻太原的必經之路。

梁鑒堂率部星夜兼程，火速趕往茹越口。到達茹越口，梁鑒堂立即分配兵力佈防，並慷慨激勵部下官兵："……為國殺敵，效命疆場，乃軍人之天職，死何足惜！茹越口關係至鉅，我惟有立於此，至死為止。"之後，他親臨陣地前沿，檢查準備佈防，指揮構築陣地工事。無奈時間倉促，當工事剛修成一部分時，日軍已經驟至茹越口。

1937年9月27日，日本鈴木旅團一部和偽蒙騎兵兩個師，附重炮30餘門，在飛機、坦克的掩護下猛攻茹越口陣地，以威脅平型關防線中國軍隊的側背。我步兵第二〇三旅陣地工事一多半被日軍猛烈炮火炸毀，防線幾至動搖。在敵我裝備力量相差懸殊的情況下，梁鑒堂旅長親自在最前沿陣地督戰，振奮官兵士氣，借著山勢向日偽軍開槍開炮，投射手榴彈，同日偽軍展開廝殺血戰。此時，趕來增援的我部隊遭到日軍阻截，無法靠近茹越口。梁鑒堂親率所部官兵冒著日軍猛烈炮火，伏在彈坑或山石中用簡陋武器頑強抵抗、血戰，阻擋著日軍偽軍猛烈進攻。由於援兵不至，又面臨彈盡難擋之絕境，梁鑒堂不得已抽調兵力襲擊日軍側後，以分擔正面防守壓力。怎奈敵我力量相差懸殊，敵強我又弱，並未奏效。血戰一晝夜，我第二〇三旅傷亡過半。

9月28日清晨，大批日軍偽軍在密集炮火的支援下，再次向茹越口發動瘋狂進攻。由於敵人炮火猛烈，我軍沒有重武器與之對抗，第二〇三旅傷亡人數劇增。戰鬥間隙，梁鑒堂整頓第四〇六團餘部，將他們佈防於宋家窯至茹越口之間的東西兩側山上。同時，將旅預備隊調至宋家窯，繼續阻擊日軍偽軍進攻。戰鬥越來越慘烈，我守軍官兵雖浴血奮戰，但還是無法有效阻擊日軍偽軍進攻。28日下午1時許，茹越口陣地被突破。梁鑒堂親率部隊反擊，與日軍偽軍短兵相接，展開殊死肉搏戰，終將日軍偽軍擊潰。之後，為防備被日軍全殲，梁鑒堂指揮餘部退守繁峙以北的鐵角嶺陣地。9月29日，進犯茹越口的日軍得到補充後，用大部兵力直衝鐵角嶺。閻錫山司令長官急調北樓口守軍第十五軍一部向進犯之敵側擊，但時機已經錯過，未能奏效。在激烈的廝殺中，梁鑒堂旅傷亡慘重，梁鑒堂旅長也頸部中彈，血流如注。當隨從護兵強行背他後撤時，頭部又中彈，壯烈殉國。時年41歲。

張本禹將軍
General Zhang Benyu

陸軍少將、國民革命軍第十三軍第四師第十二旅副旅長

Major General and Deputy Commander of the 12th Brigade of the 4th Division of the 13th Army of the National Revolutionary Army

張本禹，字文衷。中國國民革命軍陸軍第十三軍第四師第十二旅少將副旅長，著名抗日愛國戰將。1899年出生於安徽省巢縣洪家瞳村。1907年入本地私塾讀書。1910年轉入洋學堂讀書。1924年考入廣州黃埔陸軍軍官學校第三期步兵科。畢業後投入國民革命軍，先後任上尉副連長、少校營長、中校隊長、上校團長和少將副旅長等職。

1931年"九•一八"事變，日本出兵侵佔中國東北之後，又不斷蠶食中國華北，破壞中國和平建設環境。1936年8月，日本軍隊向中國綏遠省侵犯，張本禹任國民革命軍陸軍第十三軍第四師第十二旅少將副旅長，奉命率部參加綏遠省百靈廟戰役，給予進犯日軍重大殺傷。1937年7月，日本出兵大肆侵略中國華北，中國政府全力組織自衛應戰，中華民族抗日戰爭全面爆發。張本禹率部先後在南口、居庸關等地抗擊日軍進攻，與友軍通力合作殲敵15000餘人[1]。同年8月25日午後，張本禹奉命押運彈藥到南口。突然，火車在南口車站附近遭遇日軍飛機轟炸，張本禹將軍為保護彈藥，以身殉國。時年39歲。

　　Zhang Benyu, courteously named Wenzhong, a famous patriotic general of the War of Chinese People's Resistance against Japanese Aggression, had been the Major General and Deputy Commander of the 12th Brigade of the 4th Division of the 13th Army of the National Revolutionary Army. He was born in 1899, in Hongjiatong Village, Chao County, Anhui Province. In 1907, he went into a local old-style private school. In 1910, he entered into a foreign school. In 1924, he was admitted to the Infantry Department of the 3rd term of Whampoa Military Academy. After graduation, he joined the National Revolutionary Army in which he served successively as a Major and Battalion Commander, Colonel and Regimental Commander. In 1935, he was appointed the Major General and Commander of the 12th Brigade of the 4th Division of the 13th Army.

After the September 18th Incident in 1931, Japan invaded Northeast China and continued to encroach on North China, destroyed China's peaceful construction environment. In August 1936, the Japanese army invaded Suiyuan Province, China. Zhang Benyu was appointed Deputy Commander-in-Chief of the 12th Brigade of the Fourth Division of the 13th Revolutionary Army. He was instructed to take part in the Battle of Bailingmiao in Suiyuan Province and inflicted heavy casualties on the invading Japanese army. In July 1937, Japan launched a massive invasion of North China. The Chinese government made every effort to organize self-defense, and China's War of Resistance Against Japan broke out in on a full scale. Zhang Benyu led his troops in defending against Japanese attacks at various locations, including Nankou and Juyongguan, collaborating with friendly forces to eliminate over 15,000 enemy soldiers. On the afternoon of August 25, 1937, Zhang Benyu was tasked with transporting ammunition to Nankou. Suddenly, the train came under Japanese aerial bombardment near the Nankou station. General Zhang Benyu, in order to protect the ammunition, sacrificed his life. He was 39 years old at the time.

備戰馳援綏東　痛殲日寇

1931年9月18日，日本出兵侵佔中國東北。中華民國國民政府視為國家恥辱。由於國家貧弱，政府忍辱負重，統一意志，爭取和平時間，努力提高國力。日本軍閥則採取種種手段進行挑撥、挑釁和製造事端，破壞中國和平建設環境，妄欲蠶食鯨吞。張本禹率部抓緊練兵，提高官兵戰鬥技能，以盡軍人守土保國之天職。1935年冬，張本禹升任國民革命軍陸軍第十三軍第四師第十二旅少將副旅長，並通過其長兄張治中將軍在國民政府任要職的關係，請求率兵開赴抗日前線，抗擊日寇入侵，捍衛國家和平。1936年6月，日本軍隊向中國綏遠省東部地區挑釁、進犯。

1936年8月，日本關東軍糾集偽蒙軍隊侵犯中國綏遠省北部重鎮百靈廟。11月初，兵鋒直指綏遠省首府歸綏，綏遠危急。駐守綏遠省的國民革命軍陸軍第三十五軍，在傅作義軍長的指揮下向敵人進行反擊，力圖消滅進犯綏遠省東部紅格爾敵軍，收復百靈廟。張本禹奉命率領一個團的兵力馳往增援。他不畏強敵，率部密切配合友鄰部隊，在其外圍英勇阻擊，用兵神勇，節節挺進，與日偽軍激戰三日，成功阻擊了敵人南路增援部隊。在中國軍隊的強大攻勢下，日寇及偽蒙軍隊李守信、王英等部紛紛敗退，綏東反擊成功。11月23日，中國軍隊收復百靈廟，12月10日，收復大廟。此役，共斃敵1000餘人。

綏東大捷的消息迅速傳開，全中國人民為之振奮，張本禹也因此增強了戰勝日本侵略者的雄心。由於他在綏東戰役中作戰英勇，指揮有方，受到上級嘉獎。傅作義將軍說："文衷將軍在百靈廟戰役打外圍，很勇敢，臨陣不慌，應敵有方，阻止了日軍南犯之路，給我以很大支援，是一位不可多得的將領。"

守南口護軍列　將軍捐軀

1937年7月7日，蘆溝橋事變發生，日本出兵大肆進犯中國河北。此時，張本禹剛剛結婚不到八個月，甜蜜的和平生活全部被打破。國難當頭，軍人理當報國，張本禹匆匆將新婚妻子送回家鄉，告別親人和太平的日子，返回部隊，奉命率領第十三軍第四師第十二旅奔赴華北抗日前線。

7月底，日本在侵佔中國北平、天津之後，為迅速攻佔整個華北，先後從國內緊急動員了第五、第六和第十共三個師團兵力趕赴華北增援，妄圖佔領山西省。中國政府也在緊張調兵遣將，積極佈防阻擊日本軍隊進攻。日酋在組織軍隊集結過程中發現，中國軍隊湯恩伯部已經搶先在南口附近佈防，對其入侵中國西北地區構成重大威脅，便決定以一個師團、四個混成旅團另兩個支隊等部隊共7萬餘人，分別沿平綏鐵路和熱河、綏遠一線，從東西兩個方向大舉進攻南口地區。

1937年8月1日，中華民國國民政府軍事委員會任命湯恩伯為第七集團軍前敵總指揮，負責指揮平綏鐵路東段作戰。第十三軍（轄第四、第八十九師）奉命佈防於南口、居庸關、得勝口一線，擔負正面防禦；第十七軍（轄第二十一、第八十四師）配置於赤城、延慶、懷來一線，抵禦多倫、獨石口方面之敵（組成左翼陣地）；第六十八軍及察哈爾保安隊固守張家口；另以第三十五軍、騎兵第一軍等部集結於集寧、興和地區，為機動部隊。中國軍隊決心以南口地區的天然地勢陡峭，扼住南口咽喉，阻敵進攻。南口戰役拉開序幕。

8月11日，日軍經過充分準備之後，首先以獨立混成第十一旅團向南口發起攻擊。12日起，日軍展開全面攻勢，以第十一旅團正面攻擊居庸關，以第五師團側擊居庸關右翼等地。張本禹奉命率部（第十三軍第四師第十二旅）在居庸關右翼山地一帶，正面阻擊日本板垣徵四郎第五師團一部。

面對日軍瘋狂進攻，張本禹鎮定自若，用兵獨特。初到前線時，張本禹發現日寇進攻氣焰非常囂張，便指揮部隊抓緊時間構築工事。同時，設計借用其囂張氣焰引誘日軍突出冒進，命令部隊只許放冷槍，不准動用炮火，並組織當地民眾用石塊向敵人發動攻擊。驕橫的板垣徵四郎不知是計，以為是我軍裝備太差、人員彈藥不足，於是命令部隊猛攻突進，並親到前方督戰，日軍進展順利。當日寇進入我軍設伏的陣地時，張本禹將軍一聲令下，頓時槍炮齊鳴，炮火連天，打得日軍昏頭暈腦，人仰馬翻，屍橫遍野，予敵重大殺傷。日軍招架不住，迅速後撤。此時，我南口伏擊各路大軍也猛烈出擊，相互配合，利用山地特點、冒著大雨與日軍展開血戰廝殺，頑強阻止了日軍的攻勢，迫使日軍難以進展、後撤待援。南口戰役取得大捷。

南口戰役，從8月8日到25日歷時18天。我軍投入兵力6萬餘人，日軍動用兵力7萬餘人。我軍以劣勢裝備，阻擋著裝備優良的日軍猛烈攻擊，戰鬥極為慘烈。尤其龍虎臺、黃樓院等處的戰鬥，更是殺得風雲變色，日月無光。我軍以戰死官兵9703名、傷23989名的代價，殲滅日軍15000多人，挫敗了日本妄圖"三個月亡華"的囂張氣焰，遲滯了日軍的攻擊。8月25日，中華民國國民政府軍事委員會委員長蔣中正親擬電文嘉獎。中國各大報和新聞媒體紛紛報導，湯恩伯、張本禹和全體參戰官兵受到全國民眾愛戴。

在緊張頻繁激烈的戰鬥中，由於戰況復雜多變，每天消耗彈藥甚為鉅大。為確保後方供應及時，保障軍火到位。張本禹因其"辦事最力"，又奉命前往太原保運軍火彈藥。

8月25日午後，當張本禹押運著滿載軍火的列車到達南口車站，正準備卸車時。突然，日本多架飛機飛臨車站上空進行轟炸。我防空部隊立即還擊。部下和衛士勸張本禹到月臺附近防空洞躲避。張本禹臨危不懼，立即指揮司機將車頭開走，企望以此引開敵機轟炸目標。未料，日本飛機狂轟濫炸，投下炸彈引起車廂內彈藥爆炸，張本禹將軍壯烈殉國。時年39歲。

1937年10月中旬，當張本禹將軍靈柩運抵故鄉巢縣時，當地各界人士召開追悼大會以示哀悼。並將張將軍遺體葬於巢縣南鄉銀屏山南麓，以垂永久紀念。

注[1]：南口戰役殲敵人數，是作者在進行大量調查和走訪抗戰老兵、老人（如訾安春抗戰老兵之子訾貴江先生介紹），以及查閱武月星主編的《中國抗日戰爭史地圖集》、鄒偉平與章瑞年編著的《湯恩伯傳》（見參考書目）和《昌平文史資料·南口戰役專輯》記載中得出的可靠數字，毋庸置疑。

張甲洲將軍
General Zhang Jiazhou

東北抗日聯軍第十一軍副軍長

Deputy Commander of the 11th Army of the Northeast Anti-Japanese United Army

　　張甲洲，字震亞，號平洋。中國東北抗日聯軍第十一軍副軍長，著名抗日愛國將領。1907年5月，出生於黑龍江省巴彥縣鎮東鄉張家油坊屯一富戶之家，自幼天資聰慧。1913年入本鄉私塾讀書。1923年考入省立齊齊哈爾第一中學。1926年考入齊齊哈爾甲種工業學校。1927年考入北京大學物理系。1930年秘密加入共產黨。同年又考入清華大學政治系。成為名副其實的"考霸""學霸"和多學科學習尖子、才子。

　　1931年"九‧一八"事變，日本出兵侵佔中國東北，張甲洲在北平組織學生抗日救亡。1932年4月，張甲洲受中共黨組織委派趕赴東北，組建巴彥抗日遊擊隊，任司令員。率部奇襲巴彥城，攻克東興城，隊伍很快發展1500餘人，全部為騎兵。同年年底，遊擊隊奉命改編工農紅軍第三十六軍江北獨立師，張甲洲任師長，繼續率部打擊日偽軍。1933年年初，中共"滿洲"省委命令江北獨立師執行中國南方紅軍"打土豪，分田地"的政策，使得江北獨立師脫離民眾、快速潰散，張甲洲則被開除中共黨籍。張甲洲認為，東北抗日與南方紅軍作戰性質不同，必須團結所能團結的人，才能抗日到底。同年7月，張甲洲化名潛入富錦中學任教，不久升任校長。1934年開始，秘密與抗日遊擊隊取得聯繫，為其提供情報和物資。1937年6月，東北抗日聯軍第十一軍成立，張甲洲任副軍長。8月28日，張甲洲所部在富錦縣董老茂屯附近遭遇日偽軍伏擊。在激戰中，張甲洲腹部中彈，壯烈殉國。時年 31 歲。

Zhang Jiazhou, courteously named Zhenya, self-titled Pingyang, a famous patriotic general of the War of Chinese People's Resistance against Japanese Aggression, the Deputy Commander of the 11th Army of the Northeast Anti-Japanese United Army. In May 1907, he was born in a wealthy family in Zhendong Town, Bayan County, Heilongjiang Province. In 1913, he entered the local private school. In 1923, he was admitted to the No. 1 Provincial Middle School of Qiqihar. In 1926, he passed into Qiqihar Technical School (Class A) from which he graduated. In 1927, he enrolled in the Physics Department of Peking University. In 1930, he joined the Chinese Communist Party in secret. He was admitted to the Political Department of Tsinghua University in the same year. Zhang Jiazhou excelled in various subjects and was a top achiever in academics. He was a talented and knowledgeable individual, often referred to as a "study prodigy" or an "academic genius."

In 1931, during the "September 18th Incident," Japan invaded and occupied Northeast China. Zhang Jiazhou organized student resistance movements against the Japanese in Beiping (now Beijing). In April 1932, Zhang Jiazhou was dispatched to Northeast China by the Communist Party of China (CPC) and established the Bayan Anti-Japanese Guerrilla Unit, serving as its commander. He led his troops to launch surprise attacks on Bayan City and captured Dongxing City. The unit quickly grew to over 1,500 members, all of whom were cavalry soldiers. Later that year, the guerrilla unit was ordered to be reorganized into the 36th Independent Division of the Workers' and Peasants' Red Army. Zhang Jiazhou became the division's commander and continued to lead his forces in fighting against the Japanese and their puppet troops. In early 1933, the Communist Party's "Manchurian" Provincial Committee ordered the 36th Independent Division to execute the policy of "fighting the landlords, redistributing the land" in northern Jiangsu, which led to the detachment of the division from the local population and eventually its rapid disintegration. As a result, Zhang Jiazhou was expelled from the CPC. Recognizing the different nature of the anti-Japanese struggle in Northeast China and the tactics required, Zhang believed in uniting all available forces to fight against the Japanese. In July of the same year, he assumed a false identity and infiltrated Fujin Middle School as a teacher, eventually becoming the principal. Starting in 1934, he secretly established contacts with anti-Japanese guerrilla units and provided them with intelligence and supplies. In June 1937, the 11th Army of the Northeast Anti-Japanese United Army was formed, and Zhang Jiazhou served as the deputy army commander. On

August 28, his unit encountered a Japanese puppet army ambush near Donglaomao Village in Fujin County. In the fierce battle, Zhang Jiazhou was shot in the abdomen and heroically sacrificed his life. He was 31 years old at the time.

組建騎兵部隊　轉戰東北遊擊日軍

1931年"九·一八"事變發生，日本出兵侵略中國東北，白山黑水很快淪入日本軍國之手。同年年底，張甲洲受中共黨組織委派，秘密由北平北上哈爾濱地區，奉命在敵後組建抗日武裝，打擊日本軍隊入侵。

1932年4月，張甲洲、于天放等6名中共黨員與中共"滿洲"省委取得聯繫，被派往張甲洲的家鄉，組建巴彥抗日遊擊隊。回到家鄉後，張甲洲廣泛聯繫當地愛國民眾鄉紳，宣傳武裝抗日救國道理，準備舉行抗日武裝暴動。張甲洲在秘密活動中，還為抗日宣傳隊創作了《反日大同盟歌》："一九三一年，倭奴侵蒙滿。半載間，攻我遼吉炮擊龍江垣。殺我同胞似牛馬，血流東北邊。言之落淚，思之痛慘。慘哉，死者真可憐！憤哉慨哉，生者有何憾？起來起來，起來上前線。起來起來，起來去迎戰……"。

經過一番認真宣傳動員和艱苦工作，當地和附近民眾、獵戶、鄉紳和富戶護院壯丁，以及青年學生手持獵槍與長短鋼槍、大刀紛紛報名參加。5月23日，張甲洲以"結婚"為名，舉行武裝暴動，正式打出武裝抗日旗幟。在巴彥縣鎮東鄉七馬架小學操場上，張甲洲面對剛組建的抗日武裝官兵和來自四面八方的民眾揮舞著拳頭，高聲說："……國破山河碎，無國焉能有家，日寇占我中華，殺我人民，我們就是為了抗擊日寇，拯救國難，才走到一起來的。現在宣誓：抗戰到底，絕不投降！寧在槍下死，不當亡國奴！"宣佈巴彥抗日遊擊隊正式成立。張甲洲任司令，趙尚志任參謀長。8月30日，張甲洲聯合當地抗日義勇軍，指揮奇襲了巴彥縣城。全殲日軍一個小隊、偽軍一個大隊，並成功擊落一架日本偵察機。打響了中共武裝抗日第一槍，開闢了巴彥抗日之局面。

1932年秋冬，巴彥抗日遊擊隊和當地抗日義勇軍在風雪中東進，準備進攻東興縣城。10月29日晨，遊擊隊和抗日義勇軍秘密到達東興縣城郊外。經過佈署後，部隊於上午10時突然向東興城發起攻擊。侵佔東興城的日偽軍400多人，毫無準備倉促應戰。經過半個多小時的激烈戰鬥，擊斃和打跑了守城日偽軍，遊擊隊順利佔領了東興城。次日中午，日酋糾集日軍、偽員警和漢奸共3000多人向遊擊隊發起攻擊。從中午至午夜，遊擊隊和義勇軍接連擊退敵人大小進攻10餘次。最後，張甲洲命一部從西門突圍，吸引敵人主力，然後親率遊擊隊主力從敵人後面發動突然進攻。經過一番血戰，一舉擊斃敵人400多人，並成功突圍。

攻克巴彥、血戰東興，遊擊隊聲威大振，隊伍很快發展到1500多人，全部為騎兵，縱橫馳騁，成為東北一支抗日勁旅；建立了巴彥抗日根據地。張甲洲身材高大，身軀偉岸，挎著雙槍，騎著大馬，高舉戰刀，每逢打仗衝殺在前。11月末，遊擊隊浩浩蕩蕩從巴彥北部根據地出發西行遠征，馳騁於松嫩平原，轉戰於呼蘭、蘭西、肇東、安達、綏化、慶安、依安和拜泉等地，屢屢重創日偽軍。在"不管什麼人，只要抗日都歡迎"的口號感召下，鄉紳、地主、富戶捐款捐物捐槍，獵戶、窮家出力支前，社會各界踴躍抗日，一致對外，抗日遊擊隊節節勝利，所向無敵。張甲洲激情豪邁地宣告："組建萬人隊伍，創建十大遊擊區……"。

1932年年底，根據中共"滿洲"省委執行中共北方各省會議決定，將巴彥抗日遊擊隊改編工農紅軍第三十六軍江北獨立師（簡稱江北獨立師），張甲洲任師長，吳福海任政委，趙尚志任政治部主任。

堅決抗日到底　壯志未酬赴難富錦

1933年年初，由於中共"滿洲"省委"左"傾錯誤路線的嚴格指導，要求江北獨立師必須堅決執行中共南方工農紅軍"打土豪，分田地"的"暴力"強取政策。在日偽軍嚴密控制下，江北獨立師展開了"打土豪，分田地"的行動……工農紅軍第三十六軍江北獨立師嚴重脫離了當地黎民百姓、鄉紳、地主、富戶和社會各界的支持；加之江北獨立師在鐵驪縣境內遭遇日偽軍突然襲擊，損失慘重。最終，工農紅軍第三十六軍江北獨立師難以生存，快速潰散。中共"滿洲"省委以"右"傾錯誤之由，開除了張甲洲和趙尚志的中共黨籍，並解除了其職務。之後，張甲洲通過反覆思考分析，認為在東北組織民眾抗日與南方紅軍作戰的性質不同，要驅逐日寇還我河山必須團結一切可能團結的中國人，組成民族統一陣線，才能抗日到底；特別不能承認日本在中國東北扶植漢奸成立的"滿洲國"、分裂祖國行為。

1933年7月，張甲洲化名張進思，隻身一人設法秘密潛入富錦縣中學任教。他在中學任教期間僅用三個月就學會了日語，考上了二等翻譯，並當上了校長。接著把于天放等同學、戰友也調來任教，將一切願意抗日的人和有錢有勢的愛國人士團結在自己周圍。1934年開始，張甲洲邊教書邊秘密與抗日遊擊隊、東北抗日聯軍第三軍、第六軍和第七軍取得聯繫，為他們提供情報、槍支和電臺。並策動偽員警署長李景蔭率部起義，投奔抗日聯軍。

1937年6月，中共"北滿"臨時省委書記馮仲雲在帽兒山主持召開擴大會議，決定將東北抗日聯合軍獨立師改編為東北抗日聯軍第十一軍，原師長祁致中任軍長，張甲洲任副軍長。下轄一個師三個旅。

1937年7月，蘆溝橋事變發生，日本出兵大肆入侵中國華北。中國政府號召全國軍民團結一致，共同抗擊日本軍隊入侵和推翻"滿洲國"，中華民族抗日戰爭全面爆發。張甲洲決心利用這一大好形勢，出任東北抗日聯軍第十一軍副軍長，回到密林山區組織軍民抗日。8月28日早晨，張甲洲帶領于天放等同志，秘密攜帶400多套衣服、100餘支步槍、3萬餘發子彈、一臺收音機和一本地圖等抗戰軍需品，化裝離開了富錦縣城（中學），奔赴東北抗日聯軍第十一軍根據地。東北抗日聯軍第十一軍第一師師長李景蔭在城南迎接，並保護他們。

張甲洲、于天放等一行人，突然從城內出走，引起了日偽軍警覺。敵人立即派軍隊追擊……8月28日夜，當師長李景蔭率領他們行至離縣城18里的董老茂屯附近玉米地時，突然遭遇敵人伏擊。師長李景蔭立即組織還擊，張甲洲邊打邊組織突圍。在激戰中，張甲洲小腹中彈，倒在地上，血流如注。擊退敵人之後，李景蔭抱起昏迷的張甲洲，喊道："老張，老張，您怎麼樣？……"。張甲洲副軍長慢慢睜開眼睛，環視了一下戰友們說："抗日到底……"。張甲洲壯烈殉國。年僅31歲。

一代才子，一代天驕，堅決團結民眾抗戰到底的一代精英張甲洲，壯志未酬，倒在了中國全面抗戰的征途中……！

張自忠將軍
General Zhang Zizhong

陸軍上將、國民革命軍第三十三集團軍總司令

General and Commander-in-Chief of the 33rd Group Army of the National Revolutionary Army

　　張自忠，字藎忱。中國國民革命軍陸軍第三十三集團軍上將總司令，著名抗日愛國戰將。1891年8月，出生於山東省臨清縣唐元村一官宦之家，自幼隨父讀書。1908年考入臨清中學。1911年考入天津法政專科學校。1912年轉入濟南法政專科學校。1914年投筆從戎，在軍旅中先後任連長、營長、團長、旅長和師長等職。

　　1931年"九·一八"事變發生，日本出兵侵略中國東北。張自忠率部積極備戰應對。1933年3月，日本又出兵入侵中國長城一帶，張自忠任國民革命軍陸軍第二十九軍第三十八師少將師長，奉命率部在長城一帶，以劣勢裝備抗擊日本機械化部隊入侵，打出了中國軍隊軍威。1934年春，奉命率部駐防察哈爾。1935年12月，任察哈爾省政府主席。1936年5月，任天津市市長。張自忠帶職忍辱負重，多次阻止日本軍閥的陰謀與挑釁，為中國和平建設爭取了時間。1937年11月，任第五十九軍中將軍長。奉命率部參加徐州會戰，創造了大兵團協同作戰的奇跡，給予入侵日軍重大殺傷。1938年7月，奉命率部參加武漢會戰。10月，任第三十三集團軍上將總司令。1939年4月，奉命率部參加隨棗會戰（在隨縣和棗陽地區抗擊侵華日軍的大型戰役）。1940年5月16日，在棗宜會戰（在棗陽和宜昌地區抗擊侵華日軍的大型戰役）中，張自忠率部衝殺在前，與入侵日軍激烈廝殺，壯烈殉國。時年50歲。11月16日，中華民國國民政府在重慶為張自忠將軍舉行了隆重國葬。

張自忠上將，是中國為捍衛世界和平、戰死在抗日戰場上的第一位集團軍總司令，也是第二次世界大戰反法西斯陣營中，戰死的盟軍最高將領之一。

Zhang Zizhong, courteous name Jinchen, a famous patriotic general of the War of Chinese People's Resistance against Japanese Aggression, had been the General and Commander-in-Chief of the 33rd Group Army of the National Revolutionary Army. In August 1891, he was born in Tangyuan Village, Linqing County, Shandong Province. When he was a child, he was educated at home by his father. In 1908, he was admitted to Linqing Middle School. In 1911, he passed into Tianjin Law and Politics School, and a year later was promoted to Ji'nan Law and Politics College. In 1914, he quit the school to join the Northwest Army, in which he served successively as the Company Commander, the Battalion Commander, the Regimental Commander, the Brigadier, the Division Commander, and so on.

In 1931, when the September 18th Incident happened, Japan invaded Northeast China. Zhang Zizhong led the troops to actively prepare for the response. In March 1933, Japan sent troops to invade the regions along the Great Wall of China. Zhang Zizhong served as Major General and Division Chief of the 38th Division of the 29th Army of the National Revolutionary Army, and led the troops to fight in the front line against the enemies equipped with advanced mechanized forces. Although his troops were equipped with such poor weapon and equipment, the soldiers fought courageously, manifesting the power and prestige of Chinese Army. In the spring of 1934, he led the troops to be on garrison duty in Chahar. In December 1935, he was appointed the Chairman of Chahar Province. In May 1936, he held the position of the Mayor of Tianjin. In November 1937, he was appointed the Lieutenant General and Commander of the 59th Army. Then in the Battle of Xuzhou, his command created great marvels of coordination between different large troop formations. In July 1938, he commanded his troops to participate in the Battle of Wuhan and was promoted to be the General and Commander-in-Chief of the 33rd Group Army. In April 1939, he and his troops attended the Battle of Suixian–Zaoyang. On May 16th 1940, while engaging with the Japanese forces in the Battle of Zaoyang-Yichang, he was killed in action, and devoted his life to his motherland at the age of fifty. On November 16th 1940, a grand state funeral was held for general Zhang Zizhong by Chinese National Government in Chongqing.

General Zhang Zizhong was the first commanding general of a group army who sacrificed his life on the battlefield in the Chinese resistance against Japan. He was also one of the highest-ranking allied generals to die in combat within the anti-fascist coalition during World War II.

長城抗戰　指揮有方

1931年"九·一八"事變,日本出兵侵佔中國東北。1933年3月,日本軍隊又向中國長城一線各要塞發起入侵攻擊,企圖打開缺口,奪取屏障,南下平津。面對日軍的瘋狂進攻。中華民國國民政府命令第二十九軍迅即奔赴長城一線,阻止日軍進攻。長城喜峰口要塞是熱河通往平津的咽喉,自古以來就是戰略要地。張自忠任中國國民革命軍陸軍第二十九軍第三十八師少將師長,被委任第二十九軍前線總指揮,奉命率部堅守喜峰口一帶。

1933年3月9日,第二十九軍先頭部隊趙登禹旅(第一〇九旅),在喜峰口附近與日軍遭遇,迅即在喜峰口前孩兒嶺制高點與日軍展開了激烈廝殺。日本軍隊用飛機、坦克、大炮猛烈轟擊趙登禹旅陣地,日本步兵蜂擁而上,我全體官兵拼死抵抗,幾處高地,失而復得,來回拉鋸,爭奪激烈。張自忠接到前線戰報後,急令第一一二旅馳援助戰和第一一〇旅快速趕赴到撒河橋增援,命令第一一三旅趕赴灤陽城增援牽制,穩住了戰局。

3月10日,張自忠在聽取前線詳細戰報後,深感日寇武器精良,正面硬拼於己甚為不利,命令堅守部隊:"要利用吾軍夜襲近戰的長處,出其不意,突然襲擊,以遏制日軍武器精良之優勢……"。11日黃昏,趙登禹旅長親自帶領夜襲部隊輕裝上陣,沿崎嶇山路,披荊斬棘,從不為人知的山間小道悄悄運動到日軍側背,揮舞大刀,成功夜襲了日軍營地。不可一世的日本官兵絲毫沒有防範,部分日軍在睡夢中,就成了刀下鬼,身首異處。此次夜襲,中國軍隊斃傷日軍700餘人,破壞日軍一座野炮營,有效遏制了日軍對喜峰口及周邊地區的攻擊。此後,連續七晝夜,日軍發起數次攻擊,我喜峰口陣地巋然不動。4月10日《新北平報》報導,在冷口戰役中"我軍一中士夜半十二時許手持大刀,直入敵陣,連砍倭寇七八人,其餘倭寇四五百人,見此紛紛奪命逃跑。該中士乘勢直追,至天亮已連砍倭寇十八人,內有倭連長兩名,均被砍身死。該團團長恐其勞苦過甚,精神不支,派一連長追回。該中士勞苦過甚,未至營中已瞑目死矣。臨死尚曰:'我連殺倭寇18人,我雖身死,尚賺17人,已可瞑目矣,望同志都學我,故土何難收回'"。為此,我全體將士奮勇拚命,在整個長城抗戰中,使日本精銳部隊遭受重大傷亡,極大鼓舞了全國軍民抗日鬥志,在中華民族抗戰史上寫下了光輝一頁。

1934年春,張自忠奉命率部移防察哈爾。1935年12月,張自忠任冀察政務委員會委員,察哈爾省政府主席。1936年5月,張自忠兼任天津市市長。張自忠率部在此駐防和任職中,在繁忙的公務中絞盡腦汁,巧妙地運用多種手段與方法,與日本軍閥、各層人物和漢奸周旋。並且忍辱負重，遏制和挫敗了日本軍閥企圖全面侵佔中國而製造的各種威脅、挑釁、進攻和玩弄的種種陰謀，為中國和平建設與國防建設贏得了寶貴時間。

馳援臨沂　打出軍威

1937年7月7日，蘆溝橋事變發生，日本出兵大肆入侵中國河北，打破了中國和平建設環境，中國政府全力組織自衛應戰。日本軍隊不斷向中國內地進攻侵犯，中國軍隊奮力阻擊。張自忠任國民革命軍陸軍第五十九軍中將軍長，率部拼搏阻敵。

12月23日，日本磯谷廉介第十師團在濟陽至青城之間強渡黃河，向徐州急進而來。同時，日本另一部軍隊從鎮江渡過長江，也向徐州撲來。中國政府積極應對，徐州會戰拉開序幕。山東守軍、中國第三集團軍總司令韓復榘略作抵抗，擅自放棄山東北部地區和黃河天險防線，退守魯西南。致使中國戰略要地徐州完全暴露，在山東堅持抗戰的駐軍和民眾四面受敵。堅守臨沂中國第四十軍軍長龐炳勳部，受到日本精銳部隊——板垣徵四郎第五師團一部猛烈攻擊，臨沂危急！臨沂為徐州東北之門戶，如臨沂不保，則日軍可由青島直趨臺兒莊、徐州，威脅隴海、津浦兩鐵路之安全。中國第五戰區司令長官李宗仁將軍一面命令龐炳勳軍長："堅決保衛，拒敵前進"。一面急令張自忠軍長率第五十九軍北上臨沂，援助龐炳勳部。龐炳勳軍長對張自忠軍長前來增援十分高興，和先一天到達臨沂的第五戰區參謀長徐祖詒親自出城迎接，一同商議退敵之策。經過磋商，決定採用張自忠軍長的建議：以第五十九軍在城外採取野戰，主動向攻擊臨沂之敵側背襲擊，以解臨沂之危。

1938年3月13日，在戰役發起前，張自忠軍長召開軍事會議部署戰鬥任務說："我軍在喜峰口、北平、天津、淮北等地，已經先後和日軍交戰多次，只要我們能充分發揚我軍善於近戰、夜戰的長處，根據現有條件，集中使用輕重武器，就一定能夠打敗這個蠻橫不可一世的板垣，為中華民族爭光，以盡到我們軍人保國衛民的天職。即使戰死疆場，雖死猶榮……"。14日拂曉，張自忠軍長率部以迅雷不及掩耳之勢，插入到板垣徵四郎師團一部的右側背，突然發動猛烈攻擊。幾乎同時，龐炳勳防守部隊乘機反擊，兩軍前後夾攻，板垣徵四郎師團腹背受擊。經過幾晝夜激戰，日軍全線潰退。張自忠軍長揮師乘勝追擊，將日軍打得落花流水。此後，日軍又集中兵力反撲，經過三次拉鋸式的白刃肉搏戰，又被我守軍擊潰。16日，戰區參謀長見第五十九軍傷亡慘重，命令張自忠率部後撤。但是，張自忠要求再戰一晝夜。黃昏時分，先以猛烈炮火向日軍轟擊，然後向日軍發起強大攻擊，在湯頭以南一帶與第四十軍一部一舉殲滅日軍2000餘人，擊毀敵機1架、坦克6輛。激戰至18日凌晨，號稱鐵軍的板垣徵四郎師團一部被打得一敗塗地，向臨沂東北莒縣方向倉皇逃竄。

1938年3月18日晚，第五十九軍除留第一一四旅配屬龐炳勳指揮外，主力奉命向費縣集結，準備側擊滕縣附近之敵。然而，湯頭以北之敵偵知第五十九軍開赴費縣方向，在得到板垣徵四郎師團增援之後，又向臨沂進逼。第五十九軍再次奉命復援臨沂。25日，到達臨沂西北地區，立即向敵之右側背發動攻勢，敵亦全力向我猛撲。我軍在毫無憑藉的條件下，浴血奮戰，前赴後繼，損失嚴重。29日，張自忠在給戰區司令長官李宗仁電報中稱："職軍兩日以來傷亡2000餘人，連前此傷亡達萬餘人。職一息尚存，決與敵奮戰到底。"張自忠軍長親自率部隊與日軍鏖戰七晝夜。在援軍第五十七軍和湯恩伯之騎兵團的配合下，3月31日，終於擊潰日本勁旅板垣徵四郎師團，使板垣徵四郎師團及板本順旅團亦損失兵力嚴重，被阻不能西進。創造了在平原與丘陵地帶抗日戰場上中國軍隊大兵團協同作戰（運動戰）的奇跡。張自忠軍長帶領部隊，夜行日宿，凱旋而歸。他邊行進，邊口默戰歌《大刀進行曲》：

"大刀向鬼子們的頭上砍去，二十九軍的兄弟們，抗戰的一天來到了！抗戰的一天來到了！前面有東北的義勇軍，後面有全國的老百姓。咱們二十九軍不是孤軍，看准了敵人，把它消滅！把它消滅！衝啊！大刀向鬼子們的頭上砍去！殺！"……。

臨沂之戰，被"日皇裕仁"稱為"鐵軍"的第五師團傷亡嚴重，慘敗在中國軍隊腳下。張自忠被晉升為第二十七軍團司令長官兼第五十九軍中將軍長。之後，又晉升第三十三集團軍上將總司令，率部參加隨棗會戰。

棗宜會戰　上將殉國

1940年5月初，棗宜會戰打響。第五戰區司令長官部命令右翼兵團、第三十三集團軍總司令張自忠部，東渡襄河截擊日軍。

張自忠一面下令襄河東岸部隊分頭迎敵，一面指示西岸部隊做好出擊準備。同日，張自忠親筆寫信，告諭第五十九軍各師、團主官："……看最近之情況，敵人或要再來碰一下釘子。只要敵來犯，兄即到河東與弟等共同去犧牲。國家到了如此地步，除我等為其死，毫無其他辦法。更相信，只要我等能本此決心，我們的國家及我五千年歷史之民族，決不致亡於區區三島倭奴之手。為國家民族死之決心，海不清，石不爛，決不半點改變！願與諸弟共勉之。"

5月6日晚，張自忠在快活鋪集團軍總司令部召集會議，研究河東戰況。會議結束之際，張自忠表示："……為早日爭得和平，我明天過河去督戰！"大家再三勸阻，但張自忠執意親征，不容更易，並將總司令部事宜交由副參謀長劉家鸞負責，囑其有特殊重大事情，可與副總司令馮治安商量。當晚，張自忠給馮治安留下了一封信："……

因為戰區全面之關係及本身的責任，均須過河與敵一拼，現已決定於今晚往襄河東岸進發，到河東後，如能與第三十八師、一七九師取得聯繫，即率該兩師與馬師，不顧一切與向北進之敵死拼。設若與第一七九師、三十八師取不上聯絡，即率馬師之三個團，奔著我們最終之目標往北邁進。無論作好作壞，一定求良心得到安慰。以後公私均請我弟負責，由現在起，以後或暫別、或永別，不得而知"。

1940年5月7日拂曉前，張自忠率一小部分人員乘一葉扁舟，從宜城窯灣渡口渡過寬闊浩蕩的襄河，奔赴河東戰場。經過兩三天的努力，張自忠與河東各師陸續取得聯絡，逐步控制了局勢。河東將士聞知張總司令親臨前線，士氣大振，幾乎將日軍後路完全截斷。由於右翼兵團積極作戰，引起日軍嚴重不安。5月11日，日本第十三師團和第三十九師團掉頭南下，集中力量攻擊張自忠部。經過多次較量，日軍已深知張自忠和第三十三集團軍的厲害，便把四個師團中的兩個師團專門用於對付張自忠部。

張自忠直接指揮的右翼兵團河東部隊雖有五個師，但兵力相加只有兩萬餘人，僅相當於日軍一個師團，裝備則遠遜之。以如此薄弱之兵力對付日本兩個師團之敵，猶如"策疲乏之兵當新羈之馬"，力難勝任。但是，張自忠堅決執行命令，他調整部署，向南截擊敵軍。一路激戰，一路衝殺。僅梅家高廟一戰就斃敵第十三師團1400多人。

1940年5月13日晚，我第一七九師和一八〇師先後來電告知，兩師師部分別被敵阻於田家集、老河口。這樣一來，南北兩個師均須接應。與此同時，日本第三十九師團主力5000餘人在師團長村上啟作指揮下，已由峪山東側南下而來。

為截擊該敵，並接應上述兩師，張自忠決定把部隊分為左右兩縱隊：黃維綱師長指揮第三十八師為左縱隊，向田家集方向推進，接應第一七九師；第七十四師為右縱隊，由他親自指揮，先接應第一八〇師到方家集集中，然後向南追擊。然而，張自忠總司令部所用無線電密碼被日本第十一集團軍通信部隊破譯，張自忠上述部署均為日軍洞悉。日本第十三師團、三十九師團及第四十師團四個大隊合力夾擊張自忠部。張自忠和身邊部隊遂陷入日軍重兵包圍，處境萬分危急。

1940年5月14日清晨，張自忠率部到達方家集，與先行到達的日本第三十九師團一部發生遭遇戰，經肉搏衝鋒，將敵擊潰。當天深夜，張自忠率部繼續向南開進。5月16日拂曉，張自忠率領一部進至大洪山的罐子口，遭到兩側山頭日軍猛烈炮擊，張部被迫退至南瓜店。南瓜店在日軍猛烈炮火轟擊下，變成一片火海。於是，張自忠率部搶佔了十里長山，與日軍展開拼殺。戰至中午，張自忠左臂負傷，但仍堅持指揮戰鬥。前線部隊傷亡慘重，張自忠將衛隊派去增援，身邊僅剩8名副官、參謀和衛士。在日軍的合圍與緊逼中，張自忠帶頭衝鋒突圍，腰部又中彈，再次倒在血泊中，但仍浴血督戰。在激戰中，張自忠身上又中5彈倒地，其身邊人員也在護衛總司令和衝殺中先後中彈犧牲或者與日軍廝打一起滾下山岡……。戰至下午4時許，日軍蜂擁合圍而來，其中兩名日軍端槍衝向張自忠，血肉模糊的張自忠總司令順勢抓住日軍刺過來的槍刀，挺身而起與之拼搏，立即被另一名日軍槍刀刺中胸部。張自忠總司令壯烈殉國。時年50歲。

張自忠總司令殉國的消息傳出，震撼神州大地。1940年5月18日，第三十八師將士找到了張自忠將軍遺骸，送往快活鋪集團軍總司令部，前方將士悲痛祭悼3天后。張自忠將軍遺骸由中國民生輪船公司專輪護送前往重慶安葬，沿長江逆水而上時，岸邊數十萬中國百姓民眾長跪不起，祭祀的供桌綿延數百里，祈願的香火繚繞不絕。5月28日，張自忠將軍遺骸運抵重慶，蔣中正臂挽黑紗，親率中國政府文武官員和全城百姓立於江邊迎靈。此時，轟炸重慶的日本戰機飛臨上空，防空警報長鳴，蔣中正和全城百姓無人躲避，護送著張自忠靈柩穿越山城，老百姓將盛滿手擀面的大碗高舉頭頂為張自忠將軍送行，全城一片哭聲……

1940年11月16日，國民政府在重慶雨臺山為張自忠將軍舉行了隆重國葬。蔣中正委員長親自主持葬禮，題寫"英烈千秋"祭之，林森主席亦題"忠靈不朽"祭之。當張自忠將軍的結髮妻子李敏惠得知丈夫殉國後，自知年老體弱不能替夫上陣殺敵，從容料理完家事，躺在床上飯水不進，追隨丈夫而去——為國身亡！

張培梅將軍
General Zhang Peimei

陸軍一級中將、中國國民革命軍第二戰區軍法執行總監

Lieutenant General (Rank A) and Executive Director of Military Law of the Second War Zone of the National Revolutionary Army

張培梅，字鶴峰。中國國民革命軍第二戰區中將軍法執行總監，著名抗日愛國將領。1885年出生於山西省崞縣中泥河村。自幼父母雙亡，由叔父收養，聰明好學，正直向上。1892年入私塾讀書。1903年考中秀才。1905年考入山西陸軍小學堂。1907年被山西陸軍小學堂選送保定陸軍講武堂學習。1910年保定陸軍講武堂畢業從軍，先後任連長、營長和團長等職。1913年奉命率部攻打製造獨立的外蒙古分裂軍，榮立戰功升任旅長。1914年解甲歸田。1931年日本軍隊侵佔中國東北後，張培梅在家鄉專心研究軍事，以求克敵制勝之法。

1937年7月，蘆溝橋事變發生，日本出兵大肆侵略中國，打破了中國和平建設環境，中國政府被迫全力組織自衛應戰。張培梅上書請纓，回軍抗日報國。中國政府軍事委員會任命張培梅第二戰區中將軍法執行總監。張培梅立即赴任。他忠於職守，執法如山，奉命親自斬殺一位擅自撤退的中將軍長。特別在敵我雙方激戰關鍵時刻，張培梅親赴前線督戰，在抗日戰場上形成了"寧死於戰場，不死於法場"的抗日氛圍。1938年2月26日，張培梅由於沒能斬殺臨陣脫逃之將，難以履行職責，無顏再見軍中將士，愧對人民養育，自戕（服毒）殉國。時年54歲。之後，中國政府頒佈褒揚令，追晉張培梅陸軍一級中將軍銜。

Zhang Peimei, with the courtesy name Hefeng, was a prominent patriotic leader and the Director of Military Law Execution in the Second War Zone of the Chinese National Revolutionary Army. He was born in Zhongnihe Village, Guo County, Shanxi Province in 1885. Orphaned at an early age, he was raised by his uncle and displayed intelligence and a love for learning. In 1892, he entered a private school to pursue his studies and passed the provincial examination in 1903. In 1905, he enrolled in the Shanxi Army Elementary School and was selected to attend the Baoding Army Military Academy in the same year. After graduating from the Baoding Army Military Academy in 1910, Zhang Peimei served in various positions, including company commander, battalion commander, and regimental commander. In 1913, he was ordered to lead troops in attacking the separatist forces in independent Mongolia, where he distinguished himself and was promoted to be brigade commander. He retired from military service in 1914. After the Japanese invasion of Northeast China in 1931, Zhang Peimei focused on studying military strategies in his hometown.

In July 1937, following the Lugou Bridge Incident, Japan launched a large-scale invasion of China, shattering the peaceful environment and forcing the Chinese government to organize a national defense effort. Zhang Peimei submitted a memorial and returned to the army to fight against the Japanese invaders. The Chinese government appointed him as the Director of Military Law Execution in the Second War Zone with the rank of Lieutenant General. Zhang Peimei immediately assumed his duties and demonstrated unwavering loyalty and strict enforcement of military discipline, personally executing a division commander who had retreated without orders. Particularly during critical moments of fierce fighting between the enemy and Chinese forces, Zhang Peimei personally visited the front lines to supervise the battle, fostering an atmosphere of resistance where soldiers would rather die on the battlefield than face punishment. On February 26, 1938, unable to fulfill his duty due to the escape of a general during combat, Zhang Peimei felt ashamed and chose to end his own life by poisoning, sacrificing himself for the country. He was 54 years old at the time. Subsequently, the Chinese government issued a commendation order and posthumously promoted Zhang Peimei to the rank of Lieutenant General (Rank A).

寧死於戰場　不死於法場

1937年7月7日，蘆溝橋事變發生，日本出兵大肆侵略中國，打破了中國和平建設環境，中國政府被迫全力組織自衛應戰，調兵遣將組織軍隊抗擊日本軍隊入侵，中華民族抗日戰爭全面爆發。張培梅任中國國民革命軍第二戰區中將軍法執行總監。為阻止日軍進攻，堅定中國政府與中國軍隊的抗戰決心和從嚴執法，張培梅總監親自組織執法隊。並在轄區內通往抗日前線的各地路口設立檢查站，凡私自撤退者，一律嚴格按軍法處置——就地正法。

1937年8月下旬，日本軍隊向中國山西省發動猛烈進攻。奉命率部據守雁北天鎮、陽高一線的中國國民革命軍陸軍第六十一軍中將軍長李服膺，在日軍的慘烈進攻面前，奮力阻擊。當所屬部隊有的排、連、營、團官兵幾乎全部戰死的狀況下，李服膺擅自下令撤退，致使雁北各縣很快淪於日軍之手。由此，山西省門戶洞開，日軍自雁北分兩路攻入山西。

張培梅總監迅速核實了李服膺軍長擅自下令撤退，致使雁北失守的事實後，力排眾議，經第二戰區司令長官閻錫山批准，下令逮捕李服膺，快速呈報國家軍事委員會軍事執行總監部軍事法庭核准，按戰時軍法，立即處決了李服膺中將軍長。

李服膺是國民革命軍陸軍第六十一軍中將軍長，是中國抗日戰爭爆發以來，中國政府軍事委員會軍事法庭核准的第一個因作戰不力而被處決的高級將領。他的伏法使中國抗日軍民士氣為之一振，激勵了全國各地抗戰，尤其是正在山西與兇猛的日本侵略軍浴血奮戰的中國抗日軍隊。

進入9月中旬，日本軍隊連續突破雁門關等地之後，直撲中國山西省太原（陽曲）。中國各路大軍奉命開赴山西阻擊。不久，太原會戰的忻口戰役打響。忻口戰役（也稱忻口會戰）是中國抗日軍隊在華北抗戰中所組織的規模最大、戰鬥最為慘烈的陣地阻擊戰。日本軍隊在飛機、大炮、坦克等現代化武器的掩護下，猛烈攻擊我軍忻口週邊陣地和忻口主陣地，中國第二戰區各集團軍相互配合，浴血奮戰，陣地反復爭奪，雙方傷亡慘重。第三十四軍第二〇三旅旅長梁鑒堂少將、第三十四軍第一九六旅旅長姜玉貞少將、第九軍軍長郝夢齡中將、第五十四師師長劉家麒少將、獨立第五旅旅長鄭廷珍少將等高級將領均在戰鬥中殉國。我守軍有的部隊整排、整連、整營、整團，甚至是整旅的官兵戰死，有時"一天就垮掉11個團"的"奇重傷亡"。但是，中國軍隊軍人仍以簡陋的軍事裝備與日軍連續激戰50天之久（太原會戰），打出了中國軍隊的威風，挫敗了日本侵略軍瘋狂進攻氣焰。這除了中國抗日將士自身的愛國主義精神之外，還與張培梅將軍親赴抗日前線督戰，倡導抗日將士"寧死於戰場，不死於法場"的理念氛圍而拼死戰鬥是分不開的。

為此，在中國抗日戰場上，"寧死於戰場，不死於法場"已經成為中國抗日將士們堅決抗戰，寧死不退，寧死不降的口頭禪。

潰逃將難斬　執法將殉職

1938年2月中旬，日本軍隊瘋狂進犯晉西。國民革命軍陸軍第十九軍中將軍長王靖國奉命率部堅守隰縣以北的川口鎮一帶，阻擊日軍進犯。為確保阻擊的成功，張培梅將軍和趙戴文將軍親赴川口鎮督促王靖國，命令王靖國在此必須堅守3天。王靖國表示："3天之內可以守住，3天以外難保。"張培梅立即堅定地對王靖國軍長說："3天之內我一定派增援部隊支援你，3天之內只要守住川口就與你無關。"隨後，張培梅返回隰縣，立即與駐臨汾的閻錫山司令長官聯繫，商議和督促增援川口守軍事宜。

不料，張培梅返回隰縣不多時，得知川口一帶沒到3天就已經失守。王靖國所部在日軍的強大攻勢下抵擋不住，傷亡嚴重，王靖國帶領殘部撤出陣地逃到別處。同時，第六十一軍軍長陳長捷率部增援不利，導致防線被日軍突破。張培梅將軍勃然大怒，立即報請國家軍事委員會軍事執行總監部，下令按軍法處決臨陣脫逃、貽誤戰機的第十九軍軍長王靖國，處分第六十一軍軍長陳長捷。並親自帶執法隊員抓捕王靖國。王靖國嚇得魂飛魄散，到處躲藏，並想方設法利用與閻錫山司令長官的老關係進行疏通。

張培梅將軍抓捕不到、尋之不見王靖國，便找到了戰區司令長官閻錫山。出乎意料的是，閻錫山反而勸告張培梅不要急於追責王靖國罪責。張培梅與閻錫山爭辯說："抗日救國，不成功，便成仁，吾法不行之人，當行之己，吾若效彼敗軍之將，複何面目以對我軍民……"。閻錫山司令長官無言以對。

王靖國確屬死罪，卻得以逃脫，不能伏法。張培梅氣憤不過，認為自己身為抗戰執法總監，然罰不嚴，賞不明，不能嚴懲辱命之士，便是嚴重失職。不能忠於職守，無顏再見軍中將士，愧對國家的重用，更辜負了人民的養育之恩。1938年2月25日中午，張培梅留下一封勸誡長官閻錫山的遺書，支開隨身人員，服毒自戕，悲壯殉國。時年54歲。

1938年3月，中華民國國民政府在長安市為張培梅將軍舉行了隆重追悼大會。之後，中華民國國民政府明令褒獎張培梅將軍，特追晉陸軍一級中將軍銜。

張謂行將軍
General Zhang Xuhang

陸軍上將、中國軍事委員會天水行營副參謀長
General and Vice Chief of Staff of Tianshui Field Headquarters of the Chinese Military Commission

張謂行，字春生，譽稱"戰區靈魂"。中國軍事委員會天水行營中將副參謀長，著名抗日愛國將領。1903年出生於浙江省杭州市。1909年入本地學校讀書。1919年考入北京大學。後又考入保定陸軍軍官學校第九期。畢業投身軍旅，先後任連長、營長和上校主任等職。1932年考入中國陸軍大學第十期，畢業留校入研究院繼續深造。1935年任中國軍事委員會少將高參，為防範日本軍隊入侵中國與南京，奉命參與擬訂國家應對預案和保衛南京對日攻守計畫或方案。1936年任中國軍事委員會參謀部作戰處少將處長。張謂行性情溫善，足智多謀，極愛學習，過目不忘，講究效率，善於分辯，做事嚴謹，生活簡樸，熱愛公益，報國心強，精力充沛，勤奮忘我，待人誠懇，操守廉潔，經驗豐富，學富五車，部屬均敬而崇之。

1937年7月，蘆溝橋事變發生，日本出兵大肆侵略中國，打破了中國和平建設環境，中國政府被迫全力組織自衛應戰。張謂行任中國軍事委員會委員長保定行營作戰處處長，第一戰區少將副參謀長，指揮部隊阻敵南侵。1938年年初，參與擬訂黃河掘堤阻戰日軍計畫和徐州會戰與重兵調度方案。張謂行在殘酷戰爭中應付裕如，被晉升陸軍中將軍銜。1939年春，任中國軍事委員會委員長天水行營副參謀長。3月7日，張謂行在長安指揮部遭遇日本飛機毒氣彈轟炸，壯烈殉國。時年37歲。由於張諝行提出的抗戰方案、戰略構想和應變預案，在抗日戰爭中得到應驗和起到了重要作用。3月29日，中國政府為張諝行舉行隆重國葬大典，明令褒獎，追晉陸軍上將軍銜。

張諝行將軍為中國全面抗戰戰略方針、應變預案和作戰計畫的制定、實施做出了鉅大貢獻。

Zhang Xuhang, courteously named Chunsheng, a famous patriotic general of the War of Chinese People's Resistance against Japanese Aggression, had been hailed as "the Soul of the War Zone". He used to be the Vice Chief of Staff of Tianshui Field Headquarters of the Chinese Military Commission and Lieutenant General and Vice Chief of Staff of the 1st War Zone of the National Revolutionary Army. He was born in Hangzhou of Zhejiang Province in 1903. He studied at a local school in 1909. He was admitted to the Peking University in 1919. Then he went to study in the 9th session of Baoding Military Academy. After graduation, he joined the army and successively served as company commander, battalion commander and colonel director. In 1932, he was admitted to the 10th Session of China Army University and stayed in the University for further study after graduation. In 1935, he served as the Major General and Senior Staff of the Military Commission and participated in drafting plans for the defense of Nanjing. In 1936, he was appointed Major General of the Operations Department of the Staff Department of the Chinese Military Commission. Zhang's personality was gentle and kind, with a sharp mind and strategic thinking. He had a strong passion for learning, and was able to remember everything he read. He valued efficiency, was good at discernment, worked with strict discipline, and lived a simple life. He loved public welfare and had a strong sense of patriotism. He was energetic, diligent, and treated others with sincerity. He had a clean personal conduct, extensive experience, and profound knowledge. His subordinates all respected and admired him.

In July 1937, when the Lugouqiao Incident (the Marco Polo Bridge Incident) happened, the Japanese troops invaded China wantonly and broke the environment of China's peaceful construction. The Chinese government was forced to organize self-defense. Zhang Xuhang, as Chairman of the Baoding Camp Operations Division of the Chinese Military Commission, and Major General and Deputy Chief of Staff of the First War Zone, directed the troops to prevent the enemy from invading the South. At the beginning of 1938, he participated in drafting the plan of Yellow River Operations, the Battle of Xuzhou and the operation scheme of massive forces. He was promoted to the Lieutenant General. In the spring of 1939, he was appointed Vice Chief of Staff of Tianshui Camp, Chairman of the Chinese Military Commission. In the spring of 1939, he was promoted to be the Commander of Tianshui Field Headquarters. On March 7th, suffering a gas bomb by the Japanese forces in the Headquarter of Chang'an, he was unfortunately killed in action at the age of 37. The Anti-Japanese War Plan, Strategic Conception and Response Plan put forward by Zhang Xuhang played an important role in China's Anti-Japanese War. On March 29, the Chinese National Government held a grand state funeral ceremony for Zhang Xuhang and promoted him to be the General of army posthumously.

General Zhang Xuhang made great contributions to the formulation and implementation of the strategy and operational plans of the War of Chinese People's Resistance against Japanese Aggression.

投筆從戎　成就戰區靈魂

1931年9月18日，日本出兵侵佔中國東北。張諿行得知日軍的侵略暴行，憤然放棄自己優越的軍旅成長環境，潛心學習研究軍事。1932年春，考入中國陸軍大學第十期。他發奮學習，認真操練，全力研究對抗日本的軍事技術和應對預案。畢業考試，他獲得了120分滿分成績，創造了中國陸軍大學學員得分最高紀錄，被譽為"天才學員"，留校入研究院繼續深造學習。

1935年年初，張諿行調任中國中央軍事委員會少將高參。當時，日本正在加緊對中國華北地區的軍事擴張和經濟侵略，民族危機日益嚴重。面對日本軍國的咄咄逼勢，中華民國國民政府積極進行國防備戰應對，張諿行發揮了鉅大作用。1936年年底至1937年年初，參謀本部擬定了《民國二十六年度作戰計畫》，根據預期國際形勢的不同分為甲、乙兩案。甲案是針對中日戰爭可能爆發於日蘇戰爭之前而制定，乙案則是針對中日戰爭可能爆發於日蘇或日美戰爭之後而制定。如在作戰方針上，甲案規定："國軍以捍衛國土，確保民族獨立之自由，並收復失地之目的，在山東半島經海州——長江下游互杭州灣迤南沿海岸，應根本擊滅敵軍登陸之企圖。在黃河以北地區，應擊攘敵人於天津——北平——張家口一線，並乘機越過長城，采積極之行動殲滅敵軍。不得已時，應逐次佔領預定陣地，作韌強之作戰，隨時轉移攻勢，以求最後之勝利"。乙案則為："國軍以復興民族、收復失地之目的，於開戰初期，以迅雷不及掩耳之手段，於規定同一時間內，將敵在我國以非法所強佔領各根據地之實力撲滅之。並在山東半島經海州及長江下游杭州灣迤南沿海岸，應根本撲滅敵軍登陸之企圖。在華北一帶地區應擊攘敵人於長城迤北之線，並乘時機，以主力侵入黑水白山之間，采積極之行動，而將敵陸軍主力殲滅之。綏遠方面國軍應積極行動，將敵操縱之偽匪撲滅之，向熱河方面前進，以截斷敵軍後方聯絡線，俾我主力軍作戰進展容易。"在作戰指導要領上，甲案規定："國軍對恃強淩弱輕率暴進之敵軍，應有堅決抵抗之意志、必勝之信念。雖守勢作戰，而隨時應發揮攻擊精神，挫折敵之企圖，以達成國軍之目的；於不得已時，實行持久戰，逐次消耗敵軍戰鬥力，乘機轉移攻勢"。乙案規定："開戰初期，應以迅雷不及掩耳之手段，將敵在我國以非法佔領之各根據地之實力，在規定同一時間內，將其奇襲而撲滅之，俾爾後國軍作戰進展容易。國軍應以大無畏攻擊之精神，統一意志，對驕敵實行攻擊，挫折其企圖，以達收復失地之目的。"

國家首都是象徵戰爭勝敗的堅強核心與支柱。張諂行又奉命勘查首都南京附近的地形，根據"九‧一八"事變、"一‧二八"淞滬抗戰以及熱河、長城抗戰中，中國軍隊取得的對日軍作戰經驗和日本軍國的膨脹野心，張諂行擬訂了南京以及長江沿岸的攻防作戰計畫和應對預案，建議增強長江下中游諸要塞炮臺軍事力量。同時，他還勘察了江蘇、浙江沿海一帶防禦情況，京、滬、嘉、蘇、錫、常、澄、潤（鎮江）等地第二、三、四級防禦陣地，擬訂了我軍作戰指導綱領與詳細作戰計畫（方案），以及在京滬杭地區修築的三道國防工事線，即"乍嘉（乍浦到嘉興）、吳福（吳江到福山）和錫澄（無錫到江陰）國防線"（修建了大量碉堡群、抵抗和防空掩體，以及防禦工程。在1937年8月至12月阻擊日軍入侵中，發揮了鉅大作用。現在這些遺址大部分還堅固仍在）。防止日本軍隊從上海、浙江等沿海地區登陸，威逼首都南京。

1937年7月，蘆溝橋事變發生。日本軍隊沿中國平綏、平漢、津浦三條鐵路向華北地區發動大舉進攻，徹底打破了中國和平建設環境，中華民國國民政府全力組織軍隊抗擊日本軍隊入侵。中國軍事委員會在石家莊（石門）設立保定行營，統一指揮華北各部隊，負責津浦和平漢鐵路北段的作戰。張諂行任中國軍事委員會委員長保定行營作戰處少將處長，負實際調度和指揮部隊作戰之責。1938年年初，張諂行奉命在鄭州籌建中國第一戰區司令長官部，擔任副參謀長，負責主持對日作戰計畫制定和實施。

由於張諂行將軍提出的防禦日軍進攻的謀略計畫和應變預案等，在抗日戰爭中不斷得以實施驗證和使我國政府能夠應急處置或應付裕如。加之，張諂行將軍長期負責籌畫防禦戰爭準備和作戰計畫，運籌帷幄。其"戰區靈魂"的美稱，在中國軍內普遍傳開。

調兵遣將　喋血天水行營

1938年年初，在徐州會戰期間，張諂行與中國第五戰區李宗仁、李品仙、徐祖貽，以及孫連仲、湯恩伯等將軍指揮的部隊保持密切聯繫，適時調動和部署第一戰區部隊牽制和打擊日軍，有力支援了第五戰區部隊取得臺兒莊大捷的輝煌戰果。

日本軍隊在臺兒莊戰役遭受沉重打擊後，日本東京大本營先後秘密從國內和中國佔領區平、津、晉、皖、蘇等地調集部隊向徐州方面集結，圖謀在徐州一帶消滅中國軍隊第五戰區主力部隊。中華民國國民政府軍事委員會在衡量敵我雙方實力對比之後，同意第五戰區主力部隊突圍轉進。張韶行根據敵我態勢，擬訂了大部隊轉進方案，建議以一部不斷進攻反擊，在隴海路牽制日軍主力土肥原賢二師團，其他部隊則分成五路快速向預定地區轉進。張韶行的方案被採納以後，各部隊及時按照預定計劃，成功突破日軍包圍圈，順利進駐預定地點，使日本軍隊圍攻中國第五戰區主力部隊企圖徹底破產。

張韶行鑒於日本軍隊企圖強渡黃河，進攻豫東，打通平漢路，攻佔武漢，控制華中、華南的跡象，特別其飛機反覆轟炸黃河堤岸工事之行為。他縱觀全域權衡利弊，充分剖陳其利害與戰略價值——即因勢利用洪水阻敵，毅然提出修改制訂掘堤黃河阻戰日軍的計畫（早在1935年，中國就制訂了未來對日作戰時，日軍突破中原後掘堤黃河的應對預案）。最後，經中華民國國民政府軍事委員會委員長蔣中正批准實施。雖然，此掘堤計畫系國家重大軍事機密。但是，中國政府仍對國民百姓高度負責，決定由當地師管區和政府部門，全面負責組織動員轄區內和黃河掘堤淹沒區老百姓疏散、轉移或秘密遷移。

1938年6月3日，鄭州黃河花園口、趙口按軍事計畫掘堤後，黃河水如同脫韁的野馬，沖向侵佔豫東的日軍。氣焰萬丈的10多萬日本軍隊主力被困在滔天洪水之中，損失慘重。據日本官方檔案佐證："洪水到處，軍隊驚恐萬狀，東奔西突，人馬踐踏，車、馬、人員淹沒不計其數……"。據《抗戰建國大畫史》記載："敵重武器不能用，損折四萬餘人……"。從而改變了敵我雙方在中原大地上的攻防態勢，粉碎了氣焰囂張的日寇奪取鄭州後迅速南取武漢，西襲潼關的侵略企圖。黃河掘口在軍事上達到了預定效果。張韶行榮獲首功，被中華民國國民政府晉升陸軍中將軍銜。

1938年10月底，武漢會戰結束後，日本軍隊因傷亡慘重暫時停止了攻勢。中國軍隊在武漢會戰中與日軍連續作戰4個半月。雖然傷亡很重，但是整體戰鬥力得到提升，一改武漢會戰前的被動局面，開始掌握主動。因此，中華民國國民政府軍事委員會決定以劃分戰區為主要措施，重新調整作戰部署，與日本軍隊展開持久戰、遊擊戰，消耗和拖垮日本侵略軍。張韶行奉命擬訂具體作戰計畫，將長江以南各戰區劃歸桂林行營指揮，長江以北的第一、二、五、八、十戰區以及敵後冀察、蘇魯諸戰區劃歸天水行營指揮。經過專家認真研討，這一計畫全部被中華民國國民政府軍事委員會採納。

1939年春，中華民國國民政府軍事委員會委員長蔣中正，緊急召集張韶行到重慶受命。之後，張韶行任中國軍事委員會委員長天水行營副參謀長（程潛任主任），奉命立即趕赴長安，籌畫天水行營的組建工作，全面負責天水行營的統籌計畫和指揮作戰。

天水行營下轄7個戰區、14個省和250多個師的兵力與組織指揮，任務非常繁重。張謂行在其駐所安裝了5臺專線電話機，直接通往重慶和前線各戰區。張謂行將軍精力充沛，工作效率特別高，每天除處理前方緊急軍情、指揮作戰之外，還要處理例行公事文件近千件、天水行營的具體事務與擬訂戰役方案，以及關注日本、德國和國際動態等。

1939年3月7日下午4時許，日本突然出動大批飛機，攜帶重磅炸彈和毒氣彈對長安天水行營辦公所在地進行狂轟濫炸，張謂行等軍事指揮人員立即進入附近防空洞躲避。由於日本飛機輪番轟炸，防空洞的進出口和通風洞均被炸毀堵塞。張謂行在防空洞內指揮大家進行自救、互救和掘洞通風，導致消耗體力能量過大，加之大量毒氣滲入洞內和通風不良，張謂行等將士不幸窒息身亡，為國犧牲。張謂行時年37歲。

1939年3月29日，中華民國國民政府為張謂行將軍舉行了隆重國葬大典，下半旗致哀3日。其遺體安葬在陝西省長安縣翠華山麓太乙宮前，以永志紀念。同時，中華民國國民政府頒佈褒揚令，褒揚張謂行抗日報國之事蹟，追晉陸軍上將軍銜。

張競渡將軍
General Zhang Jingdu

陸軍少將、國民革命軍黑龍江步兵暫編第二旅旅長

Major General and Brigadier of the 2nd Provisional Brigade of Heilongjiang Infantry, National Revolutionary Army

　　張競渡，字仲楫。中國國民革命軍黑龍江步兵暫編第二旅少將旅長，著名抗日愛國將領。1904年出生於奉天省開原縣一書香之家。幼年入私塾讀書。1912年入奉天小學學習。1918年考入北平正志中學。1923年春考入東北陸軍講武堂第五期步兵科。1925年以優異成績畢業，被授予陸軍中校軍銜。1928年被保送中國陸軍大學深造。畢業後歷任國民革命軍黑龍江省督軍署營長、團長和旅長等職。

　　1931年"九·一八"事變發生，日本出兵侵略中國東北，破壞了東北和平環境。張競渡任國民革命軍東北邊防軍黑龍江步兵暫編第二旅少將旅長，率部參加江橋抗戰。11月4日晨，帶領2000餘名官兵在嫩江北岸阻擊日軍中負傷，仍浴血奮戰16天，重創日軍。後組建成立東北抗日救國義勇軍，任總司令，率部轉戰於黑龍江地區，給予日本侵略軍沉重打擊。1932年10月，與蘇炳文等抗日將領，組建東北民眾救國軍，率部轉戰於嫩江、訥河、甘南等地，連克數鎮。12月，張競渡遭敵人誘捕，寧死不降，被日軍殺害於齊齊哈爾。為國捐軀，時年29歲。

　　Zhang Jingdu, courteous name Zhongji, a famous patriotic general of the War of Chinese People's Resistance against Japanese Aggression, had been the Major General and

Brigadier of the 2nd Provisional Brigade of Heilongjiang Infantry, National Revolutionary Army. In 1904, he was born into a scholarly family in Kaiyuan County, Fengtian Province. He was first educated at an old-style private school and then at Fengtian Primary School. In 1918, he was admitted to Beiping Zhengzhi Middle School. In spring of 1923, he passed into the Infantry Department of the 5th Class of the Northeast Military Academy from which he graduated with honors and was awarded the rank of Lieutenant Colonel in 1925. In 1928, he was sent to China Army University. After graduation, he had served successively as the Battalion Commander, the Regimental Commander and the Brigadier of Heilongjiang Military Governor of the National Revolutionary Army.

In 1931, the September 18th Incident happened, Japan sent troops to invade Northeast China, breaking the peace-building environment in China. Zhang Jingdu, serving as the Major General and Brigadier of the 2nd Provisional Brigade of Heilongjiang Infantry, Northeast Frontier Army of Chinese National Revolutionary Army, participated in the Anti-Japanese War in Jiangqiao. In the morning of November 4th, he was wounded at the north shore of Nenjiang where he and more than 2000 soldiers resisted the Japanese armed forces in vehement battles. Despite of his injury, he kept on fighting for 16 days and battered the Japanese invaders. Then he organized soldiers and established the Northeast People's National Salvation Volunteer Army. As the Commander-in-Chief, he led the army to resist the invasion of the Japanese enemies and inflicted great damage on Japanese invaders. In October 1932, he and Su Bingwen and other leaders built the Northeast People's National Salvation Army, and then he led his troops to fight in the region of Nen River, Nehe and Gannan where he reclaimed several towns from the occupation of Japanese enemies. In December, he was trapped by the enemy and was captured. Would rather die than surrender, he was murdered by the enemy, sacrificing his precious life for the noble cause of peace at the age of twenty-nine.

彭雄將軍
General Peng Xiong

國民革命軍新編第四軍第三師參謀長兼蘇北軍區參謀長
Chief of Staff of North Jiangsu Military Region and Chief of Staff of the 3rd Division of the 4th New Army of the National Revolutionary Army

　　彭雄，原名文燦。中國國民革命軍陸軍新編第四軍第三師參謀長兼蘇北軍區參謀長，著名抗日愛國戰將。1914 年出生於江西省永新縣一個農民家庭。1928 年參加工農紅軍。1932 年秘密加入共產黨。1934 年任紅軍獨立第二十三師師長。並隨部參加長征。1935 年任紅一軍團第四師司令部參謀。1936 年任紅一軍團第四師參謀長。率部參加了"東征"與"西征"。

　　1937 年 7 月，蘆溝橋事變發生，日本出兵大肆侵犯中國。打破了中國和平生活環境，中國政府號召全國軍民團結一致，共同阻擊日本軍隊入侵，中華民族抗日戰爭全面爆發。工農紅軍積極響應，所部奉命改編中國國民革命軍陸軍第八路軍（後改稱第十八集團軍），開赴華北前線參加抗日。彭雄任第八路軍第一一五師第三四三旅第六八六團參謀長，奉命率部參加太原會戰。1939 年 7 月，任第一一五師獨立旅副旅長兼魯西軍區副司令員。1940 年 2 月，任黃河支隊支隊長，率部在山東省西部展開遊擊戰。1941 年年初，率部進入江蘇省北部，建立根據地，任新編第四軍第三師參謀長兼蘇北軍區參謀長。1943 年 3 月 17 日，彭雄奉命率隊乘船赴延安途中，在江蘇省贛榆縣小沙村東部海面，同日軍艦艇遭遇，在激戰中負傷。18 日，彭雄為國捐軀。時年 30 歲。

Peng Xiong, formerly named Peng Wencan, a famous patriotic general of the War of Chinese People's Resistance against Japanese Aggression, had been the Chief of Staff of North Jiangsu Military Region and Chief of Staff of the 3rd Division of the 4th New Army of the National Revolutionary Army. He was born in a peasant family in Yongxin County, Jiangxi Province in 1914. In 1928, he joined the Chinese Workers' and Peasants' Red Army. In 1932, he joined the Chinese Communist Party. In February 1934, he was appointed the Commander of the 23rd Independent Division of the Chinese Workers' and Peasants' Red Army and took part in the Long March. In 1935 he served as the Chief of Staff of the 4th Red Army Headquarters. In 1936, he was promoted to the Chief of Staff of the 4th Division of the 1st Group Army of the Red Army. He led troops to the Eastern and Western expeditions.

In July 1937, the Lugou Bridge Incident happened. Japan sent troops to invade China and broke the peaceful environment of China's development. The Chinese government made full efforts to organize self-defense and the War of Chinese People's Resistance against Japanese Aggression broke out in all directions. The Workers' and Peasants' Red Army was ordered to reorganize into the Eighth Route Army of the National Revolutionary Army and Peng Xiong was appointed as the Chief of Staff of the 686th Regiment of the 343rd Brigade of the 115th Division of the 8th Route Army. He led his troops to take part in the Battle of Taiyuan. In July 1939, he was appointed as the Deputy Commander of the Western Shandong Military Region and Deputy Commander of the Independent Brigade of the 115th Division. In February 1940, Peng Xiong was appointed as the Commander of the Yellow River Guerrilla Unit and led his troops to conduct guerrilla warfare in the western part of Shandong Province. In early 1941, his forces entered the northern part of Jiangsu Province, establishing a base area. Peng Xiong served as the Chief of Staff of the 3rd Division of the New 4th Army and the Chief of Staff of the North Jiangsu Military District. On March 17, 1943, while en route to Yan'an by boat, Peng Xiong's vessel encountered a Japanese warship in the eastern sea area of Xiaosha Village, Ganyu County, Jiangsu Province. In the fierce battle that followed, Peng Xiong was injured. On the 18th of the same month, Peng Xiong sacrificed his life for his country. He was 30 years old at the time.

挺進華北　伏擊日軍

1937年7月7日，蘆溝橋事變發生，日本出兵大肆侵犯中國。中國政府動員與號召全民、全軍和全國各黨派聯合起來共同抗擊日本軍隊入侵，維持我們祖先數千年來遺給我們的光榮歷史與版圖，驅逐倭寇，捍衛和平。中華民族抗日戰爭全面爆發。共產黨積極響應，立即發表了《中國共產黨共赴國難宣言》。8月25日，共產黨所領導的紅軍部隊奉命改編國民革命軍陸軍第八路軍（9月11日，中華民國國民政府軍事委員會又發佈電令，將八路軍番號改為第十八集團軍），開赴華北抗日前線參戰。彭雄任第八路軍第一一五師第三四三旅第六八六團參謀長。

8月下旬，第一一五師奉命從陝西省三原出發，東渡黃河，開赴華北抗日前線，參加太原會戰。9月25日，彭雄與團長李天佑奉命率第六八六團和友鄰部隊在平型關喬溝一帶設伏，一舉殲滅日本輜重部隊近1000人，擊毀日軍運輸車上百輛，繳獲大量軍用物資。

1938年9月上旬，日本華北方面軍為策應武漢作戰和圍攻晉察冀邊區，以第一〇八師團一部沿汾（陽）離（石）公路西犯，先後佔領離石、柳林，進逼軍渡、磧口，威脅黃河河防和陝甘寧邊區安全。9月14日拂曉，以楊勇為團長、彭雄為參謀長的第六八六團，奉命由南北偏城出發，在離石縣東南與汾陽縣交界處的薛公嶺設伏，伏擊日軍汽車運輸隊。薛公嶺是太（原）綏（德）公路交通要隘，山嶺上長滿灌木和低矮叢林，不便敵軍觀察，利於我軍隱蔽。第六八六團遂以主力在公路南側設伏，一部埋伏於公路北側。14日上午10時許，日寇20輛汽車載步兵200餘人進入第六八六團伏擊區域。楊勇、彭雄等即命令部隊用八二迫擊炮轟擊日軍汽車，爾後南北伏兵同時殺入敵陣，經過一小時戰鬥，全殲該敵，擊毀日軍汽車20輛。

9月19日，日軍一部開始由離石向東撤退。八路軍第一一五師遂令第六八六團、六八五團一部及補充團於薛公嶺東南的五家池附近公路兩側，利用有利地形設伏。第六八六團參謀長彭雄協助團長楊勇詳細瞭解地形，分析敵情，然後精心部署，將二營埋伏在公路南側鐵剪溝附近。20日拂曉，第六八六團設伏完畢。上午9時許，日軍先頭部隊800多人進入我伏擊地區。第六八六團與兄弟部隊同時開火，對日軍展開猛烈攻擊。經過一小時激戰，共擊斃日軍官兵800多人，繳獲軍馬百餘匹，各種槍械400餘支。

開赴魯蘇　打擊日軍

1939年3月，第一一五師師部及第三四三旅抵達敵後魯西地區，彭雄率領補充團也同時進入魯西地區。7月初，補充團與第一一五師特務營、第六八六團第三營合編第一一五師獨立旅，彭雄任副旅長。

1940年2月，由第一一五師獨立旅第一團、第二團與魯西遊擊第八支隊合併，編為黃河支隊，彭雄任支隊長。同年6月，黃河支隊奉命進入湖西地區（當時稱蘇魯豫邊區）。湖西地處魯西南，蘆蕩千頃，沃野百里，進可直下中原，退可隱身於蘆蕩內，是伏擊日寇的有利區域。但是，敵人也並不輕視這一地區。

1940年夏季的一天，黃河支隊司令部所駐村被日軍偵知。日軍乘十幾輛汽車猛撲而來。彭雄立即指揮官兵們在村頭阻擊，連續打退敵人七次衝鋒。但是，仍有九輛汽車衝進了村子。彭雄率官兵在村子內與日軍展開迷藏戰術，待村民撤入蘆蕩後，命令其他人員先撤，自己殿後掩護並最後撤離村子。當所有官兵和村民從另一側安全撤離後，彭雄飛身跨上一匹白色戰馬，閃電般向村外飛奔，兩支駁殼槍左右開弓，連連擊中敵人，很多日本兵不知道發生了什麼事便中彈倒地。等敵人醒悟時，彭雄已衝出了包圍圈。日軍的九輛汽車開足馬力猛追，馬達聲、槍聲大作。子彈從彭雄身邊飛過，彭雄忽左忽右，忽高忽低向前飛奔，憑著對地形的熟悉，專挑田埂、塘邊蘆叢飛奔，而汽車卻在窄小的道路上無法行駛，汽車上的日軍眼巴巴地望著彭雄消失在天地之間的蘆蕩中。從此，彭雄騎馬率部與日軍周旋於湖西地區的事蹟和相關戰鬥奇跡在民間傳開。當地軍民給彭雄送了一個"白馬將軍"的美稱。並在民間被編成民謠傳誦："澇怕陰，旱怕晴，鬼子漢奸怕彭雄。聽到彭雄來，鬼子漢奸跑掉鞋。聽到彭雄到，鬼子漢奸不敢笑……"。

1941年年初，根據上級統一整編新四軍的指示，將挺進淮海、鹽阜地區的八路軍第五縱隊改編為國民革命軍陸軍新編第四軍第三師，黃克誠任師長兼政委，彭雄任參謀長；同時，彭雄兼任蘇北軍區參謀長。9月，彭雄指揮第二十二團進行鄭潭口戰鬥，採取兩頭夾攻、逐段攻擊的辦法，迅速攻克了被日偽軍稱為"模範工事"的漣水縣東北鄭潭口據點，全殲日偽軍600餘人，繳獲重機槍2挺，輕機槍3挺，各種步槍500多支，手槍30餘支。此戰，使鹽阜、淮海兩個抗日遊擊區連成一片。

船艦激戰　殉國贛榆

1943年3月，彭雄和第八旅旅長田守堯等奉命率新四軍幹部隊與護送人員一行51人，由鹽阜區乘船經海上到贛榆縣柘汪口登陸赴延安學習，彭雄任隊長。3月16日，彭雄率隊乘一隻木船從鹽河口出發。高大的桅杆鼓起篷帆，乘風破浪，由黃海向北駛去。

3月17日黎明時分，大木船航行了一夜。天亮後風漸漸地小了，船也駛得慢了。水手小張急忙跑進艙裡報告："彭參謀長，風停了！"彭雄來到船頭，舉著望遠鏡，邊觀察海面，邊問船老大："到了什麼地方？""那邊就是奶奶山（秦山島），到柘汪口還有七八十海里。"彭雄鎮靜地說："同志們，不要緊，周圍漁船很多，日軍不一定會發現我們。"東方泛白，海水閃著亮光。一會兒，在茫茫海上出現了一個小黑點，且越來越近了，掌舵的船老大不禁大聲呼叫："那是日軍的巡邏艇，糟糕……"。

彭雄迅速到各艙裡佈置："把子彈推上膛，準備好手榴彈，敵人不上來，我們不開槍，敵人要上船，聽我的命令。"

砰！對方傳來一聲槍響，隨即又是一槍，都是向天空放的。船老大和水手們知道這是敵人訂下的海上航行"規矩"，馬上把篷帆降了下來。馬達聲越來越響，日軍巡邏艇也越來越近。甲板上站著幾個日本鬼子，蠻橫地端著槍。巡邏艇顛簸著靠近了木船，碰得木船搖晃起來。站在前面的日酋讓翻譯官問道："你們上哪裡去？幹什麼的？"船老大回答："從上海來，到青島去做買賣。""船上有什麼東西？統統的登記！"日酋帶著翻譯官欲要登船。

"打！"彭雄發出了戰鬥命令。頓時，手榴彈、二十響駁殼槍打得日本鬼子措手不及，有的撲屍甲板，有的跌入海裡。日軍巡邏艇立即開足馬力掉頭駛到400米以外的地方停下來。不一會兒，日酋組織火力，用機槍向木帆船猛烈掃射。臥在船上面的人，有的中彈負傷，有的犧牲了。坐在艙裡的人，有幾個倒在了艙板上。

彭雄腿部中彈。警衛員把他扶回艙裡，大家急忙給他包紮傷口。他焦急地說："別圍著我，快去抵抗敵人，快去……"。下午1時許，巡邏艇上日酋看到木船上槍聲停止，第三次向木船撲來。彭雄堅定地說："同志們，我們絕不投降，絕不做俘虜，哪怕剩下一個人也要打下去！"一陣陣駁殼槍彈，射向敵巡邏艇。日軍的機槍也不斷向木船射擊，彭雄胸口又中彈，倒在了前艙。

又過了一個多小時，海風又起，木船上扯起帆篷，向西北方急駛而去！船行不到半小時，從贛榆方向駛來了一艘巡邏艇，繼續追趕木船。第八旅旅長田守堯當即決定靠岸，從陸地上到山東抗日根據地去。彭雄聽說要上岸，在半昏迷的狀態中說："對，上岸去！上岸找一一五師師部。"當船行駛到贛榆縣小沙村東部附近海面，將要靠近海岸時，官兵們冒著敵人的槍林彈雨下船登陸。並把彭雄抬上岸，進行止血、包紮。1943年3月18日淩晨1時許，彭雄因流血過多，壯烈殉國。年僅30歲。此次小沙東海戰共犧牲軍官和護送人員28人。

彭雄犧牲後，靈柩運到了第一一五師師部。第一一五師羅榮桓政委親自主持了追悼會。並將其遺體安葬在贛榆縣馬鞍山烈士陵園（馬鞍山烈士陵園，後改名為贛榆縣抗日山），以永祭紀念。

彭士量將軍
General Peng Shiliang

陸軍中將、國民革命軍第七十三軍暫編第五師師長

Lieutenant General and Commander of the Provisional 5th Division of the 73rd Army of the National Revolutionary Army

　　彭士量，號秋湖。中國國民革命軍陸軍第七十三軍暫編第五師少將師長，著名抗日愛國戰將。1904年8月出生於湖南省瀏陽縣。自幼天資聰穎，勤奮好學。1924年考入湖北省明德大學。1925年考入廣州黃埔陸軍軍官學校第四期政治科。1932年被選拔入中國陸軍大學第十一期學習深造。在軍旅中先後任國民革命軍排長、連長、營長和團長等職。

　　1937年7月，蘆溝橋事變發生，日本出兵大肆入侵中國，打破了中國和平建設環境，中國政府全力組織自衛應戰。彭士量任國民革命軍陸軍第十四軍第八十三師補充團上校團長，奉命率部參加平漢路北段阻擊戰和太原會戰。1938年5月，任第七十五軍預備第四師少將參謀長，奉命率部參加武漢會戰，榮立戰功，受到宋慶齡女士的嘉勉。1940年4月，奉命率部參加棗宜會戰（在棗陽和宜昌地區抗擊侵華日軍的大型戰役）。1941年年底，任第七十三軍暫編第五師副師長，奉命率部參加第三次長沙會戰。1942年秋，任第七十三軍暫編第五師師長。1943年春，奉命率部參加鄂西會戰（在湖北省西部地區長江沿岸抗擊侵華日軍的大型戰役）。11月初，在常德會戰中，彭士量奉命率部防守石門縣城，指揮部隊與日軍浴血奮戰，與敵大戰10晝夜後傷亡慘重，奉命率餘部突圍。11月15日，彭士量在石門新關以南岩門口與日軍遭遇，身中敵彈，壯烈殉國。時年 40 歲。1944 年 2 月，中華民國國民政府明令褒揚彭士量英勇殺敵和廉潔自恃之事蹟，追晉陸軍中將軍銜。

Peng Shiliang, courteously named Qiuhu, a famous patriotic general of the War of Chinese People's Resistance against Japanese Aggression, had been the Major General and Commander of the 5th Provisional Division of the 73rd Army of the National Revolutionary Army. He was born in August 1904, in Liuyang County, Hunan Province. In 1924, he was admitted to the Hubei Mingde University. In 1925, he was admitted to the 4th session of Whampoa Military Academy. In 1932, he was selected into the 11th session of China Army University from which he graduated. Since then, he had served as the Platoon Leader, Company Commander, the Battalion Commander, the Regimental Commander and so on.

In July 1937, the Lugouqiao Incident happened. Japan sent troops to invade China and broke the peaceful environment of China's development. The Chinese government made full efforts to organize self-defense, and the War of Chinese People's Resistance against Japanese Aggression broke out in all directions. Peng Shiliang was the head of the 83rd Division of the 14th Army of the National Revolutionary Army, and was ordered to take part in the Battle of North of Pinghan Road and Taiyuan Battle. In May 1938, he served as Chief of Staff of Major General of the 4th Division of the 75th Army Preparatory Division and led the troops to participate in the Wuhan Battle. In April 1940, he led his troops to the Zaoyi Battle. Peng fought against the Japanese troops in western Hubei and northern Hunan for many times, giving the Japanese aggressors a heavy blow. Due to his military achievements, he was promoted to Deputy Division Commander of the 5th Provisional Division of the 73rd Army at the end of 1941, and later to major general and division commander in the fall of 1942. In the spring of 1943, he led his troops to the Western Hubei War. In early November, during the Battle of Changde, Peng Shiliang was ordered to defend the city of Shimen in Xiangxi County. He commanded his troops to engage in fierce combat with the Japanese army, fighting relentlessly for 10 days and nights. Despite heavy casualties, he was ordered to lead the remaining forces in a breakout. On November 15, Peng Shiliang encountered the Japanese army south of Xin Pass in Shimen and was struck by enemy gunfire, heroically sacrificing his life. He was 40 years old at the time. In February 1944, the National Government of the Republic of China issued an official commendation for his bravery, honesty and self-discipline, posthumously promoting him to the rank of Lieutenant General in the Army.

轉戰華北華中　高歌猛進

　　1937年7月7日，蘆溝橋事變發生，日本出兵大肆入侵中國河北，打破了中國和平建設環境，中國政府全力組織自衛應戰，中華民族艱苦卓絕的抗日戰爭全面爆發。彭士量任國民革命軍陸軍第十四軍第八十三師補充團上校團長，奉命率部由河南省開赴河北，在平漢路北段沿線阻擊日本軍隊入侵。9月，奉命率部參加太原會戰，在山西省忻口與入侵日軍展開激烈廝殺。1938年5月，任第七十五軍預備第四師少將參謀長，奉命率部參加武漢會戰。積極配合師長傅正模指揮作戰。因指揮有方，給予日軍重大殺傷，國家授予彭士量陸海空軍甲種一等獎章，受到了宋慶齡女士的接見與嘉勉。1940年4月，奉命率部參加棗宜會戰。1941年春，彭士量調任國民革命軍第六戰區司令長官部高級參謀兼幹訓團教育處處長。年底，任第七十三軍暫編第五師副師長，奉命率部參加第三次長沙會戰。

　　1942年1月，彭士量任陸軍第七十三軍暫編第五師代理師長，不久升任師長。暫編第五師是由湘西少數民族子弟組成的抗日軍隊，他們不僅勇猛善戰，而且能歌善舞，所以領導這樣軍隊的指揮官必須文武兼備。由於彭士量具備這樣的素質，且治軍寬嚴並濟，獎功罰過，不問親疏，深得部屬信服，也受到上峰及社會各界的讚譽。尤其彭士量將軍清正廉潔，一身正氣，在官兵中處處起模範作用。他還經常帶領官兵大唱抗日歌曲，鼓舞鬥志，提高部隊整體素質。《犧牲已到最後關頭》戰歌已成為暫編第五師人人會唱的師歌：

　　"向前走，別退後，生死已到最後關頭！

　　同胞被屠殺，土地被強佔，我們再也不能忍受，我們再也不能忍受！

　　亡國的條件我們決不能接受！

　　中國的領土，一寸也不能失守！

　　同胞們！向前走，別退後！

　　拿我們的血和肉，去拼掉敵人的頭，犧牲已到最後關頭，犧牲已到最後關頭！

　　向前走，別退後，生死已到最後關頭！

　　拿起我刀槍，舉起我鋤頭，我們再也不能等候，我們再也不能等候！

　　中國的人民一齊起來救中國，

　　所有的黨派，快快聯合來奮鬥！

　　同胞們，向前走，別退後！

　　拿我們的血和肉，去拼掉敵人的頭，犧牲已到最後關頭，犧牲已到最後關頭！"

　　……

陸軍暫編第五師在彭士量的帶領下，軍紀嚴明，作戰勇敢，在鄂西、湘北一帶駐防時，多次同日軍交鋒，屢屢力挫日軍瘋狂進攻。已成為一支聞名遐邇的抗日勁旅。

率部大戰鄂西　戰意堅強

1943年4月，日本第十一集團軍為打擊鄂西中國守軍第六戰區主力，進一步控制長江中上游交通，進而威脅四川，奪取洞庭湖主要產糧區和水上中國船舶，秘密策劃向鄂西進攻。日本集中四個主力師團和一個旅團共計十萬餘人，分別在宜昌、枝江、彌陀寺、藕池口、華容一帶集結。日軍集結進攻的跡象被中國第六戰區察覺，為了抵禦日軍的進攻，中國第六戰區司令長官部決定在宜昌以西的石碑至石首以南的南縣、沿長江一線及其縱深地區，部署四個集團軍共14個軍。計畫先依託已設陣地，逐次阻擊日軍，待日軍進至石碑以南漁洋關一線時，適時反攻包圍日軍，將其殲滅。暫編第五師奉命參戰。

5月5日，鄂西會戰拉開序幕。彭士量率暫編第五師進駐洞庭湖北岸一帶陣地，奉命阻擊日本第四十師團主力一部。日軍來勢洶洶，氣焰囂張。大戰在即，彭士量親自動員，勉勵全師官兵恪盡守土之責，誓與陣地共存亡。5月8日，日軍在飛機、大炮和長江艦隊優勢火力的支援下，迅速攻至安鄉、南縣一帶。彭士量率暫編第五師與第七十三軍將士同日軍展開激戰，逐次抵抗。他親臨前線觀察敵情與指揮，面對日軍的優勢火力，命令部隊充分利用現有地形地物，巧妙隱蔽，適時出擊與頑強阻擊相結合；同時派出小股部隊，進行穿插襲擊、側擊或聲東擊西，配合正面部隊殲滅日軍有生力量。經過一番激戰，暫編第五師打得日軍暈頭轉向、屍橫遍野。暫編第五師雖也傷亡較大，但仍士氣昂揚，憑藉自身勇猛善戰特長和一腔愛國熱血，拼力抵抗，寸土不讓，與日軍相持半月之久，令日軍進攻進展不大。5月底，中國軍隊發動全面反擊，日軍開始潰退，鄂西會戰結束。暫編第五師在洞庭湖北岸一帶打出了中國軍隊的威風，日軍電臺與報紙也不得不稱暫編第五師為"戰意堅強、不可輕侮之師"。

鄂西會戰歷時月餘，中國軍隊依託要塞工事和長江天險與日軍展開激戰，並適時發動反擊，追擊敵人，收復失地，共斃傷日軍10000餘人。暫編第五師打出了中國軍隊的雄獅之威。

參加常德會戰　為國盡忠

1943年秋，太平洋戰場形勢發生根本性變化，日本侵略軍由攻勢被迫轉入守勢。在中國戰區，盟軍也開始有計畫反攻緬甸。日本軍隊為牽制中國軍隊主力，策應其在太平洋戰場和印緬戰場的軍事行動，決定對中國常德發起進攻，摧毀中國軍隊第六戰區根據地。日本認為常德是中國西部軍事、政治、經濟的中心，是重慶補給供應的命脈和關鍵，也是戰略要衝。如佔領此地，向東南可窺長沙、衡陽，向西可窺四川東部，威脅中國臨時抗戰指揮中心首都重慶。因此，日本對常德是垂涎三尺。1943年10月，日本秘密糾集了五個主力師團和其他師團一部及偽軍一部，共約十萬餘兵力，準備大舉進攻以常德為中心的洞庭湖西岸地區。由於日軍各部頻繁調動，已被中國政府偵知。中國政府命令第六戰區和第九戰區聯合行動，司令長官部決定採取避敵鋒芒伺機殲敵的作戰方針，以精銳部隊固守核心陣地，主力先在正面逐次抵抗，遲滯、消耗、拖疲日軍，爾後適時轉入外線作戰，最後與核心部隊裡應外合，夾擊日軍。第七十三軍與部分兄弟部隊的作戰任務是在常德週邊阻擊日軍。暫編第五師奉命駐守常德以北的石門縣城，阻止日軍從常德以北迂迴包抄。常德會戰拉開帷幕。

　　1943年11月2日，日本軍隊向常德、桃源一線中國軍隊陣地發動猛烈進攻。常德以北之石門城是常德前哨，易攻難守（沒有堅固的城牆），日軍對此是志在必得。暫編第五師進駐石門城後，彭士量當即命令部隊構築工事，補充彈藥，並號召全師將士同陣地共存亡，與敵血戰到底，保衛家鄉，捍衛和平。11月6日，日軍主力在優勢火力支援下兵分三路合圍石門：一路由合口渡澧水向石門進攻；一路由王家廠向新安進攻；另一路由煖水街向南猛撲新堰口街店子。彭士量指揮暫編第五師將士節節抵抗，屢屢挫敗日軍進攻。經過兩日血戰，因日軍炮火猛烈，暫編第五師傷亡慘重，周邊和前沿陣地終被日軍突破。彭士量指揮部隊撤入石門城，依託城防工事繼續阻擊日軍。11月8日，日軍第三師團、第十三師團一部向石門猛赴而來，先頭部隊包圍了石門，並在航空兵的配合下開始猛攻石門城。戰況異常慘烈。暫編第五師傷亡加重，石門城外日軍屍體亦堆積如山。

　　欲占常德，必須先占石門。因此，日軍大部隊滾滾而來，攻勢一再加強：11月13日拂曉，日軍發動車輪式進攻，炮火更加猛烈，石門仍巍然不動。14日，日軍又增加援兵向石門北郊筆架山、大山尖、孫家大山發起重點進攻，守軍奮力抵抗。彭士量指揮暫編第五師與敵在川心鋪、雙溪坪、草林鋪等高地展開拼殺，戰鬥相當殘酷激烈。日寇多次猛攻均未得逞，便慘無人道地施放毒氣，致使堅守紅土坡暫編第五師一個加強營全體官兵壯烈犧牲。暫編第五師北面防線終被日軍突破，一部日軍竄入城內。彭士量遂率部與日軍展開巷戰，將竄入之敵全部殲滅。14日夜，日軍發動集團式衝鋒，以多梯隊攻城，石門城局勢萬分危急。彭士量親自到西城巡查，命令增築工事，曉諭官兵死守，帶領大家再次將攻城日軍擊潰。石門仍屹立無恙，血跡斑斑的國旗依然高高飄揚在城內最高處。彭士量電呈司令長官部："……決與石門共存亡！"

　　1943年11月15日拂曉，日軍再度向石門城發起攻擊，彭士量率全師官兵頑強抗擊。

至此，彭士量已率暫編第五師連續苦戰數晝夜，部隊傷亡過半，日軍兵力又數倍於我。激戰至下午3時許，日軍三面進攻，並以飛機大炮集中轟炸，多處城垣工事均被轟毀，守備官兵全部陣亡，日軍借此突入城內。暫編第五師餘部在城內與日軍展開了殘酷的肉搏戰。彭士量師長身先士卒，持槍奮勇搏殺，街、巷、民房皆成為殺敵的據點。血戰至15日黃昏，彭士量奉命集合餘部撤出石門，向西轉移。在部隊行至新關以南岩門口附近渡河時，突然遭遇日軍猛烈攻擊。彭士量指揮部隊奮力突圍，在日軍猛烈炮火攻擊下，暫編第五師官兵傷亡較大，彭士量亦身負重傷，鮮血染紅衣服。然而，彭士量仍緊咬牙關指揮部隊突圍，並告慰官兵："……大丈夫為國家盡忠，為民族盡孝，死何憾焉！"終因傷勢太重，流血過多，彭士量壯烈殉國。年僅40歲。

常德會戰，我軍共斃傷日軍20000餘人。彭士量率暫編第五師與日寇硬拼血戰，消耗遲滯日軍大量兵力，拖延了日軍集結和進攻時間，使中國主力軍隊得以充分轉進包抄，贏得常德會戰之最終勝利。當部下在整理裝殮彭士量將軍遺體時，在其身上沒有發現半文錢，僅在口袋內發現留下的遺囑：

（一）余獻身革命，念茲於年，早具犧牲決心，以報國家，茲奉令守備石門，任務艱鉅，當與我全體官兵，同抱與陣地共存亡之決心，殲彼倭寇，以保國土，倘於此次戰役中，得以成仁，則無遺恨。惟望我全體官兵服從副師長指揮，繼續殺敵，達成任務。

（二）余廉潔自恃，不事產業，望余妻刻苦自持，節儉以活，善侍翁姑，撫育兒女，俾余子女得以教養成材，以繼余志。

此囑 秋湖
中華民國三十二年十一月十二日

彭士量師長的愛國衷腸和廉潔自恃之精神，可敬可佩，正乃中國軍人之典範。1944年2月，中華民國國民政府頒佈褒揚令，追晉彭士量陸軍中將軍銜。其遺體安葬於湖南省衡山南嶽國家忠烈祠。

黃梅興將軍
General Huang Meixing

陸軍中將、國民革命軍第七十二軍第八十八師第二六四旅旅長

Lieutenant General and Commander of the 264th Brigade of the 88th Division of the 72nd Army of the National Revolutionary Army

　　黃梅興，字敬中，譽稱"抗日戰將"。中國國民革命軍陸軍第七十二軍第八十八師第二六四旅少將旅長，著名抗日愛國戰將。1904年出生於廣東省平遠縣東石鎮。1911年入本地私塾讀書。1917年考入縣立平遠中學。1921年考入廣州憲兵學校。1924年考入廣州黃埔陸軍軍官學校第一期。畢業後分配軍校教導團，開始軍旅生涯。先後任排長、連長、營長和團長等職。

　　1932年上海"一·二八"事變爆發，日本出兵入侵中國上海。黃梅興任國民革命軍陸軍第八十八師第二六四旅上校副旅長兼第五二七團團長，奉命率部參加上海抗戰，因戰功晉升第二六四旅少將旅長，榮獲"抗日戰將"美譽。1937年8月13日，日本出兵再次入侵中國上海。徹底打破了中國和平建設環境，中國政府奮力組織自衛應戰。黃梅興任國民革命軍陸軍第七十二軍第八十八師第二六四旅少將旅長，奉命率部阻擊日本軍隊入侵。8月14日下午，黃梅興率部向日軍司令部發起猛攻。在日軍強大炮火下身先士卒，向日軍展開了空前慘烈的攻擊戰。在激戰中，黃梅興突然身中數彈，壯烈殉國。時年34歲。

　　黃梅興是中國軍隊在淞滬會戰開戰以來，戰死的第一位將軍，遺體安葬於南京烈士公墓。1938年6月，中華民國國民政府明令褒揚黃梅興英勇抗戰之事蹟，追晉陸軍中將軍銜。

Huang Meixing, courteously named Jingzhong, a famous patriotic general of the War of Chinese People's Resistance against Japanese Aggression, had been the Major General and Commander of the 264th Brigade of the 88th Division of the 72nd Army of the National Revolutionary Army. He was born in Dongshi Town, Pingyuan County, Guangdong Province in 1904, and went into a local primary school in 1911. In 1917, he was admitted to Pingyuan Middle School of Pingyuan County. In 1921, he entered into Guangzhou Military Police School. In 1924, he was admitted to the 1st session of Whampoa Military Academy. After graduation, he was sent to Military Training Regiment for further training. He had served successively as the Platoon Commander, the Company Commander, the Battalion Commander, the Regimental Commander, and so on.

In 1932, the January 28th Incident broke out in Shanghai, and Japan sent troops to invade Shanghai, China. Huang Meixing was appointed Vice Brigade Chief and Head of the 527th Regiment of the 264th Brigade of the 88th Division of the Chinese National Revolutionary Army. He was ordered to lead his troops to participate in the Battle of Shanghai ("January 28th" Songhu Anti-Japanese War). He was promoted to the Major General and Commander of the 264th Brigade of the 88th Division for his outstanding meritorious achievements, and he was called the "Chinese Valiant General". On August 13th, 1937, Japan sent troops to invade Shanghai, China again, and broke the peaceful environment of China's development. The Chinese government made full efforts to organize self-defense. On the afternoon of August 14th, Huang Meixing led his troops in a fierce assault on the Japanese command headquarters. Despite the powerful enemy artillery fire, he fearlessly led his soldiers in an unprecedented and intense attack. In the midst of the fierce battle, Huang Meixing was suddenly struck by multiple bullets, heroically sacrificing his life. He was 34 years old at the time.

Huang Meixing was the first general of the Chinese army to be killed in action since the start of the Battle of Shanghai. His remains were buried at the Nanjing Martyrs Cemetery. In June 1938, the National Government of the Republic of China issued an official commendation, posthumously promoting Huang Meixing to the rank of Lieutenant General in the Army, in recognition of his courageous resistance in the war.

厲兵秣馬　時刻應戰

1931年"九•一八"事變發生，日本出兵侵佔中國東北。中華民國國民政府視為國家恥辱！由於國家貧弱，政府號召全國軍民忍辱負重，統一意志，爭取和平時間，努力提高國力，積極備戰，早日收復東北。黃梅興任中國國民革命軍陸軍第八十八師第二六四旅副旅長兼第五二七團上校團長，堅決響應政府號召，積極練兵，奮力備戰，保衛祖國和平建設。

黃梅興通過各種渠道，瞭解到日本侵略者訓練有素，崇尚武士道精神，武器裝備也是世界第一流的。如果收復東北，同這樣的軍隊打仗，沒有高昂的士氣不行，沒有嚴格的訓練更不行。從此，黃梅興經常深入連隊，鼓舞官兵的抗戰精神，提高官兵的愛國主義覺悟。同時檢查戰備，帶頭訓練官兵，提高部隊的戰鬥力和官兵的軍事技能。他要求官兵們隨時做好出征殺敵的準備，為保衛國家和平盡中國軍人之責。

淞滬抗戰　成譽戰將

1932年1月28日，日本軍隊向中國上海挑起事端，對中國軍隊發起進攻，中國駐上海守軍第十九（路）軍官兵奮起反擊，"一・二八"上海抗戰爆發。

面對日本軍隊的瘋狂進攻入侵，中華民國國民政府決定派出軍隊增援第十九（路）軍。1932年2月14日，國民政府將第八十七、八十八師和中央陸軍軍官學校教導總隊等部隊合編為第五軍，由張治中兼任軍長，開赴上海戰場抗擊日本軍隊進攻入侵。2月16日，第五軍進抵上海，17日進入陣地。第八十八師奉命進入江灣北端廟行鎮、周巷至蘊藻浜一線陣地。黃梅興奉命率第二六四旅駐防廟行鎮以南馮家宅、水車頭、麥加宅一線陣地。實際上第二六四旅只有第五二七團一個團的兵力。旅長楊步飛、副旅長黃梅興率部進入陣地後，接替了傷亡慘重的第十九（路）軍一部的防守陣地。

2月20日晨，日軍對第二六四旅陣地發起全線攻擊，先以飛機和大炮狂轟濫炸，繼之以兩千餘名步兵在重炮的掩護下發起集團式衝鋒。黃梅興沉著指揮所部官兵奮勇衝殺，給予日軍重創。血戰進行了一晝夜，第二六四旅雖傷亡慘重，但依然堅守陣地。雙方陷於對峙狀態。

1932年2月21日晚，第五軍軍長張治中決定變被動防守為主動出擊。黃梅興奉命率領第五二七團和工兵營，準備由廟行以北突然夜襲制敵。日軍經過多天的攻擊入侵，已經十分疲憊，防備較差。黃梅興率部突然殺入敵營，輕重武器同時開火，日軍被打得人仰馬翻，狼狽逃竄。此次夜襲，在大量斃傷日軍的同時，還將日軍所建立的前沿陣地全部炸毀。

第二六四旅夜襲重創日軍，也招來了日軍的瘋狂報復。22日晨，日酋糾集第九師團和第二十四混成旅團一部約兩萬人，向廟行發起猛攻。在日軍重炮和飛機的瘋狂轟炸下，我守軍麥家宅等陣地工事全部被炸毀，中國守軍傷亡過半。激戰至上午7時，麥家宅陣地終被日軍突破。洶湧而入的日軍直撲中國守軍廟行主陣地，廟行告急。

張治中軍長親赴第八十八師師部坐鎮指揮，並命令再次主動出擊，黃梅興奉命指揮部隊向日軍突入區域實施反擊。同時，第八十七師第三十二旅向廟行增援；駐守蘊藻浜的部隊由紀家橋渡河抄襲敵之側背；第六十一師一部向日軍展開側擊；第十九（路）軍各部也向迎面之敵發動攻擊。惡戰持續至下午2時，廟行戰局態勢正向中國軍隊有利方向發展。同時，三支援軍接近廟行，形成對進犯廟行之敵三面包圍的態勢，隨即其他戰場也向日軍發動了反攻。至晚上8時，日軍狼狽潰退，中國守軍大部陣地遂告恢復。

此次廟行反攻戰，日本第九師團和混成第二十四旅團之精銳傷亡慘重，中國軍隊共殲滅日軍3000餘人，打出了中國軍隊的威風，贏得了國內及國際的讚譽。黃梅興也由此榮獲中國"抗日戰將"美譽。

上海抗戰結束後，黃梅興因戰功卓著，晉升第八十八師第二六四旅少將旅長。積極率部備戰練兵。

再戰淞滬　戰將殉國

1937年7月7日，蘆溝橋事變發生，日本出兵大肆侵略中國河北。8月，日本又在中國上海虹橋機場製造事端。8月13日，日本軍隊突然對中國軍隊發動襲擊和侵入中國上海多處。14日，中華民國國民政府發表自衛抗戰聲明："中國為日本無止境之侵略所逼迫，茲已不得不實行自衛，抵抗暴力……維持正義與和平……中國決不放棄領土之任何部分，遇有侵略，惟有實行天賦之自衛權以應之……吾人此次非僅為中國，實為世界和平而奮鬥；非僅為領土與主權，實為公法與正義而奮鬥……"。中華民國國民政府立即調兵遣將，保衛上海、捍衛和平，伸張正義，淞滬會戰拉開序幕。黃梅興任第七十二軍第八十八師第二六四旅少將旅長，奉命率部再赴上海自衛應戰。

14日上午10時，中國空軍首先出動，對虹口、匯山碼頭等日軍據點和圍攻上海的軍艦進行轟炸，炸傷旗艦"出雲"號等十多艘日本軍艦。同時，中國京滬警備部隊奉命改編為第九集團軍，張治中任總司令，指揮中國陸軍對入侵日本軍隊進行全面反擊。中國第八十七師、第八十八師並列向虹口、楊樹浦日軍發起猛烈反攻。黃梅興即奉命率部向日本海軍陸戰隊司令部發起猛攻。該司令部是侵華日軍在上海租界修建的最堅固據點，位於江灣路、虹口公園附近，平時收集中國政治、經濟、軍事情報，戰時接應、掩護日軍登陸。據點周圍建有碉堡和暗堡，所有建築均由鋼筋水泥築成，足以經得起500磅以上重磅炸彈轟擊。據點四周是高大圍牆並裝有電網，在通向司令部的道路上設有機關埋伏。據點內駐有重兵，易守難攻。

黃梅興旅長身先士卒，親率部隊向日軍據點推進。日軍向中國軍隊進行猛烈炮擊，黃梅興指揮部隊巧妙躲避日軍炮火，沿江灣路向前攻擊。日軍憑藉堅固工事拼死抵抗。雖然，黃梅興旅官兵每前進一步，都要付出沉重傷亡代價。但是，全體官兵視死如歸，前仆後繼，爆發出強大的攻擊力。在黃旅官兵的強攻之下，日軍節節敗退。激戰至下午4時許，黃旅官兵已快攻擊到敵司令部附近。日軍炮火失去威力，遂用密集的機槍掃射，阻止中國軍隊攻擊，戰況空前慘烈。黃部官兵死傷慘重，疊屍寸壘。戰至8月14日下午6時許，黃梅興電告張治中將軍和第八十八師師部，決定加強進攻，爭取天黑前攻佔日本海軍陸戰隊司令部。此時，日軍用更加密集的火力向攻擊前進的黃梅興旅射擊。突然，正在指揮作戰的黃梅興旅長身中數彈，摔倒在地，壯烈殉國。時年34歲。

黃梅興是中國軍隊在淞滬會戰開戰以來，戰死的第一位將軍。上海各界人士深表哀悼。中華民國國民政府在南京中國殯儀館設靈堂悼念；蔣中正慰勉其遺孀，並派人安頓其家人生活。將軍的遺體由夫人賴伴梅、兒子黃崇武護送至南京烈士公墓安葬。夫人親寫挽聯："馬革裹屍還，是男兒得意收場；可憐母歿半年，瞑目尚多身後事。鵑聲啼血盡，痛夫子抬魂不返；最苦孤生匝月，傷心猶剩未亡人。"

1938年6月6日，中華民國國民政府頒佈褒揚令，追晉黃梅興陸軍中將軍銜，家屬從優撫恤。

黃德興將軍
General Huang Dexing

陸軍少將、國民革命軍第五十一軍第一一四師師長
Major General and Commander of the 114th Division of the 51st Army of the National Revolutionary Army

　　黃德興，中國國民革命軍陸軍第五十一軍第一一四師上校師長，著名抗日愛國戰將。1903年出生於河南省永城縣。1912年入本地私塾讀書。東北陸軍講武堂第九期步兵科畢業後，投身東北軍，開始戎馬生涯。先後任排長、連長、營長和團長等職。黃德興個性是非分明，擇善固執，常曰："軍人報國，理所當然，殺身成仁，軍人份也。"

　　1937年7月，蘆溝橋事變發生，日本出兵大舉入侵中國，打破了中國和平環境，中國政府被迫全力組織軍民自衛應戰，中華民族抗日戰爭全面爆發。黃德興隨國民革命軍陸軍第五十一軍第一一四師轉戰山東、江蘇和安徽阻擊日軍入侵，捍衛國家和平。參加了徐州會戰、武漢會戰，以及魯蘇戰區指揮的魯南敵後諸戰役。1942年1月，黃德興升任第五十一軍第一一四師上校師長，率師繼續戰鬥在魯南地區。1943年2月至5月，侵佔山東日軍和偽軍吳化文等部25000多人，向魯蘇戰區駐地、魯南地區連續發動攻勢作戰，第一一四師傷亡慘重。6月上旬，第五十一軍奉命撤出魯南，開赴魯西。8月4日，黃德興率第一一四師向魯西挺進，在穿越津浦鐵路日軍封鎖線時，與董春光團長等官兵中彈殉國。黃德興時年40歲。1943年10月，中華民國國民政府頒佈褒揚令，追晉黃德興陸軍少將軍銜。

Huang Dexing, a famous patriotic general in the War of Chinese People's Resistance against Japanese Aggression, had been the Major General and Commander of the 114th Division of the 51st Army of the National Revolutionary Army. He was born in 1903, in Yongcheng County, Henan Province. In 1912, he studied at a local private school. Then he graduated from the Infantry Department of the 9th session of the Northeast Army Academy and started his military career in the Northeast Army. He had served successively as the Platoon Commander, the Company Commander, the Battalion Commander, the Regimental Commander, and so on. Huang Dexing had a clear sense of right and wrong, and was steadfast in choosing the right path. He often said, "As a soldier, it is a duty to dedicate oneself to the service of the country and sacrifice oneself for a righteous cause."

In July 1937, the Lugouqiao Incident happened. Japan sent troops to invade China and broke the peaceful environment of China's development. The Chinese government made full efforts to organize self-defense, and the War of Chinese People's Resistance against Japanese Aggression broke out in all directions. Huang Dexing, along with the 114th Division of the 51st Army, moved on the land of Shandong, Jiangsu and Anhui to block the enemy. They participated in the Battle of Xuzhou, the Battle of Wuhan and many other battles in the enemy's rear areas of Shandong-Jiangsu War Zone. In January 1942, he was promoted to the Major General and Commander of the 114th Division of the 51st Army of the National Revolutionary Army and combated with the enemy in the southern area of Shandong Province. From February to May 1943, more than 25000 enemies, including the Japanese and puppet forces in Shandong, launched continuous offensive operations in South Shandong, which was under the control of Shandong-Jiangsu War Zone (the 51st Army), resulting in heavy casualties in the 114th Division. In early June, the 51st Army was ordered to withdraw from southern Shandong and leave for western Shandong. On August 4 (July of the lunar calendar), Huang Dexing led the 114th Division to march toward western Shandong. While crossing the blockade line of the Jinpu Railway, Huang Dexing and other officers and soldiers died in a fierce battle for the beloved motherland. He devoted his life for the noble course of peace at the age of forty. In October 1943, the Chinese National Government issued a commendation order to promote Huang Dexing to the rank of Major General posthumously.

董天知將軍
General Dong Tianzhi

國民革命軍第八路軍第一二九師第三縱隊政治委員

Political Commissar of the 3rd Column of the 129th Division of the Eighth Route Army of the National Revolutionary Army

　　董天知，原名董亮，又名旭生。中國國民革命軍陸軍第八路軍第一二九師第三縱隊政治委員，著名抗日愛國將領。1911年出生於河南省滎陽縣一書香之家。1919年入本地小學讀書。1927年考入開封第一師範學校學習。1929年進入北平宏達學院讀書。1930年秘密加入共產黨。1936年被中共北方局派往山西省工作。

　　1937年7月，蘆溝橋事變發生，日本出兵大肆侵略中國，打破了中國和平生活環境，中國政府全力組織軍民自衛應戰，中華民族抗日戰爭全面爆發。董天知在山西組織抗日武裝，任決死第三總隊政治部主任。1938年決死第三總隊擴編為決死第三縱隊，任第三縱隊政治委員。1940年任國民革命軍陸軍第八路軍第一二九師第三縱隊政治委員，奉命率部參加"百團大戰"。8月20日，所部在山西省潞城縣王郭莊備戰宿營，突然遭遇日偽軍包圍。董天知在率領警衛排掩護部隊突圍時，與警衛排全體官兵壯烈犧牲。董天知時年30歲。

　　Dong Tianzhi, formerly named Dong Liang, alias Xusheng, a famous patriotic general of the War of Chinese People's Resistance against Japanese Aggression, had been the Political Commissar of the 3rd Column of the 129th Division of the Eighth Route Army of the National

Revolutionary Army. He was born in a scholar-gentry family in 1911, in Yingyang County, Henan Province. In 1919, he went into a local school. In 1927, he was admitted to Kaifeng First Normal School. In 1929, he entered the Beijing Hongda College. In 1930, he joined the Chinese Communist Party secretly. In 1936, he was sent to Shanxi Province by the Northern Bureau of the Communist Party of China.

In July 1937, the Lugou Bridge Incident happened. Japanese troops invaded China and broke the peaceful living environment of China. The Chinese government made every effort to organize military and civilian self-defense to fight. The Chinese Nation's War of Resistance Against Japan broke out in an all-round way. Dong Tianzhi organized the Anti-Japanese armed forces in Shanxi and served as the Director of the Political Department of the 3rd Dare-to-die Corps. In 1938, the corps was expanded to the 3rd Dare-to-die Column, where he served as the Political Commissar. In 1940, as the Political Commissar of the 3rd Column of the 129th Division of the Eight Route Army, he led his men to participate in the Hundred Regiments Offensive. On August 20th, 1940, while taking up quarters at Wangguozhuang Village, Lucheng County, his troops were surrounded by the Japanese and puppet troops. In order to cover the main force of the troops to break out, Dong Tianzhi led his guard platoon to engage the enemy in a bloody battle whereas all of them were killed in action, when he was 30 years old.

組建管理武裝　嘔心瀝血

1937年7月，蘆溝橋事變發生，日本出兵大肆侵略中國，打破了中國和平生活環境，中國政府被迫自衛應戰，組織軍民抗擊日本軍隊入侵。董天知參與山西省犧牲救國同盟會和新軍建設，任抗日救亡先鋒總隊總隊長，在洪（洞）趙（城）中心區主持工作，發動群眾參加抗日武裝，組建地方抗日組織和組織民眾支前，支援軍隊阻止日本軍隊入侵。

1937年11月，太原會戰結束後，董天知調任決死第三總隊政治部主任兼曲沃縣犧盟會特派員。董天知到達曲沃縣以後，積極動員和發動民眾參加抗日武裝。1938年2月，決死第三總隊擴編為決死第三縱隊，董天知任第三縱隊政治委員兼軍政委員會書記，負責全縱隊的政治工作。由於部隊組建時間短，成分比較複雜，戰鬥技能差。所以，董天知深知要把部隊真正建成一支抗日軍隊，必須加強思想教育和軍事訓練，提高整體素質。他連日奔波於各團，深入調查研究，建立健全各級政治組織和政治工作制度，選送幹部到延安抗日軍政大學學習，主持編寫了《軍隊政治工作》等十幾種政治教材，訓練並督促官兵提高軍事素質和實戰技能。

通過一系列教育措施和軍事訓練，決死第三縱隊幹部戰士鬥志高昂，作戰堅定勇敢。僅1938年2月至8月，第三縱隊同第一縱隊緊密配合，對日偽軍作戰100餘次，斃傷日偽軍上千人，生俘日軍8人。1938年夏，第三縱隊奉命轉戰晉東南的沁水、陽澄、高平、長治一帶繼續打擊日偽軍。第三縱隊迅速發展到六個團兵力，成為山西一支較強的民眾抗日武裝。

參加百團大戰　殉國潞城

1940年初秋，第三縱隊奉命轉移到壺關、平順一帶進行整編。劃入八路軍第一二九師戰鬥序列，董天知任國民革命軍陸軍第八路軍第一二九師第三縱隊政治委員，戎子和任司令員。他們率領部隊配合八路軍新一旅、第三四三旅在晉城、高平之間給予日偽軍以沉重打擊。

1940年8月9日，第三縱隊接到八路軍總司令部命令，將於20日開始對日軍和偽軍及守備的鐵路公路進行大規模的破擊戰（史稱"百團大戰"），命令第三縱隊協同兄弟部隊對白（圭）晉（城）公路南段進行破擊作戰，襲擊駐紮在潞城縣微子鎮黃碾據點的日偽軍。董天知與戎子和堅決執行命令，進行籌劃準備。董天知帶人親臨前線偵察，選定王郭莊為隱蔽出擊地點。

王郭莊地處地形險要之段，居高臨下，進可以襲擊潞城、黃碾、微子鎮據點之敵，退可以固守。8月19日夜，董天知率第三縱隊一部秘密進駐王郭莊宿營。然而，被敵密探發現，日酋立即組織兵力對其包圍襲擊。董天知得到衛兵報告，馬上率警衛排戰士搶佔石平嶺，引誘阻擊敵人，掩護主力部隊突圍。8月20日凌晨，面對數倍於己的敵人，董天知率部沉著應戰，頑強抵抗，利用地形打退了敵人一次次衝鋒，擊斃和擊傷日偽軍60多人。戰至晨5時許，日偽軍攻勢越來越猛，董天知率部誓死不退，仍頑強抗擊。最後，與警衛排28名官兵全部壯烈犧牲。董天知時年30歲。

董少白將軍
General Dong Shaobai

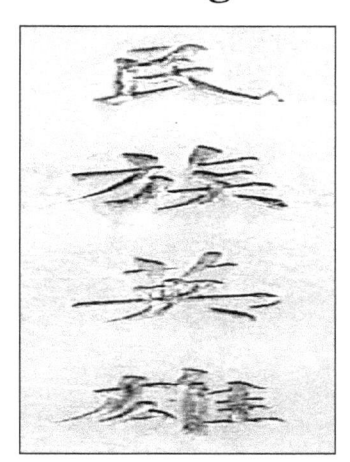

國民革命軍第八路軍山東縱隊第二支隊參謀長

Chief of Staff of the 2nd Detachment of Shandong Column of the Eighth Route Army of the National Revolutionary Army

　　董少白，字紹昌，曾用名陰。中國國民革命軍陸軍第八路軍山東縱隊第二支隊參謀長，著名抗日愛國將領。1896年出生於山東省臨沂縣大嶺村。幼年入私塾讀書，習讀四書五經。1910年考入臨沂中學。1920年考入上海惠靈學院外文系。1922年考入復旦大學政治系。1931年奉命到東北軍任職。1936年秘密加入共產黨。1937年年初，入延安抗日軍政大學學習。

　　1937年7月，蘆溝橋事變發生，日本出兵大肆侵略中國，中國政府號召全國軍民團結一致，共同阻擊日本軍隊入侵，中華民族抗日戰爭全面爆發。董少白奉命由延安返回山東臨沂組建抗日武裝，任八路軍山東人民抗日遊擊第十二支隊政治部主任。1938年任國民革命軍陸軍第八路軍山東縱隊第二支隊參謀長，率部在費縣伏擊日軍50餘人。之後，他率部在魯中、魯南與日偽軍展開遊擊戰，開闢了抱犢崮抗日根據地。1939年6月，董少白率部在費縣梁邱一帶與日軍戰鬥中，為掩護部隊安全轉移，身中槍彈，壯烈殉國。時年44歲。

　　Dong Shaobai, courteously named Shaochang, formerly known Yin, a famous patriotic general of the War of Chinese People's Resistance against Japanese Aggression, had been the Chief of Staff of the 2nd Detachment of Shandong Column of the Eighth Route Army of the National Revolutionary Army. In 1896, he was born in Daling Village, Linyi County, Shandong Province. He had studied at an Old-style Primary School in his childhood. In 1910, he was admitted to Linyi Middle School. In 1920, he was admitted to Foreign Language Department of Shanghai Huiling College. In 1922, he passed into the Department of Political Sciences of Fudan University. In 1931, he was ordered to serve in the Northeast Army. In 1936, he joined the Chinese Communist Party. In 1937, he studied at Yan'an Anti-Japanese Military and Political College.

In July 1937, the Lugou Bridge Incident happened. Japan sent troops to invade China and broke the peaceful environment of China's development. The Chinese government made full efforts to organize self-defense and the War of Chinese People's Resistance against Japanese Aggression broke out in all directions. Dong Shaobai was ordered to return to Linyi of Shandong to build the anti-Japanese armed forces where he served as the Director of the Political Department of the 12th Detachment of Shandong Peoples' Anti-Japanese Guerrillas. In 1938, he was appointed the Chief of Staff of the Second Detachment of Shandong Column of the Eighth Route Army of the National Revolutionary Army and led his men to ambush the 50 enemies in Fei County. Then he had launched guerrilla skirmishes in Central and South Shandong and established Baodugu Anti-Japanese Base Areas. In June 1939, when he was engaging the Japanese armed forces in the area of Liangqiu, Fei County to the cover the main strength of his army to transfer, he was shot down and killed in action therein at the age of forty-four.

程嘯平將軍
General Cheng Xiaoping

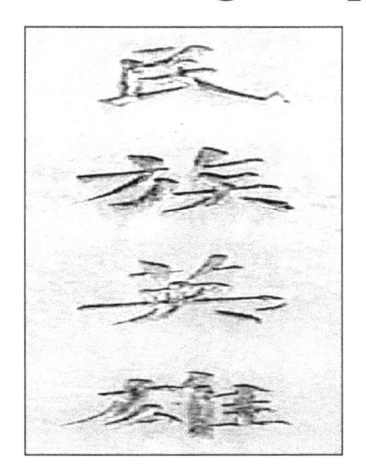

陸軍少將、國民革命軍浙江省金華警備區副指揮官
Major General and Deputy Commander of Jinhua Garrison Command of Zhejiang Province of the National Revolutionary Army

程嘯平，又名紹清。中國國民革命軍浙江省金華警備區少將副指揮官，著名抗日愛國戰將。1903出生於江西省樂平縣鎮橋鄉滸崦村。1911年入縣城小學讀書。1924年考入黃埔陸軍軍官學校潮州分校第二期，1926年畢業（相當於黃埔軍校第四期）後，參加國民革命軍並隨軍北伐，衝鋒在前，英勇善戰，敢打硬拼，屢立戰功。之後，入中央陸軍軍官學校高等教育班第三期深造。在軍旅中先後任國民革命軍排長、連長、營長和團長等職。

1937年"七·七"事變發生，日本出兵大肆侵犯中國，打破了中國和平建設環境，中國政府全力組織自衛應戰，中華民族抗日戰爭全面爆發。程嘯平任國民革命軍陸軍第一軍第七十八師上校團長，奉命率部參加阻擊日本軍隊入侵的淞滬會戰。率部在上海劉行一帶與日軍血戰兩個多月，予敵重大殺傷。1939年任預備第五師少將參謀長（曾戛初任師長），奉命率部參加南昌會戰。1940年調任浙江省金華警備區少將副指揮官。1941年4月17日，程嘯平奉命率部到紹興阻敵，在與日軍激戰中，帶頭衝鋒陷陣，突然中彈殉國。時年39歲。

Cheng Xiaoping, also named Shaoqing, a famous patriotic general in the War of

Chinese People's Resistance against Japanese Aggression, had been the Major General and Deputy Commander of Jinhua Garrison Command of Zhejiang Province of the National Revolutionary Army. He was born in Huyan Village, Leping County, Jiangxi Province in 1903, and went into a County Primary School in 1911. After graduation from the 2nd session of the Chaozhou Campus of Whampoa Military Academy, he was admitted to the 3rd session of the High-Ranking Officers' Course of the Central Army Officer School. He had served successively as the Platoon Leader, the Company Commander, the Battalion Commander, the Regimental Command, and so on.

In July 1937, the Lugou Bridge Incident happened. Japan sent troops to invade China and broke the peaceful environment of China's development. The Chinese government made full efforts to organize self-defense and the War of Chinese People's Resistance against Japanese Aggression broke out in all directions. As the Colonel and Regimental Commander of the 78th Division of the 1st Army, Cheng Xiaoping commanded his troops to participate in the Battle of Shanghai. In the battle, he had fought against Japanese forces on the border of Liuhang of Shanghai for nearly two months and inflicted heavy losses on the enemies. In 1939, Cheng Xiaoping, as the Major General and Chief of Staff of the 5th Reserve Division, commanded his troops to take part in the Battle of Nanchang. In 1940, he was promoted to the Deputy Commander of the Jinhua Garrison Command of Zhejiang. On April 17th, 1941, Cheng Xiaoping was ordered to lead his troops to Shaoxing to block the enemy. In the fierce battle with the Japanese army, he was shot and killed, devoted his life to the noble course of defending the peace of his motherland at the age of 39.

傅忠貴將軍
General Fu Zhonggui

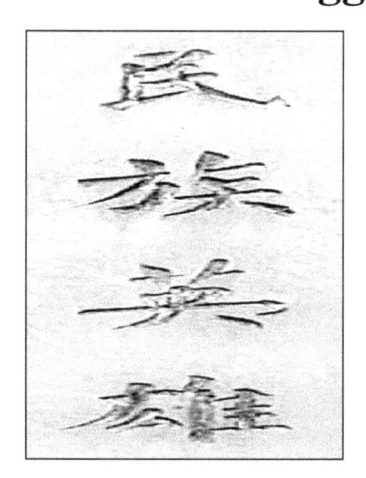

陸軍少將、國民革命軍魯北遊擊軍司令

Major General and Commander of North Shandong Guerrilla Army of the National Revolutionary Army

傅忠貴，中國國民革命軍陸軍魯北遊擊軍少將司令，著名抗日愛國將領。1885年出生於山東省長清縣。早年參加國民革命軍，屢立戰功。

1937年7月7日，蘆溝橋事變發生，日本出兵大肆侵犯中國河北，打破了中國和平建設環境，中國政府全力組織自衛應戰，中華民族抗日戰爭全面爆發。12月，日本軍隊向山東省北部地區發起攻擊。傅忠貴任國民革命軍魯北遊擊軍少將司令，奉命率部在山東北部地區進行頑強抵抗，並參加了徐州會戰。之後，他奉命率部在敵後進行艱苦卓絕的抗日遊擊戰。在山東省北部、西北部地區與日軍作戰多次，予敵以重創。1938年9月23日，傅忠貴率部在山東省惠民一帶與日軍激戰時，身中數彈，壯烈殉國。時年54歲。

Fu Zhonggui, a famous patriotic general in the War of Chinese People's Resistance against Japanese Aggression, had been the Major General and Commander of North Shandong Guerrilla Army of the National Revolutionary Army. He was born in Changqing County of Shandong Province in 1885. He joined the National Revolutionary Army in his early years.

In July 1937, the Lugou Bridge Incident happened. Japan sent troops to invade China and broke the peaceful environment of China's development. The Chinese government made full efforts to organize self-defense, and the War of Chinese People's Resistance against Japanese Aggression broke out in all directions. In December 1937, Japanese troops invaded northern Shandong. Fu Zhonggui, a major general and commander of the guerrilla army in northern Shandong of the National Revolutionary Army, commanded his troops to fight against the enemy and took part in the Battle of Xuzhou. Later, he led his troops to fight against Japanese enemies in a tough guerrilla war. He engaged the Japanese invaders in the north of Shandong province for many times and imposed heavy hit on the enemies. On September 23rd, 1938, while engaging the Japanese forces in a vehement battle in Shandong, he was killed in action, sacrificing his life for his beloved motherland at the age of fifty-four.

楊生將軍
General Yang Sheng

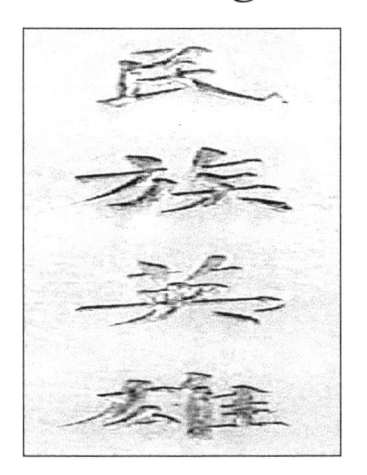

陸軍少將、國民革命軍南潯挺進縱隊參謀長兼第二支隊司令

Major General and Commander of the 2nd Detachment and Chief of Staff of the Nanxun Advance Column of the National Revolutionary Army

　　楊生，別號性瑤。中國國民革命軍陸軍湘贛鄂邊區遊擊挺進軍總指揮部南潯挺進縱隊少將參謀長兼遊擊第二支隊司令，著名抗日愛國戰將。1906年出生於江西省南昌市一耕讀之家。天資聰穎，幼承家訓，熟讀四書五經，暢曉精忠報國事與做人之道。1914年入本地小學讀書，1920年考入南昌中學學習。1926年考入廣州黃埔陸軍軍官學校第五期。1927年8月畢業，先後任國民革命軍第十八師排長、連長、營長和團政治部主任等職。

　　1937年7月，蘆溝橋事變發生，日本出兵大肆侵略中國，打破了中國和平建設環境，中國政府被迫全力組織軍民自衛應戰，中華民族抗日戰爭全面爆發。楊生任國民革命軍潯（州）（上）饒師管區上校副司令。先後奉命率部參加了淞滬會戰、武漢會戰，南昌會戰等阻擊日本軍隊進攻入侵的重大戰役。1941年年初，任湘贛鄂邊區遊擊挺進軍總指揮部南潯挺進縱隊少將參謀長兼第二遊擊支隊司令[1]。奉命率部參加上高會戰，給予日軍重大殺傷。同年7月13日，在南昌週邊與日軍進行激戰中，楊生遭遇炮擊，壯烈殉國。時年36歲。

　　Yang Sheng, alias Xingyao, a famous patriotic general of the War of Chinese People's

Resistance against Japanese Aggression, had been the Major General, Commander of the 2nd Detachment and Chief of Staff of the Nanxun Advance Column of the National Revolutionary Army. Yang Sheng was born in 1906 into a scholarly family in Nanchang, Jiangxi Province, China. With natural intelligence, he received a solid upbringing, extensively studying the Four Books and Five Classics, and deeply understanding the principles of loyalty and patriotism. In 1914, he enrolled in a local primary school, and in 1920, he gained admission to Nanchang Middle School. In 1926, he passed the entrance examination for the 5th session of the Whampoa Military Academy in Guangzhou. After graduation, he served successively as a Platoon Leader, Company Commander, Battalion Commander and Director of the Political Department.

After the Lugou Bridge Incident in July 1937, Japan invaded China, thereby breaking broken China's peaceful building environment. The National Government (China) was forced to make all-out efforts to organize civil and military self-defense, the Anti-Japanese War broke out in all-round way in China. As the Deputy Commander of Xunzhou-Shangrao Division Control Region of the National Revolutionary Army, Yang Sheng successively participated in major battles such as the Battle of Shanghai and Songjiang, the Battle of Wuhan, and the Battle of Nanchang to block the Japanese army's attack. In early 1941, he was appointed the Commander and Chief of Staff and Commander of the 2nd Guerrilla Detachment of the Nanxun Advance Column of the Huna-Jiangxi-Hubei border areas, and led his troops to participated in the Battle of Shanggao and hit the Japanese army. On July 13th, 1941, while engaging in a fierce fighting against the Japanese enemy at periphery of Nanchang City, he was unfortunately shot by lots of bullets and heroically gave his life to his country in the action therein at the age of 36.

遊擊日軍　血灑南昌

1937年7月7日，蘆溝橋事變發生，日本出兵大舉入侵中國河北。8月13日，日本又出兵入侵中國上海。日本軍隊入侵徹底打破了中國和平建設環境，中國政府被迫全力組織軍民自衛應戰，中華民族抗日戰爭全面爆發。楊生任潯（州）（上）饒師管區上校副司令，積極率部動員民眾，組織擔架隊，參加上海物資運輸和軍火供給，從而保障了淞滬會戰抗日物資的供給和傷兵的轉送。

1938年6月12日，日本軍國組織35萬餘兵力，在大量火炮、艦艇和飛機的引領與掩護下，向中國武漢大肆入侵，中國政府組織了兩個戰區軍隊、拼力阻擊，武漢會戰拉開戰幕。楊生奉命帶領民眾支前，轉運物資、傷兵；率部破壞日軍交通，襲擊日軍軍需，阻擊日軍進攻。1939年2月，楊生又奉命率部參加南昌會戰。他充分利用家鄉熟悉的地理環境和人文關係，組織地方部隊和民眾，收集情報，偵察日軍、遊擊日軍、襲擾日軍、牽制日軍。從而保障了中國抗戰主力部隊的軍火、物資、給養供應和運輸，以及傷員轉送。1941年年初，楊生任湘贛鄂邊區遊擊挺進軍總指揮部南潯挺進縱隊少將參謀長兼第二遊擊支隊司令。奉命率部參加上高會戰，遊擊於上高地區，組織民眾為主力部隊提供情報，帶頭向日偽軍散發假情報，積極率隊配合主力部隊給予日軍重大殺傷，從而取得上高會戰的全面勝利。同年7月13日，楊生奉令率部襲擊南昌外圍羅家岡日軍，在激烈廝殺中，指揮部隊搶渡撫河時，突然遭遇日軍火炮炮擊，壯烈殉國。時年36歲。

注[1]：南潯。南是指南昌，潯是九江的簡稱，故簡稱南潯。南潯挺進縱隊，是指在敵後南昌到九江一帶開展抗擊日本軍隊入侵的中國正規遊擊部隊。

楊傑將軍
General Yang Jie

陸軍少將、國民革命軍第一軍第一師第一旅副旅長

Major General and Deputy Commander of the 1st Brigade of the 1st Division of the 1st Army of the National Revolutionary Army

楊傑，原名濟動，字子英。中國國民革命軍陸軍第一軍第一師第一旅少將副旅長兼第二團團長，著名抗日愛國將領。1896年出生於河北省容城縣八于鄉。幼年入本地私塾啟蒙。1908年考入縣立高等小學讀書，後考入本縣中學學習。1925年考入廣州黃埔陸軍軍官學校第四期政治科。軍校畢業後，先後擔任國民革命軍陸軍第一軍第一師第一旅排長、連長、營長和團長等職。

1932年年初，日本出兵侵犯中國上海，中國軍隊奮勇阻擊。楊傑奉命率部參與修築江陰、常州至溧陽的戰備公路，從而保障了戰爭軍需物資供給。1937年4月，楊傑升任國民革命軍陸軍第一軍第一師第一旅少將副旅長兼第二團團長。7月7日，日本出兵大肆侵犯中國河北。8月13日，日本又出兵入侵中國上海。楊傑奉命率部開赴上海，參加淞滬會戰。帶領官兵冒著日本飛機掃射、轟炸和艦炮炮擊，以及坦克的強攻，阻止日本軍隊進攻，捍衛祖國和平。10月11日晚，楊傑奉命率部在上海薀藻浜附近的西塘橋與日軍激戰中，被日軍機關槍子彈擊倒，壯烈殉國。時年42歲。全旅官兵也大部為國捐軀。

Yang Jie, formerly named Jidong and courteously named Ziying, a famous patriotic general of the

War of Chinese People's Resistance against Japanese Aggression, had been the Deputy Commander of the 2nd Regiment and Deputy Commander of the 1st Brigade of the 1st Division of the 1st Army, National Revolutionary Army. He was born in Bayu Town, Rongcheng County, Hebei Province in 1896. In 1908, he went into a County Higher Primary school, and then entered the local middle school. In 1925, he was admitted to the Politics Department of the 4th session of High-Ranking Officers' Course of Whampoa Military Academy. After graduation, he served successively as the Platoon Leader, Battalion Commander and Regimental Commander of the 1st Brigade of the 1st Division of the National Revolutionary Army.

At the beginning of 1932, Japanese troops invaded Shanghai, China, and the Chinese army fought bravely. Yang Jie led his troops to participate in the construction of railways between Jiangyin, Changzhou and Liyang to safeguard the military supplies. In April 1937, he was promoted to the Commander of the 2nd Regiment and Deputy Commander of the 1st Brigade of the 1st Division of the 1st Army, National Revolutionary Army. On July 7, Japanese troops invaded Hebei Province, China. When Japanese invaders invaded Shanghai on August 13, 1937, Yang Jie was ordered to lead his troops to go to Shanghai to participate in the Battle of Shanghai. He stopped the Japanese army from attacking and defended Chinese peace. On the evening of October 11th, while engaging the Japanese forces in a vehement battle at Xitang Bridge nearby Wenzaobang of Shanghai, he was shot down and was killed in action, devoted his life to the peace of his motherland at the age of 42. Most of his soldiers also died in the battlefield.

率部努備戰　全力衛和平

1932年1月28日，日本海軍陸戰隊對駐守中國上海閘北的軍隊發動突然襲擊，上海"一·二八"事變發生。駐防淞滬一帶的中國第十九（路）軍奮起抗擊，淞滬抗戰爆發。楊傑任國民革命軍陸軍第一軍第一師第一旅第二團上校團長，奉命率部集結於江蘇省常州一帶，積極備戰。參與修築了無錫至江陰、常州至溧陽的國防戰備公路與戰備工程，從而全面保障了上海中國軍隊抗日戰爭物資供給和交通大動脈的暢通。同時，他帶領官兵展開緊張的戰備訓練與演習，時刻準備為保衛國家和平——保衛上海、保衛首都、保衛祖國盡責效命。

淞滬抗戰停戰後，楊傑隨部隊移師長安駐防備戰、練兵。1937年4月，第一軍第一師奉命從長安移防徐州備戰、練兵。楊傑因功升任陸軍第一軍第一師第一旅少將副旅長兼第二團團長。

翁婿赴國難　熱血灑淞滬

　　1937年7月7日，蘆溝橋事變發生，日本出兵大肆入侵中國河北。8月13日，日本又出兵進犯中國上海。日本軍隊入侵徹底打破了中國和平建設環境，中華民國國民政府號召全民全軍自衛應戰，調兵遣將保家衛國。中國國民革命軍陸軍第一軍奉命進入緊急應戰狀態。

　　中國國民革命軍陸軍第一軍駐守戰略要地徐州一帶，處在北防河北日軍從陸路進攻和東防日軍從海上入侵的特殊地理位置。國民革命軍陸軍第一軍轄第一師和第七十八師。其中第一師轄第一旅和第二旅，第一旅轄第一團和第二團。胡宗南任軍長，李鐵軍任第一師師長，劉超寰任第一旅旅長，楊傑任第一旅副旅長兼第二團團長。全軍四萬餘人，訓練有素，裝備精良，戰鬥力強，"黃埔一色"[1]，朝氣蓬勃，團結向上，敢於拼殺，能征善戰，堪稱保家衛國之主力。

　　楊傑自幼家教甚嚴，好學向上，心底善良，志慮忠純，器識深穩。從軍後更是以身作則，處處起模範作用；率部轉戰南北，"無役弗從"；愛軍如家，待官兵如同手足，無暇顧及自家，深得長官和部屬敬重。1934年楊傑夫人蔡秀娟帶著兒女到部隊駐地探親，楊傑見到長女楊毓芝長得亭亭玉立，已經成為18歲的大姑娘了，心中特別高興。於是，便將長女許配給了自己的部下夏同彭。夏同彭是楊傑黃埔軍校四期的同學，他為人忠厚誠實，年輕能幹，此時年僅26歲。之後，楊傑親自為她們舉辦了婚禮。

　　1937年8月底，中國第一軍接到命令：立即出發，開赴上海，參加淞滬會戰，支援寶山前線。當胡宗南率部進抵上海楊行附近時，寶山城已於9月7日失陷，我守城姚子青營全部壯烈殉國。日本軍隊佔領寶山後，便對東南的吳淞地區施以重兵，向楊行瘋狂猛撲。日本飛機在天上投彈狂轟濫炸，遊弋海上的日本戰艦艦炮齊發。我堅守楊行一帶前沿陣地的將士尚未見到日軍衝鋒，已被日軍炮火炸得血肉橫飛……慘不忍睹。

　　寶山城為楊行的東北大門。大門洞開，日本軍隊開始潮水般擁來。胡宗南立即命令第一軍各部快速行進，冒著日軍炮火赴向指定位置，就地佔領陣地，阻止反擊。首批出發到達的李鐵軍第一師，連夜進入楊行各自位置。楊傑協助旅長劉超寰分配兵力，佈置火力，挖掘戰壕，搭設避所，搞好聯絡，統籌協調。

　　楊傑和全體將士在兄弟部隊的協助下，在楊行一線組織起了防禦工事，頑強地打退了日軍一次次進攻衝擊，鞏固了陣地，堵住了突破口，給予入侵日軍重大殺傷。為了減輕日本海軍炮火的威脅，利用狹窄縱深區域堅持防禦，胡宗南請示集團軍總司令部後，採取守勢待機戰略：由楊行一線向西撤至劉行、顧村和羅店一線，轉移陣地、逐次抵抗。既退後作戰，滯緩日軍攻擊，直至發起反擊日軍。

9月11日，我第一軍退出被日軍陸海空火力覆蓋的楊行一線陣地，沿公路村舍設防，逐次抵抗，層層阻擊。第一軍官兵憑藉簡陋的工事、手中的武器和高昂的抗日熱情，頑強抵抗，寧死不退，與日軍反復爭奪陣地，雙方傷亡慘重。楊傑指揮第二團牢牢的堅守在陣地上，適時出擊，並關注著女婿夏同彭的陣地。由於第一軍在羅店與劉行一線連續激戰廝殺20餘天，官兵傷亡過大，9月底奉命撤到昆山附近進行休整補充。

10月6日，我軍重要防線被日軍突破，日軍突入蘊藻浜南岸，在蘊藻浜南岸建立陣地並逐步擴張。正在昆山附近整補的第一軍奉命緊急開往前線支持蘊藻浜一線陣地。10月7日，第一師在西塘橋一線於與日軍展開了激戰，10月11日，戰鬥更加激烈，楊傑率部牢牢的堅守在西塘橋陣地上。第一旅工兵營營長夏同彭，率部英勇作戰拼殺，身中兩彈，仍然堅守陣地，指揮作戰。戰鬥越來越慘烈，楊傑副旅長親臨最前線陣地指揮，發現女婿夏同彭重傷躺地，立即命令部下將夏同彭抬出陣地包紮治療，並堅定的告訴不願撤出陣地的夏同彭："你速退下，老子頂上！"組織和帶領官兵再次打退日軍的衝鋒。當師長旅長發現被抬下來的夏同彭等負傷官兵時，知道一線戰事特別艱難緊張，立即打電話給楊傑詢問戰況，楊傑鎮定地回答："當能支持，不須後援……"。

當天晚上，日軍在得到進一步增援後，用更加猛烈的炮火向第一旅陣地狂轟，第一旅防禦工事大部分被摧毀，全旅官兵傷亡過半，陣地陷入危局。為了扭轉危局，楊傑離開掩蔽部，再次到最前線指揮作戰，持槍率領部隊再度向日軍發起攻擊。在激烈的血戰中，楊傑突然遭遇日軍機槍掃射，腹部多處中彈，壯烈殉國。時年42歲。全旅官兵也大部為國捐軀。

為了保家衛國與和平，翁婿同上戰場，一個殉國一個重傷。第一軍第一師，一位副師長和兩個旅長先後負傷。四個團長，先後死傷五個（戰場補充任命）。全師連長除通信連長生存外，所有連長和排長全部陣亡。該軍四萬餘人，撤出陣地後僅剩1200餘人。在前線採訪的著名報人張季鸞撰文感歎："第一軍為國之精銳，如此犧牲，聞之泫然"。

注[1]: 中國國民革命軍陸軍第一軍，全軍將官基本是由廣州黃埔陸軍軍官學校畢業生組成。例如：軍長胡宗南是黃埔軍校第一期畢業生，第一師師長李鐵軍是黃埔軍校第一期畢業生，副師長李正先是黃埔軍校第二期畢業生、在此次會戰中負傷，第七十八師師長李文是黃埔軍校第一期畢業生，第一旅旅長劉超寰是黃埔軍校潮州分校第二期畢業生、在此次會戰中負傷，第二旅旅長嚴明是黃埔軍校第四期畢業生，在此次會戰中戰死的第四團團長李友梅、也是黃埔軍校第四期畢業生……所以該軍堪稱"黃埔一色"。據不完全統計：廣州黃埔陸軍軍官學校（後改稱中央陸軍軍官學校），其畢業生在中國抗日戰爭中有三分之二以上為國犧牲或為國負傷，也是中國學校畢業生中為國犧牲、為國負傷學生比例最高的一所學校之一。

楊家騮將軍
General Yang Jialiu

陸軍少將、國民革命軍第十八軍第六十師第一八〇旅代理旅長

Major General and Acting Commander of the 180th Brigade of the 60th Division of the 18th Army of the National Revolutionary Army

楊家騮，字季良。中國國民革命軍陸軍第十八軍第六十師第一八〇旅第三六〇團上校團長、代理第一八〇旅旅長，著名抗日愛國戰將。1904年9月，出生於貴州省荔波縣方村鄉郊峻村。1912年入本鄉私塾啟蒙。1917年入方村小學讀書。1921年拜清代秀才胡大章為師習學經史。1922年考入黔軍教導隊。1926年考入廣州黃埔陸軍軍官學校第五期步兵科。1927年畢業後，先後任第九師教官、排長、營長和副團長等職。1935年考入中國陸軍大學教育班，畢業任第六十師中校副團長，奉命率部駐防陝西省渭南。

1937年7月，日本出兵大肆侵犯中國河北。8月，日本又出兵侵犯中國上海。日本軍隊入侵徹底打破了中國和平建設環境，中國政府被迫全力組織軍民自衛應戰，中華民族抗日戰爭全面爆發。楊家騮奉命率部參加阻擊日本軍隊入侵的淞滬會戰。12月，升任國民革命軍陸軍第十八軍第六十師第一八〇旅第三六〇團上校團長，奉命率部在江蘇省溧陽一帶開展遊擊戰。1938年春，率部與日軍在金雞嶺激戰七天七夜，獲得大捷，受到嘉獎，並兼任江西民眾抗日聯軍第四支隊指揮官。1938年秋，奉命代理第六十師第一八〇旅旅長。9月26日，奉命率部參加南潯戰役[1]，在江西省馬回嶺與日軍激戰中，楊家騮身中敵彈，壯烈殉國。時年35歲。之後，中華民國國民政府頒佈褒揚令，追晉楊家騮陸軍少將軍銜。

Yang Jialiu, courteously named Jiliang, a famous patriotic general of the War of Chinese People's Resistance against Japanese Aggression, had been the Colonel, Acting Commander of the 180th Brigade and the Commander of the 360th Regiment of the 60th Division of the 18th Army of the National Revolutionary. In September 1904, he was born in Jiaojun Village, Fangcun Town, Libo County, Guizhou Province. In 1912, he began to study at an old-style primary school. In 1917, he enrolled at Fangcun Primary School. In 1921, he learned the histories and classics from Hu Dazhang who was a scholar of the Qing Dynasty. In 1922, he passed into the Training Corps of Yunnan Army. In 1926, he was admitted to the Infantry Department of the 5th session of Whampoa Military Academy from which he graduated in 1927. Since then he had served successively as an Instructor, Battalion Commander and Deputy Regimental Commander in the 9th Division. In 1935, he was admitted to the Educational Class of the China Army University, and then he served as the Colonel and Deputy Commander in the 60th Division and was in charge of garrisoning Weinan, Shaanxi Province.

In July 1937, the Japanese made a great invasion of China's Hebei Province. In August 1937, Japan invaded Shanghai, completely breaking China's peaceful building environment. The National Government of China was forced to make all-out efforts to organize civil and military self-defense, and the anti-Japanese war broke out in all-round way in China. Yang Jialiu was ordered to lead the troops to participate in the Decisive Battle in the Songjiang and Shanghai areas against the Japanese invasion. In December, he was appointed as the Commander of the 360th Regiment of the 60th Division of the 18th Army, and led his men to carry out the guerrilla warfare in the area of Liyang of Jiangsu Province. In the spring of 1938, he won a citation for his outstanding tactical skills at Jinji Ridge operations in which they fought against the Japanese for 7 days and nights. In the autumn of 1938, he was appointed as the Acting Commander of the 180th Brigade of the 60th Division. On September 26, 1938, he led his troops to participate in the Campaign of Nanxun. While engaging the enemy in the area of Mahuiling Ridge of Jiangxi, he was unfortunately shot at the chest and heroically died for his motherland in the action therein at the age of 35. After that, the National Government of China promoted him to the rank of Major General posthumously.

捨家衛國　突圍拼殺立功

1937年"七·七"事變發生，日本軍國發動了全面侵華戰爭，打破了中國和平建設環境，中國政府被迫全力組織自衛應戰。楊家騮任中國國民革命軍陸軍第十八軍第六十師第一八〇旅第三六〇團中校副團長，毅然請纓，要求奔赴抗日前線殺敵衛國。

楊家騮為一心抗戰、消除後顧之憂，親自將妻子孩兒送回原籍老家貴州居住。當時，楊家騮大女兒4歲，次女兒兩歲，小兒未滿周歲。由於楊家騮妻子身體虛弱孩子小，長途跋涉特別需要照顧，當楊家騮護送她們母子到達家鄉時，親友問為何不帶勤務兵幫助護送，楊家騮回答說："抗日時期，正值前方用兵之際，我多帶一人來後方，前方就少一名抗日士兵。我能辦到的家務，何須勤務兵……"。

回到家鄉後，岳父及其親友念其妻弱孩小，勸其解甲歸田，另謀生計。楊家騮解釋說："當前山河破碎，民族危亡，國難當頭，豈能苟且偷安。國家興亡，匹夫有責，有國才有家啊……"。岳父大人深佩女婿的深明大義：沒有國家何有自家。楊家騮在家僅住3天，即返回部隊。

1937年8月13日，日本軍隊又入侵中國上海。楊家騮奉命率部參加淞滬會戰，負責防守嘉定一線。淞滬會戰結束後，楊家騮升任國民革命軍陸軍第十八軍第六十師第一八〇旅第三六〇團上校團長，奉命率部轉移到江蘇溧陽張渚鎮一帶開展遊擊戰爭，阻敵進犯南京，並多次重創日軍，深得日酋忌恨。日酋秘密調集兵力，進行反撲。

1938年春，第六十師被日軍優勢兵力分四路包圍於金雞嶺。在左右無援，日軍猖狂圍攻之下。楊家騮率部和第六十師兄弟部隊沉著應戰，用聲東擊西之法在金雞嶺與日軍浴血奮戰七天七夜。終於突破日軍重圍後又重創日軍，獲得大捷。中華民國國民政府軍政部對楊家騮部電令嘉獎，給予楊家騮記大功一次。

堅守陣地　血戰殉國德安

由於金雞嶺戰鬥慘烈，部隊損失嚴重。楊家騮率部轉移至安徽省績溪補充兵員並進行整訓。部隊整訓結束後，楊家騮任第十八軍第六十師第一八〇旅第三六〇團上校團長兼江西民眾抗日聯軍第四支隊指揮官。之後，任第十八軍第六十師第一八〇旅代理旅長兼第三六〇團團長，奉命率部轉戰在皖南的安慶、東流及贛北的彭澤、湖口，在瑞武公路和南潯鐵路一帶，阻擊進犯南昌之敵。隨後，率部與兄弟部隊合力在昆山殲敵一個聯隊，致使日本軍隊徘徊於贛北和皖南一帶。從而在戰略上爭取了時間，使南昌及南潯鐵路一帶的部隊和百姓安全轉移。

1938年8月，南潯戰役（指南昌至九江鐵路沿線的戰鬥，又稱贛北戰役，是武漢會戰重要組成部分）拉開序幕，中日兩軍正在緊張激烈地進行南潯戰役的準備策劃和用兵。為配合南潯戰役，9月中旬，楊家騮奉命率部堅守江西省德安馬回嶺高地，阻擊進犯南昌的日軍。9月25日，日軍以一旅團之兵力，附以重炮、戰車來犯。在兄弟部隊的策應下，楊家騮率全團與日軍在馬回嶺展開激戰，多次與日軍廝殺在一起，給予日軍重大殺傷，阻擊了日軍的進犯。戰至9月26日上午9時許，日軍採用集團式衝鋒攻擊。頓時，陣地上槍聲刀影，我軍與敵展開了陣地爭奪戰，雙方寸土必爭、廝殺激烈，傷亡慘重。激戰中，楊家騮身先士卒，奮不顧身，指揮部隊與日軍殊死拼殺。突然，敵彈穿胸，楊家騮胸部血流如注。他手捂胸膛，堵住血流，依然指揮部隊再次奪回了陣地。

由於楊家騮傷勢太重，流血過多，昏迷了過去，被抬下陣地進行包紮搶救。下午2時許，他在昆山團部蘇醒後，艱難地囑咐部下官兵："兄弟們，我不行了，希望你們奮戰沙場，盡力殺敵，誓為中華民族而戰，寧願戰死，不當亡國奴……"。話沒完全說完，他便停止了呼吸。時年35歲。

楊家騮為國捐軀後，中華民國國民政府軍政部派專人護送忠骨回原籍荔波入土安葬。當途經南昌、長沙、桂林、貴陽和獨山等地時，當地政府都為他召開了追悼大會；各界人士和地方官員敬獻了挽聯、挽詞、花圈。中華民國國民政府為褒獎楊家騮抗戰功績，追晉楊家騮陸軍少將軍銜。

注 [1]：南潯戰役。南是指南昌，潯是九江的簡稱，故簡稱南潯。南潯戰役，是武漢會戰的一個重要組成部分。1938年7月26日，日本軍隊侵佔中國九江後，以第一零六師團從正面強攻，第一零一師團從東側助攻，企圖沿南潯鐵路南下，掃清武漢週邊中國守軍。中國第一兵團受命迎戰來犯日軍，在鄱陽湖以西沿南潯路一線與其激戰兩個多月，進行大小戰鬥100多次，給予日軍以鉅大打擊，斃傷日軍上萬人，遲滯了日軍的入侵速度。

楊靖宇將軍
General Yang Jingyu

東北抗日聯軍第一路軍總司令

Commander-in-Chief of the 1st Route Army of the Northeast Anti-Japanese United Army

　　楊靖宇，原名馬尚德，化名張貫一，字驥生。中國東北抗日聯軍創建人和領導人之一，東北抗日聯軍第一路軍總司令，著名抗日愛國戰將。1905年2月，出生於河南省確山縣李灣村。1913年入本地私塾讀書，後考入縣立高等小學學習。1923年考入河南開封紡織工業學校。1926年秘密加入共產黨。1929年夏奉命到東北工作。

　　1931年"九・一八"事變發生，日本出兵侵略中國東北，打破了東北和平生活環境。楊靖宇任中共哈爾濱市委書記，秘密組織抗日活動。1932年冬，在磐石、海龍等地組建抗日遊擊武裝。1933年年初，任工農紅軍第三十二軍"南滿"遊擊隊政委。1933年9月，任東北人民革命軍第一獨立師師長兼政委。1934年11月，任東北人民革命軍第一軍軍長兼政委。1935年10月，率領第一軍與第二軍勝利會師。1936年2月，任東北抗日聯軍第一軍軍長兼政委。7月，任東北抗日聯軍第一路軍總司令兼政委。1937年7月，中國抗日戰爭全面爆發，楊靖宇簽署發表了一系列號召東北抗日聯軍將士與全中國人民共同抗擊日本侵略軍的文件、命令和佈告，並率部主動出擊。1938年5月，任東北抗日聯軍第一路軍總司令。楊靖宇率部長期轉戰遊擊在遼（寧）吉（林）大地、長白山山脈、鴨綠江江畔、松花江兩岸，多次重創日偽軍，有力配合了中國正面戰場的抗日戰爭、以及緩解日本軍隊對蘇聯邊境的壓力。1939年入冬，日軍加緊了對東北抗日聯軍的圍剿，楊靖宇仍率部與日偽軍周旋、堅持抗戰到底，不退入蘇聯不轉進關內。1940年2月23日，楊靖宇在吉林省濛江縣三道崴子陷入日偽軍重圍，身中數彈，壯烈殉國。時年36歲。

楊靖宇是世界反法西斯戰爭中，率兵長期在最艱苦的敵後，堅持戰鬥到底的最堅強高級將領之一。他在長期的抗日戰爭中，總結提出了一套完整的持久戰和遊擊戰戰略戰術、以及抗日民族統一戰線的理念與踐行之法，創造性地發展了中國遊擊戰爭的理論與方法，成為中國抗日遊擊戰爭的重要法寶和文化遺產。

Yang Jingyu, primitively named Ma Shangde, assumed name Zhang Guanyi, courteously named Jisheng, a famous patriotic general of the War of Chinese People's Resistance against Japanese Aggression, had been the founder of the Northeast Anti-Japanese United Army. He was born in Liwan Village, Queshan County of Henan Province in February 1905. In 1913, he entered the local private school, then the county higher primary school. In 1923, he was admitted to Henan Kaifeng Textile Industry School. In 1926, he joined the Chinese Communist Party in secret. In summer of 1929, he was ordered to work in the Northeast of China.

In 1931, the September 18th Incident happened, and Japan sent troops to invade Northeast China, breaking the peaceful living environment of people in Northeast China. Yang Jingyu was appointed as the secretary of the CPC Harbin Municipal Committee. In the winter of 1932, he was sent to the southern Manchuria to set up South Manchuria Guerrillas of the 32nd Army of the Chinese Workers' and Peasants' Red Army and served as the Political Commissar. In September 1933, he was appointed as the Commander and Political Commissar of the 1st Independent Division of the Northeast People's Revolutionary Army. In November 1934, the Independent Division was expanded to the 1st Army of the Northeast People's Revolutionary Army, he was appointed as the Commander and Political Commissar. In October 1935, he led the joining forces of the 1st and the 2nd Army. In February 1936, he served as the Commander and Political Commissar of 1st Army of the Northeast Anti-Japanese United Army. In July 1937, when China's War of Resistance against Japan broke out in an all-round way, Yang Jingyu signed and published a series of documents, orders and announcements calling on the officers and soldiers of the Northeast Anti-Japanese United Forces to work together with the whole Chinese people against the Japanese invading army, and led the troops to take the initiative to attack. In May 1938, he commanded his men to engage the Japanese forces in the battlefield of Jilin and Liaoning Provinces where they effectively coordinated with the Frontal Battlefield of Anti-Japanese War. On February 23rd, 1940, he fell into the tight encirclement of Japanese force at Sandao Waizi, Meng Jiang County, Jilin Province, and was killed in action at the age of thirty-six, sacrificing his life for his beloved motherland.

Yang Jingyu was one of the most resilient and determined senior military leaders in the global anti-fascist war. He led his troops for a prolonged period in the most challenging enemy-occupied territories, persevering in battle until the end. Throughout the long years of the resistance war against Japan, he developed a comprehensive set of strategies and tactics for protracted warfare and guerrilla warfare. He also advocated and implemented the concept of a unified national front in the fight against Japan. Yang Jingyu's innovative contributions greatly advanced the theory and methods of guerrilla warfare in China, invaluable asset and cultural heritage of the Chinese anti-Japanese guerrilla warfare.

組建抗日聯軍　轉戰白山密林

1931年"九·一八"事變發生，日本出兵侵略中國東北，打破了東北和平生活環境。楊靖宇任中共哈爾濱市委書記兼中共"滿洲"省軍委代理書記，負責領導和秘密組織抗日遊擊武裝，抗擊日本軍隊侵略。1932年11月下旬，楊靖宇奉命到磐石地區組建"工農紅軍第三十二軍'南滿'遊擊隊"，孟潔民任隊長，初向辰任政委。1933年年初，初向辰政委犧牲，楊靖宇親自任政委。他們率領部隊進行大小戰鬥60餘次，消滅日偽軍130多人。建立了以紅石砬子為中心，包括磐石、伊通、雙陽、樺甸、吉林七區在內的抗日遊擊根據地。

1933年秋，楊靖宇奉命將抗日遊擊隊組織擴建為東北人民革命軍第一獨立師，任師長兼政治委員，宋鐵岩任政治部主任，李紅光任參謀長。之後，楊靖宇揮師南下，渡過輝發河，挺進金川、輝南、撫松、濛江、柳河等地開展遊擊戰爭。他先後組織了金川縣龍灣戰鬥、柳河縣三源浦戰鬥和山城鎮公路伏擊戰等。使東北人民革命軍第一獨立師抗日名聲迅速傳揚。

1934年2月21日至2月26日，東北人民革命軍第一獨立師和17支抗日義勇軍首領在濛江縣花園口陳泉砬子"伐木工工棚"召開會議協商決定[1]，成立東北抗日聯合軍總指揮部，楊靖宇被推選為總指揮，隋長青任副總指揮，李紅光任總參謀長，宋鐵岩任總政治部主任，趙銘思任外事部部長。並討論通過了《東北抗日聯合軍鬥爭綱領》。自此，楊靖宇團結東北各族民眾和各界層人士，聯合各類抗日武裝，共同抗擊日本法西斯的入侵佔領。聯合軍很快發展到4000餘人。

1934年11月7日，東北人民革命軍第一獨立師正式擴編為東北人民革命軍第一軍，楊靖宇任軍長兼政委，朴翰宗任參謀長。之後，楊靖宇聯合韓國抗日軍指揮部隊粉碎了日偽軍秋季大"討伐"，先後攻克16座城鎮，在長白山山脈、松花江中上游兩岸和鴨綠江畔把遊擊區擴大到了25個縣。

1935年10月4日，東北人民革命軍第一軍和第二軍主要長官，在濛江縣那爾轟于家溝進行了兩軍會師後的第一次會晤。部隊舉行了隆重的軍民聯歡大會，官兵們和當地滿族人、漢族人、鮮族人共同跳起了歡樂的會師歌舞。之後，楊靖宇揮筆寫下了《中韓民族聯合抗日歌》[2]：

"山河欲裂，萬里隆隆，大炮的響聲，帝國主義宰割軟弱民族的象徵。國既不國，家何能存，根本沒有和平。黑暗、光明，生死線上鬥爭來決定。崛起呀，中韓民族！萬不要再酣夢。既有血，又有鐵，只等著去衝鋒。

全世界上，最大仇敵日帝數頭等，焚燒掠奪，姦淫侮辱，亡國且滅種；併韓吞中，莫非《田中奏摺》的獸行？同仇敵愾，共赴國難，決不讓再久逞！聯合呀，中韓民族！團則生，離則亡！謹防備離間計。手攜手打衝鋒！

熱血沸騰，殺聲沖天，民族齊覺醒。壯夫斷臂，爭先恐後，共奪萬年燈。旌旗所至，勢如破竹，虜焰自息影。陣容強化，戰線鞏固，基礎早奠定。團結呀，中韓民族！互相間，本赤誠，堅持那最後五分鐘。勇衝鋒！

照耀全球，閃爍不滅，最驚人的火星。萬惡日寇，自掘墳墓，非人能回生。勇猛衝鋒，吉凶禍福並非天來定。事在人為，誠至金開，自有曙光逢。前進呀，中韓民族！既有始，要有終，誓殺到敵人大本營。猛衝鋒！"

1936年2月20日，東北人民革命軍第一軍至第六軍軍長和湯原、海龍遊擊隊隊長聯合簽署發表《東北抗日聯軍統一軍隊建制宣言》，組成東北抗日聯軍第一、第二、第三、第四、第五和第六軍。原東北人民革命軍第一軍改稱東北抗日聯軍第一軍，楊靖宇任軍長兼政委，宋鐵岩任政治部主任，韓仁和任秘書長。

1936年7月初，楊靖宇和魏拯民在金川縣河裡抗日根據地主持召開中共"東滿"、"南滿"省委主要領導和東北抗日聯軍第一、第二軍高級將領聯席會議。會議決定：東北抗日聯軍第一軍、第二軍合編為東北抗日聯軍第一路軍（下轄兩個軍、共6000餘人，以及加上接受第一路軍指揮的其他抗日武裝隊伍共近萬人）。楊靖宇任總司令兼政治委員（同時兼任東北抗日聯軍第一軍軍長與政委），王德泰任副總司令，魏拯民任總政治部主任，韓仁和任總參謀長。面對逐步發展起來的東北抗日聯軍第一路軍，楊靖宇滿懷激情地創作了《東北抗日聯軍第一路軍軍歌》[2]：

"我們是東北抗日聯合軍，創造出聯合軍的第一路軍。乒乓的衝鋒殺敵繳械聲，那就是革命勝利的鐵證。

正確的革命信條應遵守，長官和士兵待遇都是平等。鐵一般的軍紀風紀都要服從，鍛煉成無敵的鐵軍。

一切的抗日民眾快奮起，中韓人民共同團結緊。奪回來失去的我祖國，解脫亡國奴的牛馬生活。

英勇的同志們前進呀！打出去日本強盜推翻'滿洲國'。這一民族革命正義戰爭，完成那民族解放運動。

高懸在我們的天空中，普照著勝利軍旗'紅光'。衝鋒呀，我們的第一路軍！衝鋒呀，我們的第一路軍！"

之後，楊靖宇率領東北抗日聯軍第一路軍總司令部與直屬部隊，在濛江縣城西南與西方的深山密林中夾草嶺、旱龍灣、紅石砬子（銼草頂子）、瑪耳湖、丁家小山、爬梨房子、碾盤子和西炭窯溝等處（這些地方有春夏秋冬永遠流淌的暖水泉子，現在是中國礦泉城天然礦泉水的發源地）建立了秘密營地，整築了訓練場和學習營地，修建了被服廠、修械所、儲糧倉、糧油加工點和醫療所，防止日偽軍襲擊的戰壕與瞭望臺，種植了李子園；又在惡河三道崴子等地建立了秘密聯絡站或收購點（糧棉布、生活用具與野藥、野獸、槍刀等秘密交換交易點）。同時，指揮所部在松花江兩岸、鴨綠江畔和濛江其它密林山崖中，以及樺甸、撫松、臨江、長白、安圖、金川、輝南、通化、輯安、寬甸、新賓、桓仁和本溪等深山密林內也建立了抗日密營和儲糧倉。帶領官兵在密營中進行訓練、學習軍事與文化，提高部隊整體素質。並將自己在遊擊戰爭中總結出的經驗與戰術，結合中國古典戰法和東北特點，提出了官兵容易理解執行的"三絕招"、"四快"和"四不打"的遊擊方法，講授給官兵：

即"三絕招"："1.半路伏擊，2.遠途奔襲，3.化裝襲擊。""四快"："1.集結快，2.出擊快，3.分散快，4.轉移快。""四不打"："1.不予敵以痛擊的仗不打，2.於民眾利益有害的仗不打，3.不佔據有利地勢的仗不打，4.無戰利品可繳的仗不打。"為了讓官兵更好地運用和提高遊擊戰術，楊靖宇還編成《四季遊擊歌》或者歌謠等，在根據地軍營中傳唱：

"春季裡遊擊地利為我用，路濘滑河水冰敵人難行動，不貪生不怕苦奮勇去戰鬥，抗日保國衛和平鑄萬世功。

夏季裡遊擊草木來相幫，樹葉密草深長到處可隱藏，不要慌不要忙瞄準那敵人，臨陣殺敵勇猛快以弱勝強。

秋季裡遊擊精神分外爽，打日寇殺走狗計策最優良，整化零零聚整神出又鬼沒，襲擊夜戰得勝利四海名揚。

雪地裡遊擊我們有特長，穿踏板扶長杆不用餵馬糧，登高嶺走窪甸步履比馬強，趕走日本強盜者功垂天壤。"

1936年農曆8月13日夜晚，楊靖宇率精兵百餘人，運用其遊擊戰術再次奇襲了濛江縣那爾轟偽員警所。繳獲酒及大米、白麵、肉等400餘斤，獲取眾多槍支彈藥等軍需物品，焚毀日偽軍營房多間。給參戰與密營官兵上了一堂生動的遊擊戰術"課"，為中秋佳節帶來了美酒佳餐。楊靖宇經過多年持久的山林風餐露宿戰鬥生活，已經與眾多抗日聯軍官兵完全掌握了叢林、山巌、雪山遊擊戰的特點和作戰技巧，積累了大量的山地叢林作戰和生存生活經驗，食遍了深山老林和江河溝湖中的野菜、野果、野獸、山藥、蘑菇與魚、蝦、青蛙、喇蛄等。尤其部隊在山林安灶燒水煮飯，鍋灶冒出的黑煙升入空中，很容易被日偽軍發現。楊靖宇便指揮官兵在一個個密營隱蔽處的山窩中用石頭泥土築成鍋灶，在鍋灶出煙口處向山上挖一條長150米到1500米不等的小溝，上邊蓋有石板、倒木和用青苔植被封面，出口留在山頂或山坡密林處。這種《地溝式消煙道》一是消煙好燒，二是不被敵人發現，三是可以隨時生火，四是可以取暖或熰衣，五是防止偷襲。所以，深山密林成了東北抗日聯軍之家，官兵在叢林中行動自如、奔走如飛、來去無影，成了森林之王、林中之虎和雪山之豹。

　　1937年7月7日，日本又出兵侵略中國華北。8月13日，日本軍隊再次入侵中國上海。日本軍隊入侵徹底打破了中國和平建設環境，中國立即發表《對蘆溝橋事件之嚴正聲明》和《中華民國國民政府自衛抗戰聲明書》等抗戰動員令，組織自衛應戰，中國抗日戰爭全面爆發。為配合全國抗日戰爭，楊靖宇總司令簽署發表了一系列號召東北各族人民、東北抗日聯軍將士與全中國人民共同抗擊日本侵略軍的文件、命令和告東北同胞書。8月20日，楊靖宇又簽發頒佈《東北抗日聯軍第一路軍總司令部佈告》：

　　為佈告事，查日寇霸佔我東北，成立傀儡政府"滿洲國"，復侵略我熱河，蠶食我華北，到處焚劫，慘殺我同胞。猶不滿其獸欲，近竟於7月7日，捏造蘆溝橋事件，企圖由華北鯨吞我全國版圖。足見日寇窮凶極惡，貪夢無厭。我中國人民無論如何酷愛和平，善睦國交，無補於事。我民族要想生存，亦只有武裝自衛，別無他策。故我全國總動員令業已頒發，實行禦侮，以謀生存。朔自我全國總動員令頒發後，所有陸海空軍全體將士，靡不義憤填膺，誓滅倭寇，為國爭光。近日來，因我各路軍奮勇殺敵之結果，無論華北、上海各方戰線，大軍一到，勢如破竹，日寇死傷狼藉，步步敗北，慘遭大敗。日寇雖強，殲滅在邇，祖國光復，指日可待。我東北全體同胞，應在全國總動員之下，凡系中國人應拋棄過去舊仇宿怨，親密聯合……打倒日本帝國主義，推翻傀儡政府"滿洲國"，為獨立自由幸福之中國而奮鬥。萬勿絲毫受日寇挑撥離間，互相觀望，有失機宜。特此佈告周知，切切此布。

　　　　　　　　　　　　　　東北抗日聯軍第一路軍總司令楊靖宇（印）
　　　　　　　　　　　　　　　　大中華民國二十六年八月二十日

　　接著，楊靖宇帶領和指揮第一路軍在寬甸、桓仁、通化、新賓、本溪、輯安、臨江、撫松、樺甸、濛江、敦化、金川、輝南、柳河和安圖等縣團結一切可能團結的力量與人員，積極主動出擊，打擊日偽軍，鉗制日本關東軍，以英勇作戰的實際行動與關內大規模的抗戰相呼應，有力地配合了全國抗日戰爭。其中10月31日，楊靖宇指揮部隊在寬甸縣小佛爺溝設伏，一舉全殲來自雙山子、四平街的水出佐吉大隊長所率日本守備隊和陸島元三所率一個小隊。此戰共擊斃日軍水出佐吉大隊長、陸島元三小隊長等以下官兵30餘人，偽員警10餘人，俘虜偽員警20餘人，擊毀汽車兩輛，繳獲汽車一輛，步槍40餘支，望遠鏡一架等其它軍需物品若干。12月2日，楊靖宇率部在本溪縣南營房痛殲一支日偽軍。12月24日，楊靖宇又率部在濛江縣赤松鄉，突然包圍了馬架子集團部落，擊潰敵援軍300餘人，斃傷日偽軍30餘人，日酋秋田逃走，繳獲大批軍用物資。

1938年5月，楊靖宇和魏拯民率部在長白山脈的輯安老爺嶺五道溝會師。根據抗日戰爭形勢和軍內情況變化（第一師師長程斌叛變投敵），魏拯民主持召開中共"東滿"、"南滿"省委主要領導和第一路軍高級將領第二次會議。會議決定：將東北抗日聯軍第一路軍所屬各軍、師及遊擊隊混合整編，編成為三個方面軍和一個警衛旅。楊靖宇任東北抗日聯軍第一路軍總司令，魏拯民任副總司令兼政治委員。隨後三個方面軍和一個警衛旅陸續組成：第一方面軍總指揮曹亞范，第二方面軍總指揮金日成，第三方面軍總指揮陳翰章，警衛旅旅長方振聲、政委韓仁和。

楊靖宇總司令聯合團結東北各族民眾和抗日武裝，運用其遊擊戰略戰術與戰法，帶領和指揮東北抗日聯軍第一路軍和抗日民眾隊伍，穿梭於長白山崇山峻嶺中，馳騁林海內，飲馬松花江，立馬白山頭，縱橫鴨綠江，轉戰遼東島，建立了多塊秘密抗日根據地或密營和秘密聯絡站，形成了上千里的抗日遊擊戰線。至1938年夏秋，第一路軍與日軍、偽軍交戰上千次，殲敵兩萬餘人，在濛江城西南擊落日本飛機一架。第一路軍全力配合了中國正面戰場的抗日戰爭。

林海雪原苦戰　為國捐軀濛江

1938年下半年後，中國抗日戰爭進入了極其艱苦的相持階段。日本侵略軍擔心在中國東北的統治動搖，決心消滅東北抗日聯軍。日本軍閥從日本本土和韓國調集重兵，對東北"抗聯"進行"篦疏山林"式的"討伐"。同時，推行"歸屯並戶"、"保甲連坐"等毒辣手段，嚴密管制老百姓的衣食住行，連一尺布、一兩棉花、一粒糧食也不准外運帶出，妄圖割斷東北民眾和東北抗日聯軍的聯繫，困死、餓死東北抗日聯軍。特別日本為了防止侵佔各縣、鄉和邊遠地區士兵的槍支彈藥被抗日部隊繳走，全部換成特製或與普通槍支不同的口徑型號，使抗日部隊從日偽軍中奪取武器彈藥武裝自己更難。東北抗日聯軍及第一路軍生存困難，人員不斷減少，出現了最嚴峻的局面。

為了保存有生力量，楊靖宇被迫率領第一路軍主力向長白山原始森林轉移。日本出動飛機搜索偵察抗聯動向，並低空掃射。楊靖宇和東北抗日聯軍官兵在冰天雪地的叢林和山嶺中轉進，少吃沒房，缺衣鞋破，難以安灶，飢寒交迫。但是，他們仍然鬥志昂揚高唱："天大的房，地大的炕，火是生命，森林是家鄉，野菜野獸是糧食……"。繼續堅持抗戰。他們經歷了1938年的冰雪嚴冬，又度過了1939年夏天的風雨酷暑和蚊叮蟲咬，接連不斷地遊擊日偽軍，克服了難以想像的艱難困苦，拖住和遲滯日本軍隊向中國關內增兵，以及緩解和擾亂日本軍隊對蘇聯邊境的壓力。

1939年10月，楊靖宇和魏拯民等高級將領在樺甸縣紅石砬子附近召開緊急會議決定：部隊化整為零，以小股部隊分散活動或在密營隱蔽，不退入蘇聯不轉進關內，堅持東北抗戰[3]。魏拯民率所部東進吉敦地區活動，二方面軍跨境入韓國活動，楊靖宇率軍部和警衛旅迂回轉戰樺甸、金川、輝南、濛江、撫松、通化等地，吸引正面敵人，以利於分兵隱蔽與遊擊。

與此同時，日酋採用"踩踏戰術"、"篦梳戰術"，實行"鐵壁合圍"。還專門組織了"富森工作隊"、"程挺進隊"、"唐挺進隊"等特務組織和暗殺隊，張貼佈告，妄圖打擊、暗害或懸賞捉拿楊靖宇、魏拯民等東北抗日聯軍第一路軍將領，徹底消滅東北抗日聯軍第一路軍。

1940年1月，日本侵佔通化司令官岸谷隆一郎親自指揮部隊，對楊靖宇率領的東北抗日聯軍第一路軍展開瘋狂圍剿，加緊實施"治安肅正"計畫。1月底，第一路軍總司令部在馬屁股山和金川、濛江兩縣交界處同敵人作戰接連失利。為保護總司令部和楊靖宇安全，吸引敵人兵力，韓仁和帶領警衛旅一部分官兵佯裝主力部隊，向樺甸方向大張旗鼓轉進。楊靖宇帶領總司令部60餘人向濛江方向秘密突進。2月1日，部隊又突遭日軍襲擊，特衛排長張秀峰借機攜帶槍支、現款和機密文件叛變投敵，一部分戰士逃散。2月2日，楊靖宇身邊只剩20餘人。2月10日，只剩12人。楊靖宇處境更加險惡。他們既要忍受著飢餓和疲乏，抵禦著零下40多攝氏度的刺骨寒風在大山密林冰雪中跋涉，又要在敵兵重重包圍中穿梭苦戰，人員不斷傷亡減少。2月15日清晨，楊靖宇同身邊戰士聶東華、朱文范和黃生發等衝破數股敵人圍追堵截，到達濛江縣五金頂子山一帶。不幸又被敵人發現，他們邊打邊向深山密林轉進。下午3時許，楊靖宇率部佔據有利地形後，向敵展開猛烈射擊，把敵人壓制在山坡下。日酋伊藤見硬攻不成，便大聲喊道："你們跑不了啦，快投降吧！"楊靖宇乘機引誘他站起身來，立即開槍，將伊藤擊傷，隨後又將敵大隊長崔冑峰擊倒。趁敵人混亂之際，借著天將黑時昏暗的夜色撤向了密林深處。甩掉敵人追擊後，楊靖宇身邊只有7名官兵。16日，日本飛機在這一帶上空進行反覆偵察巡飛。為了減少隊伍行動目標，楊靖宇命令黃生發帶領4名負傷戰士向那爾轟密營方向轉移,自己帶領聶東華和朱文范向另一方向轉進,以伺機擺脫敵人跟蹤追擊。當他們到達大東溝村附近的一座林中高地後,楊靖宇讓兩名戰士去附近村屯尋找食物,並約好會合地點。

2月18日,聶東華和朱文範在去村屯尋找食物中先後犧牲。敵人從他們身上搜出楊靖宇的印章後,進一步縮小了"討伐"楊靖宇的包圍圈。此時,楊靖宇正從大東溝方向向西穿越高山密林,沿著崗梁向惡河方向行進,在爬大嶺最高峰看到濛江城東南的飛機場飛機起落,知道日軍已加強了警備和對他的"討伐"。楊靖宇已經好幾天沒有進食了,身體極度虛弱。渴了,抓一把雪;餓了,吞樹皮、樹葉或身上棉衣中的棉絮……21日,楊靖宇艱難行進到保安村西南方的惡河中游北岸、懸崖下嘩嘩流水的于家泉[4]（暖水泉子——冬天不結冰的地下泉水,泉水流入惡河,水中石下有小魚蝦,水邊和水中有不凍草根）,補充了水分營養。之後,便逆惡河冰上而行,在于園的果樹林山坡上邊歇息邊細心觀察周圍情況、並尋摘了些乾山果後,奔向惡河南岸三道崴子山腳下的一個小地窖子內宿營[5]。

1940年2月23日早晨（農曆正月十六）,楊靖宇來到保安村南方老廟嶺前的小廟尋找供品補充身體。因日偽軍封鎖太嚴,基本沒有發現供品。當他繞向三道崴子小地窖子宿營地時,在二道崴子東邊碰到保安村趙延喜等4人,便給了趙延喜等人一些錢,請其回村搞些乾糧送到約定地點。當趙延喜等人剛進村子,碰見了日本特務李正新盤問。由於趙延喜是該村偽牌長,便同李正新一起到村公所報告了剛才的事情。村公所立即報告偽縣員警隊:在二道崴子發現尋食一人,酷似偽司令楊靖宇……

23日午後,楊靖宇的情況被濛江縣城內日偽軍得知。但是,仍然不知我軍兵力底細的日酋,立即調集兵力,秘密由頭道崴子西邊繞到南山角下,從陽面搶佔了三道崴子——惡河南岸的大山山頂,將楊靖宇方位的制高點佔領,在被大雪覆蓋的山頂和森林中組織圍剿工事或挖掘戰壕[6]。不久,在宿營地的楊靖宇覺察到被日偽軍包圍,馬上逆惡河向上游轉進。同時,日偽軍也發現了楊靖宇的蹤影,開始進行包剿衝擊。楊靖宇依據山下密林大樹、河邊倒木和河中高大鉅石為掩護,邊持槍觀察邊向西南深山老林撤退。當圍擊的日偽軍距離楊靖宇300米左右時,發現只有楊靖宇將軍一人時,便瘋狂地向楊靖宇攻擊。楊靖宇憑藉著密林和河邊一棵棵粗大之樹（松樹、楊樹、槐樹、柳樹、杉樹、榆樹、柞樹、椴樹、樺樹、白臘樹、核桃樹、黃柏蘿樹、白杻子樹、暴馬子樹、稠李子樹、水曲柳樹和扭筋子樹等）,以及河旁河中一個個矗立的鉅石與倒木遮擋,邊往惡河上游的山林中奔跑,邊雙手射擊,將逼近之敵斃傷多人。日軍和漢奸為了活捉楊靖宇,以便請功領賞,開始使用勸降的伎倆,大聲喊道:"放下武器,保存生命,還能富貴……"。楊靖宇輕蔑地微笑著,回答的是一串串子彈。然而,由於楊靖宇過於饑餓與疲勞,實在跑不動了，便依著一棵直徑半米多粗的大"扭筋子樹"為掩護，左右開槍，與日偽軍展開對打。日酋見勸降不成，又活捉不了，還擔心情況突變或援軍來救，立即命令所部發起猛烈攻擊[7]。楊靖宇將軍在臂、耳等多處受傷後，仍寧死不降，雙槍還擊。戰至16時30分左右，終因寡不敵眾，身中數彈，壯烈殉國。時年36歲。

楊靖宇總司令犧牲倒地，日酋將叛徒召來確認是楊靖宇後，將其拖到于家泉（因70度左右山壁下的河內外古樹、倒木和鉅大怪石林立，難以抬著身軀高大的楊靖宇行走），放在一個破門板上抬到二道崴子，再用馬爬犁拉回濛江縣城醫院。之後，對楊靖宇屍體進行剖腹檢查，進一步搞清楊靖宇及其所部是靠吃什麼東西能夠存活下來。結果發現：楊靖宇的胃裡盡是棉絮、樹皮、樹葉和山果，竟無一粒糧食[8]。最後，又將楊靖宇的頭顱割鋸下，送往新京（今長春）日軍司令部請功領賞。

楊靖宇總司令在敵重兵圍追堵截和饑寒交迫中仍率部頑強苦戰，寧死不降的精神，作為侵略者的日本高級軍官岸谷隆一郎，十分欽佩。命令將其遺體殮入棺木，葬於濛江縣城西南兩公里的保安村北崗。墓前立一塊曲柳木碑，正面書寫"偽司令楊靖宇之墓"，背面書寫"通化省次長岸谷隆一郎 康德七年三月五日"。

之後，當地老百姓和東北抗日聯軍官兵懷念楊靖宇的故事、歌曲和民謠在東北地區陸續傳開。其中，流傳的一首民謠："……十冬臘月天，松柏枝葉鮮；英雄楊靖宇，長活在人間。"抗日戰爭勝利後，1946年2月14日，濛江人民為永遠紀念楊靖宇為中華民族而獻身的精神，發佈《告各地同胞書》，將濛江縣易名靖宇縣。

注[1]：陳泉砬子，又稱城牆砬子。是大自然自然形成的一面像城牆一樣的石壁，位於吉林省濛江縣花園口原始森林中。二十世紀二三十年代因陳氏兄弟倆在此居住，當地人們將此地稱為陳泉砬子。

注[2]：歌詞中的"中韓"，是指中國和韓國。有的資料中顯示是"中朝"。作者通過大量實地走訪調查與考證，以及吉林省通化市、靖宇縣"楊靖宇將軍紀念館"中資料與《通化民歌選》中記載，都是"中韓"。所以，本書統一採用"中韓"。

注[3]：根據靖宇縣尹德山老師和通化市尹明倫同志分別介紹（依據吉林省通化地區松江河纖維板廠工人、原金日成與楊靖宇聯絡員劉某提供信息）：1939年秋冬，東北抗日聯軍活動艱難，金日成請示楊靖宇，部隊退入蘇聯隱藏休養。楊靖宇表示：我們是來抗戰的，決不退入蘇聯，也不轉進關內，堅持抗戰到底。

注[4]：于家泉、于園。二十世紀二三十年代于彩範父輩、江國龍（老伴于萬芳）與父母家人在此暖水泉子東邊居住，依據春夏秋冬永遠流淌的地下泉水、惡河南岸大松林內野獸和在暖水泉子西邊種植莊稼、蔬菜與果樹為生。當地人稱此暖水泉子為于家泉，稱此果園、菜園為于園。日本侵佔此縣後，于彩範家與江國龍家被歸屯保安村。日本投降後又回原地居住。二十世紀六十年代，于彩範家搬遷鹿場，由于萬榮、張玉珍夫妻在此採用白紙或窗戶紙刷油育苗技術種菜繼承義務管理，並表示死後葬在于園永遠守護楊靖宇最後歇息之地。二十世紀五十年代後期大松林和果園被焚燒砍伐，八九十年代惡河內外鉅石與惡河兩岸原始植被、柳樹和大扭筋子樹等被採石、砍伐破壞殆盡。至2014年前后于家泉被毀斷流，惡河兩岸和附近再生樹木植被再次被砍伐破壞，徹底失去了原始面貌。

注[5]：三道崴地窨子，又稱地墧子，後稱楊靖宇小房。是當年抗聯部隊修建的秘密聯絡站——一種土木結構的小草房，房內建有小火炕（表面上是狩獵人和采山人休息處，實際是抗聯第一軍與當地民眾接頭聯絡站和糧物收購與兌換點）。此地窨子二十世紀五十年代末進行重修，當地政府在房外屋山處立了一個大木牌，上書 **"楊靖宇將軍殉國前宿營地"**。八十年代此房坍塌，木牌被毀。距此處半公里左右的惡河北岸還有一處小窩棚，在于園西面一公里處的怪石密林中，是聯絡站的一個瞭望點，六十年代初修水電站時被拆除。當年，抗日聯軍官兵在此修築了三道聯絡哨點，第一道是于家泉附近于家老房框架，第二道是惡河南岸地窨子，第三道是小窩棚。站在小窩棚某處可以觀察到第一道、第二道哨點的情況。從此哨點逆河而上五公里左右，就可到達旱龍灣和鉎草頂子密營；順河而下，可到達二道崴子、頭道崴子和濛江縣城。

注[6]：作者1966年在此發現了戰壕，之後多次走訪調查與到此考察，當地老人說可能是日軍圍剿楊靖宇時挖的戰壕。但是，在嚴冬季節又如何挖得動呢？作者與于殿銀就在嚴冬季節帶著鎬和鍬到此進行實地操作：由於山頂是沙土地，加之樹葉與大雪覆蓋，又是陽面陡坡，不能存水，山頂沒有完全凍實，能夠挖掘（但僅是個別地方）。

注[7]：東北抗日聯軍第一路軍第一方面軍總指揮曹亞範，正帶領部隊從臨江方向趕來營救。見本書下卷曹亞範將軍。

注[8]：很多資料報導：日軍對楊靖宇剖腹檢查發現，胃裡盡是草根或樹根……作者通過大量調查和實地檢驗，楊靖宇在嚴寒的冬季吃草根維持生存很難。抗聯老兵和當地老人說，這是根本不可能的。因為在東北的嚴冬季節，大地和江河基本凍深在半米以上，一般樹林下的大地或草甸是挖不動的，即使挖出草根，也與泥土凍結一起、非常零碎，無法食用。但是，楊靖宇在犧牲前吃過草根也是可能的。因為他在于家泉補充水分時，可能發現水中或水邊有草根，隨手便借水吃了點。然而，東北抗日聯軍官兵在非常困難的冬季，食用大森林內的野獸、樹葉、樹皮、橡果（用橡子麵和玉米麵或高粱麵混合後蒸成窩窩頭吃）、松子和仍掛在樹上的凍乾蘑菇、凍乾山果等野生物是常有的事。

楊靖宇將軍殉國前飲水處于家泉和歇息之地于園

楊膺謂將軍
General Yang Yingwei

陸軍少將、國民革命軍首都衛戍司令長官部高級參謀

Major General and Senior Staff of the Capital (Nanjin)Garrison Command of the National Revolutionary Army

　　楊膺謂，號孟言，字應謂。中國（國民革命軍）軍事委員會首都（南京）衛戍司令長官部少將高級參謀，著名抗日愛國戰將。1889年出生於湖南省長沙縣關刀村。1897年入本地私塾讀書。後考入武昌陸軍預備學校。1914年考入保定陸軍軍官學校第三期步兵科。畢業後進入湘軍服役。1923年任韶關陸軍講武堂少校教官。1924年任廣州黃埔陸軍軍官學校管理處中校處長。1927年隨校遷至南京，任中央陸軍軍官學校上校教官。後任中國陸軍大學少將研究委員。1936年調任第八十三軍參謀處副處長。

　　1937年7月，盧溝橋事變發生，日本出兵大肆侵犯中國河北。8月，日本又出兵侵犯中國上海。日本軍隊入侵徹底打破了中國和平建設環境，中國政府全力組織自衛應戰。楊膺謂任國民革命軍陸軍第八十三軍參謀長，奉命率部參加阻擊日本軍隊入侵的淞滬會戰。楊膺謂在上海指揮部隊，與日軍展開了激烈陣地爭奪戰，給予入侵日軍重大殺傷。1937年11月，楊膺謂調任首都（南京）衛戍司令長官部少將參謀，積極貫徹唐生智司令長官簽發的與南京共存亡的命令、組織南京保衛戰。當日軍攻入南京時，楊膺謂拒絕同司令長官唐生智撤離南京，堅守軍人職責，帶領官兵誓與南京共存亡。12月11日，楊膺謂奉命率部在"明故宮"機場與日軍激戰中，中彈殉國。時年49歲。

Yang Yingwei, self-titled Yuyan and courteously named Yingwei, a famous patriotic general in the War of Chinese People's Resistance against Japanese Aggression, had been the Major General and Senior Staff of the National Revolutionary Army Capital Garrison. He was born in 1889, in Guandao Village, Changsha County, Hunan Province. In 1897, he went into a local private school. In 1914, he was admitted to Wuchang Army Reserve School and the Infantry Department of the 3rd Class of Baoding Military Academy in succession. After he graduated, he joined the Hunan Army. In 1923, he served as the Major and Instructor at Shaoguan Military Academy. In 1924, he was appointed the Lieutenant Colonel and Section Chief of Whampoa Military Academy which was moved to Nanjing later where he served as a Colonel and Instructor in 1927. Later he became a Major General and Instructor of the Chinese Army University. In 1936, he was promoted to be the Vice Chief of Staff of the 83rd Army.

In July 1937, the Lugou Bridge Incident happened. Japan sent troops to invade Hebei, China. In August, Japan sent troops to invade Shanghai, China, and broke the peaceful environment of China's development. The Chinese government made full efforts to organize self-defense, and the War of Chinese People's Resistance against Japanese Aggression broke out in all directions. As the Major General and Chief of Staff, Yang Yingwei commanded his troops in Shanghai and engaged in fierce battles with the Japanese army, inflicting significant casualties on the invading forces. In November 1937, he was transferred to the position of Chief of Staff of the Capital (Nanjing) Garrison Command, where he implemented the order issued by Commander Tang Shengzhi to defend Nanjing at all costs and organized the defense of the city. When the Japanese army entered Nanjing, Yang Yingwei refused to evacuate with Commander Tang Shengzhi, choosing to fulfill his duty as a soldier and leading his troops to swear to coexist with Nanjing in life or death. On December 11th, Yang Yingwei was fatally wounded while leading his troops in a fierce battle against the Japanese at the "Ming Palace" airport. He died at the age of 49.

積極應戰參戰　保衛首都南京

1937 年 7 月 7 日，蘆溝橋事變發生，日本出兵大肆侵犯中國河北。8 月 13 日，日本又出兵侵犯中國上海。日本軍隊入侵徹底打破了中國和平建設環境，中國政府全力組織自衛應戰，中華民族抗日戰爭全面爆發。楊膺謂奉命參與國民革命軍陸軍第八十三軍的組建，任軍參謀長。該軍組建後由廣東省開赴上海，隸屬首都衛戍司令長官部，奉命參加阻擊日本軍隊入侵的淞滬會戰。楊膺謂和軍長鄧龍光率部與日軍在上海展開了激烈的陣地爭奪戰，阻止日軍進攻入侵，給予日軍重大殺傷。

淞滬會戰後，第八十三軍撤至南京郊區組織防禦。楊膺謂奉命調任首都（南京）衛戍司令長官部少將高級參謀，全力協助首都（南京）衛戍司令長官唐生智上將組織防守、保衛首都大南京，部署和嚴防守城部隊從長江擅自撤退等事宜。他全面貫徹唐生智司令長官提出的"……與諸君共負守城的責任，以一死報國家……"。"各部隊應以與陣地共存亡，盡力固守，決不輕棄寸土……"。誓死保衛首都南京。

楊膺謂將軍一邊積極組織、協調首都（南京）衛戍部隊，進行攻防工事的修築、佈防。一邊認真對各部隊宣傳保衛首都大南京的意義，組織學習宣講國家主席林森11月20日頒佈的《中華民國國民政府移駐重慶宣言》："……國民政府鑒於暴日無止境之侵略，爰決定抗戰自衛，全國民眾同仇敵愾，全體將士忠勇奮發；被侵各省，均有極急劇之奮鬥，極壯烈之犧牲。而淞滬一隅，抗戰亙於三月，各地將士，聞義赴難，朝命夕至，其在前線，以血肉之軀，築成壕塹，有死無退。暴日傾其海陸空軍之力，連環攻擊，陣地雖化煨燼，軍心仍如金石。臨陣之勇，死事之烈，實足昭示民族獨立之精神，而奠定中華復興之基礎。邇者暴日更肆貪黷，分兵西進，逼我首都……為國家生命計，為民族人格計，為國際信義與世界和平計……為適應戰況，統籌全域，長期抗戰起見，本日移駐重慶，此後將以最廣大之規模，從事更持久之戰鬥，以中華人民之眾，土地之廣，人人本必死之決心，繼續抗戰，必能達到維護國家民族生存獨立之目的。"

楊膺謂又以穩定軍心和告誡軍人與民眾，堅定抗戰必勝之信念，要求和帶領部隊高唱《保衛南京》之歌：

"我們的首都，正在危急中，同胞們！快快動員起來，武裝起來，保衛南京！實現全面的抗戰，全民族的抗戰，這是神聖的民族革命戰爭。驅逐日寇出中國，把我們的首都，搬回南京！把我們的首都，搬回南京！"……

堅守軍人職責　衛國戰死南京

1937年12月7日，日本軍隊對中國南京城發起攻擊，全城內外15萬餘官兵和數十萬民眾與日軍展開了浴血奮戰，激烈廝殺與拼搏[1]。12月9日午後，日本指揮官松井石根為瓦解中國守軍戰鬥意志，突然派出飛機向南京城撒下勸降書。唐生智司令長官接獲日軍勸降書傳單後，於當晚7時向南京全體守軍下達《衛參作第三十六號》命令：

1、本軍目下佔領複廓陣地為固守南京之最後戰鬥，各部隊應以與陣地共存亡之決心，盡力固守，決不許輕棄寸地，搖動全軍，若有不遵命令擅自後移，定遵委座命令，按連坐法從嚴辦理。

2、各軍所得船隻，一律繳交運輸司令部保管，不准私自扣留，著派第七十八軍軍長宋希濂負責指揮。沿江憲、警，嚴禁部隊散兵私自乘船渡江，違者即行拘捕嚴辦。倘敢抗拒，以武力制止。

首都（南京）衛戍司令長官部楊膺謂等參謀立即進行貫徹傳達。守軍全體將士堅決響應，繼續以高昂鬥志守城抗戰到底，誓與南京共存亡。在唐生智的指揮下，守軍將士用更加猛烈的炮火和激烈的反擊，回答了日軍的勸降之舉。

當戰事進行到最緊張之時，唐生智司令長官以與楊膺謂老校友的特殊身份，告知楊膺謂和貼身人員：南京難保，準備帶其一同撤離南京，並在煤炭港準備了渡船。楊膺謂拒絕了與唐生智一同撤離的"好意"，憤然答道："……養兵千日，用在一朝，以身報國是軍人的天職，保衛大南京而不死一將軍，如何對得起國人！"唐生智聞言默許。

12月10日13時，日本軍隊向南京城郭及雨花臺、紫金山等處實施強行攻擊，守城官兵仍浴血奮戰，英勇抵抗。之後，日軍百餘名敢死隊員衝入光華門，被我軍全部殲滅。南京保衛戰已達到白熱化，日軍重炮反復轟擊中國守軍陣地，多架飛機輪番轟炸南京城。戰事激烈之際，唐生智立即派楊膺謂到中山門指揮戰鬥。激戰中，光華門城牆被日軍炸毀百餘米，戰況危急。楊膺謂從中山門守軍中抽出一部兵力親自率領跑步馳援，與日軍展開惡戰。楊膺謂反復穿梭於各軍、師、旅的陣地中，告誡各部官兵誓死堅守。在拉鋸激戰中，楊膺謂身中敵彈，壯烈殉國於"明故宮"機場。時年49歲。同時，殉國的還有首都（南京）衛戍司令長官部上校參謀李百威（四川巴縣人）等數名官兵。

注 [1]：當時南京守軍較為確切的人數，參見《南京保衛戰史》第125頁數字；南京人口數字，參考《本國新地圖》第3頁（但不是1937年12月南京確切的人口數字）。

路景榮將軍
General Lu Jingrong

陸軍少將、國民革命軍第五十四軍第九十八師參謀長

Major General and Chief of Staff of the 98th Division of the 54th Army of the National Revolutionary Army

路景榮，原名精榮，字靜吾。中國國民革命軍陸軍第五十四軍第九十八師少將參謀長，著名抗日愛國將領。1902年出生於江蘇省武進縣青龍鄉丁莊村。1909年入本村初級小學讀書，天資聰明，勤奮好學。1917年隨父母到湖南長沙經商，考入長沙中學讀書。1925年考入廣州黃埔陸軍軍官學校第四期步兵科，1926年畢業留校任教。之後，又考入廬山中央軍官訓練團特訓班。先後在國民革命軍中歷任排長、連長、營長和團長等職。

1937年7月，日本出兵大肆入侵中國河北。8月，日本又出兵進犯中國上海。日本軍隊入侵徹底打破了中國和平建設環境，中國政府被迫全力組織自衛應戰，中華民族抗日戰爭全面爆發。路景榮任國民革命軍陸軍第五十四軍第九十八師第五八三團上校團長，奉命率部奔赴上海參加阻止日軍進攻的淞滬會戰，過家門而不入。路景榮率部在淞滬戰場冒著日本飛機掃射、轟炸和艦炮炮火，與日軍展開了激烈廝殺，所轄第三營官兵在寶山城全部戰死。1937年9月8日，路景榮因戰功升任第五十四軍第九十八師少將參謀長。9月10日，率部在上海月浦與日軍浴血奮戰中，身中數彈，壯烈殉國。時年36歲。

Lu Jingrong, courteously named Jingwu, a famous patriotic general of the War of Chinese People's Resistance against Japanese Aggression, had been the Major General and Chief of Staff of the 98th Division of the 54th Army of the National Revolutionary Army. He was born in 1902, in Dingzhuang Village, Qinglong Town, Wujin County, Jiangsu Province. In 1909, he entered the local primary school. In 1917, he went to Changsha city of Hunan Province for business with his parents and was admitted to Changsha Middle School. In 1925, he was admitted to the Infantry Department of the 4th session of Whampoa Military Academy. In 1926 he graduated and stayed in school to teach. Later, he was admitted to the special training class of Lushan Central Officer Training Corps. Then he joined the National Revolutionary Army where he served successively as Company Commander, Battalion Commander, Platoon Commander and Deputy Regimental Commander and so on.

In July 1937, Japanese troops invaded Hebei, China. In August, they invaded Shanghai, China, breaking the peace-building environment in China. The Chinese government was forced to organize self-defense to fight against Japanese invaders, and the Chinese nation's war of resistance against Japan broke out in an all-round way. Lu Jingrong, serving as the Colonel and Commander of the 583rd Regiment of the 98th Division of the 54th Army, was ordered to lead his troops to participate in the Battle of Shanghai. Lu Jingrong led the troops in the battlefield to fight with the Japanese army. Due to his military exploits, he was promoted to be the Major General and Chief of Staff of the 98th Division of the 54th Army of the National Revolutionary Army on September 8th, 1937. On September 10th, while commanding his men to engage the Japanese armed forces at Yuepu of Shanghai in a bloody battle, he was unfortunately killed at the age of 36, devoting his life to his beloved motherland.

自衛應戰報國急　過家門而不入

1937年7月7日，蘆溝橋事變發生，日本出兵大舉入侵中國河北。7月17日，中華民國國民政府委員會委員長蔣中正發表《對蘆溝橋事件之嚴正聲明》："中國民族本是酷愛和平……我們是弱國，國家要進行建設，絕對的要和平，過去數年中，不惜委曲忍痛，對外保持和平……我們固然是一個弱國，但不能不保持我們民族的生命，不能不負擔祖宗先民遺給我們歷史的責任，所以到了迫不得已時，我們不能不應戰……如果放棄尺寸土地與主權，便是中華民族的千古罪人……我們希望和平，而不求苟安，準備應戰，而決不求戰……如果戰端一開，就是地無分南北，人無分老幼，無論何人皆有守土抗戰之責……全國國民亦必須嚴肅沉著，準備自衛……"。8月7日，中華民國國民政府在南京舉行最高國防會議,決定實施全面自衛抗戰,調兵遣將統籌佈防應戰。為了保衛大上海,同時也為把入侵日本軍隊拖入長江流域的沼澤和山嶺地帶的東西戰場,避縮其機械化作戰之優勢,行我持久戰和遊擊戰之特長,徹底拖垮打敗日本。國民政府軍事委員會調集全國精兵強將向上海集結。路景榮任國民革命軍陸軍第五十四軍第九十八師第二九二旅第五八三團上校團長,率部駐守武漢磄口,積極響應應戰。8月10日傍晚,路景榮部接到開赴上海的緊急命令。

路景榮家人——妻子攜孩子住在上海以西的常州。夜深了,路景榮躺在床上,思念遠在千里之外常州老家的妻兒老小,其和平生活還能維持多久?……身為軍人難以保護她們的和平生活,自己將要路過家門而又不能與妻子孩子見面與告別,心潮澎湃,深感對不住家鄉妻兒老小!但軍情緊急,軍人必須保衛國家和平,必須以國家為重,必須以國家為家。他立即起身,來到辦公桌前鋪開信箋,匆匆走筆,給妻子寫書信一封:

賢妻如晤:

對日作戰不可避免。這次作戰非同尋常,軍人守土有責,不打退日軍進攻,決不苟全性命!只要你帶好三個孩子,我雖死也安心!紙短情長,臨池依依,望你在家鄉多加珍重!

夫景榮手書
中華民國二十六年八月十日晚

1937年8月11日早,路景榮將家信寄出,便匆匆進入了緊急的出發準備。12日上午,路景榮率部登上輪船,順長江向家鄉方向開拔。到達南京後,又轉乘火車直達上海。正當路景榮率部向上海急奔、路過家門(常州)而不能入,火速奔赴上海抗日征程途中,日本軍隊已經攻入中國上海市區。

不滅倭寇誓不還　淞滬血戰殉國

路景榮所在的部隊第九十八師轄有兩個旅、四個團配製的整編師,師直屬有炮兵營、工兵營和輜重營等。師長夏楚中、副師長王甲本、參謀長羅廣文。第二九二旅旅長呂國銓,副旅長陳集輝,第五八三團團長路景榮,第五八四團團長胡一。第二九四旅旅長方靖,副旅長龔傳文,第五八七團團長侯思明,第五八八團團長向敏思。師的武器裝備以國產為主,每團三個步兵營,每營有重機槍連,每團有八二迫擊炮連。

1937年8月15日拂曉,第五十四軍第九十八師進駐上海南翔,被編入第三戰區戰鬥序列,作為預備隊奉命擔任月浦、寶山方面的防務。第五八三團是第九十八師的主力團,戰鬥力最強,奉命擔任正面防守任務。

日本軍隊侵佔中國上海部分地區後。中國第三戰區司令長官部決定主動出擊,給日軍以突然打擊。8月19日晚，路景榮奉命率領全團由北向南強攻楊樹浦地區。日軍在該地區設有多處街壘以及在公大紗廠、匯山碼頭中建立重要據點，中國守軍力圖將這一地區的日軍掃進黃浦江。路景榮指揮全團官兵從沙港向東迂回，沿途遭到日軍的拼死抵抗。路景榮一面組織火力進攻，一面要求官兵們利用死角互相掩護，搭人梯攀上樓頂，和日軍逐房、逐樓逐層爭奪。在街頭、牆邊、樓房內，日寇的屍體一個疊著一個，路景榮和官兵的戎裝全部沾滿了血污。經過連續三個晚上的突擊，由於我軍缺乏能摧毀日軍堅固工事的重型火器，未能全部達到預期的攻擊目的。

8月23日拂曉，日軍又在吳淞口獅子林和川沙口方向登陸，向中國軍隊右翼陣地發起猛攻。路景榮率部和兄弟部隊經過一天一夜的血戰，將部分登陸日軍消滅在灘頭。

8月25日起，經過連續六晝夜拉鋸式的攻防戰，防守寶山一線陣地的我第六師傷亡過半。8月31日起，第九十八師奉命接替第六師陣地。第五八三團第三營進入寶山城堅守，路景榮深知寶山城得失關係重大，嚴令第三營要不惜代價堅守寶山。9月4日，日軍集中30餘艘軍艦，掩護陸軍向寶山城發起猛攻。第三營官兵頑強抵抗，擊退日軍多次進攻。7日清晨，日軍用重炮摧毀寶山城牆，攻入城內。第三營官兵與日軍展開巷戰。在血戰中姚子青營長和全營官兵壯烈殉國。與此同時，路景榮率部正在月浦陣地與日軍激戰。月浦離長江口不遠，河浜眾多，稻田縱橫，地下水位高，無法構築堅固工事。路景榮率部仍與日軍浴血奮戰，一次次打退日寇進攻，我雖傷亡慘重，但從9月7日到9日，日軍沒有踏進我方陣地半步。由於月浦地處開闊、援軍無法接近陣地，且彈藥越打越少，部隊傷亡越來越多，加之飯菜不濟，高溫酷暑，十分艱難。路景榮冒著槍林彈雨巡視陣地，激勵大家與陣地共存亡，絕不後退一步。

1937年9月8日，第九十八師師參謀長羅廣文奉調至第十四師任旅長，路景榮因戰功卓著被任命第九十八師少將參謀長。

由於寶山縣城陷落，第九十八師第五八八團兩個連防守獅子林，在日軍狂轟濫炸猛烈進攻之下，兩連官兵全部壯烈犧牲，獅子林陷於敵手。寶山縣城和獅子林失守後，日本軍隊集中海上炮火和空中力量，對月浦輪番轟炸，在戰車配合下，不斷向月浦發動猛烈進攻。第五八三團奮力擊退日軍一次次進攻，但傷亡已相當慘重，血流成河。

1937年9月10日，日軍又增援2000餘人，在火炮和飛機的掩護下，猛攻月浦。路景榮親上火線，與官兵浴血奮戰在一起。突然，身中數彈倒地，壯烈殉國。同日，犧牲的還有第五八三團正副團長等官兵600餘人。路景榮時年36歲。9月11日晚間，第九十八師奉命換防到廣福一帶整補。第九十八師在獅子林、寶山、月浦、羅店附近對日軍浴血苦戰25天，全師官兵傷亡4960餘人，陣亡團、營、連、排、班長200餘人。

路景榮參謀長殉國後，部下拼死收斂遺骸，運回其故鄉。其妻子孩子和眾鄉親哭成了淚人……9月25日，第九十八師在常州為路景榮將軍舉行了隆重公祭大會。隨後將路景榮安葬在常州公墓。上海英文報紙《大美晚報》對路景榮、姚子青率部保衛寶山、月浦，視死如歸捍衛和平及參與反法西斯戰爭的精神，發表文章說："其偉大壯烈，實令人內心震動而肅然起敬！此非僅中國人之光榮，亦為全人類之光榮！"

解固基將軍
General Xie Guji

陸軍少將、國民革命軍第四十三軍第二十六師第一五二團團長

Major General and Commander of the 152nd Regiment of the 26th Division of the 43rd Army of the National Revolutionary Army

　　解固基，字體泉。中國國民革命軍陸軍第四十三軍第二十六師第一五二團上校團長，著名抗日愛國將領。1897年出生於四川省崇寧縣竹瓦鋪鄉。幼年入私塾讀書。1913年考入崇寧第一高等小學。1918年考入彭縣中學。1927年任"崇寧縣團練幹部訓練班"大隊長。1928年任川軍營長。1933年考入南京中央陸軍軍官學校高教班深造，畢業後回原部任代理團長。

　　1937年7月7日，蘆溝橋事變發生，日本出兵大肆侵略中國，打破了中國和平建設環境，中國政府全力組織自衛應戰，中華民族抗日戰爭全面爆發。解固基任國民革命軍陸軍第四十三軍第二十六師第一五二團上校團長，奉命率部由四川（貴州）開赴上海，參加阻擊日本軍隊入侵的淞滬會戰。10月16日，率部在上海大場冒著日本飛機掃射、轟炸和艦炮的反覆炮擊，頑強攻擊拚殺、側擊和襲擊，與日軍血戰七晝夜，所部雖傷亡嚴重，但仍牢牢堅守陣地，予敵重創。23日下午，在日軍重炮轟擊下，解固基率部殺入敵陣，激戰中身負重傷，仍不下火線，壯烈殉國。時年41歲。全軍將士仍浴血奮戰，戰後僅倖存600餘人。之後，中華民國國民政府頒佈褒揚令，追晉解固基陸軍少將軍銜。

Xie Guji, courteously named Tiquan, a famous patriotic general of the War of Chinese People's Resistance against Japanese Aggression, had been the Colonel and Commander of the 152nd Regiment of the 26th Division of the 43rd Army of the National Revolutionary Army. In 1897, he was born in Zhuwapu Town, Chongning County, Sichuan Province. In his childhood, he was educated in an old-style primary school. In 1913, he got entry into the No.1 Higher Primary School. In 1918, he was admitted to the Middle School of Peng County. In 1927, he was appointed as the Captain of the Military Officers' Training Class of Chongning County Regiment. In 1928, he served as the Battalion Commander of Sichuan Army. In 1933, he was trained in the higher class of the Central Army Officer School. After graduation, he returned to his army and served as the Acting Regimental Commander.

In July 1937, the Lugouqiao Incident happened. Japan sent troops to invade China and broke the peaceful environment of China's development. The Chinese government made full efforts to organize self-defense, and the War of Chinese People's Resistance against Japanese Aggression broke out in all directions. As the Colonel and Commander of the 152nd Regiment of the 26th Division of the 43rd Army of the National Revolutionary Army, Xie Guji was ordered to fight in the Battle of Shanghai. He led his troops to fight in a bloody battle with the Japanese army in Shanghai for seven days and nights. Although his troops suffered heavy casualties, they still firmly held their positions and dealt heavy blows to the enemy. On the afternoon of 23rd, under the Japanese heavy artillery bombardment, he led his troops to charge into the enemy line and was seriously wounded in the fierce battle. Despite severe injury, he kept on fighting on the front and was killed in action at the age of forty-one. To honor his heroic sacrifice, the Chinese National Government promoted him to the rank of Major General posthumously.

蔡如柏將軍
General Cai Rubai

陸軍少將、國民革命軍第六十六軍第一六〇師第九五六團團長

Major General and Commander of the 956th Regiment of the 160th Division of the 66th Army of the National Revolutionary Army

　　蔡如柏，中國國民革命軍陸軍第六十六軍第一六〇師第九五六團上校團長，著名抗日愛國戰將。1898年出生於廣西省南寧市長塘鄉。1906年入本地小學讀書。廣西陸軍幹部養成所（軍事學校）畢業後，投身軍旅。先後任國民革命軍排長、連長、營長和師參謀長等職。

　　1937年"七・七"事變發生，日本出兵大肆侵略中國，打破了中國和平建設環境，中國政府全力組織自衛應戰，中華民族抗日戰爭全面爆發。蔡如柏任國民革命軍陸軍第六十六軍第一六〇師上校參謀處長，奉命隨軍由廣東開赴上海，參加阻擊日本軍隊入侵的淞滬會戰，全面負責全師作戰軍需物資補給。淞滬會戰後，調任第一六〇師第九五六團上校團長，奉命率部參加南京保衛戰。在南京湯山東西線冒著日本飛機掃射、轟炸，大炮炮火轟擊，以及坦克強攻，阻擋著日軍進攻。與日軍惡戰多日後，奉命退至中山門一帶防守。12月12日晚，奉命由太平門方向突圍。蔡如柏率部帶頭突圍至湯山時，遭遇日軍第十六師團主力的攻擊。在激戰中，蔡如柏身中數彈，壯烈殉國。時年40歲。之後，中華民國國民政府追晉蔡如柏陸軍少將軍銜。

　　Cai Rubai, a famous patriotic general in the War of Chinese People's Resistance against

Japanese Aggression, had been the Colonel and Commander of the 956th Regiment of the 160th Division of the 66th Army of the National Revolutionary Army. In 1898, he was born in Changtang Town, Nanning City of Guangxi Province. In 1906, he went into a local primary school. After graduating from Cadre Training School of Guangxi Army, he joined the army and served successively as the Platoon Leader, the Company Commander, the Battalion Commander, the Regimental Commander, and so on.

In July 1937, the Lugouqiao Incident happened. Japan sent troops to invade China and broke the peaceful environment of China's development. The Chinese government made full efforts to organize self-defense, and the War of Chinese People's Resistance against Japanese Aggression broke out in all directions. As the Colonel and Chief of Staff of the 160th Division of the 66th Army, Cai Rubai commanded his troops to participate in the Battle of Shanghai, in charge of the supplies of the whole Division. After the Battle of Shanghai, he was promoted to be the Regimental Commander of the 160th Division of the 66th Army, and was ordered to take part in the Battle of Nanjing. After vehement fighting at the west line of Tangshan, Nanjing, he was ordered to defend the Zhongshan Gate. On the night of December 12th, he was ordered to break through the tight siege from the direction of the Taiping Gate. Marching to Tangshan, his troops encountered the main force of the Japanese 16th Division Group. Unfortunately, he was killed in bloody fighting therein at the age of forty. Soon later, the Chinese National Government promoted him to the rank of Major General to honor his heroic sacrifice for defending the peace of the motherland.

蔡炳炎將軍
General Cai Bingyan

陸軍中將、國民革命軍第十八軍第六十七師第二○一旅旅長

Lieutenant General and Commander of 201st Brigade of the 67th Division of the 18th Army of the National Revolutionary Army

　　蔡炳炎，字潔宜，號子遺。中國國民革命軍陸軍第十八軍第六十七師第二○一旅少將旅長，著名抗日愛國將領。1900年出生於安徽省合肥市胡家淺。自幼聰穎，好學向上。1907年入私塾讀書，繼考入三河孫舉之學館。1924年考入廣州黃埔陸軍軍官學校第一期步兵科，畢業分配軍校教導團任教官。1928年考入陸軍大學特別班第一期深造。在軍旅中先後任排長、連長、營長、團長、師參謀長和安徽省保安處少將處長等職。

　　1937年7月，日本出兵大肆進犯中國河北。8月，日本又出兵進犯中國上海。日本軍隊入侵徹底打破了中國和平建設環境，中國政府被迫組織自衛應戰，中華民族抗日戰爭全面爆發。蔡炳炎任國民革命軍陸軍第十八軍第六十七師第二○一旅少將旅長，奉命率部開赴上海阻止日軍入侵，參加淞滬會戰。8月25日夜，蔡炳炎率部進駐羅店陣地，與偷襲日軍展開近戰肉搏，全殲來犯日軍。8月26日晨，蔡炳炎指揮所部主動向日軍發起攻擊，冒著槍林彈雨逐步向日軍核心部推進，與日軍激戰至中午12時許，部隊在陸家宅與日軍展開了反覆搏殺。當形勢危急時，蔡炳炎親自帶隊上陣廝殺，突然身中數彈，壯烈殉國。時年38歲。1947年5月，中華民國國民政府頒佈褒揚令，追晉蔡炳炎陸軍中將軍銜。

Cai Bingyan, courteously named Jieyi, a famous patriotic general of the War of Chinese People's Resistance against Japanese Aggression, had been the Major General and Commander of 201st Brigade of the 67th Division of the 18th Army of the National Revolutionary Army. In 1900 he was born in Hujiaqian, Hefei City, Anhui Province and entered an old-style private school in 1907. He entered Sunjuzhi's School in Sanhe. In May 1924, he was admitted to the 1st session of Whampoa Military Academy. In 1928, he was admitted to the 1st Special Class of the Army Academy of China. He served as Platoon Leader, Company Commander, Battalion Commander, Regimental Commander, Chief of Staff of the Division, Major General of Anhui Provincial Public Security Commissioner and so on in the army.

In July 1937, Japanese troops invaded Hebei Province, China. In August, they invaded Shanghai, China, breaking the peace-building environment in China. The Chinese government was forced to organize self-defense to fight against Japanese invaders, and the Chinese nation's war of resistance against Japan broke out in an all-round way. Cai Bingyan, the Major General and Commander of 201st brigade of the 67th Division of the 18th Army, led his troops to march to Shanghai battlefield to block the Japanese aggression. In the deep night of August 25th, Cai Bingyan commanded his men to launch a hand-to-hand fighting with the Japanese invaders and won a final victory by wiping out all invading enemies in Luodian positions. On the morning of August 26th, Cai Bingyan and his command initiated an attack on the Japanese forces, advancing steadily towards their core position despite of enemies' heavy gunfire and bullets. They engaged in intense combat with the Japanese until around noon, repeatedly fighting back against them at the Lujiazhai. Witnessing the situation, Cai Bingyan personally led his troops into battle, but tragically succumbed to multiple bullet wounds, bravely sacrificing his life for his country. He was 38 years old at the time. In May 1947, the Republic of China's National Government issued a commendation order, posthumously promoting Cai Bingyan to the rank of Lieutenant General in the Army.

上海自衛應戰　初戰告捷

1937年7月7日，蘆溝橋事變發生，日本出兵大肆進攻中國河北。8月13日，日本在向中國河北進攻的同時，又投入28萬餘兵力、軍艦30餘艘、飛機500餘架、坦克300餘輛，大舉入侵中國上海。日本軍隊入侵徹底破壞了中國和平建設環境，中國政府被迫全力組織自衛應戰。蔡炳炎任國民革命軍陸軍第十八軍第六十七師第二〇一旅少將旅長，率部駐紮在常州城北洪廟一帶，奉命準備開赴上海阻擊日本軍隊入侵。

蔡炳炎率全旅官兵積極備戰，全力抓緊時間練兵，提高部隊的軍事素質和官兵戰鬥技能，時刻準備殺敵報國。8月22日上午，蔡炳炎在給其妻子趙志學的信中說："……國難至此，已到最後關頭，國將不保，家亦焉能存在！"當日晚，蔡炳炎奉命率全旅官兵星夜兼程，開赴上海前線，進駐羅店以西地區接受任務，加入阻擊日本軍隊進攻的淞滬會戰。

1937年8月25日夜，蔡炳炎率部到達羅店指定防區後，立即指揮官兵抓緊時間構築工事，準備禦敵。在主力部隊構築工事的同時，蔡炳炎命一部官兵在陣地前方巧妙設伏，以防日本軍隊趁夜偷襲。26日凌晨2時許，果然有大約兩個排的日軍前來偷襲陣地。設伏部隊待該股日軍進入伏擊圈後猛烈開火，並迅速結束戰鬥。蔡炳炎旅初戰告捷：全殲該股日軍，其中擊斃日軍少尉一名，繳獲日軍兵力部署和軍用地圖各一份。蔡炳炎根據繳獲的日軍兵力部署和軍用地圖，詳細制訂了對抗日軍入侵的作戰計畫，並速派人將日軍部署和地圖火速送往師部，供長官部參考應對。

主動出擊日軍　殉國羅店

日本軍隊侵佔中國上海部分地區後，不斷從其國內運送兵員與物資進行補充。中國因是被迫自衛應戰，也需要緊急調集全國力量進入上海參戰阻擊。所以，我軍在上海與日軍一度形成了對峙態勢。蔡炳炎旅長研究認為：雖然日本國盛、經濟強大，但必須跨過海洋進入中國上海。我國雖然國弱貧窮，但畢竟是在自己的國家、自己的土地上自衛應戰。為此，與其坐以防守，不如主動出擊，以便掌握戰場上的主動權。蔡炳炎對第十一師師長彭善說："彭師長，戰死也是死，自殺也是死，反正是一個死，不如和小鬼子拼個魚死網破……我家裡的事就別提了，再大也是小事，國亡了，家就完了。我今天就豁出去了，不是敵生我死，就是敵死我生！"

8月26日凌晨3點30分，蔡炳炎命令第四〇二團向被日軍佔領的陸家宅發起猛烈進攻。經過一個小時的血戰，4時30分左右，第四〇二團先頭部隊順利攻佔日軍前哨陣地，蔡炳炎遂下令向日軍主力盤踞的陸家宅中心地帶繼續進攻。全旅官兵冒著日軍密集炮火，前仆後繼，拼力衝殺，殲敵甚多。激戰至黎明時分，日本第十一師團之一部在艦隊炮火支援下，從川沙口登陸，增援陸家宅之日軍。日軍在密集炮火掩護下，向蔡炳炎部發起瘋狂反擊。戰鬥愈加慘烈，第四〇二團官兵傷亡嚴重，李維藩團長和兩個營長相繼壯烈犧牲，另一營長重傷，第四〇二團指揮官幾乎全部傷亡。

激戰至26日上午9時許，日軍向羅店西側進攻，企圖包圍中國守軍。蔡炳炎見形勢萬分危急，急命預備隊迅速進入左翼陣地，以加強防禦。同時，蔡炳炎毅然把旅指揮部推進到離前線不足百米的地方直接指揮作戰。面對嚴峻形勢，蔡炳炎要求全旅官兵："誓與陣地共存亡，前進者生，後退者死，其各凜遵！"全旅官兵在蔡炳炎的命令和激勵下，穩步推進，奮勇衝殺。最終，蔡旅官兵衝入日軍陣中展開肉搏廝殺，雙方軍隊交叉在一起，使日軍的炮火優勢無從發揮作用。激戰持續至中午 11 時，日軍始終無法擊退蔡炳炎部。然而，蔡炳炎部傷亡也越來越大。12 時 30 分，為加強前線反擊力量，擊潰日軍，蔡炳炎率特務排和第三九八團第三營親自上陣參加搏殺，並振臂高呼勗勉部屬："吾輩只有兩條路：敵生，我死！我生，敵死！"言畢赴向敵陣。全旅官兵見旅長親自參戰，愈加奮勇殺敵，迫使日軍連連後退。正在蔡炳炎率部向日軍陣地猛攻時，突然胸部中彈。在生命的最後一刻，蔡炳炎仍手指前方大喊："前進！前進……"。指揮官兵繼續衝鋒殺敵！終因傷勢過重，壯烈殉國，時年 38 歲。

1937 年 9 月初，蔡炳炎將軍的妻子趙志學和長女蔡亞蘭來到上海羅店前線，整理裝殮蔡炳炎將軍遺體和慰問官兵。之後，蔡炳炎將軍的靈柩輾轉運回合肥老家安葬。未及，合肥淪陷，靈柩遂一直厝於城郊。抗日戰爭勝利後，1947 年 5 月 10 日，中華民國國民政府頒佈褒揚令，追晉蔡炳炎陸軍中將軍銜。

趙義京將軍
General Zhao Yijing

國民革命軍第八路軍冀南軍區第五軍分區司令員

Commander of the 5th Military Sub-command of South Hebei Military Region of the Eighth Route Army of the National Revolutionary Army

　　趙義京，中國國民革命軍陸軍第八路軍冀南軍區第五軍分區司令員，著名抗日愛國將領。1912年出生於湖北省黃陂縣蔡店區趙家沖。1922年在本地小學讀書。1929年參加工農紅軍。1933年秘密加入共產黨。1936年隨紅軍長征到達陝北後，入延安抗日軍政大學學習。在軍旅中先後任班長、排長、連長和營長等職。

　　1937年"七·七"事變發生，日本出兵大肆侵略中國。中國政府全力組織軍民抗擊日本軍隊入侵，中華民族抗日戰爭全面爆發。工農紅軍主力部隊奉命改編中國國民革命軍陸軍第八路軍（後改為第十八集團軍），開赴前線參加抗戰。趙義京任第八路軍第一二九師作戰科科長，隨部參加太原會戰。之後，隨部開赴太行山地區，開闢敵後抗日根據地。1938年起，趙義京先後任冀南軍區第五軍分區參謀長、副司令員和司令員等職。1940年8月，奉命率部參加"百團大戰"。1943年8月30日淩晨，趙義京率部轉移到棗北縣江官村一帶，突然遭遇大批日偽軍包圍。趙義京在組織突圍中遭遇日軍騎兵衝殺，身中敵彈，壯烈殉國。時年32歲。

　　Zhao Yijing, a famous patriotic general of the War of Chinese People's Resistance against Japanese Aggression, had been the Commander of the 5th Military Sub-command of South Hebei Military Region of the Eighth Route Army of the National Revolutionary Army. In 1912, he was born in Zhaojiachong Village, Caidian District, Huangpi County, Hubei Province. In 1922, he studied at a local primary school. In 1929, he joined the Chinese Workers' and Peasants' Red Army. In 1933, he joined the Chinese Communist Party. In 1936, he participated in the Long March and reached Northern Shaanxi and then studied at Yan'an Anti-Japanese Military and Political College.

In 1937, when the July 7th Incident happened, Japanese troops invaded China wantonly. The Chinese government made every effort to organize the military and civilian forces to fight against the Japanese invasion, and the Chinese War of Resistance Against Japan broke out in an all-round way. The main force of the Workers' and Peasants' Red Army was ordered to be reorganized into the Eighth Route Army of the Chinese National Revolutionary Army (later renamed the Eighteenth Group Army). Zhao Yijing, serving as the Director of the Operations Section of the Headquarters of the 129th Division, took part in the Battle of Taiyuan, and marched to the Mount Taihang to open up Anti-Japanese Base area along with the 129th Division of the Eighth Route Army. In 1938, he was ordered to establish the Anti-Japanese base of the 5th Military Sub-command of South Hebei Military Region in which he served successively as the Chief of Staff, the Deputy Commander and the Commander. In August 1940, he led his troops to participate in The Hundred Regiments Offensive. When he led his men to transfer to the area of Jiangguan Village of Zaobei County on August 30th, 1943, they were suddenly surrounded by a large number of Japanese and puppet troops. While organizing his men to break through the tight siege, he was assassinated by Japanese cavalry, shot by enemy bullets, and martyred for the country at the age of 32.

與民眾同甘共苦　戰日寇捐軀棗北

在中國華北敵後抗日戰場上，趙義京任國民革命軍陸軍第八路軍冀南軍區第五軍分區司令員，率領冀南第五軍分區機關人員，秘密駐紮在河北省棗強（棗北）、武邑、景縣三縣交界處的律寨村、霍楊莊等村寨一帶，利用村寨、河溝樹林和民眾的掩護，堅持抗日遊擊戰。

1942年，中國華北敵後抗日遊擊戰爭進入了十分艱苦的時期，八路軍的衣、食、槍支、彈藥和各種用品已經緊張到了空前絕後的地步。趙義京率領冀南第五軍分區幹部，堅持與老百姓、士兵同甘共苦，處處以身作則，不搞特殊，與士兵同吃同住同戰鬥。在前後長達三年的艱苦歲月裡，趙義京率領軍分區人員節衣縮食，救濟百姓，不隨便向當地老百姓索取任何糧棉、物品，不向任何組織和村莊攤派或徵集物資、糧布和勞力。所以，趙義京領導的部隊深受當地村民愛戴，老百姓只要聽說是趙義京的隊伍開來，都會忙前忙後，送水送飯，將最好的房屋和被褥讓給官兵住用，如像見了久別重逢的親人一樣對待。

1943年8月底，為了更好地研究、商討抗擊日寇的方法，保存自己，堅持敵後抗戰，趙義京主持召開了第五軍分區流動會議。參加會議的有冀南第五軍分區所轄各縣武裝科科長、縣大隊正副隊長和教導員，以及軍分區政委李爾重、專員任仲夷、副司令員陳耀元、參謀長陳明義、武裝科長牟海秀等領導，計200餘名抗日軍政幹部與相關人員。為了防止日偽軍偷襲，8月27日，會議先是在武邑縣律寨村召開，後轉移到石德鐵路以南的小白莊。30日，又秘密轉移到棗北縣的霍楊莊繼續研究開會。當時，為了減少或暴露目標，軍分區只有一個警衛連跟隨分區機關警衛。

同時，日酋為了消滅第五軍分區武裝部隊和指揮機關，也在進行秘密偵察和調兵遣將。日酋從辛集、龍華、故城、棗強等地，通過火車、汽車調運部隊，專門集中2000多人時刻對我軍分區指揮機關實施圍而聚殲。與會人員雖經兩次秘密轉移，但都被日酋派出的密探和漢奸跟蹤偵知。日偽軍大部隊正向其突襲包抄而來。

1943年8月30日，趙義京率隊在霍楊莊和日偽軍交火後，隊伍隨即向東北方向轉移。當走到花雨村時，得知大批日偽軍已從石德鐵路撲來，便由孔頭村通過清涼江向東突圍。不料，日偽軍在河東已設下埋伏，先頭部隊在河東受到突然襲擊，一部分人員犧牲，僅軍分區參謀長陳明義率幾十人衝了出去。我大部分人員只好折向西北，與日軍騎兵遭遇後，又轉向南，在江官村村北被困。在我部四面受敵的情況下，趙義京命令熟悉地形的棗北縣副大隊長張靜、教導員張祥甫及分區警衛連兩個排在前面開路，一個警衛排負責斷後，其他人員在中間，向西南方向強行突圍。前面兩個排和部分幹部衝出後，日軍騎兵將突破口堵死。趙義京再次重整隊伍分組朝不同方向突圍，並親自率一隊人員，在前頭殺開一條血路帶領大家突圍。在衝殺的激戰中，趙義京突然被敵人的子彈擊中頭部，摔倒在地上，壯烈殉國。時年32歲。同時犧牲的還有副司令員陳耀元等官兵30餘人。

趙義京、陳耀元兩位司令員犧牲後。第五軍分區黨政軍民為此舉行了隆重的追悼大會，追念其抗日功績。

趙錫章將軍
General Zhao Xizhang

陸軍中將、國民革命軍第十九軍第七十師第二一五旅旅長

Lieutenant General and Commander of the 215th Brigade of the 70th Division of the 19th Army of the National Revolutionary Army

趙錫章，字榮三。中國國民革命軍陸軍第十九軍第七十師第二一五旅少將旅長，著名抗日愛國戰將。1901年出生於河北省河間縣一書香門第。1908年入私塾讀書。後考入保定育德中學學習。中學畢業後，先後考入河北清河陸軍軍官預備學校和保定陸軍軍官學校步兵科第九期。畢業後，在軍旅中先後任排長、連長、參謀和上校參謀長等職。

1937年7月，蘆溝橋事變發生，日本出兵大肆侵犯中國，打破了中國和平建設環境，中國政府全力組織自衛應戰，中華民族抗日戰爭全面爆發。趙錫章任國民革命軍陸軍第三十三軍獨立第三旅第四團上校團長，為表示堅決抗戰捍衛和平之決心，專門給自己準備了一套壽衣，上面寫著："不成功，便成仁。"趙錫章奉命率部先後了參加平型關戰鬥和忻口戰役，因戰功卓著晉升第十九軍第七十師第二一五旅少將旅長，駐守晉西。1938年2月20日晨，所部防地隰縣川口、楊村堡遭遇日本步騎炮兵聯合進攻。2月21日拂曉，趙錫章率預備隊與日軍展開肉搏血戰。戰鬥中身負重傷，仍堅持指揮作戰。激戰中，趙錫章頭部又受重創，壯烈殉國。時年38歲。其所率預備隊亦殺敵犧牲，無一生還。之後，中華民國國民政府明令褒揚趙錫章率部忠勇殺敵之事蹟，追晉陸軍中將軍銜。

Zhao Xizhang, courteous name Rongsan, a famous patriotic general of the War of Chinese People's Resistance against Japanese Aggression, had been the Major General and Commander of the 215th Brigade of the 70th Division of the 19th Army of the National Revolutionary Army. He was born of a scholar-gentry family in Hejian County, Hebei Province in 1901. He entered an Old-style Private School in 1908. Then he studied in Baoding Yude Middle School. After graduating from the middle school, he was admitted to Hebei Qinghe Army Officer Prep School and the 9th Class of Infantry Division of Baoding Military Academy. After graduating, he had served successively as the Platoon Commander, the Company Commander, the Chief of Staff, the Colonel Chief of Staff, and so on.

In July 1937, the Lugouqiao Incident happened. Japan sent troops to invade China and broke the peaceful environment of China's development. The Chinese government made full efforts to organize self-defense, and the War of Chinese People's Resistance against Japanese Aggression broke out in all directions. Zhao Xizhang, in order to express his resolute determination to defend peace through staunch resistance, specially prepared a set of funeral clothes for himself, with the words "If I fail, I am willing to sacrifice." He was ordered to lead his troops in the battles of Pingxingguan and Xinkou, where he displayed remarkable bravery and military achievements. He was promoted to the rank of Brigadier General and assigned as the commander of the 215th Brigade of the 70th Division of the 19th Army, stationed in western Shanxi. In the morning of February 20th, 1938, his positions around Chuankou and Yangcunbao of Xi County were assaulted by the Japanese forces equipped with infantry, cavalry and artillery. After vehement battles, both sides suffered large casualty. Before dawn of February 21st, Zhao Xizhang led his men to engage in hand-to-hand combat with the enemy, and shed his blood until the last drop for the noble course of peace at the age of thirty-eight. Soldiers in his troops all died in the battle. Soon later, the China National Government promoted him to the rank of Lieutenant General posthumously.

晉北阻敵　勇猛頑強

1937年7月7日，蘆溝橋事變發生，日本出兵大肆入侵中國河北，打破了中國和平建設環境，中國政府全力組織自衛應戰。趙錫章任中國國民革命軍陸軍獨立第三旅第四團上校團長，耳聞日本軍隊野蠻侵略，國土淪喪的嚴重局面，義憤填膺，迭次請纓上陣，殺敵報國，捍衛和平。他在致妻子的信中寫道："日本帝國主義一定會滅亡，我一定要與日本侵略者決一死戰，決不穿著軍裝過黃河……"。他還專門給自己準備了一套壽衣，上面寫著："不成功，便成仁。"

1937年9月，日本軍隊相繼佔領中國北平和天津後，沿平漢鐵路向南發起猛攻。在攻佔中國石家莊之後，轉而向西，進攻鋒芒直指山西省腹地。與此同時，另一部日軍憑藉飛機、坦克和大炮等優勢裝備，連續突破中國守軍晉北長城防線，企圖迅速南下侵佔太原，山西形勢萬分危急。為阻擊日軍，保衛太原和山西腹地，中國第二戰區司令長官部決定組織太原會戰，首先在平型關、茹越口和雁門關一帶阻敵。趙錫章部奉命轉歸第三十三軍指揮，參加平型關阻敵戰鬥。趙錫章率部星夜兼程，開赴前線。9月9日，到達廣靈與靈邱交界處，迅速構築陣地，旋即與日軍展開激烈戰鬥。在與日軍血戰五晝夜之後，趙錫章奉令轉移到第十八集團軍（八路軍）第一一五師的左翼，平型關西溝一線陣地佈防。9月下旬，日軍進抵平型關一帶，中國軍隊奮起抵抗。趙錫章與獨立第三旅官兵拼死阻擊日軍進犯，支援第一一五師，保障平型關戰鬥取得勝利。

1937年9月底，日本依仗其優勢裝備和兵力繼續南下，企圖一舉攻佔太原。中國第二戰區司令長官部決心集中主力部隊，憑藉忻口之有利地形與日軍決戰，以保衛太原。10月中旬，忻口戰役（太原會戰重要組成部分）進入白熱化，戰鬥空前激烈。趙錫章率部擔任中央地區守備任務，帶領官兵主動發起反攻擊，多次與敵展開肉搏拼殺，打退日軍一次又一次猛攻，重創日軍。在忻口戰役中，中國軍隊與日軍展開反覆衝殺，抵制住了日軍進攻勢頭。共殲滅日軍兩萬餘人，成為抗戰以來，華北戰場殲敵最多的戰役。

忻口（太原會戰）戰役結束後，趙錫章因作戰勇敢，戰功卓著，晉升國民革命軍陸軍第十九軍第七十師第二一五旅少將旅長。

率部拼殺　殉國隰縣

1938年2月，日本為消滅山西境內中國軍隊主力，以解除其南渡黃河進攻中原後顧之憂，遂集中優勢兵力，在飛機、大炮等火力的掩護下，向在晉西駐防的中國軍隊發動猛烈攻勢。此時，趙錫章率第二一五旅為第七十師之左翼，正在隰縣川口鎮一帶佈防。

2月20日，日軍向趙錫章旅陣地發動進攻，趙錫章親臨前線觀察陣地，嚴密部署，指揮部隊巧妙隱蔽，憑藉有利地形打擊日軍。日軍數次進攻不僅毫無進展，反而損失慘重。遂調集飛機、火炮向第二一五旅陣地狂轟濫炸，隨之以步兵發起集團式衝鋒。第二一五旅官兵集中火力，拼死阻擊，打退日軍一次次進攻。血戰至下午4時，趙錫章旅傷亡慘重，陣地終被日軍突破。趙錫章率部與日軍在川口鎮展開激烈的肉搏戰，川口鎮殺聲震天，刀光閃閃，血肉橫飛。與此同時，在川口鎮南北高地上也展開慘烈的爭奪戰。因敵強我弱，趙錫章部力戰不支。奉命撤退至孔家莊、東溝里至任家嶺一線陣地，繼續阻擊日軍進攻。

2月21日拂曉，日軍主力乘趙錫章部陣地尚未鞏固，突然發動猛烈進攻。趙錫章指揮全旅官兵拼死抵抗，與敵激戰半天，陣地工事全部被炸毀。雖日軍遺屍累累，但第二一五旅亦傷亡過半，漸成頹勢。血戰至下午2時許，第二一五旅各團陣地均被日軍突破，雙方再次陷入混戰。位於楊村堡的第二一五旅指揮部也被日軍三面包圍，形勢萬分危急。為扭轉戰局，趙錫章親率預備隊及旅部官兵向日軍發起猛衝。激戰中，趙錫章肩部中彈，身邊官兵勸他撤退，趙錫章厲聲喝道："我之衣衿早已備妥，此即我葬身之所，今日有死無生……"。仍負痛督戰拼殺。因我軍裝備較差，敵強我弱，日軍攻進村子，我軍即與日軍展開巷戰。趙錫章率部在與日軍廝殺肉搏中，頭部再受重創，壯烈殉國。時年38歲。其所率官兵也為國戰死殆盡。

趙錫章旅長殉國後，遺體葬於石樓城東之高家溝。中華民國國民政府頒佈褒揚令，特予優恤，並追晉趙錫章陸軍中將軍銜。

齊學啟將軍
General Qi Xueqi

陸軍中將、中國遠征軍第六十六軍新編第三十八師副師長

Lieutenant General and Deputy Division Commander of the 38th New Division of the 66th Army of the Chinese Expeditionary Army

　　齊學啟，字敦鏞，別號夢賚，譽稱"現代文天祥"。中國遠征軍第一路第六十六軍新編第三十八師少將副師長，著名抗日愛國戰（儒）將。1900年出生於湖南省寧鄉縣楊林橋鐵爐塘一書香門第。1903年入長沙美國聖公會幼稚園，後進私塾學堂讀書。1912年考入清華大學留美預備班。之後，考入清華大學土木工程系學習。1920年清華大學畢業後，考取公費留學美國。1923年赴美國入讀諾維琪大學。1926年入讀德州農業與機械學院學習軍事科學。1928年回國，先後任南京憲警學校大隊長，上海憲兵第六團團長等職。

　　1932年1月，日本出兵侵犯中國上海，齊學啟奉命率部抗擊。之後，任上海保安第二團上校團長。1937年8月，日本出兵再次侵犯中國上海，齊學啟奉命率部抗擊，給予日軍重大殺傷。1938年2月，調任長沙稅務員警總團副總團長兼參謀長。1941年12月，稅務員警總團奉命改編國民革命軍陸軍新編第三十八師，齊學啟任少將副師長兼政訓處主任，帶領全師官兵苦練殺敵本領和陶冶軍人情操。1942年3月，任中國遠征軍第一路第六十六軍新編第三十八師少將副師長，奉命率部開赴緬甸維護和平，阻擊日軍入侵。該師首戰榮獲"仁安羌大捷"，解救了大批英國軍人和記者及多國僑民。

之後，齊學啟在戰鬥中受傷昏迷被俘，被日軍囚禁於緬甸戰俘集中營。日酋和汪偽漢奸用盡各種手段，威逼利誘，始終威武不屈，堅貞不降。1945年3月8日，齊學啟將軍在戰俘營被日軍和汪偽漢奸收買的被俘軍人刺傷，3月13日，齊學啟將軍悲壯殉國。時年46歲。

其夫人童錫俊仍在家鄉祈禱和平、盼望丈夫早歸生兒育女，共享平安生活。抗日戰爭勝利後，中國政府頒佈褒揚令，追晉齊學啟陸軍中將軍銜，譽為"現代文天祥"稱號。

Qi Xueqi, also known as Dunyong and nicknamed Menglai, was acclaimed as the "Modern Wen Tianxiang." He served as the Deputy Division Commander of the 38th Division, newly formed under the 66th Army of the Chinese Expeditionary Force. He was a renowned patriotic general. Born in 1900 in Yanglinqiao, Tielutang, Ningxiang County, Hunan Province, China, he grew up in an intellectual family. Qi attended the American Episcopal Kindergarten in Changsha in 1903, followed by private schools for further education. In 1912, he gained admission to Tsinghua University's preparatory class for studying abroad in the United States. Later, he pursued civil engineering at Tsinghua University. After graduating in 1920, Qi obtained a government scholarship to study in the United States. In 1923, he enrolled at the University of Norwich. In 1926, Qi pursued military science at the Texas Agricultural and Mechanical College. He returned to China in 1928 and held various positions, including Battalion Commander at the Nanjing Constabulary School and Commanding Officer of the 6th Regiment of the Shanghai Military Police.

In January 1932, when Japan invaded Shanghai, Qi was ordered to lead his troops in resistance. Later, he became the Colonel and Commanding Officer of the 2nd Regiment of the Shanghai Security Force. In August 1937, during the second Japanese invasion of Shanghai, Qi once again led his troops in resistance, inflicting significant casualties on the Japanese forces. In February 1938, he was transferred to the Deputy Commander and Chief of Staff of the Changsha Tax Police General Brigade. In December 1941, the Tax Police General Brigade was reorganized into the 38th New Army Division of the National Revolutionary Army, with Qi serving as the Deputy Division Commander and Director of Political Training. He led the entire division to train diligently in combat skills and cultivate soldierly conduct. In March 1942, Qi was appointed as the Deputy Division Commander of the 38th Division, newly formed under the 66th Army of the Chinese Expeditionary Force. He was ordered to lead his troops to Burma to maintain peace and counter the Japanese invasion. The division achieved its first victory in the famous Battle of Ren'anqiang, rescuing a large number of British soldiers, journalists, and foreign nationals. During subsequent battles, Qi was wounded, captured, and imprisoned by the Japanese in a POW camp in Burma. Despite of various forms of coercion and enticement from Japanese captors and collaborators, Qi remained resolute and unwavering, refusing to surrender. On March 8, 1945, General Qi Xueqi was attacked by a soldier who had been bribed by the Japanese and collaborators in the POW camp. He valiantly sacrificed his life on March 13, 1945, at the age of 46.

His wife, Tong Xijun, remained in her hometown, eagerly anticipating her husband's return so that they could start a family and embrace a life of peace. Sadly, she only received the tragic news of his demise. After the victory in the War of Resistance against Japan, the Chinese government issued a commendation order, posthumously promoting Qi Xueqi to the rank of Lieutenant General in the Army and bestowing upon him the title of "Modern Wen Tianxiang."

兩戰淞滬　國之儒將訓練雄獅

1932年1月28日，日本海軍陸戰隊藉口保護其僑民，突然向中國上海閘北地區發動進攻，駐守該地區中國軍隊奮起抗擊。齊學啟任國民政府憲兵第六團上校團長，率部駐防上海，積極配合上海守備部隊應戰還擊，給予進犯日本軍隊迎頭痛擊。在戰鬥中，齊學啟頭腦清靜，認真觀察研究敵情動態，率一小股部隊勇猛突襲日軍，在給予日軍沉重打擊後，並一舉奪回北火車站，博得民眾及中外記者同聲讚譽。淞滬抗戰結束後，憲兵第六團奉命改編為上海保安總隊第二團，衛戍上海市中心區。齊學啟繼續擔任團長。

1937年8月13日，日本海軍陸戰隊再次向中國上海地區發動入侵進攻，中國上海守軍奮起還擊，淞滬會戰爆發。齊學啟率部積極配合中國守軍部隊，抗擊日本軍隊入侵。並利用熟悉上海地理環境的特點和過去與日軍戰鬥經驗，引導中國軍隊奮勇出擊，給予入侵日本軍隊重大打擊與殺傷。

1938年2月，齊學啟調任長沙稅務員警總團副總團長兼參謀長，帶領部隊積極進行備戰與訓練。之後，奉命率部由長沙開赴貴州省都勻地區進行練兵習武。1941年冬，稅務員警總團奉命改編國民革命軍陸軍新編第三十八師，孫立人任師長，齊學啟任少將副師長兼政訓處主任。部隊改編後，齊學啟和孫立人帶領部隊進行更為嚴格的訓練——苦練保家衛國殺敵本領。他們在戰嚴寒、鬥酷暑、踏惡浪、走峭壁的同時，齊學啟還率領官兵高唱和詠誦中國《詩經·秦風·無衣》之古詩、及曾國藩與胡林翼治兵語錄，以鼓舞鬥志、相互團結、勇於擔當、保和平衛國家，努力提高部隊官兵戰鬥素質和愛國情操：

"豈曰無衣？與子同袍。王於興師，修我戈矛。與子同仇。

豈曰無衣？與子同澤。王於興師，修我矛戟。與子偕作。

豈曰無衣？與子同裳。王於興師，修我甲兵。與子偕行。"

……

"舍命报国，側身修行。"

"精诚所至，金石为开。"

……

之後，新編第三十八師，奉命參加中華民國國民政府軍政部的校閱，其綜合戰鬥力名列第一，被軍政部從丙種師提升甲種師，成為中國抗戰軍隊中最精銳、最強悍的王牌師之一。

揮師緬甸　以少勝多異域揚威

1942年元旦，由中國、美國、英國和蘇聯領銜的26國在華盛頓發表《聯合國家共同宣言》——世界反法西斯同盟陣營正式組成。之後，中國政府遵照世界反法西斯同盟陣營統一要求，編組中國遠征軍，出師緬甸，維護世界和平，阻擊日本軍隊向緬甸進攻。齊學啟任中國遠征軍第一路第六十六軍新編第三十八師少將副師長。中國遠征軍第一路司令長官杜聿明（代），第六十六軍軍長張軫，新編第三十八師師長孫立人。新編第三十八師轄：第一一二團、團長陳鳴人，第一一三團、團長劉放吾，第一一四團、團長李鴻。

1942年3月27日，中國遠征軍新編第三十八師在雲南省安寧縣奉命召開出征誓師大會。齊學啟將軍列舉古今中外遠征壯烈之事蹟，勉勵將士以我國歷史上的英雄班超、霍去病和薛禮等將士為榜樣，勇猛殺敵，凱歌而歸。隨後，他帶頭高聲朗誦《詩經·秦風·無衣》之古詩和"男兒生兮不成名，死當葬蠻夷域中……！"全體將士慷慨激昂，同聲跟誦，士氣大振。3月28日，新編第三十八師全體將士，高唱戰歌——《新編第三十八師師歌》，雄赳赳氣昂昂向緬甸進軍：

"吾軍欲發揚，精誠團結無欺罔。矢志救國亡，猛士力能守四方，不怕刀和槍，誓把敵人降。上陣死抗，效命疆場，才算好兒郎。

第一體要壯，筋骨鍛如百煉鋼。暑雨無怨傷，寒冬不畏冰雪霜。勞苦本尋常，饑咽秕與糠。臥薪何妨，膽亦能嘗，齊學勾踐王。

道德要提倡，禮義廉恥四維張。誰給我們餉，百姓脂膏公家糧。步步自提防，驕縱與貪贓。長官榜樣，軍國規章，時刻不可忘。

大任一身當，當仁於師亦不讓。七尺何昂昂，常將天職記心上。愛國國必強，愛民民自康。為民保障，為國棟樑，為軍爭榮光。"

……

齊學啟和孫立人將軍率中國遠征軍新編第三十八師，日夜兼程向緬甸縱深地區挺進，阻止日軍進犯，保衛緬甸和平。4月5日，全師到達臘戌。在此略作休整後，繼續向目的地進發。

1942年4月16日，在緬甸西南部仁安羌地區，英國軍隊第一師和戰車營7000餘人，以及500餘名美國傳教士、多國記者與僑民被日本第三十三師團一部包圍，彈盡糧絕，岌岌可危，英國第一師師長斯高特向中國遠征軍告急求援。此時，新編第三十八師駐紮在喬克巴當，距仁安羌較近。在接到中國遠征軍司令長官部救援英國軍隊的命令後，孫立人師長立即命令齊學啟副師長率部前往援救——劉放吾團長帶領第一一三團，星夜兼程飛奔援救；陳鳴人團長帶領第一一二團和師直屬部隊跟進掩護牽制日軍。17日午後，劉放吾團長率部抵達平牆河北岸附近戰鬥地區，立即佈置警戒與偵察。劉放吾團長對部隊略作調整和部署後，在英軍一部戰車與火炮的全力配合下，18日凌晨，向日軍發起了猛烈攻擊。第一一三團與英軍不吝嗇彈藥，大炮、輕重機槍一齊開火，炮彈、子彈如同飛蝗砸射日軍陣地，打得日軍無法招架，無力還擊。日軍在飛機與火炮的支援下，仍負隅頑抗。經過第一一三團官兵反復衝殺，日軍傷亡嚴重，放棄北岸陣地，涉水逃竄。緊接著，劉放吾團長派出小股部隊向對岸之敵作擾亂攻擊。4月19日拂曉，齊學啟遂命第一一三團發起強攻，爭取在中午前佔領對岸，接應被困英軍。劉放吾團長帶領第一一三團官兵以排山倒海之勢衝向日軍，不到10時，就全殲日軍一部，佔領日軍陣地。在鞏固陣地後，劉放吾團長又帶領部隊乘勝追擊，一鼓作氣將日軍趕到仁安羌以南3英里處。下午5時許，我軍克復了全部仁安羌油田區域，解救並全力掩護被困英軍撤退。中國遠征軍入緬作戰獲得大捷。

此戰，被稱為"仁安羌大捷"，齊學啟和劉放吾指揮中國一個團的兵力、在英軍炮火配合和第一一二團的牽制下，殲滅日軍1200餘人，救出了7000餘名英軍和傳教士、新聞記者及多國僑民500餘人，以及輜重車百餘輛與1000多頭馬匹，戰果輝煌，名震全球。被救英國人更是感激涕零，連連豎起大拇指示意：向中國官兵學習，向中國致敬！有的還高呼"中國萬歲！"

愛兵如子　重傷被俘悲壯殉國

仁安羌大捷後，由於中國戰區參謀長兼中緬印戰區美軍司令約瑟夫·史迪威將軍指揮不當和英國軍隊擅自急於撤退印度，其聯合組織的防線被日本軍隊突破，致使中國遠征軍處於被動地位，被迫向緬甸西北轉進。

1942年5月初，齊學啟奉命率部轉移至卡薩、溫造之間，與日軍展開戰鬥，以掩護兄弟部隊撤退轉進，戰鬥異常激烈。5月9日，卡薩方面告急，齊學啟奉命前往卡薩指揮第一一三團作戰。5月11日，齊學啟率部從卡薩撤退，按原計劃向卡薩鐵路以西山地轉移。之後，齊學啟又奉命到第五軍軍部聯絡工作，遂與新編第三十八師失去聯繫，只得隨第五軍軍部行動。當部隊行軍至曼西時，遇見新編第三十八師在卡薩戰鬥中負傷掉隊的官兵18人，因落伍無人照管，處境非常艱難。愛兵如子的齊學啟將軍決定留下來，照管他們。他在給傷兵們處理傷口進行包紮後，準備一起轉移時，遂又失去了與第五軍軍部的聯繫。齊學啟將軍毅然決定帶領這些受傷官兵，向更的婉江的荷馬林方向前進，尋找新編第三十八師師部。5月19日，他帶領傷兵抵達孟坎。在烏有河（更的婉江上游支流）河畔，齊學啟為了減輕負傷官兵行走艱難痛苦，砍伐竹竿，製作竹筏，讓全體負傷官兵乘其順流而下。

1942年5月23日，在更的婉江上游，齊學啟率領負傷官兵行進中，突然遭遇日軍騎兵伏擊。危急時刻，齊學啟立即帶領負傷官兵沉著應戰，並向官兵囑託："昔日成功，今日成仁，此其時矣，彈盡各自裁！"經過激戰，除一人落水逃生外，17名負傷官兵全部英勇犧牲，齊學啟身受重傷，倒在血泊中，不省人事。日軍發現身著將官軍服而昏迷的齊學啟少將，立即為其治療，並將其送至日酋處。齊學啟蘇醒過來發覺自己已身陷敵營，當即怒斥日酋，並拒絕換藥和進食，以求為國盡忠。日酋無可奈何，只得將齊學啟將軍押運至旅團部。齊學啟依舊大義凜然，厲聲斥責日本旅團長說："中國軍人，可殺不可辱，速槍斃，勿多言！"猛然掙脫押兵，欲奪刀自盡，大喊："求仁得仁，又何怨……"。日本兵慌忙上前阻止。日本旅團長亦驚，萬萬沒有想到中國高級將官是如此頑強，視死如歸。連忙對齊學啟表示敬意，並巧言令色，多方勸誘，皆遭到齊學啟將軍的怒斥。日軍軍官無奈，只得將齊學啟輾轉押送至緬甸仰光戰俘集中營。

仰光戰俘集中營，關押著眾多盟軍戰俘，其中有中國、美國、英國、印度、荷蘭和緬甸等國抗擊日本法西斯的戰俘。齊學啟將軍到來後，他利用一切機會，帶傷用漢、英等多種語言，向戰俘們宣講中國遠征軍戰鬥事蹟、中外歷史上忠勇之士的故事和教唱《中國遠征軍軍歌》，以及中國必勝、盟軍必勝、日本必敗的道理，鼓勵他們戰勝困難，頑強鬥爭，堅定必勝信念。同時，還向他們講述中國儒家文化和道家文化，以及陰陽五行、天人合一、格物致知等哲學思想，並如數家珍地將中國建築中陰陽五行、天人合一形成的自然奇特風格和宏偉壯觀用素描的藝術手法展現給大家……他還興致勃勃的與大家討論西方《哲學》、《邏輯學》和《神學》，以及吟誦與講解中國唐詩宋詞等等。盟軍戰俘們，都為齊學啟將軍的才華和精神所感動。在齊學啟將軍抗戰樂

观主义的影响下,战俘集中营官兵们和齐学启时常哼唱《中国远征军军歌》等斗志昂扬歌曲,共抗法西斯,以相互鼓舞,祈祷和平:

"君不见,汉终军,弱冠系虏请长缨,
君不见,班定远,绝域轻骑催战云!
男儿应是重危行,岂让儒冠误此生?
况乃国危若累卵,羽檄争驰无少停!
弃我昔时笔,著我战时衿,
一呼同志逾十万,高唱战歌齐从军。
齐从军,净胡尘,誓扫倭奴不顾身!
忍情轻断思家念,慷慨捧出报国心。
昂然含笑赴沙场,大旗招展日无光,
气吹太白入昂月,力挽长矢射天狼。
采石一战复金陵,冀鲁吉黑次第平,
破波楼船出辽海,蔽天铁鸟扑东京!
一夜捣碎倭奴穴,太平洋水尽赤色,
富士山头扬汉旗,樱花树下醉胡姬。
归来夹道万人看,朵朵鲜花掷马前,
门楣生辉笑白发,闾里欢腾骄红颜。
国史明标第一功,中华从此号长雄,
尚留馀威惩不义,要使环球人类同沐大汉风!"
……

1944年5月,当南京汪伪政权得知文武双全的齐学启将军被俘的消息后,速派多才多艺的陆军部部长叶蓬等高官到仰光进行"看望",向齐学启将军馈赠物品,并设宴劝降,许以高官和银宝钱财……均遭到了齐学启将军严厉拒绝和怒斥:"认贼作父,不知人间之羞耻……"

由于齐学启将军博学多才,经常运用多种语言与盟国战俘沟通,相互帮助。并多次向被俘英国军医求助,为负伤和生病战俘医治。加之,齐学启将军在集中营被关押中,面对敌人威逼利诱毫不动摇,深受难友崇敬。难友们称他是战俘中最受大家欢迎和最能给人以援助的人,是黑暗中光明和希望的源泉。然而,被日军和汪伪汉奸收买的战俘蔡宗夫、章吉祥和王庆华等几个丧节求荣的中国军人败类,便对齐学启将军怀恨在心,处处寻找齐学启和坚决不降官兵的彆扭。

1945年年初,日寇在缅北战场节节败退,蔡宗夫一伙知道盟军即将解放缅甸全境,害怕其喪節求榮做法難逃法網。於是，在日軍指使下密謀殺害齊學啟將軍。3月8日夜，在蔡宗夫的秘密協助下，章吉祥乘齊學啟將軍不備，手持尖刀猛力刺入齊學啟將軍的腹部[1]。齊學啟將軍遇刺後，傷勢不斷惡化，又無法治療。整個集中營的戰俘們，都為齊學啟的遇刺感到悲痛，卻又無能為力，只得每日為齊學啟將軍禱告。然而，齊學啟卻忍著疼痛對大家堅定表示："大丈夫為國而害、為國而死，死而無憾……人生自古誰無死？留取丹心照汗青……願得此身長報國，何鬚生入玉門關。勿為我難過，繼續抗爭。"3月13日夜，齊學啟將軍飲恨殉國。時年46歲。

1945年9月，世界反法西斯戰爭勝利後，中國政府明令褒獎齊學啟將軍英勇不屈的抗戰事蹟，追晉陸軍中將軍銜，授予"現代文天祥"稱號。並將齊學啟將軍忠骸運回祖國，葬於湖南省長沙嶽麓山[2]。原師長孫立人將軍為齊學啟將軍新墓撰寫悼聯。上聯："九載同窗，同筆硯，同起居，情逾手足。彪勳震蠻域，威名揚環宇，君酬壯志，功垂青史，湘水湘雲存浩氣。"下聯："十年共事，共生死，共患難，待若股肱。殺身驚天地，成功泣鬼神，我迎忠骨，淚灑紅葉，秋風秋雨悼忠魂。"

注[1]：中國抗日戰爭勝利後，謀害齊學啟將軍的兇犯蔡宗夫和章吉祥被國家緝捕，遂以通敵叛國及刺殺高級長官罪，被依法判處死刑，於1945年12月13日，在重慶土橋刑場被執行槍決。

注[2]：作者對齊學啟將軍和夫人童錫俊女士從內心裡敬佩，凡是到長沙都要到嶽麓山山前齊學啟將軍夫婦墳墓前磕頭敬拜，與其"說說話"或向當地老人瞭解齊學啟將軍的事蹟，從中受到教育與收穫。

齊學啟將軍和夫人童錫俊女士之墓

鄭廷珍將軍
General Zheng Tingzhen

陸軍中將、國民革命軍第十四集團軍獨立第五旅旅長

Lieutenant General and Commander of the 5th Independent Brigade of the 14th Group Army of the National Revolutionary Army

鄭廷珍，又名廷楨，譽稱"篳醪投川"長官。中國國民革命軍陸軍第十四集團軍獨立第五旅少將旅長，著名抗日愛國將領。1893年出生於河南省柘城縣鄭樓村。鄭廷珍祖輩世代行醫，到父輩時醫道失傳，以務農為生。1900年入私塾讀書，勤奮好學。1917年投身軍旅，開始戎馬生涯，先後任班長、排長、連長、營長、團長和旅長等職。並被保送陸軍軍官學校學習深造。鄭廷珍熱愛和平、憎恨匪徒，軍旅生涯、身經百戰，關愛士兵、同甘共苦，秉性忠勇、每戰必克，戰功顯赫、從不居功。

1937年7月，蘆溝橋事變發生，日本出兵大肆侵略中國，打破了中國和平建設環境，中國政府被迫全力組織自衛應戰，中華民族抗日戰爭全面爆發。鄭廷珍任國民革命軍陸軍獨立第五旅少將旅長，多次向國家請求率部開赴前線，抗日報國。10月，鄭廷珍奉命率部由安徽省奔赴山西省，參加阻擊日本軍隊進攻的太原會戰（又稱忻口會戰、忻口戰役），隸屬第十四集團軍，配屬第二線陣地。10月16日，在反攻南懷化高地的戰鬥中，親率第五旅與日軍搏殺，接連攻克幾個高地。在繼續率部激戰中，鄭廷珍身中敵彈，壯烈殉國。時年45歲。12月6日，中華民國國民政府頒佈褒揚令，追晉鄭廷珍陸軍中將軍銜。

Zheng Tingzhen, a famous patriotic general of the War of Chinese People's Resistance against Japanese Aggression, had been the Major General and Commander of the 5th Independent Brigade of the 14th Group Army of the National Revolutionary Army. He was born in Zhenglou Village, Tuocheng County, Henan Province in 1893. Zheng Tingzhen came from a family with a long lineage of medical practitioners, but the medical tradition was lost in his father's generation, and they turned to farming for a living. In 1900, he attended a private school, displaying diligence and a love for learning. In 1917, he embarked on a military career, assuming various positions such as squad leader, platoon leader, company commander, battalion commander, regiment commander, and brigade commander. He was also selected to attend the Army Officer School for further education.

In July 1937, the Lugou Bridge Incident (the Marco Polo Bridge Incident) happened. Japanese troops invaded China and broke the environment of China's peaceful construction. The Chinese government was forced to organize self-defense, and the war of resistance against Japan broke out in an all-round way. As the Major General and Commander of the 5th Brigade of the National Revolutionary Army, Zheng Tingzhen repeatedly requested to resist Japanese invasion on the frontline. In October 1937, he was ordered to lead troops to march from Anhui Province to Shanxi Province and attend the Battle of Taiyuan (also known as the Battle of Xinkou) which belonged to the second line position. On October 16th, he led the 5th Brigade to fight against Japanese forces in South Huaihua Highland. Unfortunately, he was shot and killed in fighting at the age of 45. On December 6th, the National Government of China issued a commendation order to promote him to the rank of Lieutenant General posthumously.

請纓整軍辭母　開赴抗日前線

1937年7月7日，蘆溝橋事變發生，日本軍國向中國發動瘋狂侵略戰爭。打破了中國和平建設環境，中國政府被迫全力組織自衛應戰，調兵遣將組織軍民抗擊日本軍隊入侵，中華民族抗日戰爭全面爆發。鄭廷珍任國民革命軍陸軍獨立第五旅少將旅長（獨立第五旅下轄兩個團：第六一四團、團長李繼程，第六一五團、團長由參謀長高增繼兼任，全旅4500餘人），直屬中華民國國民政府軍事委員會，駐防安徽省舒城縣。鄭廷珍耳聞日本軍隊的侵略行徑，義憤填膺，親自撰寫請戰書前往南京，代表獨立第五旅全體官兵要求開赴前線，捍衛和平，抗日報國。9月，日本軍隊大舉進攻山西省，正突破中國守軍內長城防線。為阻擊日軍，保衛太原，中華民國國民政府軍事委員會第二戰區決定組織太原會戰，準備在山西各關口設兵阻擊。忻口是日本軍隊侵略山西必經之道，第二戰區準備憑藉忻口特殊山勢地理環境，組織忻口戰役（太原會戰的主戰役，又稱忻口會戰、忻口戰役）。獨立第五旅奉命開赴晉北，進駐忻口佈防。

鄭廷珍旅長善於帶兵，執行軍紀嚴格，賞罰分明，愛護百姓，常常以"百姓是我們的父母，我們是民眾的武力……"的道理教育所部官兵，繼承和發揚儒家"愛兵如子，愛民如父"之優良傳統。鄭廷珍為人隨和，從不搞特殊，與士兵同吃同住同訓練，甚至同士兵一起摔跤比武，全面提高官兵戰鬥技能與親和力，被士兵尊稱為"簞醪投川"長官。

1937年9月中旬，在部隊開拔前，鄭廷珍召開動員大會，向全體官兵宣講抗日救國之大義，號召全體官兵為和平、為民族和國家的生存而拼搏戰鬥，不打敗日本侵略軍誓不生還，他堅定有力地告訴所有將士："……今天是真正打敵人，打日本鬼子，這是保家衛國，是軍人最光榮的事，就是部隊拼光拼淨也值得，也甘心情願，我們部隊上陣後，一定要殺敵立功，如不打敗日本，就一個也別回來……"。

在北上行軍征途中，部隊將要路過鄭廷珍老家河南。由於戰事緊張，鄭廷珍提前打電報告訴家人到柳河車站見一面。當北上抗日的軍列——火車緩緩進入河南柳河車站停車加水時，身著戎裝的鄭廷珍將軍，急忙下車跑步來到早已在車站月臺上等待的家人面前，對老母親說："孩兒不孝，讓母親大人久等啦！"母親拉著兒子的手，眼含熱淚打量著久別的兒子，一句話也沒有說出來。突然，將軍雙腿撲通跪地，向年邁的老母親連連叩頭說："母親，孩兒不能在您面前盡孝，馬上就要開赴前線殺敵了，在此國難當頭之際，孩兒唯有以身報國，敬請母親大人理解……"。母親急忙拉起兒子連聲說："起來、起來！去吧，去吧，去吧……"。然後，鄭廷珍將軍揮手向母親、妻兒告別。此時，全軍將士在列車上共同起立立正，向母親、向嫂子、向祖國敬禮！列車緩緩起動了，向著北方疾馳而去。

忻口血戰廝殺　將軍為國捐軀

鄭廷珍率部到達晉北前線，獨立第五旅被編入第十四集團軍戰鬥序列，被配置於忻口前線的第二線，由衛立煌總司令直接指揮，擔任警衛、勤務之責。

1937年10月1日，鄭廷珍率部進駐忻縣。10月8日至10日，中國守軍前沿防禦要隘崞縣、原平相繼失守。10月11日，日本軍隊開始向忻口發起猛攻。中國守軍士氣高昂，拼力抵抗日寇猛烈進攻。無奈日寇的武器裝備遠遠勝於中國軍隊，火力十分兇猛。激戰持續到10月14日下午1時許，忻口前線中央陣地之南懷化高地被日軍突破。守軍奮力血戰堵口，阻擊守陣廝殺……10月15日，南懷化高地再次陷於敵手，日軍乘機擴大突破口，企圖一舉突破中國軍隊防線，整個戰局再次出現危機。

為了奪回南懷化高地，扭轉忻口戰局不利局面，衛立煌總司令當即命令獨立第五旅快速進入忻口前線，編入第九軍戰鬥序列，由郝夢齡軍長統一指揮，從正面向日軍發起猛攻。10月15日22時許，獨立第五旅全旅官兵秘密到達指定位置——忻口山腳下的一排窯洞前待命。根據部署，獨立第五旅協同獨立第二旅增援新編第四旅，重點攻擊南懷化東端之敵。

　　10月16日凌晨2時，我軍反攻開始：郝夢齡軍長和鄭廷珍旅長等將軍走出窯洞，環視全體正待出征的官兵。然後，鄭廷珍旅長親自率第六一四團第二營、第六一五團第一營沿山溝而上，進入陣地。鄭旅長命令第二營主動出擊，當攻佔前面幾個小山頭後，再向另一個高於我陣地的無名高地猛攻。日軍居高臨下，火力密集，鄭部連續衝鋒三次，均未成功。整個戰場槍炮齊鳴，火光衝天，戰鬥異常激烈，雙方傷亡慘重，第二營營長李源慧戰死。鄭廷珍又組織第四次進攻，然而日軍加強了火力，進攻再次受阻，部隊傷亡極大。在此緊急時刻，鄭廷珍挺身而出，振臂高呼："誰先為國死，誰最光榮！"端槍率部衝上陣地，與日軍展開了拼殺。突然日軍一顆子彈射入鄭廷珍右眼，鄭廷珍栽倒於地，壯烈殉國。時年45歲。

　　郝夢齡軍長當即命令第六一四團李繼程團長代理旅長職務，指揮部隊繼續攻擊。李代旅長立即帶領兩營官兵，避開正面，左右夾攻，與敵展開肉搏，不到兩小時，兩營官兵所剩無幾，李繼程代旅長陣亡。隨即第六一五團高增繼團長繼任旅長，率部與日軍展開了陣地戰壕戰，通過奮勇搏殺，擊潰日軍，穩住了陣地。10月16日5時許，郝夢齡軍長和劉家麟師長前往前沿陣地指揮時，也中彈殉國。

　　鄭廷珍旅長殉國後，其英勇抗戰事蹟迅速傳遍全國。當時流傳著一首歌謠："西戰場上三英雄，精忠報國郝（夢齡）劉（家麒）鄭（廷珍）！"1937年12月6日，中華民國國民政府頒佈褒揚令，追晉鄭廷珍少將陸軍中將軍銜，並交行政院從優撫恤，生平事蹟存備宣付史館，以彰忠烈，而垂永久。

鄭作民將軍
General Zheng Zuomin

陸軍中將、國民革命軍第二軍副軍長

Lieutenant General and Deputy Commander of the 2nd Army of the National Revolutionary Army

鄭作民，別名振華，字治新。中國國民革命軍陸軍第二軍中將副軍長，著名抗日愛國戰將。1902年出生於湖南省新田縣高山鄉。幼年家境貧寒，好善向上。1909年入私塾讀書，繼考入省立師範學校學習。鄭作民勤奮好學，發奮讀書，深得鄉間讚賞。1924年考入廣州黃埔陸軍軍官學校第一期。畢業後加入國民革命軍。1933年考入中國陸軍大學特別班深造。在軍旅中先後任排長、連長、營長、團長、旅長和副師長等職。

1937年7月，蘆溝橋事變發生，日本出兵大肆侵犯中國，打破了中國和平建設環境，中國政府全力組織自衛應戰，中華民族抗日戰爭全面爆發。鄭作民任國民革命軍陸軍第二軍第九師少將副師長，奉命率部先後參加了淞滬會戰、徐州會戰、武漢會戰等大戰惡戰。率部冒著日本陸海空攻擊，奮勇阻擊。因戰果輝煌，屢建殊勳，晉升為第二軍中將副軍長兼第九師師長。1939年12月底，鄭作民奉命率部參加桂南會戰。1940年2月8日，鄭作民率部在崑崙關反擊戰中，遭遇日本飛機炸彈轟炸，壯烈殉國。時年39歲。

Zheng Zuomin, also known as Zhenhua, courteous name Zhixin, a famous patriotic general of the War of Chinese People's Resistance against Japanese Aggression, had been the Lieutenant General and Deputy Commander of the 2nd Army of the National Revolutionary

Army. He was born of a poor family in Gaoshan Town, Xintian County, Hunan Province in 1902. He was educated in an old-style private school in his childhood and then studied at Provincial Normal School. During his school days, he was a great example for local students because of his diligence and hard work. In 1924, he was admitted to the 1st session of Whampoa Military Academy from which he graduated. Later then, he joined the National Revolutionary Army. In 1933, he furthered his study in military in the Special Class of the China Army University. He had served successively as the Platoon Commander, the Company Commander, the Battalion Commander, the Regimental Commander, the Brigade Commander, the Deputy Division Commander, and so on.

In July 1937, the Lugouqiao Incident happened, and Japan sent troops to invade China. The Chinese government called on the whole nation to block the invasion of the Japanese army, and the Anti-Japanese War of the Chinese nation broke out in an all-round way. Zheng Zuomin, as the Major General and Deputy Commander of the 9th Division of the 2nd Army of the National Revolutionary Army, led his troops to take part in many battles, such as the Battle of Shanghai, the Battle of Xuzhou and the Battle of Wuhan. Because of his brilliant tactics and meritorious achievements, he was promoted to be the Lieutenant General and Commander of the 9th Division and Deputy Commander of the 2nd Army, National Revolutionary Army. On February 8th 1940, in the fierce counter attack of the Battle of Kunlun Pass, he and his men fell into the Japanese siege, and was bombarded vehemently. He sacrificed his life for his motherland at the age of thirty-nine.

抗日報國　率部轉戰華東

1937年7月7日，蘆溝橋事變發生，日本出兵大肆入侵中國河北。8月13日，日本又出兵入侵中國上海。日本軍隊入侵徹底打破了中國和平建設環境，中國政府被迫全力組織自衛應戰。鄭作民任中國國民革命軍陸軍第二軍第九師少將副師長，奉命與師長李延年率部開赴上海前線，參加阻擊日軍進攻的淞滬會戰。在部隊開拔前全師將佐會議上，鄭作民宣讀呈國民政府、蔣中正委員長、黃埔同學會、蔣鼎文長官的決心書之後，還宣讀了留給母親的遺書。他在遺書中說："……兒現率師重上戰場，抱定不成功則成仁的決心，誓與敵寇戰鬥到底，堅決把日寇趕出祖國！"

鄭作民率第九師抵達淞滬戰場後，奉命協同兄弟部隊先後在上海北站、楊行和瀏河一線及"廣福線"同日軍展開激戰，阻擊日軍入侵。在日軍猛烈炮火下，第九師全體官兵憑藉一腔愛國熱血和靈活多變的戰術頑強阻擊，給予日軍重大殺傷。激戰至11月5日，日本又一支主力軍隊突然從中國上海南面杭州灣登陸，向松江城一帶發動猛攻，直接威脅淞滬戰場中國軍隊之側後方。同時，對首都南京也構成重大威脅。中國守軍為避免腹背受敵，奉命迅速撤出淞滬戰場。鄭作民率部隨即撤離。

12月底，日本大本營為打通中國津浦路，從南、北和東北三個方向向徐州地區發動進攻，中國第五戰區為保衛徐州，部署重兵與敵應戰，徐州會戰拉開戰幕。1938年4月中下旬，鄭作民奉命率部進抵徐州。此時，徐州會戰已經進行到第三階段，即我主力軍實施反擊與突圍戰階段。第五戰區司令長官部命令第二軍作為預備隊，分別駐守徐州、商丘一帶。5月中旬，第二軍轉隸湯恩伯指揮的隴海軍團序列，由隴海路向西突圍。鄭作民率部隨隴海軍團連續突破日軍幾道防線，在給予日軍一定殺傷後，順利進入湖北省境內休整補充。鄭作民因治軍嚴明，指揮有方，屢立戰功，晉升國民革命軍陸軍第二軍第九師師長。

保衛武漢　率部頑強抗敵

1938年5月19日，日本軍隊侵佔中國徐州後，其主力由豫東平原與皖北地區直逼平漢路，接連席捲鄭州、開封，南下信陽，準備與長江方面主力會攻武漢。日本大本營妄圖在秋冬佔領中國武漢，以控制中原要地為目的，迫使中國政府投降或崩潰。6月12日，日軍在安徽省安慶登陸，沿長江水陸並進，向武漢方向展開進攻。中國政府調兵遣將，奮力阻擊，武漢會戰拉開戰幕。

1938年7月14日，鄭作民奉命率第九師進駐田家鎮要塞，負責固守田家鎮西北陣地。田家鎮要塞乃武漢鎖鑰之地，扼長江航路，江面狹窄，附近湖泊密佈，是長江中最堅固、最大的堡壘，具有極為重要的軍事戰略價值，為中日兩軍必爭之地。鄭作民深感責任重大，更清楚未來戰鬥的激烈和殘酷。為此，部隊進駐陣地後，鄭作民立即指揮全師官兵夜以繼日地修築工事。

1938年9月初，日軍一部攻向廣濟。如果廣濟一旦失守，田家鎮要塞便失去依託，呈孤立狀態。針對這種形勢，要塞守備司令李延年經第二兵團司令部同意，主動改變防禦部署。命令鄭作民對第九師之守備任務做出調整，以一部守衛九牛山、烏龜山、沙子瑙、鴨掌廟及馬口湖南岸一線，另派一部至鐵石墩、田家墩擔任警戒任務，師主力進駐得栗橋、潘家山、菩提壩街等一線陣地。

9月15日，日本數十架飛機、20餘艘艦艇對田家鎮要塞陣地進行狂轟濫炸，陸戰隊乘機登陸。中國守軍冒著日軍炮火，拼死抵抗，將日軍進攻打退。廣濟方面之敵則迂回進攻田家鎮，在鐵石墩與第九師遭遇，鄭作民指揮部隊頑強抵抗，將該路日軍擊潰。16日拂曉，日軍一部向第九師陣地發動猛攻，鄭作民親臨前線指揮督戰，全師將士在師長的激勵下，拼死戰鬥，打退日軍多次強攻。與日軍血戰五晝夜，第九師傷亡慘重，但仍堅守陣地。9月21日，鄭作民奉命向第四十四師交接陣地，率部轉移至馬口湖南岸，協助第五十七師扼守田家鎮要塞。日軍為突破田家鎮要塞，派出陸海空軍聯合進攻，攻勢異常猛烈。在日軍的猛攻之下，中國守軍漸感不支，拼死戰鬥至9月28日，被迫撤出陣地，田家鎮要塞陷落。鄭作民率部節節抵抗。

1938年10月下旬，武漢會戰結束，鄭作民奉命率部向貴州轉移。在部隊休整期間，鄭作民晉升第二軍中將副軍長兼任第九師師長。

血戰崑崙　馳援友軍殉國

日本軍隊佔領中國武漢、廣州後，被迫轉入對華長期戰爭，並對外全面封鎖中國，切斷中國與海外聯繫和阻斷世界和平友好國家以及華人華僑的援助，遂成為日本大本營最重要戰略目標之一。為了切斷中國廣西與海外聯繫通道，日本大本營妄圖進攻和佔領中國南寧。

1939年11月15日，日本集中主力部隊10萬餘人（先後投入），在100多架飛機、50餘艘艦艇的掩護下從中國欽州灣登陸，向中國守軍發起突然襲擊，中國守軍頑強抵抗，桂南會戰全面展開。日本軍隊於11月24日至12月4日接連攻陷中國南寧、高峰隘、崑崙關等軍事要地。中國軍隊為收復南寧、奪回崑崙關，12月18日向佔領崑崙關之日軍發動強攻。為克復失地，中華民國國民政府軍事委員會調集大軍開赴廣西。鄭作民奉命率部自貴州都勻出發，開赴崑崙關前線援戰。

1940年1月初，鄭作民率部抵達崑崙關戰場。此時，杜聿明指揮第五軍正與日軍激戰。鄭作民奉命率部增援。鄭作民率部與兄弟部隊配合第五軍向崑崙關之敵發起強攻。在蘇聯志願飛行大隊的飛機轟炸協助下，中國軍隊攻勢猛烈，一舉克復崑崙關。

為了狠狠打擊入侵日軍，中國守軍司令長官部決定調集部隊乘勝追擊。然而，日本為確保守住南寧，也在大量增兵。1940年2月2日，日軍憑藉空中優勢，接連攻陷賓陽等地，嚴重威脅崑崙關之中國守軍。在克復崑崙關之後，鄭作民率第九師擔任防守任務。由於賓陽失守，第九師右翼之第三十六軍被日軍包圍。鄭作民奉命率部增援。由於日軍攻勢猛烈，我第三十六軍、第九師無法固守陣地，被迫於夜半向上林方向突圍。2月4日，為扭轉不利戰局，鄭作民指揮部隊進行英勇反擊。在率部反擊過程中，多次遭遇日本飛機輪番轟炸，鄭作民仍冒死率部反擊。2月8日，正當鄭作民冒著日軍炮火組織部隊反擊時，突然被日本飛機炸彈擊中，鮮血噴流，壯烈殉國。時年39歲。

鄭作民副軍長殉國後，其遺體公葬於湖南省南嶽國家忠烈祠。中華民國國民政府明令褒揚，並召開隆重追悼大會進行悼念。其中一副挽聯上寫著："馬革裹屍還萬里，虎賁遺烈壯千秋。"

劉北海將軍
General Liu Beihai

陸軍少將、國民革命軍第五十八軍新編第十師第四團團長

Major General and Commander of the 4th Regiment of the 10th Division of the 58th Army of the National Revolutionary Army

　　劉北海，又名文超。中國國民革命軍陸軍第五十八軍新編第十師第二旅第四團上校團長，著名抗日愛國將領。1899年出生於雲南省西疇縣西灑鄉。幼年入私塾讀書，從師於楊必昌先生。後考入昆明中學，繼考入雲南陸軍講武學堂第十九期步兵科。畢業後投身軍旅，先後任連長、營長和教官等職。1932年率部參加淞滬抗戰。後解甲歸田，為民興建水利。

　　1937年7月，蘆溝橋事變發生，日本出兵大肆侵犯中國，打破了中國和平建設環境，中華民國國民政府號召全國軍民共同阻擊日本軍隊入侵。劉北海返回軍隊，任國民革命軍陸軍第五十八軍新編第十師第二旅第四團上校團長，奉命率部出滇抗戰。1938年9月，奉命率部參加武漢會戰。11月1日，劉北海率部參加崇陽阻擊戰，並奉命帶兵扼守黃土嶺一線。日軍在飛機、坦克和火炮的配合下猛攻我軍陣地，劉北海率部與日寇反復衝殺血戰。戰至8日下午3時，劉北海頭部中彈，壯烈殉國。時年40歲。之後，中華民國國民政府頒佈褒揚令，追晉劉北海陸軍少將軍銜。

　　Liu Beihai, also known as Wenchao, a famous patriotic general of the War of Chinese People's Resistance against Japanese Aggression, the Colonel and Commander of the

4th Regiment of the 2nd Brigade of the 10th Division of the 58th Army of the National Revolutionary Army. He was born in Xisa Town, Xichou County, Yunnan Province in 1899. In his childhood he was educated by Yang Bichang in an old-style primary school. Then he was admitted to Kunming Middle School and the Infantry Department of the 19th Class of the Yunnan Old Military Academy in succession. After graduation, he joined the army where he served successively as Company Commander, Battalion Commander and Instructor. In 1932, he led his troops to participate in the Battle of Shanghai. Then he retired and devoted himself to the construction of water conservancy.

In July 1937, the Lugouqiao Incident happened. Japan sent troops to invade China and broke the environment of China's peace building. The Chinese national government called on the whole nation's army and people to join in the Anti-Japanese war. Liu Beihai returned to his army and served as the Colonel and Commander of the 4th Regiment of the 2nd Brigade of the 10th Division of the 58th Army. In September 1938, he joined the Battle of Wuhan. On November 1st, Liu Beihai and his troops participated in the Chongyang Defense Battle. Liu Beihai was ordered to hold the line at Huangtuling. The Japanese forces launched a fierce assault on our positions with the coordination of aircraft, tanks, and artillery. Liu Beihai and his troops fought back against the enemy relentlessly in a bloody battle. On the afternoon of the 8th, Liu Beihai was struck in the head by a bullet, bravely sacrificing his life. He was 40 years old at the time. Subsequently, the National Government of the Republic of China issued a commendation order, posthumously promoting Liu Beihai to the rank of Major General in the Army.

劉桂五將軍
General Liu Guiwu

陸軍中將、國民革命軍東北挺進先遣軍騎兵第六師師長

Lieutenant General and Commander of the 6th Cavalry Division of the Northeast Advance Army of the National Revolutionary Army

劉桂五，字馨山，譽稱"神槍手"。中國國民革命軍東北挺進先遣軍騎兵第六師少將師長，著名抗日愛國戰將。1902年7月，出生於熱河省淩南縣六家子鄉（今屬遼寧省朝陽縣）。1910年入本地私塾讀書。劉桂五為人剛正，注重義氣，擅長騎射。1924年投身軍旅，開始戎馬生涯。1934年被選入廬山軍官訓練團第三期受訓。1936年12月，奉命參加"雙十二"事變。在軍旅中先後任排長、連長、團長、旅長和師長等職。

1937年7月，蘆溝橋事變發生，日本出兵大肆侵犯中國，打破了中國和平建設環境，中華民國國民政府號召全國軍民起來抗戰。劉桂五立即響應，請纓參戰。奉命率部參加馬占山司令領導的"東北挺進先遣軍"，任國民革命軍東北挺進先遣軍騎兵第六師少將師長。率部在綏遠一帶與日寇作戰，常常以少勝多，屢挫敵鋒。1938年4月22日，劉桂五在安北縣黃油杆子村附近為救援馬占山司令，騎著戰馬身背長槍、腰跨短槍、手舞馬刀，指揮和帶領騎兵往返衝殺。劉桂五揮刀敵頭落地、舉槍敵身倒地，突然被日軍炮彈擊中，馬倒摔地殉國。時年37歲。在追悼劉桂五大會上，中華民國國民政府軍事委員會委員長蔣中正親送挽聯哀悼。之後，中華民國國民政府頒佈褒揚令，追晉劉桂五師長陸軍中將軍銜。

Liu Guiwu, also known as Xinshan and renowned as the "Sharpshooter," was the Major General and Commander of the 6th Cavalry Division, Northeast Advance Vanguard Force of the Chinese National Revolutionary Army. He was a famous patriotic general in the Anti-Japanese War. Born in July 1902 in Liujiazi Township, Lingnan County, Rehe Province (now part of Chaoyang County, Liaoning Province), Liu Guiwu received his early education in a local private school in 1910. Liu Guiwu was known for his upright character, loyalty, and exceptional skills in horseback riding and marksmanship. In 1924, he embarked on a military career, beginning his journey in the army. In 1934, he was selected for training in the third session of the Lushan Military Officer Training Corps. In December 1936, he participated in the "December 12th Incident" upon orders. Throughout his military career, he held various positions, including platoon leader, company commander, regiment commander, brigade commander, and division commander.

In July 1937, when the Lugou Bridge Incident occurred and Japan launched a large-scale invasion of China, breaking the peace-building environment, the National Government of the Republic of China called for the nation's armed forces and people to rise up in resistance. Liu Guiwu immediately responded and volunteered for combat. He was entrusted with leading troops in the "Northeast Advance Vanguard Force" under the command of General Ma Zhanshan. He served as the Major General and Commander of the 6th Cavalry Division of the Northeast Advance Vanguard Force. Leading his troops in battles against the Japanese invaders in the vicinity of Suiyuan, Liu Guiwu often achieved victories against superior enemy forces. On April 22nd, 1938, in the area near Huangyouganzi Village, Anbei County, Liu Guiwu, riding a warhorse with a long gun on his back, a short gun at his waist, and wielding a horse saber, personally commanded and led the cavalry in charging back and forth. With a swing of his saber, the enemy's heads rolled, and with a raise of his gun, the enemy fell. Suddenly, he was hit by enemy artillery fire and fell from his horse, sacrificing his life for his country. He was 37 years old at the time. At the memorial ceremony for Liu Guiwu, Chiang Kai-shek, the Chairman of the Military Affairs Commission of the National Government of the Republic of China, personally sent a funeral wreath to mourn his loss. Subsequently, the National Government issued a commendation order, posthumously promoting Liu Guiwu to the rank of Lieutenant General in the Army.

騎兵縱橫　轉戰晉綏

1937年7月7日，日本悍然製造蘆溝橋事變，發動了全面侵華戰爭，徹底打破了中國和平建設環境。劉桂五任國民革命軍陸軍騎兵第六師少將師長，聞訊後義憤填膺，擬請纓參戰，殺敵報國。之後，劉桂五接到中華民國國民政府軍事委員會"整裝待命……"之命令。

1937年8月，馬占山司令以"挺進熱河、收復東北、驅逐日寇、光復中華"為宗旨，奉命組建"東北挺進先遣軍"。馬占山司令向國民政府軍事委員會委員長蔣中正請准，將劉桂五率領的騎兵第六師劃歸其指揮。劉桂五師長聞訊非常高興，自東北淪陷後，他日夜思念家鄉，盼望能為國效忠，打回老家去。劉桂五在給其胞兄劉桂中的信中寫道："弟此次出發抗日，不成功則成仁。成功則到老家相會，成仁則到九泉相見。望兄安心理家，勿以弟為念……"。

8月15日，劉桂五師長率領騎兵第六師，在風陵渡渡口集結後，星夜兼程，趕赴大同，與馬占山司令會合。馬占山在大同以劉桂五部為基礎，招募青年抗日志士和反正偽軍與散兵，進一步擴大了"東北挺進先遣軍"。劉桂五師長在與馬占山司令磋商後，率部挺進豐鎮一線駐防。8月下旬，劉桂五率部在大同、豐鎮一帶與入侵日軍交戰。由於東北挺進先遣軍是一支新組建的部隊，未經整訓。除騎兵第六師戰鬥力較強外，其他部隊戰鬥力都比較弱，且協同作戰能力差，在日偽軍瘋狂進攻下很快招致失敗。9月11日至14日，天鎮、陽高、豐鎮等地相繼失守。與此同時，日軍沿平綏路大舉西進，直逼歸綏、包頭，挺進先遣軍東進路線遂被敵阻斷。9月15日，騎兵第六師再與日軍激戰，因無險可守，旋即退守平地泉（今集寧）。9月17日，劉桂五督師與來犯日偽軍再次交戰，激戰歷時三晝夜，終因日軍增兵，騎兵第六師處於不利態勢。馬占山司令急令劉桂五率部西撤，退守綏遠省歸綏（今呼和浩特）等地防守。

1937年10月1日，劉桂五率部抵達歸綏，旋即親率第十七、十八兩團進駐歸綏以東旗下營一帶，抓緊時間修築工事，準備抵禦西犯日軍。10月2日，日酋糾集日軍偽軍3萬餘眾，在飛機、大炮的掩護下向綏遠大舉進攻。在旗下營，劉桂五率部與敵血戰，歷時九晝夜，陣地失而復得三次。10月10日，經與日偽軍連日血戰，劉桂五師長認識到在敵強我弱和日軍裝備精良的情況下，在白天硬打陣地爭奪戰於己十分不利，便與副師長王景陽密商夜襲日軍作戰方案。10日夜，劉桂五親率騎兵、王景陽則率步兵分兩路突襲敵軍營地。當劉桂五率領騎兵突然出現在敵軍營眼前時，日偽軍毫無防備，倉皇應戰。劉桂五率部突入敵營，揮舞馬刀將日軍殺的人仰馬翻，狼狽逃竄。王景陽則率領步兵於半路伏擊，將逃竄之敵殺得措手不及。劉桂五隨即命令部隊乘勝追擊，連夜追擊70餘里，至卓資山車站乃止。此戰，共斃敵500多人，繳獲大量軍用物資。

1937年11月15日，日偽軍攻陷東勝。劉桂五聞訊即於次日率部出發，冒雪強渡黃河，擊潰河防日偽軍，隨即星夜兼程向東勝前進。在杳無人煙的荒野中，於饑寒中行軍五晝夜，一舉克復東勝，俘敵500餘人。日酋不甘心失敗，12月13日糾集3000餘眾，再犯東勝。劉桂五得報後，於17日夜，分兵四路迎戰。18日拂曉，在黑洞溝與敵展開激戰，再次將敵擊潰。

敵後奮戰　殉國安北

1938年2月，日偽軍向伊克昭盟準噶爾旗進攻，侵佔該旗王府。馬占山司令任命劉桂五為總指揮，率所部及第二、第三旅包圍進攻王府之敵。2月8日拂曉，劉桂五指揮部隊向敵人發起猛攻。激戰至日暮時，敵軍防線被我軍突破，敵軍爭相狼狽逃竄。自此後，敵軍不敢再進犯伊克昭盟。

1938年3月底，中國第二戰區北路軍總司令傅作義將軍奉命配合徐州會戰，牽制華北日本軍隊南下，率部向綏遠南部挺進。至4月中旬進抵綏南，馬占山司令奉命配合傅作義總司令反攻歸綏戰役，率劉桂五部從高龍渡口渡過黃河，在綏包鐵路線上陶思浩附近與偽蒙軍激戰後，進出大青山，多次襲擾牽制日軍，威脅敵後方，致使華北日本主力軍隊難以增援徐州。

4月21日，當馬占山率部轉戰到綏遠西部安北縣境內黃油杆子一帶時，馬占山率司令部進駐黃油杆子村一農戶民房院落。日偽軍偵知，其裝甲部隊乘夜將該村馬占山司令部包圍。日軍集中兵力向該村司令部攻擊，日軍機槍對準司令部住院瘋狂掃射，門窗全被打毀。馬占山率衛兵伏在炕沿下邊奮力還擊，戰鬥至為激烈，形勢異常危險。日軍逼近院牆，與我短兵相接。司令部衛隊營兩個連長帶領士兵猛烈反擊，未幾即全部犧牲。中校營長張悅新率所有官兵衝鋒反擊，壯烈陣亡。劉桂五率師部駐守在距馬占山司令部3華里外的一個小村落內。當劉桂五聽到激烈槍炮聲後，立即率部前來救援。為了解除日軍對我司令部的包圍，劉桂五率三個連兵力向日軍左後方一側勇猛衝殺，以圖打開缺口。由於劉桂五率部突然襲擊，日軍腹背受打，對司令部的攻擊火力減弱；加之司令部衛隊營突圍攻勢猛烈，日軍火力漸漸被壓了下來。馬占山司令乘硝煙彌漫，出房門轉向房後，越院東北角矮牆躍出日軍火力射程，突圍了出來。

戰之22日巳時，劉桂五仍然騎著他最喜愛的"草上飛"戰馬，馳騁於戰場解救馬占山司令。他身背長槍、腰跨短槍、手揮馬刀，指揮和帶領騎兵往返衝殺。對於近距離日軍，劉桂五揮舞馬刀一刀一個、如同砍高粱一樣，日軍人頭唰唰落地。對於遠距離日軍或指揮官或騎兵或炮兵，劉桂五使用長短槍手起敵倒，看那打那，一槍一個，百發百中……全力掃清司令部週邊和增援之敵。激戰近中午，劉桂五腿部突然受傷，他快速包紮傷口，繼續指揮所部奮力衝鋒廝殺。部屬見劉桂五傷勢嚴重，皆勸其趕緊離開火線，劉桂五大聲說道："受傷即退，何以勝敵？速去衝鋒，勿復多言！"他始終不肯離開火線。當得知司令部已經解圍,劉桂五策馬西馳時,日軍擲彈筒炮彈突然擊中了劉桂五坐馬脊背,戰馬呼嘯倒地,劉桂五摔下,因臀部重傷殉國。時年37歲。

1938年5月25日,劉桂五師長遺骸運回長安,長安各界人士5000多人路祭迎靈。6月9日,追悼大會在長安革命公園舉行,3000多人臨祭,送花圈600多個。中華民國國民政府軍事委員會委員長蔣中正贈送挽聯:"絕塞掃狂夷,百戰雄師奮越石;大風思猛士,九邊毅魄似睢陽。"第十八集團軍總司令朱德和副總司令彭德懷贈送挽聯:"貴軍由西而東,我軍由南向北,正期會合進攻,遽報沉星喪戰友;亡國雖生何樂,殉國雖死猶榮,佇看最後勝利,待收失地莫忠魂。"之後,中華民國國民政府頒佈褒揚令,追晉劉桂五陸軍中將軍銜。

劉桂雲將軍
General Liu Guiyun

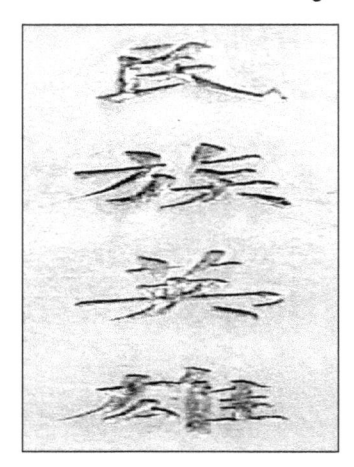

國民革命軍第八路軍晉察冀軍區第二軍分區第十九團團長

Commander of the 19th Regiment of the 2nd Sub-command of Shanxi-Chahar-Hebei Military Region of the Eighth Route Army, National Revolutionary Army

　　劉桂雲，中國國民革命軍陸軍第八路軍晉察冀軍區第二軍分區第十九團團長，著名抗日愛國戰將。1911年出生於湖南省茶陵縣。幼年曾入私塾讀書。1929年參加鄉赤衛隊，並秘密加入共產黨。1930年參加工農紅軍。1934年隨紅軍長征。之後，隨部到達陝西北部駐地。先後任班長、排長、連長和營長等職。

　　1937年7月，蘆溝橋事變發生，日本出兵大肆侵犯中國，打破了中國和平生活環境，中國政府號召全國軍民團結一致，共同阻擊日軍入侵，中華民族抗日戰爭全面爆發。工農紅軍主力部隊奉命改編中國國民革命軍陸軍第八路軍（後改為第十八集團軍），開赴前線參加抗戰。劉桂雲任第八路軍第一二〇師第三五九旅排長，隨部參加太原會戰。1938年5月，任第八路軍抗日遊擊第八大隊第一營營長，率部在河北省靈壽縣遊擊日偽軍。1939年3月，任晉察冀軍區第四軍分區第五團副團長。1940年8月，奉命率部參加"百團大戰"。1941年夏，調任晉察冀軍區第二軍分區第十九團團長，多次率部重創日偽軍。1943年10月11日，其所部在山西省盂縣境內被日偽軍包圍。劉桂雲在指揮帶領部隊突圍時，身中敵彈，壯烈殉國。時年33歲。

　　Liu Guiyun, a famous patriotic general of the Anti-Japanese War, had been the

Commander of the 19th Regiment of the 2nd Sub-command of Shanxi-Chahar-Hebei Military Region of the Eighth Route Army, Chinese National Revolutionary Army. He was born in Chaling County, Hunan Province in 1911 and was educated at an old-style primary school. In 1929, he joined the Red Guards and the Chinese Communist Party. In 1930, he joined the Red Army. In 1934, he participated in the Long March with the Red Army where he served as the Platoon Leader, the Company Commander, the Battalion Commander, and so on.

In July 1937, the Lugou Bridge Incident happened. Japan sent troops to invade China and broke the peaceful living environment of China. The Chinese government called on the whole nation to unite and jointly block the Japanese invasion. The Anti-Japanese War of the Chinese Nation broke out in an all-round way. At the full blast of the Anti-Japanese War in July 1937, the main force of the Red Army was ordered to reorganize into the Eighth Route Army of the National Revolutionary Army. Liu Guiyun was appointed the Platoon Leader of the 359th Brigade of the 120th Division of the Eighth Route Army and participated in the Battle of Taiyuan. In May 1938, he served as the Commander of the 1st Battalion of the 8th Anti-Japanese Guerrillas and resisted the enemy in Lingshou County of Hebei Province. In March 1939, he was appointed the Deputy Commander of the 5th Regiment of the 4th Sub-command of Shanxi-Chahar-Hebei Military Region. In August 1940, he led his men to join the Hundred Regiments Offensive. In 1941, he was promoted to be the Commander of the 19th Regiment of the 2nd Sub-command of Shanxi-Chahar-Hebei Military Region and launched a series of attacks on Japanese invaders. On October 11th, 1943, his troops were besieged by the Japanese forces in Yu County of Shanxi Province. While commanding his men to break through the close siege, he was killed in action therein at the age of thirty-three, devoted his precious life to the noble cause of peace.

劉海濤將軍
General Liu Haitao

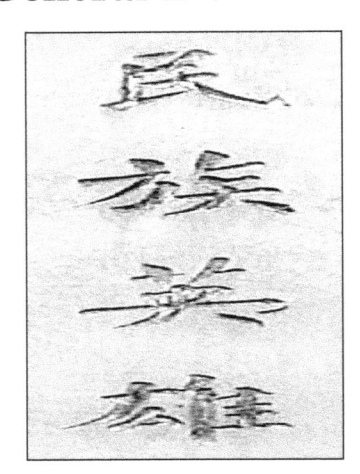

國民革命軍第八路軍魯中軍區司令員
Commander of the Central Shandong Military Region of the Eighth Route Army of the National Revolutionary Army

　　劉海濤，原名保仁。中國國民革命軍陸軍第八路軍魯中軍區司令員，著名抗日愛國戰將。1907年出生於山東省東阿縣張集村。1914年入本村私塾讀書。1927年到東北珠河縣謀生。1931年"九‧一八"事變後，參加東北抗日義勇軍。1933年同趙尚志領導組織了珠河抗日遊擊隊，並秘密加入共產黨。1935年任東北人民革命軍第三軍第一師第一團團長。1936年奉命赴蘇聯列寧格勒步兵學校學習。

　　1937年7月，蘆溝橋事變發生，日本出兵大肆侵略中國。中國和平環境被完全破壞，中國政府調兵遣將抵抗日本軍隊入侵。1938年春，劉海濤從蘇聯完成學業回到延安，被派遣到山東省敵後組織抗日，任國民革命軍陸軍第八路軍山東縱隊第六支隊司令員。1939年3月，先後任八路軍山東縱隊司令部參謀處處長，山東省第一軍區司令員。1940年4月，先後任第九支隊司令員，第二旅副旅長，率部多次重創日偽軍。特別是劉海濤率部三打蒙陰城，創造了在敵後攻佔敵縣城和圍點打援的奇跡。1941年4月，任魯中軍區司令員。11月8日，劉海濤率部在蒙陰一帶與日偽軍發生激戰後，在蘇家村被敵誘捕殺害，為國犧牲。時年35歲。

　　Liu Haitao, formerly named Liu Baoren, a famous patriotic general of the War of

Chinese People's Resistance against Japanese Aggression, had been the Commander of the Central Shandong Military Region of the Eighth Route Army of the National Revolutionary. He was born in 1907, in Zhangji Village, Dong'e County, Shandong Province. In 1914, he studied at the local primary school. In 1927, he made a living in Zhuhe County of the Northeast of China. After the outbreak of Mukden Incident in 1931, he joined the Northeastern China Anti-Japanese Volunteer Army. In 1933, he organized the Anti-Japanese Guerrillas with the leader Zhao Shangzhi, and then he joined the Chinese Communist Party. In 1936, he was sent to Leningrad (now St. Petersburg) Infantry School of Soviet Union for further study.

In July 1937, the Lugou Bridge Incident (the Marco Polo Bridge Incident) happened, and Japanese troops invaded China wantonly. China's peaceful environment in Guannei has been completely destroyed, and the Chinese government deployed its troops to resist Japanese invasion. In the spring of 1938, Liu Haitao returned to Yan'an after finishing his studies in the Soviet Union. He was sent to Shandong to organize anti-Japanese activities and served as commander of the Sixth Detachment of the Shandong Column of the Eighth Route Army of the National Revolutionary Army. In March 1939, he was the Chief of Staff of Shandong Column Command of the Eighth Route Army and the Commander of the First Military Region of Shandong Province. In April 1940, while serving as the Commander of the Ninth Brigade and Deputy Brigade Commander of the Second Brigade, he led his troops to repeatedly hit the Japanese Army. In April 1941, he served as the Commander of the Central Shandong Military Region. When his troops were engaging the Japanese puppet forces in a vehement battle, he was trapped and finally killed in Sujia Village at the age of 35, sacrificing himself for the noble cause.

敵後建武裝　三打蒙陰

1937年7月7日，蘆溝橋事變發生，日本出兵大肆入侵中國，中國和平環境被完全破壞。中華民國國民政府動員和號召全民、全軍和全國各黨派聯合起來，共同抗擊日本軍隊入侵。共產黨積極響應，將所領導的工農紅軍奉命改編國民革命軍陸軍第十八集團軍（八路軍）和新編第四軍，開赴前線抗日。1938年夏，劉海濤等人在延安受第十八集團軍總司令部派遣，赴山東地區組織抗日。8月21日，劉海濤等人從延安出發，11月初抵達山東省泰西大峰山（泰西東阿縣是劉海濤故鄉）地區。開始著手聯絡、組建抗日武裝。

1938年11月26日，泰西地區抗日武裝集結大峰山黃崖村，奉命統編國民革命軍第八路軍山東縱隊第六支隊，劉海濤任司令員。該支隊下轄4個團、1個特務營、3個獨立營及軍政幹部學校，全支隊4000餘人。支隊成立後，分四路展開敵後遊擊戰，創建了泰西抗日根據地。之後，劉海濤又被任命山東縱隊第九支隊司令員，第二旅副旅長（旅長孫繼光、政委江華）等職，帶領部隊遊擊日偽軍。

1940年春，侵佔山東省臨沂日軍、偽軍千餘人攻佔了蒙陰城，並以此為依託，對蒙陰山區進行全面大"掃蕩"，妄圖切斷沂蒙山抗日根據地與濱海抗日根據地的聯繫。上級命令劉海濤率第九支隊圍殲這股敵人。劉海濤接到命令後，率部連夜秘密趕赴蒙陰城下，進行戰鬥部署。劉海濤細緻分析城內敵情，根據日軍和偽軍在南北兩門兵力分佈情況，很快擬訂了"聲東擊西"作戰計畫：由我一部軍隊佯攻北門，牽制守城的日軍中隊，其餘部隊全力攻打南門。此處由一個營的偽軍駐守，比較薄弱。凌晨1點，戰鬥打響。城內酣睡之敵被驚醒，匆忙應戰，而劉部官兵已衝入南門。經過不到5個小時的戰鬥，我軍將城內守敵徹底擊潰。劉海濤敏銳地發現，蒙陰城防禦工事少，易攻難守，果斷命令部隊快速撤出蒙陰城。當日偽軍上千名援兵殺來之時，蒙陰已是一座空城。隨後，劉海濤採取"襲擾"戰術，在連續三天的時間裡，派出十幾股小分隊，襲擾城內日偽軍，疲憊消耗敵人，使其迫切尋找我軍主力決戰，繼而由一大隊從南門誘敵出城，二、三、四大隊在城外伏擊，僅用三個小時，就殲滅了日軍一個小隊和偽軍兩個中隊。接著，劉海濤率部第三次攻打蒙陰城，又一舉克復，擊敗趕跑了城內日偽軍。

劉海濤司令三打蒙陰城的消息迅速傳遍了沂蒙山區，人民群眾編成歌謠到處稱讚傳唱："三月裡那個來花兒那個紅，蒙山裡來了那個劉司令，神機妙算賽諸葛，打得那個鬼子茅坑裡拱……"。

英勇反掃蕩　捐軀沂蒙

1941年4月，為適應抗日遊擊戰爭的需要，中共山東分局決定將全省劃分為膠東、清河、冀魯邊、魯中、魯南、魯西6個戰略區，劉海濤任魯中軍區司令員。中共魯中區委書記霍士廉兼政委。魯中軍區所轄沂蒙地區是中共山東黨政軍首腦機關所在地。

1941年秋冬，侵佔山東日酋集中5萬餘兵力，向沂蒙山區抗日根據地展開大"掃蕩"。日偽軍先封鎖了臨沂、沂水、蒙陰三角地帶，並以多路、多梯隊進行分進合擊，對沂蒙山區實施"鐵壁合圍"，妄圖消滅魯中軍區部隊和中共山東黨政軍領導機關，徹底摧毀沂蒙山區抗日根據地。

10月21日，劉海濤率部行軍至青駝寺時，日偽軍突然從四面包圍而來，他立即命令部隊佔領青駝寺周圍山頭和隘口，與日偽軍展開對壘。10月22日中午，劉海濤冷靜分析了地形和敵情，斷定敵人大舉合圍，後方必定空虛，如能插到日軍臨沂的大本營，就能扭轉局勢，變被動為主動。晚上 7 時許，在夜色的掩護下，劉海濤率領千餘人隊伍向南方敵後突圍，機智從容地繞過日偽軍兩道封鎖線，23 日 5 時跳出日偽軍重圍。23 日晚，劉海濤率部趁日偽軍撲空未返之際，夜襲臨沂城，燒毀了日軍油庫和糧倉，快速撤出戰鬥隱去。10 月 24 日，又在臨沂城北擊潰了回援臨沂的兩個日軍小隊和三個偽軍中隊。10 月 25 日，在峨莊、方城一帶又突襲攔截了敵人回運臨沂的牲口與物資。

之後，根據有關情報，劉海濤決定率部在臨沂北部石嵐村一帶秘密伏擊敵人。10 月 27 日，細雨紛紛，秋風習習。官兵們趴在冰涼的岩石上，等了將近一天。黃昏時分，從北面山口傳來了馬蹄聲，接著又出現了人影，毫無戒備的日偽軍全部進入了我伏擊圈。一發信號彈騰空而起，官兵們將步槍、機槍、手榴彈一齊射投敵群，敵人頃刻亂了陣勢，官兵們趁機從兩側山頭上直撲敵群。經過半小時的激戰，殲敵近 300 人。為防備日偽軍報復，劉海濤率部快速撤離到大山中。

1941 年 11 月 8 日，劉海濤帶領警衛排和青年營在反"掃蕩"中，被日偽軍包圍於岸堤以北王山一帶。為了保存實力，他命令警衛排和青年營分頭突出了重圍。18 日，自己和魯中軍區社會部部長朱毓淦、黃秋菊等人轉移至蒙陰縣官莊村以東杜家林附近。不慎被敵人包圍誘捕，劉海濤受盡酷刑，寧死不降。11 月 25 日，被殺害於蘇家村，時年 35 歲。同時，在這場慘烈地反"掃蕩"中，有成千上萬的抗日官兵和民眾血灑沂蒙山川大地。

劉家麒將軍
General Liu Jiaqi

陸軍中將、國民革命軍第九軍第五十四師師長
Lieutenant General and Commander of the 54th Division of the 9th Army of the National Revolutionary Army

劉家麒,字錚磊,又名錫侯。中國國民革命軍陸軍第九軍第五十四師少將師長,著名抗日愛國將領。1894年出生於湖北省武昌市,從小好學上進。1901年先後入私塾和中學學習。1912年考入湖北陸軍小學。1916年轉入保定陸軍軍官學校。1937年提前畢業於中國陸軍大學。劉家麒投身軍旅後,先後任排長、連長、營長、團長和少將參謀長等職。

1937年7月,蘆溝橋事變發生,日本出兵大肆侵略中國,打破了中國和平建設環境,中國政府全力組織軍民自衛應戰。劉家麒任國民革命軍陸軍第九軍第五十四師少將師長,主動請纓參戰。奉命率部開赴山西省忻口前線,參加太原會戰,擔任中央集團軍南懷化東北高地的中央地區主陣地佈防。10月中旬,日本精銳部隊板垣徵四郎師團開始向忻口進攻,南懷化主陣地首當其衝。劉家麒指揮部隊冒著日本飛機掃射、轟炸和火炮的炮擊,沉著應戰,與日軍展開反復血戰,並重創日軍。同時,劉家麒將戰場殺敵經驗傳授官兵與呈報上峰,以減少傷亡。1937年10月16日,劉家麒在組織指揮部隊乘勝追擊時,突然中彈,壯烈殉國。時年44歲。之後,中華民國國民政府頒佈褒揚令,追晉劉家麒陸軍中將軍銜。

Liu Jiaqi, courteously named Zhenglei, also named Xihou, a famous patriotic general of the Anti-Japanese War, had been the Major General and Commander of the 54th Division of the 9th Army of the Chinese National Revolutionary Army. He was born in 1894, in Wuchang, Hubei Province. Since 1901, he studied successively at an old-style private school and a middle school. In 1912, he passed into the Hubei Army Primary School. In 1916, he was transferred to Baoding Old Military Academy. In 1937, he graduated from the Chinese Army University. Since then, he joined the Army where he had served successively as the Platoon Commander, the Company Commander, the Battalion Commander, the Regimental Commander, the Chief of Staff, and so on.

In July 1937, the Lugou Bridge Incident happened. Japan sent troops to invade China wantonly, which broke the environment of China's peace building. The Chinese government made full efforts to organize military and civilian self-defense to fight. Liu was appointed to be the Major General and Commander of the 54th Division, and then he led his troops to advance to the battle front of Xinkou of Shanxi Province and participate in the Battle of Taiyuan. In the battle, he was ordered to defend the Northeastern Highlands of South Huaihua of the Central Corps and the main position of the central area. In mid-October, Japanese elite troop, the Hiroshi Itagaki Division began to attack Xinkou. South Huaihua was the first front. Liu Jiaqi calmly commanded his troops to fight against the Japanese invaders and inflicted heavy losses on them. On October 16th, 1937, during the process of chasing the enemy, Liu Jiaqi was shot down and eventually died at the age of forty-four. Soon later, the Chinese National Government issued a commendation order to promote him to the rank of Lieutenant General posthumously.

請求提前大學畢業　報國戎機征戰急

1937年7月7日，蘆溝橋事變發生，日本出兵大舉侵犯中國華北，打破了中國和平建設環境，中國政府全力組織軍民自衛應戰。劉家麒將軍正在中國陸軍大學學習，耳聞日軍瘋狂入侵，他滿懷報國壯志，屢次向校方請纓，欲率部奔赴抗日戰場殺敵報國，保衛國家和平與人民安定生活。校方感其愛國之誠，遂准其提前畢業，奔赴前線殺敵。8月，劉家麒從中國陸軍大學特別班第二期畢業，被任命中國國民革命軍陸軍第九軍第五十四師少將師長。他立即赴任，並隨軍率部自貴州省徒步和乘木船奔赴長沙，在長沙乘火車經漢口直奔石家莊——開赴華北前線，抗擊日本軍隊入侵。

劉家麒接任第五十四師師長，為能夠儘快熟悉和掌握部隊，履行軍人守土衛國之天職，每天都在自己崗位上緊張地工作著，無暇探家。劉家麒師長家人居住在湖北省武昌市得勝橋148號。此次，劉家麒率部北上抗日，大軍正好路過武昌市。當身著戎裝的師長劉家麒少將乘火車路過家鄉時，因其軍情緊急不能回家，向著家鄉的位置眺望著，隨著車輪滾滾遠離而去，馬不停蹄地率部繼續北上，奔向抗日前線指揮中心石家莊（保定行營）。

忻口佈陣阻擊日軍　將軍以身殉國家

1937年秋，日本軍隊在佔領中國北平和天津後，向中國山西省發起進攻，一路沿平綏路進佔天鎮、陽高一帶。另一路沿平漢路南下攻向保定、石家莊，繼而向娘子關進攻，妄圖一舉攻佔山西，為大舉南下侵佔中國腹地，進逼武漢而掃除阻礙。駐守山西省中國軍隊奮勇抵抗，與日軍激戰一個多月。但是，終因敵強我弱，連失大同、雁門關等重要軍事要地。為阻擊日軍南下，保衛太原（陽曲），中國第二戰區司令長官部決定組織太原會戰（又稱忻口會戰）。命令向石家莊（石門）開赴的劉家麒部，轉向山西省忻口，隸屬第十四集團軍。

中國第二戰區司令長官部決定利用山西忻口天然山勢地形，阻擊日軍進攻，以保衛太原北翼安全。中國各路大軍28萬餘人向其集中，並劃分為左、中、右三個集團軍，共同抗擊日軍入侵。其中，以第十四集團軍和第十五軍、第十七軍、第十九軍、第三十四軍等軍組成中央集團軍，由衛立煌總司令指揮。中央集團軍又劃分三個兵團：以第十五軍、第十七軍、第三十三軍組成右翼兵團，總指揮劉茂恩。以第九軍、第十九軍、第三十五軍、第六十一軍組成中央兵團，總指揮郝夢齡。以第十四軍和第六十六師、第七十一師、第八十五師組成左翼兵團，總指揮李默庵。劉家麒師長率領的第五十四師是中央兵團（第九軍）裝備最精良，戰鬥力最強的部隊。所以，劉家麒部作為主力部隊，擔任中央兵團南懷化東北高地的主陣地佈防任務，同時佔領雲中山河北岸下王莊前沿陣地。

1937年10月4日午夜，劉家麒師長率第五十四師星夜兼程，進入忻口南懷化防區。接著，劉家麒指揮全師將士迅速構築工事，儲備彈藥，並與友軍密切磋商，劃分戰鬥區域，統一規定各部隊接合部的保障措施。10月5日至10日，劉家麒天天在前線視察陣地，檢查工事，要求官兵注意隱蔽，防止日本飛機偷襲轟炸。並多次對部屬訓話，講述對日作戰要點，強調整飭軍紀，鼓勵士兵奮勇殺敵。同時，帶頭教唱由衛立煌總司令親自創作的《第十四集團軍軍歌》，以鼓舞鬥志：

"這是我們的地方，這是我們的家鄉，我們十四集團軍，英勇堅強。為祖國的生存而奮鬥，團結得好比鋼一樣。服從命令，保衛邊疆，聯合民眾，抵抗暴強，把自己的力量，獻給祖國，完成中華民族的解放"……全師官兵在劉家麒將軍的鼓舞下，士氣高昂，決心以鮮血和生命保衛家鄉，誓與陣地共存亡。劉家麒在日記中寫道："今後對敵作戰之精神，如不決心具有必死之觀念，絕難獲勝。""大敵當前，須虛心籌畫，以克強敵。蓄志如此，不卜將來如何……"。

1937年10月11日拂曉，日軍在飛機、大炮、坦克的掩護下，向忻口陣地發起猛攻。第五十四師堅守的南懷化高地是中央地區的主陣地，在日軍的攻勢面前必然首當其衝。日軍以三輛裝甲車為先導，向第五十四師陣地發起進攻。第五十四師官兵用手榴彈將一輛裝甲車炸毀，擊退了日軍的第一次進攻。初戰告捷，令劉家麒師長興奮不已，也極大振奮了全師官兵的士氣。劉家麒在日記中寫道："……開始作戰，即獲勝利，將來之結果，覺得美滿。吾自努力以掙扎此戰爭，庶不負國家培養。"

劉家麒師長在戰鬥中非常留心日軍的戰術：發現日本兵夜間安睡時，由偽滿蒙軍守衛警戒，日軍戰法則是先以大炮轟擊，繼以裝甲車、坦克隨機掩護步兵發起衝擊。其步兵雖呆板不大機靈，而其輜重兵器頗優良。據此，劉家麒認為與日軍作戰，如不十分沉著，絕難抵禦。面對日軍的瘋狂進攻，炮兵出身的劉家麒指揮部隊沉著應戰。在日軍以飛機、大炮轟炸時，命令炮兵作好偽裝隱蔽，步兵躲入掩蔽窯洞，躲避日軍炮火，保存有生力量。在日軍停止轟炸時，便迅速衝上陣地，待日軍步兵靠近我軍陣地時，所有武器同時開火，猛烈打擊日軍，屢次將日軍進攻擊退。劉家麒將其觀察研究所得和實戰中取得的有效經驗，教授給所部官兵。

10月11日午後，日本板垣徵四郎師團一部以密集的炮火進攻第五十四師陣地。劉家麒指揮第五十四師官兵巧妙躲避日寇飛機、大炮的狂轟濫炸後出擊；命令隱蔽在忻口北門口門樓處的山炮群開炮還擊，帶領官兵多次擊退日軍猛烈進攻，給予入侵日軍重大殺傷。10月12日，因日軍炮火猛烈和飛機輪番轟炸，中國軍隊陣地工事幾乎全部被摧毀，南懷化一處高地被日軍突破，導致中國守軍整個防線出現裂口，形勢萬分危急。為扭轉戰局，中國幾支軍隊同時向南懷化高地發起反攻。10月14日，經過浴血奮戰，劉家麒率部又奪回了南懷化高地。但無奈日軍炮火猛烈，第五十四師傷亡慘重，血戰至15日，南懷化幾處高地再次陷入敵手。中國第二戰區司令長官部和中央集團軍總司令部深知南懷化高地系主陣地之鎖鑰，其得失關係到整個戰役之成敗。為奪回南懷化高地，總司令部緊急調集大批援軍，準備於16日凌晨向日軍發動總攻。

1937年10月16日凌晨2時許，中國軍隊兵分多路向日軍發起反攻，劉家麒指揮左翼部隊連克幾個山頭，擊斃侵佔日軍。與此同時，擔任反攻總指揮的郝夢齡軍長親臨前線，劉家麒遂隨郝夢齡軍長到前線督戰。戰鬥持續到5時許，天已微明，為鞏固新陣地，乘勝追擊，殲滅殘敵，強化防線，劉家麒隨郝夢齡軍長指揮部隊繼續進攻。

二位將軍身先士卒，親臨火線，距敵不過 200 餘米。在通過一段隘路時，突然遭遇日軍機槍火力掃射，二位將軍和隨從人員中彈。劉家麒師長和郝夢齡軍長當場壯烈殉國。劉家麒將軍時年 44 歲。隨後，第五十四師全師官兵勇猛拼殺，大部戰死，僅剩千餘人。

在忻口戰役（太原會戰）中，中國守軍不畏犧牲，英勇奮戰，以劣勢裝備堅守陣地，與日軍相持 20 多天，殲敵兩萬餘人，給予入侵日軍以沉重打擊。後因娘子關等地失守，日軍逼近太原，北線堅守失去意義，中國軍隊於 11 月 2 日主動撤出忻口陣地。

1937 年 11 月 15 日，中華民國國民政府在武漢舉行郝夢齡、劉家麒追悼大會，沉痛哀悼為國而戰死的兩位將軍和陣亡官兵。之後，中華民國國民政府頒佈褒揚令，追晉劉家麒陸軍中將軍銜。

劉陽生將軍
General Liu Yangsheng

陸軍少將、國民革命軍第七十軍第十九師第一一四團團長

Major General and Commander of the 114th Regiment of the 19th Division of the 70th Army of the National Revolutionary Army

劉陽生，字茂林。中國國民革命軍陸軍第七十軍第十九師第五十七旅第一一四團上校團長，著名抗日愛國戰將。1903年出生於湖南省衡東縣草市鄉。幼年曾入私塾讀書。1908年喪父，與母親相依為命，艱難生活。1917年從軍報國，1927年被選送到國民革命軍第四路軍教導總隊軍官隊學習。畢業後，先後任班長、排長、連長和營長等職。

1937年7月，蘆溝橋事變發生，日本出兵大肆侵略中國，打破了中國和平建設環境，中國政府全力組織自衛應戰，中華民族抗日戰爭全面爆發。劉陽生任國民革命軍陸軍第七十軍第十九師第五十七旅第一一三團第三營少校營長，奉命隨部參加浙江省鎮海縣抗擊日軍登陸作戰。9月，奉命參加淞滬會戰，在扼守薀藻浜陣地（葛家牌樓）中，冒著日軍猛烈炮火與日軍連續激戰十晝夜，身負重傷被送長沙後方醫院治療。1938年7月初，劉陽生傷癒歸隊，升任第十九師第一一四團中校副團長，奉命率部參加武漢會戰。在廬山金官橋一帶與日本第一〇六師團一部展開廝殺，因戰功升任第一一四團上校團長。8月8日，劉陽生親率敢死隊殺入敵陣，身中數彈，壯烈殉國。時年36歲。之後，中華民國國民政府頒佈褒揚令，追晉劉陽生陸軍少將軍銜。

Liu Yangsheng, courteously named Maolin, a famous patriotic general of the Anti-

Japanese War, had been the Colonel and Commander of the 114th Regiment of the 57th Brigade of the 19th Division of the 70th Army of the Chinese National Revolutionary Army. He was born in Caoshi Town, the Hengdong County, Hunan Province in 1903 and was educated at a private school. Early in his childhood, he lost his father and lived a hard life with his mother. In 1917, he joined the army. In 1927, he was elected to study at the Training Corps of the 4th Route Army. After graduation, he had served successively as the Platoon Leader, the Company Commander, the Battalion Commander, and so on.

In July 1937, the Lugou Bridge Incident happened. Japan sent troops to invade China and broke the environment of China's peace building. The Chinese government made full efforts to organize self-defense, and the Anti-Japanese war broke out in an all-round way. As the colonel and commander of the 3rd Battalion of the 113th Regiment of the 57th Brigade of the 19th Division of the 70th Army of the National Revolutionary Army, Liu Yangsheng participated in the Operations of Delaying the Japanese Landing on Zhenhai, Zhejiang Province. In September, he participated in the battle of Shanghai. In the 10-day long battle to guard Wenzaobang position, he was badly wounded and was sent to Changsha Hospital. In early July 1938, he returned to his army and was promoted to be the Lieutenant Colonel and Deputy Commander of the 114th Regiment of the 19th Division and took part in the Battle of Wuhan. Because of his distinguished service in the battle at Lushan and Jinguan Bridge, he was promoted to be the Colonel and Commander of the 114th Regiment. On August 8th, he led the Dare-to-Die Corps to thrust into the enemy's positions and was shot down and killed in action therein at the age of thirty-six, sacrificing for the beloved motherland. After that, the Chinese National Government promoted him to the rank of Major General posthumously.

劉震東將軍
General Liu Zhendong

陸軍中將、國民革命軍第五戰區第二路遊擊軍司令

Lieutenant General and Commander of the 2nd Route Guerrilla Army of the 5th War Zone of the National Revolutionary Army

　　劉震東，字曦洲。中國國民革命軍陸軍第五戰區第二路遊擊軍少將司令，著名抗日愛國戰將。1893年出生於山東省沂水縣張莊。1900年入本地私塾讀書。1912年入東北軍任上士文書。1913年考入東北陸軍講武堂。畢業後回東北軍供職，先後任排長、連長、營長、團長和旅長等職。1928年入中國陸軍大學受訓，畢業後任東北邊防軍總司令部主任參事。

　　1931年"九·一八"事變發生，日本出兵侵略中國東北，劉震東前往熱河組織抗日武裝。1933年2月，率部先後參加長城抗戰和察哈爾抗戰。1937年7月，中國抗日戰爭全面爆發，回家鄉傾家產、招募鄉人組建地方抗日武裝。11月，親赴首都南京請戰，被任命為國民革命軍第五戰區高參兼第二路遊擊軍少將司令。所部在徐州得到了給養與武器武裝。1938年年初，率部參加徐州會戰，阻擊沿膠濟鐵路西進日軍。2月21日，率部與友軍共同堅守莒縣縣城，任守城總指揮。2月22日拂曉，面對數倍於己的日寇進攻，率部頑強阻擊，給予攻城日軍重大殺傷。當在北城督戰時，突然頭部腹部中彈，壯烈殉國。時年46歲。1938年3月，中華民國國民政府頒佈褒揚令，追晉劉震東陸軍中將軍銜。

Liu Zhendong, with the courtesy name Xizhou, was the Commander of the Second Route Guerrilla Army, 5th Army Group of the Chinese National Revolutionary Army. He was a famous patriotic general in the Anti-Japanese War. Born in 1893 in Zhangzhuang, Yishui County, Shandong Province, China, Liu Zhendong received his early education in a local private school in 1900. In 1912, he joined the Northeast Army as a clerk. In 1913, he was admitted to the Northeast Land Forces Military Academy. After graduation, he served in the Northeast Army, holding positions such as platoon leader, company commander, battalion commander, regiment commander, and brigade commander. In 1928, he underwent training at the Chinese Army University and later served as a staff member in the Headquarters of the Northeast Border Defense Army.

In 1931, when the "September 18th Incident" occurred and Japan invaded and occupied Northeast China, Liu Zhendong went to Hebei Province to organize anti-Japanese armed forces. In February 1933, he led his troops to participate in the defense battles along the Great Wall and in Chahar. In July 1937, with the outbreak of the full-scale Sino-Japanese War, Liu Zhendong returned to his hometown and organized local anti-Japanese forces. He served as the Major General and Commander of the Second Route Guerrilla Army, concurrently acting as the Chief of Staff in the High Command of the 5th Army Group. In early 1938, he led his troops to participate in the Battle of Xuzhou, where they resisted the westward advance of the Japanese army along the Jiaoji Railway. On February 21st, they jointly defended the county seat of Juxian. At dawn on February 22nd, facing the enemy's attack, which outnumbered their own forces, Liu Zhendong and his troops fiercely resisted. During the intense battle, he was struck by bullets in the head and abdomen, sacrificing his life for his country. He was 46 years old at the time. In March 1938, the National Government of the Republic of China issued a commendation order, posthumously promoting Liu Zhendong to the rank of Lieutenant General in the Army.

組建抗日軍　轉戰熱察

1931年"九・一八"事變爆發，日本出兵侵略中國遼寧、吉林、黑龍江、外蒙古和熱河等省。劉震東前往熱河省招募組織抗日義勇軍，任東北民眾救國會（閻保航組建的抗日群眾團體）第五軍團總指揮，率部轉戰於遼寧、熱河、察哈爾一帶，開展遊擊戰，打擊日本軍隊入侵。

1932年年底，為加強熱河防禦力量，中華民國國民政府軍政部將東北地區地方抗日武裝統一整編，編為七個軍團。其中第一軍團主要有遼西和熱東一帶的抗日武裝組成，劉震東所部5000多人是第一軍團的主力部隊，駐紮於開魯大樹營子，協助熱河省守軍守衛熱河開魯至赤峰一帶。

1933年年初，日本軍隊開始向中國熱河發動進攻。2月21日，日本第六師團一部、第十一旅團一部及偽蒙軍一部，聯合向劉震東部駐地偷襲。劉震東率部反擊，歷經苦戰將敵擊退。次日，日軍在飛機、重炮的掩護下再次發動瘋狂進攻。劉部雖奮力反擊，終因敵強我弱，火力不足，損失慘重，被迫放棄陣地，向開魯以南轉移。此後，劉震東克服重重困難，繼續率部於運動中襲擊日軍。

1933年5月，馮玉祥將軍在察哈爾省樹起抗日大旗，組織抗日同盟軍，轉戰熱河的劉震東首先通電響應，同意參加抗日同盟軍，並被委任為第二挺進軍第二十三師師長。在馮玉祥將軍的領導下，劉震東率部參加了保衛察哈爾，收復失地的戰鬥。

劉震東率部先後在開魯、喜峰口等地與日軍頑強作戰，其戰跡和照片曾分別被刊登在《時事報》、《東方雜誌》和《時代》等報刊上。1933年8月，劉震東部接受察哈爾省主席兼第二十九軍軍長宋哲元的改編，部隊被縮編為一個團，編入第二十九軍。劉震東到北平軍分會任參議。

毀家紓國難　血灑莒城

1937年7月，盧溝橋事變發生，日本出兵大肆入侵中國河北，徹底打破了中國和平建設環境，中華民族抗日戰爭全面爆發。劉震東帶領隨從10餘人，從北平志願回家鄉山東籌畫組織地方抗日武裝。11月，劉震東趕赴首都南京請戰。之後，被任命國民革命軍第五戰區高級參謀兼第二路遊擊軍少將司令，奉命參加徐州保衛戰。劉震東來到第五戰區駐地徐州，立即張榜招募抗日志士和熟悉當地地理環境的青壯年參軍報國，並派胞弟劉震西回山東省沂水老家招募鄉人從軍。他還給許多親友寫信求助，其中一封信中寫道："……沒有國，就沒有家，國難當頭，先國後家。"

在日本軍隊突然強大攻勢下，中國危機和困難重重，百姓生活艱難。劉震東決心不為國家找麻煩。為了給部隊籌集糧餉，劉震東令家人打開自家糧倉變賣了積存的數十石糧食，並對朋友說："……只求有辦法救國，雖傾家亦在所不惜。"為抗日救國劉震東決心"毀家紓國難"。第五戰區司令長官部得知劉震東"毀家紓國難"的消息後，十分感動，立即打開徐州九里山戰備庫，給以全副武裝。1938年年初，劉震東組建成立了第二路遊擊軍，共2000餘人。奉命率部參加徐州會戰。

1938年1月，日本精銳軍隊板垣徵四郎第五師團，在青島沿膠濟鐵路西進，然後從濰縣向南直逼臨沂，欲與津浦路南下日軍會師臺兒莊，合攻徐州。2月中旬，第五戰區司令長官部命令劉震東率第二路遊擊軍劉崇禧、張鵬兩個支隊由東隴海路的新安北上莒縣，轉歸龐炳勳第三軍團（轄第四十軍）指揮，參加保衛莒縣、臨沂的戰鬥。在開赴莒縣前，劉震東給妻子的信中寫道："……延師為恕心（次子）補習功課，很好。恕忠（長子）考入炮兵學校，已入救國途徑，更好。假使抗戰不利，日寇把我殺了，那就格外好了。我既以身許國，早具犧牲決心，一切在所不惜，惟望你們孝順伯父母，以贖我不孝之罪，則我雖戰死沙場亦無憾矣。"他在給母親的信中慷慨表示："……在此期間，後犧牲一途，沒有別路可走。只等待將日本賊殺個乾淨才能了卻我的責任。"

2月17日，板垣徵四郎第五師團田野支隊協同偽軍一部，共5000餘人，逼近臨沂東北的莒縣、沂水和日照一線。18日，敵先頭部隊進至莒縣北茶溝子等地，準備大舉進攻莒縣。第五戰區司令長官部命令海軍陸戰隊及民團從正面阻擊來犯之敵，劉震東部則全力襲擊敵人側翼。經過三天拉鋸戰，日本大部隊20日趕到，隨即向莒縣城北招賢鎮發動猛攻，我守軍被迫向西北撤退，日軍跟蹤追擊。2月21日午後，劉震東率部轉進莒縣城西，準備襲擾日軍後方。

莒縣縣城是日軍進逼臨沂，會攻徐州的必經之路，日軍志在必得。面對強敵壓境，城中自衛隊和老百姓見狀，已撤退或逃走避難。21日申時，劉震東見城內無防，當即向第三軍團長龐炳勳請戰。龐炳勳令劉震東率部暫時入城堅守至午夜，之後由第三軍團第一一五旅接防。劉震東立即率軍入城。此時，莒縣城已是四門大開，空無一人，劉震東風趣地說："此乃空城一計也！"

劉震東率領的第二路遊擊軍劉、張兩個支隊400餘人，每人只有馬尾式手榴彈幾枚，全隊槍支彈藥也不充分，但大家士氣高昂，群情振奮。入城後，劉震東立即命令堵塞東門、北門，同時組織構築防禦工事，他一邊進行防禦準備，一邊四處巡視，鼓舞官兵士氣。午夜時分，不見援軍到來，劉震東派人出城偵察，方知因道路、橋樑被炸，汽車無法通行，援軍只好跑步行軍。22日零時一刻，援軍第一一五旅在旅長朱家麟率領下抵達莒縣縣城。其中第二二九團開進縣城，第二三〇團則佔領城西大湖村一帶協同守城。隨後，莒縣縣長許樹聲也奉命率縣大隊開回城裡。劉震東原擬待援軍接防後即出城遊擊，但見援軍經長途行軍，極其疲勞，需要休息，便慨然答應繼續承擔守城任務，並親自巡視各哨，徹夜未眠。當夜，守城各方商定成立了城防指揮部，劉震東被推舉為總指揮，朱家麟任副總指揮。劉震東堅決表示："……為和平保家衛國，我們誓與莒城共存亡！"

1938年2月22日拂曉，日軍自東、北、西三面將莒縣縣城包圍。劉震東命令官兵嚴密監視敵人動向，不待敵人進入有效射程嚴禁開槍。早晨5時半許，一小股敵人試探著向北門靠近，守城將士開槍射擊。緊接著，日軍槍炮齊鳴，發起攻擊。劉部官兵沉著應戰，堅守不退。城內援軍聞聲，立即出動。激戰中，城南高地被敵人攻佔。

劉震東指揮部隊奮力爭奪，與敵形成對峙。為了殲滅城南高地上的敵人，劉震東以兩營士兵組成敢死隊衝出南門，分東西兩路包抄日軍側後。上午8時許，敢死隊發起突襲，揮刀持槍衝入敵陣，與敵人展開肉搏戰。敵人無力抵抗，狼狽逃竄，我軍一舉奪回高地。之後，日軍主力會合北門外之敵，對城北一線發動重點進攻，城北告急。劉震東得到報告後，不顧部下勸阻，僅帶一名隨從登上城牆，奔赴北門指揮作戰。在與敵血戰一個多小時後，終因我軍火力薄弱，城西北角被日軍攻破。劉震東不顧一切，在北城牆上飛奔督戰，指揮堵截入城日軍。就在城西北角被我軍奪回之際，劉震東突然被日軍槍彈擊中頭部、腹部，壯烈殉國。時年46歲。

劉震東將軍殉國後，第五戰區司令長官李宗仁將軍在徐州親自為劉震東主持召開了追悼大會。1938年3月9日，中華民國國民政府頒佈褒揚令，表彰劉震東司令英勇抗戰事蹟，追晉陸軍中將軍銜。

賴傳湘將軍
General Lai Chuanxiang

陸軍中將、國民革命軍第十軍第一九〇師代理師長

Lieutenant General and Acting Commander of the 190th Division of the 10th Army of the National Revolutionary Army

賴傳湘，字鎮之。中國國民革命軍陸軍第十軍第一九〇師少將副師長、代理師長，著名抗日愛國戰將。1903年3月，出生於江西省南康縣東山鄉馬草村。自幼勤奮好學，1910年入本地小學讀書。1916年考入南昌省立第一中學。1925年8月，考入廣州黃埔陸軍軍官學校第四期炮兵科。畢業後參加國民革命軍，先後任排長、連長、營長和副團長等職。1935年考入中央陸軍軍官學校高等教育班第四期深造。

1937年7月，蘆溝橋事變發生，日本出兵大肆侵犯中國，打破了中國和平建設環境，中國政府全力組織軍民自衛應戰，中華民族抗日戰爭全面爆發。賴傳湘任國民革命軍陸軍第三師第十八團中校副團長，奉命率部參加淞滬會戰。1938年7月，賴傳湘因戰功晉升第八軍第三師第十八團上校團長。先後奉命率部參加武漢會戰和南昌會戰。1939年5月，因戰功卓著榮獲國民政府軍事委員會陸海空甲種一等勳章。9月，奉命率部參加第一次長沙會戰，因戰功晉升第八軍第三師第九旅少將旅長。1941年5月，升任第十軍第一九〇師少將副師長，後代理師長。1941年8月，奉命率部參加第二次長沙會戰。9月24日，賴傳湘率部阻敵保衛長沙，因寡不敵眾陷入日軍重圍。在率部突圍血戰中，賴傳湘身中數彈，壯烈殉國。時年39歲。1942年6月，中華民國國民政府明令褒揚賴傳湘率部奮勇殺敵之事蹟，追晉陸軍中將軍銜。

　　Lai Chuanxiang, courteously named Zhenzhi, a famous patriotic general of the War of Chinese People's Resistance against Japanese Aggression, had been the Major General and Acting Commander of the 190th Division of the 10th Army of the National Revolutionary Army. In March 1903, he was born in Macao Village, Dongshan Town, Nankang County, Jiangxi Province. Diligent and studious since childhood, he went into the local primary school to study in 1910. In 1916, he was admitted to the No.1 Provincial Middle School of Nanchang. In August 1925, he passed into the Artillery Department of the 4th session of Whampoa Military Academy. After graduation, he participated in the National Revolutionary Army, and served successively as the Platoon Leader, the Company Commander, the Battalion Commander, the Regimental Command, and so on.

　　In July 1937, the Lugou Bridge Incident happened. Japan sent troops to invade China and broke the peaceful environment of China's development. The Chinese government made full efforts to organize self-defense, and the War of Chinese People's Resistance against Japanese Aggression broke out in all directions. Lai Chuanxiang served as deputy head of the 18th Central School of the 3rd Division of the National Revolutionary Army, leading the troops to participate in the Battle of Shanghai. In July 1938, Lai Chuanxiang was promoted to be the head of the 18th Regiment of the Third Division of the Eighth Army. He was ordered to take part in the Battle of Wuhan and the Battle of Nanchang. In May 1939, he was awarded the First-class Medal of the Army, the Navy and the Air Forces by the Military Commission of the Chinese Nationalist Government for his outstanding service. In September, he led his troops to take part in the First Battle of Changsha, and was appointed the Major General and Brigadier of the 9th Brigade of the 3rd Division of the 8th Army. In May 1941, he was promoted to the Major General and Deputy Commander of the 190th Division of the 10th Army. In August 1941, he led his troops to defend Changsha in the Second Battle of Changsha. In the battle of September 24th, they were greatly outnumbered by the enemy. While engaging the Japanese forces in a vehement battle in order to break through the tight encirclement, he was shot down and unfortunately killed in action therein at the age of thirty-nine. To honor his bravery and heroic feat, the Chinese National Government promoted Lai Chuanxiang to the rank of Lieutenant General posthumously in June 1942.

抗日大戰多　屢建奇功

　　1937 年 7 月 7 日，蘆溝橋事變爆發，日本出兵大舉入侵中國，打破了中國和平建設環境。7月17日，中華民國國民政府軍事委員會委員長蔣中正發表《對盧溝橋事件之嚴正聲明》："中國民族本是酷愛和平……萬一真到了無可避免的最後關頭，我們當然只有犧牲，只有抗戰……如果放棄尺寸土地與主權，便是中華民族的千古罪人……我們希望和平，而不求苟安，準備應戰，而決不求戰……"。8月7日，中華民國國民政府在南京舉行最高國防會議，決定全面實施自衛抗戰。8月13日，日本軍隊又大舉入侵中國上海。14日，《中華民國國民政府自衛抗戰聲明書》發表："中國為日本無止境之侵略所逼迫，茲已不得不實行自衛，抵抗暴力……維持正義與和平……中國決不放棄領土之任何部分，遇有侵略，惟有實行天賦之自衛權以應之……吾人此次非僅為中國，實為世界和平而奮鬥；非僅為領土與主權，實為公法與正義而奮鬥……"。中國軍隊奮起抵抗，淞滬會戰拉開帷幕。賴傳湘任中國國民革命軍陸軍第三師第十八團中校副團長，奉命率部參戰。

10月中旬，賴傳湘隨部隊由江西省到達上海，進入前沿陣地。10月19日，第三師在大場鎮以北蘊藻浜以南地區與日本第三師團一部展開激戰。日本調動飛機、大炮、坦克輪番轟炸與攻擊第三師陣地，彈片如雨，硝煙彌漫，血肉橫飛。然而，賴傳湘和第三師將士士氣昂揚，勇於拼殺，愈戰愈勇，前仆後繼，打退了日軍一次次進攻。他們與日軍連續血戰三晝夜。10月23日，因傷亡過大，第三師奉命撤退至大場鎮附近休整待命。

1938年7月，賴傳湘因戰功晉升第八軍第三師第十八團上校團長，率部駐防江西省九江阻擊日軍。此時，日本正組織軍隊大肆進犯中國武漢。日軍沿長江和長江兩岸水陸並進，向西大舉進攻，企圖由江西北部迂回至鄂南，完成對武漢的包圍，攻擊武漢南側。7月23日，九江以東中國守軍鴉雀山陣地遭遇日軍猛烈攻擊，形勢危急，賴傳湘奉命率部馳援。激戰至25日，由於日軍炮火猛烈，援軍被阻，鴉雀山陣地被日軍突破，繼而九江陷落，第三師被迫退守沙河鎮。7月底，日軍在稍作休整後向沙河鎮發起猛攻，賴傳湘率部英勇阻擊，戰果頗豐。隨後，賴傳湘率部堅守賽陽達一月有餘，接連打退日軍多次進攻，成功阻滯日軍南下。9月，賴傳湘與該軍又奉命率部開赴江西武寧，參加羅盤山、棺材山一線阻擊沿瑞（昌）武（寧）公路西犯日軍，連續堵擊廝殺日寇兩個多月。

1939年2月下旬，日本向中國南昌發動進攻，中國第九戰區積極應對，南昌會戰拉開戰幕。第八軍第三師奉命在武寧東北阻擊日軍。3月21日拂曉，在金雞山口，第三師第十八團突然與日軍遭遇。面對強敵，賴傳湘沉著冷靜，立即兵分三路攻擊日軍，一路搶佔制高點，一路從正面攻擊日軍，一路繞襲日軍側背。戰鬥進行非常順利，很快殲敵大半。隨後，日軍援兵趕到，在飛機、坦克的掩護下發起反攻。戰鬥中，賴傳湘負傷不下火線，帶傷指揮作戰。日軍傷亡慘重，進攻毫無進展，便滅絕人性的向第十八團陣地施放毒氣，十八團官兵中毒者甚多。3月24日晚，因部隊傷亡過大，賴傳湘率部退守港田、同字坪一帶。不久，日軍攻陷靖安，友軍轉進，賴傳湘部腹背受敵，奉命撤退。5月，第十八團開赴修水縣山口鎮一帶休整補充訓練。隨後，賴傳湘奉命率部參加武寧保衛戰。在武寧保衛戰中，由於第十八團英勇阻擊日寇，戰功卓著，賴傳湘被記大功一次。1939年5月24日，國民政府軍事委員會授予賴傳湘陸海空甲種一等勳章一枚。

1939年9月中旬，日本向中國軍事重鎮長沙發起猛攻，中國第九戰區司令長官部調集軍隊阻擊日軍，第一次長沙會戰拉開戰幕。賴傳湘奉命率部對陽新、大冶方面日軍發起攻擊，隨後南下包家嶺，一舉克復該地。10月初，在中國軍隊的頑強阻擊下，日軍攻勢受挫，開始撤退，中國軍隊乘勝追擊。10月8日晚，賴傳湘率團與第七十八軍一部密切配合，夾擊修水之日軍，並克復修水。同一天，日軍全部逃過新牆河北岸。10月10日，長沙會戰以中國軍隊勝利宣告結束。會戰結束後，賴傳湘因戰功卓著晉升第八軍第三師第九旅少將旅長。

1940年1月，第三師奉命進駐通城、大沙坪、桂口一帶備戰待命。同年3月，全師又開赴修水補充訓練。4月，因浙東戰事緊張，第三師奉命開赴浙江南部作戰。同年，國民政府實行新的軍隊編制，旅一級建制被撤銷，賴傳湘改任第三師步兵指揮官。1941年5月，賴傳湘升任第十軍第一九〇師少將副師長，駐守衡山。

英勇衛長沙　戰將捐軀

1941年8月上旬，賴傳湘奉命率第一九〇師開赴湘北待命。部隊開拔前，賴傳湘對妻子說："此次日寇調十數萬大軍，集中岳陽等地，準備大舉進犯長沙。長沙自古乃兵家必爭之地，它是保衛祖國西南大後方的前哨。看來日寇這次是志在必奪。戰場上時刻都有危險，但我早已把生死置之度外。文天祥說得好：'人生自古誰無死，留取丹心照汗青。'……"。賴傳湘將軍有三個兒子，他分別給兒子取名為：振中、復中、興中。並說："如我不幸戰死沙場，望孩子們能繼承我的遺志，振、復、興中華，我也瞑目了！"

1941年8月下旬，日本調集重兵12萬餘人，再次進攻中國長沙。中國第九戰區調兵遣將抵抗。第二次長沙會戰拉開戰幕。賴傳湘率第一九〇師從橫山乘火車開赴長沙前線，從正面阻擊日軍南下。戰鬥一開始就異常激烈殘酷，日本出動了大量飛機、坦克、火炮，同時派出偽裝的便衣特務隊偷襲中國軍隊，並且使用空降兵部隊配合作戰。在戰鬥打響的第二天，第一九〇師師長朱岳手負傷，進入衡陽仁愛醫院治療。賴傳湘臨危受命，代理師長之職，指揮部隊作戰。9月23日拂曉，第一九〇師與日軍一部遭遇，賴傳湘率部猛烈拼殺，很快將其擊退。隨後，向白杉橋日軍發起猛攻，當晚攻佔該地。在戰鬥中，賴傳湘代師長左手負重傷，但仍不顧傷痛，繼續堅持在前沿陣地指揮作戰和率部殺敵。

　　1941年9月24日，日本主力第三師團沿長（沙）岳（陽）公路兩側南進，向第一九〇師正面發起猛烈攻勢。賴傳湘將所部主力佈置在竹山鋪、梁家墈以北地區，師部設在梁家墈。中午，日軍逼近竹山鋪附近，賴傳湘代師長命令所部第五六九團阻擊。但因敵眾我寡，第五六九團被日軍包圍，賴傳湘命令該部向南突圍。戰至下午3時，該師防守白杉橋的第五六八團也因傷亡慘重，力戰不支退至梁家墈，且日軍跟蹤而至。賴傳湘見形勢危急，持槍親率師部和第五六八團官兵與日軍展開激戰。日軍不斷增援，賴傳湘部陷入日軍重重包圍之中。在突圍血戰中，賴傳湘突然中彈負傷摔倒，衛士黃桂林欲背其轉移，賴傳湘對他說："不要管我，繼續戰鬥！"隨之，指揮部隊與敵拼殺。突然，一排子彈從敵機上直射下來，擊中賴傳湘。賴傳湘壯烈殉國。時年39歲。

　　1942年6月22日，中華民國國民政府明令表彰賴傳湘率部奮勇殺敵的英雄事蹟："……攻堅守隘、迭奏膚功。"追晉賴傳湘陸軍中將軍銜。

蕭山令將軍
General Xiao Shanling

陸軍中將、國民政府憲兵司令部副司令兼南京警備司令

Lieutenant Commander and Nanjing Garrison Commander and Deputy Commander of the Gendarme Headquarters of the National Government (China)

　　蕭山令，字鐵儂。中華民國國民政府憲兵司令部少將副司令兼參謀長，南京警備司令、防空司令，著名抗日愛國將領。1892年6月，出生於湖南省益陽縣一書香門第。"幼承庭訓，抱負不凡"。1899年入私塾讀書，繼而考入省立師範學校。後考入湖南陸軍小學。1914年考入保定陸軍軍官學校第三期步兵科。1917年畢業回湖南投身軍旅，開始戎馬生涯。先後任排長、連長、營長、團長和少將參謀長等職。

　　1937年7月，蘆溝橋事變發生，日本出兵大肆侵犯中國，打破了中國和平建設環境，中華民國國民政府全力組織自衛應戰，中華民族抗日戰爭全面爆發。蕭山令任中華民國國民政府憲兵司令部少將副司令兼南京警備司令、防空司令，協助首都衛戍司令長官唐生智組織和加強首都南京的防衛。11月26日，又兼任南京市市長，率憲兵和民眾高唱《憲兵之歌》，冒著日本飛機反復掃射、轟炸守衛著南京，防範日本特務、漢奸破壞和阻擊日軍進攻。1937年12月12日，蕭山令指揮憲兵部隊頑強抵抗日軍入侵。在率部掩護部隊和民眾渡江的激戰中，身中數彈，與所部官兵壯烈殉國。蕭山令時年46歲。1938年3月，中華民國國民政府明令褒揚其忠勇愛民殺敵之事蹟，追晉蕭山令陸軍中將軍銜。

Xiao Shanling, courteously named Tienong, a famous patriotic general of the War of Chinese People's Resistance against Japanese Aggression, had been the Major General and Deputy Commander and Chief of Staff of the Gendarme Headquarters of the National Revolutionary Army. In June 1892, he was born of a scholar-gentry family in Yiyang County, Hunan Province. In 1899, he enrolled at an old-style private school. Shortly afterwards, he entered Provincial Normal School. Then he cut off literary studies and enrolled into Hunan Military Primary School. In 1914, he was admitted to the Infantry Department of the 3rd session of Baoding Military Academy. After graduation in 1917, he returned to Hunan and joined the army, starting his military career. He had served successively as the Platoon Commander, the Company Commander, the Battalion Commander, the Regimental Commander, the Major General, the Chief of Staff, and so on.

In July 1937, the Lugou Bridge Incident happened. Japan sent troops to invade China and broke the peaceful environment of China's development. The Chinese government made full efforts to organize self-defense and the War of Chinese People's Resistance against Japanese Aggression broke out in all directions. Xiao Shanling, as the Major Commander and Deputy Commander of the Gendarme Headquarters of the National Revolutionary Army, Garrison Commander of Nanjing, Air Defense Commander, assisted Nanjing garrison commander Tang Shengzhi to organize and strengthen Nanjing's defense. On November 26, holding a concurrent post as the mayor of Wartime Nanjing City, Xiao Shanling commanded the military police to resist the Japanese invasion. On December 12th, 1937, while commanding his Gendarme to resist Japanese forces and cover the main body of troops and the masses to cross the river safely, he was shot and killed at the age of forty-six. All his subordinates died in the battle for the noble cause. To honor his bravery and heroic feat, the Chinese National Government promoted Xiao Shanling to the rank of Lieutenant General posthumously in March 1938.

臨危受命　南京抗敵

1937年7月7日，蘆溝橋事變發生，日本出兵大肆侵犯中國，打破了中國和平建設環境，中國政府全力組織自衛應戰。由於日本軍隊裝備精良，機械化程度高，很快侵佔了中國北平、天津和上海等重要城市。之後，日本為逼迫中國政府投降，集中兵力分多路向中國首都南京發起猛烈進攻。中國軍隊奮力阻擊抵抗。蕭山令任中華民國國民政府憲兵副司令兼參謀長，同時兼任南京警備司令、防空司令，成為國民政府駐首都南京憲、警方面最高指揮官，協助首都（南京）衛成司令長官唐生智將軍，組織軍民保衛首都南京。

1937年11月上旬後，日本軍隊連續向中國"乍嘉（乍浦到嘉興）"、"吳福（吳江到福山）"和"錫澄（無錫到江陰）"國防線發起攻擊，鋒芒直逼南京。南京形勢岌岌可危。首都（南京）衛戍司令長官部為保衛南京，又緊急組建了兩道防線：以陸軍野戰部隊扼守南京週邊各據點；以南京憲兵部隊和南京中央陸軍軍官學校教導總隊據守南京城防工事。同時，蕭山令為穩定軍心和民心，一方面命令憲兵部隊加強督導和巡查；另一方面命令所有憲兵在執行任務中挺起胸、昂起頭，大聲高唱《憲兵之歌》，宣示憲兵是民眾保護之神，是軍隊行為之師：

"整軍飭紀，憲兵新司，民眾之褓，軍伍之師。
以匡以導，必身先之，修己以教，教不虛施。
充爾德性，肅爾威儀，大仁大勇，獨立不移。
克勵爾學，務博爾知，唯勤唯敏，唯職之宜。
軍有紀律，國有綱維，就為之率，唯爾是資。
完成革命，奠固邦基，匪異人任，念茲在茲。"
……

南京城內外軍人、青年學生和民眾在日本大軍壓境之下，毫無畏懼、鬥志昂揚地與憲兵們高唱其歌，整修工事和加固城垣。11月18日，蕭山令命令以憲兵第二團、教導團、練習團為基幹，組織數萬民工，抓緊構築雨花臺一帶野戰工事；又命令憲兵第十團和重機關槍營加緊巡視城防勤務，防止日本間諜破壞活動。雨花臺的工事在南京民眾的共同奮戰下如期完成。

11月20日，林森主席發表《中華民國國民政府移駐重慶宣言》："自蘆溝橋事變發生以來，平津淪陷，戰事蔓延，國民政府鑒於暴日無止境之侵略，爰決定抗戰自衛，全國民眾同仇敵愾，全體將士忠勇奮發；被侵各省，均有極急劇之奮鬥，極壯烈之犧牲……邇者暴日更肆貪黷，分兵西進，逼我首都。察其用意，無非欲挾其暴力，要我為城下之盟。殊不知我國自決定抗戰自衛之日，即已深知此為最後關頭，為國家生命計，為民族人格計，為國際信義與世界和平計，皆無屈服之餘地……為適應戰況，統籌全域，長期抗戰起見，本日移駐重慶，此後將以最廣大之規模，從事更持久之戰鬥，以中華人民之眾，土地之廣，人人本必死之決心，繼續抗戰，必能達到維護國家民族生存獨立之目的。"蕭山令積極向全城軍民宣講林森主席簽發的宣言，再三表示誓用鮮血和生命與入侵日寇戰鬥到最後一刻……

11月26日，日本侵略軍向南京方向急攻，炮火迫近南京，駐守週邊陣地的中國部隊進入臨戰狀態。蕭山令又奉命兼任南京市市長和員警廳廳長。他下令南京所有憲兵一律做好戰鬥準備。其具體佈置為：以憲兵第二團、教導團、第五團和重機關槍營一部守清涼山和水西門、漢中門、清涼門、定淮門一線；以憲兵第十團、練習團和重機關槍營一部守明故宮、飛機場至三十四標一帶；將雨花臺一帶工事交陸軍第八十八師防守。

12月5日拂曉，南京保衛戰首先在句容打響。日軍炮火猛烈，攻勢凌厲，步步緊逼。中國軍隊雖英勇抵抗，但是其官兵剛從淞滬戰場撤退下來，兵疲馬乏，戰力減弱，傷亡慘重，南京週邊陣地接連失守。經過三天血戰，至12月8日，中國軍隊東線主力部隊被迫撤入城近郊或城內，繼續以城牆外工事和城牆為依託抵抗日軍進攻。

1937年12月9日上午7時許，日軍一部在坦克配合下攻佔光華門外防空學校，並向通濟門發起攻擊。為了殲滅敵人更多的有生力量，蕭山令下令縮短防線，集中兵力防守。同時，為了阻擋日軍的野（重）炮部隊，他命令將水西門的橋樑徹底破壞，並命令憲兵部隊增援清涼山的陸軍部隊。他率部與日軍展開了巷戰，將突入光華門的日軍前鋒部隊基本殲滅。此時，守備明故宮的憲兵也與由中山門進犯的日軍發生激戰。憲兵部隊在蕭山令的指揮和激勵下，同仇敵愾，與日軍血戰硬拼，陣地前日軍屍橫遍野。但是，由於我守軍裝備落後，傷亡慘重。蕭山令見敵強我弱懸殊，遂命其部退至逸仙橋到竺橋一線繼續防守阻敵。

浴血阻敵　氣吞暴日

1937年12月9日午後，進攻南京的日本指揮官松井石根為瓦解中國守軍的鬥志，派飛機向南京守軍撒下大量勸降書。首都（南京）衛戍司令長官部守軍將士、憲兵和民眾對日軍的勸降書不予理睬。同時，唐生智司令長官嚴令全體守軍："……為固守南京做好拼死戰鬥準備，各部將士要以與陣地共存亡之決心，竭力固守，不輕棄寸土。"蕭山令司令兼市長也要求全體員警和憲兵："一定要堅守職責，誓死保衛南京，無令不離斯土……"。日酋見勸降不成，12月10日13時，向南京發起總攻擊。日軍進攻從雨花臺、通濟門、光華門、紫金山同時開始。蕭山令親率憲兵部隊與日軍展開激戰，並命令憲兵一部由清涼山趕往上新河棉花堤陣地增援。日軍騎兵、便衣隊聯合向棉花堤發起猛攻，憲警官兵英勇抵抗，與日軍激戰甚久，重創日軍，拼命保住了陣地。但防守逸仙橋等處的憲兵部隊，因日軍炮火猛烈，力戰不支被迫退往方林寺、五臺山一帶防守。

12月11日拂曉，日本步兵、騎兵和炮兵聯合進攻棉花堤憲兵陣地，來勢兇猛。但是，憲兵部隊官兵前仆後繼，拼力堅守陣地。日軍傷亡慘重，進攻毫無進展，遂改變進攻方向，集中火力進攻江東門，從側面壓迫憲兵部隊。在日軍猛烈炮火進攻下，棉花堤陣地工事幾乎全部被炸毀。蕭山令見部隊傷亡慘重,命令部隊撤出棉花堤陣地。同時,憲兵部隊防守的其他陣地均遭日本飛機、重炮的狂轟濫炸,部隊傷亡嚴重。但是,憲兵們仍然利用自己熟悉的地形地物和樹林、死角、拐彎狙殺日軍、射擊騎兵,炸壞裝甲……堅守著陣地。

12月12日拂曉,數路日軍繼續猛攻南京城。上午8時許,日軍集中火力,猛轟水西門、清涼山一帶憲兵陣地。憲兵部隊雖傷亡慘重,但仍然頑強堅守陣地,多次擊退日軍進攻。激戰至上午11時,蕭山令命令憲兵部隊抓緊構築南京城內的街壘工事,準備與日軍巷戰,並激勵憲兵與南京共存亡。午後4時許,日軍地面部隊在坦克、飛機的掩護下突破中國守軍中華門陣地,日軍蜂擁而入。日軍終將南京城防攻破,大舉向城內突進。我守城部隊和憲兵部隊拼死阻擊廝殺。

12月12日下午,首都(南京)衛戍司令長官唐生智緊急召集高級將領軍事會議,他決定放棄南京城,命令各路守軍組織突圍。蕭山令當即派憲兵教導團佔領龍蟠里、五臺山一帶陣地,掩護憲兵部隊主力撤退。同時,命令憲兵主力沿中山路出挹江門,向下關轉移,準備北渡長江。為確保部隊順利撤離,蕭山令嚴令部隊:"各物可棄,為槍彈不可棄……"。並親自殿後掩護。

由於首都(南京)衛戍司令長官唐生智沒有應變預案或者統籌計畫,在此緊急狀態下草草下達了撤退命令,導致南京城內一片混亂:中山、中正路上兵民混雜,槍聲四起,秩序大亂;甚至沒有接到撤退命令的防守部隊,向撤退官兵開槍阻止……挹江門前人山人海,堵塞無隙;在長江江邊渡江時,由於戰前將渡船收走和渡船工具太少,人人爭搶,任意鳴槍,自相踐踏和火拼者甚多。蕭山令率部殿後,等他趕到江邊時天色已入黑。此時,中國撤退軍隊和南京民眾尚有上萬人壅塞江邊等待渡船,日軍已沿江、水陸並進,追襲而來,成半圓形包抄撤離軍民並向其開炮開槍。中國軍隊和民眾在潰退中大部分已手無寸鐵,在日本槍炮聲中紛紛倒地身亡。血流成渠,慘不忍睹。

蕭山令見此之狀,挺身而出大聲疾呼:"所有軍人聽令,沒有武器的退後臥倒,憲兵部隊就地抵抗……"。蕭山令一面組織部隊抵抗,一面召集憲兵向其集中靠攏,組織反擊。訓練有素的中國憲兵部隊,以連為單位立即組織向日軍猛烈反攻射擊,日軍想不到潰退的中國軍隊能如此有組織地狙擊,猝不及防,傷亡甚重,狼狽後退。之後,日軍在重型火力和機槍的掩護下再度發起衝鋒。江邊無任何地形地物可供隱蔽,憲兵部隊背水作戰,視死如歸,前仆後繼,頑強抵抗。歷時五個多小時的阻擊激戰,憲兵部隊已傷亡殆盡,彈盡援絕。日軍仍衝鋒不止。面對敵人的瘋狂衝鋒,蕭山令將軍振臂高呼:"殺身成仁,今日是也!……"與所剩無幾的官兵端著槍挺起刺刀,向日軍展開衝鋒與白刃廝殺格鬥。戰至最後,我憲兵部隊和守軍官兵全部壯烈戰死。蕭山令將軍身中數彈數刀，英勇殉國。時年 46 歲。同時，堅守在南京馬家山炮臺總臺長劉秉勳少校指揮官，也同蕭山令一樣，指揮炮臺官兵連續向日軍開炮，掩護撤退官兵、民眾渡江。最後也與炮臺官兵全部為國戰死（其妻子向翠蓮帶著三個幼子，在家鄉湖南沅陵苦等煎熬，盼望丈夫劉秉勳早歸，受盡了人間苦難）。

　　蕭山令司令殉國後，有人在其遺照上題詞："敦詩篤禮，義膽忠肝，氣吞暴日，名並鐘山。"1938 年 3 月 24 日，中華民國國民政府為表彰蕭山令英勇抗戰保民之事蹟，特明令褒獎，並追晉陸軍中將軍銜。

蕭永智將軍
General Xiao Yongzhi

國民革命軍第八路軍冀南軍區第七軍分區政治委員

Political Commissar of the 7th Military Sub-command of South Hebei Military Region and the Political Commissar of the 8th New Brigade of the Eighth Route Army of the National Revolutionary Army

　　蕭永智，中國國民革命軍陸軍第八路軍冀南軍區第七軍分區政治委員，著名抗日愛國戰將。1915 年出生於湖北省紅安縣蕭灣村。1922 年入本村私塾讀書。1926 年考入紫雲區高級小學。1930 年 4 月參加工農紅軍。1932 年 5 月秘密加入共產黨。1936 年 10 月隨紅軍長征到達陝北駐地。先後任軍宣傳隊隊長、師宣傳科科長、師政治部主任等職。

　　1937 年 7 月，蘆溝橋事變發生，日本出兵大肆侵略中國，中國政府全力組織軍民抗擊日本軍隊入侵，中華民族抗日戰爭全面爆發。工農紅軍主力部隊奉命改編國民革命軍陸軍第八路軍（後改稱第十八集團軍），開赴前線抗戰。蕭永智任第八路軍第一二九師第三八六旅第七七二團政治處主任、政委，奉命率部參加太原會戰。1938 年 12 月，任第一二九師先遣縱隊政委。1940 年 6 月，任第一二九師新編第八旅政委，奉命率部參加"百團大戰"。1942 年 6 月，任冀魯豫軍區第三軍分區政委兼中共地委書記。1943 年 7 月，任冀南軍區第七軍分區政委兼中共地委書記。1943 年 9 月 23 日，在山東省清平縣陳官營遭遇日軍突襲，蕭永智組織部隊突圍時，中彈殉國。時年 29 歲。

Xiao Yongzhi, a famous patriotic general of the War of Chinese People's Resistance against Japanese Aggression, had been the Political Commissar of the 7th Military Sub-command of South Hebei Military Region and Political Commissar of the 8th New Brigade of the Eighth Route Army, the National Revolutionary Army. He was born in 1915, in Xiaowan Village, Hong'an County, Hubei Province. In 1922 he studied in his village private school. In 1926, he was admitted to Ziyun District Senior Primary School. In April 1930, he joined in the Chinese Workers' and Peasants' Red Army. In May 1932, he joined the Chinese Communist Party. In October 1936, he participated in the Long March with the Red Army and arrived in the Northern Shaanxi. He had served successively as the Captain of the Propaganda Team, the Chief of the Division Publicity Section, and the Director of the Division Political Department.

In July 1937, the Lugou Bridge Incident happened, and Japan sent troops to invade China on a large scale. The Chinese government made every effort to organize the army and the people to fight against the Japanese invasion, and the Chinese Nation's Anti-Japanese War broke out in an all-round way. The main forces of the Workers' and Peasants' Red Army were ordered to be reorganized as the Eighth Route Army of the National Revolutionary Army (later renamed the Eighteenth Group Army). Xiao Yongzhi was appointed the Political Commissar and Director of the Political Department of the 772nd Regiment of the 386th Brigade of the 129th Division of the Eighth Route Army and participated in the Battle of Taiyuan. In December of 1938, he was appointed the Political Commissar of the Advance Column of the 129th Division. In June 1940, serving as the Political Commissar of the New 8th Brigade of the 129th Division of the New Eighth Brigade, he led his troops to participate in the Hundred Regiments Offensive. In June of 1942, he was appointed the Political Commissar of the 3rd Military Sub-command and the Third Prefectural Party Committee CPC of the Third Military Region of Hebei, Shandong and Henan Military Region. In July 1943, he was promoted to be the Political Commissar of the 7th Military Sub-command of South Hebei Military Region and secretary of Party committee. On September 23rd, 1943, his troops encountered the Japanese surprise attack at Chenguanying of Qingping County, Shandong Province. While engaging the enemy to break out of the tight siege in a fierce battle, he was unfortunately killed at the age of 29, devoted his life to the noble cause.

共同抗戰　伏擊日軍

1937年7月7日，蘆溝橋事變發生，日本出兵大肆侵略中國。中國政府動員與號召全民、全軍和全國各界人士、各黨派聯合起來共同抗戰，維持我們祖先數千年來遺給我們的光榮歷史與版圖，保護祖國錦繡河山一草一木和全國國民，驅逐倭寇。共產黨積極響應，立即發表了《中國共產黨共赴國難宣言》。8月25日，所領導的工農紅軍奉命改編國民革命軍陸軍第八路軍（9月11日，中華民國國民政府軍事委員會發佈電令，將八路軍番號改為第十八集團軍），開赴華北前線參加抗戰。蕭永智任第八路軍第一二九師第三八六旅第七七二團政治處主任（後任政治委員），奉命率部開赴山西抗日前線。

9月中旬，中國第二戰區組織阻擊日本軍隊向山西進攻的太原（陽曲）會戰拉開戰幕，八路軍奉命參戰。10月19日，蕭永智和葉成煥團長率第七七二團到達山西省平定縣城東石門口。10月22日至24日，與友軍配合在長生口和馬山村一帶，成功阻擊了日軍的進犯。10月26日和28日，第七七二團和友軍密切合作，在平定縣七亙村重疊設伏，僅以傷亡30餘人的代價，取得殲敵400餘人、繳獲300多匹騾馬的戰績。11月2日，蕭永智和葉成煥率部與兄弟部隊一起在黃岩底伏擊，一舉殲滅日本第一零九師團300餘人。粉碎了日軍由平定、昔陽迂回榆次、太原（陽曲）的計畫。為太原會戰立下戰功。

1938年3月上旬，第一二九師遵照八路軍總部指示，進至襄垣東南地區，破襲邯長路，打擊西犯日軍。師部作出戰略部署：以第七六九團一部襲擊黎城，以該團主力在東西黃須伏擊由涉縣來援之敵，以第三八六旅所轄的第七七一團、第七七二團及補充團設伏於神頭嶺，伏擊由潞城來援之敵。3月16日4時，戰鬥打響，第七六九團第一營襲入黎城，迅速斃傷100餘日寇之後撤出黎城。黎城遭襲，周圍日軍立刻派兵支援。其中由涉縣趕來援兵，被七六九團主力於東西黃須擊退。駐紮在潞城日軍派出步騎兵1500餘人向黎城增援，9時30分，進入神頭嶺我軍伏擊陣地。第三八六旅突然發動攻擊：第七七一團於神頭嶺北端迎頭截擊；蕭永智率第七七二團和補充團由公路兩側夾擊，並另派一部切斷日寇退路。日軍遭到突然襲擊，加之受地形限制，火力無法發揮，部隊亂成一團。剎那間，蕭永智率全團官兵壓向了敵群。在我軍強大火力和迅猛攻勢之下，日軍還未來得及組織有效反攻，就已經受到重創。蕭永智和全旅官兵英勇衝殺，日寇死傷慘重。激戰持續了一個半小時，進入神頭嶺的日軍除100多人逃回潞城外，其餘全部被殲滅。此後，又有部分日軍連續出援，均被我軍迎頭痛擊，逃回原侵佔地。此戰，我軍共斃傷和俘虜日軍1300餘人，擊斃和繳獲騾馬600餘匹，繳獲長短槍800餘支和一批軍需品。

主動參戰　殉國清平

　　1940年6月，蕭永智任第八路軍第一二九師新編第八旅政委，張維翰任旅長，他們共同率部參加了"百團大戰"。1943年7月，蕭永智任冀南軍區第七軍分區政治委員，趙健民任軍分區司令員。10月，日本軍隊集中兵力對中國冀南軍區實行"機動掃蕩"。為粉碎敵人新的進攻，冀南軍區決定對敵主動出擊，組織衛東戰鬥。在此之前，蕭永智腿部負傷，行動不便。組織決定派他去太行山學校學習，但是，蕭永智堅持要打完這一仗再走。於是，便帶領第二十二團和基幹團去清平縣作戰鬥部署。

　　1943年10月21日（農曆9月23日）拂曉5時，戰鬥打響。我參戰四個團分別對溫莊、張莊、趙建莊之敵發起攻擊戰鬥。直至中午，戰鬥進行得非常順利，第十一團很快攻進溫莊，共俘敵200餘名。第二十二團將張莊之敵大部俘獲，並繳獲戰利品大部，敵人丟盔卸甲，抱頭鼠竄。下午1時許，蕭永智、雷紹康和袁鴻化等指揮官在指揮部駐地——清平縣陳官營等待戰況時，突然接到報告，發現從臨清、博平方向有7輛滿載日偽軍的汽車分兩股向陳官營開來。敵先頭部隊已與駐陳北莊的第二十三團交火，隨時都有包圍指揮部的危險。雷紹康立即派人組織警衛隊去村東阻擊敵人，以掩護電臺機關向南撤退。此時，蕭永智和袁鴻化隨指揮部一起撤退。但在敵人即將包圍陳官營的緊急情況下，蕭永智突然想到，自己帶來一支剛剛組建的基幹團，裝備差，戰鬥力弱，很不放心。於是，蕭永智和袁鴻化急忙趕到村西頭，把已經被衝散了的基幹團，重新組織起來，他們邊撤退邊阻擊敵人。但是，日偽軍緊追不捨，戰鬥一直打到黃昏。之後，部隊撤到了一塊棉花地裡。敵人很快又壓了上來，蕭永智和袁鴻化率部與敵人展開了殊死搏鬥，最後兩人身中數彈，壯烈殉國。蕭永智時年29歲。

　　蕭永智政委是八路軍中一名年輕的驍將。他的犧牲，令劉伯承師長等將領心痛惋惜不已。為紀念他的功績，中共冀南黨委於1945年將清平縣改名為永智縣，以示紀念。

韓家麟將軍
General Han Jialin

陸軍少將、東北抗日義勇軍參謀長
Major General and Chief of Staff of the Northeast Anti-Japanese Volunteer Army

　　韓家麟，字述彭。中國東北抗日義勇軍總司令部少將參議兼抗日義勇軍參謀長，著名抗日愛國戰將。1898年出生於吉林省梨樹縣河山村，幼年喪母，生活艱苦，早熟懂事。1905年入本地私塾學習，後考入縣立學校讀書。1913年畢業回鄉務農。1914年投入馬占山部，開始戎馬生涯。後考入東北軍官養成所受訓。1923年任少校副官。1927年任中校副官。1930年考入東北高等軍事學校研究班深造。韓家麟賦性善良，才思超群，孝友恭謹，好學誠篤。從軍後慷慨好義，待部下如子弟，是以深受袍澤之愛戴。

　　1931年"九·一八"事變發生，日本出兵侵略中國瀋陽與東北，破壞了東北和平生活環境。韓家麟由瀋陽前往北平面見黑龍江省政府主席萬福麟，請纓抗戰，被委任上校副官。10月下旬，韓家麟受萬福麟主席委派，秘密返回東北齊齊哈爾，聯繫黑龍江省政府官員和軍隊將領抗日。11月4日，任東北抗日義勇軍總司令部少將參議兼黑龍江省政府機要秘書，參與江橋抗戰。之後，韓家麟先後三次化裝往返於黑龍江與北平之間，彙報抗日情況、傳達軍事指令和配合《國際聯盟調查團》調查日本軍隊入侵東北實況。1932年2月初，任東北抗日義勇軍少將參謀長。7月29日凌晨，其所部在黑龍江省海倫縣羅圈甸子附近被日軍包圍。激戰中，韓家麟多處中彈受傷，壯烈殉國。時年35歲。

Han Jialin, courteously named Shupeng, a famous patriotic general of the War of Chinese People's Resistance against Japanese Aggression, the Major General and Senator of the Northeast Army and Chief of Staff of the Northeast Anti-Japanese Volunteer Army. He was born Heshan Village, Lishu County Jilin Province in 1898. He lost his mother when he was a little boy. In 1905, he went into a local private school and then entered the county school. After graduating in 1913, he returned to his hometown to work as a farmer. In 1914, he joined the General Ma Zhanshan's Army to start his Military life. Then he attended the Officers' Training Facility of the Northeast Army. In 1923, he served as the Major and Lieutenant. He was promoted to the Colonel and Lieutenant in 1927. In 1930, he was admitted to the Research Class of the Northeast High Ranking Military Academy of Shenyang for further education. Han Jialin had a kind and gentle nature, exceptional talents. He was respectful to his parents and friends, and sincere in his love of learning. After joining the army, he was generous and righteous, treating his subordinates as if they were his own children, and was deeply loved and respected by his comrades.

In 1931, the September 18th Incident happened, and Japan invaded Northeast China, breaking the peaceful living environment in Northeast China. Han Jialin traveled from Shenyang to Peiping to visit Wan Fulin, Chairman of Heilongjiang Provincial Government. He volunteered to fight the Japanese aggression and be appointed the Deputy Colonel. In late October, appointed by Chairman Wan Fulin, he secretly returned to Qiqihar, Northeast China, contacting Heilongjiang provincial government officials and army generals to resist Japanese aggression. On November 4th, as Major General of the General Command of the Northeast Anti-Japanese Volunteer Army and an important Secretary of the Heilongjiang Provincial Government, he participated in the Jiangqiao Anti-Japanese War. After that, Han Jialin went back and forth between Heilongjiang and Peiping three times in disguise, reporting on the anti-Japanese situation, conveying military instructions, and cooperating with the Investigation Team of the "League of Nations" to investigate the actual situation of the Japanese army's invasion of Northeast China. In February 1932, he was appointed the Chief of Staff of the Northeast Anti-Japanese Army. In the morning of July 29th, 1932, his troops were surrounded by the Japanese forces near Luoquandianzi of Hailun County. While engaging the Japanese Army in a vehement battle, Han Jialin was badly wounded and was unfortunately killed in action at the age of 35, sacrificing himself to the noble cause of defending the motherland.

密使往返急　江橋抗戰緊

　　1931年"九‧一八"事變發生，日本出兵侵略中國瀋陽與東北，打破了東北和平生活環境。韓家麟正在東北瀋陽高等軍事學校研究班學習，與同學馬榮文混在逃難的人群中，冒死逃回關內。在北平，他找到黑龍江省政府主席萬福麟將軍（後任第五十三軍軍長，萬福麟和黃永安都是堅決抗戰的中國精英），控訴日寇侵略瀋陽的血腥暴行並請纓抗戰。萬福麟主席當即任命韓家麟為上校副官，留在身邊任"高參"，準備打回東北。

　　由於"九‧一八"事變突發，在北平的萬福麟主席與黑龍江省相關人員失去了聯繫。為了瞭解掌握黑龍江省的情況，萬福麟主席決定委派韓家麟作為密使，攜帶軍事機密信件，化裝潛回黑龍江省省府齊齊哈爾，向馬占山將軍（馬占山任黑河警備司令兼黑龍江省陸軍步兵第三旅旅長）和相關人員傳遞指令。1931年10月下旬，韓家麟受萬福麟主席委派，從北平出發經熱河、遼寧歷經千難萬險，向黑龍江省省府齊齊哈爾奔赴。

　　日本軍隊在佔領中國遼寧、吉林兩省後，向北直逼黑龍江省省府齊齊哈爾。在此危急時刻，東北邊防軍司令張學良將軍和萬福麟將軍電請中華民國國民政府同意，任命駐守在黑河的馬占山將軍代理黑龍江省政府主席兼軍事總指揮，負責處理黑龍江省政務和阻止日軍向北侵犯。10月10日，萬福麟將軍電令駐守齊齊哈爾的國民革命軍東北邊防軍獨立第三十旅旅長于兆麟率部南下，快速開赴洮（南）昂（昂昂溪）鐵路線上的江橋站，在昂昂溪、泰來一帶，設重兵堅守江橋，防止日軍向齊齊哈爾進犯。

　　1931年10月13日，洮南漢奸張海鵬部三個團在日軍配合下，向齊齊哈爾南面泰來和嫩江鐵路大橋一帶發起進攻。于兆麟旅長和省軍署參謀長謝珂率部抗擊，擊退了漢奸張海鵬部。14日夜，于兆麟部奉命炸毀嫩江大橋，阻斷日軍向齊齊哈爾進犯的道路，江橋抗戰拉開序幕。10月19日，馬占山將軍率李青山團由黑河到達齊齊哈爾。11月4日晨，日本第二師團步兵和炮兵1300多人，在飛機掩護下對江橋陣地發起大規模攻擊。馬占山將軍立即下令還擊，震驚中外的"江橋抗戰"正式展開。

　　在馬占山、張競渡和于兆麟等抗日將領率部與日軍大戰的生死關頭，韓家麟攜帶密信及時趕到。馬占山非常高興，當即委任韓家麟抗日義勇軍總司令部少將參議兼黑龍江省政府機要秘書，參與謀劃江橋作戰方略。在韓家麟配合協助下，馬占山率部與日軍精銳部隊展開了激烈的自衛抗擊戰。給予日軍以重創。

　　江橋抗戰失利後，韓家麟隨馬占山部隊退守海倫。同時，馬占山傳令各縣組織抗日義勇軍，繼續向入侵日本軍隊偷襲反擊。之後，馬占山委派韓家麟回北平向萬福麟主席彙報。然後，他又攜帶指令返回。韓家麟先後三次化裝往返於黑龍江與北平之間，彙報黑龍江省和東北抗日義勇軍抗日情況、傳達軍事命令，以及配合《國際聯盟調查團》調查日本軍隊入侵東北真況[1]。每次都要通過日寇重重封鎖線，力排萬難，出色地完成了"密使"的特殊使命。

東北戰日軍　首級震東京

1932年2月初，韓家麟任東北抗日義勇軍少將參謀長。5月15日，東北抗日義勇軍經過休整補充後，實力大增，在黑河舉行了抗戰誓師大會。5月16日，韓家麟協助馬占山司令指揮義勇軍向日本侵略者發起進攻。5月23日，義勇軍在呼蘭一舉擊潰日軍一部，隨即進逼哈爾濱，令日寇驚惶不已。6月，日本關東軍調集重兵圍攻馬占山指揮的東北抗日義勇軍。在日本松木師團強壓追迫之下，馬占山和韓家麟率部在小興安嶺密林內和日寇周旋，展開遊擊戰。並佔據大青山，藉助深山老林天然屏障抗擊日本軍隊進攻。

1932年7月，東北抗日義勇軍轉戰行至黑龍江省慶城縣東山張河白城子山口時。突然，伏兵四起，馬占山部被千餘日軍包圍。韓家麟協助馬占山指揮部隊奮起抵抗，組織廝殺突圍。激戰至第三天，官兵犧牲過半，馬占山受傷，彈藥消耗殆盡。韓家麟果斷建議義勇軍兵分兩路突圍。7月22日，馬占山司令與軍長邰斌山以及隨從衛隊42人組成小股部隊向東突圍，進入深山老林；韓家麟和連長于俊海率領百餘名官兵組成敢死隊及50多匹戰馬向北突圍，將日軍主力吸引過來。果然，日軍見向北突圍的部隊人馬眾多，認定是馬占山司令，立即組織重兵窮追不捨。

韓家麟將軍率部向北飛奔疾馳。突圍連續戰鬥至7月28日，韓家麟將軍身邊僅剩20餘人，且疲憊至極。韓家麟率餘部疾奔至海倫縣羅圈甸子南七八道林子時，見追兵已經被甩掉，旁邊恰有一間土木房，便命令饑勞過度的官兵到土木房中休息[2]。7月29日拂曉，正當我官兵酣睡之時，突然槍聲大作，手榴彈爆炸聲響起，日軍已將土木房包圍。之後，日酋讓偽軍不斷向屋內喊話："你們已經無路可逃了，趕快投降吧……"韓家麟立即組織還擊，明知突圍無望，全體官兵仍誓死不降。在激戰中，韓家麟和身邊官兵全部壯烈殉國。韓家麟時年35歲。

韓家麟將軍身中數彈，面部血肉模糊。因他身著將軍服，鬍鬚、身材酷似馬占山司令，身上還帶著馬占山的名片和一枚名章，日軍又在戰場搜到馬占山的玉質鑲金煙具一套，誤以為韓家麟就是馬占山司令。日本關東軍司令本莊繁得知馬占山司令已被擊斃，興奮異常，立即向東京陸軍省和"日皇裕仁"報告。日本大肆宣揚馬占山司令已被擊斃，並通電各地慶賀。日寇還殘忍地將韓家麟將軍頭部割下，懸掛於海倫城頭"示眾"，後又被日軍押送到日本首都東京。在東京舉辦展覽會慶祝"擊斃"馬占山司令的"勝利"。

然而，韓家麟將軍的首級也震撼了東京和整個日本——中國和中國抗日軍人是永遠殺不絕的，收復東北和保家衛國已經成為中國政府和中國人民的神聖職責！

韓家麟將軍是中國在反法西斯戰場上戰死得最早、最慘烈的將軍之一。

注 [1]：1931年9月18日，日本軍隊入侵中國東北。之後，又扶持了一個傀儡政府"滿洲國"。中國政府立即提出強烈抗議，並請求世界國聯組織出面制止，即國際聯盟（League of Nations），簡稱國聯。國聯立即派員進行調查。12月10日以李頓爵士（英國人）為首的代表團赴中國東北調查。之後代表團提出報告書，經十九國委員會研究起草了建議書。1933年2月24日國際聯盟大會一致通過（中國代表顧維鈞和于能模參加）：尊重中國主權及領土完整，不承認"滿洲國"。日本代表惱羞成怒，當場宣告退出國聯。國際聯盟雖然沒有完全制止日本軍隊入侵中國東北，但是促使世界得以瞭解日本侵略中國東北的真相，喚起了世界的正義呼聲，為中國抗擊日本法西斯入侵贏得了國際同情與聲援。

然而，日本為了阻止國聯調查，製造和導演了很多魑魅魍魎的伎倆。其中，秘密殺害了黑龍江省馬占山主席派出反映真況的黑龍江省少將參議王庭蘭（見下卷表中記載）等人。

注 [2]：東北深山密林內的土木結構房，一般都是當地人就地取材而建。即用簡單的木匠工具——鋸、斧、大鎊、墨門、鑿子、線砣和建築施工工具——鐵鍬、鎬頭、鐮刀、水桶和泥抹子等用具：在樹林中選擇相同長與相同粗的樹作木楞，然後用木楞將房子四週圍牆一棵棵交叉"刻"起，對於木楞之間出現縫隙和凹凸不平處，用黃泥土拌靰鞡草加水和好，統統糊在木楞縫隙和木楞上、並抹平。房頂用三角房梁支起，在上用等粗的小木杆擺好固定，然後用草或青苔封頂。此房易建保溫。但難經槍彈射擊與火勢，不防炸彈。所以，韓家麟與身邊官兵全部壯烈殉國。當時東北深山密林內的民眾住房和東北抗日聯軍，東北抗日義勇軍在密林內的營房基本都是這種土木結構房。

韓憲元將軍
General Han Xianyuan

陸軍少將、國民革命軍第七十二軍第八十八師第五二四團團長

Major General and Commander of the 524th Regiment of the 88th Division of the 72nd Army of the National Revolutionary Army

　　韓憲元，字則垂，號如潮。中國國民革命軍陸軍第七十二軍第八十八師第二六二旅第五二四團上校團長，著名抗日愛國戰將。1906年出生於廣東省文昌縣水北村。1914年入本鄉小學讀書。繼考入文昌縣立中學。1924年考入廣州黃埔陸軍軍官學校第三期炮兵科。畢業後投身軍旅報國，先後任排長、連長和營長等職。1934年考入南京中央陸軍軍官學校高等教育班第一期。1935年升任上校團長。

　　1937年"七·七"事變發生，日本出兵大肆侵犯中國，打破了中國和平建設環境，中國政府全力組織自衛應戰，中華民族抗日戰爭全面爆發。韓憲元任國民革命軍陸軍第七十二軍第八十八師第二六二旅第五二四團上校團長，奉命率團隨軍開赴上海，參加阻擊日本軍隊入侵的淞滬會戰。在上海閘北一帶冒著日本飛機的反復掃射、轟炸和艦炮的炮擊，以及坦克的強攻，與進犯日軍鏖戰近三個月，給予日軍重大殺傷，並奉命掩護部隊成功戰略轉移。後奉命撤離上海，率部進抵南京，參加南京保衛戰。在雨花臺與進犯日軍展開了反復激烈廝殺，因彈盡援絕，12月12日，韓憲元同全團官兵壯烈殉國，時年32歲。1939年6月，中華民國國民政府頒佈褒獎令，追晉韓憲元陸軍少將軍銜。

Han Xianyuan, courteously named Zechui and self-titled Ruchao, a famous patriotic general in the War of Chinese People's Resistance against Japanese Aggression, had been the Colonel and Commander of the 524th Regiment of the 262nd Brigade of the 88th Division of the 72nd Army of the National Revolutionary Army. In 1906, he was born in Shuibei Village, Wenchang County, Guangdong Province. In 1914, he enrolled at township primary school. Then he was admitted to the Wenchang County Middle School. In 1924, he was admitted to Artillery Department of the 3rd session of Whampoa Military Academy. After graduating, he joined the Army where he had served successively as the Platoon Leader, the Company Commander, the Battalion Commander, and so on. In 1934, he passed the entrance exam and enrolled in the first term of the Advanced Education Class at the Central Army Officer School in Nanjing. In 1935, he was promoted to the rank of Colonel and appointed as a Regimental Commander.

In July 1937, the Lugou Bridge Incident happened. Japan sent troops to invade China and broke the peaceful environment of China's development. The Chinese government made full efforts to organize self-defense and the War of Chinese People's Resistance against Japanese Aggression broke out in all directions. As the Colonel and Commander of the 524th Regiment of the 262nd Brigade of the 88th Division of the 72nd Army of the Chinese National Revolutionary Army, Han Xianyuan was ordered to participate in the Battle of Shanghai. He fiercely battled against the invading Japanese forces in the Zhabei area of Shanghai for nearly three months, inflicting significant casualties on the enemy. Later, he received orders to withdraw from Shanghai and led his troops to arrive in Nanjing, where he participated in the Defense of Nanjing. Engaging in intense combat with the Japanese forces at Yuhuatai, they fought valiantly until running out of ammunition and supplies. On December 12th, Han Xianyuan, along with all the officers and soldiers of his regiment, heroically sacrificed their lives. He was 32 years old at the time. In June 1939, the Chinese National Government promoted him to the rank of Major General posthumously.

衛上海英勇頑強　保南京壯烈殉國

1937年7月7日，蘆溝橋事變發生，日本公然違反國際公約出兵大舉入侵中國華北。8月9日，日本又在中國上海尋釁滋事，並向上海用兵。韓憲元任國民革命軍陸軍第七十二軍第八十八師第二六二旅第五二四團上校團長，奉命率團隨第八十八師開赴上海，參加組織防禦。

8月13日，日本集中海陸空優勢兵力對中國上海守軍發起全面進攻。14日，《中華民國國民政府自衛抗戰聲明書》發表："中國為日本無止境之侵略所逼迫，茲已不得不實行自衛，抵抗暴力。近年來，中國政府及人民一致所努力者，在完成現代國家之建設，以期獲得自由平等之地位；以是之故，對內致力於經濟文化之復興，對外則尊重和平與正義，凡國聯盟約，九國公約——中國曾參加簽訂者，莫不忠實履行其義務……中國今日鄭重聲明，中國之領土主權，已橫受日本之侵略；國聯盟約，九國公約，非戰公約，已為日本所破壞無餘……中國決不放棄領土之任何部分，遇有侵略，惟有實行天賦之自衛權以應之……吾人此次非僅為中國，實為世界和平而奮鬥；非僅為領土與主權，實為公法與正義而奮鬥……"。韓憲元與全團官兵在閘北防地認真收聽學習了國家自衛抗戰聲明，立即與全團官兵奮起抗擊，冒著日本飛機掃射、轟炸和炮火與毒彈的襲殺，擊潰了日軍一次次進攻。戰鬥異常慘烈，陣地失而復得，雙方傷亡慘重。但是，第五二四團所堅守陣地，寸土未失，戰果顯著。

1937年10月26日，日軍突破上海大場防線，向我正面守軍側背迂回。在市區作戰的中國軍隊被迫準備退守二線陣地堅守。中國軍隊為了安全退守二線陣地，也為了向世界宣示日本入侵中國而肆意踐踏國際公約和破壞我國和平的現狀與後果，引起國際進一步關注，孫元良師長命令韓憲元率全團官兵掩護我守軍有計劃退守第二線陣地。韓憲元堅決遵命，帶領全團官兵機智巧妙的完成了掩護我大軍轉進任務。然而，全團卻四面受敵。為了不被日軍全殲，韓憲元團長決定兵分兩路後撤，自己親率所部第二、第三營沿蘇州河方向轉進突圍；命令中校副團長謝晉元率領第一營楊瑞符部，取道四行倉庫方向撤離突圍（後被日軍圍困於四行倉庫）。韓憲元率部順利實現突圍，與第八十八師第二六二旅勝利會師。

之後，韓憲元奉命率部撤出上海，向南京方向疾進。到達南京後，部隊經過短暫休整補充，奉命參加南京保衛戰，防守雨花臺。1937年12月7日，南京保衛戰打響。日軍在坦克和空軍的配合下突破了我軍週邊陣地，逼近南京城。韓憲元與全團官兵在雨花臺與進攻日軍展開了激烈廝殺肉搏。經過5晝夜苦戰，終因彈盡援絕，12月12日，同全團官兵一起壯烈殉國。韓憲元時年32歲。

1939年6月6日，中華民國國民政府為表彰韓憲元率部英勇抗戰獻身之行為，追晉韓憲元陸軍少將軍銜。

藍挺將軍
General Lan Ting

陸軍少將、國民革命軍第六軍第四十九師參謀長

Major General and Chief of Staff of the 49th Division of the 6th Army of the National Revolutionary Army

　　藍挺，原名和春，字清光。中國國民革命軍陸軍第六軍第四十九師上校參謀長，著名抗日愛國戰將。1904年7月，藍挺出生於福建省武平縣大禾鄉大禾村。1911年入本鄉私塾讀書。1920年考入汀州中學。1924年考入廣州黃埔陸軍軍官學校第三期步兵科。畢業後先後任國民革命軍排長、連長和營長等職。1932年任第十九（路）軍第一團團長，率部參加淞滬抗戰。1936年任陝西省西鄉縣縣長，積極治理地方，倡導民主自由，提高民眾生活，改善社會環境。

　　1937年7月，蘆溝橋事變發生，日本出兵大肆侵犯中國，打破了中國和平建設環境，中國政府全力組織自衛應戰，中華民族抗日戰爭全面爆發。藍挺任國民革命軍陸軍第四十六軍第四十九師團長，隨軍在湖南和湖北一帶備戰、抗擊日軍入侵。1939年任第六軍第四十九師上校參謀長兼第四團團長[1]，奉命率部參加了1939年冬季攻勢作戰。1940年奉命率部留守南漳縣，參加棗宜會戰（1940年4月中旬到6月下旬，中國軍隊在棗陽和宜昌地區抗擊侵華日軍的大型戰役）。6月5日，藍挺在率部組織金鑲坪戰鬥中，與日軍鏖戰三晝夜，擊斃日軍800多人。6月8日，在帶領部隊轉移中，藍挺突然被日軍冷槍擊中身亡，為國捐軀。時年37歲。1942年6月，中華民國國民政府頒佈褒獎令，追晉藍挺陸軍少將軍銜。

　　Lan Ting, formerly named Hechun and courteously named Qingguang, a famous patriotic general in the War of Chinese People's Resistance against Japanese Aggression, had been the Colonel and Chief of Staff of the 49th Division of the 6th Army of the National Revolutionary Army. In July 1904, he was born in Dahe Town, Wuping County, Fujian Province. In 1911, he got entry into the local old-style private school. In 1920, he passed into Tingzhou Middle School. In 1924, he was admitted to the Infantry Department of the 3rd session of Whampoa Military Academy. After graduation, he joined the National Revolutionary Army where he had served successively as the Platoon Leader, the Company Commander, the Battalion Commander, and so on. In 1932, he was appointed as the Commander of the 1st Regiment of the 19th Army and commanded his troops to participate in the Battle in Shanghai. In 1936, he served as the County Magistrate of Xixiang County, Shaanxi Province. He actively governed the local area, advocating for democracy and freedom, improving the livelihoods of the people, and enhancing the social environment.

　　In July 1937, the Lugou Bridge Incident happened. Japan sent troops to invade China and broke the peaceful environment of China's development. The Chinese government made full efforts to organize self-defense, and the War of Chinese People's Resistance against Japanese Aggression broke out in all directions. Lan Ting, as the Regimental Commander of the 49th Division of the 46th Army, commanded his troops to fight against the Japanese aggressors in the area of Hunan and Hubei provinces. In 1939, serving as the Regimental Commander, Colonel and Chief of Staff of the 49th Division of the 6th Army, he led his troops to participate in the Winter Offensive Operations of 1939. In 1940, he led his troops to stay behind to defend Nanzhang County and attended the Battle of Zaoyang-Yichang. In Jinxiangping fighting, he commanded his troops to combat fiercely with the Japanese forces for three days and nights and killed more than 800 Japanese soldiers. On June 8th, in leading the troops to transfer, he was shot dead by the Japanese enemies. He sacrificed his life for the peace of his motherland at the age of 37. In June 1942, the National Government of China promoted Lan Ting to the rank of Major General posthumously.

　　注[1]：相關資料還說明，藍挺是國民革命軍陸軍第七十五軍預備第四師參謀處主任兼第十團上校團長，在棗宜會戰中，指揮部隊給日本傷兵包紮、一同轉移時，被日軍冷槍擊中身亡。其藍挺所屬部隊番號，作者仍在調查核實中。

戴民權將軍
General Dai Minquan

陸軍中將、國民革命軍豫南遊擊隊第五縱隊司令

Lieutenant General and Commander of the 5th Column of South Henan Guerrilla of the National Revolutionary Army

　　戴民權，名正，字端甫。中國國民革命軍陸軍豫南遊擊隊第五縱隊中將司令，著名抗日愛國戰將。1891年出生於河南省汝州縣蟒川鄉。家庭貧困無錢讀書。1920年投身樊天柱部當兵。之後，該部被政府收編為正規部隊。戴民權率部參加廣東討伐陳炯明，營救孫中山先生的戰鬥。1927年任國民革命軍陸軍第十二軍第二混成旅旅長。1931年任第四十五師少將師長，駐防河南，保一方平安。戴民權邊從戎邊努力讀書，並積極在家鄉興辦教育，捐建學校，系統提高鄉親們的文化素質。1936年被國家晉升陸軍中將軍銜。

　　1937年7月，蘆溝橋事變發生，日本出兵大肆入侵中國，打破了中國和平建設環境，中國政府全力組織自衛應戰，中華民族抗日戰爭全面爆發。戴民權任國民革命軍陸軍第四十五師中將師長，奉命率部奔赴上海，參加阻擊日本軍隊入侵的淞滬會戰。戴民權帶領所部英勇血戰，部隊傷亡殆盡。1938年2月，任第三十九軍副軍長（軍長劉和鼎），奉命率部移駐河南，隸屬第一戰區防守黃河天險。奉命率部參加了豫魯皖邊區對日作戰。1939年，任第一戰區豫南遊擊隊司令。1940年春，任豫南遊擊隊第五縱隊司令。1940年5月，戴民權奉命率部在河南省遂平境內，截阻日軍的激戰中，身中敵彈，壯烈殉國。

時年 50 歲。

　　Dai Minquan, courteously named Duanfu and self-titled Zheng, a famous patriotic general in the War of Chinese People's Resistance against Japanese Aggression, had been the Lieutenant General and Commander of the 5th Column of the South Henan Guerrilla of the National Revolutionary Army. He was born in 1891, in Mangchuan Town, Ruzhou County, Henan Province. Because of his poor family, he had never attended school. In 1920, he joined Fan Tianzhu's Army which was incorporated into regular troops before long. He participated in the action of crusading against Chen Jiongming in order to rescue Dr. Sun Yat-sen. In 1927, he served as the Commander of the 2nd Mixed Brigade of the 12th Army of the National Revolutionary Army. In 1931, he assumed the position of Major General and Commander of the 45th Division, stationed in Henan Province, ensuring the safety and peace of the region. While serving in the military, Dai Minquan also devoted himself to studying diligently and actively promoting education in his hometown. He generously donated funds to establish schools, systematically improving the cultural literacy of the local residents. In 1936, he was promoted to the rank of Lieutenant General in the Army.

　　In July 1937, the Lugou Bridge Incident happened. Japan sent troops to invade China and broke the peaceful environment of China's development. The Chinese government made full efforts to organize self-defense, and the War of Chinese People's Resistance against Japanese Aggression broke out in all directions. Dai Minqun was ordered to command the 45th Division to march to Shanghai. In the Battle of Shanghai, he commanded his men to fight bravely and suffered heavy losses. In February 1938, he was appointed the Deputy Commander of 39th Army which was under the jurisdiction of the 1st War Zone and was ordered to move to Henan for defending the Yellow River. He led his troops to fight courageously in the battles of resisting against Japanese enemies in the border of Henan and Anhui provinces. In 1939, he was promoted to be the Commander of the South Henan Guerrilla of the 1st War Zone, appointed the Commander of the 5th Column of the South Henan Guerrilla in 1940. In May 1940, while engaging the Japanese forces in a vehement battle in the area of Suiping of Henan Province, he was unfortunately killed in action, devoted his life to the noble course of defending the peace of his motherland at the age of fifty.

戴安瀾將軍
General Dai Anlan

陸軍中將、中國遠征軍第五軍第二〇〇師師長

Lieutenant General and Commander of the 200th Division of the 5th Army of the Chinese Expeditionary Army

　　戴安瀾,原名炳陽,字衍功,號海鷗。中國遠征軍第一路第五軍第二〇〇師少將師長,著名抗日愛國戰將。1904年出生於安徽省無為縣鳳和村。幼年天資聰穎,多才多藝。1911年入私塾讀書。1923年考入安徽公學高中部。1924年考入廣州黃埔陸軍軍官學校第三期步兵科。畢業後投身國民革命軍,先後任排長、連長、營長和團長等職。

　　1933年3月,日本出兵入侵中國長城一帶。戴安瀾任國民革命軍陸軍第十七軍第二十五師第七十三旅第一四五團上校團長,奉命率部參加長城古北口抗擊日軍入侵,榮獲國家"雲麾"勳章。1937年7月,日本出兵大肆侵略中國。戴安瀾任第五十二軍第二十五師第七十三旅少將旅長,奉命率部先後參加保定、漕河、漳河諸戰役。1938年年初,奉命率部參加徐州會戰。在臺兒莊戰役中戰功卓著,晉升第八十五軍第八十九師副師長,榮獲國家"華胄"榮譽獎章。隨後,奉命率部參加武漢會戰,榮記大功一次。1939年年初,升任第五軍第二〇〇師少將師長。奉命率部參加桂南會戰,與友軍協同斃敵6000餘人;戴安瀾身負重傷,榮獲國家"寶鼎"勳章。1942年年初,任中國遠征軍第一路第五軍第二〇〇師師長,奉命出師緬甸維護和平,參加世界反法西斯之戰。5月18日,戴安瀾在緬甸遭遇日軍伏擊,肺部中彈,重傷難治,以身殉國。

时年39岁。10月16日，中华民国国民政府颁布褒扬令，追晋戴安澜陆军中将军衔，荣获世界同盟国美国"懋绩"勋章。

戴安澜在缅甸战场上骁勇善战，屡立战功，是第二次世界大战反法西斯战争中，荣获美国同盟国反法西斯勋章的中国将军之一。

Dai Anlan, originally named Bingyang, with the courtesy name Yangong and the sobriquet Hai'ou, was the Major General and Commander of the 200th Division, 5th Army, 1st Route, China Expeditionary Army. He was a famous patriotic general in the Anti-Japanese War. Born in 1904 in Fenghe Village, Wuwei County, Anhui Province, China, Dai Anlan displayed exceptional intelligence and versatility from a young age. In 1911, he enrolled in a private school for his education. In 1923, he gained admission to the High School Department of Anhui Public School. In 1924, he passed the entrance examination and joined the 3rd Infantry Class of the Whampoa Military Academy in Guangzhou. After graduation, he joined the National Revolutionary Army and held various positions, including platoon leader, company commander, battalion commander, and regiment commander.

In March 1933, when Japan invaded the Great Wall region of China, Dai Anlan served as the Colonel and Commander of the 145th Regiment, 73rd Brigade, 25th Division, 17th Army of the National Revolutionary Army. He was ordered to lead his troops in the defense of Gu Beikou at the Great Wall, earning him the national "Yunhui" Medal. In July 1937, with the large-scale Japanese invasion of China, Dai Anlan became the Brigadier General and Brigade Commander of the 73rd Brigade, 25th Division, 52nd Army. He was tasked with leading his troops in battles at Baoding, Caohe, and Zhanghe. In early 1938, he was ordered to participate in the Battle of Xuzhou. His remarkable achievements in the Battle of Tai'erzhuang led to his promotion to Deputy Commander of the 89th Brigade, 85th Army, and he was awarded the national "Huazhou" Honorary Medal. Subsequently, he was ordered to participate in the Battle of Wuhan, where he distinguished himself with great accomplishments. In early 1939, he was promoted to the rank of Major General and appointed as the Commander of the 200th Division, 5th Army. He led his troops in the Battle of Guinan, where they coordinated with friendly forces to eliminate over 6,000 enemies. Dai Anlan sustained serious injuries and was awarded the national "Baoding Medal". In early 1942, he assumed the position of Division Commander of the 200th Division, 5th Army, 1st Route, China Expeditionary Force, and was ordered to march into Burma to maintain peace and participate in the global anti-fascist war. On May 18th, Dai Anlan fell into a Japanese ambush in Burma, sustaining a gunshot wound to the lungs that proved fatal and sacrificing his life for his country. He was 39 years old at the time. On October 16th, the National Government of the Republic of China issued a commendation order, posthumously promoting Dai Anlan to the rank of Lieutenant General in the Army, and he was awarded the "Meritorious Medal" by the Allied Nations.

Dai Anlan displayed bravery and excellent combat skills on the battlefield in Burma, earning numerous military merits. He was one of the Chinese generals who received the Anti-Fascist Medal from the Allied Nations during World War II.

轉戰抗日　為國屢建奇功

1931年9月18日，日本出兵侵佔中國東北。中華民國國民政府視為國家恥辱。由於國家貧弱，政府忍辱負重，統一意志，爭取和平時間，努力提高國力，早日收復東北。日本軍閥則採取種種手段進行挑撥、挑釁和製造事端，破壞中國和平建設環境，妄欲蠶食鯨吞。1933年年初，日本又出兵進逼中國長城一帶，華北危在旦夕。為保衛華北和平，中華民國國政府調集重兵堅守長城一線。戴安瀾任中國國民革命軍陸軍第十七軍第二十五師第七十三旅第一四五團上校團長，奉命隨第十七軍駐守長城古北口一帶。

古北口要隘，山勢險峻，自古為京師屏障，兵家必爭之地。1933年3月11日拂曉，日本第八師團第十六旅團以飛機、大炮作掩護，向古北口發起猛烈攻擊。第二十五師關麟徵師長負傷，第一四九團王潤波團長戰死。戴安瀾率第一四五團奮力掩護師部調整陣地，進行反擊。第二天拂曉，日軍以更加密集炮火加大攻勢。戴安瀾率部堅守陣地，與日軍展開了爭奪戰。終將日軍擊退。之後，戴安瀾指揮部隊轉移至古北口西南高地，與敵再次展開激烈拼殺，使日軍遭受重大傷亡。但是，戴安瀾部也傷亡鉅大，奉命撤出陣地休整。此役，戴安瀾部與友軍共斃敵2000餘人。戴安瀾因戰功榮獲國家五等"雲麾"勳章。

1937年7月，蘆溝橋事變發生，日本出兵大肆侵略中國華北，徹底打破了中國和平建設進程，中國政府全力組織自衛應戰，中華民族抗日戰爭全面爆發。戴安瀾任第五十二軍第二十五師第七十三旅少將旅長，奉命率部從陝西省醴泉出發，奔赴華北抗日前線。先後參加了保定、漕河、漳河等諸戰役，給予進犯的日寇重大殺傷。

1938年3月上旬，第五十二軍奉命開赴徐州前線，轉隸第五戰區戰鬥序列，參加徐州會戰。3月27日，戴安瀾旅長奉命率部側擊臺兒莊之敵側背，支援友軍在臺兒莊合圍日軍。29日，戴安瀾指揮所部參加蘭陵之戰，克復劉莊，一舉殲滅日軍一個加強中隊之大部。30日，繼續率部廝殺前進，殺向北洛，4月1日，攻佔北洛。減輕了臺兒莊我軍正面壓力。隨後，在朱莊、郭里集諸戰中，運用靈活戰術，避強擊弱，以巧取勝，屢屢挫敗日軍進攻。4月中旬，戴安瀾率部由臺兒莊東面撤退，在邳縣西北，依託有利地形，經兩晝夜構築成堅固工事。待日軍第十師團一部進犯時，戴安瀾命令部隊進入掩體內。當日軍步兵進入射程內，戴安瀾命令部隊輕重武器同時開火，並派小股部隊側擊日軍兩翼，使日軍遭受重大傷亡。接著，日軍調整兵力連續向戴安瀾部陣地發起四晝夜攻擊，猛攻數十次，終未突破。戴安瀾率部牢牢堅守陣地，為中國軍隊主力轉進贏得了寶貴時間。5月，戴安瀾因指揮有方、敢打硬拼、戰功卓著，晉升第八十五軍第八十九師副師長，榮獲國民政府頒發的"華胄"榮譽獎章一枚。

1938年6月，日本為逼迫中華民國國民政府投降，集中重兵大舉進攻中國武漢。中華民國國政府調動軍隊奮力阻擊，武漢會戰拉開戰幕。7月下旬，戴安瀾奉命率部南下瑞昌，參加保衛武漢的週邊作戰。戴安瀾在認真觀察分析敵情後，抓住日軍弱點，巧妙將日軍引向山區特殊地段，迫使日軍裝備優勢大大減弱。戴安瀾率部與友軍在瑞昌、陽新間大戰日軍，使日軍每前進一步都付出了重大傷亡，導致日軍從九江推進至武昌城郊，竟補充兵員九次之多（由於日軍"水土不服"和在山區連續作戰，病死傷亡甚多）。武漢會戰結束後，湯恩伯將軍為戴安瀾記大功一次。

大戰崑崙　負傷不下火線

1939年1月，由國民革命軍陸軍新編第十一軍改編組建第五軍，杜聿明任代理軍長。第五軍下轄第二〇〇師，戴安瀾任師長；榮譽第一師，鄭洞國任師長；新編第二十二師，邱清泉任師長。該軍是中國第一支機械化部隊。第二〇〇師轄有兩個摩托化步兵團、兩個戰車團。面對裝備和戰鬥力如此強悍的機械化部隊，戴安瀾表示："我雖然手握兵符，可以發揮智力，多所作為；但是所負使命更大，責任更艱……"。

1939年秋，日本大本營為了進一步威脅中國西南大後方，切斷中國外援通道。同時，也為伺機侵入印度、緬甸建立南進基地，決定發動以攻佔中國南寧為目標的偷襲戰役（史稱桂南會戰）。11月15日，日本軍隊偷襲中國欽州灣，在欽州登陸後進犯中國南寧。戴安瀾奉命率部為先遣師，日夜兼程趕往崑崙關，阻擊日軍進攻。崑崙關地勢險要，是南寧北側之天然屏障，具有重要的戰略地位。戴安瀾指揮第二〇〇師作為王牌部隊，協同友軍，充分發揮機械化部隊的作戰能力，在強大炮火的掩護下，通過白刃格鬥，與日寇展開了一輪又一輪的爭奪戰，直殺得天昏地暗，血腥風雨。在半月之內，崑崙關三次失而復得，擊斃日軍前線指揮官第五師團第十二旅團旅團長中村正雄少將，殲敵6000餘人。

1940年1月10日，戴安瀾在巡視佈置崑崙關陣地，阻擊日軍進攻時，被日軍炮火擊成重傷，鮮血直流。部下請其退出戰場，以避免造成陣亡時，戴安瀾堅定表示："軍人既以身許國，安能計較個人生死……"。"殺敵為軍人天職，負傷亦職所應得"。仍堅持在前沿陣地指揮戰鬥。崑崙關戰役大捷後，在醫院治傷的戴安瀾詩興大發，遂賦七絕一首：

"仙女山頭樹將旗，南來頑寇盡披靡。
等閒試向雲端望，倩影翩翩舞彩衣。"

之後，中華民國國民政府頒佈褒揚令，明令褒揚戴安瀾將軍獻身抗日報國之行為和在崑崙關的戰績：稱之為"……當代標準之青年將領"，授予四等"寶鼎"勳章一枚。

遠征緬甸　精神永垂宇宙

1941年12月7日，日本偷襲美國海軍基地珍珠港。美國立即宣佈對日宣戰，英國也宣佈同日本處於戰爭狀態。12月9日，中華民國國民政府主席林森宣佈：中國正式對日本、德國和義大利法西斯帝國宣戰，廢除一切不平等條約。1942年元旦，由中國、美國、英國和蘇聯領銜的26國在華盛頓發表《聯合國家共同宣言》，世界反法西斯同盟陣營正式組成。1月3日，中華民國國民政府軍事委員會委員長蔣中正就任世界反法西斯中國戰區最高統帥，指揮在該區作戰之陸海空軍。所轄區域包括中國、越南和泰國等國及將來可為同盟國所控制之區域在內的地區和國家。同時，中華民國國民政府為保持滇緬公路暢通，以及世界反法西斯戰爭需要，加倍關注日本在中南半島活動，隨時準備出師緬甸，保衛世界和平[1]。為了加強世界反法西斯同盟陣營團結合作和中國與美國、英國等國軍隊聯合作戰能力，中華民國國民政府邀請美國政府派軍事專家參與中國戰區活動。美國立即任命約瑟夫·史迪威中將為中國戰區參謀長。1月20日，日本向緬甸發動攻勢。2月16日，緬甸仰光告急。英國政府向中國政府請求：派出軍隊維護緬甸和平，支援英國軍隊。中國組建了以衛立煌（未到任，由杜聿明代理）為司令長官的中國遠征軍第一路（由國民革命軍陸軍第五軍、第六軍、第六十六軍和第三十六師組成）。戴安瀾任中國遠征軍第一路第五軍第二〇〇師少將師長。

1942年2月下旬至3月，中國遠征軍開始分批入緬維和。第五軍出發的場面尤為威武壯觀：空中由美國和英國空軍飛機"保駕"、雄鷹翱翔，地面鐵流滾滾、馬達雷鳴。上千輛坦克、炮車、裝甲車、彈藥車、救護車、通訊車、輜重車猶如鋼鐵鉅龍，浩浩蕩蕩沿著滇緬公路出保山、渡怒江、過龍陵、越芒市，直奔國門畹町。大道兩邊，各族民眾夾道歡送，為中國遠征軍壯行。中國遠征軍進入緬甸，當地華僑和緬甸民眾高舉著"入緬遠征、保衛和平"，"歡迎祖國遠征軍"的標語、彩旗，將一盒盒香煙、一包包糖果、一束束鮮花、一袋袋食品雨點般地拋向車上，中國遠征軍將士招手致意。

戴安瀾觀之情景詩興大發，即賦詩兩首，以舒抗戰報國與衛和平之志。其一雲：

"萬里旌旗耀眼開，王師出境島吏摧。

揚鞭遙指花如載，諸葛前身今又來。"

其二雲：

"窄馬奔車走八荒，遠征功業邁秦皇。

澄清宇宙安黎庶，力挽長弓射夕陽。"

3月2日，中國戰區最高統帥蔣中正上將親赴緬甸臘戌慰問前線官兵，他告誡杜聿明、甘麗初和戴安瀾等將領：我們是為世界和平而戰，保護好緬甸民眾；要顧全大局，與友軍團結戰鬥，提高我國國際聲響。並會見了參謀長約瑟夫·史迪威中將和印緬戰區司令魏菲爾將軍。8日，戴安瀾奉命率部進駐緬甸南部同古堅守。3月19日，日本軍隊一部向緬甸同古南側皮尤進攻，戴安瀾派部隊在皮尤河大橋設伏。次日拂曉，日軍果然出現在皮尤河南岸。戴安瀾沉著指揮，待日軍進入伏擊圈後，命令官兵發起猛攻。此戰，成功炸毀皮尤河大橋，殲滅日軍600餘人。戴安瀾部入緬初戰告捷。

1942年3月24日，日本集結重兵，在航空兵的配合下，向同古發動瘋狂進攻。當天，日軍佔領同古機場，切斷了第二〇〇師退路，從三面向同古發動進攻。3月26日，第二〇〇師炮兵陣地被摧毀，部隊失去制空權，傷亡很大。戴安瀾決定放棄部分陣地，誘敵深入，使敵我交叉，令日軍飛機無用武之地。激戰至日暮，戴安瀾被迫再次命令部隊後撤。當晚，戴安瀾召開全師營以上軍官會議，堅定地說："弟兄們，我們要與同古城共存亡，重大的犧牲還在後面。請你們聽清楚，我如果戰死，由副師長代理；副師長戰死，參謀長代理；參謀長戰死，步兵指揮官代理……"。說罷，將寫與妻子的訣別書交給通訊連長保存寄送。戴安瀾將軍在信中寫道：

親愛的荷馨：

余此次奉命固守同古，因上面大計未定，與後方聯絡過遠，敵人行動又快，現在孤軍奮鬥，決心全部犧牲，以報國家養育！為國戰死，事極光榮，所念者，老母未能侍奉，端公仙逝未及送葬，你們母子今後生活，當更痛苦，但東、靖、澄、離四兒極聰俊，將來必有大成，你只苦等幾年，即可有出頭之日矣，勿望以我為念。我要部署殺敵，時間太忙，望你自重，並愛護諸兒，侍奉老母，老父在皖，可不必呈聞，手此即送心安。

戴安瀾手啟

中華民國卅一年三月二十二日

戴安瀾將軍指揮第二〇〇師一直戰鬥到3月28日，中國守軍屹然不動。但是，日本不斷增兵，並向中國守軍施放糜爛性毒氣和發射毒氣彈，中國官兵中毒嚴重，減員很大。戰事越來越緊張，援軍仍遲遲未到，戴安瀾奉命率部從同古突圍。29日夜，在我新編第二十二師的掩護下，第二〇〇師採取交替掩護，成功從同古撤退。同古堅守阻擊戰，不僅成功掩護了英國軍隊安全轉移，而且爭取了時間，與我掩護友軍共殲敵5000餘人，重創日本第五十五師團。

1942年4月25日，戴安瀾率部一舉攻克被日本軍隊佔領的戰略要地棠吉，再次獲得大捷。之後，率部尾敵北上，奉命參加曼德勒會戰。然而，在日本軍隊瘋狂大肆進攻面前，負責指揮協調的中國戰區參謀長約瑟夫·史迪威指揮不當，致使部分中國遠征軍被日本軍隊分割圍剿，傷亡嚴重。約瑟夫·史迪威拋下中國遠征軍率先向印度撤退[2]，英國軍隊也擅自放棄曼德勒防線，向印度境內轉進。導致日本軍隊長驅直入，其快速部隊攻向中國邊境，中國遠征軍陷入了被日軍切割包圍殲滅的危險境地。戴安瀾奉命率部向國內撤退、突圍。第二〇〇師是第五軍的前衛，為了迷惑敵人，安全轉移，戴安瀾精心設計了一條向南突圍的路線。部隊開拔前，戴安瀾為鼓舞士氣，要求官兵忍辱負重，克服困難，一定要回到祖國："如果我犧牲了，希望最後活著的指揮官一定要將弟兄們帶回祖國……"。

1942年5月15日，戴安瀾師長率第二〇〇師官兵開始突圍。當部隊突圍至原始森林時，由於古樹參天，氣霧濛濛，常常辨不清方向，森林裡遍地潮濕，瘴氣、毒霧彌漫，蚊蟲成團，多名官兵犧牲。第二〇〇師官兵倍曆艱難，經過三晝夜苦奔，終於走出原始森林。

5月18日，部隊走出原始森林後，面對的是300多米寬的南渡河；白天且有日本飛機不斷跟蹤轟炸。戴安瀾分析敵情後，決定兵分兩路，趁夜渡河。此時正降大雨，伸手不見五指。第二〇〇師抵達細包至磨穀公路。當第二〇〇師在通過該路時，突然遭遇日軍伏擊，官兵傷亡慘重。在雨夜激戰中，戴安瀾胸部、腹部中彈。官兵們立即抬起戴安瀾，向著祖國方向急奔。戴安瀾傷口由於被雨水浸泡，感染化膿，高燒不止，又缺乏藥物醫治，1942年5月26日，犧牲在歸國途中。時年39歲。其衛士歐陽全一直陪伴護送回國。

1942年10月16日，中華民國國民政府明令褒揚戴安瀾師長，追晉陸軍中將軍銜。10月29日，美國國會授權總統羅斯福，頒授戴安瀾"懋績"勳章一枚，稱之為"……我同盟國軍人之優秀楷模"。1943年4月1日，國民政府在廣西省全縣舉行隆重萬人追悼大會。中華民國國民政府軍事委員會委員長蔣中正特派李濟深致祭，悼詞中說："……戴師長為國殉難,身先雖死,精神則永垂宇宙,為中國軍人之模範。"並送挽詞："虎頭食肉負雄姿，看萬里長征，與敵周旋欣不忝；馬革裹屍酬壯志，惜大勳未集，虛予期望痛何如？"第十八集團軍總司令朱德和副總司令彭德懷聯名挽詞是："將略冠軍門，日寇幾回遭重創；英魂羈緬境，國人無處不哀思。"戴安瀾將軍厝葬全縣。

注 [1]：1941 年 12 月 9 日，中國正式對日本、德國和義大利等法西斯帝國宣戰，全面實施"**為世界和平而奮鬥**"，維護中南半島和平。10 日，蔣中正邀集英、美等國大使武官，商討中、美、英、荷、澳五國聯合對日作戰計劃。24 日，中國派出國民革命軍陸軍第六軍第九十三師第二七七團、作為中國遠征軍先遣支隊入緬甸，與英國、美國等國共同維護世界和平。

實際早在 1937 年 8 月 14 日，《中華民國國民政府自衛抗戰聲明書》中就指出："**中國為日本無止境之侵略所逼迫，茲已不得不實行自衛……吾人此次非僅為中國，實為世界和平而奮鬥……**"。展現了中國政府宏偉氣魄和高瞻遠矚的博大胸懷與捍衛世界和平的決心。

注 [2]：中國戰區參謀長約瑟夫・史迪威將軍這種作法，實在令人非議。但在後來反擊日軍中，他又表現得非常英勇。這可能是西方文化與東方文化的差異，或者東西方思想觀念、認知不同。

魏長魁將軍
General Wei Changkui

東北抗日聯軍第九軍政治部主任

Director of the Political Department of the 9th Army of the Northeast Anti-Japanese United Army

　　魏長魁，原名昌奎，曾用名王文石。中國東北抗日聯軍第九軍政治部主任，著名抗日愛國將領。1906年出生於山東省德平縣。幼年家貧，靠刻苦自學識字。1921年隨父到大連謀生，在日本人辦的西川印刷所當揀字工。1924年參加組織大連印刷工會，當選執行委員。1926年年初秘密加入共產黨。4月代表大連工會，赴廣州參加第三次全國勞動大會，當選中華全國總工會執行委員。1927年7月被日本人逮捕入獄。

　　1931年"九‧一八"事變發生，日本出兵侵略中國東北，打破了東北和平生活環境。魏長魁出獄，奉命秘密赴哈爾濱組織抗日。先後任中共哈爾濱市道外區委書記、珠河縣委組織部部長、葦河縣委書記、哈東特委書記等職。1936年任中共哈爾濱市特委書記。1937年任中共"北滿"省委常委，全力領導開展抗日反"滿"鬥爭。1938年任東北抗日聯軍第九軍政治部主任。6月奉命率部遠征。當部隊穿過呼蘭河，在通河縣葦子溝遭遇日偽軍突然襲擊，魏長魁腿部中彈負傷後，仍堅持爬行前進。後被日軍發現，為不被日軍所俘，魏長魁毅然舉槍自戕，壯烈殉國。時年33歲。

　　Wei Changkui, formerly named Changkui, and Wang Wenshi, a famous patriotic general of the War of Chinese People's Resistance against Japanese Aggression, had been the Director of the Political Department of the 9th Army of the Northeast Anti-Japanese United Army.

Born in a poor family in Deping County, Shandong Province in 1906, he learned literacy by hard work. In 1921, he went to Dalian for a living along with his father, when he worked as a maker-up in Xichuan printing office run by a Japanese manager. In 1924, he participated in the organizational work of Dalian Labor Union and was elected as an EC member. In 1926, he joined the Chinese Communist Party secretly. In April of the same year, representing Dalian Labour Union, he went to Guangzhou to attend the Third National Labor Conference where he was appointed the EC member of the Chinese National Labor Union. In July 1927, he was arrested and imprisoned by the Japanese.

After the outbreak of September 18th Incident in 1931 (the Mukden Incident), the Japanese occupied the Northeast of China, breaking the peaceful living environment of the people of Northeast China. Wei Changkui was ordered to go to Harbin where he had served successively as President of the Harbin Daowai District Party committee, President of Weihe County Party Committee, and President of Eastern Harbin Special Party Committee. As the President of the CPC Eastern Harbin Special Party Committee in 1936, he led anti-Manchuria and anti-Japanese battles. In 1937, he became a member of the standing committee of the "North Manchuria" Provincial Committee of the Communist Party of China. In 1938, he was appointed the Director of the Political Department of the 9th Army of the Northeast Anti-Japanese United Army. In June, he led his troops to start on an expedition. After crossing the Hulan River, his troops encountered the surprise attack of Japanese and puppet troops at Weizigou of Tonghe County. While engaging the enemy in a vehement Battle, he was shot down and severely injured. In order to avoid being captured, he committed suicide to make the last sacrifice for the noble cause at the age of thirty-three.

東北抗日　血染通河

1931年"九·一八"事變發生，日本出兵侵略中國東北，打破了東北和平生活環境，東北軍民奮起反抗。魏長魁被中共黨組織秘密派往哈爾濱從事抗日救國活動。1936年年初，任中共哈爾濱市特委書記。9月，中共"北滿"臨時省委成立，被選為執行委員。1937年6月，出席在依蘭召開的中共"北滿"臨時省委擴大會議，被選為省委常委（書記張蘭生、組織部長魏長魁、宣傳部長馮仲雲、執行委員許亨植）。魏長魁全力領導了珠河、方正、依蘭和葦河等地區開展的抗日反"滿"鬥爭。

同時，魏長魁還全力協助馮仲雲搞好抗日宣傳工作，充分發揮自己專業特長，親自擔任《人民革命報》等抗日報紙、傳單的編輯、刻字、印刷，使《人民革命報》的編輯、出版、發行走向正軌。報紙油印，每期四版，有消息、言論，內容充實，時效性強。大力宣傳抗日救國道理，揭露日本軍隊在中國的燒殺與掠奪，號召民眾振奮和團結起來，反抗日本侵略，推翻日本扶植的傀儡政權"滿州國"。他還利用各種形式發動民眾提供糧食、物資、人力和情報，全力支援東北抗日聯軍第三、第六軍的抗日游擊戰爭，促使東北抗日聯軍第三軍、第五軍、第六軍迅速壯大，抗日游擊區不斷擴大與鞏固，給予日本關東軍和偽軍以沉重打擊。

1938年5月，魏長魁調任東北抗日聯軍第九軍政治部主任。不久，奉命與郭鐵堅率領第九軍第二師第四團、第五團和第三軍一部（常有鈞指揮），共計200餘人組成遠征隊，向大興安嶺西部地區進行遠征和戰略性轉進。

1938年6月，魏長魁率領遠征部隊穿過呼蘭河。當部隊向慶城、鐵驪方向前進時，突然，在通河縣葦子溝遭遇日偽軍襲擊。魏長魁一面指揮部隊殺開一條血路衝鋒突圍，一面斷後照顧傷病員。在激戰中，魏長魁雙腿不幸被敵子彈擊中倒地，不能行走。為了不被日軍俘虜，魏長魁毅然忍受劇痛邊隱蔽，邊匍匐前進追趕部隊數里。當被清理戰場的日軍發現後，魏長魁立即把隨身攜帶文件毀掉，並用手槍斃傷衝到近前的日軍3人。然後，回槍對準自己飲彈自戕，壯烈殉國。時年33歲。

魏拯民將軍
General Wei Zhengmin

東北抗日聯軍第一路軍副總司令兼政委

Political Commissar and Deputy Commander of the 1st Route Army of the Northeast Anti-Japanese United Army

魏拯民，原名關有維，字伯張。中國東北抗日聯軍創始人之一，東北抗日聯軍第一路軍副總司令兼政委，著名抗日愛國將領。1909年出生於山西省屯留縣王村。1918年入本村私塾讀書。1922年考入縣立第一高等小學。1925年考入山西省立太原第一中學。1927年秘密加入共產黨。1930年入第十三路軍安陽軍事幹部學校學習。

1931年"九·一八"事變發生，日本出兵侵略中國東北，打破了東北和平生活環境。魏拯民奉命赴哈爾濱秘密組織抗日活動，先後任中共哈爾濱市道外區委書記和市委書記。1933年7月，任中共哈爾濱東區區委組織部部長。1934年4月，任中共哈爾濱區委書記。1935年5月，任東北人民革命軍第二軍政委。1936年3月，東北人民革命軍第二軍改編為東北抗日聯軍第二軍，魏拯民任政委。1938年5月，任東北抗日聯軍第一路軍副總司令兼政委。1940年2月，楊靖宇總司令犧牲後，魏拯民指揮第一路軍繼續堅持抗日遊擊戰爭。1941年3月8日，魏拯民在樺甸縣的密營養病時，被日軍包圍。在指揮官兵突圍時，中彈殉國。時年33歲。殘暴的日軍又將魏拯民頭顱割下，掛在樺甸縣城示眾。

Wei Zhengmin, formerly named Guan Youwei, courteously named Bozhang, a famous patriotic general of the War of Chinese People's Resistance against Japanese Aggression, one of the co-founders of the Northeast Anti-Japanese United Army, the Political Commissar and Deputy Commander of the 1st Route Army of the Northeast Anti-Japanese United Army. He was born in February 1909, in Wang Village, Tunliu County, Shanxi Province. In 1918, he enrolled at an old-style private school. In 1922, he was admitted to the No.1 County High Ranking Primary School. In 1925, he enrolled in Taiyuan No.1 Middle School. In 1927, he joined the Chinese Communist Party. In 1930, he studied at Anyang Military Cadre Academy of the 13th Route Army.

In 1931, the September 18th Incident happened, and Japan invaded Northeast China, breaking the peaceful living environment in Northeast China. Wei Zhengmin was ordered to secretly organize anti-Japanese activities in Harbin, and successively served as Secretary of Daowai District Party Committee and Secretary of the Municipal Party Committee of Harbin to lead the citizens to resist the Japanese invaders. In July 1933, he was appointed Minister of Organizational Department of Harbin Eastern District Committee of the Communist Party of China. In April 1934, he served as Secretary of the Harbin District Committee of the Communist Party of China. In May of 1935, he served as the Political Commissar of the 2nd Army of the Northeast People's Revolutionary Army. In March of 1936, the 2nd Army of the Northeast People's Revolutionary Army was reorganized as the 2nd Army of the Northeast Anti-Japanese United Army, and he was appointed the Political Commissar of it. In May 1938, he served as the Deputy Commander and Political Commissar of the 1st Route of the Northeast Anti-Japanese United Army. In February of 1940, as General Yang Jingyu died for the noble cause, Wei Zhengmin commanded the 1st Army to continue the guerrilla warfare to fight against the Japanese aggression. On March 8, 1941, Wei Zhengmin was surrounded by the Japanese army when he was receiving medical treatment in Huadian Hidden Camp. While commanding his men to break through the siege, he was shot and killed, sacrificing his life for the noble cause of defending the motherland at the age of 33.

轉戰東北　領導抗日

1931年"九·一八"事變發生，日本出兵侵略中國東北，打破了東北和平生活環境。魏拯民受中共黨組織委派到東北哈爾濱組織抗日。先後任中共哈爾濱市道外區委書記、哈爾濱市委書記等職務，常常以商人、教師或工人等身份作掩護，秘密開展"地下"工作，組織領導、聯繫民眾進行抗日宣傳活動。

1935年5月，東北人民革命軍第二軍宣告正式成立，王德泰任軍長，魏拯民任政委，李學忠任政治部主任。他們共同聯合簽發了《東北人民革命軍第二軍成立宣言》："一切反日部隊、團體組成抗日聯合指揮部，結成廣泛的抗日統一戰線，與日軍進行戰鬥……"。5月末，魏拯民奉命作為中國共產黨代表，赴蘇聯莫斯科參加共產國際第七次代表大會。

1936年1月，魏拯民從蘇聯回國。在寧安縣鏡泊湖附近的第五軍軍部會見了周保中軍長，傳達了共產國際第七次會議精神和中共中央駐共產國際代表關於撤銷中共"滿洲"省委，按遊擊區建立中共"南滿"、"東滿"、"吉東"和"松江"四個省委，以及建立東北抗日聯軍的指示。3月上旬，魏拯民在安圖縣迷魂陣召開了第二軍領導幹部會議。決定東北人民革命軍第二軍正式改編為東北抗日聯軍第二軍，王德泰任軍長，魏拯民任政治委員。

6月，魏拯民率領第二軍一部長途跋涉，衝破日軍重重封鎖，到達金川縣河裡抗日根據地，與楊靖宇率領的第一軍會師。7月初，魏拯民和楊靖宇主持召開了中共"東滿"、"南滿"省委主要領導和抗聯第一、二軍高級將領聯席會議，將東北抗日聯軍第一、二軍合編為東北抗日聯軍第一路軍，下轄第一軍和第二軍，楊靖宇任總司令兼政委和第一軍軍長與政治委員，魏拯民任總政治部主任兼第二軍政治委員，王德泰任副總司令兼第二軍軍長。之後，魏拯民和王德泰率領第二軍轉戰長白山脈，打擊日本軍隊的入侵與掠奪。

同時，魏拯民在軍內主持創辦並編輯出版了《戰旗》、《反日週刊》、《人民革命報》、《人民革命畫報》、《中國報》等報刊，向官兵和民眾宣傳抗日道理，揭露日本軍閥破壞中國和平和屠殺中國民眾的罪惡，教育官兵愛國愛民，提高官兵的文化素質和戰鬥能力，堅定抗戰到底的決心。

1937年"七·七"事變發生，日本出兵大肆入侵中國關內，中國政府全力組織領導軍民自衛應戰和阻止日本軍隊入侵，中華民族抗日戰爭全面爆發。8月20日，魏拯民起草了《為"七·七"事變告東北人民抗日救國書》，號召東北人民團結起來，與全中國人民共同抗擊日本侵略者。先後率部攻克了輝南縣縣城，襲擊了紅石砬子日軍討伐隊和樺甸漢陽溝敵兵營，殲滅日軍、偽軍100多人。並向民眾散發《告農民書》、《告"滿軍"士兵書》，號召東北民眾勇敢地站起來，與日軍和偽"滿"政府採取不合作主義，為抗日部隊提供糧食、物品和情報，共同抗擊日本法西斯。

1938年後，日本侵略軍擔心在中國東北的統治動搖，決心消滅東北抗日聯軍。日本統帥部從日本和韓國調集重兵，對東北"抗聯"進行"篦疏山林"式的"討伐"。同時，推行"歸屯並戶"、"保甲連坐"等毒辣手段，嚴密管制老百姓的衣食住行，連一尺布、一兩棉花、一粒糧食也不准外運，妄圖割斷東北民眾和抗日聯軍的聯繫，困死、餓死抗日聯軍官兵。東北抗日聯軍面臨著最困難最嚴峻的局面。5月，魏拯民率部與楊靖宇在輯安會師。魏拯民在輯安老爺嶺主持召開會議，為對抗日本軍隊和偽軍的打擊與圍堵，以及應對叛變投敵分子出賣，將東北抗日聯軍第一路軍所屬各軍、師及遊擊隊混合整編，整編為三個方面軍和一個警衛旅。楊靖宇任第一路軍總司令，魏拯民任第一路軍副總司令兼政治委員。第一方面軍總指揮曹亞范，第二方面軍總指揮金日成，第三方面軍總指揮陳翰章，警衛旅旅長方振聲、政委韓仁和。

1939年1月，魏拯民和楊靖宇指揮部隊在樺甸小柳樹河子，襲擊了偽靖安軍五六百人，擊毀敵機一架。9月，在敦化縣寒蔥嶺伏擊戰中，擊毀日軍汽車9輛，擊斃日軍討伐隊長松島中尉以下46人，活捉和打傷多人，繳獲大量輕重武器與子彈。

10月，魏拯民和楊靖宇在樺甸密營召開會議研究：東北馬上進入嚴冬季節，樹木落葉、草枯林清，大雪即將封山，不利於大部隊隱蔽和行動，決定將部隊化整為零，分散進入深山活動或在密營隱蔽，防止被日軍圍剿"吃掉"，以保存抗日有生力量，堅持東北抗戰，絕不退入蘇聯、也不轉進關內。同時，魏拯民命令後勤機關改變過去集中囤糧方法，將從農民中收購的糧食和自產的糧食、以及凍野菜凍野獸肉和凍蘑菇等進行秘密分多處分多點、存儲於僅有個別官兵知道的密營"密倉"中，以防叛徒、敵人破壞和保證部隊生存。

抗戰成疾　殉國樺甸

1940年2月23日，楊靖宇總司令在濛江縣犧牲後。東北抗日聯軍第一路軍面臨著極其危險境地，日本侵略軍對長白山地區抗日聯軍的圍剿越來越瘋狂。長期的艱苦征戰使部分抗日聯軍官兵身心疲憊，抗戰意志動搖（吃不飽穿不暖）。有的疾病纏身，有的投降了敵人，有的扔下武器跑回了家。魏拯民以重病之軀，接替楊靖宇總司令指揮全軍，號召全軍團結一致，整合軍紀，繼續戰鬥。之後，第一路軍又形成了堅強的領導核心。

魏拯民在追悼楊靖宇總司令大會上悲痛地說："楊總司令的犧牲是我們長白山根據地抗聯第一路軍無法彌補的損失。但是我們不要忘記，楊靖宇是被日本帝國主義強盜殺害的，這一筆血海深仇，我們一定要讓敵人用血來償還。同志們！革命的戰士們！抬起頭，挺起胸，握緊槍為東北及全國人民死難的同胞報仇！為楊總司令報仇……"。之後，魏拯民帶病率領部隊轉戰長白山林海雪原和深山峻嶺中，頻繁遊擊、出擊敵人。

1940年秋，魏拯民的病情進一步惡化，已經不能帶兵打仗，不得不離開部隊。由警衛員護送，到樺甸縣夾皮溝二道河子密營中休養。此時，環境十分艱苦，忍饑挨餓，缺衣少藥。魏拯民已經全身浮腫、面容憔悴。日偽軍仍不斷的滿山遍野"討伐"。警衛排長黃正海為了安全，又把魏拯民轉移到牡丹嶺北側四道溝的密營修養。然而，魏拯民身體一天不如一天，常常陷入昏迷狀態。

1941年3月8日黎明，魏拯民吃力地對身邊人員說："同志們，你們都很年輕，革命就靠你們了……不要難過，革命是艱苦的，要打敗日寇就得流血犧牲，可是我們的血是不會白流……"。他又堅定地告訴大家："我國的先賢早就教導我們，'……人生自古誰無死，留取丹心照汗青'。大丈夫為保家衛國而死，死得其所。'軍歌應唱大刀環，誓滅胡奴出玉關。只解沙場為國死，何須馬革裹屍還。'……請同志們抗戰到底，勝利一定屬於我們！"下午兩時許，日本長島憲兵工作隊在叛徒的指引下，突然包圍了魏拯民駐地密營。魏拯民在指揮大家突圍戰鬥中，中彈犧牲。殘暴的日軍將他的頭顱砍下，把屍體焚燒，頭顱帶回樺甸縣城，懸頭示眾。魏拯民時年33歲。

1961年10月23日，樺甸縣愛國民眾，按照漢族風俗，將魏拯民遺骸裝殮在特製的屍骨盒內，重新厝葬在密營前。並在其封土墓前立了一塊木碑，正面書寫"魏拯民之墓"，以立碑銘志。

魏鳳韶將軍
General Wei Fengshao

陸軍中將、國民革命軍魯蘇戰區司令長官部副官處處長

Lieutenant General and Chief of Lieutenants Section of the General Headquarters of Shandong-Jiangsu War Zone of the National Revolutionary Army

　　魏鳳韶，字虞廷。中國國民革命軍陸軍魯蘇戰區司令長官部副官處少將處長，著名抗日愛國戰將。1889年出生於山東省黃縣魏家村。1897年入本鄉私塾讀書。後考入中學學習。1915年自辦"秀慧女校"。1918年入直系軍隊服役。不久考入保定陸軍講武堂。講武堂畢業後參加國民革命軍，先後任營長、團長、副旅長、新編第二十三師副官、留守處主任等職。魏鳳韶幼懷壯志，賦性溫和，善於助人，熱愛祖國。聰穎而沉毅，好學而不倦，喜讀孫吳兵法等諸書，而對三民主義尤具心得。

　　1931年"九・一八"事變發生。魏鳳韶深切痛恨日本軍隊侵略中國東北，令其子魏兆烈將日本《田中奏摺》在上海商務印書館全文翻印，分寄各地揭露日本的侵略擴張陰謀。1937年7月，蘆溝橋事變爆發，日本出兵大肆侵略中國，中國政府全力組織自衛應戰。魏鳳韶前往山東省投奔于學忠將軍抗日，率部參加了徐州會戰。1941年任國民革命軍魯蘇戰區司令長官部副官處少將處長。1943年5月12日，戰區司令長官部突然被日偽軍包圍。魏鳳韶為掩護于學忠司令長官和長官部突圍，率部衝鋒突圍時，身中數彈，壯烈殉國。時年55歲。之後，中華民國國民政府通令褒獎，追晉魏鳳韶陸軍中將軍銜。

Wei Fengshao, style name Yuting, a famous patriotic general of the War of Chinese People's Resistance against Japanese Aggression, had been the Major General and Chief of Lieutenants Section of the General Headquarters of Shandong-Jiangsu Warzone of the National Revolutionary Army. In 1889 he was born in Weijia Village, Huang County, Shandong Province, he was educated in a village school and then a middle school. In 1915, he established Xiuhui Girls' School. In 1918, He served in the Zhili Army, and was soon admitted to the Baoding Military Academy for further study. When graduated, he joined the National Revolutionary Army where he had served successively as the Battalion Commander, the Regimental Commander, the Deputy Brigadier Commander, the Lieutenant and the Regent Director of the 23rd New Division. From a young age, Wei Fengshao had ambitious aspirations, a gentle nature, and a strong desire to help others and serve his country. Intelligent and steady, he was a diligent learner who enjoyed reading classic books such as Sun Wu's Art of War, and had a deep understanding of the Three People's Principle.

After the outbreak of the September 18th Incident in 1931(the Mukden Incident), out of the abomination of Japanese invasion of China, he ordered Wei Zhaolie, his son to translate Japanese "Tanaka Memorial" into Chinese, print in the Shanghai Commercial Press and then send them over the nation to expose the Japanese intension of aggression and expansion. In July 1937, the Lugouqiao Incident happened. Japan sent troops to invade China and broke the peaceful environment of China's development. The Chinese government made full efforts to organize self-defense, and the War of Chinese People's Resistance against Japanese Aggression broke out in all directions. He went to Shandong Province to join General Yu Xuezhong's Army and took part in the Battle of Xuzhou. In 1941, he was appointed the Major General and Chief of Lieutenants of the General Headquarters of Shandong-Jiangdu War Zone of the National Revolutionary Army. On May 12th, 1943, the War Zone Headquarters was suddenly besieged by the Japanese and puppet troops. In order to cover Commander-in-Chief Yu Xuezhong to transfer, he led his men to engage Japanese forces directly. He heroically gave his life to defend his motherland at the age of fifty-five. The National Government issued a commendation to honor his sacrifice and promoted him to the rank of Lieutenant General posthumously.

跋涉千里抗戰　殉國山東沂源

1937年7月，蘆溝橋事變發生，日本出兵大舉侵華，打破了中國和平建設環境，中國政府全力組織自衛應戰。然而，由於日本軍隊機械化程度高，攻勢迅猛，中國北平、天津、濟南、上海、南京等地相繼淪陷。身為軍人的魏鳳韶悲痛萬分。1938年春，魏鳳韶離開抗戰大後方湖南省常德，自費徒步前往抗日前線魯南，投奔于學忠將軍參加抗戰。魏鳳韶到達山東省南部後，奉命隨部參加徐州會戰。當在會戰後期，部隊進行突圍撤退中，同于學忠將軍失散，又輾轉回到原來駐地湖南省常德。

1941年，魏鳳韶出於對抗戰報國之心切，再次離開常德。魏鳳韶偕其子魏兆熙化裝成商人，歷經艱難險阻，長途跋涉，輾轉3000多里，找到了駐山東省沂蒙山區的國民革命軍魯蘇戰區司令長官部，向任戰區司令長官的于學忠上將請纓殺敵。魏鳳韶任國民革命軍魯蘇戰區司令長官部副官處少將處長。魏鳳韶運籌帷幄，協助于學忠司令長官指揮所部多次重創日偽軍。

1943年5月初，日軍大舉圍攻魯蘇戰區司令長官部所在地沂蒙山區。5月11日，戰區司令長官部突然被一股日偽軍包圍。于學忠司令長官立即率部轉進，遂指揮特務團浴血奮戰，殺出了日軍包圍圈。然而剛突圍出來不久，又被日偽軍包圍在了沂源一山嶺地帶，難以突圍，形勢萬分危急。由於魏鳳韶將軍與于學忠將軍年齡相同，其長相特徵非常相似。魏鳳韶將軍建議部隊分頭突圍，一路由戰區司令長官于學忠將軍直接指揮突圍，另一路由魏鳳韶自己指揮從另一方向突圍。于學忠司令長官採納了此突圍方案。

1943年5月12日拂曉，兩路突圍部隊同時開始向不同方向突圍。魏鳳韶將軍為保護于學忠司令長官和戰區司令長官部突圍成功，佯扮成于學忠司令長官，身著黃呢高級將官制服，肩扛上將軍銜，胸掛望遠鏡，腰佩左輪手槍，故意以明顯動作率領衛隊，指揮部隊突圍，以吸引和迷惑日偽軍。果然引起日偽軍注意，日酋誤認為于學忠司令長官被咬住，決定活捉于學忠，立即調動大批日偽軍，堵截魏鳳韶這一路。魏鳳韶率部與敵展開了激烈廝殺。于學忠將軍指揮部隊在另一方向，乘此突圍了出去。然而，日偽軍將魏鳳韶部團團包圍。在日偽軍對魏鳳韶部進行勸降無效之後，向其部發動猛烈進攻。魏鳳韶率隊奮力衝鋒突圍廝殺，突然頭部被敵子彈擊中，壯烈殉國。時年55歲。

1943年5月15日，戰區司令長官部派人到戰場查看，埋葬陣亡的抗日將士。尋獲其魏鳳韶將軍忠骸後，葬於董家峪村東，墓前碑刻"黃縣魏虞廷先生之墓"。之後，中華民國國民政府感其忠烈報國，明令褒獎，追晉魏鳳韶陸軍中將軍銜。

謝升標將軍
General Xie Shengbiao

陸軍中將、國民革命軍蘇浙皖邊區遊擊司令

Lieutenant General and Commander of Jiangsu-Zhejiang-Anhui Guerrilla Army of the National Revolutionary Army

　　謝升標，字若鵬，號小美，譽稱"虎膽英雄"。中國國民革命軍陸軍第三戰區蘇浙皖邊區遊擊司令部少將司令，著名抗日愛國戰將。1903年2月出生於浙江省臨海縣邵家渡西洋村一耕讀之家。1909年入本地私塾讀書。1921年投筆從戎。1924年考入廣州黃埔陸軍軍官學校第三期步兵科。1929年入廬山軍官訓練團受訓。1935年考入中央防空學校深造。在軍旅中先後任排長、連長、營長、團長、旅長和少將司令等職。謝升標性誠謹而廉潔耿介，遇事敢言，折之以理，而不藏怒。忠誠愛國，勇於擔當，戎馬生涯，屢建功勳。

　　1937年7月，日本出兵大肆入侵中國河北。8月，日本又出兵進犯中國上海。日本軍隊入侵徹底打破了中國和平建設環境，中國政府被迫全力組織自衛應戰。謝升標任國民革命軍陸軍第七十二軍獨立第二十旅少將旅長，奉命率部參加淞滬會戰。因戰功卓著，有勇有謀被授予"虎膽英雄"稱號。1937年12月，調任第三戰區蘇浙皖邊區遊擊司令部少將司令，率部遊擊襲擾日本侵略軍，維持地方治安和懲治漢奸。1938年3月20日，其所部在廣德縣鳳凰山金雞嶺一帶與日軍突然遭遇，在激戰中，謝升標中彈，壯烈殉國。時年36歲。1939年年初，中華民國國民政府頒佈褒揚令，追晉謝升標陸軍中將軍銜。

Xie Shengbiao, courteously named Ruopeng and self-titled Xiaomei, known as the "Courageous Fighter", a famous patriotic general of the War of Chinese People's Resistance against Japanese Aggression, had been the Major General and Commander of Jiangsu-Zhejiang-Anhui Guerrilla Headquarters of the 3rd War Zone of the National Revolutionary Army. He was born in February 1903, in Xiyang Village, Shaojiadu Town, Linhai County, Zhejiang Province. In 1909, he entered an old-style private school. In 1921, he gave up study to join the army. In 1924, he was admitted to the 3rd session of Whampoa Military Academy. In 1929, he attended the Mount Lu Officer Training Corps. In 1935, he was admitted to the Central Air Defense School. After graduation, he successively served as Platoon Commander, Company Commander, Battalion Commander, Regiment Commander, Brigadier Commander and Major General Commander in the army. Xie Shengbiao was honest, upright, and incorruptible, speaking up when necessary and reasoning with others without holding grudges. He was loyal to his country, brave and willing to take on responsibilities, and made great contributions throughout his military career.

In July 1937, Japanese troops invaded Hebei, China. In August, they invaded Shanghai, China. China's peaceful construction environment was broken, and the Chinese government was forced to fully organize self-defense. Xie Shengbiao was appointed Major Commander of the Independent 20th Brigade of the 72nd Army, and was ordered to take part in the Battle of Shanghai. Due to his outstanding military exploits, he was honored as the "Courageous Fighter" and was awarded the rank of Major General. In December 1937, he was appointed the Commander of Jiangsu-Zhejiang-Anhui Guerrilla Headquarters of the National Revolutionary Army, and led his troops to launch harassing attack on the Japanese forces, maintain local public order and punish traitors. On March 20th, 1938, his troops encountered the Japanese armed forces at Phoenix Valley and Mount Jinji of Guangde County. While engaging the enemy in a vehement battle, he was unfortunately killed at the age of 36, sacrificing his precious life for the noble cause. At the beginning of 1939, to honor his bravery and heroic feat, the National Government of China promoted him to the rank of Lieutenant General posthumously.

智戰淞滬　鏖戰陳家橋

1937年7月7日，日本出兵大肆入侵中國河北。8月13日，日本又出兵進犯中國上海。日本軍隊入侵徹底打破了中國和平建設環境，中國政府被迫自衛應戰，組織軍民舉國力抵抗日本軍隊入侵。中華民國國民政府軍事委員會將第八十八師、上海保安總隊和獨立第二十旅組建成立國民革命軍陸軍第七十二軍，謝升標任國民革命軍陸軍第七十二軍獨立第二十旅少將旅長，奉命率部開赴上海，參加淞滬會戰，阻止日軍進攻[1]。

8月中旬，謝升標奉命率獨立第二十旅的一個團與兄弟部隊防守南翔，日軍集結近一個師團的兵力在火炮、坦克、飛機的掩護下向南翔和該團陣地發起猛攻。謝升標率團與日軍展開激烈廝殺。由於敵強我弱，全團官兵雖頑強抵抗，但終未能阻擋日軍的進攻。全團傷亡相當慘重，無奈放棄陣地，且退且戰。日軍源源不斷地撲來，我軍陣地相繼失守。

謝升標認為，我以落後的武器裝備和日軍先進的武器裝備相對決，難以取勝，必須改變戰法。故向長官部請求採取智戰：即在與日軍正面激戰的同時或前後，派出小分隊偷襲日軍火炮基地或彈藥庫或補給線，斷其日軍後路或補給；或者以聲東擊西之法迷惑、騷擾日軍，削弱其戰鬥力。經上峰同意後，謝升標組建了一支小分隊，親自率隊出戰。在他靈活機智的指揮之下，官兵們改扮成日軍，闖過日軍幾道關卡後，直奔日軍基地彈藥庫。彈藥庫是日軍重要軍事之地，有重兵把守，謝升標兵力與之相差鉅大，我方如果強攻，必敗無疑。於是，謝升標指揮小分隊聲東擊西：以一組隊員在東面佯攻，吸引日軍火力；自己與幾名投彈手一組從西側突襲，進行投彈攻擊。一切準備就緒之後，東組隊員率先發起攻擊。日軍迅速作出反應，大部分守敵都向東面撲了過去。謝升標帶隊趁機接近彈藥庫，把準備好的手榴彈連續投出。緊接著便是一連串的猛烈爆炸，火光沖天。日軍頓時亂了陣腳，謝升標指揮官兵趁勢反攻，給日寇以毀滅性的打擊。所以，在我軍正面與日軍交戰激烈之時，謝升標瞅準時機，率部多次在其背後或側面出擊，或者進行穿插遊擊，給予了日軍以重擊。戰後，謝升標受到國民政府軍事機關嘉獎，並被授予"虎膽英雄"稱號。從此，謝升標"虎膽英雄"的美稱在軍內外傳開。

1937年12月，謝升標任第三戰區蘇浙皖邊區遊擊司令部少將司令。奉命組建和擴大地方民眾抗日武裝，維持地方治安並懲治漢奸，主要活動在江蘇省宜興一帶。謝升標常用黃埔陸軍軍官學校的愛國名言："升官發財，請往他處；貪生怕死，勿入斯門"和祖國先賢與愛國人士的事蹟教育官兵，宣傳抗日救國道理，發展遊擊隊，進行遊擊戰爭。謝升標的遊擊部隊很快發展到3萬餘人，活躍於蘇、浙、皖三省交界區。伏擊日軍、破壞交通線路、奇襲日寇駐地、斃敵甚多。蘇浙皖邊區遊擊隊聲名迅速傳揚。

1938年2月21日，日軍對別橋一帶進行慘酷"掃蕩"，狂暴至極，尋找和妄圖消滅謝升標遊擊隊。謝升標冷靜分析形勢，雖然敵強我弱，但是只要抓住戰機，集中兵力，頑強出擊，就能取勝。於是，他毅然決定尋機打一場硬仗，教訓狂暴的日本入侵者。戰鬥在陳家橋舊兜圩打響。日軍以優勢兵力向我軍陣地發起猛攻。謝升標部官兵不畏犧牲，集中火力奮勇殺敵，不讓日軍前進一步。戰場硝煙彌漫，殺聲震天，日軍的進攻一輪接著一輪，我方雖然傷亡嚴重，但戰線始終未被日軍突破。同時，謝升標指揮一部，從日軍的側面進攻。另一部斷其日軍後路，斬斷補給，堵截援軍。鏖戰七天七夜，徹底粉碎了日軍的掃蕩。陳家橋一戰，共擊斃日軍 136 人，其中少佐 1 名；擊傷上百人，生俘日軍 34 人。

斷敵後路　殉國金雞嶺

1938 年 3 月初，徐州會戰期間，日酋為鞏固侵佔南京後的統治，掃清南京週邊的抗日遊擊部隊，指揮部隊進逼江蘇省溧陽。謝升標為配合我野戰軍第五十九師、第六十師與日寇正面作戰，策應徐州會戰，牽制日軍兵力，率部由安徽省廣德縣鳳凰山金雞嶺一帶出擊敵後。3 月 20 日，部隊在運動中與日軍遭遇。此部日軍陷於我軍第五十九師和第六十師的夾攻之下，已被打得落花流水，正沿金雞嶺一帶撤退。此時，謝升標率部當面攔住。日軍退路被謝升標部阻斷，立刻搶佔附近山頭，居高臨下，開始做垂死掙扎。為了不讓日軍突出我軍重圍，謝升標指揮部隊快速搶佔有利地形，力爭全殲此敵，敵我雙方展開了激烈的拼殺。正當謝升標指揮部隊仰攻山上的日軍時，突然被日軍炮彈擊中，壯烈殉國。時年 36 歲。

謝升標將軍犧牲後，其遺體被護送至抗日根據地，安葬於太華鄉大澗"興福庵"前的竹園裡。1938 年 4 月 25 日，臨海縣抗日自衛委員會及各界人士，為謝升標將軍舉行了隆重的追悼大會。1939 年年初，中華民國國民政府頒佈褒揚令，追晉謝升標陸軍中將軍銜。

注 [1]：《中國抗日戰爭史地圖集》第 65 頁《"八・一三"淞滬會戰中國軍隊指揮系統表》中說明，國民革命軍陸軍第七十二軍由第八十八師、上海保安總隊和獨立第二十旅等部組成。

謝承瑞將軍
General Xie Chengrui

陸軍少將、中央陸軍軍官學校教導總隊第一旅第二團團長

Major General and Commander of the 2nd Regiment of the 1st Brigade of the Training Crops of the Officers' Course of Central Army Officer School

　　謝承瑞，字蒼蓀，譽稱"軍事才子"。中國中央陸軍軍官學校教導總隊第一旅第二團上校團長，著名抗日愛國將領。1904年出生於江西省南康縣。1910年入本地小學讀書。1919年赴法國勤工儉學，入德國大學數學系學習。1921年入法國巴黎綜合技術學校學習。畢業後考入法國楓丹白露炮兵學校。1924年考入法國兵工大學預科班。1927年升入法國兵工大學。1929年又考入法國炮兵大學。1931年任中國國民革命軍陸軍第三十五軍軍械處中校處長。1933年任南京炮兵學校上校教官兼中國陸軍大學兵器教官和中央大學數學系教授。1935年考入中央陸軍軍官學校高等教育班第四期。1936年以第一名優異成績畢業，成為名副其實的中國軍事才子。

　　1937年7月，蘆溝橋事變發生，日本出兵入侵中國河北。8月，日本又出兵入侵中國上海。日本軍隊入侵徹底打破了中國和平建設環境，中國政府全力組織自衛應戰，中華民族抗日戰爭全面爆發。謝承瑞任中央陸軍軍官學校教導總隊第一旅第二團上校團長，率部積極備戰應戰。由於日本軍隊攻勢迅猛，逼向中國首都南京。11月20日，林森主席簽發《中華民國國民政府移駐重慶宣言》，堅定宣佈繼續領導中國軍民抗擊日軍入侵，謝承瑞和全體官兵誓言堅決服從政府領導，抗戰到底，保衛南京。12月7日，日軍向中國首都發起攻擊。謝承瑞率部防守南京工兵學校，與兄弟部隊配合多次打退日軍進攻。12月10日，運用火攻全殲侵入光華門日軍。在身體燒傷後，仍帶傷堅守陣地，獲記大功獎勵。13日，謝承瑞奉命率部撤退，在通過挹江門時摔倒殉職。時年34歲。1938年10月，中華民國國民政府追晉謝承瑞陸軍少將軍銜。

  Xie Chengrui, courteous name Cangsun, a "Military Talent", a famous patriotic general in the War of Chinese People's Resistance against Japanese Aggression, had been the Colonel and Commander of the 2nd Regiment of the 1st Brigade of the Training Crops of the Officers' Course of Central Army Officer School. He was born in Nankang County, Jiangxi Province in1904. In 1910, he went into a local primary school. In 1919 he went to work-study in France and entered the mathematics department of a German university. In 1921, he entered the France Paris Comprehensive Technical School, from which he graduated and then passed to Fontainebleau Artillery School. In 1924, he was admitted to the preparatory class of French Engineer University and was upgraded to French Engineer University. In 1929, he was admitted to the French Artillery University. In 1931, he was appointed the Lieutenant Colonel and Director of the Ordnance Department of the 35th Army of the National Revolutionary Army. In 1933, he was appointed the Colonel and Instructor of Nanjing Artillery School. Then he served as a weapons instructor at the Chinese Army University and a professor in the Department of Mathematics at the Central University. In 1935, he was admitted to the fourth training session of the higher education class of the Central Army Officer School and graduated with the first prize in the following year, a truly talented Chinese scholar.

  In July 1937, the Lugou Bridge Incident occurred, and Japan invaded Hebei Province in China. In August, Japan further invaded Shanghai in China. The Japanese military's invasion completely disrupted the peaceful construction environment in China, and the Chinese government organized a full-scale defensive response. The Chinese People's War of Resistance Against Japan broke out. Xie Chengrui served as the Colonel and Commander of the 2nd Regiment of the 1st Brigade of the Teaching Corps of the Central Army Officer School, leading his troops to actively prepare for battle. Due to the rapid advance of the Japanese forces, they approached the Chinese capital, Nanjing. On November 20th, Chairman Lin Sen issued the "Declaration of the National Government of the Republic of China on Relocating to Chongqing," firmly announcing the continued leadership of the Chinese military and civilians in resisting the Japanese invasion. Xie Chengrui and all the officers and soldiers pledged to resolutely obey the government's leadership, fight to the end, and defend Nanjing.

On December 7th, the Japanese launched an attack on the Chinese capital. Xie Chengrui led his troops to defend the Nanjing Engineering School and coordinated with brother units to repel the Japanese attacks multiple times. On December 10th, using fire tactics, they annihilated the invading Japanese forces at the Guanghua Gate. Despite being burned and injured, Xie Chengrui continued to hold his position and was awarded a major commendation. On the 13th, Xie Chengrui was ordered to retreat and fell to his death while passing through the Yijiang Gate. He was 34 years old at the time. In October 1938, the National Government of the Republic of China posthumously promoted Xie Chengrui to the rank of Major General.

軍事才子火攻日軍　帶傷抗戰殉職南京

謝承瑞通過多年潛心學習和研究深知："國弱人欺。祖國若強大，少年強則國強，少年智則國智，少年進步則國進步，少年勝於歐洲，則國勝於歐洲，少年雄于地球，則國雄於地球……"。所以，他於1919年赴法國勤工儉學。先入德國大學數學系學習，後在法國學校學習與研究軍事。謝承瑞留歐11年，掌握了多學科知識、研究方法和技能。回到祖國後，他夜以繼日工作，同時任南京炮兵學校上校教官、中國陸軍大學兵器教官和中央大學數學系教授，積極為國家培養科技人才和訓練培養軍事幹部。並日夜著書立說，喚醒國人。先後撰寫了《科學之軍事》（"海軍篇"和"陸軍篇"）、《法國空軍部》、《兵工之原料》和《工業建設之步驟》等著作與文章。強調國強，必須要有強大的軍事與國防作後盾。1933年10月，又奉命隨陸軍大學教育長楊傑將軍赴歐美考察軍事。回國後，任中央陸軍軍官學校教導總隊軍官隊上校教官等職，依據"九·一八"事變、上海與長城抗戰教訓和經驗，更加加倍努力為國家培養軍事人才。

1937年7月7日，蘆溝橋事變發生，日本出兵大肆入侵中國河北。8月13日，日本又出兵入侵中國上海。日本軍隊入侵徹底打破了中國和平建設環境，中國政府全力組織自衛應戰。謝承瑞任國民革命軍中央陸軍軍官學校教導總隊第一旅第二團上校團長，率部積極備戰應戰。11月中旬，日本軍隊佔領中國上海後，又兵分三路直赴中國首都南京。

11月20日，林森主席簽發《中華民國國民政府移駐重慶宣言》："自蘆溝橋事變發生以來，平津淪陷，戰事蔓延，國民政府鑒於暴日無止境之侵略，爰決定抗戰自衛，全國民眾同仇敵愾，全體將士忠勇奮發；被侵各省，均有極急劇之奮鬥，極壯烈之犧牲……邇者暴日更肆貪黷，分兵西進，逼我首都。察其用意，無非欲挾其暴力，要我為城下之盟。殊不知我國自決定抗戰自衛之日，即已深知此為最後關頭，為國家生命計，為民族人格計，為國際信義與世界和平計，皆無屈服之餘地……為適應戰況，統籌全域，長期抗戰起見，本日移駐重慶，此後將以最廣大之規模，從事更持久之戰鬥，以中華人民之眾，土地之廣，人人本必死之決心，繼續抗戰，必能達到維護國家民族生存獨立之目的。"謝承瑞與全體官兵認真收聽學習了國家宣言，深感日本欺人太甚，更激發了抗戰到底的決心，他們紛紛表示誓死保衛首都南京。此時，謝承瑞已身患重病，身體時常發燒。但他仍咬牙忍痛，堅持帶兵備戰。

12月7日，日本軍隊向中國首都南京發起了攻擊。謝承瑞率團防守南京工兵學校一帶，與兄弟部隊相互配合，打退日軍一次次瘋狂進攻。12月10日，南京光華門一帶的城牆被日軍火炮轟塌，日軍趁機兩次突入城內。在謝承瑞與兄弟部隊的英勇反擊下，將突入城內日軍基本殲滅。但是，仍有少量殘敵隱藏於城門門洞內，憑藉先進的武器進行對抗，以等待援兵和配合日軍攻城。謝承瑞建議組織敢死隊，運用火攻清除殘敵。進入半夜，謝承瑞帶人將大量汽油桶運上城樓，並將盛滿汽油的桶蓋打開。然後，從箭樓上一同將汽油桶摔到樓下門洞口。突然撒下火種，熊熊大火燃起，用烈火燒烤日軍。之後，謝承瑞親率敢死隊打開城門，與從城牆上縋下的我軍另一支敢死隊員前後夾擊，將入侵日軍全部消滅。由於謝承瑞指揮有方，戰功顯赫，獲記大功獎勵。

謝承瑞原本是抱病參戰，此次又被火焰灼傷。但是，謝承瑞堅持不下火線，繼續帶病帶傷率領官兵牢牢堅守光華門一帶陣地，使日軍進攻屢屢受挫，寸步難行。12月13日凌晨，謝承瑞奉命率部撤往下關，進行突圍。在通過挹江門時，因身體受傷和連續多天沒有休息、導致身體特別虛弱，被慌亂突圍失控的人群擁擠、摔倒踩踏身亡（由於首都衛戍司令長官唐生智沒有應變預案或者統籌計畫，在此緊急狀態下草草下達了撤退命令，導致南京城內一片混亂，造成很多軍民無辜傷亡）。中國一代軍事才子為國捐軀，時年34歲。

1938年10月6日，中華民國國民政府為褒揚謝承瑞團長抱病帶傷堅持抗戰之行為，追晉謝承瑞陸軍少將軍銜。

謝振平將軍
General Xie Zhenping

陸軍少將、國民政府北平市衛生局局長
Major General and Director of Beiping Municipal Health Bureau

謝振平，字存崗。榮獲"模範軍人"稱譽。中華民國國民政府北平（特別）市衛生局局長，陸軍少將，著名抗日愛國將領。1892年12月，出生於直隸省束鹿縣百福村。幼年入私塾讀書。1918年考入北平陸軍軍醫學校醫科。1922年畢業，任陸軍第七混成旅步兵第二團上尉軍醫。1923年任少校軍醫。1924年任西北督辦公署軍醫處中校軍醫。1925年任察哈爾督統署軍醫科上校科長兼陸軍醫院院長。1927年任陸軍第二集團軍第四路總指揮部軍醫處處長。1928年兼任陝西省省立醫院院長和省立平民醫院院長。1931年任陸軍第二十九軍軍醫處少將處長兼察哈爾平民醫院院長。1933年又兼任長城戰役抗日兵站醫院院長，帶領人員投入長城戰役傷患搶救、安置和醫藥供給。1936年年初任北平（特別）市衛生局局長。謝振平自幼好學，聰明過人。弱冠應試，屢考前名。爽直剛毅，熱誠忠厚。醫學才子，國軍名醫。救災濟民，鞠躬盡瘁。熱愛和平，傳承中醫。長城抗戰，救死扶傷。治理北平，功勳卓著。

1937年7月，蘆溝橋事變發生，日本出兵大肆侵犯中國河北，打破了中國和平建設環境，中國政府全力組織自衛應戰。謝振平坐鎮北平市衛生局，晝夜督率衛生局所屬員役構築市內防禦工事，協同中央防疫處籌辦市民防毒器材，全面負責前方受傷將士的救護與醫療。日軍侵佔北平後，謝振平又臨危受命留守北平指揮、保護在蘆溝橋等地區作戰受傷官兵 800 餘人醫治與安置轉移，巧妙掩護第二十九軍部分抗日將領與家屬安全撤退。8 月 14 日晚，謝振平為掩護戰友撤退被日本憲兵抓捕。在日本憲兵隊牢房受盡酷刑，始終保守國家機密，不出賣戰友、不交待城內文物珍寶去向，誓不降敵（"九·一八"事變與長城抗戰後，中國政府開始應對日本軍隊入侵，制定了應對計畫與預案，秘密有計劃撤走了城內故宮中的珍貴文物）。10 月 20 日夜，謝振平被日本憲兵秘密殺害，並運出城外消屍滅跡。時年 46 歲，他將自己的一生獻給了保衛祖國和平的崇高事業。1947 年 4 月，中國政府頒佈褒揚令追認謝振平抗日烈士，並在北平市舉行了隆重的公祭儀式和烈士靈位入祠八寶山忠烈祠莊嚴祭典。

  Xie Zhenping, courteously named Cungang, was honored with the title of "Exemplary Soldier". He was a famous patriotic general of the War of Chinese People's Resistance against Japanese Aggression, and held the position as the Major General and Director of Peiping Municipal Health Bureau. He was born in Baifu Village, Shulu County, Zhili Province in December 1892, and was educated in an old-style primary school. In 1918, he was admitted to Peiping Military Medical School. As he graduated in 1922, he served as the Surgeon Captain. In 1924, he was appointed the Surgeon Lieutenant Colonel in the Medical Department of the Northwest Supervisory Administration. In 1925, he was appointed as the Director of the Medical Department of Chahar Supervisory and Governor Administration and President of the Military Hospital. In 1927, he held the post of the Major General and Chief of the Military Surgeons' Office of the 4th Route Army Command of the 2nd Group Army. In 1928, he concurrently served as the President of Shaanxi Provincial Hospital and provincial civilian hospital. In 1931, he became the Major General and Director of the Military Medical Department of the 29th army, and director of Chahar Civilian Hospital. In 1933, he became the Director of the Hospital of the Great Wall War Station, and led the staff to participate in the rescue, placement and medical supply for the wounded in the Great Wall War of Resistance against Japanese Aggression. In 1936, he was appointed Director of the Peiping Municipal Health Bureau. Xie Zhenping was straightforward, strong-willed, enthusiastic, loyal, and honest. He was a talented medical scholar and a renowned military doctor. He loved peace and carried on the tradition of Chinese medicine. He worked tirelessly to aid disaster victims and help the people. During the defense of the Great Wall against Japanese aggression, he saved lives and provided medical assistance to the wounded. He also made remarkable contributions to the governance of Beijing.

  In July 1937, the Lugou Bridge Incident occurred, and Japan launched a large-scale invasion in Hebei, China, disrupting the peaceful construction environment. The Chinese government organized a full-scale defense. Xie Zhenping took charge of the Beijing Municipal Health Bureau and tirelessly supervised the construction of defense works within the city. He collaborated with the Central Epidemic Prevention Department to prepare civilian gas masks and was fully responsible for the medical care and treatment of injured soldiers on the front lines. After the Japanese occupation of Beijing, Xie Zhenping was entrusted with the task of staying behind in Beijing to command and protect over 800 injured officers and soldiers in areas such as Lugou Bridge, providing medical treatment and arranging their transfer. He skillfully covered the safe retreat of some anti-Japanese generals and their families from the 29th Army. On the evening of August 14th, while Xie Zhenping was protecting his comrades' retreat, he was captured by the Japanese military police. He endured severe torture in the Japanese military police prison but remained steadfast in preserving national secrets, refusing to betray his comrades or disclose the whereabouts of cultural relics in the city. He vowed not to surrender to the enemy. On the night of October 20th, Xie Zhenping was secretly murdered by the Japanese military police, and his body was disposed of outside the city to conceal the evidence. At the age of 46, he devoted his entire life to the noble cause of defending the peace of his motherland. In April 1947, the Chinese government issued a commendation order posthumously recognizing Xie Zhenping as an anti-Japanese martyr. A solemn public memorial ceremony was held in Beijing, and his memorial tablet was enshrined in the solemn ceremony at the Zhonglieci (Mausoleum of Loyalty) in Babaoshan Revolutionary Cemetery to commemorate his martyrdom.

心系民眾　鞠躬盡瘁

1922年7月，報著懸壺濟世——救天下蒼生、踐行三民主義和提高全民族健康水準的謝振平，以優異成績畢業於中國最早高等軍事醫學學府之一的北平陸軍軍醫學校。

謝振平通過四年的刻苦學習，打下了良好的醫學基礎：第一年學習與完成10門課程（物理學、化學、動植物學、生理學、解剖學，實習胚生學、算學、漢文、日文和英文等）。第二年學習與完成11門課程（解剖學、生理學、實習病理學、病理解剖學、診斷學、外科總論、藥物學、漢文、日文、繃帶學和藥方學等）。第三年學習與完成13門課程（內科學、外科分論、眼科學、產科學、婦科學、嬰科學、傳染病學、普通衛生學、內外科診驗、漢文、日文、軍醫外科學和軍醫衛生學等）。第四年學習與完成16門課程（內科學、外科分論、眼科學、皮膚病學、耳鼻喉科學、產科實習、細菌學、法醫學、精神病學、內外婦嬰診驗、軍隊衛生事務、軍事學、漢文、日文、學堂衛生學和工業衛生學等）。此外，還有貫通每年的軍事體操課與實習（寫出約五千五百字的"本校手術演習紀要"。包括八次手術：分別為腸切除術、胃壁切除術、蟲樣突起切除術、腸管吻合術、肋骨切除術、第二次肋骨切除術、腎臟摘出術、胃空腸吻合術。每個手術紀要均包括六個部分內容：一是人員及職務，二是應備器械，三是試驗動物，四是術前準備，五是手術式，六是附言）。謝振平畢業被分配到陸軍第七混成旅步兵第二團任上尉軍醫。1923年升任少校軍醫。1924年任西北督辦公署軍醫處中校軍醫。1925年任察哈爾督統署軍醫科上校科長兼陸軍醫院院長。1927年任陸軍第二集團軍第四路總指揮部軍醫處少將處長。1928年兼任陝西省省立醫院院長及省立平民醫院院長。

謝振平畢業後一路升職，充分證明他學用結合和懸壺濟世的能力與水準。1928年秋，陝西大旱，饑民無糧，謝振平積極協助各地政府和大戶人家開義倉，設粥場，賑濟災民；同時帶領大家節衣縮食，救濟民眾，免費醫療，救活了無數病人與難民，贏得民眾和當地政府好評。

1936年1月4日，謝振平上任北平（特別）市衛生局局長（冀察政務委員會委員長宋哲元、北平市市長秦德純）。衛生局主要管轄範圍包括醫藥管理、衛生防疫、環境衛生、食品衛生、畜犬管理和飲用水水質管理等與民生息息相關的諸項事務。為了全面提高民眾的健康水準和整頓市容，謝振平與同僚們煞費心機，盡忠竭力，帶頭示範，鞠躬盡瘁。1月6日，謝振平簽發《北平市政府衛生局訓令》："為令行事，滋來為治之方首重循亮之選，在位者清廉盡職，則人民蒙此福，貪污瀆職，則國家受此害。本委員長忝膺重任，值此時艱，深望與同仁等共矢清勤勵精圖治，爰舉要義，布示真誠：第一須體念民間疾苦，尊崇自己人格，矢志不作貪官污吏，盡掃貪污之習，共效廉潔之風，不獨功令森嚴，尤以身名為重，所共懷此也。其次黽勉奉公，勿妄作升官發財思想，論資孜績，句有穹章，敘等酬勞，原有祿俸，若使營求無厭必致政務廢弛，且利令智昏，轉至求榮反辱，此為自愛者所復深戒不屑為也。昔增文正公有言，習勞苦以盡職，崇儉約以養廉名賢片語是為楷模，本委員長素所服膺常以自勉同仁等，服務公家各有職責，同舟共濟，不乏賢良，當此危疑震撼之時，應以救國救民為急，在一日職即作一日事，辦一分事即花一分心，太上立德君子懷刑，振刷精神共圖治理，國利民福……"

1月7日，謝振平又簽發第二號令：《北平市政府衛生局管理畜犬及取締野犬規則》。1月18日，謝振平召開新聞界茶話會表示："衛生事業於市民之健康，關係至鉅，北平市為我國名都市之一，人口有一百五十萬之多，對於衛生事業，毋容稍忽，本人奉職後，希望於新聞界者：（一）衛生之道，至於民眾衛生常識之豐富，新聞界乃民眾之先導，希望以後多刊布關於灌輸衛生常識之文學，（二）以後衛生局舉凡一切設施，或有不逮之處，為集思廣益起見，希望新聞界時予指導。"謝振平為表示垂範作用，與《新北平報》預約，他將結合本市實況和季節變化，定期撰寫常見病預防和治療方法短文，刊載該報，以提高全民眾健康水準。接著，謝振平開始大刀闊斧整治環境衛生、食品衛生、毒品、改進糞便管理、自來水細菌超標、防疫、種痘和解決平民看病難等一系列問題。

城市糞便管理，涉及到每個人、每個家庭、每個部門和整座城市的衛生市容。尤其北平城內糞便事務矛盾重重，積怨太深，糞夫與住戶相互指責，糾紛不斷，積重難返，難以統籌解決。謝振平首先從糞便、衛生管理著手：進行宣傳教育，並編成歌曲帶頭演唱，做到人人皆知，人人動手。如《清潔歌》："起來早，把地掃，清潔運動不在今朝，處處幹淨心裏也牢靠，不讓他們外人說我糟，清潔運動高，幹淨多麼好！"再如《北平市清潔掃除運動歌》："燦爛北平城，纖塵不會生，大家努力講潔淨；打掃我屋宇，潑灑我門庭，窗明復幾淨，器物發晶瑩，一切污穢物，洗滌拂拭莫留停。道路河渠公共地，塵芥穢水切莫傾。箕與帚，手常擎，養成掃除習慣性，身勤神爽無疾病，同登壽域樂安寧。"

1月19日《北平晨報》報導："上任十幾天的衛生局長謝振平在記者招待會上即談到，'糞夫不注重衛生，市民惡之如仇，目為三閥之一……現決定將赴糞夫工會，實地調查應如何改善，方不使其感覺困難，易於實行。'"接著，謝振平親自對糞便衛生管理現狀進行調查，調解糾紛，解決糞夫實際困難和運輸工具等。並成立《改進糞便事務委員會》，親自兼任委員長。謝振平呈報市政府同意："鑒於一般糞夫經營糞業，日入甚微，對於子弟，無力供給入校攻讀，為使糞夫子弟有讀書機會起見，決在本市各城，創設糞夫子弟學校數處……""鑒於本市糞夫生活艱苦，死而不能葬者甚多，經議決，建置糞夫公墓一處……"從而調動了糞夫們的積極性，北平市衛生環境開始好轉。

同時，謝振平呈報市長秦德純決定，在全市開展衛生掃除運動。4月14日北平報紙報導："掃除運動大會明晨舉行，參加者四千人，秦德純等率領遊行，清道夫合唱清潔歌，在天安門內會場盛大舉行，會後分東西南三路遊行，遊行者包括：市立中小學生三千人，各機關團體代表二百餘人，清道夫三百名，員警一百餘名，出發時由清道夫持清潔工具，及推穢土車遊行，並唱清潔歌。大會主席團為秦德純邵文凱等，大會席上並約衛生專家演講。遊行時南路由秦德純率領，東路由陳繼淹率領，西路由邵文凱率領。"15日，全市展開了大遊行和大掃除，北平市檔案館資料記載："共按戶發放宣傳材料15萬份，檢查住戶1886戶，鋪戶2846戶，每日運出陳存積土50噸左右。4月16日至30日，十五個掃除班共清掃2740條巷子。"5月17日，《北平市第三屆衛生運動大會》召開，大會連續舉行7天：有衛生展覽、衛生表演、兒童健美操比賽，放映衛生電影，陳列衛生常識之儀器標本，市長訓話和衛生專家講演等。

同時大會議定，從今之後運動會每年五月份召開一次（1937年5月15日，《北平市第四屆衛生運動大會》召開，會議更加隆重而熱烈，得到了全市民眾的響應和參與）。最後，大會通過箴言："強國強種，衛生立先，日新又新，舊染必湔，舒適環境，奮厲無前，大會倡率，美意畢宜，盥洗滌穢，於今三年，精神淬厲，體格健全，齊力競進，相期勉旃"。

為了全面提高北平市平民的醫療條件，謝振平在冀察政務委員會委員長兼河北省主席宋哲元將軍支持下，又組織建立了四所平民醫院。據《北平市衛生大事記》記載："近因鑒於北平市四郊及保定缺少平民醫院，附近一般平民，一旦患病，極感不便，故特在北平市四郊，各設平民醫院一所，保定亦設一所處，每院開辦費為三千元，經常費按月二千元，各院院長人選，亦經宋氏派定：東郊平民醫院院長、由衛戍醫院院長雍世勳擔任，南郊由第二十九軍軍醫處長蔡善德擔任，西郊由北平市衛生局長謝振平擔任，北郊由綏靖公署軍醫處長擔任，以上各院長均屬兼職，不取酬勞……"所有醫護人員面向社會招聘，房屋設施、儀器設備由北平市政府負責調撥。1936年3月17日，《北平益世報》報導："茲定於北平四郊各設平民醫院一所，免費治療，用保民眾衛生而謀地方福利……"

謝振平心系民眾，包括方方面面：河北省晉縣東曹村，是一個古老的村寨。村中的王洛馴是一戶大財主，富甲一方；清代晚期，花四千兩白銀捐了個六品官。他自視自家身價和顯赫名聲，為富不仁、霸凌鄉親、強佔官田、不繳田賦，競選村長落選後，更是變本加厲，並且與兒子王小木賄賂了縣官。村長和村民有理難以伸張，村長王金月被逼含恨離世。有些村民無奈，準備槍具，想拉起隊伍造反。1936年2月中旬，該村副村長王敬華和王建貞得知：鄰縣的謝振平已任北平市衛生局局長，立即代表全村2000餘名村民奔赴北平，請求謝振平局長為村民伸張正義，討回公道，維護社會穩定。謝振平立即向河北省主席宋哲元彙報。宋主席表示："馬上派人核查，確保一方平安，還晉縣一片藍天……"1936年3月中旬新縣長上任，升堂公審此案。王小木父子在鐵證面前被迫低下了頭，被戴枷押進了大牢（此事已過去80多年了，謝振平心系民眾、為村民辦事之佳話，仍在當地流傳）。

然而，正在走向祥和、蒸蒸日上和逐漸強盛的北平市和河北省，被虎視眈眈的日本軍閥嫉恨：不斷遭到日本特務、親日分子和隱藏漢奸的尋釁滋事、騷擾挑釁——妄圖尋找藉口，挑起事端，破壞北平與河北的和平生活與建設環境。曾在日本留學的潘毓桂多次向衛生局借汽車給日本人用，衛生局則一概拒絕，潘毓桂不得已親自向謝振平索借，謝振平問他借車幹什麼用，他說："日本人要用，你還不給嗎？"謝振平厲聲回答："衛生局的車是為北平市清理垃圾專用的，怎能供日人驅使……！"潘毓桂灰溜溜的走了。由此，謝振平局長成為日本人和漢奸的眼中釘。不久，潘毓桂充當了日本侵略中國的走狗——大漢奸。

傳承中醫　中西結合

中醫，中國五千多年的醫學瑰寶，始終維持中華民族繁衍不衰。其所謂"中"，乃為陰陽之平衡也；所謂"醫"，則為祛病或醫道之術。中醫也一直被世界認為最神秘的醫學之一，主要包括十大典籍：《黃帝內經》、《難經》、《本草綱目》、《神農本草經》、《傷寒雜病論》、《脈經》、《針灸甲乙經》、《洗冤集錄》、《肘後備急方》、《劉涓子鬼遺方》等。所以中醫文化歷史悠久，獨具特色。一碗藥湯，一根銀針，常常能起到立竿見影的效果。對西醫造詣極深的謝振平對此有著濃厚的情感，要求部下必須有中醫方面的素養。因此，北平市衛生局職員都受過衛生、醫藥等方面高等教育或是留學歸國才子、或是熱愛中醫方面的醫士組成，即"富有專門衛生學問……促進本市衛生現代化，以保證市民生活健康……"也都是傳承中醫和進行中西醫結合的精英。

謝振平任北平市衛生局長，首先做的一件事，就是在局內增設一個直屬部門"醫學討論會"：組織醫學討論，積極倡導中西醫學術交流，堅定中國醫生對中醫認知與學習，並能使中西醫取長補短相互促進，提高中華民族的整體健康水準。1929年2月，國民政府中央衛生委員會在南京召開第一次會議。會上通過了余雲岫等人提出的《廢止舊醫以掃除醫事衛生之障礙案》。此案一出，引起軒然大波。通過激烈討論與爭議，國民政府廢除了《廢止舊醫以掃除醫事衛生之障礙案》，全面肯定了中醫之偉大作用。於1936年1月22日。國民政府頒佈實施《中醫條例》，謝振平立即執行。

1936年3月14日，謝振平主持中央國醫館在北平市設立藥學講習所："提倡我國固有醫術，根據新理闡明古法。"雷振遠任所長。4月11日下午兩時，北平市衛生局在中山公園中山堂，召集全市中西醫士1200人，舉行"醫學討論會"成立大會。屆時出席該會常委謝振平、趙樹勳、王郁驥、費均、邱倬、汪逢春、方石珊，北平市長秦德純代表件傭及中西醫士700餘人參會。大會主席謝振平，行禮如儀後，首先演講："……世界各國，對醫學之提倡，不遺餘力，進步甚速，如我國不急起直追，即將落伍，本會成立意義，即在不使落伍，且駕而上之，此非空言所能收效，必須注意研究……一切學術，均無止境……現在中西醫士並存，實則不能抹殺任何一方，蓋'醫無中西皆仁術'，且治已病不如治未病，預防工作，亦亟重要，醫士應將醫學常識及預防知識，貫輸一般民眾，即是推行仁術，此為本會同仁應盡之責任。"接著，秦德純代表參事件傭致訓詞："醫學討論會之成立，為北平市之創舉，將來溝通中西，改進醫學，前途光明無限。中醫發明最早，惟未能日漸改進，西醫來自歐美，與中醫異曲同工，過去中醫與西醫互相攻擊，實則一切醫術均為大家研究所得，中西醫如能溝通，其前途當更無限……"相關常委報告後，展開了熱烈討論，會議到21日結束，大會通過了《醫學道德學術說大綱》，大綱分為六個部分：①修身；②敦品；③好學；④敬事；⑤博愛；⑥尚義。會議決定：每月舉行兩次學術演講會，由謝振平負責主持與聘請專家。並要求、支持北平各醫院設立"中醫門診部"。

3月26日，北平市政府公佈了由謝振平起草改進中醫中藥的八項措施："北平市府前以醫藥關係民命，為衛生要政之一，曾飭衛生局詳擬改進中醫中藥辦法，現將該局業經擬定改進辦法八項，計：（一）指導醫藥團體。（二）修正中醫規則。（三）考試中醫。（四）隨時視察。（五）管理中國古方成藥。（六）化驗中國秘方成藥。（七）藥商註冊。（八）整理藥業等。以上八項，業已次第見諸實行，較前頗有相當進步。"

接著，謝振平組織全市中醫考試："除擬定考試規則選拔真才外，外地考取者亦可在北平執業。""北平市衛生局近對中醫中藥，極力整頓，以期中國固有學術，得以與時俱進，媲美歐美，庶國粹能保存於永久。"考試科目為：外科、內科、婦科、兒科、眼科、喉科、針灸科、正骨科、按摩科等。每年舉行二次，臨時聘請本市醫界知名之士充任委員，組成委員會，進行命題與閱卷。10月27日《北平晨報》報導："實到考試人數191人，其中內科125人，外科8人，喉科4人，針灸科26人，正骨科12人，按摩科16人。市政府參事仵傭，衛生局長謝振平等蒞場照料……考試經過情形甚為良好，上午九時至下午一時全部結束。"（1937年4月，北平再一次舉行中醫考試，應試者136名）。

1937年2月，北平醫藥界在國醫學院，舉行醫藥團體聯合慶祝《中醫條例》頒佈紀念大會。在崇外東興隆街的北平藥學講習所舉行開學典禮，江宇澄、謝振平、鄒泉孫等及各界人士約計萬餘人參加，極一時之盛。7月7日，中國抗日戰爭在北平郊區全面爆發，北平衛生局同仁在謝振平率領下邊搶救傷患，邊按部就班工作。7月20日，《北平晨報》報導："北平市衛生局醫學討論會，以時屆炎夏，正值時疫流行之期，特於十九日晨八時在衛生局大禮堂舉行第四次討論會，屆時到中西醫生，及衛生局所屬各衛生區事務所，市立醫院主任、院長等二百餘人。"最後，局長謝振平主席作總結指示：要求大家齊心協力，積極應對，防止疫情大規模發生，保護天下蒼生。

謝振平局長還呼籲："已成名的國醫，診金要減少，天下唯貧病交加者最可憐。而醫生不僅為某個人生存，還要著眼在救人，尤其是救有病無錢的人。"蕭龍友、施今墨、孔伯華、汪逢春、孔繁棣、范石生、楊叔澄、陳鐘義、高鳳桐、焦會元、劉福安、于恆、唐仲三、沈景范等北平醫術精湛、頗負盛名的中醫大家積極響應，認真配合——會診、應聘和解決疑難雜疾等。謝振平局長更是以身作則，按時到兼任院長的《西郊平民醫院》

檢查、義務坐診，經常為治病或搶救平民百姓生命夜不歸宿，第二天照常回局內辦公。

抗日醫官　衛國赴死

　　1931年9月18日，日本出兵侵佔中國東北地區。中國政府視為國家恥辱。但由於國家貧弱，政府忍辱負重，統一意志，爭取和平時間，努力提高國力，早日收復東北。然而，日本軍閥則採取種種手段進行拉攏、挑撥、挑釁和製造事端，變本加厲破壞中國和平環境。不斷向中國熱河、察哈爾、綏遠等地進行蠶食侵犯。1933年3月4日，日本關東軍一部侵佔中國承德後，立即以第六、第八師團和第十四、第三十三旅團等部共8萬餘兵力，分別向長城冷口、喜峰口、古北口等處進攻，企圖突破中國長城防線，進一步向華北擴大侵略。中國政府軍事委員會北平分委員會代理委員長何應欽指揮十七個軍共20餘萬人，依託長城天險阻擊日軍進攻。時任第二十九軍軍醫處少將處長的謝振平負責搶救、安置傷患和醫藥供給。

　　戰役全面打響後，國民革命軍陸軍第二十九軍前線指揮部、以及謝振平任院長的兵站醫院設在薊縣，距喜峰口僅有100餘里路程。如何調動北平、天津、察哈爾三地醫療物資儘快運到前線，同時把前線傷兵分送到三地及沿途醫院救治，成了謝振平院長面對的主要問題。然而，從北平、通州、薊縣至遵化、喜峰口，交通運輸僅有一條大車道。道路泥濘坑窪，時值初春，有些地方仍有堅冰，再加上日本飛機反復轟炸，致使道路更加崎嶇顛簸，有時車輛行駛四五里，就陷入泥沼或彈坑三四次，必須全體乘車者下車合力抬起前推，才能繼續行駛。所以"前線數十萬大軍之給養接濟，竟如此一行一顛之路，令人閉目一思，殊覺不寒而慄"。

　　謝振平院長與紅十字會及各界各地救援機構、民眾團體通力合作，徵集大量汽車、馬車，甚至駱駝參與運送傷兵。各大報紙紛紛報導：3月10日，《北平益世報》寫道：北平地方協會召集各車廠主、駱駝戶主，會同公安局及各區署長討論雇募車輛駱駝辦法，以支援前方。3月23日，《北平實報》報導：北平市公安局局長鮑毓麟汽車救護隊，每日救護前方傷兵運北平治療，並將感化所"罪犯"編充救護兵參與救護。3月28日，《新北平報》報稱：本市各學校學生紛赴前方運送傷兵。所有傷兵，均經薊縣再經通州運回北平。學生們還在喜峰口至北平之沿途各村，宣傳修路，得到了清華大學、北京大學、匯文中學、潞河中學等10餘校學生的熱烈響應。很快，清華大學抗日救國會102位學子組成修路隊，將最靠近前線的幾段道路填平修竣，還與天主教神父雷鳴元率領的100多名紅十字會人員合力整修了遵化南關至東關的一段馬路。這條長約三里的馬路整修竣，汽車不必穿過遵化城，可直達喜峰口，從而縮短了搶運時間。

　　謝振平院長不僅積極動員、協調社會力量運送傷兵，而且醫術精良，擅長外科手術，儘管軍務繁忙，仍然奔赴戰場救死扶傷。對於從戰場搶救下來的危重傷兵，立即在臨時兵站醫院進行手術。外邊飛機轟炸，大炮轟鳴，山炸石滾，房毀烟起。謝振平和軍醫們仍堅守在喜峰口前線臨時搭建的手術室裡，認真為傷兵們手術，一顆顆子彈從受傷官兵的身體裡取了出來，一個個將士的生命在他們手中得以拯救。在一次手術中，謝振平被飛來的炮彈彈片擊傷胳膊，在場人員勸他退到後方醫院，他堅稱："這也是我的戰場，我的職責就是救護傷兵，怎能後退？"稍事包紮傷口後，繼續埋頭做手術。

因戰役戰鬥相當激烈，受傷官兵越來越多，送到附近醫院後很快便滿員。謝振平又與各方聯絡，調配軍部後方醫務人員到前線，及時救治傷病員。他還積極呼籲、動員各界人士上戰場參加救護。熊希齡、徐蘭州、蘇錫麟等知名人士親率特別救護隊到喜峰口、古北口、天門石匣等前線實施搶救。每支救護隊有護士 50 餘人、醫生 20 餘人、夫役 200 到 500 餘人。與此同時，他積極推動平津察三地擴大醫療救濟。平津察三地立即設立大規模臨時傷兵醫院，救護安置大量傷兵或送後方進行治療。他日夜奔忙於前線與後方，辦事得力、功勳卓著，多次受到上峰讚揚或嘉獎，被授予"模範軍人"稱號。

1937 年 7 月 7 日，蘆溝橋事變爆發，日本軍隊向北平地區發起全面進攻。時任北平（特別）市衛生局局長的謝振平對部屬說："我是一名軍人，只有服從命令抗戰到底；我又是北平市一局之長，亦將與北平市共存亡。"便積極帶領全局人員備戰和救護傷兵：一是動員全市衛生系統力量，全力救治傷病員；二是為預防日軍使用毒氣，協同北平中央防疫處，籌措大量防毒器材，以供市民應急之需；三是主動與駐紮在北郊城外的第二十九軍第一三二師獨立第二十七旅石振綱旅長聯繫，為堅持抗戰爭取外援；同時，向軍部申請一批武器，發給該局人員，命令他們不分晝夜在市內巡邏、挖掘戰壕、構築防禦和防空工事。他還將所轄各清潔隊組成"鈎鐮槍隊"，保衛北平，準備巷戰。

7 月底，謝振平接到隨第二十九軍撤退保定的命令。正當他收拾行李之際，又接到命令：繼續留守北平，妥善救護安置在東四牌樓六條胡同衛戍醫院內受傷的 800 餘名官兵，以及把相關將領與家屬秘密轉移，然後再南下隨軍行動。謝振平立即趕往衛戍醫院，安排醫生護士、調撥醫藥器材，儘快救助受傷官兵。同時，他還要到各大醫院做好安撫、督促工作。不到一周，謝振平帶領衛生局、警察局留守人員，將 800 餘名傷兵迅速轉移到外資醫院救助或安置——這些傷兵：有的就地給予辦理市民戶口，留在北平；有的傷癒後拿著發放的路費離開北平；有的回軍隊繼續抗戰。對於傷重難治的則多次轉院搶救：例如，轉往協和醫院、紅十字會醫院的傅錫慶。他是第二十九軍第三十八師一名機槍手。在 7 月 28 日南苑戰鬥中因掩護學生兵向北撤退受傷，雙腿中 5 槍，他咬牙爬行一夜，幸得紅十字會所救，29 日 8 點，從大紅門傷兵集中點送進衛戍醫院。在謝振平的精心安排下，8 月初，他和一大批傷兵被轉移到帥府園協和醫院，在美國醫生的保護下，這批傷兵得以安全救治。傅錫慶傷勢嚴重，被截斷一條腿，後轉入東城紅十字會醫院。此時，只剩五六十名重傷兵。紅十字會醫院精心照顧這批重傷兵，還為傅錫慶募捐並做了義肢，協和醫院給他發放了路費，於1938年6月坐火車回到了天津老家。同時，謝振平還巧妙安排第二十九軍部分抗日將領與家屬安全撤退轉移。

7月29日，日本軍隊攻陷北平。8月14日晚，謝振平在北新橋大頭條二號的寓所秘密召集第二十九軍留守將領商討對策。參加會議的第二十九軍教育處徐航菊處長、軍部俞之喆處長等四五個人積極獻計獻策。10點多鐘，在寓所看門的人告訴謝振平：有一個日偽員警帶著人敲門，說要見謝振平局長。大家頓覺不妙，立即勸謝振平和他們一起從後院撤走。謝振平卻說："一起走，恐怕難以逃脫。既然找我，不如我去前面應付一陣子，你們先從後院撤走。"待其他人從後院跳牆撤走後，謝振平才去開門。謝振平開門後，便被偽員警和日本特務強行帶走。

謝振平被秘密關進了北平日本憲兵隊，日酋勸他合作歸降、交出潛伏同黨以及相關文物，均被拒絕。日本憲兵便對謝振平進行嚴刑拷打，採取灌涼水、臥釘床、電烙、電擊等酷刑。每次過堂均因受刑過重神智昏迷、不省人事，渾身血漬淋淋，皮肉臃腫潰爛，竟不能穿著衣物。更有一次上午九時拉出審訊，直至翌日午後四時才被抬回，因受刑過極，氣絕竟達三小時之久。終至多次受刑，損及內臟，而至咯血。暴日非但不予醫療，反僅給以幹腐米團果腹，並停給飲水。然而，謝振平將軍在日憲酷刑之下，仍剛毅不屈，怒斥眾敵，堅拒吐露任何機密。他的愛國英勇氣概受到同牢人敬佩不已，稱他不愧為一名中國軍人。在進行長達兩個多月的酷刑後，日本憲兵隊始終沒有得到任何情報。1937年10月20日午夜時分，便將謝振平拖到日本憲兵隊後院秘密殺害，並通過汽車運出城外，消屍滅跡。

謝振平被害後，仍不知謝振平已犧牲的其妻王華峰和兒子謝培英四處打聽他的下落，向各方求助營救……抗日戰爭勝利後，當地政府終於查清了謝振平為國犧牲的經過。中國政府要員、著名書法家于右任先生得知深受感動，親筆手書"克效忠貞"匾額一副敬悼。1947年4月1日，國家在北平中山公園中山堂為謝振平等五先烈舉行了公祭，北平市市長何思源任主祭，各機關團體及民眾代表近六千人參加公祭。其後，移送烈士靈位入祠八寶山忠烈祠，五百餘人參加，仍由何思源市長主祭。在烈士的靈位從中山堂入祀八寶山忠烈祠的途中，市民沿途設案路祭，極盡哀榮，送儀行列蜿蜒數里。6月12日，經中國第十一戰區司令長官部綏靖公署戰犯軍事法庭判決：將殺害謝振平的日本憲兵隊兩名戰犯處以極刑，充當日本走狗、出賣國家與人民利益的漢奸也得到了應有懲處。

謝振平將軍堅守崗位，救助傷兵，忠於祖國，寧死不屈的民族氣節永載史冊、光照宇宙。

羅芳珪將軍
General Luo Fanggui

陸軍少將、國民革命軍第八十五軍第八十九師第五二九團團長

Major General and Commander of the 529th Regiment of the 89th Division of the 85th Army of the National Revolutionary Army

　　羅芳珪，號建唐。中國國民革命軍陸軍第八十五軍第八十九師第五二九團上校團長，著名抗日愛國戰將；其所指揮該團曾先後榮獲"猛虎團"和中國抗戰"四大名團之一"稱號。羅芳珪1907年出生於湖南省衡山縣一書香門第。1911年入本地私塾讀書。1920年考入長沙岳雲中學。1925年考入廣州黃埔陸軍軍官學校第四期輜重科。先後任中央陸軍軍官學校入伍生團排長，教導總隊第一旅連長、營長、副團長。第八十九師上校團長等職。

　　1931年9月，日本出兵侵佔中國東北地區。中國政府視為國家恥辱。由於國家貧弱，政府忍辱負重，爭取和平時間，努力提高國力，早日收復東北。日本軍閥極力破壞中國和平建設，又出兵入侵中國綏遠省。1936年冬，羅芳珪任國民革命軍陸軍第十三軍第八十九師第五二九團上校團長，奉命率部馳援綏遠省，阻擊日軍入侵，給予日軍重大殺傷。1937年7月，日本又出兵入侵中國河北省。羅芳珪將隨軍懷有身孕的妻子康敬懿遣返回家。奉命率部隨軍搶佔南口正面陣地。在南口戰役中與兄弟部隊通力合作，殲滅日軍15000餘人，打出了中國軍隊軍威，鼓舞了中國軍民抗戰熱忱。1938年年初，任第八十五軍第八十九師第五二九團上校團長，奉命率部參加徐州會戰，予敵重創。

4月6日，羅芳珪在嶧縣大顧柵村指揮帶領部隊，對日軍展開慘烈的包圍與反包圍的激戰突擊中，突然身中敵彈壯烈殉國。時年32歲。中國軍事委員會委員長蔣中正得悉壯士捐軀，十分痛惜，親致挽聯悼念，命令追晉羅芳珪陸軍少將軍銜。

Luo Fanggui, with the courtesy name Jiantang, was a renowned patriotic general of the Chinese National Revolutionary Army. He served as the Colonel and Commander of the 529th Regiment, 89th Division, 85th Army. Under his command, the regiment earned the titles of "Fierce Tiger Regiment" and one of the "Four Famous Regiments" of the Chinese resistance against Japan. Luo Fanggui was born in 1907 in Hengshan County, Hunan Province, into a scholarly family. He began his education at a local private school in 1911 and later attended the Yueyun Middle School in Changsha in 1920. In 1925, he was admitted to the 4th Class of the Logistics Department at the Whampoa Military Academy in Guangzhou. He held various positions throughout his military career, including platoon leader in the Enlisted Students Battalion of the Central Army Officer School, company commander, battalion commander, and deputy regimental commander of the 1st Brigade of the Teaching Corps.

In September 1931, Japan invaded and occupied the northeastern region of China, which the Chinese government considered a national humiliation. Despite the country's weakness, the government endured the humiliation and sought peace while striving to enhance national strength. The Japanese militarists, however, actively undermined China's peaceful development and launched further invasions, including in the Suiyuan Province. In the winter of 1936, Luo Fanggui was appointed as the Colonel and Commander of the 529th Regiment, 89th Division, 13th Army of the Chinese National Revolutionary Army. He was ordered to lead his troops to reinforce Suiyuan Province, repel the Japanese invasion, and inflict significant casualties on the enemy. In July 1937, Japan launched another invasion, this time in Hebei Province. Luo Fanggui sent his pregnant wife, Kang Jingyi, back home and led his troops to seize the frontline position at Nankou. In the Battle of Nankou, he cooperated closely with brother units, annihilating over 15,000 Japanese soldiers and showcasing the military prowess of the Chinese army, inspiring enthusiasm for resistance among the Chinese military and civilians. In early 1938, Luo Fanggui was appointed as the Colonel and Commander of the 529th Regiment, 89th Division, 85th Army. He was ordered to participate in the Battle of Xuzhou, inflicting heavy damage on the enemy. On April 6th, while commanding his troops in the fierce encirclement and counter-encirclement battle against the Japanese army at Daguzha Village in Yixian County, Luo Fanggui valiantly sacrificed himself for his country, struck by an enemy bullet. He was 32 years old at the time. Upon learning of his heroic sacrifice, Chiang Kai-shek, Chairman of the Chinese Military Affairs Commission, deeply mourned his loss and personally composed an elegy in tribute. He ordered the posthumous promotion of Luo Fanggui to the rank of Major General in the Chinese Army.

為國忍負重　綏遠誅入寇

1931年9月18日，日本出兵侵佔中國東北地區。中國政府視為國家恥辱。由於國家貧弱，政府忍辱負重，統一意志，爭取和平時間，努力提高國力，早日收復東北。然而日本軍閥則採取種種手段進行拉攏、挑撥、挑釁和製造事端，破壞中國和平建設環境，妄欲鯨吞虎據。又不斷向中國熱河、察哈爾、綏遠等地進行蠶食侵犯。1936年8月，日本關東軍一部帶領偽蒙軍隊侵犯綏遠省北部重鎮百靈廟。11月初，兵鋒直指綏遠省首府，綏遠危急。駐守綏遠省國民革命軍陸軍第三十五軍、在傅作義軍長的指揮下向敵人發動反擊，力圖消滅進犯綏遠省東部紅格爾敵軍、收復百靈廟。羅芳珪任國民革命軍陸軍第十三軍第八十九師第五二九團上校團長，強忍祖國領土被強佔怒火，帶領官兵苦練殺敵本領。旋即奉命率團隨軍北上，支援第三十五軍。羅芳珪率領全團跨越崇山峻嶺，一路衝破重重圍堵，在冰天雪地中奮勇躍進，按時到達會師地點平地泉，與友軍相互配合拼殺，一舉收復百靈廟，斃傷日偽軍1000餘人。羅芳珪團為國立下戰功，該團榮獲"猛虎團"稱譽。羅芳珪即興賦詩一首：

"余生有幸握兵符，敵愾同仇把寇誅。
塞外長城堪自詡，衝鋒陷陣效前驅。"

名團戰南口　好將殉崞縣

1937年7月7日，蘆溝橋事變發生，日本又出兵大舉侵略中國河北。17日，中國政府委員會委員長蔣中正發表《對蘆溝橋事件之嚴正聲明》："中國民族本是酷愛和平……我們是弱國，國家要進行建設，絕對的要和平，過去數年中，不惜委曲忍痛，對外保持和平……我們固然是一個弱國，但不能不保持我們民族的生命，不能不負擔祖宗先民遺給我們歷史的責任，所以到了迫不得已時，我們不能不應戰……如果放棄尺寸土地與主權，便是中華民族的千古罪人……我們希望和平，而不求苟安，準備應戰，而決不求戰……如果戰端一開，就是地無分南北，人無分老幼，無論何人皆有守土抗戰之責……"。羅芳珪率領全團官兵認真收聽學習了蔣委員長《對蘆溝橋事件之嚴正聲明》，立即將隨軍已懷有身孕的妻子康敬懿遣返家鄉，全力準備應戰。

8月1日，羅芳珪奉命率部由豐鎮縣出發，向南口地區急進。8月3日拂曉，羅芳珪率團與兄弟部隊到達。奉命在南口、居庸關、得勝口等地搶築工事，阻止日軍向綏遠和山西進攻。南口是平綏鐵路東段的重鎮，距北平40餘千米，地處北平西北，是入綏、入晉的交通要道，地勢險峻，向有"西北鎖鑰"之稱。日本要打通平綏鐵路，南口為其必爭之地。羅芳珪奉命率部在南口車站、龍虎臺及南口險隘馬鞍山、虎峪村一帶佈防迎戰。此為南口戰場正面陣地。羅芳珪連忙進行戰鬥部署，向各連分配任務，並督促部屬連夜構築工事。

8月8日，日本集結精兵向南口發動進攻。南口戰役拉開序幕[1]。日軍先以猛烈的炮火和飛機對中國陣地輪番進行轟炸，企圖將整個山頭和工事炸平，把埋在路途上的地雷全部擊響。轟炸之後，日本坦克掩護步兵對中國守軍陣地發起輪番衝鋒。中國官兵，前仆後繼，英勇殺敵，打退了日軍一次次強攻。日軍多次進攻無果後，便開始投放大量毒氣彈，飛機投下的毒氣彈濺到石頭上把石頭燒得崩裂、融化。整個南口、居庸關戰場火海一片。10日，日軍向龍虎臺發起全面進攻，以更加猛烈的炮火轟炸龍虎臺等前沿陣地。然後，以坦克衝鋒掩護步兵進行攻擊，羅芳珪率部全力進行反攻，在龍虎臺展開了激烈肉搏戰。三連連長隆桂銓命令副連長掩護，親帶60餘名士兵，從側面撲向敵坦克，撬開鐵蓋子，將手榴彈塞進坦克中或者用手槍向瞭望孔射擊，硬是打癱了6輛坦克。他們先後6次奪回龍虎臺陣地。11日拂曉，日軍飛機和火炮連續向南口投彈轟炸，與此同時，日軍步兵、騎兵藉戰車掩護猛撲虎峪村前進陣地，羅芳珪指揮所部反復肉搏10餘次，將其擊潰。晚間，羅芳珪親率兩連士兵，悄悄衝進日軍坦克群，將手榴彈捆在一起，巧炸日軍坦克履帶，擊斃日軍300餘名，牢牢堅守著陣地……12日拂曉，日軍增兵5000餘、野炮60餘門、坦克車30餘輛，再次進攻南口虎峪村、得勝口、蘇林口一帶陣地，並出動飛機30餘架次，不斷輪番轟炸。炮火之猛烈為開戰以來所未見。羅芳珪率全團精兵死守不退，雙方展開激烈廝殺對打，陣地血流成河，屍體相互成疊，大地山巒變紅，天空更是殺得風雲變色，日月無光。日本軍隊仍沒能越雷池一步。

8月13日，南口戰役總指揮湯恩伯將軍致電羅芳珪："羅團長芳珪，文電誦悉，貴團連日力挫強敵，已確立本軍未來全部勝利之基石，曷勝欣慰！南口陣地，關係國家對抗戰之成敗，敵寇雖眾而凶頑，僅將其優勢之炮火，而不能盡毀此一帶。尤其吾人賴以抵抗強敵者，為戰鬥精神，而非大兵與精良之武器，吾儕誓死決不離開陣地寸步。人生百年，終須一死，好漢死在陣頭上，即為軍人光榮之歸宿。"全團官兵聞知總指揮嘉勉，鬥志更堅，奮力拼殺……廝殺激戰至25日，羅芳珪身負重傷，全團官兵大部戰死，被迫奉命撤出戰鬥，轉移到河南安陽整補。

南口戰役歷時18天。日本出動兵力70000餘人，中國參戰官兵60000餘人，共擊斃日軍15000餘人，傷其更多。中國軍隊以簡陋武器裝備，打出了中國軍隊威風，遲滯了日軍進攻速度。羅芳珪團被譽為中國英勇抗戰"四大名團之一"[2]。《中央日報》和《大公報》等報刊連續跟蹤報導[3]。

1938年3月初，徐州會戰進入白熱化，在河南省整補的湯恩伯軍團奉命馳援徐州，向山東省臨城進發，參加臺兒莊戰役。羅芳珪剛傷癒歸隊，所屬部隊番號改編為：國民革命軍陸軍第二十軍團第八十五軍第八十九師第五二九團，湯恩伯任第二十軍團軍團長，王仲廉任第八十五軍軍長，張雪中任第八十九師師長，羅芳珪任第五二九團團長。

第二十軍團（轄第十三軍、第五十二軍和第八十五軍）奉命對進攻臺兒莊一帶日軍的側背實施猛力攻擊和堵截台兒莊進犯之敵。3月16日，羅芳珪所部在山東滕縣官橋、南沙河之間與日軍一路展開激戰，給予日軍以猛烈痛擊。4月5日晚，羅芳珪所部向嶧縣大顧柵之敵發起進攻，6日晨，將阪田支隊主力包圍在大顧柵村一帶，雙方展開了激烈的包圍與反包圍廝殺戰。正當羅芳珪率全團官兵向日軍突進，縮小圍殲日軍包圍圈時，突然身中數彈，壯烈殉國。時年32歲。

在中國陸軍和中國空軍的全面配合下，1938年4月7日，取得臺兒莊戰役大捷，殲滅日本精銳部隊11000餘人。4月10日，羅芳珪遺體由臺兒莊運抵家鄉衡山入土安葬。衡山各界舉行盛大公祭儀式，縣長孫伏園主祭，林森、蔣中正、于右任、李宗仁、湯恩伯等國家和軍隊領導人贈送挽聯，致沉痛哀悼。蔣中正贈送挽聯上寫著："善戰久知名，詎意妖氛摧猛士；臨危能受命，好將浩氣振軍魂。"之後，中國政府頒佈褒揚令，追晉羅芳珪陸軍少將軍銜，入祀南嶽國家忠烈祠，以永志紀念。

注[1]：訾安春通信兵，參加並見證了這次戰役的全過程。訾安春，1911年12月出生於山東省章丘縣訾家莊一耕讀之家，自幼習武讀書。1931年"九·一八"事變發生，日本軍隊入侵中國東北。國家危亡，迫在眉睫，社會廣泛流傳著"**好鐵要撚釘，好男要當兵**"的說法、以及私塾先生的教誨"**青年學子應為國擔當，當兵報國才是真男兒……**"常在訾安春耳邊響起。1932年訾安春約了五個志同道合的夥伴，從章丘乘火車到保定報名參軍報國，成為國民革命軍陸軍第十三軍第八十九師補充團小炮排的一位新兵（因國家對軍人的體質、長相和個頭要求嚴格，只有三人通過測試合格入伍）。入伍不久，由於訾安春文化水準較好，考入了軍部通信營，改行通信兵。1936年下半年隨部參加了抗擊日偽軍入侵的綏遠省百靈廟與綏東戰役。1937年7月中國抗日戰爭全面爆發，訾安春隨部在平綏鐵路線抗擊日軍入侵。之後，先後參加了南口戰役、徐州會戰、武漢會戰、桐柏山區遊擊戰、隨棗會戰、棗宜會戰、豫南會戰、第二次長沙會戰和豫中會戰等大戰惡戰。歷任班長、準尉、少尉技副、中尉器材管理員、上尉技佐、少校技政等職。1949年隨部駐守北平，不久退伍到工廠做工，2019年無疾而終。享年109歲。

注[2]：中國抗戰初期，在眾多的參戰軍隊中，有4個團被譽為"**抗戰四大名團**"。分別是蘆溝橋抗擊日軍的吉星文團，南口戰役的羅芳珪團，太原會戰的陳錫聯團和淞滬會戰的謝晉元團。

吉星文團：即國民革命軍陸軍第二十九軍第三十七師第一一〇旅第二一九團（團長吉星文）。

1937年7月7日夜日軍向中國蘆溝橋發動進攻，駐守蘆溝橋的第二一九團奮起抵抗。戰鬥中吉星文身受重傷，仍率部奮勇堅守。在23天的戰鬥中，共殲敵3000餘人。陳錫聯團：即國民革命軍陸軍第八路軍第一二九師第三八五旅第七六九團（團長陳錫聯）。1937年9月在太原會戰中，第七六九團於10月19日向代縣陽明堡日軍機場發起夜襲，殲滅日軍100餘人，擊毀擊傷飛機24架。謝晉元團：即國民革命軍陸軍第七十二軍第八十八師第二六二旅第五二四團（原團長韓憲元、後為謝晉元）。1937年8月在淞滬會戰中日軍攻勢猛烈，10月26日日軍突破大場防線。謝晉元受命率第五二四團第一營掩護主力部隊撤退。在扼守蘇州河畔四行倉庫大樓和日後堅守中，率部打出了中國軍人視死如歸、忠勇愛國的壯舉（見下卷）。

　　注[3]：南口戰役殲敵人數，是作者在進行大量調查和走訪抗戰老兵、老人（如訾安春抗戰老兵之子訾貴江先生介紹），以及查閱武月星主編的《中國抗日戰爭史地圖集》、鄒偉平與章瑞年編著的《湯恩伯傳》（見參考書目）和《昌平文史資料·南口戰役專輯》記載中得出的可靠數字，毋庸置疑。

羅忠毅將軍
General Luo Zhongyi

國民革命軍新編第四軍第六師參謀長兼第十六旅旅長
Commander of the 16th Brigade and Chief of Staff of the 6th Division of the New 4th Army of the National Revolutionary Army

羅忠毅，原名宗愚。中國國民革命軍陸軍新編第四軍第六師參謀長兼第十六旅旅長，著名抗日愛國戰將。1907年出生於湖北省襄陽縣。先後入本地小學和中學讀書，1927年投身軍旅。1931年隨國民革命軍第二十六軍到達江西，12月率部參加紅軍，被編入工農紅軍第五軍團。之後，奉命到瑞金紅軍學校學習。1932年秘密加入共產黨。先後任班長、排長、連長、營長、團長、參謀長和司令員等職。

1937年7月，蘆溝橋事變發生，日本出兵大肆入侵中國，中國政府號召全國軍民團結一致，共同阻擊日本軍隊入侵，中華民族抗日戰爭全面爆發。工農紅軍積極響應，10月12日，中國南方紅軍遊擊隊奉命改編中國國民革命軍陸軍新編第四軍，開赴北方抗戰。1938年2月，羅忠毅任新編第四軍第二支隊參謀長，奉命率部開赴江蘇抗日。1939年11月，任新編第四軍江南指揮部參謀長，在蘇南堅持敵後抗日遊擊戰爭。1940年2月，任新編第四軍第二支隊司令員。1941年4月，任新編第四軍第六師參謀長兼第十六旅旅長。11月28日，日偽軍襲擊該旅駐地溧陽縣塘馬村，羅忠毅率部和第十六旅政治委員廖海濤一同與日偽軍展開殊死戰鬥，中彈壯烈殉國。羅忠毅時年35歲。

Luo Zhongyi, formerly named Luo Zongyu, a famous patriotic general of the War of Chinese People's Resistance against Japanese Aggression, had been the Commander of the 16th Brigade and Chief of Staff of the 6th Division, the New 4th Army, the National Revolutionary Army. He was born in Xiangyang County, Hubei Province in 1907. He was educated in a local primary school and a middle school. In 1927, he joined Army. In 1931, he joined in the Red Army and was incorporated into the 5th Army of China Red Army, then he went to Ruijin to study at the Red Army School. In 1932, he joined the Chinese Communist Party. He had served successively as the Monitor, the Platoon Commander, the Company Commander, the Battalion Commander, the Regimental Commander, the Chief of Staff, the Commander, and so on.

In July 1937, the Lugou Bridge Incident happened. Japan sent troops to invade China and broke the peaceful environment of China's development. The Chinese government made full efforts to organize self-defense, and the Anti-Japanese war broke out in an all-round way. On October 12th, the Guerrillas of the Red Army in South China were reorganized into the 4th New Army of the National Revolutionary Army. Luo Zhongyi, the Chief of Staff of the 2nd Detachment of the 4th New Army was ordered to advance northward to resist Japanese invaders. In November 1939, as the Chief of Staff of South Yangtze River Headquarters of the New 4th Army, he persisted in the Anti-Japanese guerrilla warfare in South Jiangsu enemy's rear areas. In February 1940, he was appointed Commander of the 2nd Detachment of the New Fourth Army. In April 1941, he served as Chief of Staff of the 6th Division of the New 4th Army and Commander of the 16th Brigade. On November 28th, when the Japanese forces assaulted Tangma Village, Liyang County, he and Liao Haitao (Commissar of the 16th Brigade) led their troops to counterattack the enemy. In the brave fighting, he was killed in action at the age of thirty-five and sacrificed his life to the noble course.

北上抗日　初戰告捷

1937年7月7日，蘆溝橋事變發生，日本出兵大舉入侵中國，打破了中國和平生活環境。7月17日，中華民國國民政府委員會委員長蔣中正發表《對蘆溝橋事件之嚴正聲明》："中國民族本是酷愛和平……我們是弱國，國家要進行建設，絕對的要和平……所以到了迫不得已時，我們不能不應戰……如果放棄尺寸土地與主權，便是中華民族的千古罪人……我們希望和平，而不求苟安，準備應戰，而決不求戰……如果戰端一開，就是地無分南北，人無分老幼，無論何人皆有守土抗戰之責……全國國民亦必須嚴肅沉著，準備自衛……"。

共產黨積極響應，立即發表了《中國共產黨共赴國難宣言》："……當此國難極端嚴重民族生命存亡絕續之時，我們為著挽救祖國的危亡，在和平統一團結禦侮的基礎上……取消一切推翻國民黨政權的暴動政策及赤化運動，停止以暴力沒收地主土地的政策。取消現在的蘇維埃政府，實行民權政治，以期全國政權之統一。取消紅軍名義及番號，改編為國民革命軍，受國民政府軍事委員會之統轄，並待命出動，擔任抗日前線之職責……"。10月12日，共產黨所領導的南方紅軍遊擊隊奉命改編中國國民革命軍陸軍新編第四軍（下轄四個支隊），即開赴北方前線，阻擊日本軍隊入侵。

1938年2月上旬，閩西、閩贛邊、閩南及浙南的紅軍遊擊隊，奉命改編新編第四軍第二支隊，張鼎丞任司令員，粟裕任副司令員，羅忠毅任參謀長。隨後第二支隊誓師北上抗日——開赴江蘇省南部橫山地區。橫山地區既是皖南新編第四軍軍部通向大江南北各遊擊區的咽喉要地，又是直逼南京（1937年12月中旬日軍攻佔南京）的一把尖刀。羅忠毅協助張鼎丞和粟裕二位司令員，大力宣傳抗日救國方針，取得了當地民眾擁護。並積極發展培訓抗日骨幹，先後成立了中共江寧、溧水和當塗縣委，組建了三個連隊的地方武裝，建立了橫山抗日根據地。

1938年冬，日酋秘密調集日軍、偽步兵騎兵2000餘人分三路合圍橫山，妄圖一舉消滅新編第四軍第二支隊，摧毀剛剛建立的抗日根據地。日偽軍一部攻佔博望，企圖切斷第二支隊後路。羅忠毅派兩個連協同偵察分隊，在橫山351高地與該敵展開激戰，吸引敵軍主力來犯，並破壞了通向橫山地區的所有道路和橋樑。隨後，羅忠毅親率一個營由獨山李家村經華府，繞道至博望與下望塘之間設伏。待日偽軍一部進入我設伏區域後，羅忠毅立即命令部隊發起總攻擊，並親自指揮機槍班掃射日偽軍。經過半小時的激烈戰鬥，斃敵200多人，繳獲一批武器彈藥。接著，又擊潰其他路進犯的軍隊，使日偽軍合圍行動徹底失敗。此戰之後，橫山抗日根據地得以鞏固和擴大。新編第四軍第二支隊初戰告捷，抗日名聲遠揚。

敵後奇襲　伏擊日軍

羅忠毅指揮作戰一個顯著特點，就是"抓住戰機，主動出擊"。1939年1月上旬，粟裕和羅忠毅決定奇襲官陡門。官陡門位於日軍蕪湖機場附近，是日偽軍的一個重要戰略據點。該據點碉堡林立，戰壕密佈，有一批裝備精良的日偽軍駐守。1月18日晨，羅忠毅率部冒雨秘密出擊。為了有效隱蔽我軍動向，麻痺敵人，他指揮主力部隊分兩路迂回前進，同時命令偵察分隊化裝潛入官陡門鎮內。1月19日凌晨2時許，兩路部隊進入官陡門附近的王石橋，於天亮前向敵人發起總攻擊，官陡門鎮內的偵察分隊亦同時向敵司令部發起攻擊。僅經過半個小時的戰鬥，全殲守敵300多人，繳獲大批軍用物資，而我軍只有兩名戰士受傷。羅忠毅立即率部撤出了官陡門鎮。

官陡門守敵被全殲後，日酋調動了大批日偽軍向官陡門集結。羅忠毅和粟裕分析敵情後，決定趁敵人報復心切、冒險急進和消滅我軍求功心態，在水陽伏擊敵人。高淳至水陽的橫溪地區是日偽軍趕往蕪湖、官陡門的必經之地。羅忠毅命令第三團一營和二營的兩個連隊，連夜趕到橫溪和小丹陽附近設伏。同時，命令三個連化裝成日偽軍襲擊敵人，並將敵人誘至我設伏區域。經過一夜激戰，羅忠毅和粟裕指揮部隊再次重創日軍。迫使日偽軍沒敢輕舉妄動。

1939年11月，新編第四軍第一、二支隊領導機關奉命合併，成立新編第四軍江南指揮部，陳毅、粟裕任正副總指揮，羅忠毅任參謀長。1940年年初，羅忠毅同第二支隊政治部主任羅化成率領第二支隊機關進入蘇南句容北部地區活動，成立句北地區軍政委員會，羅忠毅任書記。1940年2月，在原第二支隊機關的基礎上組成了新的第二支隊隊部，羅忠毅任司令員，廖海濤任副司令員。

塘馬突圍　血戰殉國

1941年4月，第二支隊奉命改編為新編第四軍第六師第十六旅，羅忠毅任第六師參謀長兼第十六旅旅長，廖海濤任第十六旅政委。他們率部繼續堅持在茅山地區和溧陽地區開展遊擊戰。

1941年深秋，蘇南地區細雨綿綿，天氣陰冷。日軍、偽軍通過偵察偵知我第十六旅駐地和相關情況，日酋秘密抽調兵力，集中步兵騎兵和炮兵3000餘人，偽軍800餘人，準備偷襲新編第四軍第十六旅旅部駐地。11月28日拂曉，日偽軍兵分三路急進突然包圍了溧陽縣西北的塘馬村第十六旅旅部駐地。此時，新編第四軍第十六旅旅部和蘇南黨政機關駐塘馬村及附近的村莊內，共1000餘人。而我駐塘馬村的戰鬥部隊僅有300餘人，且第十六旅的主力部隊遠在溧水一帶，形勢萬分危急。羅忠毅同廖海濤當即決定，由第四十八團第二營和旅部特務連在兩側頂住敵人，由參謀長王勝率黨政機關突圍。羅忠毅、廖海濤指揮作戰部隊同近4000名日偽軍展開了血戰。在打退了敵人八次瘋狂進攻，掩護一部分人員突圍脫險後，羅忠毅說："老廖，你趕快帶一部分人先突出去，這裡由我頂著。"廖海濤則說："應該你先走，這裡由我頂著……"。

面對近十倍於己的敵人，羅忠毅命令機槍手："把機槍架到村外去，掩護大家突圍！"然後對大家說："我們的子彈打完了，手榴彈用光了，我們就用刺刀，用拳頭，用槍托子打擊敵人，要寧死不降！"羅忠毅指揮部隊衝出村子，向南突圍。在衝鋒陷陣與敵廝殺中，羅忠毅頭部中彈，摔倒在地，壯烈殉國。時年35歲。同時，戰死的還有廖海濤政委和270多名官兵。羅忠毅和廖海濤殉國後，新編第四軍軍部通電全軍悼念。

羅策群將軍
General Luo Cequn

陸軍中將、國民革命軍第六十六軍第一五九師代理師長

Lieutenant General and Acting Commander of the 159th Division of the 66th Army of the National Revolutionary Army

　　羅策群，字宇澄。中國國民革命軍陸軍第六十六軍第一五九師少將副師長，著名抗日愛國戰將。1893年出生於廣東省興寧縣寧新鄉。1902年入本地私塾讀書。1917年考入保定陸軍軍官學校第六期工兵科。1920年畢業投身軍旅，先後任參謀、營長、團長、旅長和師參謀長等職。

　　1937年7月，蘆溝橋事變發生，日本出兵大肆侵略中國，打破了中國和平建設環境，中國政府被迫全力組織自衛應戰。羅策群任國民革命軍陸軍第六十六軍第一五九師第四七五旅少將旅長，奉命率部參加淞滬會戰。在組織抗擊日軍中戰功卓著，升任第一五九師副師長。12月初，任第一五九師代理師長，奉命率部參加南京保衛戰。在湯山、中華門、水西門、雨花臺等地阻擊日軍進攻。1937年12月12日，日軍攻入南京城。羅策群奉命率部突圍，與日寇激戰至13日，被日軍炮彈擊中，壯烈殉國。時年45歲。1940年3月，中國政府頒佈褒揚令，追晉羅策群陸軍中將軍銜。

　　Luo Cequn, courteously named Yucheng, famous patriotic general of the War of Chinese People's Resistance against Japanese Aggression, had been the Major General and Acting Commander of the 159th Division of the 66th Army of the National Revolutionary Army. He was born in 1893, in Ningxin Town, Xingning County, Guangdong Province. In 1902, he enrolled at a local primary school. In 1917, he was admitted to the Sapper Department of the 6th session of of Baoding Military Academy from which he graduated. In 1920, he joined the Army where he had served successively as a staff officer, Battalion Commander, Regimental Commander, the Division Chief of Staff, and so on.

In July 1937, when the Lugou Bridge Incident (the Marco Polo Bridge Incident) happened, Japanese troops invaded China on a large scale and broke the environment of China's peaceful construction. The Chinese government was forced to organize self-defense in full force. As Major General of the 475th Brigade of the 159th Division of the 66th National Revolutionary Army, Luo Cequn was ordered to take part in the Battle of Shanghai. Due to his outstanding achievements in commanding the troops to fight against the Japanese army, he was promoted to Deputy Director of the 159th Division. At the beginning of February, he served as Acting Division Commander of the 159th Division, and was ordered to lead the troops to participate in the Nanjing Defense War. In the Battle of Nanjing, Luo Cequn led his troops to defend Nanjing and engage the Japanese forces at Tangshan, the Zhonghua Gate, Shuixi Gate and Yuhuatai. On December 12, 1937, the Japanese army stormed into Nanjing. Luo Cequn was ordered to lead his troops in a breakout attempt and fought fiercely against the Japanese invaders until the 13th. He was struck by enemy artillery fire and heroically sacrificed his life. He was 45 years old at the time. In March 1940, the Chinese government issued a commendation order, posthumously promoting Luo Cequn to the rank of Lieutenant General in the Chinese Army.

保衛淞滬　勇戰日軍

1937年7月7日，蘆溝橋事變發生，日本出兵大肆入侵中國河北。8月13日，日本又出兵入侵中國上海。日本軍隊入侵徹底打破了中國和平建設環境，中國政府被迫全力組織自衛應戰，調兵遣將組織軍民抗擊日本軍隊入侵。羅策群任國民革命軍陸軍第六十六軍第一五九師第四七五旅少將旅長，奉命率部由廣東省趕赴上海抗擊日寇入侵，參加淞滬會戰。

9月16日，羅策群率部與全軍抵達上海南翔戰場。隨即在劉行與來犯日本第三師團一部展開血戰。日本第三師團又稱名古屋師團，是日本軍隊中甲種師團，裝備精良，訓練有素，戰鬥力相當強悍。但是，通過九個晝夜的血拼廝殺，雖然陣地屢失屢得，在羅策群部頑強阻擊下，日軍仍沒有前進半步，且付出了較大傷亡。之後，日酋集中火炮和飛機對羅策群部陣地進行反復炮擊轟炸，第一五九師中 7 個連陣地全部被日軍擊毀，官兵傷亡慘重，羅策群奉命率部與第一五九師餘部撤出戰鬥。部隊經過短暫休整後，羅策群率部和全師官兵又在楊木橋一帶，與日軍另一支勁旅展開血戰。經過慘烈激戰，又將日軍進攻擊潰，斃敵上千。羅策群因戰功升任第一五九師副師長。

1937 年 11 月 5 日，日本軍隊又一部在中國上海南面杭州灣北岸的金山衛和全公亭突然登陸。之後，日本以第六師團沿滬杭鐵路推進，另一部直撲松江，進攻淞滬戰場上中國守軍之側背，夾攻中國軍隊。中國軍隊被迫撤退，羅策群奉命率部向南京轉進。上海被日本軍隊佔領。

南京苦戰　壯烈殉國

1937 年 12 月 1 日，日本下達進攻中國首都南京的作戰命令，兵分三路向南京攻擊：右路沿京滬路西進；中路由宜興經溧陽攻向南京；左路由太湖南側西進，向南京合圍而來。中國軍隊奮力阻擊，南京保衛戰打響。

羅策群帶領部隊到達南京郊區後，奉命代理第一五九師師長之職（原師長譚邃連日征戰，傷病復發病倒），立即率部參加南京保衛戰。在湯山，羅策群率部與從京杭公路北上的日軍展開了激戰。由於第一五九師剛從淞滬戰場上退下來，已經損失慘重，又經連日征戰撤退，官兵們的身心俱疲，新補充的兵員也未及接受訓練，全師戰鬥力銳減。羅策群仍率如此疲憊之師，與佔據絕對兵力優勢和裝備先進的日本侵略軍決死拼殺，遲滯日軍攻勢兩日之久。之後，第一五九師奉命開進南京市，接收水西門、中華門、雨花臺一線的防務，繼續阻擊日軍的猛烈進攻。由於連續作戰和日軍在戰車、火炮及飛機火力的配合下，發動多次集團式衝鋒，我軍傷亡十分慘重，第一五九師僅剩不足一個旅的兵力。

12 月 12 日，日寇分路突入南京城，我守軍奉命突圍撤退轉進。羅策群部及所在第六十六軍與來自廣東的第八十三軍奉命集結於太平門，沿京杭公路向皖南方向突圍。是夜，羅策群率第一五九師打前鋒，帶領和掩護大部隊突圍轉進，當行至紫金山北麓的岔路口時突遭日軍阻擊，激戰再起。官兵們幾次衝擊，都未能衝過封鎖線。羅策群手執機槍，對官兵們大聲喊道："弟兄們，跟我來，勿要做哀仔呀（粵語，意為'不要丟臉'）！"一馬當先衝鋒殺敵闖開血路，帶領部隊突出了封鎖線。血戰至 13 日天亮，部隊突圍至江邊時，日寇開炮進行跟蹤轟擊，羅策群將軍被彈片擊中，壯烈殉國。時年 45 歲。

1940 年 3 月 25 日，中華民國國民政府頒佈褒揚令，追晉羅策群陸軍中將軍銜；給其家屬一次恤金 2000 元，年恤金 700 元。

嚴立三將軍
General Yan Lisan

陸軍中將、國民政府湖北省代理主席
Lieutenant General, Acting Chairman of the National Government Hubei Province

　　嚴立三，又名重，別號劬園。中國湖北省代理主席，陸軍中將，著名抗日愛國將領和勤政廉潔官員。1892年出生於湖北省麻城縣。1898年在本地私塾讀書。1912年入安徽陸軍小學學習。1914年考入北京清河陸軍第一預備學校。1916年升入保定陸軍軍官學校工兵科。1924年到廣州黃埔陸軍軍官學校任教官。1926年任中國國民革命軍總司令部訓練處中將處長。1928年任湖北省政府委員兼民政廳廳長。

　　1937年7月，蘆溝橋事變發生，日本出兵大肆侵略中國，打破了中國和平建設環境，中國政府全力組織自衛應戰。嚴立三任湖北省委員兼民政廳廳長和保安處中將處長，積極組織與帶領全省軍民抗日和保衛武漢。1938年10月，湖北省政府西遷恩施，又自任湖北聯合中學校長。1939年1月，奉命代理湖北省主席，後又兼任省建設廳廳長。嚴立三身兼數職，工作總是率先垂範，無出其右；他潔身自好，生活簡樸，濟世救民，嚴懲貪官懶官，打擊販賣吸食鴉片；帶領全省軍民全力保障隨棗會戰（在隨縣和棗陽地區抗擊侵華日軍的大型戰役）、棗宜會戰（在棗陽和宜昌地區抗擊侵華日軍的大型戰役）和中國軍隊在湖北抗擊日本軍隊的軍糧物資供給與傷員轉移、安置；以及保障全省民眾的生產生活，日理萬機。1940年9月，嚴立三謝官辭任（主動辭掉湖北省代主席職務），率領省保安第二團官兵墾荒育人，為抗日將士提供糧草和培養抗日後備力量。終因常年生活清苦，日夜奔波操勞，體力不支，病倒崗位，1944年4月30日，嚴立三殉職。時年53歲。

Yan Lisan, also known as Chong, style name Quyuan, Acting Chairman of Hubei Province of China, Lieutenant General of the army, was a famous patriotic general of Chinese People's Anti-Japanese War and a diligent and honest official. He was born in Macheng County, Hubei Province in 1892, and studied in a local private school in his childhood. In 1912, he entered Anhui Army Primary School. In 1914, he was admitted to First Army Preparatory School of Beijing Qinghe. In 1916, he was promoted to the engineering section of Baoding Army Academy. In 1924, he went to Whampoa Military Academy in Guangzhou as a teaching officer. In 1926, he served as the Chief of the Training Department of the General Headquarters of the Chinese National Revolutionary Army. In 1928, he was appointed a member of Hubei provincial government and Director of the Department of Civil Affairs.

In July 1937, the Marco Polo Bridge Incident occurred, and Japan launched a large-scale invasion, disrupting China's peaceful construction environment. The Chinese government organized a full-scale defensive response. Yan Lisan served as the Communist Party Secretary and Director of the Civil Affairs Department of Hubei Province, as well as the Director-General of the Security Bureau, actively organizing and leading the military and civilians of the entire province in the resistance against Japan and the defense of Wuhan. In October 1938, the Hubei Provincial Government relocated to Enshi, and Yan Lisan also served as the principal of Hubei United Middle School. In January 1939, he was appointed as the acting Chairman of Hubei Province and later concurrently served as the Director-General of the Construction Department. Yan Lisan held multiple positions and always set an example in his work, surpassing others. He led a modest and frugal life, dedicated himself to benefiting the people, and cracked down on corrupt and lazy officials while combating the opium trade. He led the military and civilians in ensuring the supply of military provisions and the transfer and settlement of wounded soldiers during the battles of Suizao and Zaoyi, as well as the resistance of Chinese forces against Japanese troops in Hubei. He also ensured the production and livelihood of the entire province's population, managing numerous responsibilities. In September 1940, Yan Lisan resigned from his official positions, taking the lead in leading the Second Regiment of the Provincial Security Bureau in land reclamation and education, providing food and training for the anti-Japanese soldiers and cultivating reserve forces for the post-war period. Due to years of austere living, tireless work, and declining physical health, he fell ill and passed away in his position on April 30, 1944, at the age of 53.

記在世界反法西斯戰爭中赴難捐軀的中國將軍們

奮力抗戰濟世救民　廉潔奉公清苦殉職

　　1937年7月7日，蘆溝橋事變發生，日本出兵大肆侵略中國。中國政府忍辱負重，能爭取一日和平則多爭取一日和平的建設願望，全部被打破。7月17日，中國政府委員會委員長蔣中正發表《對蘆溝橋事件之嚴正聲明》："中國民族本是酷愛和平……萬一真到了無可避免的最後關頭，我們當然只有犧牲，只有抗戰……如果放棄尺寸土地與主權，便是中華民族的千古罪人……我們希望和平，而不求苟安，準備應戰，而決不求戰……全國國民亦必須嚴肅沉著，準備自衛……"。8月7日，中國政府在南京舉行最高國防會議，決定全面實施自衛應戰。10月，任命嚴立三為湖北省政府委員兼民政廳廳長和湖北省保安處中將處長，命其組織全省軍民備戰抗戰，保衛武漢（武昌和漢口的統稱），保衛湖北，為中國抗戰保一方平安。

　　中國武漢，是湖北省省會，地處全國腹心。此時，日本軍隊已經侵佔中國北平、天津和石家莊等地，正向中國上海、太原和濟南等地進攻。武漢成為了中國抗戰與安全中心：中國大批抗戰物資、重要機器設備和國家文物圖書儀器正分別通過公路、鐵路和水路從華北、華東和長江緊急運往武漢，大批難民正從日軍的鐵蹄下逃往武漢，在前方與日軍廝殺的中國百萬大軍糧草補給正由武漢地區運往前線，前方幾十萬換防休整、傷殘將士也正向武漢集中、治療，還有全省百姓的衣食住行等問題……嚴立三無一日不在調度，無一日不在奔波，無一日不在複雜多變的事情處置之中。

　　1937年12月13日，日本軍隊侵佔中國首都南京，抗戰指揮中心又遷移到武漢。1938年6月12日，日本大軍向武漢發起進攻。6月14日，中國政府任命陳誠為湖北省主席。在此之前，陳誠已任中國軍事委員會政治部部長、武漢衛戍總司令、中央訓練委員會主任委員和中央訓練團教育長等職，而今又任湖北省主席，他說："……對於這項任命，使我感覺異常惶恐。因為抗戰局面，已進入另一更艱危的階段，自忖才力有限，而且兼職太多，如何再能肩負這樣一個重任？"然而："……接受了這一任命，就因為我有把握挽請立三繼任民政廳廳長……"。陳誠與嚴立三是二十多年的老朋友。嚴立三的高風亮節，對國家對人民高度擔當負責的精神，陳誠最為瞭解。所以，陳誠相信，只要嚴立三任民政廳廳長，其省主席的大任就能擔好。

　　然而，更加危機和更加緊張的局面正向嚴立三襲來。日本35萬餘裝備精良的大軍正分別從陸路和水路攻向武漢，日本幾十架飛機天天在武漢上空轟炸。已聚集到武漢的全國各類物資、民眾和政府機關人員、學校學生又必須緊急疏散轉移……陳誠上任不到一個月，又奉命擔任第九戰區司令長官，即離開武漢奔赴前方督師，全省政務全"由嚴立三主持推動"。武漢又成為全國最緊張、最危機和最不安全的城市，嚴立三的擔子越來越重。

嚴立三一方面冒著敵機轟炸組織指揮武漢民眾、傷兵和學生疏散、轉移、西撤，一方面調動全省運輸業搬遷武漢物資、機器、文物、圖書，以及還要解決所有遷移人員的衣食住行和在前方浴血奮戰將士的糧草供給。對於在大敵壓境下日理萬機的嚴立山，陳誠將軍說："立三先生處危若定，措置裕如，以故萬千的生命，得獲保全，無數的物資，得免資敵，歷年收藏的圖書、儀器得免散失……"。其省政府秘書長賀有年稱述嚴立三："先生於機關、學校之遷移，公物器材之轉運，都市民眾之疏散，外來難民之安置，以及地方官吏戰時應變之方案，端緒紛紜，一一規劃，分別施行。又乘間出巡各縣，視察馭眾制敵之佈置，指示臨時因應之機宜，遭敵空襲，屢瀕危殆，不顧也。至武漢淪陷前一日，始乘輪西上。省屬各機關已先遷宜昌，先生至，命復遷恩施。己則留駐宜昌，鎮撫流亡，收拾殘破。於搶救青年、拯濟難民、保存圖書儀器，尤不遺餘力……更番巡視鄂中、鄂北，期以解決當地問題，加強軍民關係。而搶運鄂中糧、棉各產，更視力能及以赴，夙夜焦思，不遑寧處……"。

1938年10月，湖北省政府西遷恩施，嚴立三又自兼任從湖北各地遷移到此而成立的聯合中學校長。1939年1月初，中國政府正式任命嚴立三代理湖北省政府主席，後又任命其兼任省建設廳廳長。恩施是中國抗戰和中國戰區指揮中心重慶的東大門，日本軍隊佔領武漢後，多次向恩施一帶發起攻擊，中國軍隊奮力阻擊。嚴立三及時組織全省民眾搶修道路、提供車船，供給軍隊糧草、民夫和擔架，保障了第五戰區組織實施的隨棗會戰、棗宜會戰等大戰惡戰的順利實施，全力堵截了日本軍隊向重慶的進攻，確保了中國戰區指揮中心"東大門"的安全。

嚴立三忠於職守，嫉惡如仇，嚴懲腐敗。他在巡察中瞭解到咸豐縣縣長秦紹恬，經常不按時上班，便親自查驗，果真如此，立即予以嚴肅處理。沙市警察局長朱鼎鈞，利用職權敲詐法幣2000元，經查證屬實後立即法辦。恩施縣政府會計主任經常吸食鴉片，經調查核准後立即處以極刑。並奉命拿辦畏罪潛逃楊幹。他還制定政策穩定物價，保障全省民眾的基本生活，堅決打擊哄抬物價勢力和日本特務破壞活動。

嚴立三做事處處以身作則，生活極為簡樸，清水淡茶，布衣素食；出行巡察輕騎簡從，住宿專找簡陋客棧。他時常對部下說："大敵壓境，人民流離失所，轉死溝壑，何忍錦衣玉食，以自甘肥……"。他以自己的切實行動為全省軍民做出了表率，以致"上行下效，相習成風"。當他請辭離任後，接替他的陳誠將軍發現："……立三先生有時連分內應得的錢都不要。他代行省主席職務逾兩年，主席的特別辦公費，應當歸他領用，是天經地義的事，他也不要。"嚴立三的勤政廉潔，高風亮節和愛民抗戰行為與精神，實乃驚天地泣鬼神！

1944年4月30日，嚴立三突然殉職。中共南方局副書記董必武驚聞噩耗，特撰挽聯，以表達痛惜和哀悼之情："貽我一篇書，語重心長，自探立國千年奧；奠君三爵酒，形疏禮薄，難訴回腸九曲深。"陳誠主席十分痛惜地說："立三先生一生，不但談不到'餘財、餘帛'，簡直還都過的是清苦不堪的生活。綜觀他的一生，可以說是苦死的。"是啊，日本軍隊入侵，老百姓流離失所，連飯都吃不上。作為一方官員、軍人或有良知的知識份子，應該勇於承擔和必須解決！嚴立三鞠躬盡瘁，節衣縮食，全力救民抗戰，正彰顯了中國政府官員、軍人、知識分子的高尚品德和為和平而奮鬥的精神。

闞維雍將軍
General Kan Weiyong

陸軍中將、國民革命軍第三十一軍第一三一師師長

Lieutenant General and Commander of the 131st Division of the 31st Army of the National Revolutionary Army

闞維雍，原名慶福，號伯涵，譽稱"儒將"。中國國民革命軍陸軍第三十一軍第一三一師少將師長，著名抗日愛國戰將。1900年8月，出生於廣西省柳州市一書香之家。早年喪母，自幼聰穎，勤奮好學，性情忠厚。1907年入私塾啟蒙。1908年入小學讀書。1914年考入南寧模範學堂。1917年考入廣西醫科學校。1919年考入廣西陸軍講武堂工兵科。1932年考入南京工兵專科學校。在軍旅中先後任參謀、教官、營長和團長等職。

1937年7月，蘆溝橋事變發生，日本出兵大肆侵略中國，打破了中國和平建設環境，中國政府全力組織軍民自衛應戰。闞維雍率部駐防廣西，帶領部隊努力備戰，提高戰鬥技能。1938年年底，闞維雍考入中國陸軍大學將官班深造，軍事素質和理論水平快速提高，留下了"儒將"美譽。1939年年底，闞維雍任國民革命軍陸軍第三十一軍少將參謀長，奉命率部參加崑崙關戰役。1942年春，闞維雍任第三十一軍第一三一師少將師長，奉命率部擔負桂西南防務。1944年8月，奉命率部參加桂柳會戰（在桂林和柳州地區抗擊侵華日軍的大型戰役）。在桂林保衛戰中，冒著日軍槍林彈雨督戰。戰至11月10日，所率官兵大部戰死，桂林城危在旦夕。身為軍人的闞維雍深恨自己未能完成堅守和保衛桂林城之任務，對不起國家和人民養育，拔槍自戕，壯烈殉國。

時年 45 歲。1945 年 4 月，中華民國國民政府明令褒獎闞維雍忠勇抗戰之行為，追晉陸軍中將軍銜。

Kan Weiyong, originally named Qingfu, with the courtesy name Bohan, was renowned as the "Confucian General." He served as the Major General and Commander of the 131st Division, 31st Army of the Chinese National Revolutionary Army, and was a distinguished patriotic general during the resistance against Japan. He was born in August 1900 into an intellectual family in Liuzhou City, Guangxi Province, China. Having lost his mother at a young age, he was intelligent, diligent, and studious, with a loyal and kind disposition. He began his education at a private school in 1907 and attended elementary school in 1908. In 1914, he gained admission to the Nanning Model School, and in 1917, he entered the Guangxi Medical School. In 1919, he enrolled in the Engineering Department of the Guangxi Army Cadet School. In 1932, he was admitted to the Nanjing Engineering Specialized School. Throughout his military career, he held various positions, including staff officer, instructor, company commander, and regimental commander.

In July 1937, the Marco Polo Bridge Incident occurred, and Japan launched a large-scale invasion, disrupting China's peaceful construction environment. The Chinese government organized a full-scale defense, and Kan Weiyong led his troops to defend Guangxi, diligently preparing for battle and enhancing combat skills. By the end of 1938, Kan Weiyong was admitted to the Senior Officers' Course at the Chinese Army University, where his military qualifications and theoretical knowledge rapidly improved, earning him the reputation of the "Confucian General." In late 1939, he served as the Chief of Staff of the 31st Army, 131st Division, Chinese National Revolutionary Army, and was ordered to participate in the Battle of Kunlun Pass. In the spring of 1942, Kan Weiyong became the Major General and Commander of the 131st Division, 31st Army, responsible for defense in southwestern Guangxi. In August 1944, he was ordered to participate in the Guilin-Liuzhou Campaign. During the defense of Guilin, he bravely supervised the battle despite facing heavy gunfire from the Japanese. The battle lasted until November 10th, resulting in the death of most of his officers and soldiers, with Guilin on the brink of collapse. Overwhelmed with regret for not fulfilling his duty to defend Guilin, Kan Weiyong took his own life with a gun, heroically sacrificing himself for his country. He was 45 years old at the time. In April 1945, the National Government of the Republic of China officially commended Kan Weiyong for his brave actions in the resistance against Japan, posthumously promoting him to the rank of Lieutenant General in the Chinese Army.

研習軍事　抗擊日寇衛和平

1932年1月，闕維雍任中國國民革命軍陸軍第七軍工兵營上校營長，耳聞目睹日寇在中國東北、華北、華東地區的擴張侵略、挑釁和製造離間事端行為，義憤填膺，賦詩一首，以表明軍人抗日報國之決心：

"矢志清遼東，聞雞起舞。

雄心驅日寇，臥薪嚐膽。"

所以，闕維雍一邊帶領部隊抓緊時間習武、提高官兵戰鬥技能，一邊研究軍事和日本軍隊戰法，時刻準備為保衛國家和平赴難捐軀。之後，考入南京工兵專科學校學習深造。

1937年7月，盧溝橋事變發生，日本出兵大舉入侵中國，打破了中國和平建設環境，中國政府全力組織自衛應戰。日本軍隊的鐵蹄在中國大地上橫衝直撞，中國軍隊奮力阻擋。闕維雍率部駐防廣西，更加努力訓練與學習，提高部隊戰鬥技能和官佐指揮能力。為了能更好地系統學習軍事科學，1938年12月，他又考入中央陸軍大學乙級將官班第一期深造。闕維雍認真聽講，飽讀兵書，素質快速提高，尤其對工兵專業造詣頗深，而且博學多才，文筆曉暢，留下了"儒將"的美稱。闕維雍撰文指出："強國者兵，強兵者將，國無兵則失其所以為國，兵無將則失其所以為兵。是國無兵不可也，兵無將尤不可也，故國之大無可用之兵必亡，兵雖眾無統禦之將必敗……"。

1939年11月，日本軍隊又向中國廣西發起進攻，中國政府奮然應對，桂南會戰拉開戰幕。闕維雍任第三十一軍少將參謀長，奉命率部參加抗擊日寇的崑崙關之戰，予敵重大殺傷。1942年春，闕維雍調任第三十一軍第一三一師少將師長，奉命率部擔負桂西南之防務。並前往西北參觀軍校教育及部隊訓練，返回第一三一師駐地後，結合與日軍戰鬥的實際需要，組織實彈攻防對抗演習，提高部隊戰鬥力。闕維雍還利用部隊休整時間，自學日語和越南語。在率部駐防中國與越南邊境時，還編著了《越語入門》，教授下屬與官兵，以利對日作戰和參與世界反法西斯之戰，維護世界和平（闕維雍的做法和預言在1945年9月9日實現，日本向中國戰區投降降書說明："……臺灣與越南北緯十六度以北地區內之日本全部陸海空軍與輔助部隊應向蔣委員長投降……"中國軍隊開赴越南，接受侵入越南的日本軍隊投降）。

堅守桂林　斷頭不做降將軍

1944年8月底，日本秘密糾集八個師團和兩個旅團主力，共計約134000人，乘我軍一部主力入緬甸維和，兵分三路進攻中國廣西，企圖佔領桂林、柳州等地中國軍事重鎮和機場，圍殲廣西境內中國軍隊主力，徹底打通中國連接越南的陸上交通線。中國第四戰區偵知後積極應對，桂柳會戰拉開帷幕。

闞維雍奉命率部堅守桂林城。中國防守桂林城區的部隊有：闞維雍率領的第一三一師和許高陽率領的第一七〇師，第四戰區配屬一個炮兵團和一個高炮營，以及城防司令部機關（第三十一軍軍部）人員和民眾武裝共計17000餘人。其中，第一三一師為守城主力部隊。面對強敵，闞維雍在仔細分析敵情後，決定充分利用桂林的地形，固守待援。他命令：第三九二團守中正橋至北門；第三九三團守北門外公路以西至甲山一線；第二九一團守灕江東岸貓兒山、七星岩及水東街地區。同時，將指揮部設在東鎮路之貓兒山岩洞內。並與友鄰部隊和上峰保持密切聯繫，誓死堅守桂林城。

闞維雍奉命率部進駐桂林城後，日夜督導部屬疏散居民，構築工事，準備彈藥，配置火力。並深入部隊基層，激勵士兵一定奮勇殺敵，誓死保衛桂林。10月4日，闞維雍在給其妻羅詠袋的信中說："……此次保衛桂林，大會戰不日即可開幕，此戰關係重大，我得率部參加，正感幸運！不成功便成仁，總要與日寇大廝殺一場也！"並勉勵妻子："家無積餘，用度極力節省，如何寒苦，亦當忍受，抗戰勝利在望，生活總有解決辦法也。"

1944年10月31日，日本主力部隊接連突破桂林城週邊陣地，對桂林城形成合圍之勢。11月1日起，日軍在飛機和大炮的掩護下向屏風山、貓兒山及北門等中國守軍陣地發起輪番猛攻。闞維雍冒著槍林彈雨在火線指揮，在中國航空兵和炮兵的支援下，予敵迎頭痛擊，屢屢重創日軍。11月3日，平南、丹竹機場失守，柳州方面吃緊，桂林遂與第四戰區司令長官部失去聯絡，我守城部隊失去了空軍的支援。日軍將重炮投入戰鬥，中國守軍火力轉為劣勢。桂林守軍本就單薄，一旦失去空中火力優勢，陣地即被優勢之敵逐個擊破，戰局急轉直下。

11月4日，屏風山、貓兒山陣地失守，守軍傷亡慘重。11月5日，象鼻山碉堡群被日軍炮火夷為平地。11月6日，河東岸斧頭山、七尾岩及北門外各山頭陣地相繼失守，守軍遂轉入岩洞內堅持戰鬥。日軍以戰車作掩護，步兵猛撲西門、北門陣地。我守軍第三九二團以白刃戰與敵反覆爭奪中正橋橋頭陣地，全團官兵視死如歸，前仆後繼，傷亡殆盡。堅守北門、甲山一帶的第三九三團也傷亡慘重。11月8日，日軍集中火炮百餘門、坦克30餘輛，支援步兵強渡灕江，突入桂林市區。被日軍包圍在七星岩的第三九一團餘部堅守不降，斃敵甚多。日軍見久攻不下，竟滅絕人性地施放毒氣彈、燃燒彈，洞內守軍及傷兵、醫務人員近千人全部壯烈犧牲。

1944年11月10日，桂林城防司令長官韋雲淞在鵝鶵山岩洞內召開緊急會議，他決定放棄桂林，欲要守城部隊突圍。闞維雍師長認為國人對桂林保衛戰寄予厚望，部隊雖然損失很大，但是仍有相當的戰鬥力，尤其是第一七〇師，部隊建制仍比較完整，應調整部署，改變戰法，繼續抵抗，恪盡軍人衛國守土之責。同時，爭取外援……雙方爭持不下。最後，韋雲淞以城防最高司令長官的名義，下令黃昏時突圍。

第一三一師在絕對優勢之敵輪番攻擊下，浴血奮戰十餘晝夜。此刻，部隊都在火線上無法撤退，更不肯輕易放棄官兵、戰友用鮮血染紅的陣地。闞維雍憤然離開會場。回到師部，闞維雍當即召集會議，傳達韋雲淞司令長官突圍的命令，佈置突圍事宜，並將指揮權移交給副師長和參謀長。自己決定自殺殉職，以報國恩。闞維雍說："目前戰況危急，毋須再敘，現在你們馬上準備率所部突圍外戰，不能再在此困守待援了。我要執行軍令，完成我的天職，不能和你們一起突圍出去……"。身邊侍衛勸其一起突圍，闞維雍命令道："你們突圍出去，我不能走。作為你們的長官，必須執行與城共存亡的誓言。"說罷，他走到自己辦公桌前，揮筆寫下絕命詩一首：

"千萬頭顱共一心，豈肯苟全惜此身；

人死留名豹留皮，斷頭不作降將軍。"

入夜，闞維雍摒退左右，在寢室內從容舉槍，自戕殉國。時年45歲。11月11日，堅守桂林城的第一三一師大部官兵和其他守城軍民7000餘人，皆血戰殉國，無一人投降，桂林城陷落。

日本軍隊佔領桂林城後，作為之敵人，欽佩闞維雍將軍為自己國家而忠勇獻身之行為，遂殮殯其遺體，葬於桂林城防司令部院內，並立一木牌，上書"支那陸軍闞維雍將軍之墓"。

1945年4月，為表彰闞維雍少將忠勇抗戰之事蹟，中華民國國民政府頒佈褒揚令，追晉闞維雍陸軍中將軍銜。之後，廣西省政府將闞維雍忠骸移葬於桂林市七星岩霸王坪，建紀念亭於墓側，在東鎮路闞宅基地建烈士紀念碑，以供後人瞻仰，銘記衛國烈士，保衛和平生活。

關元有將軍
General Guan Yuanyou

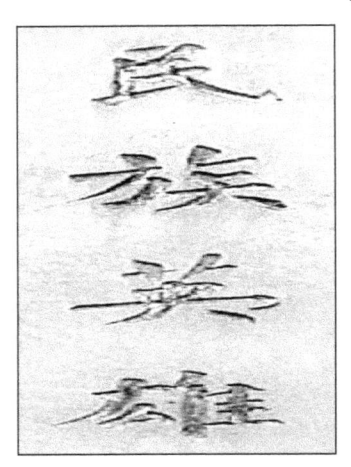

華北民眾抗日救國軍參謀長

Chief of Staff of North China People`s Anti-Japanese National Salvation Army

關元有，熱河省興隆人，華北民眾抗日救國軍參謀長，中國早期著名抗日愛國將領。

1931年"九·一八"事變發生，日本出兵侵吞中國東北之後，又不斷蠶食中國華北地區。關元有在華北積極組織反日武裝，抗擊日本軍隊入侵，隊伍很快發展到5000餘人。1934年5月，華北民眾抗日救國軍在熱河省興隆縣孫杖子村成立，孫永勤任軍長、關元有任參謀長。他們運用家鄉熟知的地理環境和常年打獵學會的精準槍法，以及鑽林爬山練就的技能技巧，率部在長城以北深山大川的密林荊棘中與日偽軍展開了殊死遊擊戰，給予日偽軍一定殺傷。1935年5月24日，該部被日軍圍困於熱河省大茅山、吳家溝一帶。關元有在率部掩護主力部隊突圍時，壯烈殉國。

Guan Yuanyou, born in Xinglong, Rehe, a famous patriotic general in the War of Chinese People's Resistance against Japanese Aggression, had been the Chief of Staff of North China People's Anti-Japanese National Salvation Army.

After the September 18th Incident happened in 1931, Japanese aggressors occupied the Northeast of China and began to nibble up North China. Guan Yuanyou organized anti-Japanese forces in North China to fight against Japanese invasion, and the troops quickly grew up to more than 5,000 people. In May 1934, North China People's Anti-Japanese National

Salvation Army was set up, Sun Yongqin was appointed the Commander of the Army, and Guan Yuanyou was the Chief of the Staff. The soldiers utilized their intimate knowledge of the local geography and their precise marksmanship skills acquired through years of hunting, as well as the skills and techniques honed in navigating dense forests and climbing mountains, to lead their troops in a fierce guerrilla warfare against the Japanese puppet forces in the thick forests and thorny bushes north of the Great Wall. They inflicted significant casualties on the Japanese puppet forces. On May 24, 1935, their unit was besieged by the Japanese army in the Damaoshan and Wujia Gou areas of Rehe Province. While leading their troops to cover the breakout of the main force, they heroically sacrificed their lives.

組織民眾抗日　陪軍長戰死

1931年"九·一八"事變發生後，日本軍隊在侵吞中國東北地區之後又不斷蠶食中國華北，破壞了東北和平環境和威脅著華北人民和平生活。身居熱河省興隆縣的孫永勤、關元有、王殿臣和趙四川等人對於日寇侵略行徑與破壞家鄉平安生活氣憤至極，相互串聯，拿起獵槍和練武刀棍，自動組織反日武裝進行抵抗。他們運用家鄉熟知的地理環境和常年打獵學會的精准槍法，以及鑽林爬山練就的技能技巧，主動打擊進犯日本強盜，保護家園和平生活。

1933年4月，孫永勤宣佈"華北民眾軍"成立，自任軍長，關元有任參謀長，隊伍很快發展為5000多人。他們率部在長城以北，深山大川的密林荊棘中與日偽軍展開了殊死遊擊戰。1934年5月，華北民眾軍改稱"華北民眾抗日救國軍"，孫永勤仍任軍長，王殿臣、趙四川任副軍長，關元有任參謀長。華北民眾抗日救國軍下轄4個總隊，每個總隊800到1200人不等。從1933年12月至1935年5月的一年半時間內，關元有和孫永勤率部共攻克日偽軍據點100多座，斃傷、俘虜日軍、偽"滿洲"軍5000多人。其中，該部在青龍縣青河與日偽軍激戰中，一舉殲敵100多人。

1935年5月23日下午，日酋調集15000餘人將華北民眾抗日救國軍圍困在熱河省大茅山、十里鋪、吳家溝一帶。24日拂曉，日本飛機在空中用旗指示目標，使用大量炮火摧毀了抗日救國軍陣地。接著，日本軍隊用毒氣彈、機槍開路發起總攻。孫永勤、關元有率全軍官兵英勇反擊。戰到下午4時許，孫永勤命令參謀長關元有率隊突圍，自己帶少部分人堅守陣地，牽制日軍，掩護大家。關元有參謀長堅定地表示："中國人理應為中國而死，我沒能給你當好參謀長！願與軍長在此一同報國，請派他人率隊突圍……"。孫永勤含淚許可。最後，孫永勤和關元有共同率部與日軍展開殊死血戰，掩護主力部隊突圍。在與日軍激戰中，軍長孫永勤與參謀長關元有等將領和全部掩護部隊突圍的官兵，先後被日軍飛機掃射的子彈擊中，或在與日軍拼搏中壯烈殉國。

1935年5月25日，日本軍隊又殘暴地將孫永勤、關元有的頭顱割下示眾，妄圖削弱中國人民抗戰的意志……而中華民族英雄抗日救國的偉大精神將永遠被人民敬仰和銘記——昭示中國軍民抗戰到底。

鐘芳峻將軍
General Zhong Fangjun

陸軍少將、國民革命軍第六十三軍第一五三師第四五九旅旅長

Major General and Commander of the 459th Brigade of the 153rd Division of the 63rd Army of the National Revolutionary Army

　　鐘芳峻，又名秀峰。中國國民革命軍陸軍第六十三軍第一五三師第四五九旅少將旅長，著名抗日愛國將領。1898年夏出生於廣東省河源縣黃村。1906年就讀於本鄉小學，後考入崇伊中學。1920年參加粵軍，開始軍旅生涯。先後任班長、排長、連長和營長等職，1934年任國民革命軍陸軍第一軍第三師上校團長。1936年任第一五三師第四五九旅副旅長。並帶職到陸軍軍官學校學習深造。

　　1937年7月，蘆溝橋事變發生，日本出兵大肆侵略中國，打破了中國和平建設環境，中國政府被迫全力組織軍民自衛應戰，中華民族抗日戰爭全面爆發。鐘芳峻任國民革命軍陸軍第六十三軍第一五三師第四五九旅少將旅長，率兵積極備戰。1938年10月18日，奉命在博羅縣阻擊入侵廣東省日軍。鐘芳峻率領全旅官兵冒著日本飛機掃射、轟炸和火炮的炮擊，以及坦克的強攻，頑強阻擊，反復拚殺，阻擋日軍進攻，堅守著陣地。在激戰中，其所率本旅官兵全部傷亡倒地，援軍被阻，隻身一人與日軍拚搏血戰。當彈盡援絕時，鐘芳峻為寧死不降，用槍膛裡最後一顆子彈射向自己，壯烈殉國。時年41歲。

Zhong Fangjun, alias Xiufeng, a famous patriotic general of the War of Chinese People's Resistance against Japanese Aggression, had been the Major General and Commander of the 459th Brigade of the 153rd Division of the 63rd Army, National Revolutionary Army. In the summer of 1898, he was born in Huang Village, Heyuan County, Guangdong Province. In 1906, he studied at the village primary school and then entered Chongyi Middle School. In 1920, he joined the Guangdong Army to begin his military career, and successively served as a Platoon leader, Company Commander and Battalion Commander. In 1934, he was appointed the Colonel and Commander of the 3rd Division of the 1st Army of the National Revolutionary Army. In 1936, he was promoted to the Deputy Commander of the 459th Brigade of the 153rd Division of the 63rd Army. During his tenure of office, he went to the Army Officer School for further training.

In July 1937, the Marco Polo Bridge Incident occurred, and Japan launched a large-scale invasion, shattering China's peaceful construction environment. The Chinese government was compelled to organize a full-scale defense, and the Chinese People's War of Resistance against Japan erupted. Zhong Fangjun served as the Brigadier General and Commander of the 459th Brigade, 153rd Division, 63rd Army of the Chinese National Revolutionary Army, leading his troops actively in preparation for battle. On October 18, 1938, he was ordered to counter the invading Japanese forces in Boluo County, Guangdong Province. In the fierce battle, all the officers and soldiers under his command were killed, and he fought alone against the Japanese enemies. When he ran out of ammunition and had no hope for reinforcements, Zhong Fangjun chose to die rather than surrender. He used the last bullet in his rifle to shoot himself, heroically sacrificing his life. He was 41 years old at the time.

阻擊日軍　血染博羅

1937年7月7日，蘆溝橋事變發生，日本出兵大肆侵略中國，打破了中國和平建設環境，中國政府被迫全力組織軍民自衛應戰，中華民族抗日戰爭全面爆發。中國政府為保障中國南海交通線與海防安全，任命海軍中將陳策為廣州虎門要塞司令，負責廣東省沿海防衛與南海交通安全。陳策將軍要求駐廣東部隊積極備戰，時刻防範日本入侵。鐘芳峻任國民革命軍陸軍第六十三軍（軍長張瑞貴）第一五三師（師長張瑞貴兼）第四五九旅少將旅長，率部堅決響應。

1938年9月17日，日本秘密下達對中國廣州的攻擊令。10月9日，日本第二十一集團軍主力分乘快艦船隊從日本出發，10月11日晚，秘密抵達中國廣東大亞灣一帶。12日凌晨，向中國海防部隊發動突然攻擊：日本第十八師團主力在大亞灣左面和正面蝦湧一帶登陸；及川支隊在鹽灶背登陸；第一〇四師團在大亞灣右面玻璃廠登陸；第十八師團一部在蝦湧以西澳頭登陸後，繼而向中國淡水地區發起猛烈進攻。

駐守廣東省的中國第四戰區各部隊展開了頑強阻擊。鐘芳峻奉命率領部隊前往惠陽、博羅、從化等地區阻擊日本侵略軍。之後，第六十三軍第一五三師在福田一線擊潰日本軍隊一個聯隊，迫使日軍退回博羅；我獨立第二十旅在正果擊潰日本軍隊偵察部隊。第四戰區決定以第一八六師（師長李振）固守增城正面，快速調集戰車、炮兵支援；以第一五三師（師長張瑞貴）、第一五四師（師長巫劍雄）從右翼，獨立第二十旅（旅長陳勉）從左翼合圍日本軍隊，力圖將日軍一部聚殲於增（城）博（羅）公路間羅浮山下。

1938年10月17日，日本軍隊先遣部隊千餘人，在空軍的掩護下，沿博羅至增城搜索前進。當時，鐘芳峻旅長配合炮兵工兵戰車等特種兵部隊，佔領增城至石灘沿增江右岸預設陣地。18日，鐘芳峻旅長奉命率兩團兵力，截擊博羅福田附近的日本軍隊。面對裝備先進的來犯之敵，鐘芳峻臨危不懼，指揮若定，率部進入指定防禦陣地。日本軍隊在飛機和坦克的掩護下，頻繁向第四五九旅陣地發起凌厲攻勢，戰鬥異常激烈。鐘芳峻旅長率部浴血奮戰，反覆廝殺，終因敵強我弱又無援兵，傷亡慘重，直至全旅官兵傷亡殆盡，戰至最後一人。在日本軍隊再次衝入第四五九旅陣地時，鐘芳峻旅長連續擊斃3名日軍後……為寧死不降，從容舉槍自戕殉國，血灑博羅。時年41歲。

戰後，鐘芳峻旅長的遺骨，被當地愛國志士安葬在從化良口區，墓碑上刻有"精忠報國，百世流芳"字樣，以供國人和後世祭拜、緬懷。

後　記

　　中國抗日戰爭暨世界反法西斯戰爭的勝利是人類歷史上從沒有的壯舉，也是中華民族五千年來從未有之勝利。在這場保衛祖國和捍衛世界和平的 14 年艱苦戰爭中，中國約有 4000 萬軍民傷亡[1]，1000 餘位將軍（將領）殉職。這是中國對世界和平的鉅大貢獻，是中華民族的驕傲，也是當時中國人的鉅大痛苦！由於日本法西斯侵略的殘暴和戰爭的慘烈、以及時間過去較久和作者能力有限等因素，難以將他們的姓名和事蹟全部記錄下來，本書僅調查統計、撰寫了 982 位赴難捐軀的中國將軍。

　　在當時的中國，能夠獲得類似少將軍銜或者團長、縣長職務以上的人，可以說都是有能力、有文化、吃喝不愁或過著幸福生活的達官貴人。然而，當國家有難，強盜入侵，民眾和平生活受到侵犯時，他們挺身而出——惜別親人、拋棄錢財，勇於擔當，衝鋒在前。其捨身赴難的行為，真乃驚天地泣鬼神，彰顯出了人類人性最完美的一面。我們在調查中有時潸然淚下，有時驚訝不已；在材料的整理或寫作中，常常熱淚盈眶，又恨筆拙難以表達⋯⋯面對這些寶貴的歷史財富與人物，無須粉飾，將其活生生地擺出來，就足以令世人震撼。本人通過 30 餘年業餘時間的搜集、調查、研究與編撰，終於將這部反映歷史史實的"畫卷"展示在國人和愛好和平的世界人民面前，為世界反法西斯戰爭與捍衛和平整理存續了一部"中國將軍征戰史"和一份"世界記憶遺產名錄"。在此，希望用將軍們為國為民、為世界反法西斯戰爭慷慨赴死的事蹟，用全民族抗戰的精神激勵國人，為祖國的繁榮富強和捍衛世界和平與反恐怖鬥爭繼續做出貢獻。同時，也以此表達對為捍衛祖國和平、為世界反法西斯戰爭而赴難捐軀的將軍和官兵的敬仰與緬懷。

　　本書由江蘇建築職業技術學院于殿寶教授組織調研、撰寫、修改和編輯，英文由南京大學文學博士鄭舟翻譯，中國礦業大學王洪欣教授和江蘇師範大學楊柳副教授進一步修改、校譯。其中王洪欣教授承擔四分之一內容，楊柳副教授承擔四分之三內容、並負責對全書的統一翻譯、修改和校對。

　　在此，真誠感謝被採訪的抗戰將軍、老兵、老人和老兵後人給予提供的資訊，以及相關領導、專家、學者與同仁、朋友給予的支持。同時，也感謝本書所列參考書目的作者、人士和本書出版、印刷部門領導、編輯與員工的辛勤勞作，以及認識我的海外學子、愛國華僑和國際友人，你們期盼祖國永遠和平、強大和瞭解中國對世界反法西斯戰爭的貢獻，促使我咬牙堅持！更感謝982位赴難捐軀的中國將軍，您們的獻身精神激勵我們頑強拼搏！

在本書調研和寫作過程中，特別在我退休之後，有些人從不同角度勸我說："你從事工程技術研究與應用多年，完全可以在專業技術領域內再有作為或掙大錢，搞這些與自己專業毫無相干的事，實在沒有意義……"。"你不懂政治，花了那麼多時間、精力和錢財進行調研與反覆寫作修改，雖說是弘揚抗戰精神，為抗日烈士立傳，但很有可能會招致披著國家相關'愛國'、'政治需要'等外衣的'漢奸'、貪官和不明真相人的打壓、陷害，或者外國法西斯、右翼分子的忌恨與殺害……"。"你沒有文采，文筆笨拙；書寫打字速度又特別慢；還沒有錢，很難出版成書……"。說心裡話，這些事情已經出現：有的單位曾高薪邀聘，我沒有動心。愛祖國、愛和平、愛英雄是正直人的良知，當打壓、陷害襲來時，我沒有妥協。有時為了一個詞，為了某個問題，要深思斟酌，反覆調研查閱、甚至三天三夜寢食不安……我是中國人，這些人又都是為中國、為和平、為世界反法西斯戰爭而捐軀，將他們的名字和事蹟記錄下來，應該沒有錯。再說，《中華人民共和國英雄烈士保護法》已經頒佈：國家鼓勵、保護對英雄烈士的調查、研究、編纂與宣傳。所以，我們的行為受到法律保護與支持，有益於中華民族，有益於國家，有益於世界和平，死而無憾[2]！

這場戰爭不僅給中國和世界民眾帶來了災難，而且也給日本、德國和義大利民眾帶來了災難。願這種災難一去不復返，願我們在享受今天和平陽光、進行和平生活與建設中記住他們，珍愛他們用鮮血與生命換來的和平！為中國與世界和平赴難捐軀的中國將軍永垂不朽！世界反法西斯英雄的不息信念與天地共存，與日月同輝。祝願世界永久和平，人民安康！

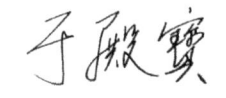

于殿寶

2020年1月24日

於江蘇建築職業技術學院安全工程與技術應用研究所

注[1]：中國在8年全面抗戰中軍民共傷亡3500萬人，是指1937年7月到1945年8月（國家文檔和相關書籍已明確記載）。而中國的局部抗戰從1931年9月就開始了（2017年中國提出14年抗戰，指1931年9月日本軍隊入侵中國東北到1945年8月日本投降），中國遼寧、吉林、黑龍江、外蒙古、熱河、察哈爾、綏遠、河北和上海，以及臺灣、山東與中國沿海地區等省市軍民反抗日本軍隊入侵掠奪，風起雲湧。特別是中國東北、臺灣（臺灣人民從1895年就開始了抗日鬥爭）、熱察綏冀和淞滬官兵、政府官員、民團、民眾、農民、礦工、林業工人和產業工人反抗非常激烈……本書中介紹了多位將軍或將領率部英勇抗擊的壯烈場面，如懷德保衛戰、江橋抗戰、鏡泊湖伏擊戰、長城抗戰、百靈廟戰役和淞滬抗戰等，很多官兵、官員、礦工、民眾遭到日軍和漢奸酷刑殺害，許多城鎮、村莊、工廠和礦山被日軍搶劫一空，民眾和礦工慘遭日軍集體屠殺；老百姓流離失所，轉死溝壑。通過初步調查統計估算，在日本法西斯野蠻侵犯掠奪的6年中，造成中國軍民傷亡約在500萬人。所以，中國在14年抗戰中，共傷亡軍民約4000萬人。

注 [2]：本書是在作者2017年出版的《抗日戰將》基礎上進行全面調研、核實、修正、刪減、增補、加工與完善而成，並對英文也進行了全部重新校譯。《抗日戰將》出版之後，受到社會一定歡迎。但是，作者與讀者也發現該書還存在很多問題與不足，沒有將他們為國家為民族為和平勇於赴難的精神與行為全部寫出來；特別由於作者調查的局限性和能力、閱歷、資金有限，還有很多將軍沒有寫進來或者沒有寫全、寫好，總覺得對不住這些為捍衛和平與正義而戰死的將士：如李紹嘉將軍，戰死後國家追晉陸軍中將軍銜，而書中寫的是少將軍銜。再如，楊靖宇將軍，在最艱苦條件下創造性的將遊擊戰、持久戰發揮和運用到了極致境地，書中沒有完全寫出來。又如，趙尚志將軍，兩次被開除中共黨籍，但堅持抗戰之志始終高昂，仍率部轉戰敵後林海雪原，寧死不降敵，書中沒有描繪出來。還有張自忠、左權、柳漱鳳和陳蘊瑜等將軍，他們都受過良好的中高等教育，仍不計個人得失或背負著壓力在前方奮戰，這種以祖國存亡為己任，"**先天下之憂而憂、後天下之樂而樂**" 和忍辱負重的中華民族高尚品德，書中展現得不足。所以，作者恨自己文化水準淺薄、恨自己筆笨難以描述、恨自己沒有學習文科，良心和責任 "折磨" 得作者寢食不安……於是，再次下決心，完成了這部拙著《為了和平》。

Postscript

The victory in the Chinese War of Resistance Against Japan and the World Anti-Fascist War was an unprecedented feat in human history and a victory that had never been seen in the 5,000-year history of the Chinese nation. During the arduous 14-year war to defend the motherland and safeguard world peace, China suffered about 40 million military and civilian casualties[1], with over 1000 generals sacrificing their lives. This was a tremendous contribution of China to world peace, a source of pride for the Chinese nation, and a great pain endured by the Chinese people at that time. Due to the brutality of Japanese fascist aggression, the intensity of the war, the passage of time, and the limited capabilities of the author, it is difficult to record the names and deeds of all these individuals. This book has conducted investigations and statistics and has documented 982 Chinese generals who sacrificed their lives.

In China of that time, those who could attain ranks like Major General or hold positions such a regimental commanders or county chiefs were considered capable, educated individuals who lived comfortable lives without worries about their basic needs. However, when the country faced difficulties and invaders threatened the peace and well-being of the people, these individuals stepped forward. They bid farewell to their loved ones, abandoned their wealth, and fearlessly took on the responsibility of leading from the front lines. Their self-sacrificing acts were truly awe-inspiring, evoking a sense of reverence and showcasing the most sublime aspects of human nature. During our investigations, we were sometimes moved to tears and often astonished. The process of compiling and writing this book was frequently accompanied by heartfelt emotions and frustration at the limitations of words to express our sentiments. I believe that the feats of the national heroes can speak for themselves. Through more than 30 years' efforts in collection, investigation, research and compilation, this book is finally displayed in front of the peace loving people at home and abroad, preserving a precious history of Chinese generals' fighting and accomplishing a piece in World Memory Heritage List for the victory of the World Anti-Fascist War. It is hoped that the feat of the generals who sacrificed courageously for the country and the people and for the World Anti-Fascist War could inspire the Chinese people to make contributions to the prosperity of the motherland, to the defense of world peace and to the combat against terrorism. With this book, I would like to express my admiration and remembrance to the generals, officers and soldiers who devoted their precious lives to the peace of our motherland and to the noble cause of world peace in the World Anti-Fascist War.

This book was organized, researched, written, edited, and compiled by Professor Yu Dianbao from Jiangsu Institute of Architecture and Technology. The English translation was done by Zheng Zhou, a Ph.D. student from Nanjing University. Professor Wang Hongxin from China University of Mining and Technology and Associate Professor Yang Liu from Jiangsu Normal University who further contributed to the modifications and proofreading. Professor Wang Hongxin was responsible for one-fourth of the content, while Associate Professor Yang Liu was responsible for three-fourths of the content, as well as the overall translation, editing, and proofreading of the entire book.

Here, I would like to sincerely thank the interviewed war generals, veterans, elderly individuals, and descendants of veterans for providing information. I am also grateful for the support from leaders, experts, scholars, colleagues, friends, and the publishing and printing departments involved in the production of this book. I extend my gratitude to the authors and individuals referenced in this book, as well as the diligent work of the editors and staff. I would also like to express my appreciation to my overseas students, patriotic overseas Chinese, and international friends who share the hope for everlasting peace and prosperity of our motherland and understand China's contributions to the world's anti-fascist war. Your support has been a driving force for my perseverance. Lastly, I want to express profound gratitude to the 982 Chinese generals who sacrificed their lives. Your spirit of dedication continues to inspire us to strive relentlessly.

During the research and writing process of this book, especially after my retirement, some people advised me from different perspectives, saying, "With your years of experience in engineering research and application, you could continue to achieve success or make a lot of money in your professional field. Engaging in something unrelated to your expertise seems meaningless..." "You don't understand politics. Spending so much time, energy, and resources on research, writing, and revisions may attract suppression, framing, or hostility from 'traitors,' corrupt officials, or those who are unaware of the truth, all under the guise of 'patriotism' or 'political needs'..." "You lack literary talent, your writing style is clumsy, your typing speed is particularly slow, and you don't have the financial means to publish a book easily..." To be honest, these concerns have already emerged: some organizations have offered high-paying jobs, but I remained unmoved. Loving our motherland, cherishing peace, and honoring heroes are the conscience of upright individuals. When faced with suppression and persecution, I did not compromise. Sometimes, I spent long hours contemplating a single word or a specific issue, conducting extensive research and consultation, sometimes even sacrificing my sleep for three consecutive days and nights... I am Chinese, and these individuals sacrificed themselves for China, for peace, and for the world's fight against fascism. Recording their names and deeds should be the right thing to do. Moreover, the "Law of the People's Republic of China on the Protection of Heroes and Martyrs" has already been enacted: the state encourages and protects the investigation, research, compilation, and promotion of heroes and martyrs. Therefore, our actions are legally protected and supported, benefiting the Chinese nation, benefiting the country, benefiting world peace, and leaving no regrets.[2]

This war not only brought disaster to the Chinese and global populations but also inflicted suffering on the Japanese, German, and Italian people. May such calamities never return, and may we remember them and cherish the peace we enjoy today as we engage in peaceful lives and construction. We should treasure the peace they obtained through their sacrifice of blood and lives. The Chinese generals who sacrificed themselves for China and world peace will be eternally remembered! The unwavering beliefs of the heroes in the world's fight against fascism coexist with the heavens and the earth, shining alongside the sun and moon. May the world enjoy everlasting peace, and may the people live in tranquility!

Yu Dianbao

Jan. 24, 2020. Institute of Safety Engineering and Technology Application of Jiangsu Institute of Architecture and Technology.

Note [1]: A total of 35 million military and civilian casualties occurred in China during the 8-year comprehensive Anti-Japanese War, which refers to the period from July 1937 to August 1945 (clearly recorded in state documents and relevant books). China's local Anti-Japanese war began in September 1931 (in 2017, China proposed the proposition of 14 year war of resistance, which includes the time duration from Japanese troops' invading of Northeast China in September 1931 to Japanese surrender in August 1945). The soldiers and civilians of Liaoning, Jilin, Heilongjiang, Outer Mongolia, Rehe, Chahar, Suiyuan, Hebei and Shanghai, as well as Taiwan, Shandong and China's coastal areas, resisted the invasion and plunder of Japanese troops. In particular, in Northeast China, Taiwan (the people of Taiwan started the Anti-Japanese struggle since 1895), the officers and soldiers, government officials, civil groups, the people, farmers, miners, forestry workers and industrial workers in Rehe Chahar, Suiyuan, and Hebei province and Shanghai areas have resisted fiercely. This book introduces the heroic feats of many generals leading their troops to fight bravely, such as the defense battle of Huaide, the Anti Japanese War of Jiangqiao, the ambush of Jingpo Lake, the Great Wall Anti Japanese War, the Bailingmiao campaign and the Shanghai Anti-Japanese battle. Many officers and soldiers, officials, miners and people were tortured and killed by the Japanese army and the traitors. Many towns, villages and mines were robbed by the Japanese army, and the people and miners were slaughtered by the enemy. People were displaced and died. According to preliminary statistics, in the six years of Japanese fascist barbaric invasion and plunder, the casualties of Chinese military and civilian reached about 5 million. Therefore, in the 14 years of Anti-Japanese War, about 40 million Chinese people were killed and injured.

後 記 二

　　明年是世界反法西斯戰爭勝利暨中國抗日戰爭勝利80周年。為了紀念這個贏得全世界和平的偉大節日，慶賀和宣傳中國為世界和平做出的鉅大貢獻，作者在美國海外抗日戰爭紀念館趙湘君女士和李競芬女士的幫助下，在舊金山"壹嘉出版"了本書。

　　2019年12月，作者在向中國長沙抗日戰爭紀念網（抗日戰爭圖書館）贈送撰著的《抗日戰將》時，達成了共識：聯繫海外抗日戰爭紀念館，向方李邦琴先生學習，節衣縮食積攢資金，自費調查整理抗戰資料並出版中英文圖書，向世界宣傳祖國抗戰。今在王培棟同志的熱心聯繫下，終於有了這個契機，感到莫大的欣慰！

　　本書是在作者撰著出版的《在反法西斯戰場上戰死的中國將軍》、《抗日戰將》和《為了和平》上中下三卷初版的基礎上修增而成。《為了和平》初版問世後，得到了相關讀者與專家的肯定，也得到一些殉國將軍後人和抗戰老兵後人的歡迎與幫助，提供了很多資料與信息。他們希望作者儘快出版《為了和平》第四卷。

　　對此，作者一直在進行積極努力，力爭將收集資料比較全的赴難捐軀將軍，整理編著出版第四卷。然而，由於作者財力和精力有限，第四卷沒能如願實現！但是，作者仍不遺餘力將此書進行了修改——對錯誤之處作了修正，又添補了查到的部分殉職將軍，並增加了相關內容。這次出版的本書，共寫入在世界反法西斯戰爭中赴難捐軀的中國將軍982名。如果包括在文中提到的赴難捐軀將軍姓名和注解中的赴難捐軀將軍或抗戰將領事蹟，應該在千餘名。

　　在本書出版的同時，美國波士頓大學商業分析碩士白一帆在該校創辦了"為了和平"讀書會，發起青年學子朗讀本書的活動。通過社交媒體平臺向海內外人士，特別是反法西斯將士和他們的後人朗讀本書，再現反法西斯將士的英雄本色與為自由和平譜寫的千古絕唱，以緬懷先烈、不忘歷史。白一帆等青年學子的這一壯舉，再次向全世界奏響了珍愛和平的文明進行曲，值得點贊！

　　中國艱苦卓絕的抗日戰爭持續了14年，傷亡軍民4000萬，殉職將軍千餘名。我作為一名熱愛和平的普通中國人，難以將4000萬軍民的名字與事蹟調查記錄下來，僅對已調查掌握的982位殉職將軍的材料整理撰寫成了本書。由於本人筆拙，無法全然描繪將軍們精忠報國的精神與赴難捐軀的壯舉，心裡有些愧疚。但當本書得到了出版，雖然有點窮盡耗盡，內心還是感覺十分滿足。當聽到白一帆等青年學子用純正的普通話向全世界朗讀本書時，仍心顫動容。我為我的祖國有這麼多將士勇於赴難捍衛和平而自豪！也為祖國又有一群珍視歷史的青年學子勇敢站出來宣傳捍衛和平的將士而驕傲！

偉大的反法西斯戰爭勝利萬歲！為捍衛人類和平在世界反法西斯戰爭中赴難捐軀的將士們永垂不朽！

于殿寶

2024 年 9 月 3 日

Postscript II

Next year marks the 80th anniversary of the victory in the World Anti-Fascist War and the victory in the Chinese People's War of Resistance Against Japanese Aggression. To commemorate this great event that brought peace to the world and to celebrate and promote China's significant contributions to world peace, the author, with the assistance of Ms. Zhao Xiangjun and Ms. Li Jingfen from the American Memorial Hall of the War of Resistance Against Japanese Aggression, has published this book in San Francisco through "1 Plus Books."

In December 2019, while the author was presenting his written work, Generals of the War of Resistance Against Japan, to the Changsha Memorial Website of the War of Resistance Against Japan (Anti-Japanese War Library) in China, a consensus was reached: to connect with Overseas Memorial Hall of the War of Resistance Against Japan, learn from Mr. Fang Libangqin, save funds through frugality, and independently investigate and compile materials on the War of Resistance Against Japanese Aggression for publication of books in Chinese and English so as to promote China's contribution to the world. Thanks to the enthusiastic efforts of Mr. Wang Peidong, this opportunity has finally come to fruition, bringing great comfort to the author.

This book is a revised and expanded edition based on the author's previously published works, Chinese Generals Who Died on the Anti-Fascist Battlefields, Generals of the War of Resistance Against Japan, and the first three volumes o Fight For Peace. After the initial publication of Fight For Peace, it received recognition from readers and experts alike, as well as support and assistance from the descendants of generals who sacrificed their lives for the country and the descendants of veterans of the War of Resistance. These individuals provided valuable materials and information, expressing their hope for the author to publish the fourth volume of Fight For Peace as soon as possible.

In response, the author has made continuous and active efforts to compile and publish a fourth volume that provides a more comprehensive collection of materials on the generals who sacrificed their lives. However, due to limited financial resources and personal energy, the fourth volume has not yet been realized. Nevertheless, the author has spared no effort in revising this book—correcting errors, adding accounts of some generals who died in the line of duty, and including additional related content. This current edition of the book documents 982 Chinese generals who sacrificed their lives in the global Anti-Fascist War. If we include the names and annotations of generals mentioned in the text, as well as accounts of anti-Japanese war generals, the total would exceed a thousand.

Simultaneously with the publication of this book, Bai Yifan, a Master's student in Business Analytics at Boston University, established the "Fight For Peace" reading club at the university. He initiated an activity where young students read aloud from this book, sharing it with people both domestically and internationally via social media platforms, particularly targeting Anti-Fascist soldiers and their descendants. This effort aims to honor the memory of the heroes of the Anti-Fascist war, showcasing their heroic spirit and their timeless dedication to freedom and peace, while ensuring that history is remembered. This initiative by Bai Yifan and other young students resonates as a resounding call for peace to the entire world, a commendable effort that deserves praise!

China's arduous War of Resistance lasted for 14 years, resulting in 40 million military and civilian casualties and the deaths of over a thousand generals. As an ordinary Chinese citizen who loves peace, it is beyond my ability to investigate and record the names and deeds of those 40 million people. I have only managed to compile this book based on the information I have gathered on 982 fallen generals. Due to my limited writing skills, I feel somewhat inadequate in fully portraying the spirit of loyalty to the country and the heroic sacrifices of these generals. Nonetheless, the publication of this book, although exhausting and consuming, brings me a deep sense of fulfillment.

When I hear Bai Yifan and other young students reading this book to the world in fluent Mandarin, my heart is profoundly moved. I am proud that my country had so many soldiers who courageously sacrificed themselves to defend peace. I am also proud that a new generation of young students, who cherish history, have bravely stepped forward to honor and promote the soldiers who defended peace.

Long live the great victory of the Anti-Fascist War! May the soldiers who sacrificed their lives in the global Anti-Fascist War to defend human peace be immortalized forever!

Yu Dianbao
Sep. 3, 2024.

Milton Keynes UK
Ingram Content Group UK Ltd.
UKHW030627011224
451916UK00012B/147